el Jefe

Populismo y corrupción en el Puerto Rico de 1898

Nieve de los Ángeles Vázquez

El Jefe: Populismo y corrupción en el Puerto Rico de 1898

ISBN: 979-8-9878801-0-4

Autora: ©2023, Nieve de los Ángeles Vázquez
Edición 2023
www.nievedelosangeles.com
info@nievedelosangeles.com

EDICIÓN, colaboradora: Sylvia Vázquez
EDICIÓN DE CONTENIDO: Esther Rodríguez Miranda
ASESOR DE ESTRUCTURA NARRATIVA: Adrián Jiménez Vázquez
DISEÑO DE PORTADA: Hernán Eusebio
DISEÑO Y MAQUETACIÓN: Hernán Eusebio
heusebio@icloud.com

Todos los derechos reservados conforme a la ley. No se permite la reproducción total o parcial de este libro ni su incorporación a un sistema informático ni su transmisión en cualquier forma o por cualquier medio, sea este electrónico, por fotocopia, por grabación o por otros métodos, sin permiso previo y por escrito del titular del *copyright*.

3. El cacique

Llegó la autonomía	91
¿Autonomía jurídica?	93
La Carta Autonómica y el Tratado de París	94
Estados Unidos: la novela cubana	94
Tambores de guerra	95
Teddy Roosevelt y la camarilla del Metropolitan Club	98
A very, pretty fight	104
El Maine	106
Campaña por copar el Gabinete provisional	108
El querido Jefe	114
El holocausto	115
Gabinete autonómico provisional	116
El peor de los insultos	119
Frenesí de nombramientos	119
La red clientelar del Jefe	122
Luis Muñoz Rivera se convierte en cacique	124
Los ayuntamientos caen bajo el dominio del Jefe	126
Concejales	129
Los jueces no son olvidados por el Jefe	132
Favor con favor se paga	135
Luis Muñoz Rivera: adicto a la clientela	136

4. Apoteosis

Febrero	149
El desastre del Maine	150
Propaganda de guerra en Puerto Rico	151
La unión	154
El diablo	157
El sistema de turnos en acción	158
Incendio de la pradera	161
Se rompe la unión	165
Marzo: Nulla est redemptio	167
El Jefe y las elecciones	168
Estrategia #1: Impide el voto de tus adversarios	169
Estrategia #2: Monopoliza las listas electorales	170
Estrategia #3: Que tus candidatos obliguen a sus empleados a votar por ellos	172
Estrategia #4: Ya que tienes control del telégrafo, úsalo a tu favor	173
Estrategia #5: Usa la fuerza, para algo eres el Jefe de la Guardia Civil	174
Ganar justifica el fraude	176
Resultados	178
Dándole vuelta a la tortilla	181
Los pobres del 98	186

Índice

1. El viaje del héroe
El mundo ordinario	1
El llamado a la aventura	7
Segundo llamado a la aventura	8
Primer cruce del umbral	11
Ayuda sobrenatural	12
¡Muera la autonomía! Pruebas, aliados y enemigos	14
Los amigos políticos	17
El héroe y la moral de las circunstancias	20
Segundo cruce del umbral	22
Acercamiento a la cueva interior	28
¡Viva la autonomía! ¡Muera la República!	34
Encuentro con el mentor	39
En el vientre de la ballena	44
El cruce del umbral de regreso	47
La asamblea	50
Enemigos fraternales	52

2. Estados Unidos: crisis y elecciones
1893	63
¿Quién gobernaba a Estados Unidos?	64
La debacle financiera del 93	66
Desempleo	66
La rebelión de las masas	67
Efectos de la crisis	68
La plata como la gran culpable	68
El día del juicio final	69
Teoría de la sobreproducción	70
Follow the yellow brick road	72
Convención republicana	75
La campaña	76
Triunfo	80
Dios los cría y ellos se juntan	81

5. Las Cámaras o la guerra

Abril	193
En sus marcas, listos...	199
Se suspende la apertura de las Cámaras	201
What we want now is Porto Rico	202
Bombardeo a San Juan	204
Secuelas	208
Campaña para la apertura de las Cámaras	212
Porto Rico no ha sido olvidada	216
Porto Rico is Rich!	219
Nelson Appleton Miles	221
Alegría, alegría, alegría… se convocan las Cámaras	224
Los puntos se conectan: John Dandridge Luce	225
La bandera estadounidense flotará en Porto Rico por siempre	229
Golpear mientras el hierro está caliente	230

6. El primer ministro: conteo regresivo

Julio: el Jefe se corona	233
5 días antes de la invasión	239
4 días antes de la invasión	239
En la Cámara: 4 días antes de la invasión	242
Eran las tres de la tarde	244
A 4 días de navegación	246
¿Fajardo o Guánica?	248
3 días antes de la invasión	249
En el Estado Mayor del Ejército español: 2 días antes de la invasión	250
¿Washington o Wall Street?	251
En la Cámara: 1 día antes de la invasión	253
La guerra en Puerto Rico	254
Día cero de la invasión	255
Ponce	257
La noble España nos abandona	262
Las razones: ¿políticas o económicas?	264

7. Interludio

Agosto-octubre	269
Los líderes autonómicos frente a la invasión	270
El Jefe se 'vende' a la nueva metrópoli	275
La tiranía española	280
Cambio de lealtades	284
París: 71 días antes de la cesión de Puerto Rico	285
Cesantías	286
Combustión interna	287
Efecto espejo	290
Remate del tesoro público	291
El caso del fondo de pensiones de maestros	293
En fin	295

8. La invasión de Wall Street

Invasión económica	297
El Puerto Rico antebellum	300
Wall Street en Puerto Rico	305
Conexión Fritze-Havemeyer	308
Invasión del Sugar Trust	309
Porto Rico: la tienda del Tío Sam	311
Cabotaje	312
The New York & Porto Rico Steamship Co.	315
El Jefe ante el cabotaje	320
Primer banco privado agente fiscal del Gobierno	321
Sindicato de Nueva York se apropia de las mejores casillas	325
The San Juan Light & Transit Co.	326
Los Baños de Coamo	327
Cuba, big returns; Porto Rico, sure returns	328

9. Encuentro con el mentor

¡Adiós!, España	333
John R. Brooke	334
Un nuevo gobierno con viejos políticos	337
Estructura del gobierno militar	338
¿Continuidad o ruptura?	345
El Jefe y los americanos	348
La resbaladiza ideología del Jefe	349
París: 60 días antes de la cesión de Puerto Rico	352
La autonomía de Puerto Rico, ¡ay!, la autonomía	354
París: 40 días antes de la cesión de Puerto Rico	357
La deuda de Cuba con Puerto Rico	359
El Jefe contraataca	360
El rey está desnudo: el caso Blanco	365
A otra cosa: arrestos de periodistas y líderes obreros	369
La mayor estafa de todos los tiempos	370
Las venas abiertas de Puerto Rico: 1896	371
El doble vínculo de traición: 1898	374
Follow the money	377
Los estafadores cobran por estafar	380
Los estafados pagan por las pérdidas de los estafadores	384
Las ataduras con el centro imperial financiero	385
Consecuencias para Puerto Rico	386
París: 10 días antes de la cesión de Puerto Rico	388
Lágrimas por la salida de Brooke	388
Al final	389

10. La ordalía

Cambio de mando: 5 días antes de la cesión de Puerto Rico	391
El soldado más duro del oeste	392
El Jefe frente al nuevo gobernador	395
Programa de gobierno de Henry	398
Educación	399
Policía y tribunales	401
Aduanas	402
Consejo de Secretarios	402
Hermosas palabras: 2 meses antes de la ratificación del Tratado	403
El eclipse	404
Acercamiento a la caverna más profunda	405
El calvario	407
Henry vs. Muñoz	410
Renuncia… otra vez	412
Ataque a la red clientelar	414
Adiós al año más feliz: 1898	415
1899: 1 mes antes de la ratificación del Tratado	417
En el Senado: 1 mes antes de la ratificación del Tratado	418
La crisis de los 13 días	419
Primer día de la crisis: miércoles, 1 de febrero	419
Segundo día de la crisis: jueves, 2 de febrero	422
Tercer día de la crisis: viernes, 3 de febrero	422
Cuarto día de la crisis: sábado, 4 de febrero	423
Quinto día de la crisis: domingo, 5 de febrero	425
Sexto día de la crisis: lunes, 6 de febrero	425
Séptimo día de la crisis: martes, 7 de febrero	430
Octavo día de la crisis: miércoles, 8 de febrero	430
Noveno día de la crisis: jueves, 9 de febrero	431
Décimo día de la crisis: viernes, 10 de febrero	431
Días once y doce de la crisis: sábado, 11, y domingo, 12 de febrero	432
Decimotercer día de la crisis: lunes, 13 de febrero	435
Todo lo que sube, baja	436
La campaña… otra más	438
Cuarto cruce del umbral	443
¡Adiós!, Henry	445
El renacimiento del héroe	446

Bibliografía

Fuentes primarias	449
Fuentes secundarias	455

Índice de temas y nombres   465

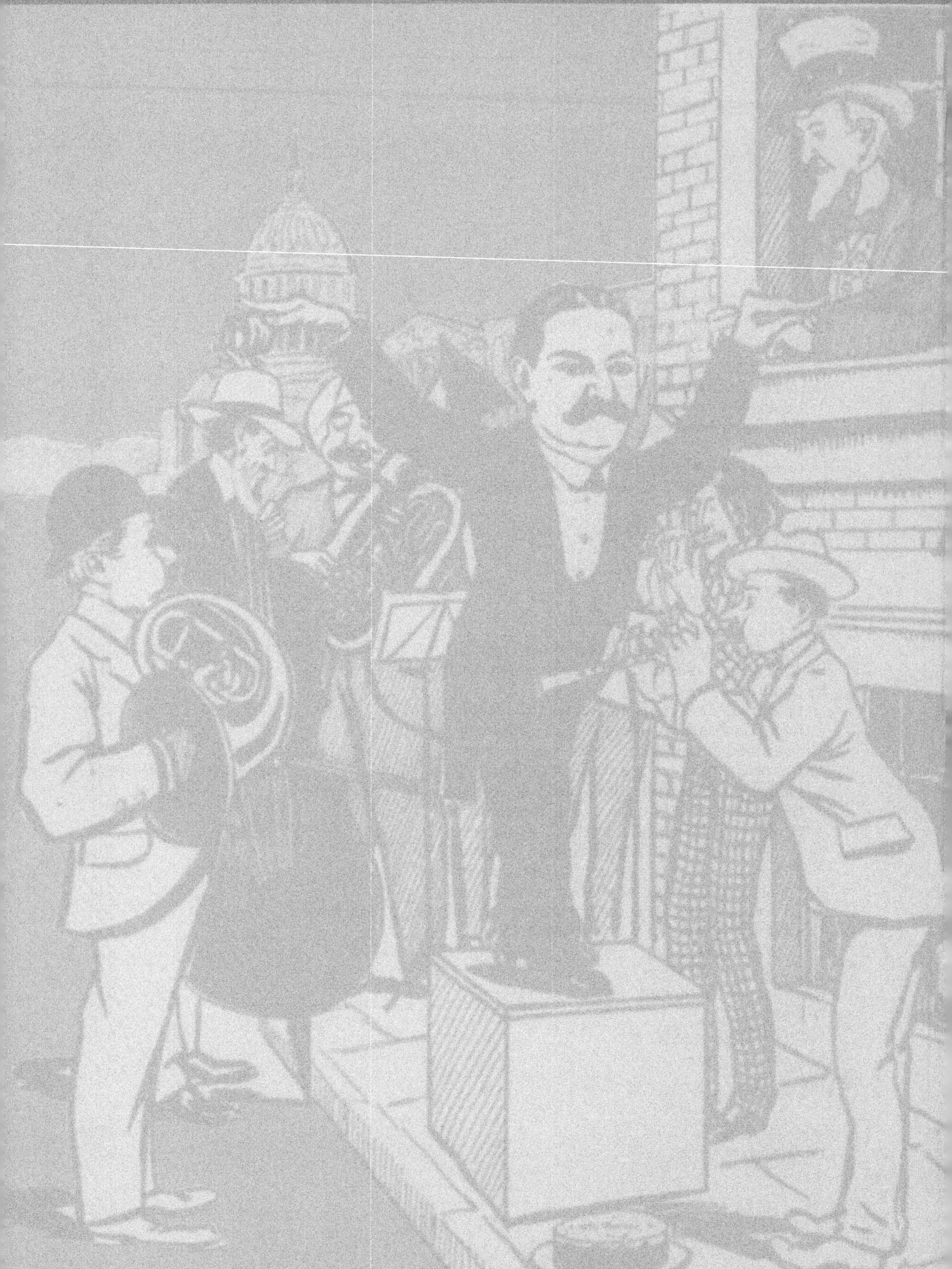

En un principio

El Puerto Rico del siglo XXI está secuestrado por políticos populistas y, en paralelo, por grandes (y poderosas) corporaciones privadas con sede en algún punto de Estados Unidos.

Esa coreografía destructiva en la que la élite política, una y otra vez, toma decisiones catastróficas para el país pero en extremo beneficiosas para algún donante o para sí misma, comenzó hace ya ciento veinticinco años. Desde entonces no hemos sido capaces de escapar de un bucle infinito de repetición que amenaza con no terminar.

Hoy, los políticos que pululan en todos los partidos parecen salidos de un mismo molde: prometen lo que saben que no van a cumplir; utilizan a su antojo los fondos del Estado; reparten los puestos públicos a sus amigos, familiares y amigos de los amigos; asumen una representación moral exclusiva pero nunca la responsabilidad por lo que sale mal; arriesgan el largo plazo por el corto plazo; descuidan los asuntos trascendentes a la vez que se detienen en nimiedades efímeras; son antipluralistas y grandes maestros de la propaganda; azuzan los odios y la división en bandos; repiten consignas huecas de fácil repetición que narcotizan a las masas; y articulan sus propuestas de gobierno alrededor de la figura de un Jefe (o Jefa) providencial que resolverá todos los problemas del país con su sola presencia. En el reino de los populistas a nadie extraña que la corrupción gubernamental sea titular diario. Soborno, extorsión, nepotismo, clientelismo, malversación de fondos y verdaderas conspiraciones mafiosas son los convidados de piedra habituales de la casta política puertorriqueña.

A la misma vez —y no por casualidad— la isla vadea la mayor bancarrota de un territorio bajo jurisdicción de Estados Unidos. La deuda pública se calcula en poco más de 129 000 millones de dólares. La tasa de pobreza supera el 45% de toda la población. El país no produce ni siquiera lo que consume. Las principales empresas proveedoras de servicios (luz eléctrica y acueductos) funcionan bajo un aletargado y mediocre monopolio estatal. El Gobierno malgasta $20.6 millones en subsidios y en exenciones fiscales. El 65.5% del dinero que circula en la isla proviene de transferencias federales y solo el 17.2% de exportaciones locales. Esas transferencias federales, vitales para la economía, sin embargo, se quedan muy por debajo del rendimiento por inversión extranjera en la isla que las supera 7.9 veces.[i] Se calcula que entre un 10% y un 15% del presupuesto general se dilapida a través de prácticas corruptas[ii] y, para rematar, a principios de 2019 la Unión Europea incluyó a Puerto Rico en su clasificación de países que fomentan el lavado de capitales por la inmensa cantidad de transacciones dudosas desde y hacia las Islas Caimán.[iii]

A todas luces estamos creando colectivamente unos resultados que nadie desea y con los que nadie está conforme.

Decía Jorge Luis Borges que en el hoy están los ayeres; que la historia es la trampa secreta de la que estamos hechos.[iv] Si esto es cierto —y creo que lo es— entonces recordar es una obligación. Recordar no solo para ganar el derecho a olvidar, sino también para deshacernos de patrones de comportamiento que solo consiguen los mismos resultados. Si queremos identificar cuánto de nuestro pasado está aún ordenando el presente, tenemos que aprender nuestra historia y, periódicamente, reaprenderla.

Para eso —para recordar y reaprender— es imprescindible que cada generación reescriba su pasado desde el rigor de la concepción científica de la historia, que es, en definitiva, la única lectura legítima que una democracia puede hacer de su pasado. Es cierto que los problemas del siglo XXI no pueden resolverse siguiendo los paradigmas del siglo XIX o los del XX, pero la única forma de dejarlos atrás es mirándolos de frente en toda su crudeza [auto]destructiva: sin autoengaños, sin justificaciones frívolas, sin miedo a la libertad que llega junto con la verdad.

El camino hacia el futuro emergente —un futuro diferente que aún no nace porque lo viejo todavía es dueño y señor de esta comarca— empezará en el instante en que comencemos a 'espejearnos' como colectivo. Recordemos que la psicología social no se diferencia mucho

---

[i] Entre los años 2000 al 2012 el rendimiento por inversión sobrepasó los $474 000 millones.
[ii] García San Inocencio, Víctor y Rivera Hernández, Víctor: *Derechos humanos y corrupción*. Comisión de Derechos Civiles de Puerto Rico. San Juan, Puerto Rico. 2015.
[iii] Herranz, Diego: «Paraísos fiscales. Los territorios con secreto bancario atesoran 32 billones de dólares». *Público*. España. 2 de marzo de 2019.
[iv] García Saraví, Gustavo: *Del amor y otros desconsuelos*. Editorial Luis Fariña. 1968. Prólogo de Jorge Luis Borges.

de la individual.[v] Como sociedad, como grupo, tenemos que hacer lo mismo que acometemos a nivel personal cuando queremos sanar heridas psíquicas: debemos hacer psicoterapia.

La terapia no es otra cosa que un doloroso pero muy valiente viaje al pasado. Un viaje hacia atrás, no para regodearnos en él ni para añorarlo desde la nostalgia y mucho menos para crear falsos ídolos, sino para reconocer el origen de los males, llorar si es necesario, razonar, descartar y regresar —transformados— al presente.

Esa es mi propuesta con este libro. Los invito a que me acompañen en un viaje terapéutico hacia donde todo comenzó: 1898. No les prometo finales felices, ni que en el camino aparezcan héroes 'buenos' dispuestos a salvarlos. Sí les aseguro altas dosis de realidad, de rabia colectiva y de cuidadosos análisis racionales, que son los mejores antídotos contra la disonancia cognitiva[vi] y contra la indefensión aprendida.

En un principio, el viaje de *El Jefe* (ese viaje circular que termina con una completa metanoia de quien se atreve a emprenderlo) se detiene en Estados Unidos para observar, siempre en interconexión con los eventos locales, a la aristocracia estadounidense de los negocios. Esa 'clase gobernante', surgida luego de la Guerra Civil —que no estaba detrás del trono, sino sentada en él— logró una enorme concentración de dinero en efectivo con el que pudo crear artificialmente períodos de prosperidad y períodos de pánico financiero; cuerpos de leyes que protegían a sus miembros y que limitaban la competencia; restricciones migratorias; convenientes tarifas e impuestos, así como la fabricación (bajo coerción y violencia estatal) de nuevos mercados y 'socios comerciales' para sus manufacturas sobreproducidas y para sus bancos en quiebra. Al observar los comportamientos de John Pierpont Morgan, John D. Rockefeller, Henry Havemeyer y de sus cooptados: William McKinley, Joseph Foraker, Theodore Roosevelt, Henry Cabot Lodge, Nelson A. Miles y Elihu Root, entre muchos otros, podremos explicar la inserción de Puerto Rico en los planes de guerra contra España; la invasión militar y también la invasión económica a la isla; las primeras órdenes ejecutivas relacionadas con el cabotaje, la moneda, el sistema de impuestos y las tarifas aduaneras; el despojo de nuestras riquezas; el

---

[v] Freud, Sigmund: *Psicología de las masas y análisis del Yo.* IndieBooks. Creative Commons. 2017, pág. 9.
[vi] La teoría de la disonancia cognitiva fue enunciada por el psicólogo Leo Fastinger en 1957 y predice que los individuos tienen una fuerte necesidad de que sus creencias, actitudes y conductas sean coherentes entre sí, evitando contradicciones entre esos elementos. La necesidad de consonancia cognitiva supone una formidable tensión para el individuo y lo obliga a desarrollar mecanismos reguladores esenciales para la supervivencia del Yo, en especial mecanismos de negación y distorsión de la realidad, que pueden ir desde el autoengaño hasta la aceptación de la mentira como una verdad.

comportamiento de los gobernadores militares estadounidenses; los contenidos del Tratado de París y, en definitiva, podremos entender la partida de Monopolio en la que se convirtió Puerto Rico a partir de 1898.

Nada de lo anterior hubiera sido posible sin la colaboración activa de la élite política puertorriqueña. Es por eso que, en paralelo, *El Jefe*, analiza la figura de Luis Muñoz Rivera, político que a través de estrategias populistas logró un movimiento de masas en torno a su propia figura. Sin partido, sin ideología y sin plan de gobierno, el discipulado se limitó a seguir al caudillo. A falta de un centro ideológico, estos súbditos se autoproclamaron «pertenecientes al partido que reconoce por Jefe a Muñoz Rivera».[vii]

El Jefe, Muñoz Rivera, era el primer ministro, la figura máxima en el espectro político cuando ocurrió la invasión estadounidense de 1898. Estaba al mando del país cuando Wall Street invadió económicamente a la isla; cuando se implantó la primera orden de cabotaje; cuando se instauró un gobierno militar sin el aval del derecho internacional; cuando se planteó un canje de monedas ilegal e inmoral; cuando se iniciaron y culminaron las negociaciones del Tratado de París y cuando ese mismo tratado pasó al Senado de Estados Unidos.

El Jefe vivió una de esas pocas coyunturas históricas, de esas rarísimas que ocurren una vez en la vida de los pueblos y que al político de turno lo llevan directo a la gloria y la fama, o lo hunden en los oscuros pantanos del olvido y el resentimiento colectivo. Sobre Muñoz Rivera recayó la responsabilidad moral y política de anticipar el peligro, proteger las riquezas del país, mirar con luces largas hacia el porvenir y actuar en consecuencia. No lo hizo y los efectos de sus actos y omisiones todavía se sienten en el Puerto Rico del siglo XXI.

Luis Muñoz Rivera tuvo herederos intelectuales. Sus acciones lo representan a él, a muchos otros que lo imitaron, a tantos más que mimetizaron a esos otros, y a los que vinieron después que repitieron las estrategias enseñadas por los anteriores. Luis Muñoz Rivera es toda su red clientelar; es Luis Muñoz Marín y es Luis A. Ferré; es un puente que se inaugura con rellenos de cartón; es Rafael Hernández Colón, Carlos Romero Barceló; es el 'Sí, se puede' de Pedro Rosselló; es un Tren Urbano que no llega a ninguna parte y que opera con pérdidas de $140 millones al año; es Aníbal Acevedo Vilá, Luis Fortuño, Alejandro García Padilla, Ricardo Rosselló, Wanda Vázquez; es Jorge de Castro

---

[vii] «Muñoz Rivera su partido». *La Democracia*. Ponce, Puerto Rico. 23 de febrero de 1899, pág. 2.

Font invitando a pelear a manifestantes; es Pedro Pierluisi, Juan Dalmau, Alexandra Lúgaro, Eliezer Molina; es un Rolex en el brazo del alcalde de Cataño; es Ángel Pérez, Tatito Hernández; es un tuit de Tomás Rivera Schatz; es LUMA; es Tata Charbonier y es, Sixto George. Luis Muñoz Rivera será también, por la fuerza del patrón, el futuro político de Puerto Rico, a menos que rompamos el hechizo.

La vida de Luis Muñoz Rivera, por lo tanto, nos interesa. Es imperativo que revisitemos sus abundantes hagiografías, separemos la paja del grano, el autobombo de la realidad, el mesianismo de los hechos y, sobre todo, que dejemos de inventar excusas para justificarlo. Debemos recordar, como bien acuñó José Luis González, que los santos tienen su lugar en la esfera de la religión pero no en la política.[viii]

Si en el hoy están los ayeres, entonces, hoy, justo en este instante, estamos construyendo el futuro. Tengo la completa seguridad de que —si despertamos— un futuro mejor nos aguarda, esperanzado, en algún recodo del camino.

Confío en que nos encontraremos por allí.

Nieve de los Ángeles Vázquez, Ph.D
Guaynabo, Puerto Rico
17 de febrero de 2023

[viii] González, José Luis: *El país de cuatro pisos y otros ensayos*. Ediciones Huracán. Río Piedras, Puerto Rico. 1987, pág. 33.

La historia no existiría
si los mismos errores
no siguieran repitiéndose
en el presente.
U<small>N</small> C<small>URSO DE</small> M<small>ILAGROS</small>

1

El viaje del héroe

> Un oyente llama a Radio Armenia
> para hacer una pregunta:
> —¿Es posible predecir el futuro?
> —Sí. Sabemos exactamente cómo
> será el futuro.
> Nuestro problema es el pasado:
> que siempre está cambiando.
>
> CHISTE DE LA ERA SOVIÉTICA

El mundo ordinario

El futuro primer ministro de Puerto Rico, Luis José Manuel Muñoz Rivera[1] nació el 17 de julio de 1859, fecha que hoy se celebra en el país con un día feriado. Vino a este mundo en un pueblo que en nada favorecía el ascenso de un héroe. Las imponentes montañas de la Cordillera Central y la ausencia de carreteras convirtieron a Barranquitas en una especie de polis aislada del resto de las ciudades. Por los años en que Muñoz Rivera nació y creció, el pueblo carecía de telégrafo, de médico y de farmacia, recibía solo tres correos por semana, tenía una única escuela elemental[2] y su fuerza pública se componía de un solitario alguacil vestido de paisano, sin armas.[3] Hasta 1906 no tuvo una sola carretera que lo conectara con el mundo exterior, de modo que para salir de sus predios había que hacerlo a caballo, en un viaje largo, penoso y poco frecuente.

> Sus habitantes se conformaban por aquellos días con llevar una vida austera, íntima y fraternal, mirando aquellas montañas como cerco amoroso que los separaba del bullicio de los grandes centros de población y evitando el roce frecuente con la intensa, intranquila y enervante vida civilizada.[4]

Luis Ramón Muñoz Barrios —el padre— era para la fecha del nacimiento del primogénito el alcalde de Barranquitas. Nacido en la provincia de Palencia, España,[5] tenía ya una larga carrera

---

[1] Partida de nacimiento de Luis Muñoz Rivera incluida en: Negrón Sanjurjo, Quintín: *Los primeros treinta años de la vida de Luis Muñoz Rivera*. Fundación Luis Muñoz Marín. República Dominicana. 1993, pág. 189.
[2] Negrón Sanjurjo, Quintín: *Los primeros treinta años de la vida de Luis Muñoz Rivera*. Fundación Luis Muñoz Marín. San Juan. 1993, pág. 24.
[3] *Ibid.*, pág. 13.
[4] *Id.*
[5] Registro Civil de Puerto Rico 1836-2001. *Certificado de defunción de Luis Muñoz Barrios. 15 de agosto de 1895*. Departamento de Salud de Puerto Rico. Imagen digital. Ancestry.com.

Luis Muñoz Rivera nació en una casa de madera y zinc que su padre, por entonces alcalde de Barranquitas, alquilaba. Poco tiempo después la familia se mudó a una casa mucho más acorde con su posición social y económica, una de altos y bajos ubicada en la misma calle. La primera casa es hoy un museo gracias a que el centralista, banquero y político Eduardo Giorgetti la compró por $2000. Imagen: Fundación Luis Muñoz Marín.

en la empleomanía pública gracias a sus conexiones con el Partido Incondicional Español, agrupación que controló la escena política de la isla de forma ininterrumpida desde por lo menos 1874.[6] Muñoz Barrios era un cacique en todo rigor. Había sido secretario de Comerío, Coamo, Juana Díaz, Aguadilla y alcalde de Barros[7] y, luego del nacimiento del hijo fue notario público en Barranquitas, Comerío y Barros. Su hermano, Vicente Muñoz Barrios también gozaba del erario desde la Alcaldía de Caguas,[8] y José Muñoz Barrios, otro de los hermanos, desde la Alcaldía de Dorado.[9] Antes que ellos, el padre Luis Muñoz Iglesias, un militar español, se había estrenado en el patronazgo político y las redes clientelares como alcalde de Cidra.[10]

María Monserrate Rivera Vázquez —la madre— era la hija del hombre más rico de toda la comarca, Esteban Rivera quien llegó incluso a donar los terrenos para la fundación de los entonces barrios de Barranquitas, Comerío Alto y Comerío Bajo, hoy pertenecientes al municipio de Comerío. Monserrate se casó en 1858 con veintitrés años. Murió trece años después, en 1871, a los treinta y seis años, momento en que su hijo mayor, Luis, tenía doce años; Carmen María, once; Ángela Luisa, seis; José, tres y Josefa, apenas un año.[11]

El niño Luis Muñoz Rivera, miope, con ligero estrabismo en el ojo izquierdo, temeroso y solitario, creció bajo la sombra autoritaria y represiva del padre, agravada por la temprana muerte

---

[6] «Más abajo». *La Democracia*. Ponce, Puerto Rico. 21 de julio de 1896, pág. 2.
[7] Hoy, Orocovis.
[8] Negrón: *Los primeros treinta años...*, págs. 19-20.
[9] «Alcaldía Municipal de Dorado». *La Gaceta de Puerto Rico*. San Juan, Puerto Rico. 7 de abril de 1888, pág. 5.
[10] Negrón: *Los primeros treinta años...*, págs. 19-20.
[11] *Id.*

de la madre. Nunca se le vio sonreír —tampoco a su progenitor— y más de una vez estalló impulsiva y violentamente en arranques de ira. Siendo aún pequeño, por ejemplo, en la víspera del toque de difuntos se empeñó en tocar las campanas de la iglesia y para conseguir que el campanero se las cediese, sin pensarlo mucho, recurrió a la amenaza y a los golpes.[12]

Sus biógrafos han contado que el padre restringió de forma constante y progresiva la autonomía del hijo, a la vez que le negó cualquier muestra de afecto o aprobación. Exigió obediencia ciega; le prohibió el juego[13] y alejarse de la casa hasta pasados los veinticinco años; le impidió desviarse del camino de la escuela a la casa; no le permitió ni un solo amigo hasta pasados los quince años; censuró los libros que podía leer, incluso después de haber superado la mayoría de edad[14] y, cuando por fin le dio permiso para salir, le impuso las nueve de la noche como hora límite para estar de vuelta en la casa.[15] La restricción fue tal que la primera vez que Luis Muñoz Rivera salió de Barranquitas fue a los diecisiete años, acompañado por un familiar y por encargo del padre.[16] Muñoz Rivera no se atrevió nunca a prender un tabaco delante de su progenitor, a pesar de que fumaba desde los veinte años. Casi con treinta años, prefería saltar por la ventana a altas horas de la noche para asistir a algún baile, antes que enfrentarse al autoritario y abusivo Don Luis.[17]

> Luis [Muñoz Rivera] fue siempre reservado, taciturno, puede decirse que no tuvo juventud alegre, bulliciosa. Dedicado a estudiar mucho y a pensar hondo desde muy temprano... Fue retraído en sus días de joven. En los bailes de la fiesta de 1876 permaneció casi siempre en el balcón de la casa donde se dieron los bailes, hablando con sus amigos, mientras la bella de sus pensamientos iba por el salón de brazo de otros. En rigor, Luis no experimentó nunca la alegría íntima de vivir.[18]

Don Luis Muñoz Barrios obligó a su hijo a trabajar desde los catorce hasta los veinte años en la notaría, «dedicándolo a la confección de documentos notariales». A la misma vez, Muñoz Rivera debía darles clases de caligrafía y gramática a sus hermanas.[19] Estas tareas diarias las hacía sin recibir compensación alguna. Un día, sin embargo, el padre le puso en la mano algunos escudos de oro. «Es mi retribución justa por el trabajo que he realizado» —pensaría aliviado el joven— «por fin mi padre reconoce mi valía». Pero se equivocó. Don Luis solo quería dar otra lección de control y poder. Le dijo que, en efecto, aquellas monedas eran como «recompensa a tus trabajos en la Notaría», pero «yo deseo que vayas donde tu hermana Carmen a regalarle, en tu nombre, ese dinero». Luisito, que a la sazón tenía dieciséis o diecisiete años, obedeció como siempre. El padre, entonces, le 'regaló,' no en forma de retribución ni de paga justa, igual cantidad de dinero.[20] Quedaba claro quién mandaba y cuánto valía cada cual.

---

[12] Ibid., pág. 17.
[13] González Ginorio, José: *Luis Muñoz Rivera a la luz de sus obras y de su vida. Estudio biográfico-crítico-educativo.* D.C. Heath y Compañía, Editores. Nueva York. 1919, págs. 8-9.
[14] Le prohibió, por ejemplo, leer *Naná*, de Émile Zola. Negrón: *Los primeros treinta años...*, pág. 124.
[15] Negrón: *Los primeros treinta años...*, pág. 23.
[16] Ibid., pág. 60.
[17] Ibid., pág. 81.
[18] Ibid., pág. 69
[19] Ibid., pág. 73.
[20] Ibid., pág. 35.

El niño Luis Muñoz Rivera, miope y con estrabismo en el ojo izquierdo, creció bajo la sombra autoritaria del padre, agravada por la temprana muerte de la madre.
Imagen: Fundación Luis Muñoz Marín.

A los quince años, el futuro caudillo quería ser notario público como su padre. Le confesaba a su amigo de infancia Quintín Negrón Sanjurjo: «Papá debía mandarme a estudiar para notario y así yo le sucedería». «Insiste», le replicaba el amigo. «Papá es muy firme en sus resoluciones y piensa que perjudicaría a los demás hijos suyos si se impusiese para esto un fuerte gasto dentro de su modesto capital», intentaba Muñoz Rivera justificar al padre o por lo menos eso nos cuentan sus hagiógrafos.[21]

Lo cierto es que Luis Muñoz Barrios era dueño de tierras, propietario de personas esclavizadas, de varias propiedades, de negocios de compra y venta de café, tabaco y ganado vacuno y de una fábrica de elaboración de tabacos, además de ser el albacea y administrador de los bienes de su difunta esposa. El capital en efectivo de Muñoz Barrios no bajaba de 50 000 pesos[22] de la época, que serían un poco más de 1 millón, 500 000 dólares actuales.[23] La hacienda del patriarca Muñoz, como se puede apreciar, estaba muy lejos de ser modesta. Enviar a su hijo a la universidad no hubiera representado de forma alguna un gasto imposible de asumir. Contrasta con los esfuerzos de otros padres e hijos de la misma época, que tenían muchísimo menos recursos y con toda

---

[21] *Ibid.*, págs. 30-31.
[22] El hombre más rico de todo Puerto Rico en esa época era Pablo Ubarri y su capital no sobrepasaba los 100 000 pesos.
[23] Negrón: *Los primeros treinta años...*, pág. 80.

A la misma edad que sus contemporáneos se graduaban de la universidad, Luis Muñoz Rivera, se atrevió por primera vez a publicar un poema. Lo hizo escondido detrás de un seudónimo.
Imagen: Fundación Luis Muñoz Marín.

A la edad de 23 años

probabilidad muchos más obstáculos. Fueron los casos de Herminio Díaz Navarro, quien a los veinticuatro años completaba sus estudios de licenciado en Derecho en Madrid;[24] Federico Degetau, a los veintiuno se entrevistaba con Víctor Hugo en París y a los veintiséis se graduaba de licenciado en Derecho en Madrid; José Celso Barbosa, con apenas veintitrés años, a pesar de ser pobre y negro, se graduaba de Medicina en la Universidad de Michigan con el más alto honor; y José de Diego, también huérfano de madre, a los veintiún años ya estaba matriculado en la Facultad de Derecho en Barcelona y a los veinticinco terminaba sus estudios de Leyes en la Universidad de La Habana.[25]

Luis Muñoz Rivera no pudo ir a la universidad —su última educación formal fue la escuela elemental de Barranquitas— y tampoco encontró el valor necesario para desafiar el autoritarismo castrante del padre. Entonces quiso ser poeta. Pero en Barranquitas no había maestro de arte poético, gabinete de lectura ni biblioteca donde consultar,[26] y el padre nuevamente se encargó de minar su valía. «Pierdes el tiempo», le decía al joven Luis cada vez que encontraba algún verso, «para triunfar como poeta tienes que ser muy bueno y tú no llegarás nunca a hacerlo así».[27]

---

[24] «Herminio Díaz Navarro». *Revista Jurídica de la Universidad de Puerto Rico*. Vol. 7, Núm. 3. Marzo 1938, págs. 165-170.
[25] Arrigoitía, Delma S.: *José de Diego, el legislador: su visión de Puerto Rico en la historia (1903-1918)*. Instituto de Cultura Puertorriqueña. San Juan, Puerto Rico. 1991, págs. 89-90
[26] Negrón: *Los primeros treinta años...*, pág. 71.
[27] *Ibid.*, pág. 78.

Limitado en su libertad y autonomía personal, Luis Muñoz Rivera se atrevió a publicar un poema en 1882, cuando ya tenía veintitrés años. En 1883 —ocho años después de haber escrito su primer verso— publicó en *El Buscapié* el poema *Varsovia*, pero lo hizo escudado tras el seudónimo Rigoló para evadir el hipercriticismo del padre. Esta es, sin duda, una estrategia astuta, que el Jefe repetirá muchas veces a lo largo de su vida de periodista y político. Don Luis, un ávido lector de *El Buscapié*, leyó el poema y acto seguido lanzó una sentencia de muerte contra el autoconcepto del hijo: «Tú ves, Luisito, cuando tú escribas así, podrás hacer versos; esta es una hermosa composición y el autor de ella es un gran poeta». Luisito tragó en seco, bajó la cabeza sin ser capaz de decirle al padre, «estos versos son míos».[28]

Así las cosas, el futuro primer ministro, con veinticuatro años cumplidos, sin estudios universitarios, viviendo en una especie de autoexilio forzado en Barranquitas e incapaz de escapar del círculo autoritario del padre, se unió a Quintín Negrón Sanjurjo en la sociedad Negrón & Muñoz. Ambos amigos regentaron el establecimiento comercial Variedades en Barranquitas, dedicado a comprar y vender telas, provisiones, ferretería, quincalla, frutos del país y ganado vacuno.[29] A pesar de que, en apariencia, era autónomo e independiente, Muñoz Rivera iba todos los días, a las once en punto de la mañana, a almorzar a la casa paterna y, por supuesto, regresaba a la hora indicada por el patriarca.[30]

Gracias a la actividad comercial de Variedades, Muñoz Rivera encontró excusas para visitar con frecuencia la capital, donde pudo conocer personalmente a líderes liberales que admiraba como Luis Sánchez Morales, Manuel F. Rossy, José Celso Barbosa, José Gómez Brioso, José de Celis Aguilera, Julián Acosta, Salvador Brau, Martín Corchado Juarbe, Gabriel Ferrer Hernández y Manuel Fernández Juncos.[31]

Desde su atalaya en Barranquitas, el caudillo en ciernes devoraba todas las publicaciones de aquellos renombrados periodistas y dueños de periódicos como *El Buscapié, El Pueblo, La Revista, El Agente* y *La Crónica*. En secreto, Muñoz Rivera quería ser como ellos. En el ocio de Barranquitas dejaba correr sus sueños de grandeza y, en aquella interminable búsqueda de validación paterna, reconocía la extrema importancia de poseer vehículos de propaganda personal como aquellos periódicos que se recibían tres veces por semana en Barranquitas y que él consumía con avidez.

«Mi anhelo es llegar, ver y vencer», le reconoció en una ocasión Luis Muñoz Rivera a su socio y confidente Quintín Negrón.[32] Hasta que no pudiera garantizar un éxito total, le decía al amigo, no se movería. El futuro Jefe político aspiraba a la perfección. A algo grande. Monumental. Extraordinario. Sin ser consciente de ello —ante una madre ausente por la muerte temprana y un padre incapaz de amarlo incondicionalmente—, escogió el camino que los psicólogos llaman *Up* y que es el de la huida hacia delante en la grandiosidad, el éxito y el narcisismo.[33]

---

[28] *Ibid.*, pág. 112.
[29] *Ibid.*, pág. 115.
[30] *Ibid.*, pág. 130.
[31] *Ibid.*, pág. 123.
[32] *Ibid.*, pág. 54
[33] Piñuel, Iñaqui: *Familia Zero. Cómo sobrevivir a los psicópatas en familia*. La Esfera de los Libros. Madrid. 2020, págs. 77- 89.

La huida escapista la reflejó Muñoz Rivera en sus acciones y en sus palabras. Por ejemplo, en una carta a su hermana Carmen, escrita en 1914, confesaba su gran complejo napoleónico:

> Aun después de los cincuenta seguimos fabricando castillos en el aire. No me lo niegues. Yo los fabrico monumentales, cien veces más altos que esos edificios de cincuenta pisos que «te dan jaqueca». A mí me gustarían de cinco mil pisos; torres de Babel, que me alejaran de abajo, de lo bajo, de lo sucio, de la tierra en la que me aguarda ¡al fin! el sueño del que nadie despierta.[34]

Este escape psicológico tan frecuente entre los políticos, como muy bien demostró el estudio sobre los primeros ministros británicos hecho por la escritora e investigadora Lucille Iremonger,[35] incluye grandes dosis de autobombo y autopropaganda; monopolización del mérito de los demás; historias de grandes logros o tribulaciones en el pasado; sentido de grandiosidad, de ser único o de ser especial; rivalidad y competitividad exacerbadas; acoso y persecución hacia quienes pueden hacerle sombra; pensamiento autorreferencial y egocentrismo constantes, así como mesianismo y delirio de grandeza irreales.[36]

En la vida política de Muñoz Rivera, como veremos en este libro, no faltarán ejemplos abundantes de todo lo anterior.

El llamado a la aventura

En 1887, el por entonces comerciante Luis Muñoz Rivera se alejó de su pueblo para participar en la asamblea del Partido Liberal Reformista que se realizó en Ponce los días 7, 8 y 9 de marzo. El delegado por Barranquitas, a quien solo lo conocían en Comerío, Barros, Aibonito y Coamo por ser el 'hijo de Don Luis'[37] estaba en el teatro La Perla cuando el 7 de marzo se reorganizaron las huestes liberales en el nuevo Partido Autonomista Puertorriqueño bajo la presidencia de Román Baldorioty de Castro.

A punto de cumplir veintiocho años, Muñoz soñó debutar como orador en aquella asamblea. Se había preparado para ese día. Ayudado por el Moscatel[38] y por su buen amigo Negrón Sanjurjo, escribió unas notas que le sirvieran de base a su discurso. Petrificado por el miedo al rechazo y desalentado por una autoestima muy frágil, fue incapaz siquiera de articular una palabra. Tuvo, entonces, que conformarse con balbucear opiniones cortas y emitir su voto.[39] Faltaban todavía cinco años para que le confesara a su amigo íntimo, Negrón Sanjurjo: «Ya yo hablo en público». Al parecer, una tarde de 1892 un grupo de personas lo siguió hasta su casa y lo obligó a discursar. «Desde el balcón les dirigí la palabra sin ideas prepensadas o

---

[34] González: *Luis Muñoz Rivera a la luz...*, pág. 7.
[35] Iremonger, Lucille: *The Fiery Chariot: A Study of British Prime Ministers and the Search for Love.* Secker & Warburg. Londres. 1970.
[36] Piñuel: *Familia Zero...*, pág. 85.
[37] Negrón: *Los primeros treinta años...*, pág. 92.
[38] *Ibid.*, pág. 166.
[39] *Ibid.*, págs. 139-140.

preparadas», relataba el propio Muñoz, «y es lo cierto que me produjo con facilidad, diciendo lo que quise».[40]

En la asamblea de Ponce, sentado muy lejos de los grandes del autonomismo puertorriqueño a quienes conocía por sus escritos y a los que, con frecuencia, enviaba cartas y telegramas, el Jíbaro de Barranquitas observó con parsimonia las dinámicas de las lides políticas. Y, habrá que decir que el ejemplo que vio en aquella asamblea fue de un grupo de hombres dominados por sus egos que, en lugar de focalizar sus energías en los adversarios y en los problemas del país, concentraron sus esfuerzos en zancadillearse entre sí. El primer conflicto fue de índole ideológico. Se disputaban el Plan de Labra propuesto por Rafael María de Labra, representante en Madrid de los autonomistas cubanos, y el Plan de Ponce, una fórmula autonómica más amplia defendida por Baldorioty.[41] Luego, la guerra se concentró en si Baldorioty —seleccionado como el presidente del partido— nombró a su yerno al puesto de secretario que Labra quería para su amigo Francisco Cepeda, y en por qué el directorio se había establecido en Ponce y no en San Juan.[42]

El Partido Autonomista Puertorriqueño, agrupación que a pesar de su nombre no renegó de la personalidad jurídica española, nació con las raíces torcidas.

Segundo llamado a la aventura

De vuelta a su espacio regulado, el hijo de Don Luis fue seleccionado presidente del Comité Autonomista de Barranquitas. Ese mismo año, 1887, siguiendo la tradición de los Muñoz Barrios, consiguió su primera plaza pública como concejal de Barranquitas. Aunque, no pudo ocupar el puesto hasta el 12 de mayo de 1888, toda vez que el Partido Incondicional Español, haciendo gala de su control político, protestó la elección.[43]

Poco tiempo después de la asamblea de Ponce, en el verano de 1887, comenzaron a llegar a Barranquitas noticias de persecución y encarcelamiento de autonomistas. El gobernador Romualdo Palacio, tras recibir informes secretos que culpaban a los liberales del boicot a comercios españoles, inició una fuerte ola represiva que incluyó interrogatorios, insultos, apretones y torceduras en los testículos, patadas y verdaderas torturas inquisitoriales como amarrarle los brazos en la espalda hasta que la persona se tocara los codos, colgar al torturado del techo mientras se le golpeaba, introducirle palillos debajo de las uñas y amenazar al interrogado con extirparle la lengua o fusilarlo.[44]

El 15 de agosto, Romualdo Palacio instaló su cuartel general en una casa de veraneo en Aibonito, muy cerca de Barranquitas donde se encontraba Luis Muñoz Rivera. Desde allí ordenó

---

[40] *Ibid.*, pág. 140.
[41] Bothwell González, Reece B.: *Puerto Rico: Cien años de lucha política*. Volumen I. Editorial Universitaria. Universidad de Puerto Rico. 1979, pág. 11.
[42] Domingo Acebrón, María Dolores: *Rafael María de Labra: Cuba, Puerto Rico, Las Filipinas, Europa y Marruecos en la España del Sexenio Democrático y la Restauración (1871-1918)*. Biblioteca de Historia. España. 2006, pág. 192.
[43] Negrón: *Los primeros treinta años...*, pág. 140.
[44] Mari Mut, José A.: «1887 el año terrible de los compontes». *Aquiestapr.com*. 30 de octubre de 2021. <https://aquiestapr.com/1887-el-ano-terrible-de-los-compontes/>. [7/10/2022].

A pesar de que se ha dicho que Luis Muñoz Rivera fue el paladín de la autonomía puertorriqueña, lo cierto es que en 1891 intentó con mucha fuerza sacar el ideal autonomista de la Constitución del Partido Autonomista. «¿Por qué andar empeñados en sostener la palabra autonomía en el nombre del partido?», decía. En ese momento, la autonomía era un obstáculo en la carrera hacia el poder del caudillo y, por lo tanto, se convirtió en un enemigo a abatir. Imagen: Fundación Luis Muñoz Marín.

A la edad de 25 años

a la guardia civil de Ponce trasladarse a Juana Díaz. Allí arrestaron en una sola noche a 80 personas. A partir de ese quiebre, las detenciones y las torturas fueron *in crescendo*. En la redada cayeron abogados, médicos, músicos, escritores, periodistas, agricultores, comerciantes, industriales y jornaleros. La represión se extendió desde Ponce, Guánica, Salinas, Santa Isabel, Utuado, Adjuntas, Naranjito, Juncos, Aguas Buenas hasta Humacao. En una segunda oleada de terror, los guardias civiles incluyeron a Yauco, Naguabo, Guayanilla, San Germán, Lajas, Sabana Grande y Mayagüez.[45]

El 22 de agosto arrestaron a Román Baldorioty de Castro, Francisco Cepeda, Ramón Marín Solá, Salvador Carbonell y a otros 47 miembros del Partido Autonomista Puertorriqueño.[46] Baldorioty, Marín, Carbonell y Cepeda fueron trasladados de Ponce a Juana Díaz, muchos de ellos golpeados, y de ahí a las mazmorras del Castillo del Morro en San Juan, donde estuvieron hasta el 24 de diciembre de 1887.[47]

Se sabe que una mujer de Juana Díaz se atrevió a recoger dinero para pagar las multas impuestas a los periódicos autonomistas. También que en octubre de 1887, un joven músico de Mayagüez, José Raimundo Defilló Amiguet, se degolló con una larga navaja de afeitar en la hacienda Carmen (donde hoy se encuentra el recinto universitario de Mayagüez). Antes de hacerlo, Defilló dejó una carta en la que denunciaba los atropellos y señalaba a los culpables. La indignación popular que provocó este suceso ayudó a la pronta resolución de aquellos terribles agravios:

---
[45] *Id.*
[46] «Los presos». *El Boletín Mercantil*. San Juan, Puerto Rico. 30 de octubre de 1887, pág. 2.
[47] *Id.*

> Señor Juez Monreal: Anoche se me ha dicho que me van a dar componte; antes que esto suceda me mato. No pertenezco a ninguna sociedad, lo juro. Cuando se va a morir se dice la verdad. Caiga mi muerte sobre los que están hundiendo este hermoso país. A mis hijos, que sepan ser hombres justos.
> P/D: Antes que componte, digno siempre. Mis amigos Cartagena, Lavat y Romeu no tienen culpa de nada; he escogido este lugar para matarme porque me creí más seguro de que no me cogieran para el componte. Repito que soy inocente, lo juro a la hora de mi muerte.[48]

Los secuestros y las torturas terminaron gracias a Juan Arrillaga Roqué. Este joven arriesgó su vida al trasladarse en secreto hasta Madrid donde, con el apoyo de Rafael María de Labra, Julio Vizcarrondo, Antonio Cortón Toro, Federico Degetau, Ramón Emeterio Betances, Lola Rodríguez de Tió, Francisco Pi Margall, Segismundo Moret y el ministro de Ultramar, Víctor Balaguer, consiguió convencer al entonces primer ministro Práxedes Mateo Sagasta de la urgencia de relevar al tirano. Palacio fue destituido el 9 de noviembre de 1887.[49]

Luis Muñoz Rivera —quien muy pronto se autoproclamará heredero de Baldorioty— no recolectó dinero para ayudar a los prisioneros o a los multados. No colaboró en la búsqueda de un representante legal para Román Baldorioty ni para el resto de los autonomistas cuando el abogado del partido, Herminio Díaz Navarro, se negó a firmar el escrito de apelación en el caso judicial.[50] No hizo pública denuncia alguna. No estuvo siquiera detenido, a pesar de que era el presidente del Comité Autonomista en Barranquitas. Tampoco su nombre se puede leer entre los valientes que dieron la voz de alerta en Madrid.

En aquella terrible coyuntura histórica, Luis Muñoz Rivera se limitó a enviarle un telegrama a la esposa de Francisco Cepeda, director de *La Revista* y uno de los encarcelados en El Morro, para ofrecer su «pluma humilde, pero viril, para sostener sin miedo la bandera de *La Revista*».[51] «Ante el peligro», aseguraba Muñoz en aquella comunicación, «los reptiles se arrastran y huyen: los hombres se yerguen y combaten».[52] Él, sin embargo, permaneció incólume en su resguardada Barranquitas, donde por puro milagro, o por otras intervenciones no tan milagrosas, la guardia civil no realizó arrestos masivos, a pesar de su cercanía al cuartel general de Palacio.

Esta actitud pasiva no fue exclusiva de Luis Muñoz Rivera. Otros también demostraron su cobardía. Fue el caso, por ejemplo, de Herminio Díaz, arrestado el 12 de septiembre de 1887 a las 9 de la mañana y puesto en libertad dos horas más tarde ese mismo día, y quien, pese a que era el abogado del partido, se negó a socorrer a sus correligionarios.[53] A estos hombres, Román Baldorioty de Castro dedicó duras palabras en su carta de despedida del partido. «Si algunos creían que había otra acción que emprender, hicieron mal en callar durante los peligros, y hacen peor glorificándose después que pasaron estos, de los cuales, gracias a otros, salieron ilesos».[54]

---

[48] Mari Mut, José A.: «El componte y José Defilló». *Escritos breves*. Ediciones digitales. 2014, págs. 5-6.
[49] Bayron Toro, Fernando: *Elecciones y partidos políticos de Puerto Rico*. Editorial Isla. Mayagüez, Puerto Rico. 1989, pág. 92.
[50] «Preguntamos». *El Momio*. San Juan, Puerto Rico. 10 de abril de 1898, pág. 1.
[51] González: *Luis Muñoz Rivera a la luz…*, pág. 66.
[52] *Id.*
[53] «Preguntamos»…
[54] «¡Séale la tierra ligera!». *El Boletín Mercantil*. San Juan, Puerto Rico. 10 de enero de 1889, pág. 2.

Primer cruce del umbral

Los 'compontes' no significaron lección alguna para los hombres del Partido Autonomista. Una vez pasado el susto, volvieron a la casilla inicial. Las peleas internas retornaron a su papel protagónico y todo se concentró en la nueva batalla fratricida, esta vez entre Francisco Cepeda y Román Baldorioty de Castro.

El 22 de julio de 1888, Francisco Cepeda Taborcias se fue a España a denunciar ante Rafael María de Labra al directorio autonomista, por considerarlo falto de inteligencia y de actividad. Esa misma acusación se replicó en Puerto Rico gracias al apoyo de Salvador Brau y de varios periódicos autonomistas desde cuyas páginas se lanzaron epítetos, burlas, ataques, injurias e insultos contra los hombres que dirigían el partido.[55] El rifirrafe terminó en enero de 1889 con la renuncia irrevocable al partido y a la vida política, para retirarse «a la oscuridad y a las soledades de su vida privada»,[56] de Román Baldorioty. También se apartaron Herminio Díaz, Luis Gautier y otros miembros del directorio.[57] La presidencia, entonces, fue ocupada por Martín Corchado, con Cepeda como secretario.[58] Como telón de fondo continuaba el fuego cruzado entre las publicaciones autonomistas: *El Popular, La Revista, El Clamor, El Resumen, El Imparcial* y *El Criterio*. Por el bando del Partido Incondicional Español, *El Boletín Mercantil* parecía divertirse. Luis Muñoz Rivera, en silencio y desde Barranquitas, observaba el intercambio. Recopilaba palabras, frases y estilos que muy pronto volcará en sus propios periódicos.

En este contexto de todos contra todos, murió Román Baldorioty de Castro el 30 de septiembre de 1889. De repente, los autonomistas olvidaron los insultos y comenzaron a referirse al presidente honorario como «el mártir puertorriqueño»; «don Román Baldorioty, la primera figura de este desgraciado país»; «la honra y la dignidad de la política antillana»; «el primero de nuestros ilustres muertos»; «el más sabio y el más ilustre de nuestros políticos».[59]

Luis Muñoz Rivera, sin moverse de Barranquitas, envió un poético telegrama:

> Estoy anonadado. Parece que me roban algo íntimo, que me estrujan el corazón; que me aplastan con una mole inmensa. ¿A quién pediremos consejos cuando la lucha arrecie? ¿Quién podrá reemplazar al venerado maestro que la fatalidad nos robó? ¿Qué corazón tan grande como el suyo? ¿Qué carácter más grave y dulce que su carácter? ¿Qué inteligencia más luminosa y firme que aquella inteligencia excepcional?[60]

Los autonomistas convirtieron el funeral de Román Baldorioty en un gran teatro. Con la muerte del patricio, nació un ídolo al que adorar. A la misma vez, el partido perdía a su figura preeminente. Se abría un espacio que muy pronto, como siempre ocurre en la política, se llenaría con otro hombre fuerte. Era el momento de actuar para Luis Muñoz Rivera. Ahora o nunca.

---

[55] «La Excomunión». *El Boletín Mercantil*. San Juan, Puerto Rico. 29 de marzo de 1889, pág. 2.
[56] «¡Séale la tierra ligera!»...
[57] «¡El Autonomismo se va!». *El Boletín Mercantil*. San Juan, Puerto Rico. 9 de enero de 1889, pág. 2.
[58] Negrón: *Los primeros treinta años*..., págs. 142-143.
[59] «Apoteosis». *El Boletín Mercantil*. San Juan, Puerto Rico. 6 de octubre de 1889, pág. 2.
[60] Negrón: *Los primeros treinta años*..., pág. 165-166.

La muerte de Baldorioty fue el pistoletazo de salida para el Jíbaro de Barranquitas. No terminó 1889 sin liquidar el comercio Muñoz & Negrón y, un poco más tarde, el 8 de junio de 1890, renunció al cargo de concejal. Con treinta y un años, sin estudios universitarios, con pánico de hablar en público, sin hazañas caballerescas en su biografía, con hambre de atención y enorme necesidad psicológica de ser valorado, se decidió a abandonar, de forma definitiva, la casa del padre. Era el verano de 1890 y su destino: Ponce, la sede del Partido Autonomista de Puerto Rico.[61]

Ayuda sobrenatural

Lejos de los influjos del padre y justo un mes después de llegar a Ponce, Luis Muñoz Rivera fundó, gracias a la conveniente ayuda de Ramón Marín —su futuro suegro— el periódico que en un principio fue trisemanal, *La Democracia*.

Desde su primera publicación Muñoz Rivera puso *La Democracia* al servicio del directorio autonomista. Se dedicó a alabar y ensalzar a los hombres con poder dentro del partido, a publicar todas las circulares autonomistas, y a alimentar el mito sobre la figura de Román Baldorioty de Castro.[62] Publicó además, con bastante frecuencia, columnas —muchas de ellas sin firmar— con frases patrióticas que le granjeaban adeptos y, entre col y col, reservó la mayor cantidad de espacio posible al autobombo y a la autopropaganda.

Al revisar *La Democracia* resulta más que claro que Muñoz Rivera conocía ya en 1890 la importancia de las estrategias para influir y moldear la opinión pública. Decía el 17 de octubre de 1891:

> Hoy por hoy apenas se ven los frutos de la propaganda escrita; el periódico y el libro no constituyen resortes importantes de nuestra existencia colectiva.
> Carecemos de opinión pública.
> Entre el diamante, que luce con purísimos reflejos y la escoria que enloda con indeleble mancha, nuestras multitudes apenas saben distinguir.[63]

Con un olfato intuitivo para la propaganda efectiva y con la poderosa arma que representó *La Democracia*, Muñoz Rivera fue haciéndose notar de forma muy acelerada. Supo aprovechar cada ocasión y cada evento, incluidas las dos horas que estuvo detenido en agosto de 1891, acusado por «injurias a la autoridad» luego de asegurar en una de sus columnas sin firmar que «la policía se vende».[64] *La Democracia*, en una estrategia muy astuta, recopiló la información que sobre el evento publicaron otros periódicos y la condensó en una sola edición. «Nuestro distinguido amigo y compañero don Luis Muñoz Rivera, director de *La Democracia*, ha sido sepultado en inmundo

---

[61] *Ibid.*, págs. 170-173.
[62] «Román Baldorioty de Castro». *La Democracia*. Ponce, Puerto Rico. 7 de julio de 1891, pág. 2.
[63] «Catalepsia». *La Democracia*. Ponce, Puerto Rico. 17 de octubre de 1891, pág. 2.
[64] «En la cárcel». *La Democracia*. Ponce, Puerto Rico. 11 de agosto de 1891, pág. 2.

Luis Muñoz Rivera no se atrevió abandonar Barranquitas hasta cumplidos los treinta y un años. Imagen: «Calle donde nació Luis Muñoz Rivera, Barranquitas. 1918». Fundación Luis Muñoz Marín.

y oscuro calabozo», decía *La Nación Española*. «Nada contrista más nuestro ánimo que ver cómo se trata a la prensa», informaba *La Opinión*.[65] Gracias a la propaganda, Muñoz Rivera consiguió donaciones que superaron tres veces la multa impuesta. Más tarde, por orden judicial, le restituyeron las 15 000 pesetas que había pagado. Todo el dinero fue a parar de forma íntegra a sus bolsillos. Nunca devolvió nada a sus incautos donantes.[66]

Habrá que reconocer que el rédito mayor de aquellas dos horas de detención no estuvo en su bolsillo, sino en su prestigio. Gracias a su breve estadía en la cárcel, cada día eran más los periódicos que le dedicaban espacios y su fama se extendía por todo el país. La cotización en bolsa de Luis Muñoz Rivera subía imparable y exponencialmente. El aspirante a caudillo conocía muy bien la estrecha correlación entre el encarcelamiento de un periodista y la subida de la fama de ese periodista. Por eso se encargó de incluirlo y repetirlo en su inventado *curriculum vitae*, carente por demás de verdaderas hazañas. El propio Muñoz Rivera comentaba en *La Democracia*:

> ¿Esas injusticias [encarcelamiento de periodistas] conducen a alguna parte? Sí, a excitar más las pasiones populares; a que el pueblo acuda en masa a las rejas de la cárcel a felicitar a los periodistas; a que estos sean los hombres del día, pues redactor de *El País* hay, cuyo nombre era perfectamente desconocido y hoy anda en millares de labios.

---

[65] «El veredicto de la opinión. La prensa y el país». *La Democracia*. Ponce, Puerto Rico. 20 de agosto de 1891, pág. 2.
[66] «Sobreseimiento libre». *La Democracia*. Ponce, Puerto Rico. 10 de octubre de 1891, pág. 2.

> El gobierno, siempre torpe, no comprende que con esos procedimientos no hace otra cosa que popularizar a sus enemigos. Y eso ocurre lo mismo en la Península que en las Antillas.
>
> En Puerto Rico, Muñoz Rivera no olvidará nunca aquella prueba de cariño que le dio el país, reuniendo en veinte y cuatro horas hasta cien mil duros para su excarcelación. Mariano Abril no olvidará tampoco las grandes simpatías que le demostró el país con motivo de sus injustos procesos; Izcoa Díaz, que no era siquiera periodista, pero que por la prensa fue a presidio, vio no solo su nombre repetido con dolor por todos, sino que recibió el óbolo pecuniario del pueblo puertorriqueño.[67]

Ayudado por las poderosas estrategias de propaganda que tan bien conocía y desplegaba, será solo cuestión de tiempo para que aquel antiguo niño reprimido e inseguro de sí mismo, compruebe que el poder político le garantizaba todo lo que su ego necesitaba: adulación, pleitesía y control.

¡Muera la autonomía! Pruebas, aliados y enemigos

Luis Muñoz Rivera no esperó mucho para desenmascarar sus verdaderas intenciones: quería el poder. Pero no se trataba de ser un periodista famoso o un mero presidente de partido, cargo que sin duda podía alcanzar. No. El hijo de Don Luis aspiraba a algo mucho más grande. Llegar a la cúspide. Ser el primer ministro. El Jefe idolatrado por sus lacayos y temido por sus enemigos.

El primer ministro del futuro sabía que para subir en zancadas los escalones hacia la gloria tendría que enfrentar varias pruebas. Estaba claro que, en la escena local, el Partido Autonomista no tenía posibilidad alguna de arrebatar el poder al Partido Incondicional Español, agrupación que, gobernara quien gobernara en España, controlaba todos los puestos públicos en Puerto Rico. Pero en las filas del Partido Incondicional sería uno más del montón sin oportunidad de llegar a la cima. Pablo Ubarri, el cacique y hombre fuerte del incondicionalismo, mantenía un poder absoluto, difícil de arrebatar.

Así las cosas, apenas transcurridos nueve meses de su salida de Barranquitas, el 3 de marzo de 1891, Muñoz Rivera enseñó sus cartas. En una columna publicada en *La Democracia*, de nombre «Catalepsia», abandonó de forma definitiva sus complacencias con el directorio autonomista, enfrentándose al presidente Julián Blanco en una cuestión de vida o muerte, tanto para los autonomistas, como para los planes de Muñoz Rivera:

> Es hora de variar los rumbos señalados a nuestra nave, pensando que nos interesa influir en la política general, no cabe que brindemos nuestro concurso a todos los Gobiernos, sea cual fuere el criterio en que se inspiren. Predicamos la fusión leal, completa y segura con una de las agrupaciones que se disputan el poder supremo: pedimos un pacto que nos una con vínculos fuertes a un partido liberal español, cuya doctrina responda a nuestras necesidades […].[68]

---

[67] «Periodistas en la cárcel». *La Democracia*. Ponce, Puerto Rico. 12 de marzo de 1896, pág. 2.
[68] «Catalepsia»…

En concreto, la propuesta de Muñoz Rivera se podría resumir en dos pasos. En una primera fase el Partido Autonomista debía disolverse, pulverizarse, dejar de existir. Entonces, ya reducido a cenizas, y en una segunda etapa, sus miembros debían fusionarse o integrarse —tal como hace un parásito con su huésped— con uno de los dos partidos peninsulares que se turnaban el poder en España. ¿Para qué?, ¿para conseguir la autonomía acaso? No. No era la autonomía lo que pretendía Luis Muñoz Rivera con aquella propuesta. No era la autonomía en ese año de 1891 ni lo fue en 1896 ni en 1897 ni en 1898 cuando por fin dirigió el Gobierno. De hecho, en la misma columna en la que lanzó por primera vez su idea, aseguró que: «La autonomía nunca vendrá y si viene, servirá, ya lo hemos dicho, de instrumento a los *incondicionales*, que harán de ella un arma contra nosotros».[69]

De forma categórica hay que reiterar que Luis Muñoz Rivera no estaba interesado en la autonomía ni en ninguna otra ideología, doctrina o código moral. Todo lo contrario. En 1891 intentó con mucha fuerza que el partido eliminara la palabra 'autonomía' de su nombre, «reemplazándola por otra más abstracta y sintética».[70] Entendía, y así lo publicó en innumerables ocasiones, que los principios del partido no perdían nada esencial si se alejaban de la autonomía. «El credo autonomista tiene muy poco de autonomista»,[71] aseguraba en «Los remedios del mal», otra columna que fue parte de la intensa campaña de marzo de 1891. «Nunca pretendimos que el poder legislativo se vinculase en una Cámara insular investida de amplia jurisdicción. Antes bien nos concretamos a proclamar un sistema descentralizador, limitado a los asuntos puramente económico-administrativos de la colonia».[72] Es decir, para Muñoz Rivera el Partido Autonomista en realidad nunca buscó una verdadera independencia política, por lo que la palabra 'autonomía' en su nombre, lo único que hacía era crear antagonismos peligrosos. Entonces, preguntaba, «¿por qué andar empeñados en sostenerla?, ¿estriba en ella, por ventura, la salvación del país?».[73]

> Es indudable que aparecemos ante la metrópoli, identificados en absoluto con los autonomistas de Cuba. ¿Nos conviene mantener ese vínculo que solo nos aporta desconfianzas pueriles e injustas, pero desconfianzas al fin? ¿Debemos sembrar escollos en nuestra vía por el solo gusto de hacer una *carrera de obstáculos*?[74]

Debe resultar muy evidente para cualquier lector objetivo que en marzo de 1891 —fecha que precede por cuatro años el inicio de la Segunda Guerra de Independencia de Cuba— la autonomía era para Muñoz Rivera un obstáculo, algo que «jamás nos concederán los gobiernos de Madrid»; «un romanticismo estéril» que debía ser eliminado en aras de concretar su anhelada fusión con un partido peninsular.[75] Esto, a pesar de que el artículo tercero de la Constitución del Partido Autonomista decía explícitamente que, la única fórmula para lograr la identidad política y jurídica;

---

[69] *Id.*
[70] Muñoz Marín, Luis (Ed): «La evolución». *Obras completas de Luis Muñoz Rivera. Campañas políticas (1890-1900)*. Volumen I. Editorial Puerto Rico. 1956, págs. 44-48.
[71] *Id.*
[72] *Id.*
[73] *Id.*
[74] *Id.*
[75] *Id.*

y para alcanzar «la mayor descentralización posible dentro de la unidad nacional» era «el régimen autonómico». Además, el artículo 4 de la Constitución obligaba a sus miembros a seguir la doctrina autonomista y a pedir que «en esta Antilla queden resueltos los asuntos administrativos locales y que se administre el País con el concurso de sus habitantes [...]».[76]

Descartado el autogobierno como el fin que procuraba Muñoz Rivera, debemos entonces buscar en sus propios escritos la razón para pedir la muerte del Partido Autonomista y la fusión con una agrupación peninsular. «¿No aspirábamos a influir en la gobernación del Estado?», preguntaba Muñoz a los autonomistas, «pues para alcanzar esto, es necesario que influyamos en el movimiento político peninsular, y que nos acepte un partido capaz, por su propia fuerza, de dirigir los destinos de la patria».[77]

> A cambio de nuestro auxilio y de nuestra adhesión, reclamamos una reciprocidad sincera que nuestros correligionarios, al escalar el poder, nos confíen la administración del país; que nos otorguen una influencia ilimitada en los negocios públicos, y que nos permitan aplicar las leyes con el espíritu expansivo y democrático que informó siempre nuestros procedimientos.[78]

En otras palabras, lo que buscaba Muñoz Rivera era el poder. Simple y llanamente el poder. «Podemos pactar con las agrupaciones peninsulares con el fin de obtener una reciprocidad completa que nos ponga en aptitud de dirigir la colonia», aseguraba sin titubear.[79] Dirigir la colonia. Que la agrupación política española, cuando subiera al Gobierno allá, lo arrastrara a él también a las cimas del Gobierno acá. Esa era su meta y no descansará hasta conseguirla.

En la segunda asamblea del Partido Autonomista que se realizó los días 15, 16, 17 y 18 de mayo de 1891 Luis Muñoz Rivera consiguió el apoyo del joven José de Diego. Ambos presentaron una moción para «concretar alianzas con el partido acaudillado por el señor Sagasta o con el republicano posibilista acaudillado por el señor Castelar».[80] Los delegados, sin embargo, rechazaron la idea de raíz.

Las aspiraciones personalistas de Muñoz Rivera, puestas en evidencia en la asamblea de Mayagüez, no pasaron desapercibidas para algunos veteranos del partido. En específico, Francisco Cepeda, desde las páginas de La Revista, dirigió duras críticas a Muñoz. Las palabras de Cepeda debieron funcionar como serias advertencias. «Si los miembros del partido hacían caso a los cantos de sirena de Muñoz Rivera», vaticinaba Cepeda, se arrepentirán de «haber sido demócratas y republicanos y liberales y autonomistas y romperíamos nuestra pluma, avergonzados de haber consagrado la vida entera a tan degenerados y enclenques ideales».[81]

En 1891, Muñoz Rivera salió derrotado, humillado en público y con enemigos poderosos dentro de la propia organización política. Pero no era el final. En una próxima ocasión solo tendría que tirar del hilo de los propios acuerdos alcanzados en aquella asamblea. Es cierto que los

---

[76] Bothwell: *Puerto Rico: Cien años de lucha política...*, pág. 172.
[77] *Id.*
[78] *Id.*
[79] Muñoz Marín, Luis (Ed): «La asamblea». *Obras completas de Luis Muñoz Rivera. Campañas políticas (1890-1900)*. Volumen I. Editorial Puerto Rico. 1956, págs. 48-52.
[80] «Directorio del Partido Autonomista. Secretaría». *La Democracia*. Ponce, Puerto Rico. 30 de julio de 1891, pág. 2.
[81] «La última palabra». *La Democracia*. Ponce, Puerto Rico. 8 de octubre de 1891, pág. 2.

«Yo la cojo; me la quitas -tú la sueltas; yo la agarro. — Pacto de tomarla el pelo— según el pacto del Pardo».
Caricatura de Sagasta y Cánovas en la que se hace alusión expresa al acuerdo entre ambos.
Revista satírica española, *Don Quijote*, 1894.

delegados rechazaron la propuesta Muñoz-De Diego, pero aceptaron una enmienda presentada por Manuel Fernández Juncos. Gracias a esta enmienda, que se convirtió en el artículo séptimo de la Constitución del Partido Autonomista, «la Delegación, de acuerdo con el leader del Partido, y por medio de los comisionados que ella designe y que este presidirá, quedan facultados para acordar y realizar inteligencias o alianzas con los demócratas peninsulares que acepten o defiendan el sistema autonómico-administrativo de las Antillas».[82]

Solo habría que esperar el momento oportuno. «Trabajar y esperar». Ese era el lema del hijo de Don Luis. «Los que aspiran al triunfo y tienen voluntad para vencer obstáculos no duermen jamás. Nosotros no dormiremos», se repetía Muñoz Rivera en su fuero interno.[83]

Los amigos políticos

Como podemos anticipar que la propuesta muñocista no tardará en reaparecer, es importante que analicemos en detalle la fusión que procuraba y que, como caballo de Troya, se coló dentro de la organización política criolla y, en un abrir y cerrar de ojos, logró su total aniquilación.

---

[82] Bothwell: *Puerto Rico: Cien años de lucha política...* pág, 182.
[83] González: *Luis Muñoz Rivera a la luz…*, pág. 107.

Habrá que comenzar por decir que en 1891 —momento oficial en que Muñoz Rivera reveló su propuesta— los únicos dos partidos peninsulares con capacidad para llegar al poder, y por lo tanto a los que se refería, eran el Liberal Fusionista, dirigido por Práxedes Mateo Sagasta y el Liberal Conservador, de Antonio Cánovas del Castillo. Ante la falta de análisis críticos y para entender de forma consciente la propuesta del hijo de Don Luis, habrá que detenerse en la particular situación política de la España decimonónica. En este asunto hay detalles importantes, por lo que recomiendo evitar a toda costa la tentación de saltar a conclusiones precipitadas.

Veamos.

En 1874, con la subida al trono de Alfonso de Borbón, hijo de la reina exiliada Isabel II, comenzó un período en España conocido como la Restauración, cuyo artífice fue Antonio Cánovas del Castillo. Fue precisamente Cánovas quien, desde el cargo de presidente del Consejo de Ministros, redactó la Constitución que permitió la instauración de una paz flexible y duradera que subsistió hasta el golpe de Estado de Primo de Rivera, en 1923.

La Constitución de 1876, un texto breve de 89 artículos, volvió a adoptar la soberanía del rey sobre las Cortes y mantuvo la doble confianza que exige en toda monarquía constitucional que el Gobierno cuente con la confianza tanto regia como parlamentaria. En otras palabras, el rey podía disolver las Cortes a su antojo. Con esta prerrogativa, el binomio gobierno-administración, en la práctica, suplantó al electorado. El proceso se invirtió: el rey, y no las elecciones, fue la clave del sistema. Como consecuencia, desde las cúpulas de los partidos monárquicos, se fabricaron y falsearon las Cortes ministeriales. Es decir, España estaba dominada por un caciquismo desde arriba.[84]

En 1885, parapetado en el marco político-constitucional que él mismo había inventado, y en funciones de presidente del Partido Conservador, Antonio Cánovas del Castillo se acercó a su amigo personal, aunque en apariencia un opositor ideológico, Práxedes Mateo Sagasta, con una propuesta que hoy sería no solo impensable sino completamente ilegal: compartirse y turnarse el poder pacíficamente y sin competencia.

A esta corrupta sucesión en el poder se le conoce como 'sistema de turnos'.

¿Cómo funcionaba el acuerdo entre Cánovas y Sagasta? Lo primero que ocurría era que el rey disolvía las Cortes y nombraba a un nuevo presidente del Consejo de Ministros. Cuando esto sucedía, ya ambos caudillos se habían puesto de acuerdo en quién sería mayoría o minoría, lo cual no era muy difícil porque el que quedara en oposición sabía que en dos o tres años volvía a ser gobierno. Este primer ministro, escogido en apariencia por el rey, a su vez, despedía a los gobernadores civiles heredados y formaba su equipo de ministros. Ese nuevo Consejo, en específico el ministro de Gobernación, se encargaba de organizar las próximas elecciones que se presuponían democráticas y representativas. Es decir, era el mismo Gobierno el que convocaba elecciones, las organizaba y las manipulaba a conveniencia. Tanto así que —y esto es importante saberlo— en todas, absolutamente todas, las elecciones que ocurrieron entre 1885 y 1923, ganó siempre el partido que las convocaba.[85] Quien obtuviera el Ministerio de la Gobernación, copaba las elecciones.

---

[84] Robles Egea, Antonio (comp.): *Política en penumbra. Patronazgo y clientelismo políticos en la España contemporánea*. Siglo Veintiuno de España Editores. España. 1996, págs. 110-131.
[85] *Ibid.*, págs. 169-190.

Por supuesto que el triunfo electoral del partido que organizaba las elecciones no era producto de un milagro o de la casualidad, sino de grandes dosis de fraude y corrupción. Mucho antes de que ocurrieran los comicios, ambos partidos ya habían acordado los nombres que debían presentarse por cada distrito y también los que habrían de resultar 'victoriosos'. A esta negociación previa se le conoce como 'encasillado', ya que el nombre del candidato que debía resultar ganador se colocaba en la casilla que más posibilidades de triunfo tenía. Si algo salía mal, quedaba siempre el 'pucherazo', que consistía en simplemente introducir en las urnas más votos a favor del que debía ser elegido.

Está claro que el poder que ostentaba el Ministerio de la Gobernación favorecía las cosas, sobre todo por el control que ejercía en las mesas electorales y en el proceso de escrutinio, que le permitía suspender a concejales y alcaldes y falsificar resultados. Pero el mecanismo no era sencillo. Ya sabemos que la acción humana es impredecible por naturaleza y no es posible determinar *a priori* quiénes serían los ganadores en el sufragio popular, aún con el Ministerio de la Gobernación actuando con licencia de corso. Para que ganaran quienes tenían que ganar, se necesitaba mucha gente dispuesta a cometer fraude y a la que se le pudiera recompensar por medios clientelares. Si el ministro quería apoyar a un candidato o a otro, tenía que vérselas con la distribución de poder en los niveles nacional, provincial y local. Para obtener los resultados deseados, le hacía falta, como mínimo, un patrón o cacique en cada lugar. Y los caciques, a su vez, dependían de la fuerza y amplitud de sus clientelas.[86]

El papel del cacique está representado por individuos que ocupan una posición privilegiada en la estructura social, de estatus socioeconómico y profesional superior al de sus clientes como lo ejemplifica muy bien, en Puerto Rico, el caso de Pablo Ubarri, conde de Santurce y líder del Partido Incondicional Español. O también puede estar encarnado en personas con acceso y pertenencia a la organización política encargada de tomar decisiones, como sin duda lo fueron, en la primera mitad del siglo XX, Luis Muñoz Rivera, José Celso Barbosa, José de Diego, Eduardo Giorgetti, Antonio R. Barceló, Herminio Díaz Navarro y otros pocos.

Los caciques, en su función de intermediarios entre el Gobierno y el elector, entraban en escena en una segunda fase del gigantesco fraude electoral, intercambiando votos por favores. Podían repartir empleos públicos, proporcionar bienes materiales, ofrecer protección e incluso facilitar el acceso a diferentes recursos, tanto privados como públicos. El cliente, por su parte, ofrecía servicios personales, lealtad y apoyo, lo que en el ámbito de la política —y esto lo sabemos muy bien en Puerto Rico— se traduce en votos. Por ejemplo, un campesino entregaba al dueño de la hacienda, tanto un presente tras la matanza del cerdo, como su voto en las elecciones, o un cacique pedía a su protector político, tanto un préstamo en caso de dificultad, como la aceleración de los trámites para la adjudicación de una franquicia o la construcción de una carretera. Ya a fines del siglo XIX se podía asegurar que la nación española no era de una sola familia, sino de «cuatro o cinco, que tienen hijos, yernos, primos, tíos, sobrinos, nietos y cuñados en todos los puestos y en todas las cámaras».[87]

---

[86] *Id.*
[87] Moreno Luzón, Javier: «Teoría del clientelismo y estudio de la política caciquil». *Revista de Estudios Públicos*. Núm. 89. Julio-septiembre 1995, págs. 191-224.

Por su parte, los alcaldes, que en el ejercicio de sus funciones podían hacer lo que se les antojase como presidentes de las juntas municipales del censo y de la mesa de votación, fueron piezas claves en la corruptela electoral. Podían, por ejemplo, recoger papeletas sin contarlas y sin leer los nombres; falsear las listas, incluir en ellas a los muertos y también a los vivos sin derecho a figurar en ellas; hacer que apareciesen como votantes quienes jamás se presentaron a los colegios; leer nombres distintos a los escritos en las papeletas que sacaban de las urnas y anular los votos de secciones enteras para cambiar el resultado de los escrutinios.[88]

En la época en que más legalidad hubo y menos fraudes se cometieron, se estableció la cómoda costumbre de procurar ganar las mesas a todo trance. En ocasiones dejaban correr la votación sin tropiezos, pero los escrutinios eran solo pro forma. Terminada la elección, el presidente de la mesa y los escrutadores se llevaban las actas en blanco al distrito y allí, en unión a sus correligionarios de las demás circunscripciones, llenaban las actas según lo exigía el preconvenido propósito de que los candidatos del partido apareciesen con mayoría, aunque no la hubiesen obtenido. Otro medio usado con frecuencia para ganar las mesas era hacer entrar por una puerta falsa a los electores amigos en suficiente número para llenar el local, de forma que no hubiese sitio para los que no formaban parte en el complot.[89]

Con estos mecanismos, Cánovas y Sagasta gobernaron España durante un cuarto de siglo, intercambiando papeles al frente del Gobierno o de la oposición. El sistema de turnos hizo que la ley de sufragio universal fuera un chiste e impidió *de facto* que otras ideologías más radicales —socialismo, anarquismo o republicanismo— se acercaran siquiera a los círculos donde se decidía el poder. En 1885, por ejemplo, le tocó el turno a Sagasta; en 1891, a Cánovas; en 1893, a Sagasta; en 1896, a Cánovas, y en 1897, luego del asesinato de Cánovas, de nuevo a Sagasta.[90]

Ante esta alternancia tan rítmica, cualquier observador podría anticipar sin margen de error, como hizo Luis Muñoz Rivera desde por lo menos 1888 en su aislada Barranquitas, que, en algún momento, uno de los dos partidos llegaría al poder.

El héroe y la moral de las circunstancias

Está claro para cualquier observador que la propuesta de Muñoz Rivera lanzada en *La Democracia* y luego en la asamblea de Mayagüez, de pactar con 'cualquier partido peninsular', se dirigía en exclusividad a los partidos que se turnaban el poder en España. Esta pretensión, por supuesto, no excluía el sistema de turnos ni tampoco las dosis locales de fraude, violencia y corruptelas electorales.

La idea de maridarse con partidos españoles como única vía para llegar al poder a través del sistema de turnos, la podemos rastrear en Luis Muñoz Rivera desde por lo menos 1888, año en que aún no abandonaba su atalaya en Barranquitas. Según su amigo, socio en negocios y biógrafo,

---
[88] Fernández Almagro, Melchor: «Las cortes del siglo XIX y la práctica electoral». *Revista de Estudios Políticos*. Núm. 9-10. España. 1943, págs. 383-419.
[89] *Id.*
[90] Moreno: «Teoría del clientelismo...», págs. 191-224.

Quintín Negrón Sanjurjo, una tarde en que Muñoz analizaba la situación política, le expresó sin ambages:

> Desengáñate. Aquí no hay más camino que una unión con Sagasta, estableciendo un pacto con él para gobernar nosotros cuando suba su partido.[91]

Ese poder que tanto buscaba Muñoz Rivera no tenía por finalidad obtener el derecho a una Constitución propia, eliminar los gobiernos militares o la intolerancia religiosa. No estaba destinado a reclamar derechos civiles, como la libertad de imprenta o la libertad de asociación, y mucho menos a hacer reformas económicas. Todo el esfuerzo se dirigía a conseguir la implantación del corrupto sistema de turnos en Puerto Rico y, acceder así, a «las grandes carreras del Estado».[92]

Muñoz Rivera dejó muy claro, además, que tampoco le interesaba formar alianzas para conseguir el sufragio universal. Al Jefe nunca le gustó la idea de que las masas analfabetas tuvieran derecho al voto y tampoco le importaba (más allá de la retórica populista) eliminar las tan odiadas cuotas que impedían el voto popular. Solo quería ganar. «Si contáramos con la benevolencia del Gobierno, no necesitaríamos la ampliación del sufragio para vencer en todos los distritos; entiéndase bien, en todos», aseguraba desde 1891 en *La Democracia*. «Sobre la base de esas fuerzas podemos pactar con las agrupaciones peninsulares con el fin de obtener una reciprocidad completa que nos ponga en aptitud de dirigir la colonia».[93]

El único objetivo de Muñoz Rivera era llegar al poder mediante el sistema de turnos para, entre otras cosas, repartir puestos públicos y con ello establecer el patronazgo político que tan buenos resultados daba en España y en Puerto Rico. «El *incondicionalismo* no es otra cosa que un medio infalible de predominar. Conocemos ese medio y hemos de utilizarlo cueste lo que cueste»,[94] pregonaba en una de sus columnas refiriéndose al caciquismo del Partido Incondicional. Caciquismo que conocía muy bien, gracias a las prácticas iniciadas por su abuelo y perpetuadas por sus tíos y su padre. «Para combatir la miseria necesitamos que venga la administración a manos de nuestros hombres»,[95] aseguraba en una frase en la que 'nuestros hombres' eran los amigos y los amigos de los amigos. En otro escrito agregó:

> Todas las carreras del Estado: la milicia, la política, las letras, la diplomacia, dan acceso a los que saben penetrar en ellas con empuje. Es tiempo de que fijemos la mirada en algo más que en los bocoyes de miel, los metros de tela, los procesos patológicos y los pleitos mal retribuidos. ¿Que los altos destinos se hallan monopolizados por elementos peninsulares? Nada más exacto; pero en ese monopolio entra por mucho nuestra desidia, acaso nuestra falta de talento práctico, de seguro nuestra fatal organización política.[96]

---

[91] Negrón: *Los primeros treinta años...*, págs. 149-153.
[92] Acosta, Ivonne: «Luis Muñoz Rivera, José Celso Barbosa y el pacto con Sagasta: ¿oportunismo o idealismo?». Programa radial, *La voz del centro*. 13 de julio de 2003.
[93] Muñoz Rivera, Luis: «La evolución». *La Democracia*. Ponce, Puerto Rico. 21 de marzo de 1891, pág. 2.
[94] Muñoz Rivera, Luis: «Los remedios del mal». *La Democracia*. Ponce, Puerto Rico. 5 de marzo de 1891, pág. 2.
[95] Muñoz Rivera, Luis: «A dónde vamos». *La Democracia*. Ponce, Puerto Rico. 31 de marzo de 1891, pág. 2.
[96] Muñoz Rivera, Luis: «Las causas del mal». *La Democracia*. Ponce, Puerto Rico. 19 de febrero de 1891, pág. 2.

Hay otro aspecto relevante sobre la propuesta de Muñoz Rivera. Salta a la vista que, ambos partidos con los que pretendía pactar defendían a ultranza la monarquía. Era justo ahí, en esa adhesión al rey, donde radicaban sus accesos privilegiados al poder. Resulta que, a pesar de que la Constitución del Partido Autonomista de Puerto Rico daba libertad a sus miembros para creer en la forma de gobierno que prefiriesen,[97] la mayoría de aquellos hombres militaba en el republicanismo, ideología en el otro lado de las cuerdas de los monárquicos. La propuesta muñocista, por lo tanto, pasaba por encima del consenso autonomista y hacía trizas la ideología republicana-antimonárquica de sus miembros. El zigzagueo dejaba al partido sin una ideología que le proveyera claridad conceptual y lo guiara en su accionar político, convirtiéndolo así en una organización cartelizada, cuyo único norte se centraba en la mera búsqueda del poder. En la medida en que el partido permitió ser moldeado a imagen y semejanza de Muñoz Rivera, perdió su brújula moral.

Aquella batalla cósmica que inició Muñoz Rivera, no era otra cosa que la carrera obsesa del poder por el poder. Esto, a pesar de lo que asegura la historia tradicional, estuvo claro siempre. Muñoz Rivera nunca maquilló sus intenciones. «Nosotros en política no debemos ser monárquicos ni republicanos», decía desde las páginas de su *alter ego*, *La Democracia*, «aquí no se trata de fundar monarquías ni repúblicas». Se trataba, entonces, de un crudo acceso al poder. Un poder para «nuestros amigos y no para nuestros adversarios».[98]

Para Muñoz Rivera —un discípulo aventajado de Maquiavelo— la política no era otra cosa que la moral de las circunstancias. Ética, moral y su personalísima búsqueda del poder estuvieron siempre divorciadas y enfrentadas entre sí. Militar en el Partido Autonomista y renegar de la autonomía; renunciar al republicanismo y aliarse con monárquicos; jurar lealtad a España y meses más tarde hincar rodilla en tierra por Estados Unidos; fusionarse con un partido español y, poco tiempo después, fulminar de un plumazo al mismo partido … Todo vale si el fin último es el poder.

En el andar político de Muñoz Rivera, la moral y la ideología fueron solo aparentes, relativas, ocasionales e instrumentales. Solo conociendo esto podemos entender sus frecuentes zigzagueos ideológicos y sus giros de timón en asuntos tan relevantes como el estatus, el sufragio, el cabotaje o el sistema de rentas internas. Intentar justificar al líder criollo desde la historia, asegurando en los libros de texto que su política se circunscribía a la filosofía del 'arte de lo posible', es, en el mejor de los casos, un autoengaño; en el peor, una traición a los modelajes fundacionales de cualquier nación que se respete.

Segundo cruce del umbral: 1895

Los resultados de la asamblea de Mayagüez fueron para Muñoz Rivera una señal de paciencia. Sabía que debía esperar el momento adecuado que aún no llegaba. De manera que, desde 1891 a

---

[97] Bothwell: *Puerto Rico: Cien años de lucha política...*, pág. 173.
[98] Calderón Rivera, José A.: *La pluma como arma. La construcción de la identidad nacional de Luis Muñoz Rivera*. Análisis Inc. Puerto Rico. 2010, pág. 222.

1895, dedicó tiempo a refinar sus teorías y a concretar alianzas. De forma lenta pero segura, conformó un grupo obnubilado por sus estrategias de manipulación que lo obedecía, compuesto por José de Diego, Juan Arrillaga Roqué, Mariano Abril, Cortón Toro y Ramón Marín.

Para reforzar aún más la red política de apoyo, el incipiente caudillo concretó un enlace matrimonial con la hija del influyente autonomista Ramón Marín. El jueves, 5 de enero de 1893, víspera de Reyes, Luis Muñoz Rivera, a la edad de treinta y tres años, contrajo matrimonio en la Iglesia Nuestra Señora de Guadalupe en Ponce, con la joven de veintitrés años, Amalia Marín, propietaria y heredera de los bienes del padre.[99] Aunque Muñoz Rivera solía publicar pormenores de los viajes familiares a Barranquitas, la enfermedad de algún familiar y otros detalles de su vida privada en *La Democracia*, no hizo lo mismo con su matrimonio que mantuvo siempre bajo un sello de extraña discreción.

Además de aliados, Luis Muñoz Rivera cultivó también enemigos. Su particular estilo violento, ofensivo, insistente e intolerante, le granjeó, desde el mismo instante en que pisó suelo ponceño, una considerable cantidad de adversarios entre las propias huestes autonomistas.[100] Es cierto que el partido no se destacaba por la armonía entre sus miembros pero, sin lugar a duda, la entrada de Luis Muñoz Rivera al ruedo político representó un fuerte elemento desestabilizador. Muñoz no jugaba en equipo. Solo le importaba alimentar su propia máquina de propaganda personal y construir su marca a expensas de la del partido.

Por esta época se destaca la virulenta batalla que protagonizó contra Cepeda, en la que ambos contrincantes se intercambiaron epítetos de «holgazán», «vagabundo», «libidinoso» y «borracho».[101] La violencia se repitió con igual saña en enero de 1893 contra el directorio autonomista, en específico contra Francisco M. Quiñones, Rafael María de Labra y las publicaciones liberales *El Espejo, El Resumen* y *El Clamor del País,* en medio de los preparativos para las elecciones de marzo de 1893. Durante ese año, el Partido Autonomista decidió retraerse de la contienda electoral en contra de los deseos de Muñoz.[102]

Luego de cada refriega, ya fuera contra Cepeda, contra Quiñones o contra los incondicionales, Muñoz Rivera recibía cientos de telegramas de adhesión y cartas de felicitación que él, una y otra vez, se encargaba de publicar en *La Democracia*, lo que a su vez —como una espiral que se alimenta de sí misma— le atraía mayor número de adeptos.[103] Era un hecho evidente que necesitaba enemigos para conseguir el reconocimiento que otros habían obtenido a través de sus estudios universitarios, sus carreras profesionales o sus acciones heroicas. Luis Muñoz Rivera había llegado tarde a la escena política y tenía prisa por posicionarse en la cima. La batalla cósmica entre buenos y malos, en la que todo es blanco o negro sin intermedios grises, le venía como anillo al dedo.

---

[99] Registro Civil, 1836–2001: *Matrimonio de Luis Muñoz Rivera y Amalia Marín. 5 de enero de 1893.* Imagen digital. Departamento de Salud de Puerto Rico. Ancestry.com.
[100] El estilo violento de Muñoz Rivera fue notado por sus contemporáneos. En diciembre de 1903, Félix Matos Bernier dijo sobre su escritura: «Después de su libro *Tropicales* no hemos leído nada suyo, como no sean los violentos artículos de *The Puerto Rico Herald* que más bien entristecen que deleitan». Matos Bernier, Félix: «Luis Muñoz Rivera» *El Carnaval*. 13 de diciembre de 1903, págs. 692-693.
[101] «Puntos sobre las íes». *La Democracia*. Ponce, Puerto Rico. 17 de noviembre de 1891, pág. 2.
[102] «¿Tú Quoque…?». *La Democracia*. Ponce, Puerto Rico. 10 de enero de 1893, pág. 2.
[103] «Manifestaciones». *La Democracia*. Ponce, Puerto Rico. 10 de enero de 1893, pág. 3.

Luis Muñoz Rivera y Amalia Marín (en la imagen) se casaron en enero de 1893. Amalia aportó a Muñoz seguridad económica, estatus social y accesos a personajes influyentes. Años más tarde, abandonada por su esposo, tendrá que sobrevivir sola con su hijo en un mundo dominado por hombres. Imagen: Olivencia, Ricardo [@ricardoolivenc1]: «Foto de Amalia Marín Castilla (1876-1961) esposa de Luis Muñoz Rivera y madre de Luis Muñoz Marín. Circa 1895». 24 de mayo 2020. Twitter.<https://twitter.com/ricardoolivenc1/status/1264749985033269249?lang=es>.[10/02/2021]

Llegado mayo de 1895 —luego de la cuarta asamblea autonomista celebrada en Aguadilla en la que volvió a proponer una alianza con partidos peninsulares que también fue rechazada—[104] el Jíbaro de Barranquitas decidió que era hora de mover su teatro de acción al lugar donde se tomaban decisiones de verdad: Madrid.

El 4 de mayo de 1895, el director de *La Democracia* y recién electo uno de los dos vicepresidentes del Partido Autonomista,[105] se despidió de sus huestes con un emotivo discurso en el que anunció el inicio de su particular viaje del héroe.[106] Con treinta y cinco años, Muñoz Rivera cruzaba el umbral. Por primera vez se alejaba de la isla. Se iba junto a una esposa que no solo le aportaba estatus social, sino también una seguridad económica que le permitió permanecer en Madrid durante ocho largos meses.

En su despedida aseguró que iría a Europa «a tonificar las células en que causó el trabajo un inmenso desgaste»,[107] y que, además, no realizaría «ninguna ambición por legítima que fuera».[108] Para dar más credibilidad a sus argumentos, utilizó la estrategia manipuladora del juego de la piedad, afirmando que «para luchar en el campo de las letras o de la política, ni tengo ánimo ni tengo competencia».[109] No obstante, la actividad que registró durante su estadía en la capital española no pareció reflejar precisamente esa disposición. Una vez en Madrid, Muñoz Rivera sostuvo reuniones con los principales cabecillas políticos españoles de la época, entre ellos, Práxedes Mateo Sagasta, por entonces en la oposición; Emilio Castelar, líder de la opción de los republicanos posibilistas y que desde 1893 pedía a sus partidarios la integración con el Partido Liberal de Sagasta; Francisco Pi y Margall, diputado a Cortes, de ideología republicana federal, y Segismundo Moret, eterno ministro bajo los Gobiernos de Sagasta.

Resulta notable —y muy relevante para lo que ocurrirá un año más tarde— que Muñoz dedicara dos horas de su día a conversar sobre «lo que por nosotros harán los hombres del fusionismo» con Segismundo Moret, conocido por ser la mano derecha de Práxedes Mateo Sagasta. Moret había ocupado el Ministerio de Estado bajo el Gobierno sagastino, de 1885 a 1888; el Ministerio de Gobernación, en 1888; Fomento, en 1892; Estado, en 1892 y 1894. En ese momento ninguno de los dos lo sabía, pero a Moret le tocará el Ministerio de Ultramar cuando Sagasta asuma el Gobierno en 1897. Será precisamente él, el responsable de implantar la Carta Autonómica para Cuba y Puerto Rico.

Llama la atención que el Jíbaro de Barranquitas circunscribió sus entrevistas al círculo estrecho de Sagasta y no procuró ni una sola reunión con Cánovas del Castillo, quien en 1895 ocupaba el turno como primer ministro. Con toda probabilidad no lo hizo porque, en aquellas largas reuniones durante los meses finales de 1895, Muñoz Rivera le pidió de forma directa a los sagastinos que implantaran el corrupto sistema de turnos en Puerto Rico y estos le contestaron que sí. «Nos acercamos a los hombres que dirigen el partido fusionista: Sagasta, Moret, Maura, Núñez de Arce, López Domínguez»,[110] contaba el propio Muñoz:

---

[104] «¿Qué tal?». *El Boletín Mercantil*. San Juan, Puerto Rico. 13 de marzo de 1895, pág. 2.
[105] «La Asamblea Autonomista de Aguadilla». *La Correspondencia*. San Juan, Puerto Rico. 3 de marzo de 1895, pág. 2.
[106] «¡Adiós! A mi partido y a mi país». *La Democracia*. Ponce, Puerto Rico. 4 de mayo de 1895, pág. 2.
[107] *Id.*
[108] *Id.*
[109] *Id.*
[110] «Realidades». *La Democracia*. Ponce, Puerto Rico. 1 de abril de 1896, pág. 2.

Y les vimos prontos a ensayar, a practicar con este pueblo la evolución que nosotros proponíamos. Las frases de Sagasta, en su despacho, en larga entrevista, nos dieron la certeza de que en la España de Europa no tropezaría con graves obstáculos una aproximación discreta y oportuna.[111]

Luis Muñoz Rivera no titubeó en ofrecer detalles sobre su entrevista con Sagasta. Según el caudillo, ante sus peticiones relacionadas con el sistema de turnos, el presidente del Partido Liberal Fusionista le contestó lo siguiente:

—«El pensamiento es patriótico y realizable. Lo estimo como un avance trascendental en las Antillas. Y posee, desde luego, mi simpatía […] Pasará la guerra de Cuba, avanzaremos tal vez más allá de las reformas de Maura, y entonces sonará la hora de que vengan ustedes a nuestros brazos, abiertos para recibirlos».

Así habló el hombre que comparte con Cánovas la gestión de los negocios públicos.[112]

Antonio Maura —ministro de Ultramar bajo Sagasta entre 1892 y 1894, y ministro de Gracia, Justicia y Gobernación desde noviembre de 1894 a marzo de 1895—, al escuchar las palabras de Sagasta a Muñoz Rivera tuvo que decirle: «Amigo Rivera: don Práxedes, en el sitio que ocupa, no puede decir más. Cuente usted con mi auxilio. Yo me constituyo aquí en abogado de esa causa».[113] No debe considerarse una casualidad que por esos días, Maura hiciera pública su opinión de que se debía «establecer en las colonias el turno pacífico de todos los partidos en el gobierno».[114]

A juzgar por las frecuentes cartas desde Madrid publicadas por *La Democracia*, Muñoz Rivera, además de entrevistarse con la plana mayor del fusionismo, visitó con demasiada frecuencia las Cortes. «Cinco largas horas, desde las tres a las 8 de la tarde, pasé ayer en el Congreso», decía en su informe del 8 de junio de 1895.[115] Allí estaba cuando el Congreso español destinó la suma de 30 000 pesetas (poco más de $950 000 actuales) para que Salvador Brau permaneciera en Sevilla y escribiera un libro de historia de Puerto Rico.[116] También presenció el momento en el que el exgobernador de la isla nombrado por Sagasta, general José Laureano Sanz, dio su opinión sobre la asignación presupuestaria a Brau: «Puerto Rico no necesita historia: ya dijo antes Pezuela que allí se gobernaba con un gallo, un *tiple* y un naipe».[117]

En sus informes a *La Democracia*, Muñoz Rivera no desaprovechó la oportunidad para atacar al directorio del Partido Autonomista Puertorriqueño y reforzar la superioridad que sentía sobre el resto de sus correligionarios.

Mientras no vengan aquí puertorriqueños de corazón y de inteligencia; mientras cualquier Torrepando o cualquier Legney traigan actas por Puerto Rico, en tanto que allá vegetan Gómez Brioso y Quiñones, Matienzo y Veve, Amadeo y Blanco, Iglesias y Fournier, Carbonell y

---
[111] *Id.*
[112] «Realidades»…
[113] *Id.*
[114] «Ni republicanos ni monárquicos ¡¡Puertorriqueños!!». *La Democracia*. Ponce, Puerto Rico. 18 de julio de 1896, pág. 2.
[115] Muñoz Rivera, Luis: «Desde Madrid. Junio 8 de 1895». *La Democracia*. Ponce, Puerto Rico. 25 de junio de 1895, pág. 2.
[116] Muñoz Rivera, Luis: «Desde Madrid». *La Democracia*. Ponce, Puerto Rico. 22 de junio de 1895, pág. 2.
[117] *Id.*

Arrillaga; mientras esto ocurra, nuestro prestigio en la Metrópoli será papel que no se cotiza a ningún precio.

Los pueblos valen por las manifestaciones externas de su vida; y si Puerto Rico, de una manera implícita, reconoce que ninguno entre sus hijos puede representarle; si Puerto Rico carece de figuras que se destaquen y brillen, Puerto Rico no es una sociedad civilizada sino un aduar mísero, una desdichadísima tribu que pide a gritos patriarcas que la tiranicen y sayones que la flagelen.[118]

No olvidó tampoco lanzar sus dardos envenenados contra Rafael María de Labra. Aunque era Labra el representante de Puerto Rico en las Cortes españolas, Muñoz ni siquiera lo visitó. «Yo no le trato», dijo en una de sus columnas, «entre mis visitas a Moret, a Castelar, vivos, y a Murillo, a Rubens, a Rafael Sanzio, a Van Dyk [sic] y a Tintoretto, inmortales, todavía no se cuenta mi visita a Labra».[119]

[No le trato] porque, ya en medio de sus virtudes privadas y públicas, de sus méritos y de sus servicios, tiene el defecto de enojarse con los que hablan alto, yo me declaro cuasi incompatible con su olímpica soberbia.[120]

Este primer viaje a la metrópoli resultó en extremo crucial para la vida del político criollo. En Madrid tuvo acceso privilegiado a los partes diarios que publicaban los periódicos españoles sobre la Segunda Guerra de Independencia en Cuba que comenzó en febrero de 1895 y que él catalogaba como 'guerra civil'. Gracias a estas informaciones supo casi de inmediato sobre el asesinato del líder y poeta cubano, José Martí, ocurrido el 19 de mayo de 1895; del secuestro del cadáver por parte de las tropas españolas y de los desarrollos bélicos alrededor de los militares que continuaron liderando la guerra cubana. Muñoz diseccionaba día por día, «lo que ocurre en la manigua cubana, desde el punto de vista de nuestros campamentos». Por supuesto, el hijo de Don Luis se posicionó del lado de los españoles, en cuyo honor escribió patrióticas arengas.[121]

Se desprende de sus escritos que durante su larga estadía en Madrid, Luis Muñoz Rivera supo de primera mano, no solo que Sagasta estaba dispuesto a implantar el sistema de turnos con quien se le fusionara en Puerto Rico, sino también que, con el estallido de la guerra en Cuba, la autonomía para las colonias antillanas había dejado de ser un imposible. El primer ministro Cánovas del Castillo hizo público que el Gobierno, dadas las circunstancias en Cuba, estaba listo para romper con la tradición asimilista e iniciar de inmediato nuevas reformas en las que el *self government* de las colonias sería el protagonista.[122]

Este giro copernicano en los acontecimientos provocó, a su vez, un vuelco grande en las estrategias de Muñoz Rivera para llegar al poder. Si en su campaña fusionista de 1891 la autonomía era una 'carrera de obstáculos', ahora la autonomía se convertía en un extraordinario

---

[118] *Id.*
[119] Muñoz: «Desde Madrid. Junio 8 de 1895»…
[120] *Id.*
[121] *Id.*
[122] Labra, Rafael María: *La República y las libertades de ultramar*. Tipografía de Alfredo Alonso. Madrid. 1897, pág. 11.

comodín. La autonomía era 'el' caballo ganador. El grito de ¡muera la autonomía! de 1891, se sustituía por el de ¡viva la autonomía!

En Madrid, Luis Muñoz Rivera recibió la noticia de la muerte de su padre. Este acontecimiento vital significó el inicio de un nuevo ciclo para el 'héroe'.

Acercamiento a la cueva interior

Transformado y de vuelta a Puerto Rico, Luis Muñoz Rivera inició de inmediato una campaña de acoso y derribo cuyo fin era destruir al Partido Autonomista de forma tal que, con sus miembros, pudiera fundar una filial puertorriqueña del Partido Liberal Fusionista. Esta subsidiaria del partido de Sagasta subiría al poder junto con el caudillo español en un sistema de turnos idéntico al que intercambiaba en el poder a Cánovas y a Sagasta. Y, ¡claro!, el hombre que dirigiera el comité fusionista de Puerto Rico, sería el agraciado con el puesto máximo en el autogobierno prometido: ¡primer ministro de la colonia!

El 19 de abril de 1896 —tres meses después de su regreso de Madrid— Luis Muñoz Rivera tuvo la gran oportunidad de poner a correr sus planes en el seno de la quinta asamblea del Partido Autonomista celebrada en San Juan, en la que era delegado por Caguas. En aquel cónclave, dio lectura a una declaración en la que, luego de enumerar los agravios cometidos por el Gobierno contra el Partido Autonomista, solicitó sin más, la disolución del partido:

> Que en condiciones tales sería inútil mantener una organización que a ningún fin pragmático responde y que es origen de infinitos desaires y crueles repulsas para la colectividad:
> La Asamblea, en el ejercicio de su autoridad suprema, dolorosamente conmovida por el paso a que su dignidad la impulsa, poniendo al país por testigo de que resistió siempre el acuerdo que hoy adopta; elevando a la nación su protesta de que fía el porvenir del Puerto Rico a la sensatez de España, resuelve:
> ARTÍCULO ÚNICO: Se declara disuelto desde hoy el partido autonomista puertorriqueño.
> Capital, 19 de abril de 1896 —Luis Muñoz Rivera.[123]

Escrito así, con letras minúsculas, Muñoz Rivera sembró una pesada lápida sobre el Partido Autonomista. El Jíbaro de Barranquitas, además, se encargó de añadirle sazón al drama, concluyendo su discurso con alusiones a las culpas y a la amenaza de abandonar el partido, si no se hacía lo que él pedía:

> Se os presentan dos caminos: seguir como hasta hoy soportando desaires y desdenes sin influencia ninguna, sin representación ninguna, extranjeros en el territorio de la patria, o cerrar de una vez este triste período, refugiándonos en el silencio y apelando al porvenir.
> El dilema es terminante.

---

[123] «La Asamblea». *La Democracia*. Ponce, Puerto Rico. 20 de abril de 1896, pág. 3.

> Escoged uno de sus términos.
> En el primer caso no podré seguir junto a vosotros y os tenderé la diestra, en señal de despedida con el alma llena de angustias.
> Liberal, demócrata, autonomista, siempre. Afiliado a una colectividad en que no cabe mi altivez de ciudadano, nunca.[124]

Luego de escuchar a Muñoz, «se armó la de Dios es Cristo, la sarracina de órdago, en el alborotado gremio de los autonomistas». El partido, al decir del *Boletín Mercantil*, estaba «en capilla, en vísperas de su ejecución».[125]

Solo dos autonomistas apoyaron la propuesta de Luis Muñoz Rivera: el delegado Luis R. Velázquez y Vicente Muñoz Barrios, tío del proponente. Mientras que, Veve, Ramos y Manuel F. Rossy, asumieron el liderato en contra de tal idea y se encargaron de catalogar a Muñoz Rivera de «poco patriota». Al final de la tarde y, luego de un intenso debate, 86 delegados dijeron que no a la disolución y 36 votaron por el sí. La sesión se reanudó a las nueve de la noche sin la presencia de Luis Muñoz Rivera. El hijo de Don Luis —derrotado en su intento de disolución— se había marchado en medio de uno de sus frecuentes ataques de ira.[126]

Dos días más tarde, el 21 de abril de 1896, Luis Muñoz Rivera envió una comunicación oficial al presidente del Comité Autonomista de Caguas, en la que anunciaba su renuncia irrevocable como delegado de ese distrito.[127] En paralelo, y haciendo gala de una de sus estrategias de manipulación más habituales, renunció al Partido Autonomista. El propio Muñoz explicó su retiro desde las páginas de *La Democracia* y, si leemos esa descripción con ojos críticos, podremos notar la táctica del *pity play* o victimismo que con tanta maestría (y éxito) desplegó Muñoz Rivera en toda su vida política.

> Fíjese usted y verá que el partido en que milité con orgullo no me necesita: sin mí o conmigo cumplirá su proceso en la historia antillana. Acaso en su seno se me veía como un estorbo, y se procuraba, en la sombra, eliminarme. Yo me adelanté al deseo de mis hidalgos amigos, y les tendí la diestra, en señal de despedida, con el alma llena de angustia [...][128]

Veinticuatro horas después de la renuncia, arrancó en *La Democracia* una implacable campaña de propaganda que pretendía ser la avanzadilla de un intento por derrocar al partido fuera como fuera, costase lo que costase. Si no lo había conseguido por las buenas, lo haría con las poderosas estrategias de manipulación que hoy conocemos como 'populismo' y que, a fines del siglo XIX, eran pasto común en la política de América latina.

El populismo —que no es una ideología sino un cuerpo de tácticas de manipulación para obtener el poder— involucra siempre un postulado de representación moral exclusiva. Luis Muñoz Rivera, en su primera campaña eminentemente populista, resumió en su figura esa

---

[124] *Id.*
[125] «No se entienden». *El Boletín Mercantil*. San Juan, Puerto Rico. 19 de abril de 1896, pág. 2.
[126] «La Asamblea». *La Democracia*. Ponce, Puerto Rico. 20 de abril de 1896, pág. 3.
[127] «Noticias generales». *La Democracia*. Ponce, Puerto Rico. 22 de abril de 1896, pág. 3.
[128] «Mi respuesta». *La Democracia*. Ponce, Puerto Rico. 7 de mayo de 1896, pág. 2.

representación moral exclusiva. Se colocó a sí mismo, en una visión antipluralista de manual, como el conocedor único y absoluto de la verdad, y de aquello que mejor le convenía al 'pueblo'.

El jueves 23 de abril de 1896 apareció «Líneas paralelas», el primero de nueve artículos que sin tregua, día tras día desde el 23 hasta el 30 de abril, publicó *La Democracia*. Todos los escritos aparecieron redactados en plural y sin firmar. A pesar de la ausencia del nombre en los textos periodísticos, nadie duda de que detrás de ellos estuvo la pluma de Muñoz Rivera. Su hijo, Luis Muñoz Marín, en 1925, los incluyó en la compilación de las obras completas de su padre.

En ese primer asalto que representó «Líneas paralelas», Muñoz Rivera lanzó una frase vacía pero pegajosa, dirigida a engañar el cerebro racional del lector y a sustituir el razonamiento político por meras emociones viscerales. «Puerto Rico sabe morir» fue el eslogan escogido para esta ocasión.

> Disolver la hueste no equivale a rasgar la bandera augusta de las libertades patrias: equivale a escribir en sus pliegues venerando este lema: —«Puerto Rico sabe morir».[129]

'Puerto Rico sabe morir' sustituyó la realidad y se convirtió en el grito de guerra contra el directorio del Partido Autonomista. A partir de aquí se sucedieron largos artículos, escritos a dos columnas, que se encargaron de socavar, uno a uno, los pilares esenciales que daban forma al Partido Autonomista. Cada publicación, como si de una novela en serie se tratara, se ocupó de un tema específico, dejando abierto al suspenso quién caería en el próximo número. Primero el ataque se concentró en describir en términos generales al Partido Autonomista; luego le tocó el turno a Rafael María de Labra; le siguió en el patíbulo el directorio autonomista; al otro día cayeron en el asesinato propagandístico, los comités autonomistas y toda la estructura que sostenía al partido. Por último, como no podía ser de otra manera en una campaña populista, apareció el llamado a la acción. En este caso no podía tratarse de otra cosa que de la 'necesidad moral' de disolver el Partido Autonomista. Aquello era un asunto de honor y «los asuntos de honor no se discuten, se resuelven».[130]

Para que un nuevo caudillo pudiera nacer, la primera de las reputaciones que tenía que rodar por el lodo de la infamia era la de Rafael María de Labra. «Al país, la verdad II», columna publicada el 25 de abril de 1896, se dedicó en exclusiva a vilipendiar la figura de quien representaba a los autonomistas cubanos y puertorriqueños en las Cortes españolas. «Hay un leader en Madrid» —empezaba la diatriba— «¿qué significa para sus correligionarios?».[131]

> [...] el señor Labra, en estos últimos ocho años, no ha querido, no ha podido hacer nada por este pueblo que llevó su nombre a las urnas, que le convirtió en ídolo sacro; que elevó a sus altares ondas de incienso; que contribuyó a crear sus prestigios; que solo le pedía una defensa franca y leal y recoge el más duro y acerbo desengaño.
> Cierto también que el ilustre político interviene en nuestros asuntos interiores en formas indirectas, oblicuamente, de soslayo, en la sombra, y que así no más hace sentir su influjo moderado y suave,

---

[129] «Líneas paralelas». *La Democracia*. Ponce, Puerto Rico. 23 de abril de 1896, pág. 2.
[130] *Id.*
[131] «Al país, la verdad II». *La Democracia*. Ponce, Puerto Rico. 25 de abril de 1896, pág. 2.

Luis Muñoz Rivera repitió varias veces en su vida la fórmula que una vez utilizó para evitar que su padre supiera que escribía poemas. Un lector sagaz podrá identificar en innumerables artículos sin firmar, el estilo inconfundible de Muñoz Rivera. Para confirmar esta teoría viene en nuestro auxilio una carta escrita por el propio Jefe el 16 de junio de 1911, momento en que ocupaba la silla de comisionado residente en Washington. Le decía a su amigo cercano, Eduardo Giorgetti: «Confirmo mi carta de ayer sobre el bill número 11,586 destructor del Consolidado. Y le incluyo aquí copia de un artículo que mando a *La Democracia*, para que aparezca sin firma, como de la redacción, guardándose reserva sobre su verdadero origen, porque como yo estoy aquí, conviene que el trabajo aparezca de allá, a fin de dejarme cierta libertad de acción ante los informes que pueda yo adquirir de Mr. Jones, cuando este regrese de Virginia».
Véase: «Carta de Luis Muñoz Rivera a Eduardo Giorgetti, 16 de junio de 1911».
Fundación Luis Muñoz Marín. Imagen: «Luis Muñoz Rivera en su juventud».
Fundación Luis Muñoz Marín.

aunque a veces pernicioso y decisivo [...].

No le place auxiliarnos, no nos auxilia. Le es muy grato dictar o escribir las epístolas de San Rafael a los colonicences [sic] y andarse mano a mano con los jefes de los partidos gobernantes, a quienes no le gusta estorbar [...]

Ahora, en estos instantes mismos, es un *leader* nominal que no se preocupa de las pobres víctimas de América, que no realiza por ellas el menor sacrificio y que permanece en el amplio butacón de su despacho, esperando el tributo que le rinden los que con él tienen asuntos, los que de él aguardan favores, los que de él logran mercedes: los que aquí aparecen sosteniendo su prestigio con la modesta intención de que él les ayude a ser diputados, magistrados o prebendados.[132]

A todas luces, Muñoz Rivera contaba con una especie de cuerpo de contrainteligencia que le hacía llegar información del partido. En su ataque contra Labra hizo referencia a cartas suscritas por el líder y que él tenía en su poder gracias a «la policía voluntaria, en los confines de Puerto Rico extendida».[133] «Al país, la verdad II» cerró con frases lapidarias de fácil memorización y que remataban cualquier prestigio que pudiera quedarle a Labra. «El señor Labra es de aquellos que miran el interés, la conveniencia; que miden por milímetros y calculan por átomos y moléculas; que ni se irritan ni se exaltan».[134]

«Nos quedan los organismos interiores de la colectividad», advertía la oración última del artículo difamatorio del sábado 26 de abril, anticipando que el lunes 28, otras víctimas caerían en la redada. Y, en efecto, «Al país, la verdad III» se encargó, con paciencia de artificiero, del directorio autonomista. En el fuego a mansalva no se salvó ninguno de los líderes que por entonces dirigían el partido:

> Forman el Directorio cuatro jóvenes de inteligencia bien cultivada, de talento claro, de madurez en el juicio. Aún desconocemos su ardor en el combate [...]
> Una de las dificultades con que ha de luchar el Directorio es la escasa popularidad de sus hombres en la metrópoli. En Madrid todos saben quiénes son Gálvez, Govín y Giberga; todos ignoran quiénes son Brioso, Rossy y Barbosa. El mismo leader no se cuidó nunca de nombrarles en los círculos políticos [...].[135]

Según Muñoz Rivera —quien muy pronto reinventará la historia para borrar este episodio y colocarse como el líder máximo que siempre protegió al Partido Autonomista— aquel directorio no sobreviviría «sin la robustez que le prestaría un partido compacto y fuerte». De no fusionarse de inmediato con Sagasta, «el partido entero se perderá».[136]

En el piso ya el líder de Madrid y los cuatro hombres del directorio, el martes 28 de abril le tocó el turno a la estructura organizativa del Partido Autonomista.

---

[132] *Id.*
[133] *Id.*
[134] *Id.*
[135] «Al país, la verdad III». *La Democracia*. Ponce, Puerto Rico. 27 de abril de 1896, pág. 2.
[136] *Id.*

> Hay, en setenta poblaciones cuarenta comités que dan al partido autonomista una apariencia de organización. Y no una organización real, porque la mayor parte de esos comités ni se reúnen, ni llevan los registros constitucionales, ni acometen ningún trabajo serio y fecundo.[137]

Luis Muñoz Rivera no escatimó en mancillar cualquier resquicio, por ínfimo que fuera, del partido: «Los comités solo existen de nombre. No hacen nada. ¿Envían fondos los comités al Directorio? Creemos que no. En la manera de ser del partido autonomista encontramos algo de artificial y ficticio. Se presentan muchos comités y en realidad son pocos los que funcionan de una manera efectiva».[138]

El miércoles 29 de abril de 1896, el astuto demagogo se encargó de resumir y repetir lo dicho en los artículos anteriores. La diatriba debía ser recordada de forma fácil por los lectores, y para eso nada mejor que un resumen:

> Hemos demostrado que en realidad no existen comités autonomistas capaces de un funcionamiento positivo; que la gestión del Directorio resulta estéril; que el leader no responde nunca a las esperanzas de sus correligionarios y que el país, liberal en su inmensa mayoría, se inhibe y se retrae porque no espera nada de una política que, costándole sacrificios, no le ofrece compensaciones [...].[139]

Luego de todo lo anterior, Muñoz Rivera preguntaba, «¿qué partido puede subsistir y perdurar?». –Ninguno, contestaba el mismo que escribía. Y, llegado a este punto de la narrativa, el astuto columnista, como quien inocula un virus, introdujo la respuesta correcta:

> Nosotros pedimos la disolución porque el partido estaba disuelto y nos parecía más grande, más noble, cayendo con la protesta en el alma y con la amenaza en los labios, que viviendo en la inacción para morir en el escenario.
> Hay leader de nombre, Directorio de nombre, comités de nombre; no hay fuerzas, no hay energías, no hay lucha: NO HAY PARTIDO.
> ¿Es necesario QUE HAYA PARTIDO?[140]

El cierre de oro de la campaña fue el jueves 30 de abril. En «Al país, la verdad VI», Muñoz Rivera se encargó de dar el puntapié final y hacer un llamado específico a la acción:

> Para hacer frente a las eventualidades de la política colonial debiera existir un partido compacto, vigoroso [...]; un organismo sólido, lleno de robustez y de firmeza [...] Y como ese organismo no existe ni funciona, es preciso crearlo para que Puerto Rico se apoye en sus propios elementos, y para que no sufran sus hijos lo que sufren, sintiéndose extranjeros en el territorio de la patria.[141]

---

[137] «Al país, la verdad IV». *La Democracia*. Ponce, Puerto Rico. 28 de abril de 1896, pág. 2.
[138] *Id.*
[139] «Al país, la verdad V». *La Democracia*. Ponce, Puerto Rico. 29 de abril de 1896, pág. 2.
[140] *Id.*
[141] «Al país, la verdad VI». *La Democracia*. Ponce, Puerto Rico. 30 de abril de 1896, pág. 2.

'Puerto Rico sabe morir' no logró milagros. El directorio del Partido Autonomista no cambió de opinión de inmediato pero, lo que sí ocurrió fue que los comités del partido comenzaron a desmoronarse. Por ejemplo, el comité de Mayagüez, ya frágil, no volvió a reunirse luego de la asamblea,[142] y el de Peñuelas pidió su propia disolución.[143] Esta primera arremetida populista constituyó, sin duda, una importante labor de zapa que hizo mucho daño, resquebrajó los cimientos autonomistas y colocó a los hombres del directorio en una posición más que vulnerable.

¡Viva la autonomía! ¡Muera la República!

En mayo de 1896 todos los políticos en Puerto Rico sabían que la concesión de la autonomía a las colonias antillanas era un hecho inminente. La guerra de Cuba había precipitado los acontecimientos mientras que las amenazas intervencionistas del Gobierno de Grover Cleveland en Estados Unidos, funcionaban como un importante catalizador.

El presidente de Estados Unidos, influenciado por las poderosas fuerzas de la American Sugar Refining Company, mantuvo hasta por lo menos febrero de 1896, una política favorable al mantenimiento del *statu quo* en Cuba. Edwin F. Atkins —miembro de una de las familias élite de Boston, uno de los 11 directores originales de la Junta de Gobierno del Sugar Trust, amigo personal del secretario de Estado Richard Olney, y socio de varias corporaciones dominadas por John Pierpont Morgan— y Henry Havemeyer —presidente del Sugar Trust, amigo personal de Grover Cleveland y de John G. Carlisle, secretario del Tesoro— dominaban una cantidad increíble de tierras, puertos, haciendas, centrales y franquicias en Cuba. La azúcar negra que producían en la isla caribeña, la trasladaban en sus propios ferrocarriles, la montaban en sus propios barcos desde sus propios muelles y la transferían a sus propias refinerías en Estados Unidos. Intercambiaban favores con los españoles y tenían en un bolsillo a la burguesía cubana (una burguesía agroindustrial, sólida y poderosa económicamente) con la que compartían en clubes privados y a la que le extendían préstamos. No necesitaban cambio alguno en el estatus político de Cuba y, mucho menos, una anexión a Estados Unidos que les hiciera perder sus privilegios contributivos. Tampoco les beneficiaba que Cuba obtuviera su independencia. De ser así, podría montar libremente refinerías de azúcar, vender su crudo al precio del mercado y competir con el Trust. Por estas razones, los magnates del azúcar estadounidenses confiaron en la autonomía como la solución más favorable para sus negocios. Dieron por sentado que los cubanos abdicarían de sus reclamos independentistas si España ofrecía ciertas reformas. Una vez España las otorgara, entonces Estados Unidos apoyaría a España, los insurgentes perderían apoyo moral y la revolución moriría.[144] Nada más lejos de la realidad.

Pero los hombres del Sugar Trust no eran los únicos con poder en el Gobierno de Cleveland. Otros magnates con oficinas en Wall Street apostaban todo por la estrategia contraria. La Casa Rothschild, por ejemplo, institución que había sido la financiera de España por mucho tiempo, a

---

[142] «Noticias generales». *La Democracia*. Ponce, Puerto Rico. 2 de mayo de 1896, pág. 3.
[143] «Noticias generales». *La Democracia*. Ponce, Puerto Rico. 1 de mayo de 1896, pág. 3.
[144] Harris, Christopher: «Edwin F. Atkins and the Evolution of United States-Cuba Policy, 1894-1902». *The New England Quarterly*. Vol. 78, No. 2. Junio 2005, págs. 202-231.

través de su representante en Wall Street, August Belmont, se negó a otorgarle más créditos y, en cambio, suscribió emisiones de bonos a los revolucionarios cubanos.[145] Poco tiempo después, en febrero de 1896, el Senado de Estados Unidos pasó una resolución reconociendo a los rebeldes cubanos como beligerantes. Luego, en diciembre de ese mismo año, aprobó un reconocimiento, no al estado de guerra en Cuba, sino a la independencia cubana.[146]

La actitud del Gobierno de Estados Unidos hacia la guerra de Cuba comenzó a mostrar un giro definitivo a partir de abril de 1896 con el nombramiento de Fitzhugh Lee —un general del Ejército confederado, exgobernador de Virginia y sobrino del notorio Robert E. Lee— para el cargo de cónsul general de Estados Unidos en Cuba. En su primer informe, Lee pidió la intervención inmediata de Estados Unidos en el conflicto. Según Lee, la guerra estaba en un punto muerto (militarmente hablando) y, en su opinión, los españoles nunca otorgarían una reforma política significativa a los cubanos. Incluso si lo hicieran, los cubanos rechazarían la propuesta. El exconfederado recomendó al entonces secretario de Estado, Richard Olney, que al menos enviara un buque de guerra a La Habana para alentar a los españoles a proteger los intereses estadounidenses. Si Estados Unidos no hacía nada, advirtió, las condiciones en Cuba seguirían empeorando y la guerra entre Estados Unidos y España se volvería más probable. En el mismo informe, Lee apuntó hacia el dato de que los oficiales españoles preferirían rendirse frente a las «superiores fuerzas militares estadounidenses» que ante las tropas mambisas.[147]

En Puerto Rico nadie prestó atención a los graves movimientos que se cocinaban en Wall Street y se ejecutaban desde Washington. Los prohombres puertorriqueños, haciendo gala de la miopía que afectaba a toda la élite política criolla, concentraron su atención en la lenta y oxidada maquinaria española que, en 1896, ¡por fin!, parecía que echaba a andar su gastada burocracia en pro de unas raquíticas y tardías reformas.

«Las reformas vendrán: esto es evidentísimo», aseguraba Muñoz Rivera el 11 de mayo en *La Democracia*.[148] También *El País*, órgano del directorio ortodoxo, adelantaba la pronta llegada del poder administrativo a la isla.[149] *El Buscapié*, desde finales de abril y muy alejado de la retórica contenciosa de *La Democracia*, en un tono mesurado y racional desmenuzaba los detalles de las reformas autonómicas que se fraguaban en la metrópoli. «Un telegrama de Madrid dice que el señor Cánovas del Castillo trata de suprimir en las reformas antillanas todo lo relativo al Consejo de Administración», comentaba el periódico de Manuel Fernández Juncos, el 27 de abril de 1896.[150] Poco más tarde, el 1 de mayo, aseguraba que «es indudable que el gobierno se propone aplicar las reformas muy en breve y hasta corre una versión que nos parece original».[151]

> Las reformas parece que vienen, el azúcar parece que sube, las murallas parece que bajan, y la ola del optimismo nos baña ahora de la cabeza a los pies. ¡*Sursum corda*![152]

---

[145] Rothbard, Murray N.: *Wall Street, Banks and American Foreign Policy*. Ludwig von Mises Institute. 2011, págs. 6-8.
[146] Harris: «Edwin F. Atkins...», págs. 202-231.
[147] *Id*.
[148] «Las Reformas». *La Democracia*. Ponce, Puerto Rico. 1 de mayo de 1896, pág. 3.
[149] «A Diestro y Siniestro». *La Democracia*. Ponce, Puerto Rico. 14 de mayo de 1896, pág. 2.
[150] «Impresiones del día». *El Buscapié*. San Juan, Puerto Rico. 27 de abril de 1896, pág. 2.
[151] «Impresiones del día». *El Buscapié*. San Juan, Puerto Rico. 1 de mayo de 1896, pág. 2.
[152] «Impresiones del día». *El Buscapié*. San Juan, Puerto Rico. 2 de mayo de 1896, pág. 2.

En paralelo, el periódico *El Imparcial* de Madrid adelantaba la noticia de que el Gobierno «pensaba llevar inmediatamente a las Antillas las reformas de Abarzuza, porque las de Maura ya no las conoce ni su mismo autor».[153]

> Relaciónese esta noticia con la de un mensaje oficioso que se supone venido de Washington a Madrid, respecto a los buenos oficios de los Estados Unidos para terminar la guerra de Cuba, a cambio de concesiones políticas para los cubanos, y comerciales para los norteamericanos.[154]

En Puerto Rico no se hablaba de otra cosa. «Continuemos con el tema de las reformas. Hoy por hoy es el único que aquí se debate», comentaba *La Democracia* el 18 de mayo de 1896.[155] Hasta que, por fin los rumores y noticias se confirmaron. El 31 de julio de 1896 todos los periódicos locales publicaron el mensaje del presidente del Consejo, Antonio Cánovas del Castillo a la Corona. En efecto. El conservador Cánovas, renuente hasta esa fecha a cualquier concesión a las Antillas, proponía a la reina regente la autonomía para Cuba y Puerto Rico.

> Al poner fin a la insurrección de Cuba, cuando tal caso llegue, preciso ha de ser para que la paz se consolide en ella, dotar a entrambas Antillas de una personalidad administrativa y económica de carácter exclusivamente local; pero que haga expedita la intervención total del país en sus negocios peculiares, bien que manteniendo intactos los derechos de la soberanía e intactas las condiciones indispensables para su subsistencia.[156]

Como habrá podido notar el lector, desde los primeros días de mayo de 1896 la pregunta en los círculos políticos de Puerto Rico no era si se concedía o no la autonomía a las Antillas. El debate era cuándo y, sobre todo, qué contendrían esas reformas. De manera que nadie en su sano juicio entendía necesario que existiera pacto, alianza o fusión con partido peninsular alguno para que ese autogobierno se hiciera realidad. Menos aún, nadie con sentido común se plantearía que la fusión con un partido monárquico y conservador (como lo era el Liberal Fusionista de Sagasta) constituía un requisito previo a la autonomía. El problema, por lo tanto, no era la autonomía. Era otra cosa y tenía nombre y dos apellidos.

Luis Muñoz Rivera, olfateando la cercanía de las reformas autonómicas, sentía que se quedaba sin oxígeno. Tenía que procurar a toda costa que el Partido Autonomista se convirtiera en Liberal Fusionista antes de que se concretaran los decretos autonómicos; de lo contrario, los incondicionales monopolizarían el Gobierno y él quedaría fuera del juego. «No es cosa de permitir que los incondicionales se apoderen de la maquinaria administrativa ni de tolerar que la muevan a su antojo, asignándonos el papel de espectadores sumisos y pacientes».[157] Para el hijo de Don Luis, a punto de cumplir treinta y siete años, había llegado la hora de retomar los esfuerzos y empujar —de forma violenta si fuera necesario— la disolución del partido y la fusión con Sagasta.

---

[153] «Desde Madrid. Las Reformas y sus Impugnadores». *La Democracia*. Ponce, Puerto Rico. 14 de mayo de 1896, pág. 2.
[154] *Id*.
[155] «Consideraciones». *La Democracia*. Ponce, Puerto Rico. 18 de mayo de 1896, pág. 2.
[156] «Puerto Rico y el mensaje». *La Democracia*. Ponce, Puerto Rico. 31 de julio de 1896, pág. 3.
[157] «Al país, la verdad VI»...

El 11 de mayo de 1896, Muñoz Rivera decidió hablar alto y claro. Se acabaron los regodeos y las sugerencias. Aquello era un asunto simple. Todo giraba alrededor de EL MODO DE LLEGAR AL PODER. Y así, en mayúsculas, lo dijo en su artículo «Las Reformas»:

> En este caso se impone un cambio de rumbo en los partidos coloniales, porque sería quijotesco y tonto dejar que sigan los conservadores funcionando de martillos y nosotros como yunque, recibiendo el golpe despiadado de una reacción capaz de tragarse la isla entera [...]
> En resumen:
> Si a Cuba y a Puerto Rico vienen reformas iguales, sean las que sean, con tal de que supongan un progreso, trabajaremos porque las apliquen los elementos liberales del país DESDE EL PODER. Hablamos sin ambajes [sic].
> Y esperamos sin impaciencia.[158]

Cuando Muñoz Rivera hablaba de aplicar la autonomía desde el poder, se refería al sistema de turnos. «El poder sin la autonomía es preferible que la autonomía sin el poder», repetía una y otra vez.[159] No era la autonomía lo que perseguía. Era el poder. Sabía que Cánovas del Castillo estaba comprometido con los incondicionales, y también sabía que Sagasta lo llevaría a la cima cuando le tocara su turno, pero con la condición de absorber al Partido Autonomista. Por lo tanto, si la autonomía llegaba sin que lo anterior ocurriera, serían los incondicionales los encargados de administrarla y él no tendría ni la remota posibilidad de colarse en el Gobierno. «Si viene la autonomía vendrá para los incondicionales, que serán entonces gobierno», vaticinaba.[160]

> Ahora bien, si en Puerto Rico se estableciera el turno de los partidos; si en la monarquía mandaran los conservadores con Cánovas y los liberales con Sagasta; si en la república estuvieran aquellos con Esquerdo y estos con Salmerón, se establecería una verdadera normalidad, y, por miedo a la represalia, ninguno de los contendientes abusaría de su adversario, seguro de que luego vendría el castigo en mayor y más tremendo abuso.[161]

Como ya sabemos, el elemento de la alternancia era una pieza clave en la estrategia de Muñoz Rivera para lograr el poder. El sistema de turnos estaba en la propuesta inicial que presentó ante el directorio autonomista en 1891, y se mantuvo invariable en sus ideas posteriores cuando dijo que uno de sus objetivos era «influir de una manera inmediata en los asuntos de la colonia, ya desde el poder, cuando triunfe el partido con que nos entendemos, ya desde la oposición, cuando se nos aleje del Gobierno».[162] En 1891 aseguró también:

---

[158] «Las Reformas». *La Democracia*. Ponce, Puerto Rico. 11 de mayo de 1896, pág. 2.
[159] «Sin reñir». *La Democracia*. Ponce, Puerto Rico. 20 de julio de 1896, pág. 2.
[160] *Id*.
[161] «Lógica, siempre lógica». *La Democracia*. Ponce, Puerto Rico. 3 de julio de 1896, pág. 2.
[162] Muñoz Rivera, Luis: «A dónde vamos». *La Democracia*. Ponce, Puerto Rico. 31 de marzo de 1891, pág. 2.

> La descentralización a la que aspiramos hoy, y que obtendremos al cabo sin necesidad de colosales sacrificios, siempre que sepamos avanzar en firme y desdeñar todo romanticismo estéril. Para alcanzar esta descentralización es necesario que influyamos en el movimiento político peninsular, y que nos acepte un partido capaz, por su propia fuerza de dirigir los destinos de la patria. De tal modo desaparecerían prevenciones tradicionales y llegaría un momento en que ocuparíamos, respecto del grupo incondicional, la situación que este ocupa respecto de nosotros.[163]

Más tarde, ya en 1897, Muñoz volvió sobre el tema de los turnos de forma más explícita. Ante preguntas de un redactor de *La Correspondencia* sobre si era verdad que Sagasta, al idear la fusión con los autonomistas, pretendió eliminar al Partido Incondicional Español, Muñoz contestó:

> ¿Y cómo no he de creer que es verdad? Un estadista jamás se propone anular al partido que TURNA CON EL SUYO y que le sirve de contrapeso. Si no funcionase un partido conservador ¿a qué se reduciría el partido liberal? El señor Sagasta QUIERE que aquí, de igual modo que en la península, subsista el partido conservador, frente a su partido que es liberal, al que pertenecemos. Ni el señor Sagasta, ni nosotros prescindiríamos nunca de los conservadores: eso equivaldría a suicidarnos. Que trabajen, que luchen, que gobiernen, nosotros también trabajaremos, lucharemos y GOBERNAREMOS. En esa forma se llega a una nueva normalidad política.
> Para turnar en el poder es preciso que haya dos partidos, y los habrá […].[164]

Es decir, la fusión con Sagasta no era necesaria para obtener un gobierno autónomo para Puerto Rico; pero sí era imprescindible para que Luis Muñoz Rivera obtuviera el poder.

«Medite el país que quiere a toda costa dejar de ser yunque para trocarse en martillo», decía en su campaña para disolver el partido el 16 de junio de 1896, «piensen los hombres que no se prestan a seguir haciendo lo que conviene a sus adversarios; reflexionen los patriotas de corazón».[165] Muñoz recordaba al directorio autonomista que los liberales de Sagasta habían hecho pública su «incompatibilidad con los incondicionales de Cuba y con los de Unión Constitucional de Cuba»[166] y que, además, Cánovas del Castillo «para apoyarse en la colonia ya tiene a los incondicionales y no romperá sus compromisos de veinte años, no borrará sus antecedentes por correr aventuras con nosotros».[167] Era el momento de unirse a Sagasta, reclamar el sistema de turnos e intercambiarse pacíficamente el poder con los incondicionales.

A pesar de sus ataques a Labra, al directorio y a los comités autonomistas, a pesar de sus diatribas, de sus ruegos y llamados a meditar, Luis Muñoz Rivera no conseguía lo que quería y el tiempo le jugaba en contra. Ya era julio de 1896 y el directorio autonomista no cambiaba de opinión. El grupo compuesto por José Celso Barbosa, Manuel F. Rossy, Manuel Fernández Juncos y otros líderes se opusieron de inmediato a cualquier fusión y se atrevieron a llamar las cosas por

---

[163] Muñoz Rivera, Luis: «La evolución». *La Democracia*. Ponce, Puerto Rico. 21 de marzo de 1891 pág. 2.
[164] «Una entrevista con Muñoz Rivera». *La Democracia*. Ponce, Puerto Rico. 10 de mayo de 1897 pág. 1.
[165] «¿Y Ahora…?». *La Democracia*. Ponce, Puerto Rico. 16 de junio de 1898, pág. 2.
[166] *Id.*
[167] *Id.*

su nombre. «Las doctrinas autonomistas seguramente han de salir muy mal libradas de las manos de aquellos, cuyo principal móvil parece no ser otro que alcanzar el poder por medio de transacciones», aseguraban refiriéndose directamente a Muñoz Rivera.[168] «Sin necesidad de pactos» —aclaraba *El País*— «nuestras soluciones se impondrán por la lógica de los hechos».[169] Barbosa, por su parte, vaticinó lo que en efecto ocurrió más adelante: «Que el pacto sea conveniente y útil no lo creemos. La utilidad y conveniencia que ese pacto pueda traernos solo beneficiará a unos pocos en perjuicio de los intereses morales y materiales del país».[170]

Otro visionario autonomista, Cruz Castro, también le contestó a Muñoz de forma categórica y desde *El País*:

> Continuaremos siendo autonomistas, sin soñar con maridajes imposibles, ni con triunfos en comandita; así salvaremos, por lo menos, el respeto que nos debemos a nosotros mismos, la dignidad como hombres y la consecuencia como políticos, aunque seamos correligionarios sin historia.[171]

Era una guerra de todos contra todos. Un *totum revolutum*, como de forma jocosa lo describía el *Boletín Mercantil*.[172] El seísmo amenazaba con ser mayúsculo e irremediable. A las duras acusaciones de *El País* contestaba el otro bando: «Quédese *El País* en el palenque; pero solo. *La Democracia* seguirá sus rumbos, e irá a donde deba y pueda ir, como ella va a todas partes: con la frente muy alta y la conciencia muy tranquila».[173] El aludido volvía a contestar y, de nuevo Muñoz Rivera iba al ataque: «Es lástima que en Puerto Rico no se den cuenta exacta de cómo se hace en España la política».[174] Y así continuaron, en un juego de muerte infinita en el que nadie ganaba y todos perdían.

En aquella pelea entre adolescentes caprichosos ninguno cedía un ápice de su posición y esto, sin duda, causaba gran preocupación a Muñoz Rivera. Se imponía un cambio de estrategias y, en estas encrucijadas, la ayuda prodigiosa de un mentor siempre es bienvenida.

Encuentro con el mentor

Luis Muñoz Rivera —sin abandonar la batalla campal contra el directorio autonomista— decidió buscar aliados. Durante los últimos días de junio y los primeros de julio de 1896, viajó por diferentes pueblos, se reunió, convenció, negoció y —¡voilá!— consiguió «el apoyo inteligente, enérgico y eficacísimo» del abogado autonomista, Rosendo Matienzo Cintrón.[175]

---

[168] «Sin reñir»...
[169] «Las contradicciones de La Democracia». *La Democracia*. Ponce, Puerto Rico. 13 de julio de 1896, pág. 2.
[170] «Las cosas claras». *La Democracia*. Ponce, Puerto Rico. 16 de julio de 1896, pág. 2.
[171] «Sin reñir»...
[172] «Un desengaño». *El Boletín Mercantil*. San Juan, Puerto Rico. 9 de septiembre de 1896, pág. 2.
[173] *Id.*
[174] «Las contradicciones de La Democracia»...
[175] «La Comisión autonomista. Interview con Muñoz Rivera». *La Correspondencia*. San Juan, Puerto Rico. 12 de febrero de 1897, pág. 2.

El licenciado Matienzo Cintrón, graduado muy joven de la Universidad de Barcelona, tenía su bufete en Mayagüez y, a diferencia de Muñoz, desde la fundación del Partido Autonomista estuvo dentro de sus cuadros directivos. Sus adversarios solían decir de él que durante sus discursos políticos, en lugar de agua, tomaba cerveza y que el efecto se notaba según avanzaba la noche. El abogado llamaba la atención, además, por su extravagancia al defender de forma férrea y extrema las ideas espiritistas que profesaba.[176]

No sabemos si obnubilado por las estrategias de manipulación de Muñoz Rivera o convencido por argumentos, lo cierto es que Rosendo Matienzo Cintrón, en aquel decisivo julio de 1896, sirvió de embajador de buena voluntad entre el director de *La Democracia* y el directorio del partido. Gracias a su intervención, Muñoz consiguió lo que no había logrado con toda su campaña de acoso: los directivos autonomistas aceptaron realizar, no una asamblea general, pero sí una reunión entre los directores y Luis Muñoz Rivera, quien —recordemos— había renunciado de forma 'irrevocable' al partido.

La delegación del partido, sin saber que caminaba hacia el patíbulo, se reunió el 27 de julio de 1896 a las diez de la noche en la elegantísima residencia del rico hacendado Nicolás Quiñones Cabezudo, en Caguas. Estaban presentes los delegados Gómez Brioso, Manuel F. Rossy, José Celso Barbosa, Luis Sánchez Morales, Fabriciano Cuevas, Rosendo Matienzo, Santiago Veve y Ulpiano Córdova. También Vicente Muñoz Barrios, alcalde de Caguas y tío de Muñoz; los hermanos Modesto, Marcelino y Celestino Solá —todos del bando muñocista— y «un centenar de correligionarios consecuentes y entusiastas» llevados allí por el alcalde de Caguas.[177]

Abrió la sesión el presidente José Gómez Brioso. Luego de tratar varios asuntos de puro trámite permitió que Rosendo Matienzo Cintrón diera un emotivo discurso en defensa absoluta de «las soluciones que en estos días mantuvo *La Democracia*». El orador, «en un hermoso discurso, demostró la conveniencia de realizar estrechas alianzas con un partido de gobierno capaz de admitir como suyo y realizar sin demora el programa autonomista».[178]

> A fin de que se llegue a estas alianzas con rapidez, el señor Matienzo recordó que debía cumplirse un acuerdo de la Asamblea de Mayagüez, relativo al nombramiento de una comisión que pase a Madrid a establecer las bases del pacto que ha de realizarse.[179]

Matienzo Cintrón revivió, de forma muy conveniente para los intereses de Muñoz, el acuerdo propuesto por Manuel Fernández Juncos en la asamblea de 1891 —momento en que la autonomía parecía una utopía— para «acordar o realizar inteligencias con los demócratas peninsulares que acepten o defiendan el sistema autonómico-administrativo de las Antillas».[180] Ante el hecho evidente de que, en efecto, el artículo mencionado formaba parte de la Constitución del partido, y debilitados por la propaganda implacable de Muñoz Rivera, los hombres del directorio autonomista «aceptaron en principio el pensamiento».[181]

---

[176] Bernabe, Rafael: «Memoria de Welelandia». *80grados*. 16 de septiembre de 2011. <https://www.80grados.net/memoria-de-welelandia/>. [10/10/2022].
[177] «La delegación autonomista». *La Democracia*. Ponce, Puerto Rico. 29 de julio de 1896, pág. 2.
[178] *Id.*
[179] *Id.*
[180] «La última palabra». *La Democracia*. Ponce, Puerto Rico. 8 de octubre de 1891, pág. 2.

Rosendo Matienzo Cintrón (izquierda), Luis Muñoz Rivera en el centro y Herminio Díaz Navarro en 1901. Imagen: Fundación Luis Muñoz Marín.

Santiago Veve «se manifestó dispuesto a sacrificar una parte de sus ideales por el bienestar del país», y Federico Degetau «pronunció una oración improvisada para exponer puntos de vista de la política peninsular, examinando los programas de aquellos que aceptan o simpatizan con nuestra doctrina».[182] Terciaron en la discusión, además, José Celso Barbosa, Manuel F. Rossy, Luis Sánchez Morales y Gómez Brioso.

Entonces, los líderes autonomistas —presionados por las estrategias de acoso y derribo de Muñoz Rivera y frente a la encrucijada vital que representaba la llegada inminente de la autonomía— cometieron el grave error de permitir que Luis Muñoz Rivera hablara esa noche.

Luego del discurso del director de *La Democracia*, en el que no faltaron frases reductivas y llamados encubiertos al miedo, al resentimiento y la culpa, y pasadas ya las doce de la medianoche, se detuvo la sesión por diez minutos «con objeto de redactar una fórmula que sintetice las instrucciones a que obedecerá la comisión de Madrid».[183]

Los hombres del directorio tragaron el anzuelo. Es cierto que no accedieron a la disolución del partido que proponía Muñoz ni tampoco a sacrificar la doctrina autonomista. Pero sí determinaron organizar una comisión con carácter informativo que se dirigiera a Madrid y auscultara la posibilidad de un pacto «con la agrupación política, monárquica o republicana, dispuesta a realizar nuestros ideales, prefiriéndose a la que más pronto pueda realizarlos». Los líderes autonomistas, recelosos —no sin razón— de Luis Muñoz Rivera, redactaron unas instrucciones muy específicas que debían cumplir los comisionados:

> Las instrucciones acordadas resultan terminantes. La Comisión, según ellas, solo tiene carácter informativo. Estudiará sobre el terreno a los partidos peninsulares, verá cuál le brinda más

---
[181] «La delegación autonomista»...
[182] «La delegación autonomista». *La Democracia*. Ponce, Puerto Rico. 30 de julio de 1896, págs. 2-3.
[183] *Id*.

ventajas, tratará de conocer a fondo lo que puede esperar de cada uno, desde Sagasta a Pí y Margall, y volverá a la isla, y dará cuenta de sus trabajos y de sus luchas; de sus triunfos o de sus desastres.[184]

Es decir, los acuerdos alcanzados el 27 de julio no se referían a un pacto sino a una misión más bien de exploración que debía circunscribirse a auscultar e informar sobre la posibilidad de un pacto. Pero Muñoz Rivera logró insertar en el consenso del colectivo una excepción que, de cumplirse, la comisión sí tendría poder para pactar en firme, aunque siempre necesitaría el aval final de la asamblea de delegados.

> Solo en un caso la comisión podía pactar en definitiva: ese caso es el de que el señor Sagasta acepte íntegro el credo autonomista, lo haga suyo, lo proclame en las cortes y prometa desarrollarlo en el poder, apoyándose, el día que trate de inspirarse en sus doctrinas, en nuestros correligionarios, únicos que tienen derecho a instaurar el sistema que iniciaron en Ponce y que aun sostienen a costa de amarguras inmensas y de tremendos sacrificios.[185]

¡Bingo!
Luis Muñoz Rivera sabía, al igual que todos, que la autonomía estaba a la vuelta de la esquina. Llegaría sin que ninguno de ellos tuviera que mover un dedo. Llegaría gracias a las armas de los independentistas cubanos y a las maniobras de los magnates de Wall Street, no a los esfuerzos de ningún político puertorriqueño. De modo que Práxedes Mateo Sagasta, cuando de nuevo se sentara en la silla de primer ministro, no tendría otro remedio que aceptar las reformas iniciadas por su contraparte Antonio Cánovas. Por otro lado, Muñoz Rivera ya había asegurado la promesa de Sagasta de «inspirarse en nuestros correligionarios» para desarrollar el gobierno autonómico. Aquella misión, por lo tanto, tenía un final predeterminado y llevaba la marca de Luis Muñoz Rivera.

Para cumplir con lo acordado, durante la madrugada del 28 de julio de 1896, los autonomistas presentes en la casona de Caguas escogieron a los miembros de la comisión que viajaría a Madrid. Se determinó que estaría presidida por Rafael María de Labra, el mismo a quien unos días atrás insultaba Muñoz Rivera y que ahora llamaba 'patriota'. Por el directorio del partido se seleccionó al doctor José Gómez Brioso, quien sería el líder de los comisionados. Por la delegación, el elegido fue el aliado de Muñoz Rivera, Rosendo Matienzo Cintrón. Para documentar el proceso —y solo para documentar el proceso— se entendió necesario enviar a dos representantes de la prensa. En ese grupo logró colarse Luis Muñoz Rivera, a pesar de su reciente renuncia al partido, por ser el director de *La Democracia* (periódico responsable de la peor campaña de difamación contra el directorio, los miembros y el propio Partido Autonomista). Como representante de la prensa también escogieron al abogado Federico Degetau González quien, a pesar de ser menor que Muñoz, tenía ya una larga trayectoria periodística y literaria.[186] En 1880, con apenas dieciocho años, Degetau fue nombrado redactor jefe de *La Ilustración Popular* en Madrid, y en 1887 fundó

---
[184] «El acto de Caguas. La comisión». *La Democracia*. Ponce, Puerto Rico. 30 de julio de 1896, pág. 2.
[185] *Id.*
[186] «La delegación autonomista». *La Democracia*. Ponce, Puerto Rico. 30 de julio de 1896, págs. 2-3.

el periódico *La isla de Puerto Rico*, en Madrid. En Puerto Rico se destacaba por sus constantes escritos en *La Correspondencia*.

De los cuatro comisionados, dos —Gómez Brioso y Degetau— establecieron de forma explícita que nunca sacrificarían su ideal republicano, mientras que Matienzo y Muñoz, aunque juraron ser republicanos, se mostraron dispuestos a 'renunciar' a sus ideales con tal de conseguir la autonomía.[187]

> En el seno de la Comisión están perfectamente ponderados los elementos políticos que actúan entre nosotros. Presidirá el señor Labra, cuyo influjo en el centralismo es innegable. Y junto a los señores Brioso y Degetau, que representan el sentido republicano entusiasta y activo, figurarán los señores Matienzo y Muñoz, que sacrifican sus ideales, posponiéndolo todo a los intereses del terruño y aceptando de cualquier gobierno la autonomía práctica que persiguen.[188]

Ya sabemos que quien no tiene ideales jamás podrá sacrificarlos, precisamente por carecer de ellos. Muñoz Rivera no fue republicano ni tampoco autonomista. Tenía razón Cepeda cuando dijo que Muñoz «no era liberal, ni autonomista, ni nada».[189] Estaba en esa comisión con el objetivo de lograr la fusión con Sagasta para acariciar la gloria y el poder. Ese debe ser considerado su único ideal. Matienzo Cintrón, testaferro de Muñoz Rivera en aquellas lides, había traicionado al partido y a cualquier ideología mucho antes de que siquiera se seleccionara la comisión. Gómez Brioso, por su parte, fue a Madrid siendo republicano y regresó monárquico. En febrero de 1897, cuando llegó el momento de presentar la propuesta de fusión en asamblea, se pasó al bando de Muñoz, dejando a las fuerzas contrarias en clara desventaja. Federico Degetau, el más joven de los comisionados, fue el único que permaneció fiel a los principios que dijo defender. Aseguró creer en el sistema republicano y nunca aceptó ser parte de un partido monárquico.

Es importante que observemos la fácil disposición de la élite política criolla para cambiar de bando. Esta capacidad camaleónica permitió a los líderes puertorriqueños actuar como revolucionarios o como realistas dependiendo de por dónde soplara el viento. Lo importante siempre fue hacer creer a los seguidores que sus acciones estaban ancladas en el interés colectivo. El fin, basado en el supuesto bienestar del país, justificaba los medios.

El Partido Autonomista pronto se dará cuenta de que, en aquella reunión del verano del 96, firmó su sentencia de muerte. Pero todavía era muy temprano para ello. Luis Muñoz Rivera, por el contrario, estaba feliz y se le notaba. Olvidó de inmediato que hacía apenas unos días acusaba a Labra de ser un «político que flota, que sobrenada en los más recios huracanes y en los más tremendos cataclismos».[190] Al toque mágico de conseguir lo que quería, como aquella noche en que se antojó de tocar las campanas de la iglesia, *El País* dejó de ser un periódico con asteriscos y se convirtió en el «ilustrado colega»,[191] y los hombres del directorio autonomista no fueron más enemigos a abatir y se transformaron en 'hermanos patriotas'.

---

[187] «Ni vencidos ni vencedores». *La Democracia*. Ponce, Puerto Rico. 3 de agosto de 1896, pág. 2.
[188] «El acto de Caguas...».
[189] «El octavo...». *La Democracia*. Ponce, Puerto Rico. 20 de marzo de 1897, pág. 2.
[190] «La Excepción». *La Democracia*. Ponce, Puerto Rico. 6 de mayo de 1896, pág. 2.
[191] «La delegación autonomista». *La Democracia*. Ponce, Puerto Rico. 30 de julio de 1896, págs. 2-3.

Si bien es cierto que Luis Muñoz Rivera no podía cantar victorias todavía, sin duda alguna su proyecto hacia la cúspide del poder recibía un considerable empujón. Y eso se lo debía a Rosendo Matienzo Cintrón quien, al igual que los líderes autonomistas, se arrepentirá de haber confiado en un hombre que mostraba evidentes y descomunales ansias de gloria. No pasarán dos años de la reunión en Caguas sin que Matienzo Cintrón reconozca de forma pública que Muñoz era un dictador. «En Santo Domingo surgió un Lilis; en Venezuela un Crespo; en Méjico un Porfirio Díaz; en Haití un Hippólyte; en Puerto Rico, en este país tan pequeño, el gran tirano Muñoz Rivera», discursaba Matienzo en marzo de 1898.[192]

Luis Muñoz Rivera, en la representación más pura de su verdadera personalidad, en lugar de agradecerle a Matienzo la labor de zapa realizada, lo atacó sin restricción ética alguna, tal como hizo antes con Labra, con Cepeda, con Barbosa, con Rossy y con todos los que alguna vez osaron desafiarlo. En un tono con fuertes matices cínico-ofensivos, decía en 1898 —fecha en la que ya era el ministro de Gracia, Justicia y Gobernación— de quien lo apoyó en 1896:

> Hoy ya no es el señor Matienzo el gran patriarca de la familia liberal, es su detractor, su enemigo... Y entre el sosiego y las medias tintas del bufete, donde penetra la luz tamizada, indecisa al través de las persianas entornadas, cómodamente arrellanado en amplio sillón (ay! Amplio sillón que no es el de ninguna Secretaría de despacho, aunque sí pudiera ser de despecho) discurre, en zapatillas, con tono familiar, sobre alta política ante una veintena de autonomistas históricos, como quien habla entre parientes de cosas íntimas... o ínfimas.[193]

En el vientre de la ballena

El 13 de septiembre de 1896, los informadores especiales que irían a Madrid en representación del Partido Autonomista disfrutaron de un suculento banquete en el hotel Inglaterra, en San Juan. La despedida, organizada por el Comité Autonomista de la capital, presidido por Manuel Fernández Juncos, incluyó alocuciones de todos los involucrados. Discursaron, con palabras patrióticas y en extremo emocionales, Manuel Fernández Juncos, Rosendo Matienzo Cintrón, Luis Muñoz Rivera, Federico Degetau, Gómez Brioso, Santiago Veve, José Celso Barbosa, Manuel F. Rossy, Luis Sánchez Morales, Cruz Castro y Francisco del Valle Atiles.[194]

Gómez Brioso, Degetau, Matienzo y Muñoz Rivera llegaron a España por el puerto de La Coruña y de ahí se movieron a Oviedo, donde se encontraron con Rafael María de Labra quien les hizo «una síntesis de la política peninsular, sin prejuicios, sin equívocos, con profundo conocimiento de la realidad».[195] Muñoz Rivera, complacido por la generosidad de Labra, que no reparó en colaborar pese a los insultos del primero, describió al representante en las Cortes como un «caballero particular; hombre público, tiene el corte y la capacidad de un estadista».[196]

---

[192] «A Diestro y Siniestro». *La Democracia*. Ponce, Puerto Rico. 26 de marzo de 1898, pág. 2.
[193] *Id.*
[194] «Varios discursos». *La Democracia*. Ponce, Puerto Rico. 16 y 17 de septiembre de 1896, pág. 2.
[195] «La comisión autonomista. Interview con Muñoz Rivera»...

El grupo de puertorriqueños, con la ayuda providencial de Labra, siguió su rumbo desde Asturias hacia la capital española. Resulta evidente que fue Luis Muñoz Rivera, aprovechando al máximo las ventajas de su viaje reciente a Madrid, quien asumió *de facto* el liderato que debió corresponder a Gómez Brioso. «En Madrid, hube de preparar las primeras entrevistas con Moret, Maura y Sagasta», explicaba más tarde el propio Muñoz en una entrevista que concedió a Ramón B. López, director de *La Correspondencia*. Gracias a este escrito podemos recrear los pasos de aquellos comisionados por la capital española durante el invierno de 1896. Sabemos, por ejemplo, que visitaron al presidente del Gobierno, Cánovas del Castillo, quien les prometió que «lo que se haga en Cuba hecho estará en Puerto Rico». Sin esfuerzo y en su primera entrevista, los puertorriqueños obtuvieron la confirmación de la autonomía para la isla. Si lo que el Partido Autonomista pretendía, como nos ha contado la historia oficial, era la autonomía, ya la tenían.

A pesar de lo anterior, los cuatro hombres caribeños que soportaban con estoicismo el crudo invierno de Madrid, continuaron sus esfuerzos pactistas. A todas luces, aún no conseguían lo que allí fueron a buscar.

Los comisionados dedicaron tiempo a entrevistarse con republicanos como Castelar, Pi, Salmerón, Ezquerdo, Muro, Azcárate, Carvajal y el marqués de Santa Marta, quienes muy pronto fueron descartados, según Muñoz Rivera, porque «se hallan divididos, subdivididos y fraccionados».[197] Además, explicaba el Jíbaro de Barranquitas, si alguna vez llegaba la república a España, «los partidos que hoy se turnan realizarán ese cambio. La República será conservadora... o no será».[198] En otras palabras, Sagasta también podía traer el republicanismo al gobierno (según Muñoz, claro).

El resto de los esfuerzos de los comisionados se concentró exclusivamente en los fusionistas:

> Los ex ministros fusionistas Sagasta, Moret, Gamazo, López Domínguez, Maura, Puigeever, Núñez de Arce, Aguilera, Amós Salvador están conformes en que el programa autonomista, el nuestro, puede y debe aplicarse sin demora. En que puede y debe, así mismo, otorgársenos la identidad política y jurídica que pretendemos, hasta llegar al sufragio y al jurado, si persistimos en reclamar esas leyes.[199]

Los fusionistas garantizaron en aquellas reuniones lo que era más importante y preciado para Muñoz Rivera: el sistema de turnos. «Urge que se establezca el turno de los varios elementos en que la opinión insular se bifurca, gobernando cada cual con sus afines, de suerte que los partidos sean en las colonias prolongaciones de los de la Península».[200] En resumen, y utilizando la mejor explicación salida del propio Muñoz Rivera: «Con Cánovas se tendrá la autonomía. Con Sagasta la autonomía, la identidad y el turno. ¿Quién, oyendo a su conciencia, sería capaz de comprometer un éxito así?».[201]

El sistema de turnos prometido por Sagasta se convirtió en la panacea, en el milagro que salvaría a todos y todo en Puerto Rico. «De modo que el día en que el señor Sagasta ocupe el banco azul...», preguntaba Ramón B. López a Muñoz, ... «El día en que eso ocurra y ocurrirá pronto, las cosas cambiarán en Puerto Rico». Lo que sigue a continuación, por ser un ejemplo sin igual de lo que

---

[196] *Id.*
[197] *Id.*
[198] *Id.*
[199] *Id.*
[200] *Id.*
[201] «Política». *La Correspondencia*. San Juan, Puerto Rico. 21 de febrero de 1897, pág. 2.

constituye un discurso populista —de esos que prometen resolver todos los problemas del país sin decir cómo— merece ser reproducido por completo. Según Muñoz Rivera, el día que Sagasta lo colocara en el poder:

> Cesará el monopolio del influjo oficial que disfrutan los conservadores; convertiremos nosotros en actos nuestras teorías; la juventud puertorriqueña encontrará campo en que desenvolver sus talentos y sus energías; recibirán las obras de fomento el impulso que necesitan; imperarán de veras todas las libertades civiles: las de comercio, la de la asociación, la de imprenta; se resolverán conflictos tales como el monetario, que aún subsiste; se creará la escuela primaria moderna, en que no arraigue ni medre la rutina; se abrirán instituciones en que se nutran los que han de sucedernos en las lides por el progreso; se castigarán los impuestos indispensables, suprimiendo los gastos inútiles, y se llegará por fin, por diversos caminos a la regeneración social y económica de nuestro pueblo bajo la bandera de la patria.[202]

Luis Muñoz Rivera llegó a la cúspide del Gobierno un año después de publicar estas promesas. No cumplió ninguna de ellas. Por el contrario, se dedicó a arrestar a periodistas y a secuestrar imprentas, tirando al piso las libertades civiles prometidas. Convirtió las elecciones autonómicas en un fraude monumental. No hizo nada por mejorar las escuelas ni los pésimos caminos ni las paupérrimas condiciones de vida de la población. Cuando llegó el momento, en lugar de 'resolver el problema monetario', apoyó sin trabas el cambiazo del peso provincial por el dólar de plata estadounidense, lo que provocó una contracción económica sin parangón. De esos aspectos nos encargaremos un poco más adelante en este libro.

En las postrimerías de aquel periplo de los cuatro puertorriqueños por Madrid, consiguieron lo que —se supone— fueron a buscar: la promesa de un partido con posibilidad de llegar al poder, que hiciera suyo el ideal autonomista. «El señor Sagasta», explicaba Muñoz Rivera a *La Democracia*, «ofreció aplicar al gobierno de este país nuestro programa autonomista, apoyándose en nosotros y extendiendo a nuestra isla todas las leyes y todos los derechos que disfrutan nuestros hermanos peninsulares».[203] Pero la fórmula del maridaje, como ya anticipamos, incluía entregar el alma. Práxedes Mateo Sagasta exigió, a cambio del sistema de turnos, una fusión total entre ambos partidos. Es decir, el Partido Autonomista de Puerto Rico se convertiría en una subsidiaria del Liberal Fusionista Español y, por lo tanto, perdería hasta el nombre. No se trataba de un pacto entre iguales ni de una alianza, sino de una cruda nacionalización. Los autonomistas de Puerto Rico se transformarían *ipso facto* en miembros de un partido doctrinario, aristócrata, monárquico y conservador, con un amplio historial de corrupción.

Si lo que se quería era la autonomía, bastaba con esperar. Pero si, por el contrario, lo que se pretendía era el sistema de turnos, había que entregarle el alma, el nombre y los principios morales e ideológicos a Práxedes Mateo Sagasta.

---

[202] «La comisión autonomista. Interview con Muñoz Rivera»...
[203] «Una entrevista con Muñoz Rivera»...

El cruce del umbral de regreso

Con las promesas de Sagasta en un bolsillo y la condición de nacionalizar el partido en el otro, Gómez Brioso, Degetau, Matienzo y Muñoz iniciaron el viaje de regreso. En Puerto Rico los esperaban las huestes autonomistas que se aprestaban a recibirlos en una magna asamblea que se celebraría en el Teatro Municipal de San Juan. Desde el 10 de febrero de 1897 se podía notar «gran número de forasteros en esta Capital. Son los delegados del partido autonomista que han llegado para asistir a la Asamblea y para saludar a la comisión que se espera de Madrid».[204]

Todo era expectación de un lado y del otro. Los asambleístas esperaban con ansiedad los detalles de las gestiones de sus representantes. Los comisionados, por su parte, debían explicar en qué consistía la fórmula de adhesión al Partido Liberal Fusionista, y exponer cuál era su posición en cuanto a ello. El resultado —cualquiera que fuera— tenía que ser aprobado por la mayoría de los delegados y por esa razón se anticipaban fuertes oposiciones a las peticiones de eliminar el partido y mudarse a la agrupación peninsular. Una cosa era aceptar el sistema de turnos, y otra muy distinta disolver el partido.

La figura misma de Práxedes Mateo Sagasta, un adicto al poder y ya para la fecha con setenta y dos años, poco ayudaba a la confirmación de la fusión. Siendo presidente del Consejo en 1870 envió a Puerto Rico como gobernador al odiado general Sanz y, en 1871, al general Gabriel Baldrich. Este último declaró un estado de sitio en San Juan y reunió en Coamo a los jefes liberales para amenazarlos y humillarlos. Por ese mismo año acusaron a Sagasta de desviar 2 millones de reales de su Ministerio en Madrid para utilizarlos en sus afanes electorales.[205]

Fue Práxedes Mateo Sagasta quien en 1887 nombró gobernador de Puerto Rico a Romualdo Palacio, responsable de la intensa represión contra los autonomistas. Fue Sagasta, también, quien en 1891 mientras estaba en la oposición, prometió la «absoluta descentralización administrativa en Cuba y Puerto Rico; reformas de los consejos administrativos con una parte de elección popular; división de mandos así como fijar en cinco duros la cuota electoral».[206] Pero como bien poetizaba *La Democracia* en 1891: «Mucho nos queda que ver / y que aplaudir al León / si no olvida en el poder / lo dicho en la oposición».[207] En efecto, cuando asumió el control del Gobierno en diciembre de 1892, no cumplió ninguna de sus promesas.

Para rematar el *curriculum* antillano, en agosto de 1894 fue Sagasta el que le abrió la puerta de Puerto Rico a John D. Rockefeller. Gracias a un corrupto acuerdo con el ministro español de Ultramar bajo Sagasta, y representada la Standard Oil of New Jersey por la firma mercantil local Sobrinos de Ezquiaga —vinculada al Partido Incondicional Español—, Rockefeller consiguió que se impusiera un prohibitivo impuesto sobre el petróleo crudo de la competencia. A la misma vez, el contrato con el Gobierno le permitió entrar su materia prima (en teoría, petróleo crudo), libre de derechos arancelarios. También consiguió que fuera la propia Standard Oil quien inspeccionara las importaciones de petróleo, y no oficiales gubernamentales.[208]

---

[204] «Noticias». *La Correspondencia*. San Juan, Puerto Rico. 11 de febrero de 1897, pág. 2.
[205] Negrón: *Los primeros treinta años...*, págs. 150-155.
[206] «Los problemas antillanos». *La Democracia*. Ponce, Puerto Rico. 14 de julio de 1891, pág. 2.
[207] «A Diestro y Siniestro». *La Democracia*. Ponce, Puerto Rico. 25 de julio de 1891, pág. 2.
[208] «Intendencia general de Hacienda pública de la isla de Puerto-Rico». *La Gaceta de Puerto Rico*. San Juan, Puerto Rico. 16 de agosto de 1894, págs. 1-2.

El Gobierno de Sagasta monopolizó el petróleo de la Standard Oil para ser utilizado con exclusividad en el alumbrado público y en cualquier otra gestión gubernamental, a un costo de 80 000 pesos al año salidos del tesoro de Puerto Rico. Esto, por supuesto, reforzó la supremacía comercial de la refinería de la Standard en Cataño, productora de los aceites para alumbrado, Luz Brillante, Elefante y Luz Solar Águila.[209] La justificación para tan beneficiosas cláusulas radicó en el supuesto peligro de incendio que acarreaba utilizar petróleo que no hubiera sido refinado de forma adecuada.[210]

El arreglo monopolístico le significó a la Standard unos 160 000 pesos adicionales al año, según cálculos de *La Democracia*. A Puerto Rico, sin embargo, le representó la pérdida de unos 144 000 pesos al año en forma de aranceles.[211] Ante estos datos no es posible encontrar justificaciones a la concesión, a menos que insertemos en la transacción grandes tajadas de sobornos y de corrupción. El aceite que supuestamente se refinaba en aquella fábrica no era mejor ni más seguro que otros que se vendían en la isla. Incluso se sospechó —con altos grados de probabilidad de que haya sido así— que en la Elefante no se refinaba el petróleo protegido por el Gobierno insular. Los vecinos de Cataño apenas veían salir columnas de humo de las chimeneas de la refinería, el número de operarios era ínfimo y las reservas de carbón exiguas, lo que no concuerda con los millones de galones de petróleo que debían refinar para abastecer las necesidades de la isla.

La Standard Oil, en realidad, enviaba el petróleo ya refinado desde sus fábricas en Estados Unidos, mezclaba el contenido del envase con 10% de petróleo crudo para que, a la vista, apareciera oscuro; lo entraba por las aduanas de Puerto Rico sin pagar impuestos; lo transportaba hasta la 'refinería' de Cataño y, de ahí, directo a los almacenes de Sobrinos de Ezquiaga para ser distribuido en el comercio local.[212] Negocio redondo.

En Madrid, Práxedes Mateo Sagasta tuvo un historial muy parecido. Durante sus etapas de Gobierno, la administración municipal y provincial continuó siendo terreno abonado para la dominación caciquil y el tráfico de favores personales. La justicia careció de un grado aceptable de independencia respecto al ejecutivo. La ley electoral que reintrodujo el sufragio universal masculino no conllevó una mayor limpieza en el sistema representativo que, en la práctica, siguió dependiendo de la voluntad del Gobierno de turno.[213]

Como gobernante, Sagasta se caracterizó por dilatar los conflictos con el objetivo de mantener el *statu quo* a cualquier precio. Aun cuando los cambios sociales de fines del XIX lo exigían, el 'viejo pastor' se negó a realizar las transformaciones profundas que requerían las estructuras del sistema. Sagasta terminó por personificar el pragmatismo y la hipocresía de una Restauración que proclamaba su voluntad de modernizar España haciendo partícipes de su desarrollo a todos los sectores sociales, cuando el principal objetivo que en la práctica guiaba su actuación —y en

---

[209] «Los mejores aceites para el alumbrado son los de las marcas Luz Brillante, Elefante y Luz Solar Águila». Anuncio. *La Democracia*. Caguas, Puerto Rico. 29 de septiembre de 1897, pág. 4.
[210] *Id.*
[211] «A las Cortes». *La Democracia*. Caguas, Puerto Rico. 20 de agosto de 1894, pág. 2.
[212] «¿Hay o no hay refinería? La opinión del juez». *La Democracia*. Ponce, Puerto Rico. 17 de agosto de 1894, pág. 2. «La cuestión del día. La Standard Oil Company». *La Correspondencia*. San Juan, Puerto Rico. 18 de agosto de 1894, pág. 2.
[213] Milán García, José Ramón: «La revolución entra en palacio. El liberalismo dinástico de Sagasta (1875-1903)». *Berceo*. Núm. 139. Logroño. 2000, págs. 93-121.

Práxedes Mateo Sagasta, con setenta y dos años cumplidos, se encontraba, en 1896, en plena decadencia personal y profesional. Aunque era ingeniero de caminos, presumía de no haber leído un libro desde que terminó la carrera. En Puerto Rico se le veía con tanto recelo que, en 1872, inspiró una glosa jíbara que en su última estrofa decía así:

Los dos millones filtraos
por Sagasta y su cuairilla,
ya sabrá ei siñoi Zorrilla,
en qué fueron empleaos.
Corríos y avergonzaos,
los sagastinos ai fin,
escondieron el botín
que de la caja sacaron;
y como paite mandaron
memorias ai Boletín.*

*Se refiere al Boletín Mercantil, órgano del Partido Incondicional Español.

esto se parecerá mucho a Luis Muñoz Rivera— no era otro que asegurarse el disfrute periódico del poder y sus prebendas. Para mayor inri, en 1896 el líder fusionista se encontraba en plena decadencia personal y política. Solo su obsesión por mantenerse en el poder a toda costa y a cualquier precio, lo mantenía en el ruedo político.[214]

Sin duda, Luis Muñoz Rivera tenía el camino difícil para lograr que los delegados autonomistas aprobaran la fusión. Él mismo había criticado duramente a Sagasta por no cumplir las promesas hechas en 1891, en una serie de artículos publicados en enero de 1893. En un editorial de *La Democracia*, titulado «El insulto» —columna responsable de buena cuota de adeptos y popularidad para el caudillo en ciernes—, Muñoz llamó a Sagasta «el más traidor de nuestros enemigos».[215] En ese momento (1893), Muñoz emitió fuertes juicios de valor sobre «la labor inicua del gabinete sagastino» y de «la abyección y el ultraje cometido por su Gobierno».[216] Sin embargo, luego del pacto que lo colocaría en su primer puesto de liderato, Muñoz Rivera dio un giro copernicano (muy frecuentes en su carrera política) y ahora le concedía «a la avanzada actitud de este hombre público todo el valor que merece».[217] En 1897, contrario a sus expresiones anteriores, el Sagasta de Muñoz era un «hombre de honor» que «no falta a sus compromisos ni pisotea sus palabras».[218] «Nuestros anhelos deben cifrarse en Sagasta que nos acoge con los brazos abiertos» —aseguraba— «en Sagasta que incluye sin restricciones, en su programa de gobierno, el programa autonomista, yendo aún más allá de lo que nosotros esperábamos».[219]

Estaba claro, en febrero de 1897 y desde mucho antes, que, como muy bien repetía el doctor José Celso Barbosa, «la autonomía es inevitable sin necesidad de pactos».[220] Pero a Luis Muñoz Rivera y sus seguidores no les interesaba escuchar y se abocaron a una asamblea que tuvo consecuencias catastróficas para el Puerto Rico del siglo XIX y también para el del siglo XXI.

La asamblea

Ya con los comisionados en tierra boricua y luego de múltiples y pomposos recibimientos, comenzó la asamblea que aprobaría o rechazaría los acuerdos con Práxedes Mateo Sagasta. Presidida por Manuel F. Rossy, arrancó el viernes 12 de febrero de 1897 y continuó el sábado 13, bajo la presidencia de José Celso Barbosa, en un atestado Teatro Municipal de San Juan. De inicio, los comisionados pactistas expusieron con detenimiento las gestiones que hicieron durante su estadía en Madrid y leyeron, por último, la fórmula de fusión con el partido peninsular.[221]

El primero que comenzó a hablar fue Rosendo Matienzo Cintrón, quien hizo gala de todas sus estrategias de persuasión para convencer a la audiencia de que votara a favor de la fórmula

---

[214] *Id.*
[215] Muñoz Rivera, Luis: «El Insulto» *La Democracia*. Ponce, Puerto Rico. 3 de enero de 1893, pág. 2.
[216] «El alcance del retraimiento». *La Democracia*. Ponce, Puerto Rico. 19 de enero de 1893, pág. 2.
[217] «Incógnita». *La Democracia*. Ponce, Puerto Rico. 5 de enero de 1897, pág. 2.
[218] «La disidencia. Otra interview». *La Correspondencia*. 17 de febrero de 1898, pág. 2.
[219] «El triunfo». *La Democracia*. Ponce, Puerto Rico. 26 de enero de 1897, pág. 2.
[220] Acosta: «Luis Muñoz Rivera…».
[221] «La Asamblea». *La Democracia*. Ponce, Puerto Rico. 15 de febrero de 1898, pág. 2.

sagastina. Al decir de Manuel Fernández Juncos, uno de los presentes en aquella reunión, «la discusión fue tenaz y vivísima, habiendo tomado parte en ella oradores de reconocida elocuencia. Matienzo, Muñoz Rivera, Velázquez y Gómez Brioso defendieron fogosamente el ingreso en el partido fusionista, y Rossy, Ramos, Veve y Barbosa sostuvieron la negativa».[222] Muñoz Rivera echó mano de las figuras retóricas que tanto abundan en sus discursos populistas. «No se pasan los autonomistas a Sagasta, sino Sagasta a los autonomistas», dijo sin decir nada y provocando que, según su propio periódico, «la asamblea electrizada interrumpiera distintas veces al orador con ovaciones que duraban a veces tres o cuatro minutos».[223]

Manuel Fernández Juncos aseguró que en aquella asamblea:

> Hubo discurso que duró dos horas largas. Se pusieron a contribución con demasiada frecuencia los efectismos oratorios, los rasgos de ingenio agudísimos, la dialéctica más o menos artificial, el rodeo y el eufemismo, la imagen poética, la cita histórica, el equívoco y la reticencia, el abuso de los nombres propios y hasta epigrama picante y la censura personal […]
> El público, por su parte, mucho más dispuesto a sentir que a analizar, respondía con frenéticos aplausos sin importar lo que el orador dijera, «¿lo dice bien?, ¿hay sonoridad y armonía en las palabras, fuego en la dicción, brillo y originalidad en la imagen y gallardía en la actitud del orador? Pues allá van nuestros aplausos».[224]

Por el solo aspecto de la asamblea no era posible prever el resultado. Todos los oradores eran aplaudidos y vitoreados. Aunque, desde hacía mucho, la suerte estaba echada. El mero hecho de haber permitido hablar a Luis Muñoz Rivera anticipaba hacia qué lado se moverían los votos. Y es que, ante el discurso de un populista, el auditorio quedará siempre obnubilado en una especie de trance, en el que poco importa la autenticidad de la escena ni la veracidad de las afirmaciones. Las emociones —que pueden ir desde la rabia, el miedo, el resentimiento hasta el paroxismo patriótico— sustituirán a la objetividad en un gran espectáculo de masas. Eso fue lo que sucedió en el teatro de San Juan en febrero de 1897.

La adhesión al Partido Liberal Fusionista español fue aprobada al filo de la medianoche del 13 de febrero de 1897. Setenta y nueve delegados votaron a favor, 17 en contra, y 35 votos se perdieron entre abstenciones y ausencias.

Sin esperar a que terminara la asamblea, el doctor José Celso Barbosa y Santiago Veve, ambos del directorio autonomista, dejaron establecido en dos notables discursos que «sus convicciones les obligaban a separarse del partido». Federico Degetau había hecho lo propio mediante comunicación desde Madrid. Muñoz Rivera, por su parte, les contestó «en términos cariñosísimos».[225] Todos —el bando Muñoz-Brioso-Matienzo y el contrario, Barbosa-Rossy-Veve— se abrazaron en el proscenio.[226]

---

[222] Poco tiempo después, Gómez Brioso se pasó al bando de los ortodoxos, el día de las elecciones se convirtió en liberal-fusionista y, más tarde, ingresó en las filas del Partido Republicano de Barbosa. Véase: «Olvido e injusticia». *El País*. San Juan, Puerto Rico. 26 de enero de 1898, pág. 2.
[223] «La Asamblea»...
[224] Fernández Juncos, Manuel: «Crónica de la semana». *La Correspondencia*. 14 de febrero de 1897, págs. 1-2.
[225] «La Asamblea»...
[226] «Nuestro consejo». *La Democracia*. Ponce, Puerto Rico. 16 de febrero de 1898, pág. 2.

Esa misma noche quedó constituido el Comité Provincial del Partido Liberal Fusionista. Sus integrantes, a su vez, se reunieron y nombraron un comité ejecutivo en el que salió electo presidente Luis Muñoz Rivera —como no podía ser de otra forma— y vicepresidente, Juan Hernández López.

El Partido Liberal Fusionista Español, al que los puertorriqueños se adherían, se fundó el 23 de mayo de 1880 como producto de la fusión (de ahí su nombre) del grupo político constitucionalista con los centristas y los seguidores del general Martínez Campos (campistas). Estas tres tendencias se unieron bajo un programa común: «defender en la oposición y aplicar en el poder las más amplias soluciones que consentía la Constitución de 1876». El partido tenía una organización única bajo la jefatura de Práxedes Mateo Sagasta, con un comité directivo en el que todos los grupos estaban representados de forma igualitaria. Por lo tanto, lo que se organizó en Puerto Rico en febrero de 1897, en realidad, fue un mero comité provincial del partido peninsular con una especie de director (Muñoz Rivera), supeditado al programa común y al comité directivo español.[227]

Aun así habrá que reconocer que por primera vez y luego de mucho esfuerzo, Luis Muñoz Rivera logró ocupar lo que tanto anhelaba: un puesto de liderato, el primero en toda su vida que rozaba ya los treinta y ocho años. A partir de entonces no soltará el control hasta conseguir el poder hegemónico que le abriría el cofre donde se encontraban cientos de puestos públicos que él repartiría. Por fin sería el Sagasta de Puerto Rico. El eterno primer ministro temido por sus rivales, idolatrado por las masas y servido por sus clientes.

Ahora bien, está claro que una facción del Partido Autonomista Puertorriqueño se unió al Comité Provincial del Partido Liberal Fusionista en febrero de 1897. Pero ¿qué pasó con el resto? En la misma asamblea en la que se creó la filial fusionista se dijo de forma clara que el Partido Autonomista «conservará su actual organización».[228] Es cierto que en aquella asamblea ocurrió una importante escisión, pero la constitución original del partido nunca se modificó por asamblea alguna. Por lo tanto, a pesar de Muñoz, el Partido Autonomista Puertorriqueño permaneció, en estrictos términos legales, perfectamente constituido.

Enemigos fraternales

El 'cariño' con el que Muñoz Rivera trató en la asamblea a quienes se oponían a la fusión no fue óbice para que en menos de 48 horas comenzara a llamarlos 'disidentes'. Una vez tuvo el control del nuevo apéndice de los fusionistas exigió total sometimiento a los destinos que él marcaba para la organización. «Eso es lo correcto y lo patriótico», aseguró. «Si nosotros hubiéramos sufrido una derrota» —refiriéndose a él mismo en plural—, «habríamos aconsejado a nuestros hombres que se sometiesen a la disciplina y que no promoviesen el cisma».[229]

No mencionó Muñoz Rivera que pocos meses antes, era él quien amenazaba con separarse y, de hecho, se separó del partido. Tampoco se acordó de sus campañas difamatorias en contra del

---
[227] Varela Ortega, José: *Los amigos políticos. Partidos, elecciones y caciquismo en la Restauración (1875-1900)*. Marcial Pons, Ediciones de Historia, S.A. 2001, págs. 171-172.
[228] Fernández: «Crónica de la semana»…
[229] «La disidencia. Otra interview»…

directorio, de Labra y de las estructuras del partido, acciones que sin duda fueron la peor de las indisciplinas contra la agrupación.

Ignorando su propia historia, Muñoz castigó sin piedad a sus ahora críticos. De forma rápida, contundente y explosiva, él y todos los periódicos que gravitaban en su órbita comenzaron a llamar 'disidentes' y 'anarquistas' a sus otrora colegas de partido. A pesar de que los historiadores compraron la versión de Muñoz Rivera, la realidad es que en esta coyuntura histórica no hubo disidentes ni transgresores. Si miramos el asunto desde la simplicidad, podríamos asegurar que una parte del partido se fue por un lado mientras la otra se quedó donde estaba. Si lo hacemos desde una posición más crítica, Luis Muñoz Rivera representaría la verdadera disidencia. Fue él quien lanzó el partido a la desbandada y lo dividió en dos trincheras.

Ante los ataques de Muñoz, Manuel Fernández Juncos, José Celso Barbosa, Manuel F. Rossy y Federico Degetau devolvieron el golpe. Tildaron a Muñoz de 'sagastino' y reafirmaron que ellos no eran disidentes, sino todo lo contrario: los puros, los ortodoxos, los de siempre, los que permanecían mientras otros sucumbían ante otro partido.

> Contemplado con alteza de miras, el grupo autonomista que usted llama disidente, entiendo que es el ortodoxo, el que conserva con la consecuencia política la integridad de su historia, la pureza de sus dogmas y la fijeza de sus procedimientos, juntamente con sus méritos y yerros ante el país. Sigue teniendo fisonomía propia. Conserva su personalidad.[230]

Así las cosas, el 5 de marzo de 1897, un grupo de los 'puros', casi todos miembros del antiguo directorio autonomista, reafirmó que la organización seguía en pie de forma inalterada. En aquella fecha se reorganizó la directiva, que quedó compuesta por Manuel Fernández Juncos como presidente efectivo; Julián E. Blanco Sosa, presidente honorario; José C. Rossy, secretario y Fidel Guillermety, tesorero.[231] Más adelante, en ese mismo mes, el doctor José Celso Barbosa asumió la presidencia.[232] Para evitar confusiones y afianzar su postura, le agregaron un apellido al nombre. Ahora se llamaría Partido Autonomista Ortodoxo.

La tregua que se instauró en julio de 1896 a partir de la reunión en Caguas se consideró oficialmente rota. La guerra estaba declarada.

Muñoz Rivera sintió que su liderato estaba en jaque y su acceso al poder, en peligro. De inmediato tildó a ese directorio de «pobre, plutónico, torpe y sin altura»,[233] a la vez que hacía esfuerzos desesperados por reforzar su jefatura. En menos de un mes ya había 45 comités liberales por toda la isla. El 8 de marzo publicó en *La Democracia* —su botafumeiro perpetuo[234]— un editorial titulado, «¡Alerta, correligionarios!», en el que acusó a los 'disidentes' de «dar un funestísimo ejemplo de indisciplina». Les recordó que de nada valía la autonomía sin que se garantizara el sistema de turnos gubernamentales y les advirtió que «el partido autonomista lo constituyen todos aquellos que siguen la fórmula del pacto con el señor Sagasta» y que «el único

---

[230] «Otra Interview». *La Correspondencia*. San Juan, Puerto Rico. 19 de febrero de 1897, pág. 2.
[231] «Acto importante». *La Correspondencia*. San Juan, Puerto Rico. 6 de marzo de 1897, pág. 2.
[232] «Nuestro criterio». *La Correspondencia*. San Juan, Puerto Rico. 29 de marzo de 1897, pág. 2.
[233] Gómez Brioso, José: «Olvido e injusticia». *El País*. San Juan, Puerto Rico. 26 de enero de 1898, pág. 2.
[234] Esta expresión la utilizó Muñoz Rivera en una de sus diatribas contra la prensa del Partido Republicano en mayo de 1904.

cuerpo legalmente constituido» era el comité provincial que él dirigía.²³⁵ *La Democracia*, además, llamó «politiquillos» y «polilla política» a sus adversarios.²³⁶ *La Correspondencia*, en apoyo evidente a Muñoz, lamentó que los antiguos amigos «tiren hacia Cangrejos», en clara referencia al que fuera alcalde del barrio de San Mateo de Cangrejos (Santurce), Pablo Ubarri. Los llamó «heterodoxos con el capricho pueril de llamarse ortodoxos» y los acusó de utilizar «armas pobres y míseras en contra de hermanos».²³⁷

Los ortodoxos contestaron a través de las páginas de *El País,* periódico fundado por Celso Barbosa en 1895. «Lo que nos separa es la convicción profunda que tenemos de que esa nueva política que se inicia en el país le hará retroceder en el camino de sus libertades. Ir al poder sin el cambio de sistema es desmoralizar a nuestro pueblo», decían. «Lo que hoy existe es un pésimo privilegio de un número de escogidos. El centralismo nos agobia, nos asfixia y no hay quien pueda hacernos ver que las cosas hayan de variar porque sean nuestros hombres los que le den a la manigueta».²³⁸ En su arenga, el grupo que seguía a Rossy, Barbosa y Fernández Juncos dejó claro que los equivocados no eran ellos sino los otros:

> Creemos que se llamarán a engaño y volverán a la casa paterna y queremos tenerles preparada la retirada, y conservándonos organizados y en actitud expectante, para que el fracaso sea menor y al volver al redil, encuentren las cosas por lo menos en la misma condición en que las dejaron al separarse en mala hora del hogar, atraídos por los cantos de sirena.²³⁹

José Celso Barbosa, médico que dedicaba la mitad del día de trabajo a atender pacientes que no podían pagarle, y que se identificó mucho más con la clase obrera que su contraparte Muñoz Rivera, se convirtió en el antagonista de una guerra fratricida que tuvo la virtud de desviar las energías y la atención hacia eventos intrascendentes mientras lo verdaderamente importante quedaba desatendido.

---

²³⁵ «¡Alerta, Correligionarios!». *La Democracia*. Ponce, Puerto Rico. 8 de marzo de 1897, pág. 2.
²³⁶ «Palabras del General». *La Democracia.* Ponce, Puerto Rico. 15 de diciembre de 1898, pág. 2.
²³⁷ «Al grano, al grano». *La Correspondencia.* San Juan, Puerto Rico. 13 de marzo de 1897, pág. 2.
²³⁸ *Id.*
²³⁹ *Id.*

En los días y meses sucesivos, los ataques entre ambos bandos arreciaron. Más temprano que tarde la retórica se concentró en personalismos. Los ortodoxos dirigieron las flechas de su carcaj directo a la figura de Muñoz, al que acusaron de ser el «centro de la discordia»; de creerse que «vale más que el país»[240] y de «secuestrar el poder».[241] Los liberales hicieron lo mismo con la figura de Barbosa, a quien llamaron «heterodoxo», «incondicional», «canovista» y de ser «más funesto al país que nuestros propios adversarios».[242]

El enfrentamiento, en el que ninguna de las partes cedió un ápice, terminó con la secesión definitiva del Partido Autonomista Puertorriqueño en dos congregaciones, cada una con su propio cacique. En un extremo, el Comité Liberal Fusionista Puertorriqueño de Luis Muñoz Rivera —una subsidiaria política de cortísima duración disuelta en octubre de 1898 por el mismo que la promocionó—[243]; en el otro, el Partido Autonomista Histórico u Ortodoxo de José Celso Barbosa, Manuel Fernández Juncos, Manuel F. Rossy, Santiago Veve y otros.[244]

A partir de febrero de 1897 se pudo ver de forma prístina que la política isleña tenía muy poco que ver con proyectos económicos-sociales de largo aliento, y mucho con la entrega absoluta al carisma de un Jefe, un caudillo, un cirujano de hierro o un gran demagogo.[245] Los partidos, el séquito y el discipulado se entregaron sin reservas —en un momento histórico crucial— a la sublimación y creencia ciega a la figura del

Luis Muñoz Rivera eligió una retórica violenta para dirigirse a sus opositores políticos. En lugar de explicar con argumentos válidos las acusaciones en su contra, prefirió, como buen populista, redirigir la culpa hacia la figura del contrincante y autorrepresentarse como la víctima inocente de una batalla cósmica entre el bien y el mal. «Pigmeos», «polillas», «seres de espíritu pequeño», «envidiosos», «turbas», fueron algunos de los epítetos que Muñoz adjudicó a sus contrarios.

---

[240] «Lo que dice Muñoz Rivera». *La Correspondencia.* San Juan, Puerto Rico. 19 de marzo de 1897, pág. 2.
[241] Fernández Juncos, Manuel: «Crónica de la semana». *La Correspondencia.* San Juan, Puerto Rico. 31 de octubre de 1897, pág. 2.
[242] Véanse: «A Diestro y Siniestro». *La Democracia.* Ponce, Puerto Rico. 11 de marzo de 1897, pág. 2. «En Respuesta». *La Democracia.* Ponce, Puerto Rico. 12 de marzo de 1897, pág. 2. «Justicia: no pasión». *La Democracia.* Ponce, Puerto Rico. 13 de marzo de 1897, pág. 2. «Reirá mejor el último que ría». *La Democracia.* Ponce, Puerto Rico. 12 de abril de 1897, pág. 2.
[243] «Disolución inmediata del partido liberal». *La Correspondencia.* San Juan, Puerto Rico. 14 de octubre de 1898, pág. 2.
[244] López: *Elecciones y partidos...*, págs. 539-543.
[245] Webber, Max: *Economía y sociedad. Esbozo de sociología comprensiva.* Fondo de Cultura Económica. México. 2002, págs. 170-201.

líder redentorista que para unos era Barbosa (barbosistas) y, para otros, Muñoz Rivera (muñocistas). Ese hombre providencial, a su vez, se entregó de lleno, no a una ideología o a un proyecto de país, sino a la carrera obsesa por acaparar el poder local y también, de forma paralela, a mantener viva la guerra con su contraparte.

Está claro que Barbosa y Muñoz dedicaron gran parte de sus energías a atacarse con saña y extrema agresividad, embarcando al país en una guerra intestina innecesaria y fútil. Sin embargo, si analizamos bien a estos dos personajes históricos, notaremos que las desigualdades ideológicas entre ellos siempre fueron menores. Ambos eran puertorriqueños, hermanos masones, los dos tuvieron que lidiar con grandes dificultades en su niñez y juventud, además de ser discriminados por el Gobierno y por los españoles. En algún momento fueron grandes amigos; de no haber sido así, Muñoz no habría nombrado a Barbosa como su padrino en el duelo que tuvo con el periodista Vicente Balbás en enero de 1896. Tanto Barbosa como Muñoz militaron en el mismo partido bajo la Corona española y, luego de la invasión estadounidense, los dos pretendieron integrarse a Estados Unidos con cierta autonomía local. El propio Muñoz Rivera reconoció la notable ausencia de diferencias entre él y Barbosa ante preguntas del comisionado especial Henry K. Carroll, el 2 de noviembre de 1898: «No creo que exista una gran diferencia entre los dos partidos en sus principios primarios, y creo que la actual oposición se debe enteramente a razones de rencor personal», aseguró.[246]

A pesar de lo anterior, los dos líderes finiseculares se atacaron sin cuartel durante una buena parte de la historia política del país, en un contexto que resultó vital para el futuro de la isla. Prefirieron anclarse en las pocas y mínimas diferencias que los dividían, y con esta decisión nos condenaron a todos.

¿Por qué un líder que pretende 'salvar' al país escogería de forma voluntaria el camino de la violencia contra sus iguales? La respuesta no es sencilla y tampoco se encuentra a ojos vista. En este caso nada es lo que parece. Para contestarla bien podríamos irnos a las observaciones que hizo el doctor Sigmund Freud luego de notar en su práctica clínica que «son precisamente las pequeñas diferencias entre personas que por demás son iguales las que conforman la base de todos los sentimientos de hostilidad entre ellos». Intrigado por los resultados, Freud volvió a aplicar el mismo análisis a los grupos, las amistades, el matrimonio, las relaciones entre padres e hijos e incluso a las sociedades y a las naciones. También aquí encontró que ni siquiera los lazos emocionales de larga data son suficientes para superar por completo el sentimiento de hostilidad. Cuanto más estrecha es la relación entre los grupos humanos, más probabilidad hay de que la violencia sea mayor. «La intolerancia entre hermanos es a menudo más fuerte que la que ocurre entre extraños, entre otras cosas porque se conocen mejor, son verdaderos 'enemigos fraternales'».[247]

Los hallazgos de Freud nos ayudan, además, a distinguir entre diferencias mayores y menores. Parece un error suponer que alguna diferencia humana, digamos posición ideológica o color de la piel, es intrínsecamente más importante que otra, como la clase social o la identidad nacional. Es cierto que las diferencias ideológicas y de pensamiento son menores en relación con la abrumadora similitud genética que une a hombres y mujeres que nacieron en un mismo país, pero se vuelven importantes cuando se usan como marcadores de poder y estatus. Ninguna diferencia

---

[246] Carroll, Henry K.: *Report on The Island of Porto Rico its Population, Civil Government, Commerce, Industries, Productions, Roads, Tariff, and Currency with Recommendations*. Government Printing Office. Washington. 1899, pág. 231.
[247] Ignatieff, Michael: *The Warrior's Honor: Ethnic War and the Modern Conscience*. First Owl Books. Nueva York. 1998, págs. 34-71.

humana importa mucho hasta que se convierte en un privilegio; hasta que se convierte en la base de la opresión. El poder, por lo tanto, es el vector que convierte una diferencia menor en una mayor.[248]

La distinción de Freud nos permite entender que el nivel de hostilidad e intolerancia entre grupos —como el que ocurrió en Puerto Rico entre barbosistas y muñocistas— no guarda relación con el tamaño de sus diferencias políticas, históricas o culturales, medidas por un observador externo. De hecho, cuanto más pequeñas puedan parecer estas diferencias a los de afuera, más grandes pueden ser las autodefiniciones mutuas de los de adentro.[249]

Para Freud esta autodefinición antagónica se relaciona directamente con el narcisismo:

> En las manifiestas antipatías y aversiones que las personas sienten hacia sus iguales podemos reconocer la expresión del amor propio o narcisismo. Este exceso de amor propio trabaja para la preservación del individuo y se comporta como si cualquier divergencia implicara una crítica.[250]

El narcisismo, a su vez, mantiene una relación estrecha con la violencia. Precisamente porque las diferencias entre grupos son menores, deben expresarse de forma agresiva. Cuanto menos sustanciales sean las diferencias entre dos bandos, más lucharán por presentarlas como absolutas. En esta refriega el propio bando tampoco se salva. El narcisista necesita mantener unido a su bando o facción, por eso no solo dirige sus ataques hacia el lado contrario, sino también hacia dentro. La violencia intragrupal es la forma más efectiva de eliminar la diferencia que distingue al individuo del resto del colectivo.[251]

Es decir, a medida que disminuyen las diferencias externas entre los grupos, las diferencias simbólicas se vuelven más destacadas. Mientras menos te distingas del otro, más importante se vuelve usar la máscara diferenciadora; y esa máscara siempre es violenta. Esto es lo que Freud llamó el «narcisismo de las pequeñas diferencias», concepto que subsume la virulencia que predomina en los conflictos entre quienes se ven más próximos.[252]

Si extrapoláramos las teorías de Freud podríamos notar, a su vez, que el narcisismo es un compañero de doble vínculo de las tácticas populistas asumidas por la élite política puertorriqueña. El populismo —doctrina para manipular el apoyo popular y de esta manera obtener el poder— es narcisista por definición. No hay populismo sin la figura del hombre (o mujer) providencial que resolverá, de una buena vez y para siempre, los problemas del pueblo. Lo segundo es que —y aquí radica el doble vínculo— el populista entiende que el erario es su patrimonio privado y que lo puede utilizar a su antojo, ya sea para enriquecerse, para repartir los puestos en el Gobierno a sus amigos, o para realizar proyectos que él y solo él considere gloriosos.

El líder populista, ese hombre carismático o líder providencial, necesita convertir creencias, valores e ideologías en doctrinas dogmáticas. Requiere, además, un chivo expiatorio para sus propios fracasos, es por eso que suele desviar la atención interna hacia el adversario de afuera.

---

[248] *Id.*
[249] *Id.*
[250] *Id.*
[251] *Id.*
[252] *Id.*

Lo anterior quiere decir que, para acceder y mantener el poder —recordando siempre que el poder es la ficha-bisagra que convierte las nimiedades en grandes conflictos— el populista necesita un enemigo real o imaginario. Traducido en palabras de Freud, en el populismo es imprescindible transformar las diferencias menores en diferencias mayores. Para maquillar la insignificancia, entonces, se recurre a la violencia en cualquiera de sus manifestaciones.[253]

En Puerto Rico, la violencia política tuvo su epítome en las figuras de José Celso Barbosa y Luis Muñoz Rivera. Ambos representaron muy bien el papel de los eternos contrincantes, esos enemigos fraternales que eran más iguales que diferentes. Con esto sembraron una semilla que todavía pervive en la política puertorriqueña. La violencia que ambos generaron y fomentaron, se pudo manifestar desde el poder del Estado, como en marzo de 1898 cuando la guardia civil arremetió contra simpatizantes de Barbosa, por órdenes del secretario de Gracia, Justicia y Gobernación, Luis Muñoz Rivera;[254] desde las páginas de los periódicos que funcionaron como el brazo propagandístico de un bando o del otro, y desde fuerzas privadas agrupadas en facciones alrededor de la figura de uno de los dos líderes.

A pesar de que *La Democracia* repitió *ad nauseam* que solo existían las «turbas republicanas, porque en Puerto Rico no se conoce a otras turbas que a esas»,[255] lo cierto es que existieron bandos privados violentos detrás de los dos líderes contrincantes. La arena política, tal como describió el historiador Fernando Picó, se constituyó en una gallera más.[256]

Recordemos que el acceso a los puestos públicos depende de que el cacique o patrono controle las instituciones estatales. No resulta extraño que se formen distintas clientelas en competencia, azuzadas por el propio líder e interesada cada una de ellas en apropiarse de los puestos y prebendas en litigio. Estas clientelas forman cuasi grupos dispuestos para la acción colectiva. Por sus características, en lugar de utilizar la frase acuñada por *La Democracia*,[257] 'turbas' —un concepto sociológico que se usa para nombrar a un conjunto de personas desordenadas— deberíamos llamarlas bando o facción, un concepto de larga tradición antropológica que, en lo esencial, coincide con el de una asociación no corporativa, agrupada en torno a un líder, que surge para dar batalla política y puede ser reclutada sobre la base de intercambios clientelares.[258]

La extrema violencia generada por el bando muñocista y el bando barbosista a lo largo de los años es un hecho innegable. Bastaría mencionar, a manera de ejemplo, los sucesos ocurridos el 13 y 14 de septiembre de 1900 en la calle Fortaleza del Viejo San Juan. El 13 de septiembre, a las seis y media de la tarde, alrededor de 30 individuos —entre quienes se encontraban empleados de la alcaldía de San Juan (por entonces con un alcalde republicano)— entraron por la fuerza a la imprenta del periódico *Diario de Puerto Rico*, dirigido por Muñoz Rivera, ubicado en los bajos de su propia casa, en el #152 de la calle Fortaleza. Los atacantes hicieron un disparo de revólver,

---

[253] Krause, Enrique: «Decálogo del populismo iberoamericano». *El País*. Madrid, España. 13 de octubre de 2005.
[254] «Botón de fuego». *La Democracia*. Ponce, Puerto Rico. 26 de marzo de 1898, pág. 3.
[255] «A Diestro y Siniestro». *La Democracia*. Caguas, Puerto Rico. 13 de noviembre de 1900, pág. 2.
[256] Picó, Fernando: «Representaciones de violencia electoral: el 'Macheno' Nogueras. ¿Un turba?». *Revista del Centro de Investigaciones Históricas*. Núm. 17. 2006-2007, págs. 91-114.
[257] Véanse: «En plena anarquía continúan las salvajadas». *La Democracia*. Caguas, Puerto Rico. 9 de noviembre de 1900, pág. 1. «Turbas republicanas. Impunidad de que gozan». *La Democracia*. Caguas, Puerto Rico. 30 de septiembre de 1901, pág. 3. «La Bruja». *La Democracia*. Caguas, Puerto Rico. 3 de octubre de 1901, pág. 3. «El partido Republicano. La anarquía es su programa». *La Democracia*. Caguas, Puerto Rico. 8 de noviembre de 1901, pág. 3.
[258] Moreno: «Teoría del clientelismo...», págs. 191-224.

El periodista Ramón B. López, director de *La Correspondencia*, se encontraba en el balcón del Casino Español, que daba hacia la calle Fortaleza, el 14 de septiembre de 1900. López describió, con detalles cinematográficos, la batalla a tiros que ocurrió esa noche entre barbosistas y muñocistas. A la derecha de la imagen aparecen los edificios del Casino Español y la Casa de España, hoy demolidos. Imagen «Plaza de Armas de San Juan, Puerto Rico. 1901». Puerto Rico Historic Building Drawings Society.

rompieron los cristales y lanzaron a la calle las cajas con tipos y galeras de composición que se utilizaban en la impresión del periódico. Al otro día, viernes 14 de septiembre, a las 8:30 p.m., un grupo de hombres abrió fuego contra la misma casa, dando inicio a «un bombardeo general y recíproco entre los defensores de la casa del señor Muñoz Rivera y sus contrarios, creyéndose que se cruzaron entre unos y otros, más de 200 tiros». El enfrentamiento duró poco más de dos horas. Los testigos contaron que desde lejos se podían ver los fogonazos de los disparos: «el fuego era nutrido y continuado de parte y parte. Algunas veces parecían descargas de fusilería».[259]

---

[259] «Los sucesos de la capital». *La Democracia*. Ponce, Puerto Rico. 17 de septiembre de 1900, pág. 2.

En otro ejemplo, podríamos movernos a septiembre de 1902, al *meeting* federal que se celebraba en la plaza de Cayey.[260] Seguidores de Barbosa dispararon sus revólveres contra los federales. La facción de Muñoz Rivera respondió, disparando sus propios revólveres y la policía, en una especie de guiño a Tarantino, disparaba también.[261]

En Puerto Rico todavía retumba la frase 'turbas republicanas' para referirse a la violencia de los seguidores del Partido Republicano de Barbosa. Su popularidad —que como eslogan propagandístico no podemos negar que fue todo un éxito— invisibiliza la violencia proveniente de los seguidores de otros partidos, y personifica a Barbosa y a los republicanos como los únicos responsables de la extrema confrontación política que vivió el país durante los años finales del siglo XIX y los primeros del siglo XX. Sin embargo, para entender la verdadera raíz de los problemas políticos puertorriqueños actuales, es imprescindible que ambas figuras históricas (Barbosa y Muñoz Rivera) asuman, en justa proporción, la cuota de responsabilidad que les corresponde.

---

[260] Se refiere al Partido Federal Americano, fundado por Luis Muñoz Rivera y sus seguidores, el 1 de octubre de 1899.
[261] «La salvajada de Cayey». *La Democracia*. Caguas, Puerto Rico. 29 de septiembre de 1901, pág. 3.

Caricatura de José Celso Barbosa y Luis Muñoz Rivera,
representados como dos gallos de pelea.
Imagen: *El Carnaval*. San Juan, Puerto Rico. 1910.

2

Estados Unidos
crisis y elecciones

> —¿Quién hizo al mundo, Charles?
> —Dios hizo al mundo,
> pero fue reorganizado por
> James Hill, J. Pierpont Morgan y
> John D. Rockefeller.
>
> LIFE MAGAZINE

1893

1893 fue un año difícil para la 'aristocracia de los negocios' de Estados Unidos. Ni uno solo de sus miembros se libró de los efectos del peor pánico financiero que sufrió el país hasta la Gran Depresión. Las empresas se derrumbaron por miles, los bancos quebraron en números récord, y el desempleo se disparó, complicándose con una extrema deflación. El poder de compra de los consumidores —que no había subido de forma tan acelerada como la capacidad productiva de las corporaciones cartelizadas— se precipitó a tierra. Las huelgas se multiplicaron en número y en violencia y el fantasma de la sobreproducción sustituyó la confianza placentera de los monopolistas.

Fue durante esos años de extrema dificultad económica, años en los que el Gobierno se libró por los pelos de una terrible y vergonzosa bancarrota, que ocurrió el gran punto de inflexión en la política exterior estadounidense. A partir de 1893, bajo la presidencia de Grover Cleveland, el Gobierno de Estados Unidos dio un golpe de timón y cambió bruscamente de una política exterior de no intervención a un programa agresivo de expansión. En el corazón de esa nueva estrategia estaban los principales banqueros de Nueva York, ansiosos por alimentar sus mercados de exportación y de inversión. En esa búsqueda desesperada de nuevos mercados también los industriales se sentaron en primera fila. Algunos apuntaban hacia el mercado de Latinoamérica y otros al de China. Todos, sin embargo, coincidieron en que los problemas económicos de Estados Unidos no se resolverían sin que se lograra un superávit masivo de exportaciones y una disminución dramática de las importaciones. Eso no se alcanzaría sin la captura de nuevos mercados. Cada día se volvió más popular la idea de la expansión imperialista.

A pesar de su evidente conexión con las invasiones de 1898, el pánico financiero de 1893 parece haber escapado al escrutinio cuidadoso y la investigación exhaustiva de los historiadores. Por su extrema importancia causal en la estructura narrativa de nuestra historia, estos cinco años merecen ser contados con algún grado de detalle.

¿Quién gobernaba a Estados Unidos?

Desde mucho antes de la crisis financiera de 1893, la economía política de Estados Unidos, carente aún de regulaciones y de organismos reguladores, estaba dominada por dos poderosas combinaciones financieras. Por un lado encontramos a la camarilla de John Pierpont Morgan, grupo de interés dominante bajo el Gobierno demócrata de Grover Cleveland que inició su época de gloria en la banca de inversión, expandiéndose rápidamente a la banca comercial, los ferrocarriles y los buques de vapor, y a las grandes fusiones de empresas manufactureras. Por el otro, las fuerzas de John D. Rockefeller, dominantes en el estado de Ohio, y a nivel nacional en el Partido Republicano. Este grupo de interés comenzó con el refinado de petróleo, pero muy pronto extendió sus tentáculos hacia los ferrocarriles y también hacia la banca comercial, formando alianzas con el banco de inversión germano-judío, Kuhn, Loeb & Company, y con el National City Bank of New York, entre otros.

Gravitando en ambos bandos existieron otros capitanes de su industria que se moverán a un lado o a otro —Morgan o Rockefeller— según sus propios intereses. Particular importancia tendrá el alemán asentado en Nueva York, Henry O. Havemeyer, quien lideró en 1887 la fusión en un trust,[262] de las refinerías de azúcar. En 1898, el Sugar Trust dominaba el 100% de la industria del azúcar. No solo había crecido horizontalmente aplastando a la competencia, también controlaba la producción desde los cañaverales (incluyendo los de Puerto Rico y Cuba) hasta su venta en los mercados y manipulaba a su antojo los precios del azúcar en un evidente control vertical.

Igual suerte corrió la industria tabacalera bajo el mando de un fuerte seguidor de Rockefeller: James Buchanan Duke. Este otro magnate orquestó en 1890 la unión de las cinco principales compañías productoras de cigarrillos: Allen and Giter; Kinney Tobacco; W. Duke and Sons; W.S. Kimball; y Goodwin & Co. En las dos décadas posteriores, Duke absorbió alrededor de 250 empresas adicionales y, bajo el sello monopolístico de American Tobacco Company, produjo el 90% de los cigarrillos, tabaco para fumar y tabaco para masticar que se consumió en todo Estados Unidos.[263]

La 'aristocracia americana de los negocios', como la llamó Edward Baltzell, logró una enorme concentración de negocios gracias a la 'ayuda' que recibió del Estado. Estos hombres, a través del poder del dinero, pudieron crear artificialmente períodos de prosperidad y períodos de pánico financiero; cuerpos de leyes que los protegían y que limitaban la competencia; restricciones migratorias; convenientes tarifas e impuestos; débiles leyes antimonopolísticas y la fabricación, a través de coerción y violencia estatal, de nuevos mercados y socios comerciales.[264]

---

[262] La forma corporativa del 'trust' que utilizaron los magnates estadounidenses de fines del siglo XIX significaba que una misma junta de directores era la responsable *in trust* de varias compañías con sede en diferentes estados, en apariencia, inconexas entre sí. Aunque una corporación miembro del trust no dominaría a la otra, evidentemente la Junta de Gobierno (que era la misma para todas) sí lo hacía. A pesar de que 'trust' se ha traducido al español como 'fideicomiso', para efectos de este libro se seguirá utilizando 'trust'. La palabra 'fideicomiso' tiene connotaciones semánticas de legalidad y ética empresarial. 'Trust', sin embargo, es reconocida como una corporación con claros sesgos monopolísticos, prácticas antiéticas y una insaciable avaricia por obtener mayores ganancias sin importar los medios.

[263] Bird Carmona, Antonio: *Parejeros y desafiantes. La comunidad tabacalera de Puerta de Tierra a principios del siglo XX*. Ediciones Huracán. San Juan. 2008, págs. 65-70.

[264] Domhoff, George William: *¿Quién gobierna a Estados Unidos?* Siglo XXI Editores. 1981, pág. 11.

Pierpont Morgan hacía galas de un carácter tiránico y agresivo. En la imagen, tomada en 1910, el magnate ataca con su bastón a un periodista. Se dice que esta fotografía en particular inspiró el personaje Mr. Monopoly, que identifica al juego de Monopolio. Imagen: División de impresiones y fotografías de la Biblioteca del Congreso de Estados Unidos.

Este poderoso grupo de interés, con sus numerosos focos institucionales y sus diversos medios de reclutamiento de nuevos individuos, funcionó no solo como una clase superior sino que *de facto* se constituyó en la verdadera 'clase gobernante' de Estados Unidos.[265] No se trata de que los miembros de esta aristocracia de los negocios apoyaran al Estado para ser beneficiados y protegidos. Se trata de que estos hombres fueron parte mayoritaria del Estado. Ellos 'eran' el Estado. No estaban detrás del trono, sino sentados en él.

---

[265] *Id*.

La debacle financiera del 93

Los periódicos vespertinos del lunes 20 de febrero de 1893 trajeron la ya sospechada noticia: el ferrocarril Philadelphia & Reading, incapaz de pagar los intereses de sus bonos, había sido puesto en sindicatura y sus propiedades, confiscadas.[266] Seis días después, el Reading, con activos líquidos que apenas llegaban a $100 000 y deudas a corto plazo que superaban los $18 millones, se fue a la bancarrota. El miércoles, 3 de mayo los valores industriales cayeron estrepitosamente y el recinto del New York Stock Exchange se llenó de multitudes que procuraban a empujones deshacerse de sus acciones. La ola expansiva de la quiebra —como suele suceder— alcanzó a otros ferrocarriles: Union-Pacific, Northern-Pacific y Santa Fe; también a uno de los favoritos del mercado: el National Cordage Trust. ¡El pánico de 1893 había comenzado! Sus terribles efectos se sentirán en todo el país hasta por lo menos 1899.

Entre febrero y abril de 1893, un total de 28 bancos suspendieron sus pagos. En mayo, 54 hicieron lo mismo. El colapso de los primeros provocó la caída de otros, sobre todo en el sur y el oeste del país. Ya en junio de 1893 la cifra de instituciones bancarias en quiebra, tanto nacionales, estatales como privadas, superaba las 128.[267] Al finalizar el año, el número rondaba las 496. En 1894, otras 89 sucumbieron a la crisis; en 1895, 124 adicionales.[268]

Por su parte, el movimiento del dinero desde el interior hacia Nueva York, normal en esa época del año, se revirtió abruptamente por retiros masivos en las instituciones de Nueva York. En un intento por proteger las reservas, los bancos de todo el país restringieron los pagos en efectivo. Los inversionistas extranjeros, al olfatear la cercanía de la debacle, se deshicieron de los valores estadounidenses y comenzaron a repatriar su capital. Mientras tanto, los clientes locales se apresuraron a retirar su dinero de los bancos causando verdaderas estampidas bancarias. Cuanto más aumentaba el retiro de los depósitos, más se retroalimentaba la probabilidad de impago del banco y esto —en una especie de profecía autorrealizada— estimuló posteriores corridas masivas de dinero.[269]

Desempleo

Al no haber desembolsos de dinero desde los bancos, las industrias no tuvieron el efectivo necesario para pagar sus salarios. Fábricas y granjas cerraron. El desempleo, como efecto rebote, explosionó de un 3%, en 1892 a un 11.7%, en 1893, y de ahí a su pico de 18.4 % en 1894. La escasez de empleos se complicó con una deflación extrema. Millones de desempleados pululaban por las calles de las ciudades estadounidenses buscando qué comer y cómo protegerse del frío invernal. Aquellos más afortunados que lograron mantener sus empleos, se vieron

---

[266] «The Reading. Too Much Watered Stock Causes a Marked Decline of its Securities. Default in Payment of Interest Gets it Into Court». *The St. Joseph Herald.* St. Joseph, Missouri. 21 de febrero de 1893, pág. 1.
[267] Friedman, Milton y Anna Jacobson Schwartz: *A monetary history of the United States, 1867-1960.* Princeton University Press. Princeton. 1993, págs. 104-113.
[268] Rockoff, Hugh: «'The Wizard of Oz' as a Monetary Allegory». *Journal of Political Economy* 98, No. 4. 1990, págs. 739-760.
[269] Ginger, Ray: *Age of Excess. The United States from 1877 to 1914.* MacMillan Publishing Co. Inc. New York, págs. 163-167.

obligados a sobrevivir con menos de un dólar al día. El resto, la gran mayoría, ni siquiera eso. La cantidad de vagabundos llegó a tal nivel que muchos estados y ciudades evaluaron la imposición de 'leyes de pánico'.[270]

La rebelión de las masas

Las cifras escalofriantes de desempleo provocaron cientos de huelgas que dejaron inactivos a decenas de miles de trabajadores. Aunque la mayoría de los paros no conllevaron derramamientos de sangre, otros sí. Fue el caso, por ejemplo, de la huelga declarada en la planta de acero Homestead, de Andrew Carnegie. Los trabajadores declararon paro en julio de 1892, en protesta contra las reducciones salariales y para exigir el reconocimiento sindical. En respuesta, Carnegie contrató a un ejército de rompehuelgas callejero, dotado de rifles Winchester. Se cuenta que los mercenarios dispararon sobre los obreros por más de 10 minutos sin parar. El saldo fue un total de 4 muertos y alrededor de 24 heridos. La huelga, sin embargo, no terminó. Para sofocar la rebelión, Carnegie se movió a la segunda fase: solicitó con éxito la intervención del gobernador, quien envió 6000 milicianos que lograron reabrir parcialmente la fábrica a costa de varios heridos. Poco días después, Andrew Carnegie, quien en público se pronunciaba a favor de las uniones obreras, contrató a nuevos empleados. Tras esta fuerte represión, los trabajadores del acero no volvieron a organizarse hasta cuarenta años después.[271]

Las uniones obreras, incipientes pero muy activas por aquellos años, se aliaron a los trabajadores sobre todo a partir de la primavera de 1894. La United Mine Workers llamó a una huelga que inició el 21 de abril de 1894 desde el oeste de Pensilvania hasta Illinois. En ese momento 125 000 mineros respondieron, y ya para el 14 de mayo la cantidad de hombres en paro rozaba los 180 000. Algo parecido ocurrió con los trabajadores de los ferrocarriles. El dueño del Great Northern, James Hill, bajó los salarios en agosto de 1893; de nuevo en enero y otra vez en marzo de 1894. En abril los empleados se fueron a la huelga. Paralizaron todos los trenes de la poderosa corporación y, a pesar de que Hill ordenó a sus lugartenientes disparar contra los huelguistas, estos se mantuvieron firmes hasta conseguir un 97% de sus demandas salariales.[272]

La huelga más sonada de estos años fue, sin duda, la desatada en el pueblo-compañía Pullman, a las afueras de Chicago, que terminó con la entrada a la ciudad de 12 000 soldados del Ejército de Estados Unidos comandados por el general Nelson A. Miles. En la refriega murieron 30 trabajadores y 57 resultaron heridos. Todos los líderes obreros fueron arrestados y la mayoría pasó a formar parte de la lista negra de las empresas de ferrocarriles a nivel nacional, por lo que se les hizo muy difícil conseguir nuevos trabajos. El resto de los huelguistas —desorganizados y aturdidos— volvieron al trabajo sin obtener ni uno solo de sus reclamos. Así fue cómo se destruyó el sindicato más grande en la historia de Estados Unidos.

---

[270] *Id.*
[271] Wall, James T.: *Wall Street and the Fruited Plain. Money, Expansion, and Politics in the Gilded Age.* University Press of America. New York, 2008, págs. 193-198.
[272] Ginger: *Age of Excess...*, págs. 170-172.

Nelson Miles abandonó Chicago dos días después dejando una estela de muertos atrás. Por sus ejecutorias en contra de los trabajadores fue premiado por Cleveland, en diciembre de ese mismo año, con un ascenso al grado de comandante del Departamento del Este con base en Governors Island, Nueva York. Este cargo será el que lo lleve al mando de los ejércitos que invadieron, en 1898, Santiago de Cuba y Guánica, Puerto Rico.[273]

Efectos de la crisis

Los efectos de la crisis financiera de 1893 se sintieron con fuerza hasta, por lo menos, uno o dos años después de que Estados Unidos invadiera las islas de Cuba, Puerto Rico y Filipinas. La Oficina Nacional de Investigación Económica estima que la contracción económica continuó ininterrumpida desde los primeros meses de 1893 hasta junio de 1894. A partir de ahí la economía creció un poco, pero solo hasta diciembre de 1895 cuando volvió a ser impactada por una segunda recesión que duró hasta junio de 1897. Los estimados de la producción nacional bruta (PNB) —que se ajustan a la deflación de este período— son bastante crudos, pero sugieren que el PNB real cayó alrededor de un 4% desde 1892 a 1893, y otro 6% de 1893 a 1894. Para 1895 la economía había crecido más allá de su pico anterior, pero el producto interno bruto (PIB) cayó alrededor del 2.5% desde 1895 a 1896. Las altas tasas de desempleo por encima del 10% se mantuvieron inalteradas hasta 1899.

La plata como la gran culpable

En este ciclo de depresión económica, las clases trabajadoras llevaron la peor parte, pero las grandes fortunas de Wall Street también se tambalearon.

Por aquellos años, las condiciones económicas e industriales en Gran Bretaña, Alemania y Francia se mantuvieron dentro de márgenes saludables. Por lo tanto, la crisis en Estados Unidos debe considerarse como enteramente local. Al parecer, el problema de aquella terrible depresión económica estaba en el temor de los bancos de Inglaterra a que el país abandonara el patrón oro y no pudiera pagar sus deudas, o pretendiera hacerlo con una moneda de escaso valor como la plata.

Los magnates de Wall Street vivían en pánico. Culparon del desastre al patrón bimetálico para la moneda (oro y plata) que el Gobierno había asumido desde su fundación.[274] En específico, centraron su atención en la Sherman Silver Purchase Act, una ley intervencionista que obligaba al Tesoro a comprar 4.5 millones de onzas de plata cada mes, acuñar moneda de plata y emitir

---
[273] «General Nelson A. Miles, the New Commander of the Department of the East». *The Daily Republican*. Monongahela, Pensilvania. 11 de diciembre de 1894, pág. 2.
[274] El artículo 1, sección 8 de la Constitución le otorgó al Congreso el poder de «acuñar moneda, regular su valor, así como el de la moneda extranjera». Con esta autoridad, el Congreso, siguiendo las recomendaciones del secretario del Tesoro Alexander Hamilton, aprobó la Ley de Monedas de 1792, la cual estableció un estándar bimetálico en dólares para el país. Ambos, el oro y la plata, circularon libremente como dinero. El oro fue siempre el preferido para transacciones grandes y la plata para aquellas más pequeñas.

certificados de papel canjeables en oro o en plata, al radio de 16 onzas de plata en contra de 1 onza de oro.[275]

La Sherman Silver, aprobada por el Congreso en 1890, no tuvo en cuenta que, en los mercados de metales, la plata valía muchísimo menos que el tipo de cambio legal establecido por el Gobierno. El mercado canjeaba 30 onzas de plata por 1 onza de oro. Entonces, si el Gobierno entregaba 1 onza de oro por solo 16 de plata, los inversores, por supuesto, compraron plata, la cambiaron en el Tesoro por dólares de oro y luego vendieron esos dólares de oro en el mercado de metales por más del doble de lo que habían pagado por la plata. Tomaron las ganancias de esa transacción y compraron más plata. Hicieron esto una y otra vez. Una y otra vez. Como consecuencia, la moneda sobrevaluada artificialmente (plata) hizo que la moneda subvaluada artificialmente (oro) quedara *de facto* fuera de circulación y que las reservas de oro del Tesoro mermaran cada vez más.[276]

Con esta ley inflacionaria, el plato del pánico financiero estuvo servido. De hecho, la indigestión explotó solo tres años después de firmada. En 1893 ya la reserva de oro del Tesoro tocaba tierra precipitándose por debajo de los $100 millones, cantidad que se consideraba esencial para defender el patrón oro. La sangría en las reservas de oro continuó imparable por los próximos 16 meses hasta llegar, en agosto de 1894, a la impensable cifra de $52 millones.[277]

El día del juicio final

«Ha llegado el día del juicio final», decían algunos. Francis Lynde Stentson le advertía al presidente Cleveland en 1894, que el país estaba «en la víspera de una noche oscura, a menos que el retorno de la prosperidad comercial alivie el descontento popular». El senador William Frye, de Maine, anticipaba «una revolución si no capturamos los mercados de China». Otro senador republicano conservador, J. Donald Cameron, de Pensilvania, fue tan lejos como para defender la acuñación gratuita de plata y una campaña nacionalista militar. Frederick Jackson Turner, doctor en Historia de la Universidad de Wisconsin, apuntaba a que la democracia estadounidense había dependido siempre de la frontera, «pero ahora la frontera ha desaparecido». Mientras tanto, el historiador de Harvard, Brooks Adams, condicionaba el futuro de la democracia estadounidense a la adquisición de nuevas fronteras en el extranjero.[278]

Los problemas monetarios provocaron una proliferación caótica de teorías y panaceas. Líderes obreros, socialistas, bimetalistas, populistas, evangelistas sociales, nativistas, anarquistas, banqueros… todos competían por la atención del público. Pero en medio de esta mezcla de argumentos, diagnósticos y profecías, hubo una especie de acuerdo común sobre el problema económico: la mayoría de los grupos aceptaron sin regodeos la validez de la llamada teoría de la

---

[275] Rothbard, Murray N.: *A history of money and banking in the United States. The colonial era to World War II*. Ludwig von Mises Institute. Alabama. 2002, págs. 65-67.
[277] «Democratic Financiering». *Sterling Standard*. Sterling, Illinois. 9 de agosto de 1894, pág. 4.
[276] Friedman y Jacobson: *A monetary history…*
[278] Ginger: *Age of Excess…*, pág. 164.

sobreproducción. Esbozada por primera vez en Estados Unidos por el multimillonario, Andrew Carnegie, y por el economista asesor de Cleveland, David A. Well, se convirtió en una de las explicaciones preferidas y más populares de la desastrosa depresión.[279]

Teoría de la sobreproducción

Los defensores de la teoría de la sobreproducción sostenían que la capacidad productiva nacional había superado para siempre los niveles de consumo y que este hecho se podía demostrar en los ciclos económicos de expansión-auge-recesión-depresión. La producción total de los años de auge —según los representantes de este darwinismo social— llevó a la creación de excedentes que fueron lentamente absorbidos por los consumidores, creando así un período de depresión. Una vez el excedente fue liquidado, el mercado se volvió más animado, los precios subieron, lo que llevó a un nuevo auge y a otra racha de sobreproducción. Dado que la sobreproducción era una condición de salud económica, el problema debía ser atacado, no controlando la producción sino en las formas en que se disponía del excedente. Y si este excedente era, por definición, lo que no podía venderse en casa, entonces debía venderse en el extranjero. La nación solo podría salvarse si incrementaba sus exportaciones.[280]

Es decir, el exceso de mercancía no tenía que ser regulado, controlado o minimizado. Todo lo contrario. Las grandes corporaciones, cartelizadas y de corte monopolísticas, debían seguir produciendo sin límites. El problema no estaba en el exceso de mercancías que no podían ser absorbidas por los consumidores en Estados Unidos. El problema estaba en la escasez de mercado.

«No podemos seguir siendo totalmente dependientes de la demanda doméstica sobre todo cuando los mercados del mundo están abiertos para nosotros, listos para absorber el excedente de nuestra máxima capacidad de fabricación», escribía Charles R. Flint, uno de los exponentes más influyentes de la teoría de la sobreproducción. Conocido por la prensa como el 'Rey de los Trust', Flint (amigo íntimo de Theodore Roosevelt) sustentaba su prestigio económico con el hecho de ser dueño de una gran flota de barcos, y sobre todo, por su pasado como cónsul de Estados Unidos en Chile.[281]

Los escritos de Flint priorizaban el aumento de las exportaciones de manufacturas. Para lograrlo era importante implantar varias medidas. Una de las primeras debía enfocarse en el establecimiento de servicios bancarios internacionales por parte de la comunidad financiera estadounidense, lo que aliviaría los problemas de crédito e intercambio. Otra de las medidas incluía la intervención del Estado en el libre mercado capitalista. El Gobierno Federal tenía que ayudar a reactivar la industria naviera moribunda, creando (con dinero público) las instalaciones de transporte necesarias para conectar los puertos de la nación con importantes áreas comerciales en el extranjero.[282]

---

[279] Healy, David: *U.S. Expansionism: The Imperialism Urge in the 1890.* University of Wisconsin. Wisconsin. 1970, págs. 159-162.
[280] *Id.*
[281] «Capitalist Dies. C.R. Flint of Ship Owning Fame is Dead». *Honolulu Star-Bulletin.* Honolulu, Hawaii. 14 de febrero de 1934, pág. 2.
[282] Healy: *U.S. Expansionism...*, págs. 159-162.

A la izquierda William McKinley (Rockefeller) sentado junto al candidato a la vicepresidencia Garret A. Hobart (Morgan). Imagen: División de impresiones y fotografías de la Biblioteca del Congreso de Estados Unidos.

Todas las sugerencias traídas a la palestra pública por Charles Flint tuvieron el respaldo de los magnates en Wall Street. Tanto así que, en 1895, siguiendo al pie de la letra sus recomendaciones, se formó la National Association of Manufacturers (NAM), un movimiento de cientos de compañías que se combinaron para concertar acciones efectivas y grupales que los ayudaran a sortear el vendaval económico.

El programa inicial de esta asociación se concentró, precisamente, en la expansión de las exportaciones. Al igual que Flint, la NAM esperaba hacerlo a través de medidas como la rehabilitación de la marina mercante estadounidense, la negociación de tratados de reciprocidad con otros países y el establecimiento de almacenes de exhibición permanentes en ciudades extranjeras, en los que se pudieran mostrar los productos de sus miembros. El primer almacén de este tipo se abrió en Caracas, Venezuela, en 1898. La NAM —que muy pronto se convirtió en un grupo extremadamente influyente en Washington (y aún lo es)— envió agentes para estudiar la situación del mercado en Argentina y Brasil en 1896, y en Japón al año siguiente. Un canal ístmico controlado por los estadounidenses fue otro objetivo de la asociación, cuyos miembros esperaban por este medio reducir sus costos de envío a los mercados del Pacífico.[283]

Menos político pero igual de importante era la cuestión de dónde cultivar los nuevos mercados. Muy pronto América latina se decantó como el área de más interés, sobre todo por la cercanía geográfica y por la debilidad de sus Gobiernos. El curso a seguir en cuanto a este tema lo estableció la conservadora revista *Banker's Magazine* en una serie de artículos publicados en 1894. «Si pudiéramos arrancar los mercados sudamericanos a Alemania e Inglaterra y mantenerlos para nosotros permanentemente, sería una conquista que tal vez merecería un gran sacrificio».[284]

Richard Olney, en su función de secretario de Estado y también en su papel no oficial de asociado de J. P. Morgan & Co., entendió alto y claro el mensaje de la *Banker's Magazine*. Se encargó personalmente de poner a Estados Unidos en la senda hacia al imperialismo en Latinoamérica.

> El viejo aislacionismo anunciado en el discurso de despedida de George Washington ha terminado. Ha llegado el momento en que nos conviene aceptar la posición dominante entre los poderes de la tierra. La inmediata necesidad de nuestros intereses comerciales es más mercados y mercados más grandes para los productos norteamericanos, especialmente en América latina.[285]

En 1896, a las puertas de un nuevo periodo electoral, la carrera por la vida en Wall Street se limitaba a tres acciones: garantizar el estándar oro para la moneda; sacar de circulación la inflacionaria y devaluada plata; y capturar los mercados de Latinoamérica y el Caribe para sus mercancías sobreproducidas. El discurso de Olney fue el pistoletazo de salida; 'más mercados y mercados más grandes', la consigna.

Follow the yellow brick road

En medio de aquella tormenta económica, llegaron las elecciones de 1896.

La crisis económica puso grandes luminarias sobre aquellos comicios en los que se disputaba el patrón oro versus el patrón plata y se enfrentaba el imperialismo (en busca de nuevos mercados para los productos sobreproducidos) al viejo aislacionismo republicano. En las elecciones de 1896 estaba en juego también el futuro de Puerto Rico, aunque en ese momento nuestra clase política —como ya sabemos— estaba ocupada apostando al caballo perdedor y peleándose entre sí.

El Partido Demócrata, en su convención de 1896 y de cara a las elecciones, repudió a Grover Cleveland por considerar que había alienado a los pequeños granjeros y a los 'platistas' de su propio partido. En consecuencia, el partido fue capturado por las fuerzas populistas, ultrainflacionistas y antioro, encabezadas por William Jennings Bryan. El candidato demócrata,

---
[283] *Id.*
[284] Rothbard: *Wall Street...*, págs. 3-5.
[285] *Id.*

de apenas treinta y seis años, acusó a John Pierpont Morgan de ser un Poncio Pilatos a la vez que propuso una política de 'dinero fácil' apoyada por la acuñación ilimitada de plata.

Los republicanos por su parte —cuartel general de las fuerzas Rockefeller hasta ese momento— habían sido durante mucho tiempo el partido de la prohibición del alcohol, de la inflación del dólar y de la oposición al oro. Pero desde principios de la década de 1890, los Rockefeller (ascetas protestantes) abandonaron silenciosamente la prohibición a cambio de obtener votos del cada vez más poderoso bloque alemán-estadounidense. De igual modo, a partir de la debacle financiera de 1893, fueron creciendo en cantidad e intensidad las voces de poderosos republicanos a favor del estándar oro. En términos del siglo XXI, podemos decir que el partido, por aquellos años seminales, se movía de forma lenta hacia el centro.

La disminución extrema de la popularidad demócrata hizo todavía más atractiva la competencia en el Partido Republicano. Fueron muchos los senadores y congresistas que se lanzaron a la carrera presidencial, pero ninguno atrajo mucho interés, quizás porque todas las cábalas apuntaban hacia un corredor delantero: William Mckinley (1843-1901).

McKinley, gobernador por entonces de Ohio, cuna del imperio Rockefeller, tenía muchas ventajas dentro del Partido Republicano. Todos sabían quién era por la famosa ley tarifaria que propuso en 1890 durante sus años en la Cámara de Representantes; por haber ganado la reelección para la gobernación de Ohio en 1893 con una envidiable mayoría y también por tener a su lado al mejor y más hábil director de campaña de todos los tiempos: Marcus Alonzo 'Mark' Hanna,[286] propietario de M.A. Hanna & Co., la segunda empresa de carbón y de hierro más grande en la región de los Grandes Lagos; director de empresas de tranvías; presidente de un banco nacional; y propietario de periódicos y de la Euclid Avenue Opera House.[287]

La conexión McKinley-Hanna-Rockefeller se había cimentado en una profunda y compleja red de favores políticos. El más relevante de los intercambios clientelares ocurrió en 1893. Ese año, McKinley recibió una factura por más de $130 000 (unos $3 millones actuales) por préstamos incobrables que había firmado para un amigo. Este evento puso en riesgo su propia hacienda y también hizo peligrar la posibilidad de reelección al cargo de gobernador de Ohio. Mark Hanna se encargó de reunir a un grupo de amigos quienes, con inusitada generosidad, desembolsaron los $130 000 y un poco más. Entre aquellos que pagaron estuvo el propio Hanna; Charles Taft (abogado, miembro de la legislatura de Ohio, dueño de un imperio mediático y hermano de William Howard Taft); Myron Herrick (abogado y banquero de Ohio); William R. Day (abogado corporativo y futuro juez en el Tribunal Supremo) y el magnate del acero, Andrew Carnegie.[288]

Debiendo demasiados favores a gente muy poderosa, gravitando en el poderoso bando de Rockefeller, McKinley inició su camino hacia la presidencia de Estados Unidos. Mark Hanna, siempre a su lado, abandonó todos sus negocios para dedicarse a la campaña.[289]

En tanto, John Pierpont Morgan, a pesar de que dominaba el Partido Demócrata, decidió mover sus lealtades al bando republicano. Para el banquero, escoger a cuál candidato apoyar era tan obvio como obvias eran las diferencias entre el oro y la plata. Gracias al rescate gubernamental

---

[286] Mayer, George H.: *The Republican Party (1854-1966)*. Oxford University Press. Nueva York. 1967, págs. 243-246.
[287] Hamilton, Richard F.: *President McKinley, War and Empire*. Volume I. Transaction Publishers. Nueva Jersey. 2006, pág. 46.
[288] Spingola, Deanna: *The Ruling Elite. The Zionist Seizure of World Power*. Trafford Publishing. 2012, págs. 128-132.
[289] Mayer: *The Republican Party (1854-1966)* ..., págs. 247-248.

Henry Cabot Lodge, senador republicano desde 1893, fue el enlace entre el grupo Morgan y la facción McKinley-Hanna-Rockefeller. En 1876, con apenas veintiséis años, Cabot Lodge obtuvo el primer Ph. D. en Historia que otorgó la Universidad de Harvard y ese mismo año se convirtió en parte de su facultad a cargo del curso Colonial American History. De 1880 a 1882 fue miembro de la Cámara de Representantes de Massachusetts, y desde 1887 a 1893 se sentó en la Cámara de Representantes federal. En 1893 ocupó la silla de senador, puesto al que fue fácilmente reelecto hasta 1924. Imagen: División de impresiones y fotografías de la Biblioteca del Congreso de Estados Unidos.

que había orquestado el año anterior, en complicidad con Grover Cleveland, Estados Unidos se mantenía en el patrón oro. Pero todavía quedaba mucho camino por recorrer y era crucial que el próximo presidente gravitara en la exclusiva órbita del oro. Fue así como Morgan se acercó a la tríada McKinley-Hanna-Rockefeller a través de su joven sátrapa, el senador y delegado a la convención republicana por Massachusetts, Henry Cabot Lodge (1850-1924). El emisario de Morgan ofreció un trato a las fuerzas Rockefeller: los Morgan apoyarían a McKinley en su campaña para presidente siempre que favoreciera el patrón oro.[290]

El mensaje de Cabot Lodge llegó. En algún momento antes de la convención republicana, en el Corsario, yate privado de Morgan, ocurrió una extensa reunión entre Mark Hanna, Myron Herrick (el segundo hombre más importante en el equipo McKinley) y el propio Pierpont Morgan. Los tres hombres hablaron *in extenso* sobre el estándar oro y detalles de la candidatura de McKinley. Acordaron que «McKinley revisaría el asunto monetario y apoyaría el estándar oro». Por estrategia política, el candidato «evitaría una declaración a favor del oro antes de la convención». Aquella noche, según relató posteriormente Herrick, «Hanna aprendió lo que el estándar oro significaba para los banqueros» y Morgan «aprendió cómo se nomina a un presidente».[291]

Hoy se sabe que no solo hubo un acuerdo de cooperación mutua entre el grupo Cabot Lodge-Morgan y el McKinley-Hanna-Rockefeller, sino que fue Henry Cabot Lodge quien, de puño y letra, redactó la plataforma de gobierno de McKinley con el estándar oro incluido. Claro, el verdadero artífice de esto, sin duda, no fue otro que John Pierpont Morgan.[292]

Convención republicana

Con estos apoyos poderosos, no nos extraña que la convención republicana transcurriera como previsto. El 16 de junio de 1896, luego de un intenso pulseo en contra de una propuesta para incluir el bimetalismo en la plataforma de gobierno, el bloque del oro se impuso con amplia mayoría. McKinley, que estaba en Canton, Ohio, supo la noticia ese mismo día por una llamada de larga distancia que le hizo Hanna. Había que agradecer el triunfo —le confesó— al esfuerzo de Thomas C. Platt (presidente de Tennessee Coal & Iron); Henry C. Payne (accionista de Standard Oil), Joseph Foraker (Rockefeller) y Henry Cabot Lodge (Morgan).[293]

Cuando la convención pasó al turno de las nominaciones, Joseph Foraker presentó a McKinley. Entusiasmado por el acuerdo con Hanna que lo enviaría al Senado, Foraker habló en el doble papel de político y profeta. En un emotivo discurso, vaticinó: «Compatriotas, que no se turbe vuestro corazón. El siglo XX amanecerá brillante y claro. Dios vive. El Partido Republicano volverá al poder y William McKinley será el presidente de Estados Unidos».[294]

---

[290] Rothbard: *A history of money...*, págs. 176-189.
[291] Hamilton: *President McKinley...*, págs. 56-57.
[292] «Senator Lodge Dies after Valiant Fight». *The Boston Globe*. Boston, Massachusetts. 10 de noviembre de 1924, pág. 12.
[293] Mayer: *The Republican Party (1854-1966)...*, págs. 248-249.
[294] *Id.*

Los delegados allanaron el camino para cumplir al menos parte de la profecía de Foraker. Le otorgaron a McKinley una primera nominación. McKinley arrasó. Luego, la convención equilibró la papeleta al seleccionar para el cargo de vicepresidente a Garret A. Hobart, director en varias compañías de J.P. Morgan & Co. incluida el Liberty National Bank of New York.[295]

La campaña

Mark Hanna trabajó una campaña que, en ese momento, bien pudo catalogarse de mágica.

Sin la ayuda de computadoras o internet, introdujo muchas de las prácticas que aún definen las elecciones en la era de las redes sociales y la microfocalización. Aunque primitivas, utilizó técnicas de sondeo para monitorear el pulso de la campaña, especialmente en aquellos estados no definidos. Como si se tratara de un anuncio de una pasta de dientes o una medicina, pegó la cara de McKinley en millones de carteles, vallas publicitarias, panfletos, inscripciones, caricaturas y botones.[296] Ordenó la producción de poco más de 300 millones de insertos y artículos periodísticos prefabricados que, todas las semanas, se enviaban a las redacciones de los diarios. En un momento en que apenas había 14 millones de votantes en Estados Unidos, este número significó alrededor de veinte piezas de textos por cada votante elegible en el país. Hanna, además, envió a 1400 oradores sustitutos por todo el país para difundir un mensaje unificado. Los oradores, que hablaban en nombre de McKinley, dominaban a la perfección los temas de campaña, sobre todo aquellos relacionados con los asuntos laborales y agrícolas, y eran capaces de expresarse con fluidez en idiomas extranjeros. Algunos miembros de esta avanzadilla cargaban con dispositivos completamente novedosos para la época que cautivaban al público proyectando imágenes en movimiento de McKinley.[297]

Hanna pidió a los simpatizantes republicanos que exhibieran la bandera estadounidense en sus hogares y organizó desfiles llamados 'el día de la bandera'. Bryan, en respuesta, pidió a sus votantes que no se identificaran de forma alguna con la bandera.

---

[295] *Directory of Directors in the city of New York, 1899*. New York. 1979, pág. 10.
[296] Thayer, George: *Who Shakes the Money Tree? American Campaign Financing Practices from 1789 to the Present*. Simon and Schuster. Nueva York. 1973, págs. 48-52.
[297] Frolik, Joe: «Mark Hanna. The Clevelander who made a President». *Teaching Cleveland Digital*. <http://teachingcleveland.org/mark-hanna-the-clevelander-who-made-a-president-by-joe-frolik/>. [1/09/2020].

Todo Wall Street se volcó a favor del dueto McKinley-Hobart. Las fuerzas Morgan y las fuerzas Rockefeller trabajaron en equipo a favor del republicano. En esta fotografía de Wall Street, tomada en 1896 desde William Street mirando hacia el noroeste, se aprecia la cantidad de banderas en apoyo a la papeleta McKinley-Hobart. En la parte inferior de la bandera grande en el fondo, se puede leer: «McKinley-Hobart».
Imagen: Museum of the City of New York.

Toda esa propaganda innovadora e intensa requirió de grandes cantidades de dinero en efectivo y Mark Hanna se destacó por recaudarlas. Antes de 1896, las campañas presidenciales se realizaban a través de los partidos políticos y dependían de las donaciones obligatorias que se les imponían a los empleados gubernamentales. En 1896, Hanna introdujo cambios importantes al sistema de recaudación de fondos implementando el mismo método que usaba en sus negocios. Aunque no inventó ninguna técnica nueva, supo utilizar las estrategias viejas de una manera más ordenada. Tampoco fue Hanna el responsable de crear el vínculo político-empresarial. Ya las grandes corporaciones estaban enlazadas con los políticos desde por lo menos medio siglo antes. Hanna lo que sí hizo fue sistematizar la recaudación de fondos y, para bien o para mal, elevó el nivel de toda la operación financiera de las campañas.[298]

---

[298] Thayer: *Who Shakes the Money Tree...*, págs. 48-52.

CAPÍTULO 2

Los clubes sociales de Nueva York fueron espacios vitales para la clase gobernante. En sus salones privados se fortalecieron redes económicas y se gestaron muchos negocios. Fue en el Metropolitan Club, por ejemplo, donde se reunieron por primera vez todos los socios de la Casa Morgan para gestionar la reorganización de la firma, en octubre de 1894. Durante el pánico financiero de 1907, Morgan y otros banqueros, se unían cada noche en el restaurante privado del más exclusivo club de todo Manhattan, el Union League Club. De igual forma, estos espacios fueron trascendentales durante la campaña eleccionaria de 1896. La imagen muestra el edificio que ocupaba en la Quinta Avenida el Union League, claramente decorado en favor del dueto McKinley-Hobart. John Pierpont Morgan era un miembro residente del Union League desde 1873, junto con Edward H. Harriman, Theodore Roosevelt, John Jacob Astor, Vanderbilt y la familia Rockefeller.
Imagen: Bracklow, Robert L.: Museum of the City of New York.

La propaganda de McKinley azuzó los temores a una catástrofe financiera si los demócratas prevalecían. Aprovechó el miedo que ya existía entre los magnates de Wall Street, para inocular el pánico al bimetalismo; a la introducción de una nueva ley de impuestos sobre ingresos; a la reducción de las tarifas proteccionistas; y a las acciones gubernamentales antimonopolio. Todos esos 'terribles males' ocurrirían si Bryan ganaba aquella elección. El resultado fue que los hombres de Wall Street siguieron a McKinley como la abeja al panal. Hanna no tuvo que torcer brazos para obtener dinero; solo lo pidió. El resultado fue un cofre del tesoro que se estimó entre $3.5 a $16 millones, en un tiempo en que los periódicos se vendían por un centavo y un ingeniero ganaba $2.25 al día.[299]

Nunca sabremos la cantidad precisa que llegó a acumular Mark Hanna en la campaña de 1896. El *Evening World*, en su momento, fijó la cifra en $16 millones, mientras que el biógrafo de Hanna, Herbert Croly, estimó el fondo electoral en $3.5 millones. Pero esta última suposición solo tuvo en cuenta el dinero que llegó directamente al Comité Nacional Republicano. Se sabe que los magnates arrojaron dinero «como marineros en burdel» (al decir de Ferdinand Lunberg) a los comités estatales y a candidatos al Congreso, sin pasar necesariamente por la tesorería del partido.[300]

Todos los bancos y los trust de Nueva York hicieron contribuciones a la campaña de McKinley. Las tres compañías de seguro líderes: New York Life (Morgan); Mutual Life (Rockefeller) y Equitable Life (Ryan-Harriman) aportaron generosamente y recaudaron fondos de sus asegurados para favorecer al candidato republicano. La Standard Oil of New Jersey (Rockefeller) donó un poco más de $250 000, cifra que representaría hoy unos $7 millones.[301]

La campaña de McKinley de 1896 fue la más cara en la historia del país y mantuvo ese récord hasta las elecciones de 1920. También fue, sin duda, la más arrasadora al lograr el apoyo de las dos fuerzas económicas de la época: la camarilla Morgan y las fuerzas Rockefeller.

Es cierto que los demócratas —a pesar de Bryan y sus cohortes populistas— tuvieron también el respaldo de la riqueza privada. William Randolph Hearst, por ejemplo, heredero de minas de oro, plata, cobre y dueño de varios periódicos, ofreció igualar dólar por dólar las contribuciones de sus lectores a la campaña demócrata. También se les unió Marcus Daly, director de la empresa de plata, Anaconda. Pero la realidad es que Bryan no tuvo oportunidad alguna contra el bloque poderoso de McKinley-Hanna-Morgan-Rockefeller. Su derrota estaba garantizada antes siquiera de comenzar la contienda.

---

[299] *Id.*
[300] Lundberg, Ferdinand: *America's 60 Families*. The Vanguard Press. New York. 1937, págs. 60-61.
[301] *Id.*

El caricaturista político Homer C. Davenport, contratado por el demócrata, William Randolph Hearst, para el *New York Evening Mail*, representó la relación Hanna-McKinley como una de subordinación, en la que Hanna era el jefe y McKinley, su marioneta. Davenport solía dibujar a Hanna con un traje lleno de signos de dólares y lo llamaba 'Dollar Mark'. Imagen: División de impresiones y fotografías. Biblioteca del Congreso de Estados Unidos.

Triunfo

William McKinley arrasó en las elecciones de 1896. Ganó con un margen de victoria mayor que el de cualquier otro evento electoral en Estados Unidos. Logró contabilizar 600 000 votos populares y más del 53% de los colegios electorales.[302]

Los resultados por regiones demuestran que aquella elección fue más un referéndum entre la plata y el oro, que una verdadera carrera política. Todos los productores de plata, Colorado, Idaho, Montana, Nevada y Utah, favorecieron a los demócratas. Esos estados representaron aproximadamente cuatro quintas partes del total de votos que obtuvo Bryan. Mientras que los estados del este, como era de esperarse, permanecieron sólidos en manos de los republicanos.[303]

El día después de las elecciones, Pierpont Morgan telegrafió a Walter Burns, su cuñado y gerente de J.S. Morgan & Co. en Londres, contándole sobre la «gloriosa victoria» del Partido Republicano. Burns contestó: «Te felicitamos de todo corazón. Creemos que has contribuido

---
[302] Helferich, Gerard: *An Unlikely Trust. Theodore Roosevelt, J.P. Morgan and the Improbable Partnership That Remade American Business.* Lyon Press. Connecticut. 2018, pág. 32.
[303] Hamilton: *President McKinley...*, págs. 65-67.

grandemente al resultado».[304] En efecto, tenía razón Burns. Morgan y toda la aristocracia de los negocios tuvieron mucho que ver con la victoria de McKinley, pero no había tiempo para regodeos o celebraciones. Era el momento de ejecutar un movimiento de reforma monetaria para instaurar el patrón oro, volver a instalar altas tarifas proteccionistas y asegurar, por la fuerza si fuera necesario, nuevos mercados.

Puerto Rico estaba en esos planes.

Dios los cría y ellos se juntan

Por los mismos días en que barbosistas y muñocistas se entretenían acusándose de 'polilla política' o de ser 'secuestradores del poder', en una tarde lluviosa y fría del 4 de marzo de 1897, William McKinley juramentaba su primer término presidencial, mandato que no culminaría sin la invasión militar a Cuba, Filipinas y Puerto Rico.

Ese día ya estaban en Washington los hombres que ocuparían los principales puestos en el gabinete McKinley. Las huellas de esos 'elegidos' nos llevarán directo a los cuarteles generales de John Pierpont Morgan y John D. Rockefeller. Estudiar sus posicionamientos nos dirá más de las invasiones militares de 1898 que cualquier otro evento histórico. Prestemos atención, sobre todo si tenemos en cuenta que los prohombres criollos del 98 ni siquiera sospecharon de la tormenta que se avecinaba.

El primero en mover sus fichas fue, por supuesto, Mark Hanna. El astuto magnate prefirió un puesto discreto desde donde tirar los hilos sin arriesgarse con protagonismos innecesarios. Y para eso nada mejor que una silla en el Senado. El enroque se logró moviendo al veterano senador por Ohio, John Sherman[305] (Rockefeller), ya por entonces con setenta y cuatro años, al puesto de secretario de Estado.[306] Más tarde, en las elecciones congresionales de 1898, Hanna fue elegido con los votos de la mayoría mínima posible. A pesar de que hubo acusaciones serias de fraude (un legislador aseguró que le pagaron $1750 por su voto), el Senado se rehusó a investigar.[307] Una vez en la Cámara Alta, Mark Hanna tuvo vía libre para mover importantes hilos económicos (incluyendo la campaña presidencial de 1900), hasta la fecha de su muerte en 1904.

Casi en paralelo a la toma de posesión de Mark Hanna como senador, su primo hermano Philip C. Hanna, fue nombrado cónsul en la isla de Trinidad. Inconforme con la designación, Philip Hanna consiguió, gracias a las gestiones de su primo, mejorar su puesto y también su salario con el nombramiento de cónsul general de Puerto Rico en agosto de 1897.[308] Esta jugada colocó en territorio puertorriqueño, desde un año antes de la invasión militar, a un miembro de la camarilla Hanna-Rockefeller.

---

[304] Helferich: *An Unlikely Trust...*
[305] John Sherman era, además, pariente del general Nelson A. Miles. La esposa de Miles era hija de su hermano, el juez Charles T. Sherman.
[306] Foraker, Joseph B.: *Notes of a Busy Life*. Vol. I. Johnson & Hardin Printers. Cincinnati. 1916, págs. 504-509.
[307] Lundberg: *America's 60 Families...*, pág. 59.
[308] «Phil Hanna to Porto Rico. He Goes There Instead of Trinidad and will be Consul-General». *The Algona Republican*. Algona, Iowa. 4 de agosto 1897, pág. 4.

Mientras tanto, el Gabinete del recién estrenado presidente se llenaba de hombres de Rockefeller y de Morgan reflejando perfectamente las fuerzas que lo llevaron al poder. La Subsecretaría de Estado fue para William R. Day, abogado corporativo de la esfera Rockefeller, hijo de un juez del Tribunal Supremo de Ohio y parte del grupo élite que pagó la deuda de McKinley en 1893.[309] Day funcionó como secretario de Estado *de facto* hasta que, en abril de 1898, McKinley despidió a Sherman y lo nombró al puesto. Aunque solo ocupó ese cargo hasta agosto de 1898, fecha en que el presidente lo designó para liderar las negociaciones que concluyeron con la firma del Tratado de París en diciembre de 1898.[310] Más adelante, en 1903, William Rufus Day ascendió al Tribunal Supremo de Estados Unidos como uno de sus jueces asociados, nominado por Theodore Roosevelt.[311] Allí estará cuando lleguen a la Alta Curia los llamados Casos Insulares.

John Hay, otro de los miembros de la camarilla que pagó la deuda de McKinley, fue el elegido en agosto de 1898 para sustituir a William Day como secretario de Estado. En los primeros meses del cuatrienio, John Hay recibió la asignación de cubrir la embajada de Estados Unidos en Gran Bretaña. En Londres se aseguró una casa de estilo georgiano con vistas al Horse Guards Parade, atendida por 11 sirvientes, lugar que le costó mucho dejar para ocupar el puesto de secretario de Estado, en agosto de 1898. Está claro que su salario de $17 000 al año como embajador no era suficiente para cubrir los costos de su extravagante estilo de vida. El dinero provenía de su fortuna que, según cálculos, debió oscilar entre uno a tres millones de dólares gracias, sobre todo, a sus negocios de bienes raíces en Washington,[312] y de la suculenta herencia dejada por su suegro, el magnate mutimillonario de Cleveland, Amasa Stone.

Siguiendo la pista a las puertas giratorias en el gabinete McKinley, nos encontramos con el juez Joseph McKenna, quien juramentó en marzo de 1897 para el puesto de Attorney General de Estados Unidos. McKenna, amigo cercano de McKinley y Hanna, era un ferviente colaborador de los ferrocarriles de la costa oeste, destacándose en sus años de juez federal por fallar a favor de los intereses de estas grandes corporaciones. Si bien aceptó una plaza en el Gabinete McKinley, se sabía que McKenna, en realidad, iba detrás de la próxima vacante en el Tribunal Supremo. Vacante que ocurrió en diciembre de ese mismo año con la renuncia del octogenario y ya senil juez asociado, Stephen J. Field. De inmediato McKinley nombró a su amigo Joseph McKenna quien, luego de un intenso pulseo en el Senado, fue confirmado en enero de 1898 como juez asociado del Tribunal Supremo.[313] McKenna también será uno de los jueces firmantes en los Casos Insulares.

El cargo de Attorney General dejado por McKenna, fue ocupado en enero de 1898 por el abogado corporativo y millonario John Griggs, vinculado a los círculos políticos y corporativos

---

[309] «William R. Day». *The Nebraska State Journal*. Lincoln, Nebraska. 26 de julio 1923, pág. 7.
[310] Foner, Philip S.: *The Spanish-Cuban-American War and the birth of American Imperialism*. Volumen II: 1898-1902. Monthly Review Press. Nueva York. 1972, págs. 406-407.
[311] William Rufus Day, en su función de juez asociado del Tribunal Supremo, fue responsable de la consolidación de la 'doctrina de la incorporación', articulada en los llamados Casos Insulares y que todavía hoy determina el poder del Congreso estadounidense sobre Puerto Rico.
[312] «John Hay's Fortune Left to his Widow. The Late Secretary Was Heavily Interested in Washington Real Estate». *The Evening Review*. East Liverpool, Ohio. 21 de julio de 1905, pág. 1.
[313] «M'Kenna Confirmed. Nomination Accepted by an Overwhelming Vote». *Hartford Courant*. Hartford, Connecticut. 22 de enero de 1898, pág. 1

Davenport., Homer: «McKinley: un hombre de Mark». *The New York Journal*. Nueva York, Nueva York. 1896.

de Nueva Jersey, director del Consolidated National Bank of New York y protegido del vicepresidente Hobart.[314] El puesto de secretario del Interior fue para Cornelius N. Bliss, director de Equitable Life Assurance Society; Central Trust Company; American Security Company; vicepresidente de Fourth National Bank of New York; y presidente de la firma comercial afincada en Boston, Bliss, Fabyan & Co. Al momento de ocupar la silla se le calculó una fortuna de $1 millón, 250 000. Aunque Bliss fue un hombre fundamentalmente del grupo Morgan, en su paso por la política practicó con bastante frecuencia la doble inmersión, aceptando jugosas cuantías de Rockefeller (más de $100 000).[315]

Como secretario de Guerra, McKinley escogió a Russell A. Alger (Rockefeller), director de Alger, Smith & Company; Manistique Lumbering Company; Alger-Sullivan Lumber Company; y presidente del ferrocarril Bay City & Alpena, además de un adicto especulador en la bolsa de valores. En 1898, poseía una fortuna de $5 millones, cifra que lo catapultó al número uno entre los millonarios que integraron el Gabinete McKinley. Era dueño de tierras madereras en muchos estados, incluyendo California, en donde el valor de sus propiedades superaba el medio millón de dólares. En cuanto a la experiencia con guerras, solo se puede mencionar la cantidad de veces

---

[314] «Cabinet Officers Men of Fortune. A Majority of them May Be Counted Among the Country's Millionaries. What War Means to Them. All Powers in Wall Street». *The World*. New York, New York. 4 de marzo de 1898, pág. 4.
[315] Lundberg: *America's 60 Families*..., pág. 97.

que había visitado los tribunales en calidad de demandado. Por ejemplo, el Tribunal Supremo de Michigan declaró ilegal uno de sus acuerdos comerciales, y en 1895 un corredor de bolsa de Nueva York lo demandó por cobro de dinero.[316] El desempeño de Alger durante la guerra contra España fue tan desastroso (esto, según la opinión de los interesados en la guerra), que a McKinley no le quedó otro remedio que reemplazarlo, en agosto de 1899. Ese mes asumió el cargo, Elihu Root, abogado corporativo de Standard Oil; Bank of North America; Sugar Trust; Tobacco Trust; e, incluso, abogado personal de John Pierpont Morgan y de Henry Havemeyer.[317]

Para ocupar la Secretaría de la Marina, McKinley escogió a John Davis Long, a pesar de que este abogado corporativo no sabía absolutamente nada de asuntos navales. Long había sido gobernador de Massachusetts sin llamar mucho la atención, más allá de los límites de su propio estado. Según sus críticos, dedicó todas sus energías a acumular dinero, llegando a amasar una fortuna de $2 millones, provenientes, sobre todo, de inversiones en bienes raíces y en la bolsa de valores.[318]

El nombramiento de Long atrajo la furia del senador Henry Cabot Lodge (Morgan), quien dominaba el Partido Republicano en Massachusetts y entendía que McKinley lo debió consultar para tan importante cargo. Cabot Lodge se convirtió en el principal cabildero para el nombramiento de su amigo Theodore Roosevelt,[319] como subsecretario de la Marina. Lodge actuó como coordinador del grupo pro Roosevelt, cuyas filas incluían a John Hay, portavoz de la Cámara de Representantes; Thomas B. Reed, secretario de Interior; Cornelius Bliss; el juez William H. Taft, de Ohio, y al vicepresidente, Garret Hobart. Con esta poderosa fuerza detrás de él, el 6 de abril de 1897 Theodore Roosevelt fue nombrado a la Subsecretaría de la Marina con un salario anual de $4500.[320]

Theodore Roosevelt nació en una familia millonaria, orientada completamente al ámbito Morgan. Su abuelo, Cornelius V. S. Roosevelt, considerado uno de los cinco hombres más ricos de toda Nueva York, con una fortuna valorada entre $3 a $7 millones, fue uno de los fundadores de Chemical Bank of New York (hoy J.P Morgan Chase Bank). Junto a sus hijos, incluido el padre de Theodore, operaba la casa bancaria Roosevelt & Sons.[321] James A. Roosevelt, tío del subsecretario de la Marina, además de fungir como vicepresidente de Chemical Bank of New York, era también director de New York Life Insurace & Trust Co., y uno de los gerentes de Delaware & Hudson Co., todos de la esfera de influencia de Morgan.[322] Su primo hermano, el importante asesor financiero W. Emlen Roosevelt, estaba en la junta de varios bancos de Nueva York, entre ellos el Astor National Bank, presidido por George F. Baker, quien recordarán, también era director del banco insignia de Morgan, First National Bank of New York.

---

[316] «Cabinet Officers Men of Fortune…».
[317] «New Secretary of War. Elihu Root of New York is General Alger's Successor». *The Abbeville Press and Banner.* Abbeville, South Carolina. 9 de agosto de 1899, pág. 2.
[318] «Cabinet Officers Men of Fortune…».
[319] La amistad entre el senador y Roosevelt se remontaba a la campaña eleccionaria de 1884. Lodge, ocho años mayor, se convirtió en consejero y mentor del joven Theodore.
[320] Morris, Edmund: *The Rise of Theodore Roosevelt.* The Random House Publishing Group. New York. 2001, págs. 582-584.
[321] «Theodore Roosevelt. Sketch of the New President of the United States». *The New Era.* Lancaster, Pennsylvania. 18 de septiembre de 1901, pág. 6.
[322] «James A. Roosevelt Dead. Uncle of Colonel Theodore Roosevelt Stricken with Apoplexy on a Long Island Train». *The Brooklyn Citizen.* Nueva York, Nueva York. 16 de julio de 1898, pág. 3.

Estados Unidos: crisis y elecciones

John Pierpont Morgan entrando al funeral de Cornelius Bliss, secretario del Interior bajo McKinley. 28 de diciembre 1911.
Imagen: División de impresiones y fotografías de la Biblioteca del Congreso de Estados Unidos.

Robert Bacon, socio de J.P. Morgan & Co, fue presidente del Glee Club, capitán del equipo de fútbol, campeón de boxeo y compañero de entrenamiento de Roosevelt en esta categoría durante sus años de estudiante en Harvard. Atlético y guapo, con una sonrisa fácil, Bacon fue seleccionado, en 1894, como socio de J.P. Morgan & Co. En febrero del año siguiente, cuando Morgan se dirigió a Washington para tramitar el rescate al Gobierno federal, eligió a Bacon como su acompañante. En 1900, de nuevo, fue el emisario ante el entonces gobernador de Nueva York, Theodore Roosevelt, en las gestiones para obtener exenciones de impuestos para el New York Central Railroad. Imagen: «John Pierpont Morgan (izquierda) junto a Robert Bacon.1902». División de impresiones y fotografías de la Biblioteca del Congreso de Estados Unidos.

El joven Theodore se casó en primeras nupcias con la hija del banquero bostoniano, George Cabot Lee, de la firma Lee, Higginson and Co., banco de inversiones asociado a una gran cantidad de negocios con Morgan, entre los que se encuentran: General Electric; United Fruit Co.; Atchinson, Topeka & Santa Fe Railroad; American Bell Telephone Co.; Western Union Telegraph Co.; United States Steel Co.; General Motors Co. y American Telephone & Telegraph Co.[323]

La relación de Roosevelt con Morgan resulta innegable. En noviembre de 1900, una semana después de las elecciones en que Theodore ganó la vicepresidencia de Estados Unidos, fue posible verlo en la mansión de Madison Avenue, de Pierpont Morgan, entre los 600 selectos invitados a

---

[323] Subcommittee of the Committee on Banking and Currency: «Exbibit No. 244. Diagram Showing Principal Affiliations of J. P Morgan & Co. of New York, Kidder, Peabody & Co. and Lee, Higginson & Co. of Boston. 25 de febrero de 1913». *Money Trust Investigation. Investigation of Financial and Monetary Conditions in the United States under House Resolutions Nos. 429 and 504.* Washington D.C. Government Printing Office. 1913.

Robert Bacon, socio de J.P. Morgan & Co. y el senador Henry Cabot Lodge (extrema derecha) eran grandes amigos. Imagen: Harris & Ewing. «George von Lengerke, secretario de la Marina de 1909 a 1913 (izquierda); Robert Bacon, secretario de Estado 1909 (centro) y Henry Cabot Lodge. 1909». Biblioteca del Congreso de Estados Unidos.

la boda de la hija mayor del magnate.[324] En diciembre de 1900, fue Roosevelt quien esta vez organizó una majestuosa cena en honor a Pierpont Morgan en la sede del Union League Club de Nueva York, club privado en el que ambos eran socios. Theodore, además, presumía de una profunda amistad con el que fuera su compañero de clases en Harvard y socio de J.P Morgan & Co., Robert Bacon. Andando el tiempo, convertido Roosevelt en presidente, escogió a Bacon para fungir como su asistente personal y luego como secretario de Estado.[325] Pero ningún otro evento narra la adherencia y extrema fidelidad de Theodore Roosevelt a John Pierpont Morgan como los eventos que ocurrieron entre 1902 y 1903 (bajo su presidencia) que culminaron con el rescate gubernamental por $40 millones de la compañía en quiebra que construía el canal interoceánico en Panamá (dinero que fue directo a los bolsillos de Morgan) y la instauración por la fuerza de la República de Panamá, gracias a movimientos militares dirigidos personalmente por Theodore Roosevelt.[326]

Por su parte, la Secretaría del Tesoro, que en 1897 era sin duda el más importante de los ocho cargos del gabinete, se reservó (como no podía ser de otra forma) para uno de los más fervientes defensores del estándar oro. Luego de un intenso pulseo, el premio fue para Lyman J. Gage, banquero con una fortuna calculada en 1 millón y medio de dólares, y expresidente de la American Bankers Association. Al momento de ocupar la Secretaría del Tesoro, cuya función principal radicaba en supervisar a las instituciones bancarias, Gage era el presidente del poderoso First National Bank of Chicago, uno de los bancos comerciales de la esfera Rockefeller y el más poderoso de todo el oeste. Había entrado a la banca con apenas catorce años, por lo que acumulaba

---

[324] «Miss Morgan'S Wedding. J. Pierpont Morgan's Eldest Daughter Married to H.L. Satterlee». *The New York Times*. Nueva York, Nueva York. 16 de noviembre de 1900, pág. 7.
[325] Helferich: *An Unlikely Trust...*, págs. 35-42.
[326] Díaz-Espino, Ovidio: *El país creado por Wall Street. La historia prohibida de Panamá y su canal*. Edición de autor. Estados Unidos. 2001, págs. 9-46.

Capítulo 2

En 1900, mientras Joseph B. Foraker presentaba en el Senado la primera ley orgánica para Puerto Rico, recibió un total de $44 000 provenientes de sobornos de la Standard Oil. Así quedó evidenciado en más de 20 cartas entre el senador por Ohio y el vicepresidente de la Standard, John D. Archbold. Ese mismo año, Foraker cobró $5000 por su salario como senador. Con estos números, es fácil determinar dónde estuvieron siempre las lealtades de Joseph Foraker. Este dato habrá que tenerlo en cuenta en futuros análisis.
Hearst, William R.: «The History of the Standard Oil Letters». *Hearst's Magazine, The World today*. V. 22. Nueva York. Julio-Diciembre 1912, págs. 2204-2216.

una experiencia de cuarenta años, y varios millones de dólares a su haber. De él se decía que era «el padre de los millonarios», resaltando su trabajo de convertir en ricos a muchos hombres. No hay que decir que, allá para 1897, no existía nadie que representara mejor los intereses bancarios que este financiero de Chicago.[327]

Lyman Gage escogió como su segundo al mando para ocupar la Subsecretaría del Tesoro, al por entonces editor financiero del *Chicago Tribune,* Frank A. Vanderlip. Durante su mandato, tanto Gage como Vanderlip, compraron bonos del Gobierno en el mercado abierto, pagaron por adelantado los intereses y permitieron que los ingresos internos se acumularan fuera del Tesoro en forma de depósitos en bancos nacionales. El National City Bank of New York (Rockefeller) fue el banco agraciado para recibir los ingresos del Gobierno y distribuirlos a otros depositarios.[328] Es decir, Gage y Vanderlip operaron el Tesoro de Estados Unidos como si fuera un banco central, con la única diferencia de que los grandes depósitos gubernamentales se guardaban en la bóveda del National City en el #52 de la Wall Street.

Cerrando el triunvirato del Tesoro, McKinley colocó al abogado corporativo de Ohio, Charles Dawes, en el puesto de Contralor de la Moneda. Dawes, con apenas treinta y dos años, fue hasta 1901 el responsable de supervisar a todos los bancos nacionales y garantizar el canje de monedas de acuerdo con el estándar oro. Las credenciales de Dawes para ocupar tan importante posición incluían el haber dirigido la campaña presidencial de McKinley en Illinois bajo la supervisión directa de Mark Hanna y ser el presidente de La Crosse Gas Light Company, en Wisconsin, y de Northwestern Gas Light & Coke Company, en Illinois. Ambas corporaciones giraban alrededor de los intereses Rockefeller.[329]

Por su parte, el exclusivo (y poderoso) club senatorial estaba compuesto, entre otros, por el senador de Massachusetts, Henry Cabot Lodge (Morgan); el senador por Connecticut, Orville H. Platt; el de Rhode Island, Nelson Aldrich (Rockefeller-Havemeyer) y Thomas C. Platt,[330] senador por Nueva York (Rockefeller). La camarilla del Senado se vio reforzada, no solo con la entrada de Mark Hanna, sino también con la de Joseph B. Foraker, quien juramentó a su término como senador por Ohio el mismo día que lo hizo McKinley, el 4 de marzo de 1897. Foraker se unió así, por un término de seis años y un salario de $5000 al año, al equipo de 'political bosses' en el Senado.

Joseph Foraker, atado de forma inexorable a la Standard Oil de Rockefeller, reaparecerá, muy pronto, en la vida política de Puerto Rico.

---

[327] «Cabinet Officers Men of Fortune…».
[328] Rothbard: *A history of money*…, págs. 200-201.
[329] «Cabinet Officers Men of Fortune…».
[330] A la misma vez que recibía un salario como senador, Platt era director en Cataract Electric Company y en Erie Canal Company, además de presidente de Tioga National Bank y de United States Express Company, compañía que obtuvo el privilegio exclusivo de transportar el dinero del Gobierno de Estados Unidos. «Platt, put on rack, petulant and testy. He testifies in the Libel Suit of Gen. Collis against The World». *The World*. Nueva York, Nueva York. 20 de enero de 1900, pág. 2.

3

El cacique

> Si escuchas tocar a muerto,
> no preguntes quién murió
> que ahíto de poderío
> ha reventado Muñoz.
>
> JUAN VERGÜENZA[331]

¡Llegó la autonomía!

Haciendo alarde de una impresionante enajenación y dándole la espalda a las alineaciones que se cocinaban en el vecino del norte, en Puerto Rico continuó ininterrumpida la guerra interna entre canovistas y sagastinos; barbosistas y muñocistas; entre quienes estaban a favor del pacto y los que no; ortodoxos y heterodoxos; puros contra disidentes… hasta que en un balneario del País Vasco, el anarquista Michele Aniolillo disparó tres veces a un desprevenido Antonio Cánovas del Castillo. Era el 8 de agosto de 1897.[332]

Con el asesinato del primer ministro español en agosto y la subida al poder en octubre de ese mismo año (siguiendo el sistema de turnos) de Práxedes Mateo Sagasta, el proyecto autonómico para las Antillas, aunque forzosamente tardío, se precipitó. Esta aceleración en los acontecimientos no ocurrió por la fusión con Muñoz Rivera, sino por el recrudecimiento de la crisis en Cuba y las crecientes presiones desde Estados Unidos. La concesión de la autonomía a las colonias constituía la última carta de España para empujar a los independentistas cubanos a pactar una fórmula que mantuviera, aunque fuera nominalmente, la soberanía española sobre la isla y evitara de este modo la inminente intervención estadounidense.[333]

Los decretos autonómicos para Cuba y Puerto Rico, ambos similares, se publicaron en la *Gaceta de Madrid* el 27 de noviembre de 1897, bajo el nombre de Constitución Autonómica de Cuba y Puerto Rico. Sin embargo, a pesar de llevar en su título la palabra 'constitución', los decretos no siguieron el trámite oficial. No se presentaron ante el Parlamento y no se abrieron a

---

[331] «Saetazos». *El Momio*. San Juan, Puerto Rico. 6 de marzo de 1898, pág. 2.
[332] Los periódicos franceses y españoles involucraron a Ramón Emeterio Betances en la financiación a Michele Aniolillo. El doctor Félix Ojeda Reyes, sin embargo, asegura que Betances solo ayudó a Aniolillo al indicarle que el objetivo debía ser Cánovas y no la reina regente. Ojeda Reyes, Félix: «Ramón Emeterio Betances ante el asesinato de Cánovas del Castillo» *80Grados*. 4 de marzo de 2016.
[333] Sánchez Andrés, Agustín: «Entre la espada y la pared. El régimen autonómico cubano, 1897-1898». *Revista Mexicana del Caribe*. Vol. VIII. No. 16. 2003, págs. 7-41.

discusión pública, en parte por la situación particular del momento y, en otra, por la oposición de un gran sector de la población española, incluida la prensa que consideraba la autonomía como el abandono de las Antillas. Así que, en lugar de una constitución, se trató en realidad de un real decreto otorgado por la reina regente, «de acuerdo con el parecer de mi Consejo de Ministros: En nombre de mi Augusto hijo el Rey Don Alfonso XIII, y como Reina Regente del Reino...», tal como se estableció en el preámbulo.[334]

En un intento por legitimar el texto autonómico y de presentarlo como consecuencia de una petición concreta del pueblo antillano, y no como un acto unilateral del Gobierno, Práxedes Mateo Sagasta, en una movida muy astuta, tuvo a bien incluir una amplia y reveladora exposición de motivos.[335]

Podríamos pensar que Sagasta tenía la excusa perfecta para justificar su arriesgado paso y de seguro la incluiría en su explicación: el acuerdo con los puertorriqueños. Pero no fue así. Sagasta, en su larga exposición de motivos, no mencionó ni una sola vez a los puertorriqueños ni tampoco los acuerdos establecidos unos meses atrás. Por el contrario, apoyó toda su acción en el programa de gobierno del Partido Liberal Autonomista de Cuba, un partido fraccionado y en desbandada, presidido desde su creación por José María Gálvez y representado en Madrid por Rafael María de Labra.

Dice de forma explícita la exposición de motivos, según publicada por *La Gaceta de Puerto Rico* el 16 de diciembre de 1897:

> Era condición esencial para lograr el propósito, buscar a ese principio [autonomía] una forma práctica e inteligible para el pueblo que por él había de gobernarse, y la encontró el Gobierno en el programa de aquel partido insular, considerable por el número, pero más importante aún por la inteligencia y la constancia, cuyas predicciones, desde hace veinte años, han familiarizado al país cubano con el espíritu, los procedimientos y la trascendencia de la profunda innovación que están llamados a introducir en su vida política y social.
>
> Con lo cual ya se afirma que el proyecto no tiene nada de teórico, ni es imitación o copia de otras Constituciones coloniales, miradas con razón como modelo en la materia, pues aun cuando el Gobierno ha tenido muy presentes sus enseñanzas, entiende que las instituciones de pueblos que por su historia y por su raza difieren tanto del de Cuba, no pueden arraigar donde no tienen, ni precedente, ni atmósfera, ni aquella preparación que nace de la educación y de las creencias.[336]

En su detallada explicación, Sagasta no dejó espacio para las dudas. Su proyecto se basó completa y absolutamente en Cuba y en el programa de gobierno del Partido Liberal Autonomista de Cuba. No asumió el programa del Comité Liberal Fusionista, presidido por Muñoz Rivera en Puerto Rico ni el del Partido Autonomista Ortodoxo, dirigido por José Celso Barbosa. Ni siquiera mencionó la fusión de los puertorriqueños con su partido, la cual, para todos los efectos prácticos,

---

[334] Núñez Martínez, María: «Las cartas autonómicas de Cuba y Puerto Rico: primer antecedente del estado autonómico». *Teoría y Realidad Constitucional*. UNED. Núm. 25. 2010, págs. 335-372.
[335] *Id.*
[336] «Parte Oficial. Gobierno General de la isla de Puerto Rico. Secretaría. Exposición». *La Gaceta de Puerto Rico*. San Juan, Puerto Rico. 16 de diciembre de 1897, pág. 1.

no existió. Fueron las armas cubanas y no los maridajes en comandita, las que consiguieron reformas (tardías) para las colonias antillanas.

La cúpula del Partido Liberal Autonomista Cubano celebró la concesión como un triunfo propio. También lo hicieron las principales corporaciones económicas de Cuba, incluidas las regentadas por Edwin Atkins y Henry Havemeyer.[337] En Puerto Rico, Luis Muñoz Rivera se autoadjudicó todos los méritos por los decretos autonómicos y pintó esa autonomía como un grandísimo logro político de su única autoría. Tal aseveración, que ha sido repetida sin cuestionamientos por varios investigadores contemporáneos, es falsa de principio a fin.

¿Autonomía jurídica?

Sea cual sea la razón por las que fueron promulgados aquellos decretos del 25 de noviembre de 1897, lo cierto es que nunca establecieron una soberanía diferenciada de la española,[338] ni le otorgaron personalidad jurídica a Puerto Rico ni proclamaron derechos o libertades específicos para los habitantes de Cuba y Puerto Rico.

La Constitución Autonómica de 1897 —como se le ha llamado a pesar de que nunca recorrió los caminos legales para convertirse en constitución— no fue consecuencia de la soberanía de las islas antillanas, detalle que tampoco se proclamó en parte alguna del texto. Todo lo contrario, el documento reforzó el dominio de España sobre las islas, optando por la fórmula de soberanía compartida entre el rey y las Cortes del Reino establecida en la Constitución española de 1876, con plena vigencia por aquellos años de fines de siglo. Además, mantuvo el poder supremo en manos del gobernador general quien, a su vez, era nombrado por el rey, a propuesta del Consejo de Ministros español.[339]

Es cierto también que las concesiones en el real decreto alcanzaron también el aspecto político. Los órganos autonómicos podían asumir y ejecutar decisiones propias y diferenciadas de las del Estado español. Así, el Título VI en su artículo 32 establecía que «las Cámaras Insulares tienen facultad para acordar sobre todos aquellos puntos que no hayan sido especial y taxativamente reservados a las Cortes del Reino o al Gobierno Central».[340] El artículo 32, además, concedió a los Ministerios amplias potestades de autonomía política de carácter local:

> Les corresponde estatuir sobre cuantas materias y asuntos incumben a los Ministerios de Gracia y Justicia, Gobernación, Hacienda y Fomento, en sus tres aspectos de Obras Públicas, Instrucción y Agricultura. Les corresponde además el conocimiento privativo de todos aquellos asuntos de índole puramente local que afecten principalmente al territorio colonial; y en este sentido podrán estatuir sobre la organización administrativa, sobre división territorial, provincial, municipal o judicial; sobre sanidad marítima o terrestre; sobre crédito público, bancos y sistema monetario.[341]

---

[337] Sánchez: «Entre la espada y la pared...».
[338] La Carta Autonómica se refiere en todo momento a los habitantes de las islas como españoles.
[339] Núñez: «Las cartas autonómicas de Cuba y Puerto Rico...», págs. 335-372.
[340] *Id.*
[341] *Id.*

La Carta Autonómica y el Tratado de París

Al leer el artículo 32 de la Constitución Autonómica, y trayendo a la narración en una especie de digresión la tesis lanzada por Federico Henríquez Carvajal en 1898, más tarde respaldada por Pedro Albizu Campos, podríamos pensar que con los reales decretos de 1897 entró en vigor en Puerto Rico una verdadera independencia política y jurídica que impedía a España —carente ya de jurisdicción sobre su colonia— ceder la isla en cualquier tratado internacional.

La teoría jurídica de Henríquez Carvajal plantea que España no podía entregar Puerto Rico a Estados Unidos, por «carecer de la propiedad o del dominio sobre dicha isla». Henríquez Carvajal, al analizar los contenidos de la Carta Autonómica de 1897 entendió que en ese momento, «España cedió a la entidad autonómica sus derechos sobre Puerto Rico»; y, por lo tanto, en 1898 la potencia que adquiriera a Puerto Rico tenía la obligación de respetar los derechos que España había cedido.[342]

Por desgracia para el Puerto Rico del siglo XXI, la teoría no se sustenta ni en los hechos ni en el derecho por dos razones. La primera de ellas ya la hemos elaborado: la Carta Autonómica no otorgó independencia política ni personalidad jurídica, sino que, por el contrario, reforzó el dominio de España sobre sus colonias de ultramar. La segunda se encuentra en el propio Título VI del documento autonómico en la parte en la que, al refererise a los poderes políticos locales concedidos en el artículo 32, (que eran los que conformaban la base de la autonomía política local), los condicionaba a «lo preceptuado en el Artículo 2 adicional».[343]

Y, ¿qué establecía el artículo 2 adicional? Algo muy simple pero con el poder de cambiarlo todo: «Una vez aprobada por las Cortes del Reino la presente Constitución para las islas de Cuba y Puerto Rico, no podrá modificarse sino en virtud de una ley y a petición del Parlamento Insular».[344]

La Carta Autonómica en su corta vida nunca fue avalada por las Cortes del Reino. Por tanto, los estrechos poderes políticos concedidos a los habitantes de Cuba y Puerto Rico podían ser —y en efecto fueron— modificados en diciembre de 1898.

Estados Unidos: la novela cubana

Desde mayo a diciembre de 1897, mes en que se publicaron los reales decretos autonómicos para las islas antillanas, la guerra en Cuba se mantuvo como un 'trending topic' en todos los medios de noticias estadounidenses. Liderados por *New York Journal*, de William R. Hearst, el *New York World*, de Joseph Pulitzer, y el *New York Times* (uno de los tres únicos diarios que leía McKinley), los periódicos de Estados Unidos ejecutaban una verdadera propaganda bélica.[345] Las

---

[342] Chévere, Carlos: «Origen teoría nulidad Tratado de París: Correspondencia E.M. de Hostos y F. Henríquez y Carvajal». *Lcdocheverelugo.com*. 24 de agosto de 2021.
[343] «Las Reformas». *El Boletín Mercantil*. San Juan, Puerto Rico. 19 de diciembre de 1897, pág. 2.
[344] Núñez: «Las cartas autonómicas de Cuba y Puerto Rico…».
[345] Zimmermann, Warren: *First Great Triumph. How Five Americans Made Their Country a World Power*. Farrar, Straus & Giroux. Nueva York. 2002, págs. 356-357.

narrativas proguerra tenían un peculiar trasunto novelesco en las que todos los hombres cubanos eran «bravos, fraternales que luchaban por una justa causa», y los españoles «decadentes, poco caballeros que cometían atroces crímenes contra civiles y, en algunas ocasiones, un tanto infantiles o femeninos».[346]

Los cuentos impactantes de niños muertos de hambre y masacrados se quedaron pequeños al lado de los relatos que mostraban a los soldados españoles como depredadores sexuales. Una de las tantas crónicas, por ejemplo, contaba que «las cubanas no se atrevían a salir de sus casas porque eran arrastradas por los españoles a quienes se les otorgaba licencia para violarlas». En tanto, otro periodista colocaba al gobernador, Valeriano Weyler utilizando a las mujeres prisioneras en orgías, obligándolas a bailar desnudas ante sus tropas y violando a las hijas frente a sus padres.[347]

Las descripciones favorables de los hombres y mujeres cubanos, contrapuestas a las descripciones desfavorables de los soldados españoles, llevaron a un número significativo de estadounidenses a sentir gran empatía hacia los cubanos. Aquellos que habían leído los relatos de aventuras serializados en periódicos populares o publicados en forma de libro, tenían un rico contexto imaginativo dentro del cual ubicar a los cubanos. La población estadounidense en general —llegado enero de 1898— estaba convencida de que el triunfo de los revolucionarios en Cuba era la analogía de la victoria del héroe en las novelas románticas.[348] Cualquier acción del Gobierno de Estados Unidos dirigida a acelerar ese final novelesco sería, por lo tanto, bienvenida.

Mientras el pueblo enfocaba su atención en las historias tejidas alrededor de los eventos en Cuba, magistralmente adobadas con visos propagandísticos, en Newport, Rhode Island, otras eran las narrativas que se cocían. Dentro de los salones del impenetrable edificio del Naval War College, una camarilla de teóricos navales concretaba sofisticados planes de guerra contra España.

Tambores de guerra

El 27 de junio de 1897 la Junta del Naval War College recibió órdenes verbales directas desde la cúpula del Departamento de la Marina para que se estableciera con urgencia un plan de guerra contra España. Un mes antes, el 28 de mayo, Theodore Roosevelt, en calidad de subsecretario de la Marina, había pedido también otro plan en caso de que estallara una guerra simultánea contra España y Japón.

Tres días más tarde, el 30 de junio de 1897, la Junta del Naval War College entregó un detallado plan de guerra que, sin duda, sentó las bases para el éxito de Estados Unidos en la contienda bélica que se avecinaba. A diferencia de España, que al parecer apostó más a la esperanza que a la realidad, la Marina de Estados Unidos pensó en cada detalle y anticipó cada movida. Key West sería la principal base principal de todo el escuadrón. El puerto de Matanzas,

---
[346] Hoganson, Kristin L.: *Fighting for American Manhood. How Gender Politics Provoked the Spanish-American and Philippine-American Wars*. Yale University Press. 1998, págs. 43-55.
[347] *Id.*
[348] *Id.*

en Cuba, debía ser tomado de inmediato como cabeza de playa para desde allí lanzar operaciones militares hacia La Habana y «para que sirva como punto de entrega de armas y municiones a los insurgentes». De forma paralela, se instauraría un bloqueo naval a las colonias españolas en las Antillas para lo cual «se debe reunir una gran cantidad de vapores mercantes de alta velocidad comprados o fletados».[349]

En una jugada muy bien pensada, los estrategas del Naval War College propusieron que, llegado el momento, debía usarse a su favor la fuerza de los revolucionarios cubanos. «Por supuesto, la ocupación de los puertos que se han mencionado irían en paralelo de la importación de todas las armas y municiones que pudieran obtenerse para abastecer a las fuerzas insurgentes».[350]

Si bien el grueso de las operaciones se centraba en las aguas cubanas, el plan de guerra de 1897 no olvidó a Filipinas ni a Puerto Rico. Los párrafos dedicados a ambos archipiélagos son particularmente ilustradores para los historiadores que aún dilucidan si Filipinas y Puerto Rico cayeron en el redil de la guerra por pura casualidad o si, por el contrario, siempre fueron parte del plan. La inclusión de ambas colonias españolas tan temprano como junio de 1897 revela, además, las verdaderas razones detrás de la guerra. Razones que poco o nada tenían que ver con las condiciones en Cuba y mucho con los intereses económicos de Wall Street. Veamos:

> Con el propósito de atraer aún más la atención de la Armada española y más particularmente para mejorar nuestra posición cuando llegue el momento de las negociaciones con miras a la paz, la Junta cree que sería bueno hacer un intento de ayudar a los insurgentes en las Islas Filipinas. Se entiende que los insurgentes tienen posesión de áreas considerables en esas islas, incluidos algunos puntos importantes en las cercanías de Manila; y se piensa que si el Escuadrón Asiático bajara y se manifestara en ese vecindario, y dispusiera un ataque a esa ciudad, en conjunto con los insurgentes, el lugar podría caer y como consecuencia, la causa insurgente en esas islas podría tener éxito; en cuyo caso, probablemente podríamos tener el control en cuanto a lo que debería ser de las islas, cuando se llegue a un acuerdo final.[351]

Puerto Rico, según los teóricos navales «ofrece ciertas ventajas para el encuentro de los barcos de guerra españoles que vienen de Europa con el propósito de romper nuestro bloqueo a Cuba y reforzar allí su armada».[352] Por esta razón, «deberíamos mantener, en las cercanías de esa isla, una o más embarcaciones rápidas para informar al Comandante en Jefe de la estación cubana, por telégrafo o de otro modo, de la llegada de dichas embarcaciones, a fin de que pueda tomar medidas contra ellos».[353]

La mención de Puerto Rico en el plan de guerra de 1897, isla que a diferencia de Cuba y Filipinas no enfrentaba ninguna rebelión, podría justificarse a la luz de fines estratégicos y de

---

[349] Navy Department: *Plan of Operations Against Spain*. Naval History and Heritage Command. 30 de junio de 1897.
[350] *Id.*
[351] *Id.*
[352] *Id.*
[353] *Id.*

El comandante Alfred T. Mahan (1840-1914), presidente del Naval War College desde 1886 a 1893, fue uno de los militares que más influyó en la política imperialista asumida por los gobernantes de Estados Unidos a fines del siglo XIX. Su libro *The Influence of Sea Power upon the French Revolution and Empire, 1793-1812*, publicado a fines de 1890, fue crucial en el pensamiento de imperialistas poderosos como el senador Henry Cabot Lodge y el subsecretario de la Marina, Theodore Roosevelt. En su libro, Mahan explicó de dónde provenía el prestigio y la fortaleza del imperio británico, afirmando que la respuesta podía encontrarse en la supremacía de su fuerza naval. Esta supremacía garantizaba un comercio exterior próspero y una eficiente marina mercante capaz de apoyar dicho comercio Imagen: «Alfred T. Mahan». División de impresiones y fotografías de la Biblioteca del Congreso de Estados Unidos.

contrainteligencia. Pero el párrafo dedicado a la isla caribeña no terminó ahí. En la próxima oración, la Junta del Naval War College aconsejó:

> [...] tan pronto como las circunstancias lo permitan, se deberá conformar un destacamento entre la fuerza que opera en las cercanías de Cuba, con el propósito de reducir la isla de Puerto Rico. Por supuesto, los puertos militares reducidos deben ser guarnecidos.[354]

La intención siempre fue conquistar y permanecer a largo plazo en la isla.

Teddy Roosevelt y la camarilla del Metropolitan Club

El plan preparado por los estrategas navales del Naval War College no llegó al escritorio del secretario de la Marina, John D. Long. Fue a parar directamente a las manos del subsecretario, Theodore Roosevelt.

Días antes, Long, de cincuenta y nueve años, había sufrido una crisis nerviosa. El calor del verano en Washington lo sofocaba, estaba cansado y ansiaba vacacionar en la granja de su familia en Buckfield, Maine. A diferencia de Roosevelt, el secretario sentía que la carga de tener que aprender asuntos navales era enorme. Por aquellas semanas hizo anotaciones en su diario en las que se decía a sí mismo:

> He podido progresar poco en mis conocimientos navales y eso a un gran costo de salud y tiempo. Dejaría estos asuntos en manos de los jefes de oficina y otros funcionarios, ¿qué necesidad tengo de forzar una degeneración hidrópica de cualquier lóbulo de mi cerebro cuando tengo a mano a un hombre que posee más conocimientos de los que yo podría adquirir?[355]

Se refería, por supuesto, al subsecretario, Teddy Roosevelt. Y tenía razón.

Roosevelt había abrazado su nuevo trabajo con un ímpetu que sobrepasaba cualquier explicación racional. Desde el primer instante asumió sus deberes como pez en el agua, con toda probabilidad porque le gustaba ser el centro de atención. Como bien describió su propia hija, Roosevelt «se empeñaba en ser la novia en cada matrimonio y el cadáver en cada funeral».[356] Fuera por lo que fuera, lo cierto es que el subsecretario se sumergió en problemas de armamento, obtención de acero y diseño de torretas. Estudió la ubicación de los depósitos de carbón, su forma de almacenarlos dentro de los barcos y la conveniencia de ponerlos uno al lado del otro, toda vez que la combustión espontánea del carbón era un problema persistente. Cuestionó las opiniones navales tradicionales sobre la importancia de las velas e incluso se involucró en minucias como la cantidad de «encajes dorados» que los oficiales debían llevar en las mangas.[357]

---
[354] *Id.*
[355] Blow, Michael: *A Ship to Remember. The Maine and the Spanish-American War.* William Morrow & Co. Nueva York. 1992, págs. 22-23.
[356] Díaz-Espino: *El país creado por Wall Street...*, págs. 44-45.

El contraalmirante Stephen B. Luce, fundador y presidente hasta 1889 del Naval War College, fue jefe, amigo y mentor del capitán y teórico militar, Alfred T. Mahan. El hijo de Stephen B. Luce, John Dandridge Henley Luce, luego de la invasión de julio de 1898, presidirá el primer sindicato bancario estadounidense en Puerto Rico, así como la importante Aguirre Central. En la imagen aparece Stephen B. Luce entre 1910 y 1917. Imagen: Harris & Ewing: «Luce, Stephen B. ADM., U.S.N. Civil War Admiral». División de impresiones y fotografías de la Biblioteca del Congreso de Estados Unidos.

Antes de ofrecer su primer discurso, el 12 de junio —que no por casualidad fue en el Naval War College— Theodore Roosevelt trabajó en silencio durante más de siete semanas. Aquella tímida discreción fue solo temporal. Desde ese primer discurso estuvo claro que el subsecretario creía en la 'necesidad' de la guerra y procuraría que ocurriera a toda costa. En un momento histórico en que las tensiones con España se recrudecían a cada segundo, Roosevelt escogió como tema para su discurso la máxima de George Washington que dice: «Estar preparado para la guerra es el medio más eficaz para promover la paz». Esto, en 1897, no podía significar otra cosa que una inmediata y rápida consolidación de la Armada de Estados Unidos.[358]

Paralelo a la inmersión frenética en los asuntos de la Marina, Roosevelt adquirió la costumbre de almorzar y cenar todos los días en el Metropolitan Club, cuyo lujoso edificio estaba muy cerca de la Casa Blanca y de la estructura que ocupaba el Departamento de Estado, Guerra y Armada en la avenida Pensilvania, donde tenía su oficina. Allí, en sus exclusivos confines, el subsecretario se reunía dos veces al día con una camarilla poderosa e influyente que se componía de los senadores Henry Cabot Lodge, William E. Chandler y William P. Frye; el jefe de Inteligencia Naval, comandante Charles H. Davis (suegro de Cabot Lodge); el comodoro George Dewey; el filósofo Brooks Adams; el hombre más popular en todo Washington y juez por el Sexto Circuito, William H. Taft; el editor del periódico *Sun*, Charles A. Dana; John Hay (en ese momento embajador en Londres) y el capitán Leonard Wood, médico personal de William McKinley. Todos estos hombres compartían un denominador común: gravitaban en torno a la esfera de influencia de John Pierpont Morgan y, no por casualidad, todos creían con fervor en la doctrina del destino manifiesto, pedían a gritos la libertad de Cuba, la anexión de Hawái y la supremacía de Estados Unidos sobre el hemisferio occidental.[359]

Además de intimar con imperialistas en el Metropolitan Club, el secretario interino de la Marina solía realizar largas caminatas junto al capitán Leonard Wood, un hombre que no podía parar de hablar sobre Cuba y con excelentes conexiones militares. Wood estaba casado con la sobrina del comandante general del Ejército de Estados Unidos, Nelson A. Miles.[360]

Roosevelt, como secretario interino, no tenía autorización para aprobar el plan de guerra que la Junta del Naval War College entregó el 30 de junio de 1897. Sin embargo, sí pudo desmenuzarlo con evidente alegría con sus camaradas imperialistas del Metropolitan Club. También, con alguien mucho más influyente: el propio presidente McKinley. El edificio del Departamento de la Marina estaba a solo minutos de la Casa Blanca. Ambos hombres solían reunirse en amenas charlas que combinaban con cenas o paseos en el carruaje presidencial. El 21 de septiembre de 1897, Roosevelt detalló estos encuentros en una carta a su amigo, Cabot Lodge.

> El presidente ha sido muy amable. Cené con él el viernes por la noche y ayer me pidió que saliéramos en el carruaje de nuevo. Le di un papel que mostraba exactamente dónde están todos nuestros barcos y también esbocé en líneas generales lo que pensé que debería hacerse si las cosas

---
[357] Blow: *A Ship to Remember...*, pág. 20.
[358] Morris: *The Rise of Theodore Roosevelt...*, págs. 593-596.
[359] *Ibid.*, págs. 592-603.
[360] *Ibid.*, pág. 603.

El subsecretario de la Marina, Theodore Roosevelt, posa junto a un grupo de oficiales del Naval War College luego de ofrecer su discurso, el 12 de junio de 1897, en el que mencionó la palabra 'guerra' en 62 ocasiones. Esto, en medio de las tensiones con España. Imagen: «Assistant Secretary of the Navy Theodore Roosevelt stands with Naval War College faculty members and administrators in 1897». U.S. Naval Institute.

se vuelven amenazantes en España, insistiendo en la necesidad de tomar una iniciativa inmediata y rápida […] Dudo que la guerra dure seis semanas en lo que respecta a su fase aguda. Mientras tanto, nuestro escuadrón asiático debería bloquear y, si es posible, tomar Manila [...].[361]

Los planes de guerra significan nada sin el apoyo político y logístico. Esto lo sabía muy bien Theodore Roosevelt, quien, para presionar aún más al presidente, redactó un artículo para el Instituto Naval y le envió una copia a McKinley. En síntesis, aquel texto decía: los grandes presidentes expandieron la Marina; los perdedores, no.

Toda la evidencia documental sugiere que Roosevelt, en sus comunicaciones con McKinley, se hizo eco no solo de las ideas expuestas en el plan de guerra de junio de 1897, sino también de las contenidas en los proyectos bélicos anteriores. Se sabe que el subsecretario se mantenía en contacto con oficiales relacionados con el Naval War College y la Oficina de Inteligencia Naval,

---

[361] «Assistant Secretary of the Navy Theodore Roosevelt to Senator Henry Cabot Lodge». *Naval History and Heritage Command*. Washington D.C. 21 de septiembre de 1897.

Theodore Roosevelt y Cabot Lodge salían a cabalgar juntos todas las mañanas. Una vez Roosevelt asumió el cargo de subsecretario de la Marina, Cabot Lodge creó una puerta especial en la parte baja de su residencia, en Washington, para que Theodore tuviera acceso libre a su estudio. Imagen: «Rara fotografía que capta a Henry Cabot Lodge (izquierda) junto a Theodore Roosevelt (centro)». Crowley, John W.: «'Dear Bay': Theodore Roosevelt's Letters to George Cabot Lodge». *New York History*. Vol. 53. No. 2. Abril 1972, págs. 177-194.

sobre todo con William Kimball y Alfred T. Mahan. A este último le unía una estrecha amistad que se remontaba al verano de 1887, cuando el joven Theodore (en ese momento cursando su segundo año de bachillerato en Harvard) visitó la escuela de guerra para ofrecer una charla.[362]

Es un hecho indubitado que Roosevelt, Alfred T. Mahan y Henry Cabot Lodge trabajaron intensamente por aquellos meses como un triunvirato imperial, ideando estrategias militares y tácticas políticas. Mahan se mantenía en contacto a través de cartas desde su casa en Nueva York o desde Long Island (sede del Naval War College) mientras que Roosevelt y Lodge se reunían con mucha frecuencia en Washington, sobre todo en el restaurante del Metropolitan Club, donde era frecuente verlos engullendo las dobles chuletas de cordero que tanto le gustaban a Teddy.[363]

Para lograr mayor éxito en los planes expansionistas, durante el verano crucial de 1897, Roosevelt tuvo vía libre para adelantar su propia agenda ante la ausencia prolongada de su jefe. «Quédese todo el tiempo que desee», le escribía al secretario Long, «el presidente no está, el Congreso no está en sesión por lo que aquí no hay nada que hacer de importancia». Aunque en cartas a otros amigos aseguraba que aquel fue un «verano refrescante», a Long le decía que «este es el clima más caluroso que hemos tenido en años. No quiero que acorte sus vacaciones ni por un día». El secretario, ingenuo, aceptó las recomendaciones de Roosevelt mientras el subsecretario

---

[362] Zimmermann: *First Great Triumph*..., pág. 185.
[363] *Id*.

Para la fecha en que el Naval War College diseñaba el plan de guerra contra España, que incluía no solo a Cuba sino también a Puerto Rico y Filipinas, Theodore Roosevelt almorzaba y cenaba todos los días en los salones privados del Metropolitan Club, muy cerca de la Casa Blanca, en la esquina suroeste de las calles H y 17 en Washington D. C. Además de Theodore Roosevelt, entre los socios de este exclusivo club privado en Washington D.C. se encontraba J. P. Morgan (primer presidente y socio fundador), John Hay, Elihu Root, John Sherman, Philander Chase Knox, William Henry Fitzhugh Lee, juez William H. Taft, capitán Aldred Thayer Mahan, George Dewey (comodoro de la Marina y escogido por Roosevelt para comandar el escuadrón asiático) y el general Nelson Appleton Miles. En la foto aparece el edificio que albergó el Metropolitan Club a partir de 1908, luego de que un fuego destruyera el anterior. Imagen: «National Photo Company Collection». División de impresiones y fotografías de la Biblioteca del Congreso de Estados Unidos.

viraba patas arriba su Departamento. «Me estoy divirtiendo muchísimo corriendo la Marina», aseguraba Roosevelt en una carta a Henry Cabot Lodge, fechada a fines de septiembre. Mientras que a John Hay, embajador en Gran Bretaña, le comentaba para la misma fecha: «Mi jefe se ha tomado unas vacaciones de dos meses, pero realmente lo he disfrutado mucho porque he podido hacer dos o tres cosas en el departamento que desde hace mucho tiempo quería hacer».[364]

Entre esas dos o tres cosas se encontraba el nombramiento del comodoro George Dewey como jefe del escuadrón asiático, a sabiendas de que el Senado y el propio Long estaban considerando a otro candidato. El subsecretario se empeñó en que fuera Dewey, de cincuenta y nueve años, quien comandara tan importante escuadrón y para eso coordinó visitas de cabildeo al senador Redfield Proctor, de Vermont. Cuando finalmente Long regresó de sus vacaciones, el 28 de septiembre, se encontró sobre su escritorio la recomendación del presidente para que se le otorgara a Dewey la jefatura del comando a cargo de las aguas asiáticas. A Long no le quedó más remedio que consentir.[365]

---

[364] Blow: *A Ship to Remember...*, pág. 25.
[365] *Ibid.*, págs. 24-25.

No le faltaba razón a William Howard Taft cuando una década más tarde —para entonces ya convertido en enemigo de Roosevelt— aseguró sin titubeos que «si no hubiera sido por Theodore Roosevelt, nunca hubiéramos estado en posición de declarar la guerra».[366]

A very, pretty fight

España sabía que tenía que moverse rápido. No terminó el primer día de 1898 sin que se constituyera, con carácter interino y a toda prisa, el primer Gobierno autonómico de Cuba. De inmediato, el nuevo ejecutivo colonial instauró medidas para la reactivación de la zafra azucarera; adoptó iniciativas para paliar la crisis en la producción del tabaco y comenzó a esbozar las bases de un proyecto de tratado de comercio con Estados Unidos que garantizara el acceso del azúcar y el tabaco cubanos a ese mercado.

Pero las reformas eran pocas y entraban muy tarde en el juego. Desde por lo menos el 14 de enero de 1898 ya corría el rumor de que varios barcos del escuadrón del Atlántico Norte de Estados Unidos se movían hacia Cuba para 'ayudar en la pacificación de la Isla' y «proteger los intereses estadounidenses».[367] En enero también, en un extenso memorial dirigido al secretario Long, Theodore Roosevelt propuso que se formara de inmediato un escuadrón que, en caso de guerra, pudiera enviarse a Canarias para destruir la Armada española. En paralelo, le escribía confidencialmente a un amigo:

> Entre tú y yo te comento que he estado esperando y trabajando ardientemente para lograr nuestra interferencia en Cuba. Si pudiéramos enfrentar a los siete acorazados españoles contra nuestros siete acorazados en esta costa, tendríamos *a very, pretty fight*.[368]

---

[366] Brands, H. W.: *Bound to Empire. The United States and the Philippines*. Oxford University Press. Nueva York. 1992, pág. 22.
[367] «A Warship to go to Cuba. The Maine Ordered to sail for Havana. To Restore Old Status». *Fort Scott Weekly Monitor*. Fort Scott, Kansas. 26 de enero de 1898, pág. 1.
[368] Blow: *A Ship to Remember...*, pág. 25.

EL CACIQUE

La línea que une a los hombres involucrados en la preparación de la guerra —esa que los vincula entre sí, ya sea por complejas redes interfamiliares o por lazos de amistad— termina de una forma o de otra en Puerto Rico. Henry Cabot Lodge, quien durante sus dos últimos términos en la Cámara de Representantes fue miembro del Comité de Asuntos Navales, se casó con la hija del almirante Charles H. Davis. Otra hija de Davis, Louisa M., se casó con el hijo del comodoro Stephen B. Luce, fundador del Naval War College y jefe del capitán Alfred T. Mahan. John D. Luce, aprovechando las conexiones con su poderoso cuñado, será el presidente de la Aguirre Central en Puerto Rico y comandará el primer banco privado, DeFord & Co. Véase: Lodge, Emily: *The Lodge Women...*

105

El Maine

El 24 de enero de 1898, rompió la noticia que confirmaba los rumores de los últimos días. Era ya un hecho: el acorazado Maine navegaba hacia la bahía de La Habana. Los senadores Frye, Gray y Morgan, del Comité de Asuntos Exteriores del Senado, recibieron la buena nueva con evidente satisfacción. Entretanto, el senador Joseph Foraker (Rockefeller) expresó estar muy feliz, aunque aseguró que «hubiera preferido que también el Texas y otros buques de guerra siguieran al Maine».[369]

Es importante acotar que la orden de mover el Maine hacia La Habana no provino de Washington, sino del cónsul general en La Habana, Fitzhugh Lee (quien era parte de la camarilla imperialista del Metropolitan). Resulta que desde el 7 de diciembre de 1897, el secretario de la Marina, John D. Long, le había comunicado al capitán del USS Maine lo siguiente:

> En caso de que el Cónsul General de Estados Unidos en La Habana requiera la presencia de un buque de guerra estadounidense en La Habana, ha sido autorizado a comunicarse con usted y en caso de que reciba de él, por telégrafo o de cualquier otra forma, la letra 'A', procederá a La Habana y cooperará con él en la preservación de las vidas y propiedades estadounidenses.[370]

En esta comunicación clasificada secreta y confidencial —que da al traste con la excusa de que el Maine estaba en La Habana en una visita de cortesía— Long también ordenó al capitán Charles D. Sigsbee que: «inmediatamente después de recibir la señal acordada del Cónsul General en La Habana, ordene al Detroit que proceda a la vez a Matanzas, Cuba, para actuar de manera similar en ese lugar».[371]

En todo rigor, se ejecutaba un meticuloso plan de guerra.

A las once de la mañana del martes, 25 de enero de 1898, entró oficialmente el Maine por la estrecha boca del Morro de La Habana. Ya traspasada la bandera real española que ondeaba en lo alto del castillo, realizó un rotundo saludo oficial disparando 21 de sus portentosos cañones antes de llegar a su fondeadero final. El buque pudo muy bien saludar a una milla fuera de la bahía, pero su comandante, el capitán Charles D. Sigsbee, quiso hacer notar la presencia del impresionante acorazado de acero.[372]

Tal como dictan las reglas de cortesía, el teniente a cargo del crucero español Alfonso XIII, se personó aquella misma tarde en el Maine y también lo hizo el comandante del crucero alemán Gneisenau. Ambas visitas fueron devueltas por el capitán Sigsbee, luego de entablar una

---

[369] «A Warship to go to Cuba...».
[370] Toda vez que el único medio de comunicación telegráfica entre Lee y Sigsbee era una línea de cable abierta fácilmente monitoreable por los españoles, los dos elaboraron un código diferente. Si Lee enviaba un cable a Key West con las palabras 'two dollars', Sigsbee tenía dos horas para salir hacia La Habana. El Maine no debía partir hasta recibir un segundo telegrama con la frase «vessels might be employed elsewhere». Véase el ya referido libro escrito por el nieto de uno de los tripulantes del Maine: Blow: *A Ship to Remember...*, págs. 80-86.
[371] Navy Department: «Secretary of the Navy John D. Long to Captain Charles D. Sigsbee». *Naval History and Heritage Command*. 7 de diciembre de 1897.
[372] «More Vessels Under Way. Gunboat Castine and Torpedo Boat Headed Toward Cuba. Maine Arrives at Havana». *The Evening Times*. Washington D.C. 25 de enero de 1898, pág. 1.

prolongada conferencia con el cónsul general, Lee.[373] A los oficiales de menor rango y a los marineros del Maine, sin embargo, no se les permitió bajar a puerto.

Mientras los corresponsales de los periódicos estadounidenses en La Habana ofrecían un banquete al capitán Sigsbee, al cónsul Lee y a varios oficiales españoles, el periódico *El Imparcial* de Madrid expresaba sus temores sobre la llegada del Maine a La Habana. «Es una visita inoportuna y calculada con el objetivo de alentar a los insurgentes», advertía.[374] En Puerto Rico, ningún periodista o político prestó atención al asunto.

Llegado febrero de 1898, con el acorazado Maine anclado en la bahía de la capital en una especie de advertencia perenne de guerra, Cuba operaba bajo dos entidades estatales provisorias paralelas. En uno de los extremos se encontraba la República de Cuba en Armas, una estructura paraestatal que funcionaba gracias al control de los rebeldes sobre amplias zonas del oriente de la isla. Este gobierno revolucionario, carente de un proyecto político claro, inestable y frágil, fue incapaz de articularse en una alternativa viable tras el final de la soberanía española sobre la isla. En el otro extremo, figuraba el régimen autonómico —ni totalmente español ni plenamente cubano— que coexistía junto a la República de Cuba en Armas y que, como esta, desaparecería tras la guerra con Estados Unidos.[375]

En Estados Unidos, por su parte, también cohabitaban dos fuerzas en oposición. Por un lado pululaban los grupos de interés que pretendían mantener la autonomía cubana para así garantizar el *statu quo*. Por el otro, se destacaban aquellos que procuraban la intervención estatal para allanar el camino al dominio de importantes mercados latinoamericanos y asiáticos.

Hay que recordar que el asunto monetario en Estados Unidos, allá para enero de 1898, seguía siendo muy desfavorable para los intereses estadounidenses, tanto dentro del país como en el extranjero. Las transacciones de divisas continuaban dominadas por la libra esterlina británica y se canalizaban a través de Lombard Street. Este patrón de cambio de divisas daba a las empresas británicas una ventaja competitiva. Colocaba a los banqueros de Londres en el asiento del conductor en cuanto a radios de canje y valores monetarios en general sin que desde Wall Street se pudiera hacer mucho para predecir o manejar las violentas fluctuaciones.[376]

En este contexto, a las puertas de una más que probable guerra contra España, el Comité Ejecutivo de la Convención Monetaria de Indianápolis decidió, finalmente, tomar por asalto el Gobierno de Estados Unidos.

El 25 de enero de 1898, los reformadores monetarios se reunieron en un cónclave mucho más grande que el que habían realizado en 1896. En esta ocasión asistieron 496 delegados de 31 estados. Entre los líderes corporativos presentes debemos destacar a Virgil P. Cline, asesor legal de la Standard Oil de Rockefeller; Albert A. Sprague, director de Chicago Telephone Company, subsidiaria del monopolio telefónico controlado por Morgan, American Telephone and Telegraph Company; así como Franklin MacVeagh,[377] un mayorista de Chicago y tío del socio principal de

---

[373] «The Maine Arrives at Havana». *The Akron Beacon Journal*. Akron, Ohio. 26 de enero de 1898, pág. 2.
[374] «All Was Friendly. The Battleship Maine Arrives in Havana Port». *Altoona Tribune*. Blair County, Pensilvania. 26 de enero de 1898, pág. 1.
[375] Sánchez: «Entre la espada y la pared...».
[376] Rosenberg, Emily S.: «Foundations of United States International Financial Power: Gold Standard Diplomacy, 1900-1905». *The Business History Review*. Vol. 59, No. 2. 1985, págs. 169-202.
[377] Más tarde se convertirá en secretario del Tesoro durante la presidencia de Taft.

la firma de abogados, Bangs, Stetson, Tracey & MacVeagh, bufete que asesoraba personalmente a John Pierpont Morgan.[378]

La convención sentó las bases para una política que, por un lado, buscaba instaurar el patrón oro en todo Estados Unidos, y por otro, pretendía —y esto es muy importante— crear un bloque de 'países amigos' que asumieran el estándar oro, siguiendo los postulados de Charles Flint y de la NAM. Ese bloque ideal de 'socios comerciales' no tenía nada de libertario ni mucho menos de igualitario. Los supuestos asociados estarían obligados a comerciar siempre con una moneda denominada en dólares estadounidenses de oro; sus reservas de oro debían estar depositadas en Estados Unidos y sus transacciones de intercambio podrían realizarse solo a través de bancos de Nueva York.[379]

Estos 'países amigos' estaban a punto de ser creados y no necesariamente por las vías diplomáticas.

Campaña por copar el Gabinete provisional

Sin detenerse ni por un segundo a mirar hacia arriba, en Puerto Rico las energías se concentraban en escarbar las migajas que venían asociadas con las concesiones autonómicas.

Desde el primero de enero de 1898, como ya sabemos, estaba en funciones el Gabinete Autonómico provisional en Cuba. La composición de ese Consejo fue decidida en común acuerdo por el general Ramón Blanco, gobernador de la isla, y el presidente del Partido Liberal Autonomista Cubano, José María Gálvez, quien asumió la presidencia del cuerpo. Gálvez aseguró para los autonomistas históricos —grupo al que pertenecía— la cartera clave de Hacienda y la de Instrucción Pública. La representación del ala radical del autonomismo cubano se limitó a la Secretaría de Gracia, Justicia y Gobernación mientras que Agricultura, Industria y Comercio, así como Obras Públicas y Comunicaciones fueron asignadas a dos antiguos reformistas.[380]

En Puerto Rico, sin embargo, el Gabinete provisional no se constituyó hasta el 11 de febrero de 1898. Esta dilación no solo ocurrió porque lo importante para España era Cuba, sino también porque Luis Muñoz Rivera, ignorando todos los eventos trascendentales que ocurrían a su alrededor, torpedeó el proceso al insistir en ser el presidente de ese Gabinete, además de pretender que todas las Secretarías fueran a manos de sus acólitos y ninguna para los autonomistas ortodoxos.

El estatuto autonómico exigía la instauración de municipios autónomos; un Parlamento Insular dividido en dos cámaras: Consejo de Administración y Cámara de Representantes; y un cuerpo de Secretarios de Despacho que auxiliaban al gobernador en su tarea y que debían refrendar sus mandatos. Aunque no conformaban un órgano colegiado, los secretarios contaban con un presidente o primer ministro, que era designado por el gobernador de entre sus miembros. En esta estructura, quien realmente detentaba el poder político, administrativo y constitucional era

---
[378] Rothbard: *A history of money and banking in the United States...*, págs. 200-204.
[379] Rosenberg: «Foundations of United States International...».
[380] Agustín: «Entre la espada y la pared...».

Luis Muñoz Rivera y José de Diego, siguiendo a pie juntillas el manual del populista, utilizaron la palabra como la mejor herramienta de persuasión. Sus discursos solían ir acompañados de banderas, música y referencias patrias, que exacerbaban las emociones de las masas y nublaban la racionalidad. En la imagen José de Diego discursando en actos multitudinarios. Dominio público.

el presidente del Consejo de Secretarios. Este determinaba las pautas de la política pública y era quien tomaba o recomendaba las decisiones fundamentales.[381] En consecuencia, los líderes puertorriqueños prefirieron dedicar un tiempo valioso a lograr, para sí o para cada bando, un espacio de poder en el Gabinete provisional, con especial énfasis en la presidencia. En un ejemplo sin igual del cortoplacismo que caracteriza a los populistas, volcaron al país en una intensa y emocional campaña electoral.

Los ataques se dieron en planos físicos, pero sobre todo en los terrenos editoriales. Los ortodoxos utilizaron las páginas de *El País* para su propaganda mientras que los liberales se atrincheraron en *El Liberal*, periódico fundado por Muñoz Rivera en 1897 como órgano del Partido Liberal Fusionista y del que José de Diego era su editor,[382] en *La Democracia* y en *El Autonomista*. Por el bando de los incondicionales completaba el brazo editorial *El Boletín Mercantil*.[383] *La Correspondencia*, periódico autoproclamado neutral, se posicionó con los liberales fusionistas. Con estas alineaciones, los políticos finiseculares —y por eso resulta tan importante observar las elecciones de 1898— moldearon, marcaron el ritmo y establecieron el patrón eleccionario que regirá la coreografía, tanto de los votantes como de los candidatos a puestos políticos en Puerto Rico.

---

[381] Delgado Cintrón, Carmelo: *El tribunal de los Estados Unidos de Puerto Rico, 1898-1952*. Tesis doctoral. Universidad Complutense de Madrid. Facultad de Derecho. Madrid. 2015, págs. IX-X.
[382] Arrigoitía: *José de Diego, el legislador...*, pág. 100.
[383] Torrech San Inocencio, Rafael: *Pepe Cid. Un vendedor de sombreros en el vórtice de la Guerra Hispanoamericana*. Ensayo Histórico del Año. Fundación Cultural Hispanoamericana. 1983, pág. 2.

Durante los meses que en Estados Unidos se gestaba el futuro de Puerto Rico, la isla daba la espalda al contexto histórico y se sumergía —guiada por sus líderes— en 'patrióticas', emocionales y violentas manifestaciones políticas. En aquellos mítines, los candidatos, como buenos populistas, no solo hacían uso de la palabra sino que se apoderaban de ella. Luis Muñoz Rivera y José de Diego, por ejemplo, convocaron a los campesinos de Aibonito en diciembre de 1897. En sus discursos hipnotizaron a las masas y atizaron las pasiones con alusiones constantes a la 'patria' y a la 'libertad'. Acrecentaron el drama con la inserción de banderas y bandas de música que interpretaron «el patriótico himno *Borinquen*» y la marcha militar *Cádiz*. Por supuesto, no dejaron de enfatizar la lucha eterna entre 'buenos' (ellos) y 'malos' (los ortodoxos), a quienes catalogaban de traidores, disidentes y «enemigos envidiosos».[384] Luego, el periódico *La Democracia* —creado por Luis Muñoz Rivera con el único objetivo de promocionar a Luis Muñoz Rivera— se encargó de perpetuar y masificar el acto a través de un artículo que estiraba la cuerda de la hegemonía personal al máximo, describiendo a José de Diego y a Muñoz Rivera como verdaderos maestros ascendidos:

> Sucedióle el simpático Pepe de Diego; ese gigante de la palabra no puede hablar sin que el pueblo que la escucha se extremezca [sic] de entusiasmo; nadie como él improvisa la frase amena y poética; las imágenes parten de su cerebro deslumbradoras, revestidas con el rico manto de su palabra culta al par que sencilla. Su discurso fue un himno de alabanza al partido liberal, a la Nación que hoy nos envía un caudal de libertades, y al insigne compatriota nuestro querido jefe. Y por último Muñoz Rivera, para quien sería preciso inventar frases de alabanza, pues que ninguna es suficiente para dar a conocer sus grandes merecimientos, ocupó la tribuna.[385]

El acto en Aibonito no fue un hecho aislado. Luis Muñoz Rivera, para la fecha con treinta y ocho años, utilizó la palabra como vehículo específico de su carisma. A diferencia de sus coetáneos en política no realizó estudios universitarios, pero era sagaz, dominaba la retórica populista y, sobre todo, era portador de una incalculable (e incurable) megalomanía que lo hacía caminar entre el cielo y la tierra. Desde comienzos de octubre de 1897, cuando se conoció la noticia relacionada con las elecciones autonómicas, Muñoz Rivera, a pesar del evidente desprecio que sentía por los campesinos, comenzó a recorrer los campos de la isla autoproclamándose «el Jíbaro de Barranquitas»[386] en un intento por ser percibido como igual entre las masas empobrecidas.

Durante aquellos interminables recorridos, que continuaron durante todo el mes de enero por Utuado,[387] Arecibo,[388] Cayey, Manatí, Cabo Rojo, Mayagüez, Ciales, Yabucoa, San Germán, Vega Baja,[389] y por los barrios de Yauco y Río Piedras, Muñoz insertó en sus discursos el concepto 'pueblo' como si se tratara de una esencia supraindividual. Él, su partido y el pueblo constituían un todo, una unidad perfecta sin fisuras. «Vamos al poder para el bien del pueblo»; «el pueblo,

---

[384] «Aibonito». *La Democracia*. Ponce, Puerto Rico. 5 de enero de 1898, pág. 2.
[385] Id.
[386] «Al Pueblo». *La Democracia*. Ponce, Puerto Rico. 24 de marzo de 1898, pág. 2.
[387] «El meeting de Utuado. Viaje de Muñoz Rivera». *La Correspondencia*. San Juan, Puerto Rico. 4 de diciembre de 1897, pág. 2.
[388] «Noticias». *La Correspondencia de Puerto Rico*. San Juan, Puerto Rico. 5 de diciembre de 1897, pág. 2.
[389] Véase *La Democracia* en sus ediciones del 5 al 13 de enero de 1898, pág. 2.

las mayorías libres y soberanas serán el objeto principal de mi atención»;[390] «las próximas elecciones no serán de los políticos, sino las elecciones del pueblo»; «es mi mayor deseo respetar las voluntades del pueblo, libres, como el pueblo es libre»;[391] aseguraba mientras la concurrencia enardecida lo aplaudía delirantemente.

Muñoz Rivera, durante toda su vida política, cultivó la fórmula populista por excelencia: la idea de que entre él y el pueblo existía un binomio sagrado. Utilizó esta fórmula (con éxito) durante la campaña eleccionaria. También más tarde, luego del 'triunfo', en un momento en que enfrentaba duras y abundantes críticas por los fraudes electorales. Por ejemplo, ante masivas manifestaciones públicas en su contra, Muñoz echó mano a su propio concepto de 'pueblo' para defenderse: «Nosotros tenemos confianza en el pueblo puertorriqueño». En esa ocasión tuvo a bien separar al 'pueblo' del 'antipueblo': «cuatro alborotadores de oficio no componen la gran masa del pueblo».[392] Si él encarnaba al 'pueblo', entonces quien estuviera en contra de sus pretensiones estaba, por definición, en contra del 'pueblo' y del lado del 'antipueblo'. Esto justificaba la marginación y el linchamiento de los contrarios.[393]

El binomio 'caudillo-pueblo', 'pueblo-caudillo', no existe sin la idolatría al líder, y Muñoz lo sabía. La necesidad de conseguir el poder a toda costa hizo que, entre otras estrategias populistas, el propio Muñoz Rivera generara un fuerte culto a la personalidad. Sus periódicos, sus acólitos y sus propios discursos se encargaron de elevarlo al rango de los inmortales. Muñoz es el «hombre verdaderamente liberal, demócrata, leal, de honradez acrisolada que profesa acendrado amor a su país, que ha sabido sacrificarlo todo»,[394] pregonaba *La Democracia*. «Muñoz Rivera es un poeta soñador»; «benemérito patriota»; «ha sacrificado el capital heredado de sus padres por el bien de la patria»; «ningún nombre ha sonado tanto en esta Antilla como el de don Luis Muñoz Rivera»; «como periodista su pluma parece mojarla en el centro de la tierra donde Plutón tiene su imperio»; «ambiciona la gloria porque ese es el alimento de su alma luz y ambiciona el poder porque siente vivos deseos de servir a la patria según sus pensamientos de gigante».[395]

La idolatría al caudillo, como consecuencia directa del culto a la personalidad, se vio reflejada muy pronto en la actitud de las masas que cayeron bajo su influjo a niveles de paroxismo. Muñoz asumió las riendas del Comité Provincial Liberal Fusionista en febrero de 1897 y, desde por lo menos noviembre de ese mismo año, ya existía entre las masas una adulación idolátrica hacia su persona. Por ejemplo, en noviembre de 1897 en Ponce, «la multitud, en delirante entusiasmo, desenganchó los caballos del coche que ocupaba Muñoz Rivera, arrastrándolo por las principales calles de la ciudad».[396] El 9 de enero de 1898 una manifestación en Jayuya, con 400 personas y músicos de Juana Díaz, terminó en una trifulca colectiva en la que los muñocistas obligaron a bajar de la tarima a un orador que se atrevió a hablar mal del «incansable luchador de nuestras

---

[390] Rosario Natal, Carmelo: *Los pobres del 98 puertorriqueño. Lo que le pasó a la gente*. San Juan. SE. 1998, págs. 115-118.
[391] «Notas políticas». *La Democracia*. Ponce, Puerto Rico. 12 de marzo de 1898, pág. 2.
[392] «Voz de alerta». *La Democracia*. Ponce, Puerto Rico. 7 de abril de 1898, pág. 2.
[393] Kaiser, Axel y Gloria Álvarez: *El engaño populista. Por qué se arruinan nuestros países y cómo rescatarlos*. Deusto. España. 2016, pág. 16.
[394] «Al pueblo»...
[395] Atiles García, Guillermo: «Don Luis Muñoz Rivera». *La Correspondencia*. San Juan, Puerto Rico. 30 de marzo de 1898, pág. 2.
[396] «Noticias». *La Correspondencia*. San Juan, Puerto Rico. 30 de noviembre de 1897, pág. 2.

Muñoz Rivera consiguió, gracias a estrategias populistas, la idolatría de las masas. En la imagen, que capta una de sus pomposas apariciones públicas, se puede observar a la multitud que lo recibe, incluidos niños descalzos mientras Muñoz se pasea en una comitiva de carros Pope Hartford que, para el año de esa foto, 1906, se vendían en $1750 (cantidad equivalente a unos $54 000 actuales). En ese mismo año, los padres de esos niños ganaban un promedio de 30 centavos por una jornada de 12 horas de trabajo. «Phillips Motor Car Company Receives a Pope-Hartford Demonstrating Car and Models Expected this Week». *Los Angeles Herald*. Los Ángeles, California. 15 de abril de 1906, pág. 7. Imagen: «Gente en las calles esperando a Luis Muñoz Rivera». Utuado, Puerto Rico. 1906. Puerto Rico Historic Building Drawings Society. Véase:

libertades».[397] La multitud se lanzó detrás de los músicos luego de que estos gritaran: ¡Muera Muñoz y la fusión!, así probaban «aquellos dignísimos campesinos su amor al Jefe de nuestro partido y su decisión de hacer respetar su glorioso nombre».[398] El 27 de febrero de 1898 se realizó una manifestación en Morovis en la que alrededor de 4000 personas celebraron el «advenimiento de la autonomía». La multitud estuvo presidida por una comisión de damas que «portaba un magnífico estandarte con el retrato del señor Muñoz Rivera».[399]

Tan temprano como febrero de 1898 se abrió una suscripción popular para inmortalizar al aclamado Jefe en un óleo de cuerpo entero que sería colocado en el Salón del Trono de La Fortaleza.[400] A diario el caudillo, según sus propios periódicos, recibía cientos de telegramas de adhesión provenientes desde todos los rincones de la isla,[401] así como múltiples regalos que podían ir desde botones con su imagen, hasta banderas y estandartes. Tal fue el caso de las «damas arecibeñas», quienes en diciembre de 1897 le obsequiaron «un artístico cuadro» con una cariñosa dedicatoria «al constante defensor de nuestra isla, al compatriota enérgico y honrado, al luchador

---

[397] «Meeting de los disidentes. Fiasco del mismo. Triunfo de Muñoz Rivera». *La Democracia*. Ponce, Puerto Rico. 2 de febrero de 1898, pág. 2.
[398] *Id.*
[399] «Noticias». *La Democracia*. Ponce, Puerto Rico. 2 de marzo de 1898, pág. 2.
[400] «Crónica». *La Democracia*. Ponce, Puerto Rico. 17 de febrero de 1898, pág. 2.
[401] «Propaganda liberal. Adhesiones». *La Correspondencia*. San Juan, Puerto Rico. 14 de marzo de 1897, pág. 1.

incansable a cuyos esfuerzos se debe la conquista política de nuestra autonomía colonial».[402] En enero de 1898, un joven orfebre de Mayagüez esculpió en una tarjeta de oro macizo la siguiente inscripción: «Mayagüez Liberal a Luis Muñoz Rivera. 23 de enero de 1898». Ese mismo día, los oficiales de imprenta de Mayagüez le entregaron al líder un alfiler de corbata también de oro, con las siglas LMR al revés (como solo lo haría un tipógrafo).[403] Las «damas liberales de Yauco», emulando a las mujeres de Arecibo, le entregaron al caudillo, en diciembre de 1898, «un magnífico estandarte bordado en seda, en oro y en perlas».[404] Siguiendo el frenesí populista, en los primeros meses de 1899 Muñoz Rivera fue nombrado «presidente honorario del Casino puertorriqueño».[405]

No había pasado mucho tiempo desde el ascenso al poder de Muñoz Rivera cuando aparecieron las primeras calles y plazas bautizadas con su nombre, siendo al parecer Barranquitas el primer ayuntamiento en cambiar el nombre de la plaza principal y el de la calle Real por el de Luis Muñoz Rivera «en homenaje a sus méritos y virtudes».[406] El 28 de marzo de 1898, un día después de las elecciones autonómicas, se celebraron fiestas en las calles del pueblo natal del líder. La plaza se adornó con banderas y colgaduras mientras la orquesta recorrió las calles a los acordes de *La Borinqueña*. «El entusiasmo es indescriptible»,[407] así contaron el evento José Félix Colón, Julio Ortiz, Zenón Medina y Pío Colón Ortiz en un telegrama enviado a *La Democracia*. Un año más tarde, en febrero de 1899, ya bajo dominio militar estadounidense, el ayuntamiento de Aguas Buenas cambió el nombre de la calle Mercedes por el de Luis Muñoz Rivera.[408] Y la lista se volvió interminable.

Para nadie era un secreto que a Muñoz se le idolatraba y que los campos eran muñocistas.

> Tanto en la población como en los campos no se oye sino el nombre de don Luis, como ellos dicen. Y desgraciado del que se atreva a hablar mal del jíbaro de Barranquitas… ¡Yo no sé lo que sucedería el día que se supiera que a Muñoz Rivera le había ocurrido algo o que se viera obligado a renunciar su puesto!... Cada jíbaro de estos es una fiera en la defensa de Muñoz Rivera.[409]

Pocos pudieron ver el peligro que se escondía más allá de la cortina de humo que envolvía las palabras y los escenarios teatrales, pero aquellos que sí lo percibieron fueron capaces de hacer una radiografía impecable del caudillo. Tal fue el caso de Ramón Emeterio Betances quien, desde su exilio en París, dijo de Luis Muñoz Rivera:

> El ídolo se deja arrastrar por estas manifestaciones que lo envanecen y pasa tranquilo por bajo esos arcos, y huella con su planta las flores y saluda con aire de conquistador a esa multitud, que empuja la ignorancia.[410]

---

[402] «Noticias». *La Correspondencia*. San Juan, Puerto Rico. 24 de diciembre de 1898, pág. 2.
[403] «Pequeñeces». *La Correspondencia*. San Juan, Puerto Rico. 2 de febrero de 1898, pág. 2.
[404] «Ecos del norte». *La Democracia*. Ponce, Puerto Rico. 1 de diciembre de 1898, pág. 2.
[405] «Noticias generales». *La Democracia*. Ponce, Puerto Rico. 2 de marzo de 1899, pág. 3.
[406] «Estafeta de Ponce». *La Democracia*. Ponce, Puerto Rico. 28 de marzo de 1898, pág. 3.
[407] *Id*.
[408] «Noticias generales». *La Democracia*. Ponce, Puerto Rico. 3 de febrero de 1899, pág. 3.
[409] «Locales». *El País*. San Juan, Puerto Rico. 11 de abril de 1898, pág. 3.
[410] Rosario: *Los pobres del 98…*, págs. 115-118.

Hoy, en el siglo XXI en Puerto Rico, hay más de 16 escuelas por todo el archipiélago cuyo nombre es Luis Muñoz Rivera;[411] por lo menos 77 calles y avenidas Luis Muñoz Rivera; la plaza pública de Mayagüez, Arecibo, Humacao, Maricao, Manatí, Utuado, Camuy, Quebradillas, Coamo, Vieques y la más pequeña de las dos plazas que componen la Plaza Las Delicias en Ponce, todas se llaman Luis Muñoz Rivera; en San Juan existe el majestuoso parque Luis Muñoz Rivera con una escultura de Luis Muñoz Rivera; otro busto en bronce de él se yergue en la Plaza Las Delicias en Ponce, así como múltiples representaciones desperdigadas por bibliotecas, escuelas, plazas y fundaciones. Además, la retórica de corte hagiográfica sobre el Jefe —no sustentada por evidencias y en ocasiones muy alejada de la realidad— se mantiene intacta en los libros de texto contemporáneos como si de un escrito de *La Democracia* se tratara.

Mientras Luis Muñoz Rivera vivía, fueron comunes las banderas, botones, postales y todo tipo de parafernalia con su imagen.
Fundación Luis Muñoz Marín.

El querido Jefe

Durante aquellos meses de intensa campaña proselitista, *El Liberal*, *La Democracia* y *La Correspondencia* reclamaban el cargo de presidente del Gabinete provisional para Muñoz Rivera mientras que los ortodoxos condicionaban la unión con los liberales-fusionistas al solo hecho de que Muñoz —al que consideraban un dictador— no fuera el presidente.

«Según rumores que circulan por la capital, nuestro querido jefe ocupará puesto prominente dentro del nuevo régimen»,[412] decía *La Democracia* el 5 de febrero de 1898. Adelantaba el diario que, según información fidedigna, el gabinete quedaría compuesto por «don Luis Muñoz Rivera, presidente sin cartera [liberal fusionista]; Gobernación y Gracia y Justicia, don Severo Quiñones [liberal fusionista]; Hacienda, don Julián E. Blanco[413] [ortodoxo]; Instrucción Pública, don Manuel Fernández Juncos [ortodoxo]; Obras Públicas y Comunicaciones, don Juan Hernández López [liberal fusionista]; y Agricultura, Industria y Comercio, don Lucas Amadeo [ortodoxo]».[414]

---

[411] Departamento de Educación de Puerto Rico. *Directorio de escuelas*. <https://de.pr.gov/directorio-escuelas/>. [31/05/2021].
[412] «A Diestro y Siniestro». *La Democracia*. Ponce, Puerto Rico. 5 de febrero de 1898, pág. 2.
[413] Blanco Sosa militó en las filas ortodoxas. Luego de las elecciones de marzo de 1898, según su propio testimonio, se desafilió del partido.
[414] «A Diestro y Siniestro»...

El holocausto

Antes de designar el Gabinete Autonómico provisional, como una condición *sine qua non*, el ministro de Ultramar, Segismundo Moret y el gobernador general de la isla, Manuel Macías, exigieron unidad entre los autonomistas. Amenazaron con no formar gobierno, por lo que, a regañadientes, Muñoz Rivera abandonó momentáneamente su deseo de ser el Jefe máximo y negoció para sí la cartera de Gracia, Justicia y Gobernación. Lo hizo no sin antes sacar rédito político, dirigiendo la opinión pública hacia su «abnegación y sacrificio»; su «gallarda actitud en este supremo instante de trascendencia decisiva» y la «nobleza de su alma», contrastada con la mezquindad de los «disidentes». *La Democracia* llegó incluso a describir el acto como «¡holocausto de un alma noble que se abrasa toda entera, como la víctima del sacrificio persa en el amor de la patria!».[415]

Esta no fue la primera ni será la última vez que Muñoz Rivera utilice la estrategia de renunciar o amenazar con renunciar como arma manipuladora. Antes, en marzo de 1897, cuando los ortodoxos retaban su liderato, luego de enumerar sus grandes logros como presidente del Comité Provincial Liberal Fusionista, le dijo a la asamblea: «Acepté el puesto porque ningún sacrificio me arredra cuando se trata de realizarlo por mi país, pero hoy pongo mi renuncia en vuestras manos, a fin de que, con absoluta libertad podáis sustituirme».[416] Muñoz sabía que esa renuncia no sería admitida, aunque sí provocaría (como en efecto ocurrió) amplias intervenciones en las que se le engrandeció y alabó. Más tarde, una vez ocupada la isla por el Ejército de Estados Unidos, repetirá la estrategia en varias ocasiones, primero ante el gobernador militar John R. Brooke y, cuatro veces más frente Guy V. Henry.[417] «Hay quienes desean que salga yo del Consejo. Ojalá que lo logren. Si dependiera de mi sola voluntad habría salido»,[418] le dijo al director de *El Liberal* en diciembre de 1898, momento en que luchaba con todas sus fuerzas para quedarse en el poder, y observaba impasible cómo despedían a cientos de funcionarios públicos.

La costumbre chantajista de amenazar con renunciar se extendió a tal nivel que los recién llegados estadounidenses no dejaron de notarla. Charles Hartzell, secretario de Gobierno y presidente del Consejo Ejecutivo desde 1901 a 1904, describió a la clase política puertorriqueña como «touchy people». «Si yo le escribiera a un alcalde diciéndole que determinada legislación es mala, lo próximo que de seguro llegaría en el siguiente correo es su renuncia, pero él esperaría que yo me negara»,[419] contaba Hartzell a un atónito periodista en 1903:

> Cuando comencé, critiqué varias legislaciones de una ciudad. Todos los miembros de ese organismo municipal renunciaron a la vez y yo acepté las renuncias, lo que generó gran consternación. Luego supe que no se suponía que aceptara las renuncias. Ahora cuando un alcalde renuncia le escribo diciéndole que el gobierno no puede arreglárselas sin sus servicios.[420]

---

[415] «Salud al Jefe». *La Democracia*. Ponce, Puerto Rico. 7 de febrero de 1898, pág. 2.
[416] «El Partido Liberal». *La Correspondencia*. San Juan, Puerto Rico. 15 de marzo de 1897, pág. 2.
[417] «Lo que anhela Puerto Rico». *La Democracia*. Ponce, Puerto Rico. 24 de diciembre de 1898, pág. 2.
[418] «Noticias». *La Democracia*. Ponce, Puerto Rico. 30 de diciembre de 1898, pág. 3.
[419] «Porto Rico as Seen by Secretary Charles Hartzell». *The Daily Review*. Decatur, Illinois. 2 de diciembre de 1903, pág. 4.
[420] *Id*.

Volviendo a febrero de 1898, a pesar del 'sacrificio' proclamado por la propaganda muñocista, lo cierto es que ninguna otra Secretaría abría mejor las puertas al caciquismo que la intercambiada por Muñoz Rivera. Bajo los dominios del negociado de Gracia y Justicia estaban los asuntos de «magistratura y judicatura relativos a nombramientos del orden judicial y demás asuntos relacionados con la administración de justicia».[421] La Secretaría de Gobernación arropaba todo lo relativo a elecciones, diputación y ayuntamientos, orden público y Policía. Esta última rama de Gobierno ponía en manos de Luis Muñoz Rivera toda la organización de las elecciones y, además, las alcaldías, que eran una pieza clave en el engranaje de poder local y, por lo tanto, lo primero que debía estar bajo el ámbito de influencia del cacique. Por último —y no menos importante— al secretario de Gracia, Justicia y Gobernación se le asignó un sueldo de 2500 pesos al año, con un sobresueldo de 3750 y gastos de representación de 1750, para un total de 8000 pesos anuales[422] (unos $237 000 actuales). Salario nada deleznable para la época en la que un peón de una hacienda azucarera ganaba de 31 a 36 centavos diarios ($10 de hoy) por trabajar desde el amanecer hasta el oscurecer.[423]

El cambio de la presidencia del Gabinete por la cartera de Gracia, Justicia y Gobierno fue una movida muy astuta de Luis Muñoz Rivera. El trueque le permitió copar cientos de cargos públicos con sus protegidos, establecer poderosas relaciones de patronazgo político, arrasar en las elecciones que él mismo organizó y solidificar su posición de caudillo en toda la isla. El canje de la presidencia por Gracia, Justicia y Gobierno fue, en realidad, como bien describió *La Democracia*, un movimiento táctico, digno del ajedrez:

> Y a última hora dirás como aquel personaje de Calderón, en *El médico de su honra*:
> Lo que en este lance hallo
> perder y ganar se llama
> pues él me ganó la dama
> y yo le gané el caballo.
> Sin ver que la dama, en este caso, es la cartera de Gobernación y Gracia y Justicia.
> Y el caballo la presidencia.
> Que no es un caballo de batalla, precisamente.[424]

Gabinete autonómico provisional

Luego del 'sacrificio' de Muñoz, ¡por fin!, en la mañana del 11 de febrero de 1898 quedó constituido el Gobierno provisional autonómico de la colonia de la siguiente forma: presidente del Consejo, Francisco Mariano Quiñones (ortodoxo); secretario de Gracia, Justicia y Gobierno,

---

[421] «Plantilla Número 3. Secretaría de Gracia y Justicia y Gobernación». *La Gaceta de Puerto Rico*. San Juan, Puerto Rico. 10 de febrero de 1898, pág. 2.
[422] *Id.*
[423] Carroll, Henry K.: *Report on The Island...*, págs. 712-713.
[424] «A Diestro y Siniestro». *La Democracia*. Ponce, Puerto Rico. 9 de febrero de 1898, pág. 2.

Luis Muñoz Rivera (liberal fusionista); secretario de Hacienda, Manuel Fernández Juncos (ortodoxo); secretario de Obras Públicas y Comunicaciones, Juan Hernández López (liberal fusionista); secretario de Agricultura, Industria y Comercio, José Severo Quiñones (liberal fusionista) y secretario de Instrucción Pública, Manuel F. Rossy (ortodoxo).[425]

De inmediato, los secretarios llenaron las Subsecretarías con hombres cercanos de su propio partido. El secretario de Obras Públicas nombró al fusionista Cayetano Coll y Toste como subsecretario; el de Agricultura hizo lo propio con el ingeniero fusionista, Tulio Larrínaga;[426] el ortodoxo, Manuel F. Rossy nombró como subsecretario de Instrucción Pública al también ortodoxo, José Celso Barbosa;[427] y Muñoz Rivera escogió como subsecretario de Gracia, Justicia y Gobernación al abogado corporativo y amigo, José de Diego. A todos los subsecretarios se les asignó un sueldo de 1750 pesos más un sobresueldo de 2625, para un total de 4375 pesos anuales.[428] Muñoz Rivera, además, nombró a su cuñado y socio de negocios, Quintín Negrón Sanjurjo como jefe de tercera clase en su despacho, con un sueldo de 800 pesos y un sobresueldo añadido de 1200, lo que convirtió su retribución anual en 2000 pesos.[429]

El 11 de febrero de 1898, a las nueve en punto de la mañana, en el Palacio de Santa Catalina los secretarios y subsecretarios juraron lealtad a España.

> Se presentó S.E. el Gobernador general, acompañado de los señores ministros de la colonia, en el salón del trono. Al fondo de este se levantaba un modesto altar, con un Crucifijo bajo un dosel rojo y el libro de los Evangelios.
> El salón estaba completamente ocupado por la concurrencia; a la izquierda se veía el elemento militar y a la derecha el civil.
> El acto principió leyendo el señor secretario de Gobierno el nombramiento de cada uno de los ministros de la colonia. Después S.E. el Gobernador tomó juramento, primero al señor presidente del consejo, después al señor secretario de Gobernación y seguidamente por su orden a los demás ministros, en esta forma:
> —¿Juráis por Dios y por los Santos Evangelios, ser fiel a S.M. el Rey D. Alfonso XIII, y en su nombre a la Reina Regente; ateneros estrictamente a las leyes, a su genuina inteligencia y a la constitución colonial; desempeñar el cargo que el Gobierno general os ha encomendado, con cuanta asiduidad y atención pudieseis, mirando en todo por el bien de la nación y de la colonia? Los ministros, con rodilla en tierra y la mano sobre los Evangelios, contestaron por turno.
> —Sí, juro.
> —Si así lo hiciereis, Dios os lo premie y si no, os lo demande—, dijo el Gobernador.[430]

No transcurrieron siete meses sin que cada uno de ellos abjurara de sus lealtades a España.

---

[425] «Implantación de la autonomía». *La Correspondencia*. San Juan, Puerto Rico. 11 de febrero de 1898, pág. 2.
[426] «Puerto Rico». *El País*. San Juan, Puerto Rico. 22 de marzo de 1898, pág. 2.
[427] «Secretaría de Despacho de Instrucción Pública. Decreto». *La Gaceta de Puerto Rico*. San Juan, Puerto Rico. 19 de febrero de 1898, pág. 1.
[428] «Secretaría del Despacho de Gracia y Justicia y Gobernación». *La Gaceta de Puerto Rico*. San Juan, Puerto Rico. 19 de febrero de 1898, pág. 1.
[429] «Secretaría de Gracia y Justicia y Gobernación». *La Democracia*. Ponce, Puerto Rico. 22 de febrero de 1898, pág. 2.
[430] «Implantación de la autonomía»...

CAPÍTULO 3

Muñoz Rivera (sentado en la extrema izquierda) se nota incómodo en esta única fotografía del Gabinete provisional en el que tuvo que ceder la presidencia y compartir funciones con los ortodoxos. Sentado a la diestra del presidente, Francisco Mariano Quiñones es el único que inclina el cuerpo tomando distancia mientras mantiene el puño izquierdo cerrado. Para mayor incomodidad, la declaración de guerra de Estados Unidos a España retrasó la primera reunión del Parlamento Insular, por lo que este cuerpo de secretarios provisional se mantuvo en funciones hasta el 21 de julio de 1898, fecha en la que, por fin, Luis Muñoz Rivera se sentó en el centro al ocupar el cargo de primer ministro. Imagen: Dominio público.

El peor de los insultos

Dos días antes del pomposo juramento de los secretarios autonómicos puertorriqueños, Estados Unidos amaneció con una noticia que estremeció los ánimos.

En la mañana del 9 de febrero de 1898, el periódico de William Randolph Hearst, *New York Journal*, publicó en primera plana una carta escrita por el ministro español Dupuy de Lôme bajo el gigantesco titular: «El peor insulto a Estados Unidos en su historia».[431] La carta en cuestión, estaba dirigida al comisionado José Canalejas, con fecha de diciembre de 1897. En ella, Dupuy de Lôme criticaba la capacidad de McKinley como presidente tildándolo de débil, populachero y politicastro. La comunicación había sido interceptada por los revolucionarios cubanos. El día anterior a su publicación, en una jugada desesperada, Horatio Rubens, representando a la Junta del Partido Revolucionario Cubano, la entregó personalmente al *New York Journal*.[432]

Si una bomba hubiera explotado en la Quinta Avenida no hubiera causado tanto escándalo como lo hizo la publicación de las palabras de Dupuy de Lôme. Los periódicos continuaron magnificando la noticia, agregando condimento a lo dicho y exigiendo acción por parte de la administración McKinley.

Con esta movida del Partido Revolucionario no solo quedó trunca la carrera diplomática de Dupuy de Lôme, quien tuvo que salir a toda prisa de Washington; junto a él —y más importante aún— cayó la última ficha de apoyo al proyecto de neutralidad y autonomía para Cuba orquestado por los hombres del Sugar Trust. La filtración vergonzosa de las opiniones del ministro Lôme sobre McKinley fue una estocada a las fuerzas que impulsaban el mantenimiento del *statu quo* en Cuba difícil de superar.

Frenesí de nombramientos

Sin reparar en los graves acontecimientos que se vivían en Cuba y Estados Unidos, que apuntaban a una guerra segura, los secretarios criollos decidieron que era el momento de ponerse cómodos y disfrutar de su triunfo. Por fin habían logrado sentarse en el Gobierno y ya era la hora de acaparar los puestos públicos con sus amigos, amigos de los amigos, sobrinos, hermanos y tíos.

Desde febrero hasta noviembre de 1898, los secretarios y subsecretarios del Gabinete Autonómico hicieron al menos 1160 nombramientos incluyendo más de 150 jueces, 49 alcaldes y 162 concejales, en 23 ayuntamientos. Desde febrero tuvieron en sus manos (y no lo desaprovecharon) el control directo de más de 400 puestos públicos, con una nómina anual que excedía los 300 000 pesos. Además de esos cargos subordinados de forma directa a las Secretarías (subsecretarios, escribanos, conserjes, secretarios personales, etc.), controlaron muchos otros empleos públicos relacionados con tribunales, presidios, sanidad, ayuntamientos, obras públicas,

---

[431] Morris: *The Rise of Theodore Roosevelt*..., pág. 623.
[432] *Id.*

transportación, educación, Policía y seguridad civil. Según ha establecido el historiador Rafael Torrech San Inocencio, «la participación directa e indirecta del Gabinete Autonómico implicó un 55% del presupuesto insular o su equivalente de 2.48 millones de pesos».[433]

«Vamos empleaditos: Id preparando vuestras renuncias».[434] Con esta frase se anunciaba, en noviembre de 1897, la sangría que se avecinaba para la empleomanía pública aliada al Partido Incondicional Español. Desde por lo menos el 14 de diciembre de 1897, los autonomistas criollos comenzaron a sustituir a los funcionarios incondicionales. Ese día, José Severo Quiñones se convirtió en jefe de administración local y José Gómez Brioso, en médico inspector de Sanidad con un sueldo anual de 1200 pesos y 1800 de sobresueldo.[435] El 17 de diciembre, Francisco de Paula Acuña asumió el cargo público de consejero ponente del Consejo de Administración[436] mientras que el 22 de enero de 1898, Cayetano Coll y Toste fue nombrado, por decreto, delegado de la región de San Juan en la administración central de Rentas y Aduanas.[437]

Según *La Democracia*, el nuevo Gobierno colonial recibió más de 2000 solicitudes antes del 16 de febrero de 1898, «en gestión de cargos y empleos públicos».[438] Pero según el mismo parte de prensa, estos empleos serían solamente «para los que han sido y son autonomistas, para los que han coadyuvado con sus esfuerzos a la consecución del nuevo régimen».[439]

En otras palabras, los empleos públicos, que hasta esa fecha gravitaban en la órbita de los peninsulares, ahora serían propiedad exclusiva de los líderes criollos autonomistas. Era «natural» que se les entregara la administración a «personas de notorio abolengo liberal»,[440] decía el entonces director de *La Democracia,* y agregaba:

> La autonomía se ha hecho para el país sin distinción de ideas, clases ni personas, porque todos hemos de palpar los beneficios de su planteamiento. Mas, en lo que concierne a la forma y a los medios que han de emplearse en su aplicación, la autonomía se ha hecho para los autonomistas, solamente para los autonomistas.[441]

Estaba claro y era *vox populi*, que el banquete de fondos públicos no era para todos, sino solo para un estrecho círculo de amigos y familiares. Incluso, Luis Muñoz Rivera cuando tuvo que defenderse de las críticas por nombrar unilateralmente a alcaldes y concejales, lo hizo bajo la premisa de que él nombraba solamente a autonomistas. Le cuestionó al periódico *El Autonomista*: «¿Hubiera usted preferido que viniesen a regir los municipios para la implantación del nuevo régimen, los antiguos alcaldes incondicionales, enemigos eternos de este régimen?».[442]

Ni los incondicionales ni los que estaban fuera del círculo íntimo del nuevo régimen podrían aspirar legítimamente a ningún puesto. Tampoco los fusionistas podían pretender ser nombrados

---

[433] Torrech: «1898: De propaganda a gobierno...».
[434] «A diestro y siniestro». *La Democracia*. Ponce, Puerto Rico. 12 de noviembre de 1897, pág. 2.
[435] «Negociado de personal». *La Gaceta de Puerto Rico*. San Juan, Puerto Rico. 20 de diciembre de 1897, pág. 1.
[436] «Negociado de personal». *La Gaceta de Puerto Rico*. San Juan, Puerto Rico. 18 de diciembre de 1897, pág. 1.
[437] «Negociado de personal». *La Gaceta de Puerto Rico*. San Juan, Puerto Rico. 24 de enero de 1898, pág. 1.
[438] Astol, Eugenio: «Plaudite Cives». *La Democracia*. Ponce, Puerto Rico. 22 de febrero de 1898, pág. 2.
[439] «Empleados públicos». *La Democracia*. Ponce, Puerto Rico. 16 de febrero de 1898, pág. 2.
[440] Astol: «Plaudite Cives»...
[441] *Id.*
[442] «A *El Autonomista*». *La Democracia*. Ponce, Puerto Rico. 7 de marzo de 1898, pág. 2.

a las Secretarías ortodoxas y viceversa. Basta leer *La Democracia,* en su sección de *Notas políticas*, correspondientes al 22 y 25 de febrero de 1898, para constatar lo anterior:

> De Caguas recibimos esta mañana despacho telegráfico que dice así: «Protestamos enérgicamente contra el nombramiento de don Narciso Soler para tesorero de Hacienda, por haber en el partido autonomista hombres aptos tan capaces como él para desempeñar tan honroso puesto». Siguen 300 firmas.
>
> *El Autonomista* de ayer, volviendo a ocuparse de los nombramientos de Hacienda extráñase de que hombre como don Narciso Soler, Pinacho y otros hayan sido propuestos para diferentes cargos que «más parecen premios otorgados por los hombres del nuevo régimen a los que fueron fanáticos servidores del incondicionalismo».[443]
>
> De Adjuntas nos anuncian el envío de una protesta —suscrita por más de mil personas— contra los nombramientos hechos por el señor Fernández Juncos, secretario del Despacho de Hacienda, a favor de conservadores intransigentes enemigos encarnizados del nuevo régimen.[444]

La práctica de nombrar solo a amigos y familiares a los puestos públicos se extendió muy pronto y, lo peor, se convirtió en lo habitual, en lo cotidiano. La gente empezó a percibir como normal estos nombramientos corruptos e, incluso, participó de los linchamientos colectivos que, con frecuencia, se invocaban desde la prensa. Por ejemplo, el Comité Fusionista de Mayagüez nombró a 13 empleados para el ayuntamiento de ese municipio, de ellos 11 liberales-fusionistas y 2 ortodoxos. *El Imparcial* se quejó del nombramiento de los ortodoxos. El presidente del Comité Fusionista mayagüezano explicó que los dos 'puros' fueron recomendados por un compañero fusionista y por eso se colaron dentro del banquete público. El presidente en cuestión, un personaje de apellido Gatell, terminó expulsado de la colectividad por transgredir la regla de «todo para nosotros, nada para ellos».[445]

Por supuesto, las cualificaciones para estos puestos tampoco eran accesibles a los pobres, a «esos hombres»[446] a los que se refería Muñoz Rivera y de quienes tomaba distancia. En un país donde reinaba el analfabetismo y la extrema pobreza, la mayoría de la población estaba excluida de las oportunidades que ponía a su alcance el Estado. Pero sí estaba incluida la llamada clase media. Los profesionales, especialmente los abogados y los entendidos en leyes como José de Diego y Herminio Díaz Navarro, se consideraban más aptos que los meros rentistas para ejercer influencia y constituirse en patronos gracias a los recursos de la administración.

Manuel Fernández Juncos, como secretario de Hacienda, hizo 376 nombramientos, todos en el mes de febrero de 1898; el secretario de Obras Públicas del Comité Liberal Fusionista, Juan Hernández López, llenó 223 puestos públicos en el mes de febrero, 40 en mayo y 78 en junio; Manuel F. Rossy, ortodoxo y secretario de Instrucción Pública, nombró 16 plazas en febrero, 94 en marzo y 146 en abril de 1898.[447] Esos números significan que hubo igual cantidad de despidos

---

[443] «Notas políticas». *La Democracia*. Ponce, Puerto Rico. 22 de febrero de 1898, pág. 2.
[444] «Notas políticas». *La Democracia*. Ponce, Puerto Rico. 25 de febrero de 1898, pág. 2.
[445] «Meditemos». *El País*. San Juan, Puerto Rico. 6 de julio de 1898, pág. 1.
[446] Muñoz Rivera, Luis: «Las causas del mal». *La Democracia*. Ponce, Puerto Rico. 17 de febrero de 1891, pág. 2.
[447] Torrech: «1898: De propaganda a gobierno…».

de personal asociado a los incondicionales. De igual modo nos dan una buena idea de la actividad, bastante frenética, en la que estuvieron inmersos los secretarios autonómicos.

Si bien es cierto que todos los secretarios se sumergieron en la carrera de nombramientos, también es cierto que la magnitud de las redes caciquiles y los patronazgos políticos que se fraguaban como un molde, se observan de forma más nítida en los nombramientos realizados por Luis Muñoz Rivera. Los hizo, primero como presidente del Comité Provincial del Partido Liberal Fusionista (noviembre 1897-febrero 1898); luego como secretario de Gracia, Justicia y Gobernación (febrero a julio de 1898); y, por último, como primer ministro y secretario de Gobernación (julio 1898- febrero 1899).

No hubo ningún otro político criollo que desplegara una actividad más febril que Muñoz Rivera; tampoco ninguno que abarcara casi todas las áreas del funcionariado público. Muñoz tuvo acceso a plazas de jueces, fiscales, magistrados, conserjes, vigilantes, notarios, oficiales de la Audiencia Territorial (Tribunal Supremo), subinspectores de vigilancia, alcaldes, concejales, celadores, porteros, escribanos y mozos de estrado. Esos empleados públicos que debían su trabajo a Muñoz —entre los que se encontraban dos de sus hermanos, su tío, sus primos, sus cuñados, su suegro, sus amigos, familiares e hijos de sus amigos— se mantuvieron dentro de la plantilla estatal a pesar del cambio de metrópoli y, entre todos, conformaron una poderosa red de clientelas que se mantuvo en acción hasta bien entrado el siglo XX. Más tarde, su hijo Luis Muñoz Marín recogerá el batón y perpetuará el poder del padre a golpe de propaganda populista, red de clientelas y manipulación de la historia.

La red clientelar del Jefe

Muñoz Rivera sabía de primera mano las ventajas de tener acceso a los puestos públicos. Su padre y su abuelo hicieron carrera y fortuna gracias a la generosidad de los salarios que recibieron del Estado, no por sus méritos sino por sus cercanías al partido predominante en la isla.

El hijo de Don Luis era muy consciente de que, quien tuviera el control de los empleos públicos se convertía en cacique y el cacique ejercía un poder hegemónico sin importar la posición política que ocupara. Ese poder era lo que quería a toda costa. Tenía hambre no disimulada de ser reconocido, aplaudido, vitoreado, idolatrado por sus acólitos y temido por sus adversarios. Aspiraba a ser el primer ministro, el gobernador, la figura máxima en el escalafón político. Esta enfermiza megalomanía lo acompañó durante toda su vida política. Así fue reconocido tanto por sus amigos como por sus enemigos. Arthur Yager, por ejemplo, gobernador de Puerto Rico de 1913 a 1921, aseguró ante el Senado de Estados Unidos en marzo de 1914, que lo único que interesaba a Muñoz era «the contest for offices».[448] También los hombres cercanos a él notaron su avidez por el poder. Manuel Zeno Gandía observó que Muñoz parecía «tener una aspiración muy grande y el temor de que jamás le será dable realizarla». Antepone sus propios intereses a los intereses de la patria».[449]

---
[448] «Legal Point may Stop Citizenship». *Porto Rico Progress*. San Juan, Puerto Rico. 25 de marzo de 1914, pág. 1.

A pesar de que José de Diego se declaró republicano, apoyó sin cuestionamientos a Luis Muñoz Rivera en su fusión con el partido monárquico, liderado por Sagasta. Tampoco tuvo reparos en ocupar altos cargos públicos cuando su protector político llegó al poder.

El semanario político-satírico *El Momio* recogió en un poema el cambio de ideologías de José de Diego:

En el pueblo de Arecibo
hasta ayer conservador
y de ayer en adelante
dominios del hombre-Dios*
hubo una vez un periódico,
incansable defensor
de la forma de gobierno
que pretende Salmerón.

En San Juan de Puerto Rico,
decimos, Diego fundó
otro periódico bravo
que *El Liberal* tituló
para defender con bríos
y propagar con tesón
(aunque un tanto trasnochado,
según la pública voz)
la española Monarquía
y el pueblo de Luis Muñoz.
¡Viva España! ¡Viva el Rey!
¡Que viva siempre español
nuestro querido terruño!
aunque Moret no lo quiere,
¡que viva! ¡lo mando yo!...

Ese grito hoy Pepe Diego
bajo el poder de Muñoz:
eso predice y defiende
el letrado que ofreció
su birrete a la república...
¡Compare: el viento cambeó!

*Se refiere a Luis Muñoz Rivera

Véase: «Romances». *El Momio.* San Juan, Puerto Rico. 6 de febrero de 1898, pág. 1.

Luis Muñoz Rivera se convierte en cacique

Ya sabemos que uno de los primeros actos de Muñoz Rivera como secretario del Gabinete Autonómico fue conformar su estrecho círculo de confianza. Como subsecretario nombró a su incondicional colaborador, José de Diego. A su cuñado, amigo de la infancia y socio de negocios, Quintín Negrón Sanjurjo lo escogió como jefe de tercera clase en su Secretaría[450] y luego lo premió, en mayo de 1898, con la plaza de contador en la importante Aduana de Ponce.[451] Para sustituir a Negrón Sanjurjo en el Gabinete eligió para jefe de la Secretaría a Ramón Siaca Pacheco.[452] Luego de asumir el cargo de primer ministro, nombró a su cuñado, Américo Marín como oficial tercero de Administración Civil al servicio de la presidencia.[453] El 28 de agosto de 1898 nombró a su amigo de Barranquitas, Pablo Figueroa, preferente de la Aduana de Fajardo.[454] Finalmente, en noviembre de 1898 bajo el gobierno militar de John R. Brooke, nombró a Manuel Lorenzo Camuñas[455] como subsecretario, luego de ascender a José de Diego al puesto de magistrado en la Audiencia Territorial.[456]

La red clientelar de Muñoz no comenzó en febrero de 1898 con su acceso a la Secretaría de Gracia, Justicia y Gobernación, sino unos meses antes.

Cuenta el investigador Rafael Torrech que, el martes, 30 de noviembre de 1897 —apenas transcurridos tres días de la publicación en Madrid de la Carta Autonómica— el entonces gobernador de la isla, Sabas Marín citó a La Fortaleza a Luis Muñoz Rivera y a Juan Hernández López, ambos del Comité Provincial del Partido Liberal Fusionista, y a Alejandro Villar y a Fermín Martínez Villamil, líderes del Partido Incondicional Español. En aquella reunión, el gobernador les informó a los presentes sobre los decretos autonómicos y el interés de Sagasta en que el gobernador solicitara los consejos y cumpliera las recomendaciones del Comité Liberal Fusionista. En otras palabras, tal como ocurría en Madrid, la pretensión era disolver el *statu quo* y formar un nuevo Gobierno con los hombres aliados de Sagasta. En ese instante, Sabas Marín entregó a Muñoz «una larga lista de empleos políticos que debían ser cambiados».[457]

Al salir de la reunión, Muñoz, eufórico, le pidió a Hernández López: «haga el favor de darme un pellizco en el brazo para saber si estoy despierto o soñando».[458]

Ese día, por primera vez, tuvo sentido la fusión con Sagasta. Aquellos que insisten en justificar esa fusión sobre la base de la autonomía se equivocan. La única explicación posible —como ya hemos establecido— se encuentra en niveles menos patrióticos y más egoístas: el franqueo libre a la repartición del banquete público y el acceso al sistema de turnos.

---

[449] Calderón: *La pluma como arma...*, págs. 377-386.
[450] «Secretaría de Gracia y Justicia y Gobernación». *La Democracia*. Ponce, Puerto Rico. 22 de febrero de 1898, pág. 2.
[451] «Cartera de la Isla». *La Democracia*. Ponce, Puerto Rico. 23 de mayo de 1898, pág. 3.
[452] Siaca Pacheco llegará a ser secretario auxiliar del Gobierno, bajo William Hunt, y secretario ejecutivo, bajo Arthur Yager.
[453] «Gobierno insular de Puerto Rico. Presidencia». *La Gaceta de Puerto Rico*. San Juan, Puerto Rico. 4 de octubre de 1898, pág. 1.
[454] Negrón: *Los primeros treinta años...*, pág. 67.
[455] Camuñas estuvo en el primer Consejo Ejecutivo bajo la Ley Foraker. Luego fue electo para la Cámara de Delegados (1902-1908); en 1911 volvió al Consejo Ejecutivo hasta 1915, año que fue nombrado director del Departamento del Trabajo, Beneficencia y Corrección.
[456] «Secretaría de Gobernación». *La Gaceta de Puerto Rico*. San Juan, Puerto Rico. 25 de noviembre de 1898, pág. 1.
[457] Torrech: «1898: De propaganda a gobierno...». Véase otra versión de este encuentro en: Fra Filippo Lippi: «Desde San Juan». *The Puerto Rico Herald*. Año I. Núm. 24. Nueva York, 21 de diciembre de 1901.
[458] *Id.*

Con la llave en la mano de cientos de empleos públicos, Luis Muñoz Rivera no perdió tiempo. A pesar de que en noviembre de 1897 no tenía un cargo oficial que le permitiera hacer nombramientos de forma directa, sí aprovechó aquella larga lista para configurar con rapidez el camino que lo llevaría a la hegemonía política. Sus primeros esfuerzos se concentraron en lo que verdaderamente importaba en ese momento: las juntas de los censos electorales, los ayuntamientos y la judicatura.

Recordemos que el fraude electoral, base y espina dorsal del sistema de turnos, se realizaba mediante dos procedimientos: la manipulación del censo, excluyendo a unos e incluyendo a ausentes y difuntos cuya personalidad era suplantada en el acto de votar; y la falsificación de las actas conseguida gracias al dominio sobre las mesas electorales. Por lo tanto, para controlar los censos había que controlar las juntas electorales, y para controlar las mesas electorales era imprescindible controlar los ayuntamientos. No olvidemos que el presidente de cada mesa electoral no era otro que el alcalde y, en aquellos casos en los que hubiera varias secciones en un mismo pueblo, la presidencia recaía, luego del alcalde, en los tenientes de alcalde, concejales o alcaldes de barrio: todos relacionados a la figura omnímoda del alcalde.[459]

El alcalde desempeñaba la doble función de representante del Estado en el municipio y de órgano ejecutivo del gobierno local. Entre sus competencias destacaba la redacción del padrón, la recaudación de los impuestos, funciones de policía y guardería rural, obras de interés general, supervisión de los servicios sanitarios, de instrucción pública y de beneficencia, además de los contratos y las actividades comerciales. Por lo tanto, controlar el ayuntamiento significaba regular por completo la vida de la comunidad.[460]

Conociendo lo anterior, podemos entender por qué Muñoz Rivera prefirió no ocupar ningún puesto público entre diciembre de 1897 y febrero de 1898, y optó por tener manos libres con los movimientos de personal desde su posición de presidente del Comité Liberal Fusionista. No aceptó una plaza de Gobierno, pero sí, gustoso, accedió a ser parte de la Junta Insular del Censo Electoral junto a su fiel escudero, Juan Hernández López y el también fusionista, Francisco de Paula Acuña.[461] Esa labor de zapa —silenciosa y anónima— cosechó buenos frutos. Tanto así que el 28 de diciembre de 1897 *La Gaceta de Puerto Rico* dio a conocer los nombres de quienes presidirían las juntas municipales del censo: todos muñocistas.

Era evidente que en la lista de los presidentes municipales predominaba el apellido Muñoz: Ramón Muñoz Carazo, síndico del ayuntamiento de Aguas Buenas, fue el seleccionado como presidente de la junta electoral de ese municipio; Luis Muñoz Morales se convirtió en presidente de la junta de Cayey y Diego Becerra Muñoz,[462] hasta ese momento síndico del ayuntamiento, asumió la presidencia de la junta de Aibonito.[463]

Otros nombres no asociados de forma directa al clan Muñoz nos recuerdan a poderosos amigos del Jefe. Es el caso de Antonio R. Barceló, quien fue el premiado con el puesto de presidente de la junta electoral de Fajardo; José Cesteros, presidente de la junta de Bayamón; Francisco Escuté,

---

[459] «Secretaría de Despacho de Gracia y Justicia y Gobernación». *La Democracia*. Ponce, Puerto Rico. 14 de marzo de 1898, pág. 2.
[460] Moreno: «Teoría del clientelismo…».
[461] «Negociado 1º. Decreto». *La Gaceta de Puerto Rico*. San Juan, Puerto Rico. 21 de diciembre de 1897, pág. 1.
[462] Emparentado con Muñoz Rivera y sobrino de Francisco Becerra Otero, primer maestro de instrucción pública que tuvo Luis Muñoz Rivera. Véase: Negrón: *Los primeros treinta años…*, pág. 25.
[463] «Secretaría de Gobierno». *La Gaceta de Puerto Rico*. San Juan, Puerto Rico. 28 de diciembre de 1897, pág. 2.

presidente de la junta de Juncos, y Adolfo Rieckehoff, administrador de Aduanas en Vieques, presidente de la junta electoral de esa isla-municipio.[464]

Las 60 juntas electorales que organizarían los censos electorales de todo el país y que dirigirían las elecciones autonómicas estaban todas presididas por seguidores o familiares de Luis Muñoz Rivera. Estos hombres tuvieron la responsabilidad de inspeccionar y organizar los aspectos relacionados con el censo electoral; recibir y resolver las quejas de los electores insatisfechos y, junto con los jueces municipales, ejercer jurisdicción disciplinaria sobre todas las personas que intervinieran con carácter oficial en las operaciones electorales.[465]

El día en que se constituyeron las juntas municipales del censo electoral, Muñoz Rivera ganó las elecciones.

Los ayuntamientos caen bajo el dominio del Jefe

Los nombramientos de hombres afines a Muñoz en las alcaldías comenzaron 48 horas después de la reunión entre Muñoz Rivera y el gobernador Sabas Marín.

Según la ley, el alcalde se debía seleccionar entre los concejales electos, por lo que era esencial ganar las elecciones municipales. Pero Muñoz Rivera no podía esperar. Necesitaba a los alcaldes precisamente para ganar las elecciones que ocurrirían el 27 de marzo de 1898.

Tan rápido como el viernes 3 de diciembre de 1897, dos días después de que el gobernador le entregara aquella famosa lista a Muñoz Rivera, sucedió el primer cambio político en los ayuntamientos. Ese día, el gobernador, utilizando la facultad que le concedía el artículo 52 de la Ley Municipal, nombró alcalde de Ponce a un muñocista consumado: Luis Gautier.[466] Siete días más tarde, y siguiendo las peticiones de Muñoz, nombró al alcalde de Vieques y al de Dorado.[467] El 17 de diciembre, José Colón Hoyos se convirtió en alcalde de Barranquitas, y Manuel Pérez Avilés en alcalde de Arecibo.[468] Una semana más adelante, el 22 de diciembre, Gregorio Kuinlan se sentó en la poltrona municipal de Manatí,[469] y 24 horas después, Juan Ramón Rivera asumió el cargo de alcalde del ayuntamiento de Camuy; Tulio Otero Ramírez, el de Vega Baja mientras el hacendado Eduardo Giorgetti, hombre muy cercano a Muñoz Rivera, ocupaba la alcaldía de Barceloneta.[470] El 31 de diciembre de 1897, para cerrar el año, nombró a Eliseo Font y Guillot como alcalde de la ciudad de Mayagüez; a Celestino Domínguez, alcalde de Guayama; Ovidio Colón, alcalde de Santa Isabel; Lorenzo Casalduc, alcalde de Utuado; Francisco Figueroa, alcalde de Añasco; José María Padilla, alcalde de Arroyo; Vicente Quiñones, alcalde de Lajas, y a Virgilio Acevedo, alcalde de Lares.[471]

---

[464] *Id.*
[465] «Reglamento provisional para la adaptación de la ley electoral». *El País*. San Juan, Puerto Rico. 12 de marzo de 1898, pág. 2.
[466] «Secretaría. Negociado 1º». *La Gaceta de Puerto Rico*. San Juan, Puerto Rico. 13 de diciembre de 1897, pág. 1.
[467] «Secretaría. Negociado 1º». *La Gaceta de Puerto Rico*. San Juan, Puerto Rico. 4 de diciembre de 1897, pág. 1.
[468] «Secretaría. Negociado 1º». *La Gaceta de Puerto Rico*. San Juan, Puerto Rico. 20 de diciembre de 1897, pág. 1.
[469] «Secretaría. Negociado 1º». *La Gaceta de Puerto Rico*. San Juan, Puerto Rico. 23 de diciembre de 1897, pág. 1.
[470] «Secretaría. Negociado 1º». *La Gaceta de Puerto Rico*. San Juan, Puerto Rico. 24 de diciembre de 1897, pág. 1.
[471] «Secretaría. Negociado 1º». *La Gaceta de Puerto Rico*. San Juan, Puerto Rico. 1 de enero de 1898, pág. 1.

En febrero de 1898, a pesar de los eventos internacionales que exigían atención, San Juan se detuvo para realizar unos pomposos funerales al que fuera gobernador de la isla por 8 horas, Andrés González Muñoz. Imagen: Fotógrafo: Feliciano Alonso. «Entierro del teniente general Exmo. Sr. D. Andrés González Muñoz». *La Ilustración Artística*. Año XVII. Barcelona. 28 de febrero de 1898, pág. 143.

Sin descanso, el 3 de enero de 1898, y a pesar de que fue su último día como gobernador, Sabas Marín aprobó los nombramientos de José de Jesús Rodríguez para alcalde de Barros; del tío de Luis Muñoz Rivera, Vicente Muñoz Barrios, como alcalde de Caguas; y de Tomás Mestre, como alcalde de Cidra.[472] El 8 de enero, bajo el Gobierno interino del general Ricardo Ortega Diez, continuaron los cambios políticos en las alcaldías. Espartano Franceschi, hasta ese día concejal de Juana Díaz, fue nombrado alcalde-presidente.[473] El 10 de enero, a pesar de que ya se sabía que el gobernador en propiedad, Andrés González Muñoz, llegaría a la isla al día siguiente, el interino firmó el nombramiento de José J. Dávila, como alcalde de Yabucoa.[474]

El 11 de enero de 1898, ocho horas después de asumir la gobernación general de la isla, el general Andrés González Muñoz murió de un ataque repentino al corazón. Por esta razón, para fortuna de Muñoz Rivera, el general Ricardo Ortega Diez retomó el interinato y, el 29 de enero de 1898, hizo oficial el nombramiento de un nuevo alcalde para Maricao y otro para Las Piedras.[475] Dos días después, hizo lo propio con José Cestero Umpierre[476] como alcalde de

---

[472] «Secretaría. Negociado 1º». *La Gaceta de Puerto Rico*. San Juan, Puerto Rico. 4 de enero de 1898, pág. 1.
[473] «Secretaría. Negociado 1º». *La Gaceta de Puerto Rico*. San Juan, Puerto Rico. 10 de enero de 1898, pág. 1.
[474] «Secretaría. Negociado 1º». *La Gaceta de Puerto Rico*. San Juan, Puerto Rico. 11 de enero de 1898, pág. 1.
[475] «Secretaría. Negociado 1º». *La Gaceta de Puerto Rico*. San Juan, Puerto Rico. 31 de enero de 1898, pág. 1.

Bayamón y Francisco Escuté para ocupar la silla municipal en Juncos.[477] Ambos, Cestero y Escuté, eran, además, los presidentes de las juntas electorales de sus respectivos municipios.

Por fin, luego de dos interinatos y un gobernador muerto, el general Manuel Macías Casado tomó posesión como gobernador general de la isla el 2 de febrero de 1898.[478] Macías detuvo los movimientos políticos en las alcaldías y concentró sus esfuerzos en configurar, de una buena vez, el Gabinete Autonómico, que se logró instaurar, no sin pocos esfuerzos, el 11 de febrero de 1898.

Ahora bien, si hacemos balance sobre la situación de las alcaldías para la fecha en que los secretarios autonómicos juraron lealtad a España, habrá que concluir que Luis Muñoz Rivera dominaba 26 de las 71 alcaldías que existían en Puerto Rico. Es decir, antes de ser secretario de Gobernación y tener plena injerencia sobre las alcaldías, Muñoz Rivera tenía control del 37% de todos los ayuntamientos del país y, por lo tanto, de las mesas electorales de cada uno de esos municipios.

Luego del 11 de febrero, y ya en funciones como secretario de Gabinete, continuó nombrando alcaldes, esta vez de forma directa, sin la intervención del gobernador. Para intentar explicar nombramientos que antes había criticado, Muñoz Rivera tuvo que recurrir a bizarras interpretaciones de la ley.

La nueva Constitución Autonómica exigía que todos los alcaldes fueran seleccionados por los concejales del municipio al que pertenecían. Pero Muñoz, de forma muy hábil, aprovechó un telegrama de enero de 1898 enviado al entonces gobernador por el ministro de Ultramar en el que, refiriéndose a otro caso, explicaba que mientras no se realizaran las elecciones, seguía vigente el artículo 52 de la Ley Municipal que reservaba al Gobierno la facultad de nombrar alcaldes.[479] Con ese salvoconducto en la mano, Muñoz destituyó y nombró nuevos alcaldes en 49 pueblos, además de agenciarse un delegado para la isla de Culebra, lugar en el que para la fecha no existía una corporación municipal. Estas cifras, unidas a los nombramientos anteriores al 11 de febrero de 1898, representaron el 100% de las alcaldías que existían en ese momento en Puerto Rico.[480]

El 19 de febrero de 1898, apenas ocho días después de asumir el control de Gracia, Justicia y Gobernación, Luis Muñoz Rivera nombró de forma directa a los alcaldes de Rincón, Quebradillas, Loíza, San Lorenzo, Yauco, Hatillo, Humacao, Aguada y Las Marías.[481] El 28 de ese mismo mes, con mucha prisa antes de que lo atrapara la veda electoral, nombró a un delegado para la isla de Culebra y a 14 alcaldes para los municipios de San Juan, Toa Baja, Hormigueros, San Sebastián, Río Piedras, Trujillo Alto, Cabo Rojo, Ciales, Cayey, Aibonito, Aguas Buenas, Carolina, Maunabo y Corozal.[482] El propio Muñoz se vio obligado a reconocer que, en efecto, intervino indebidamente con el nombramiento de los alcaldes previo a las

---

[476] Murió siendo alcalde el 8 de abril de 1898. Las cintas del féretro las llevaron los vocales del comité local del Partido Liberal Fusionista. «El entierro de don José Cestero Umpierre, en Bayamón». *La Correspondencia*. San Juan, Puerto Rico. 12 de abril de 1898, pág. 2.

[477] «Secretaría. Negociado 1º». *La Gaceta de Puerto Rico*. San Juan, Puerto Rico. 2 de febrero de 1898, pág. 1.

[478] «Gobierno General de la isla de Puerto-Rico». *La Gaceta de Puerto Rico*. San Juan, Puerto Rico. 3 de febrero de 1898, pág. 1.

[479] «A *El Autonomista*»...

[480] Torrech: «1898: De propaganda a gobierno...».

[481] «Decretos». *La Gaceta de Puerto Rico*. San Juan, Puerto Rico. 21 de febrero de 1898, pág. 1.

[482] «Parte Oficial. Gobierno Insular». *La Gaceta de Puerto Rico*. San Juan, Puerto Rico. 2 de marzo de 1898, pág. 1.

elecciones. Se justificó diciendo que lo hizo para «anular las influencias de los incondicionales», garantizando con esto «la libre emisión del sufragio».[483]

En mayo, y ya pasadas las elecciones, escogió al alcalde de Quebradillas,[484] destituyó al incumbente en Vieques y nombró a uno más leal a su figura.[485] En junio, designó a los de Ponce,[486] Camuy y Salinas;[487] y el 7 de julio, a los de Barranquitas y Aguadilla.[488] Dos días antes de la invasión estadounidense, ya como primer ministro, colocó en su puesto al alcalde de Naguabo.[489]

Tras la invasión, Muñoz continuó su ritmo frenético de nombramientos unilaterales de alcaldes. El 13 de octubre (5 días antes del traspaso oficial a Estados Unidos) designó a Cándido Martínez Roselló como alcalde de Yabucoa.[490] El 23 de noviembre de 1898, nombró a Juan Mateu, alcalde de Bayamón; a Eduardo Casalduc, alcalde de Aguadilla; y a José Bigles, alcalde de Aibonito. A su entrañable amigo y socio en negocios, Eduardo Giorgetti, volvió a colocarlo en la silla de alcalde de Barceloneta, ciudad en la que poseía grandes intereses económicos.[491]

Concejales

La importancia de los concejales en los ayuntamientos no fue subestimada por el político aspirante a cacique. En aquellos casos en que no pudo controlar de forma directa al alcalde, utilizó su poder para nombrar a una cantidad mayoritaria de concejales, y dominar así las decisiones dentro del ayuntamiento.

El 17 de marzo de 1898, diez días antes de las elecciones autonómicas, el entonces secretario de Gracia, Justicia y Gobernación, entendió que era «urgentísimo cubrir las vacantes de concejales en el ayuntamiento de Mayagüez», toda vez que ese vacío «entorpece el funcionamiento del municipio» y «considerando que esa necesidad aumenta con las gestiones encomendadas a los concejales en el período electoral». Con esa excusa, Muñoz pudo controlar a 11 concejales de un total de 23 (47.8%). Llama la atención que entre los concejales de Mayagüez se encontraban dos hombres que, andando el tiempo, serían pieza clave en el engranaje clientelar de Muñoz: Federico Basora y Martín Travieso, padre.[492]

Al otro día, 18 de marzo, el secretario volvió a la carga y, esgrimiendo las mismas razones, logró nombrar a 6 concejales de un total de 13 (46.1%) en el ayuntamiento de Barranquitas. Dos días después del bombardeo a San Juan, sabiendo que pronto se convertiría en el primer ministro, Muñoz Rivera consideró de nuevo 'urgentísimo' llenar las vacantes de concejales, esta vez en el

---

[483] «La unión entre ortodoxos y liberales ha vuelto a fracasar». *La Correspondencia*. San Juan, Puerto Rico. 23 de febrero de 1898, págs. 1-2.
[484] «Secretaría de Gracia y Justicia y Gobernación». *La Gaceta de Puerto Rico*. San Juan, Puerto Rico. 25 de mayo de 1898, pág. 1.
[485] «Secretaría de Gracia y Justicia y Gobernación». *La Gaceta de Puerto Rico*. San Juan, Puerto Rico. 14 de mayo de 1898, pág. 1.
[486] «La alcaldía de Ponce». *La Democracia*. Ponce, Puerto Rico. 29 de junio de 1898, pág. 2.
[487] «Secretaría de Gracia y Justicia y Gobernación». *La Gaceta de Puerto Rico*. San Juan, Puerto Rico. 9 de junio de 1898, pág. 2.
[488] *Id.*
[489] «Secretaría de Gracia y Justicia y Gobernación». *La Gaceta de Puerto Rico*. San Juan, Puerto Rico. 23 de julio de 1898, pág. 1.
[490] «Noticias». *La Correspondencia de Puerto Rico*. San Juan, Puerto Rico. 17 de octubre de 1898, pág. 2.
[491] «Secretaría de Gobernación». *La Gaceta de Puerto Rico*. San Juan, Puerto Rico. 25 de noviembre de 1898, pág. 1.
[492] «Decreto». *La Gaceta de Puerto Rico*. San Juan, Puerto Rico. 23 de marzo de 1898, pág. 1.

ayuntamiento de Aguas Buenas, nombrando a 6 de 14 concejales para ese municipio.[493] El 20 de mayo, colocó a 6 concejales de un total de 16 para el ayuntamiento de Camuy.[494] Ya en junio, específicamente el 22, todavía ocupando la Secretaría provisional de Gracia, Justicia y Gobernación, nombró a 5 concejales para el ayuntamiento de Vega Alta; 6 para Barceloneta; y 7 concejales para Patillas.[495] El 30 de junio, llenó la vacante de 6 concejales en el ayuntamiento de Guayama.[496]

Julio fue un mes muy activo para Muñoz Rivera. El día 7, nombró a seis concejales para la corporación municipal de Hato Grande; 6 para Naguabo y 7 para Juana Díaz.[497] El 20 de julio, un día antes de abandonar Gracia, Justicia y Gobernación, se aventuró con mucha prisa a nombrar 7 concejales de un total de 20 para el municipio de Cabo Rojo.[498] El 4 de agosto, mientras el país estaba intervenido por militares estadounidenses, Muñoz Rivera plantó a 6 concejales municipales en Morovis;[499] el 3 de septiembre suspendió «por desacato a la autoridad del Sr. Alcalde» a 11 concejales del ayuntamiento de Vega Baja y nombró la misma cantidad;[500] y el 14 de septiembre de 1898 —utilizando su poder como secretario de Gobernación— nombró una tercera parte (5) de los concejales de Camuy y de Yabucoa.[501]

Así las cosas podemos concluir que, Luis Muñoz Rivera controlaba el 100% de las alcaldías antes de que se celebraran las elecciones de 1898. Esto no solo lo sabemos por los datos ya citados; el propio Muñoz así lo reconoció. En la noche del 22 de febrero cuando en el Ateneo se discutían las bases del nuevo partido que uniría a ortodoxos y liberales, Muñoz Rivera «ofreció a los ortodoxos la mitad de las alcaldías y la mitad de las presidencias de las juntas del censo».[502] A este ofrecimiento Julián Blanco contestó que «el partido Ortodoxo no acepta el ofrecimiento porque teniendo los liberales todas las alcaldías y juntas del censo, faltan garantías para el sufragio».[503] La aseveración de Blanco no fue refutada por ninguno de los presentes. Teniendo en cuenta que nadie ofrece lo que no tiene, debemos concluir que, en efecto, mucho antes del 27 de marzo de 1898, todas las alcaldías, todas las juntas y todas las mesas electorales estaban bajo el dominio hegemónico de Muñoz Rivera.

El ritmo frenético, unilateral y poco democrático con el que Muñoz Rivera nombraba alcaldes y concejales no pasó desapercibido para la oposición, que desde marzo de 1898 dedicó generosos espacios periodísticos al asunto. Era un hecho evidente que Muñoz Rivera hacía lo que muchas veces había criticado. Su política de nombramientos no se diferenciaba en nada de las prácticas corruptas de los incondicionales. Aseveraba *El Autonomista* en marzo de 1898:

> Extraño parece que los mismos que combatieron los nombramientos de alcaldes por el Gobernador, porque mermaban las atribuciones de los Ayuntamientos, creen bueno utilizar hoy el mismo medio como bueno, pretendiendo demostrar que obraban dentro de la Ley. Aunque esta

---

[493] «Secretaría de Gracia y Justicia y Gobernación». *La Gaceta de Puerto Rico*. San Juan, Puerto Rico. 18 de mayo de 1898, pág. 1.
[494] «Decreto». *La Gaceta de Puerto Rico*. San Juan, Puerto Rico. 25 de mayo de 1898, pág. 1.
[495] «Secretaría de Gracia y Justicia y Gobernación». *La Gaceta de Puerto Rico*. San Juan, Puerto Rico. 26 de junio de 1898, pág. 1.
[496] «Secretaría de Gracia y Justicia y Gobernación». *La Gaceta de Puerto Rico*. San Juan, Puerto Rico. 30 de junio de 1898, pág. 1.
[497] «Decreto». *La Gaceta de Puerto Rico*. San Juan, Puerto Rico. 9 de julio de 1898, pág. 2.
[498] «Secretaría de Gracia y Justicia y Gobernación». *La Gaceta de Puerto Rico*. San Juan, Puerto Rico. 23 de julio de 1898, pág. 1.
[499] «Secretaría de Gracia y Justicia y Gobernación». *La Gaceta de Puerto Rico*. San Juan, Puerto Rico. 6 de agosto de 1898, pág. 1.
[500] «Vega Baja». *La Gaceta de Puerto Rico*. San Juan, Puerto Rico. 6 de septiembre de 1898, pág. 2.
[501] «Secretaría de Gobernación». *La Gaceta de Puerto Rico*. San Juan, Puerto Rico. 17 de septiembre de 1898, pág. 1.
[502] «No hay Unión. Adhesión de los liberales a su jefe». *La Democracia*. Ponce, Puerto Rico. 24 de febrero de 1898, pág. 2.
[503] *Id.*

no fuese en el punto de referencia, tan clara como es, debieran obrar en otro sentido, consecuentes con esos principios o con sus anteriores afirmaciones.[504]

Ante las críticas, *La Democracia* contestó en su ya acostumbrado discurso ofensivo, masculino y lleno de retórica populista, propio del fuerte culto a la personalidad que se cocinaba por esos meses. El *alter ego* de Muñoz reconoció que, en efecto, el líder había combatido los anteriores nombramientos hechos por los incondicionales, pero centró su contraataque en la supuesta legalidad de lo que hacía. El periódico justificó —por supuesto— las acciones de Muñoz y, a falta de buenos argumentos, acusó a quienes lo criticaban de ser enemigos aliados de los incondicionales:

> Esos…. Ese mejor dicho, de quien habla el colega, combatió nombramientos que herían con el puñal de un partido implacable adversario, el corazón del pueblo autonomista. Ese combatió nombramientos hechos contra la justicia, en perjuicio del pueblo. Ese, consecuente con sus principios, consecuente con sus anteriores afirmaciones, propone y refrenda nombramientos de alcaldes que vienen a servir al país dentro del nuevo régimen. No lo hace desenfadadamente: lo hace legalmente. No lo hace contra el país, lo hace por el país. Si a nuestro colega hermano le escuecen y le causan profundo dolor los nombramientos propuestos y refrendados por el señor Muñoz Rivera, consuélese que el período eleccionario empezó ya y no es posible hacer más nombramientos. Consuélese. Quince son los alcaldes cuyos nombramientos han sido refrendados en estos últimos días, en la Secretaría de Gobernación por el señor Muñoz Rivera. ¿Hubiera preferido *El Autonomista* que viniesen a regir los municipios para la implantación del nuevo régimen, los antiguos alcaldes incondicionales, enemigos eternos de este régimen?[505]

Muñoz se deshizo en explicaciones, incluso llegó a elaborar una burda teoría legal en la cual el real decreto autonómico —ley por la cual él ocupaba el cargo de secretario de Gracia, Justicia y Gobernación, y la que daba forma a las elecciones autonómicas en las que él era candidato— no estaba vigente. O, según *La Democracia*, estaba vigente «en potencia».

> Y al tratar esa cuestión bajo el punto de vista científico y no con apasionamientos, precisa que digamos que aún promulgada como ya lo ha sido la Constitución autonómica […] está vigente en potencia pero no en acto y solo podrá regir en toda su extensión cuando después de las elecciones, hechas con estricta sujeción a sus preceptos, surjan a la vida político-administrativa aquellos organismos a los que les ha dado mayor suma de derechos exigiéndoles en justa compensación, mayores responsabilidades […]
> Estamos en un período de derecho transitorio. La Constitución Autonómica se rige *in potentia* no regirá *in actu* en todo su alcance y extensión hasta tanto no se celebren las elecciones […].[506]

---

[504] «A *El Autonomista*»...
[505] *Id.*
[506] «La Última Ratio». *La Democracia*. Ponce, Puerto Rico. 4 de marzo de 1898, pág. 2.

Los jueces no son olvidados por el Jefe

Está claro que una de las áreas claves que todo cacique quiere controlar es la relativa al orden judicial y a la administración de la judicatura. En cuanto a las elecciones de 1898, los jueces municipales tuvieron, además, la importante función de remitir a los presidentes de las juntas electorales las listas certificadas con los nombres de los electores que hubieran fallecido y aquellos que, por virtud de alguna resolución judicial, no pudieran votar. El día del evento electoral eran ellos los responsables de velar por que las listas de votantes se mantuvieran de forma visible a la entrada de todos los colegios y de adjudicar, junto a los presidentes de las juntas municipales, las protestas elevadas por los ciudadanos.[507]

A pesar de que sus esfuerzos se concentraron en el nombramiento de alcaldes, Muñoz Rivera no subestimó la importancia de los jueces. Desde muy temprano en diciembre de 1897, el entonces presidente del Comité Liberal Fusionista consiguió pocos pero importantes puestos en la judicatura. Por ejemplo, el 9 de diciembre logró llenar la vacante de juez municipal de Vega Baja con uno de los suyos: don Mariano Montilla Otero, quien tenía «el primer lugar de la terna elevada al efecto».[508] Unos días más tarde, el 23 de diciembre, hizo lo mismo con el juez municipal de Comerío, eligiendo a don Pedro Romero Aguayo.[509] El 14 de diciembre de 1897, consiguió posicionar a los abogados criollos, Cecilio García Morales y Eugenio Álvarez en las importantes sillas de secretario de Sala y oficial de Sala de la Audiencia Territorial de Puerto Rico, y al licenciado José María Sanjuan como secretario de Sala en la Audiencia de la capital.[510]

Luego del 11 de febrero de 1898, ya en funciones como secretario de Gracia, Justicia y Gobernación, Luis Muñoz Rivera tuvo el banquete servido.[511] Gracias a los poderes de su cargo, controló la Audiencia Territorial;[512] las dos Audiencias Criminales, una ubicada en Ponce y la otra en Mayagüez; los 11 juzgados de Primera Instancia e Instrucción con asiento en las ciudades de Ponce, Mayagüez, San Germán, Humacao, Vega Baja, Arecibo, Guayama, Aguadilla, Utuado y dos en San Juan;[513] los 2 juzgados municipales de San Juan y los que estaban en cada uno de los 71 pueblos de la isla.[514]

La metodología frenética de nombramientos fue rítmica y constante. Despedía a un incondicional, ocupaba la plaza con uno de sus hombres y también disponía de la vacante dejada por ese último. El 12 de abril de 1898 'aceptó' la renuncia de José Merino López, teniente fiscal de la Audiencia Territorial.[515] Esta movida fue crucial porque abrió un espacio que le permitió mover varias fichas desde la casilla de salida hasta la meta con una velocidad asombrosa. El 30

---

[507] «Reglamento provisional para la adaptación de la ley electoral». *El País*. San Juan, Puerto Rico. 12 de marzo de 1898, pág. 2.
[508] «Audiencia territorial de Puerto Rico. Secretaría de Gobierno». *La Gaceta de Puerto Rico*. San Juan, Puerto Rico. 11 de diciembre de 1897, pág. 1.
[509] *Id.*
[510] «Negociado 6º». *La Gaceta de Puerto Rico*. San Juan, Puerto Rico. 21 de diciembre de 1897, pág. 1.
[511] «Plantilla Número 3. Secretaría de Gracia y Justicia y Gobernación». *La Gaceta de Puerto Rico*. 10 de febrero de 1898, pág. 2.
[512] Tribunal que en lo civil servía de segunda instancia para todas las apelaciones contra las sentencias y autos que los jueces de primera instancia dictasen. En lo criminal era uno de los tres tribunales juzgadores de los delitos cometidos en el territorio insular.
[513] Cada juzgado era presidido por un juez con jurisdicción para conocer de todos los pleitos civiles cuya cuantía excediese de 200 pesos mediante juicio y procedimiento escrito. También tenían jurisdicción para atender como tribunal de segunda instancia todas las apelaciones contra las sentencias definitivas de los juzgados municipales.
[514] Delgado: *El tribunal de los Estados Unidos...*, págs. XIV-XV.
[515] «Secretaría de Gracia y Justicia y Gobernación». *La Gaceta de Puerto Rico*. San Juan, Puerto Rico. 22 de mayo de 1898, pág. 1.

Los nombrados por Luis Muñoz Rivera a la judicatura se mantuvieron en funciones por varios años. En la fotografía aparecen los jueces del Tribunal Supremo de Puerto Rico en 1911. Se destaca en el centro José Conrado Hernández (presidente) y en la extrema derecha Pedro de Aldrey (juez asociado), ambos de la red clientelar del Jefe. Imagen: Olivencia, Ricardo [@ricardoolivenc1]: «Emilio del Toro (izquierda), James Harvey McLeary, José Conrado Hernández, Adolf Grant Wolf y Pedro de Aldrey». 15 de septiembre de 2020. Twitter. <https://twitter.com/ricardoolivenc1/status/1588347914027380736>.[10/02/2021]

de mayo le dio el puesto de teniente fiscal a Fernando de Prat y Gay, a la vez que lo promovió a la categoría de magistrado de Audiencia de lo Criminal. Hasta ese día, Prat era juez de primera instancia del distrito de Catedral en San Juan, puesto que quedó vacante y que el mismo 30 de mayo, Muñoz llenó con Mariano Pérez de Septien. A su vez, Pérez de Septien dejó libre la plaza en el juzgado de Arecibo para la que inmediatamente Muñoz nombró a Eduardo Francisco Acuña y Aybar (emparentado con Francisco de Paula, quien más adelante será presidente de la Cámara de Delegados por el partido de Muñoz Rivera). Acuña Aybar dejó libre la casilla de juez de primera instancia en Humacao, que fue llenada por Eusebio Nestar, hasta ese momento juez de primera instancia en San Germán. Para el espacio en San Germán, Muñoz movió a Joaquín Delgado y García Baquero, quien se desempeñaba en el juzgado de Utuado. Para Utuado llevó a Eduardo Ibáñez Domenech del juzgado de Guayama. Y para Guayama, la vacante última en este juego de parchís, Muñoz nombró «por méritos del expediente»[516] a Pedro de Aldrey y Montolio. Más adelante, el propio Muñoz ascendió a Aldrey Montolio a la posición de secretario de la Audiencia Territorial. Al siguiente año, 1899, Aldrey era ya el abogado fiscal del Tribunal Supremo de Puerto Rico. A partir de 1904 ocupó el cargo de juez en la Corte de Distrito de Arecibo hasta que finalmente, en 1911 —el mismo año en que Muñoz Rivera asumió el cargo de comisionado residente— Aldrey fue nombrado juez asociado en el Tribunal Supremo de Puerto Rico.[517]

---

[516] «Secretaría de Gracia y Justicia y Gobernación». *La Gaceta de Puerto Rico*. San Juan, Puerto Rico. 19 de junio de 1898, pág. 1.
[517] Asenjo, Conrado: *Quién es quién en Puerto Rico. Diccionario biográfico de récord personal*. Real Hermanos Inc. San Juan, Puerto Rico. 1933, pág. 19.

No satisfecho con su dominio en los juzgados del país, el primero de junio de 1898, Luis Muñoz Rivera volvió a la carga. En esta ocasión intervino en el nombramiento de los jueces municipales que ocuparían ese importante cargo durante el bienio que comenzaba el 1 de julio de 1898 hasta el 30 de junio de 1900. Nombró a un total de 72 jueces municipales: 6 para el distrito judicial de Aguadilla; 6 para el de Arecibo; 5 para Caguas; 4 para el distrito judicial de Catedral; 9 para Guayama; 9 para Humacao; 4 para Mayagüez; 8 para el distrito judicial de Ponce; 3 para San Francisco; 6 para San Germán; 4 para Utuado y 8 para el distrito judicial de Vega Baja. De todos los nombramientos judiciales, solo 4 pertenecían a licenciados en Derecho. El resto ni siquiera tenía estudios superiores como fue el caso de Ramón Balseiro Dávila, cuñado de Eduardo Giorgetti y de apenas veintiocho años, nombrado juez municipal de Barceloneta, y el de Antonio R. Barceló Martínez, eterno aliado de Muñoz Rivera y a la postre su sucesor político, como juez en Fajardo.[518] Hasta esa fecha, las únicas experiencias educativas del joven Barceló eran los años en el Seminario Conciliar de San Juan. No fue hasta 1911, luego de realizar estudios por correspondencia y ya miembro de la Cámara de Delegados, que logró pasar la reválida de licenciado en Derecho.[519]

Como ya habrá podido atisbar el lector, la Audiencia Territorial ocupó —como era de esperarse— cantidades ingentes de esfuerzos de Muñoz Rivera. Uno de sus primeros actos como secretario de Gracia, Justicia y Gobernación fue nombrar a Francisco de Paula Acuña Paniagua, fiscal de este máximo foro.[520] El 9 de mayo de 1898 despidió a uno de los oficiales de Sala, llenó la vacante, y el 25 de ese mismo mes nombró a dos oficiales auxiliares de Sala, Adrián Agosto Abadía y Sandalio Montilla Jiménez, además de nombrar a Silvestre Caballero Cantero, como aspirante 1º.[521]

La joya de la corona no estuvo en ninguno de esos nombramientos. El premio fue para la jugada magistral que le permitió nombrar a quien, poco tiempo después, sería el juez presidente del Tribunal Supremo: José Conrado Hernández.

Utilizando sus influencias como jefe del Comité Liberal Fusionista, Muñoz le pidió al ministro de Ultramar, el cargo de presidente de la Audiencia Criminal de Mayagüez para el puertorriqueño José Conrado Hernández. El ministro Moret le dio por respuesta un no rotundo.[522] Muñoz, sin embargo, solo tuvo que esperar la primera vacante disponible en la Audiencia Territorial desde su posición como secretario de Gracia y Justicia y Gobernación, evento que ocurrió el 5 de mayo de 1898. Ese día autorizó el traslado a la audiencia de Manila del magistrado en funciones, Benito Navarro Figueroa, y colocó en su lugar a su propio candidato.[523] Pocos meses después, ya bajo el gobierno militar estadounidense, José Conrado Hernández se mantuvo en su cargo, juró lealtad al nuevo régimen, a pesar de que la mayoría de los magistrados renunciaron, y asumió la presidencia de Sala del máximo foro judicial. Luego de aprobada la Ley Foraker, en junio de

---

[518] «Audiencia Territorial de Puerto Rico. Secretaría de Gobierno». *La Gaceta de Puerto Rico*. San Juan, Puerto Rico. 5 de junio de 1898, págs. 1-2.
[519] Arrigoitía, Delma S.: *Puerto Rico por encima de todo. Vida y obra de Antonio R. Barceló (1868-1938)*. Ediciones Puerto. San Juan, Puerto Rico. 2008, págs. 1-14.
[520] «Parte Oficial». *La Gaceta de Puerto Rico*. San Juan, Puerto Rico. 3 de diciembre de 1898, pág. 1.
[521] «Secretaría de Gracia y Justicia y Gobernación». *La Gaceta de Puerto Rico*. San Juan, Puerto Rico. 29 de junio de 1898, pág. 1.
[522] Delgado: *El tribunal de los Estados Unidos...*, págs. 12-15.
[523] «Secretaría de Gracia y Justicia y Gobernación». *La Gaceta de Puerto Rico*. San Juan, Puerto Rico. 22 de mayo de 1898, pág. 1.

1900, el presidente William McKinley lo nominó como juez asociado del Tribunal Supremo.[524] Años más tarde, en marzo de 1909, William H. Taft, lo nombró juez presidente de esa Alta Curia,[525] puesto en el que estuvo hasta 1922.

No es necesario abundar en las increíbles ventajas que emanan del hecho indubitado de que el presidente del Tribunal Supremo le debiera su trabajo a Luis Muñoz Rivera.

Favor con favor se paga

¿Qué esperaba Luis Muñoz Rivera de los alcaldes, concejales, jueces, fiscales, secretarios y notarios nombrados por él? ¿Fueron estos nombramientos desinteresados y por el bien colectivo del país o, por el contrario, los hizo con el único objetivo de obtener lealtad, favores y prebendas políticas? Para responder estas interrogantes podríamos ubicarnos en febrero de 1899 y revisar con ojos detectivescos las páginas de *La Democracia* en busca de un notorio caso que el periódico reseñó desde el 9 de febrero que involucró a Juan Lastra —amigo liberal fusionista— y a uno de aquellos jueces nombrados por Muñoz. Leamos la diatriba de *La Democracia* del 18 de febrero de 1899.

> Vino de Cuba, no ha muchos meses un joven de nuestro país. Traía hechos sus estudios como abogado en la Universidad de La Habana pero no traía el título correspondiente. Y no le era posible ejercer, sin título, su profesión. Aquel joven se llamaba don Alfredo Aguayo.[526]
>
> Encontró mil dificultades para abrirse camino. La ley impedíale postular. Mas, por suerte suya, ocupaba la presidencia del Consejo un hombre de todos los insulares: Muñoz Rivera.
>
> Y se autorizó al jurisconsulto *in partibus* para los trabajos de su profesión. Fue a Ponce y desde Ponce pidió la plaza de Juez Municipal al propio Presidente del Consejo.
>
> La obtuvo. Y ahora sustituye al Juez de la Instancia. No hay que decir a quien, exclusivamente, es deudor de tantas cosas.
>
> Pues bien: la Corte de Justicia condenó a don Juan Lastra a una pena correccional siendo así que el Ministerio público había retirado su acusación y no era lícito condenar al acusado.
>
> *La Democracia*, al hacerse cargo de ese asunto, libró una enérgica campaña contra el fallo que cree injusto. El público leyó los artículos y nadie osó llevarlos a los tribunales.
>
> Transcurrió una semana. Y al saberse que ya Muñoz no es presidente del Consejo, se busca el modo de procesar a *La Democracia*, al periódico del legendario Muñoz.
>
> Ni el Fiscal, ni el Teniente Fiscal, se prestan al pobre designio. Pero el Juez denuncia y secuestra.
>
> El Juez de la Instancia sustituto; el Juez municipal propietario; el jurisconsulto sin título; el joven

---

[524] «Officials named for Porto Rico. The University of Pennsylvania Professors Among Them». *The Philadelphia Inquirer*. Filadelfia, Pensilvania. 5 de junio de 1900, pág. 2.
[525] «The Plum Tree Given a Shakin». *Fort Wayne Daily News*. Fort Wayne, Indiana. 25 de marzo de 1909, pág. 9.
[526] Alfredo Miguel Aguayo nació en Puerto Rico, pero se fue a Cuba desde los trece años. Allí se licenció en Derecho en 1893. Regresó a Puerto Rico en 1897 luego de ser acusado de escribir un folleto independentista. Después de sus experiencias como juez en Puerto Rico, volvió a Cuba. Allí se doctoró en Pedagogía en la Universidad de La Habana. A pesar de que su vida profesional transcurrió en Cuba, las riñas con el sector muñocista en Puerto Rico nunca cesaron.

puertorriqueño que vino de Cuba.

¡Don Alfredo Aguayo, en fin!

La Democracia sufrió cien procesos por servir a la patria.

Ese proceso pasará ¡oh Aguayo!

Pero esta marca queda.[527]

El texto anterior es clarísimo en cuanto a la fidelidad que Muñoz esperaba del juez Aguayo y de toda su red clientelar. Si fuéramos a resumirlo parafraseando a José Martí, podríamos asegurar que en el caciquismo de Muñoz Rivera «favor con favor se paga».[528]

Luis Muñoz Rivera: adicto a la clientela

Los alcaldes, concejales y jueces que han sido enumerados hasta ahora, compondrán —con rarísimas excepciones— la fuerza élite de la inmensa red clientelar orquestada por Luis Muñoz Rivera. Aquí estará la base de su patronazgo político y de su gobierno por influencias. José Celso Barbosa resumió muy bien la historia de esa poderosa base de clientelas cuando el 28 de octubre de 1898 le contó al comisionado estadounidense, Henry K. Carroll, lo siguiente:

> Muñoz Rivera comenzó ofreciendo nombramientos oficiales a hombres que nunca antes habían pensado en esos puestos, y de esa manera creó un gran partido de hombres más interesados en tener una buena posición que en defender los principios.[529]

Valga decir que durante la vida política de Muñoz Rivera —que duró más allá de su muerte gracias a sus herederos intelectuales— siguió repitiendo la fórmula ganadora que aprendió del caciquismo español. No dejó nunca de perseguir y de procurar, de forma incansable en ocasiones y de forma obsesiva en otras, el control absoluto de los puestos públicos en Puerto Rico. Los ejemplos sobran.

Podríamos hacer un *fast forward* al calendario y llegar hasta 1909, año en que el Partido Unión de Muñoz Rivera copaba el 100% de la Cámara de Delegados, los ayuntamientos y la judicatura, con excepción de los juzgados de paz que estaban controlados por los barbosistas. Ese año la Cámara de Delegados de Puerto Rico —con José de Diego como presidente, José Muñoz Rivera,[530] como secretario y Juan R. Baíz, como traductor—, en supuesta protesta por la 'tiránica' Ley Foraker, se negó a aprobar el presupuesto anual del Gobierno. En represalia, el Congreso de Estados Unidos aprobó una enmienda a la ley para resolver el problema del presupuesto sin que fuera necesario la concurrencia de la Cámara de Delegados. Se ha querido ver en las acciones de

---

[527] «Una historia… como hay muchas». *La Democracia*. Ponce, Puerto Rico. 18 de febrero de 1899, pág. 2.

[528] Texto original: Nada mejor puede dar / quien sin patria en que vivir / ni mujer por quien morir, / ni soberbia que tentar, / sufre, y vacila y se halaga / imaginando que al menos / entre los públicos buenos / Amor con amor se paga. Martí Pérez, José: *Amor con amor se paga*. Red ediciones S.L. 2022, pág. 22.

[529] Carroll, Henry K.: *Report on the Island…*, pág. 342.

[530] Hermano menor de Luis Muñoz Rivera.

José Conrado Hernández había intentado en varias ocasiones alcanzar algún puesto dentro de la Audiencia Territorial de Puerto Rico sin lograrlo, hasta que Luis Muñoz Rivera lo nombró magistrado en ese alto foro judicial. Permaneció en el Tribunal Supremo como presidente desde 1909 hasta 1922. Su hijo, José Hernández Usera, por los mismos años en que su padre presidía el Supremo, fue secretario de ese mismo tribunal mientras en paralelo era el asesor legal y abogado de la Porto Rico American Tobacco Co. (junto con Herminio Díaz Navarro) y la Fruit & Land Company of Porto Rico. Estas corporaciones fueron parte en varios casos frente al Supremo sin que el juez presidente se inhibiera. Imagen: *Puerto Rico Ilustrado*. Año IV. Núm. 189. 11 de octubre de 1913.

la Cámara de Delegados de 1909 un acto de reafirmación patriótica contra el invasor.[531] Nada más lejos de la realidad. Todo tenía que ver con el control de los puestos públicos.

Comenzando el año de 1909, el auditor de Puerto Rico, George Cabot Ward, emitió un informe en el que aconsejaba al Consejo Ejecutivo eliminar, a partir del 30 de junio de 1909, todos los empleos públicos que se pagaban con fondos no recurrentes, con fondos fiduciarios y con asignaciones especiales. Pedía, además, que los jefes de departamentos presentaran nuevas listas de empleados para la aprobación del Consejo Ejecutivo. El auditor explicaba cómo se había evaporado 1 millón de dólares correspondientes a la primera deuda que tomó el Gobierno de Puerto Rico en 1907 y que debió destinarse a la construcción de carreteras:

> El fondo fiduciario «Un millón de dólares» se ha reducido a mil ochocientos ochenta dólares con un centavo; la partida no recurrente «Construcción de varios caminos» se ha reducido a $904 con ochenta y nueve centavos, y solo en la partida no recurrente «Construcción de caminos

---

[531] Delgado Cintrón, Carmelo: «La crisis política de 1909 y la Corte Federal: El desafío de la Cámara de Delegados de Puerto Rico a la condición de dependencia colonial». *Revista de la Academia Puertorriqueña de Jurisprudencia y Legislación*. Vol. XIII. San Juan. 2016, págs. 10-31.

Luis Muñoz Rivera siguió cultivando su red clientelar a lo largo de toda su vida política. En la imagen se observa a Muñoz Rivera y Antonio R. Barceló, rodeados de seguidores, al llegar a Arecibo para asistir a la convención del Partido Unión, en septiembre de 1912. Imagen: Fundación Luis Muñoz Marín.

insulares y puentes» existe un saldo de cuarenta y dos mil ochocientos catorce dólares con 57 centavos. Este último fondo es, por lo tanto, el único bajo el cual quedan fondos suficientes para llevar a cabo cualquier trabajo independiente que requiera el empleo de un personal regular de ingenieros, empleados, etc.[532]

El préstamo de 1907 se gastó en nóminas innecesarias y desreguladas o, lo que es lo mismo, en redes clientelares. Las carreteras no se construyeron, sin embargo el millón de dólares,[533] cuyos bonos fueron tramitados por el banco judío-alemán con sede en el número 54 de Wall Street, J. & W. Seligman & Co.,[534] hubo que pagarlo en oro y a un 4% de interés. Esas cantidades fueron a parar al inmenso saco de deuda pública puertorriqueña.[535]

En unos términos que no son ajenos a la realidad actual del país, el auditor de Puerto Rico detallaba en 1909 el inmenso despilfarro de fondos públicos:

> On April 20 [1907], certain schedules of salaries to be paid Transitmen, Levellers, Rodmen and Chainmen to be employed [...] were fixed by the Council; «the number of employees to be such as in the opinion of the Commissioner of the Interior may be necessary from time to time». It will

---

[532] Archivo General de Puerto Rico. *Resolución de salarios. 1909*. Fondo: Fortaleza. Sección: Consejo Ejecutivo. Años 1909-1910. Caja 22.
[533] Equivalentes hoy a $27 243 829.
[534] La firma judío-alemana, con sede en el #54 de la Wall Street y sucursales en Nueva Orleans, San Francisco, Londres y París, *J. W. Seligman & Co.*, aliada y emparentada con el banco de inversiones, Kuhn, Loeb & Co., y, por lo tanto, con las fuerzas Rockefeller, fue el agente fiscal del primer millón de dólares en deuda que emitió el Gobierno de Puerto Rico en 1907. J. W. Seligman & Co., además, estuvo vinculado a las deudas de Nicaragua, Perú y Cuba. Véase: King, Moses. *Kings Views of the New York Stock Exchange: 1897-1898*. Moses King Publisher. 1898, pág. 3.
[535] «Porto Rico Loan». *Chicago Tribune*. Chicago, Illinois. 26 de marzo de 1907, pág. 13.

be noted that no limitation was put to the number of positions to be created or the number of men to be employed at any given time.

Similar authority was granted on November 13, 1907, to the Commissioner of Masonry at Seventy-five dollars per month… «as may be required from time to time». On January 23, 1908, other authorization was given the Commissioner to employ «such number of Assistant Engineers at One hundred and twenty-five dollars per month, … as may be required from time to time».

The Executive Council in these instances departed from its usual method of procedure by which new positions, salaries and appointments are individually passed upon and fixed by the Council. The reasons given for these exceptions to the general rule were that in such rapid construction work, the necessary delay in receiving separate authorization in the usual manner would necessarily prejudice the rapid termination of the work […].

As one after another of these trust funds have become reduced, officials, formerly paid monthly salaries out of these funds have been transferred and are paid salaries in positions created under various other No Fiscal Year appropriations such as the «Arecibo-Cataño Canal», «Maintenance and Repair of Docks and Harbors», etc., without recourse to the Executive Council […].[536]

El informe se explicaba solo. La necesidad de imponer serios ajustes al gasto gubernamental debió ser evidente para cualquier observador.

The financial situation of the Insular Government is such as to require rigid economy in its administration in order not to injure the good credit of The People of Porto Rico or exhaust the small cash balance available for expenditures under the authority of legislative appropriations.[537]

La situación era, sin duda, crítica. El equilibrio fiscal de Puerto Rico estaba en juego, pero Muñoz Rivera no estaba de acuerdo con reducir los gastos de nómina del Gobierno. Disminuir esas erogaciones equivalía a una reducción automática de su red clientelar. Por eso la Cámara de Delegados, en una especie de juego de ping-pong, rebatió una y otra vez los intentos del gobernador Regis H. Post de bajar el presupuesto del Gobierno para el año fiscal que terminaba el 30 de junio de 1910.[538]

El 12 de marzo de 1909, la Cámara controlada por Muñoz introdujo enmiendas al proyecto de presupuesto que, en lugar de reducirlo, elevaba el del año anterior en más de $165 000.[539] En esta propuesta se cargaban las arcas públicas con el aumento de salarios a varios empleados públicos; se creaban nuevos puestos gubernamentales; se asignaba dinero para el pago de horas extraordinarias a los empleados de las oficinas de Gobierno, incluyendo los de la propia Cámara.[540] Se repartía dinero para construir un malecón en Fajardo; una carretera de Yauco a

---

[536] Archivo General de Puerto Rico. *Resolución de salarios. 1909*. Fondo: Fortaleza. Sección: Consejo Ejecutivo. Años 1909-1910. Caja 22.
[537] *Id.*
[538] Un evento muy parecido ocurrió en 1899 con los intentos de reducir el gasto gubernamental del gobernador militar, Guy V. Henry. El Consejo presidido por Muñoz torpedeó el proceso hasta hacerlo imposible de implantar. Operar sobre bases de presupuestos inflados es uno de los grandes males del Puerto Rico contemporáneo.
[539] «El presupuesto». *La Correspondencia de Puerto Rico*. San Juan, Puerto Rico. 10 de marzo de 1909, pág. 1.
[540] «Extracto de la sesión de ayer tarde». *La Correspondencia*. San Juan, Puerto Rico. 10 de marzo de 1909, pág. 6.

Peñuelas;[541] una carretera de Morovis a Vega Baja; $300 000 para construir el Capitolio (un edificio 'digno' para los honorables delegados);[542] $50 000 para la construcción de un puente en la carretera de Añasco.[543] Es decir, se desviaba dinero público para aumentar la red clientelar del Jefe. Además, se creaban nuevas plazas de trabajo para que siguieran llegando nuevos clientes.

En paralelo al aumento de presupuesto, en lugar de disminuirlo como dictaba la prudencia, Muñoz Rivera, José de Diego, Herminio Díaz Navarro, Eduardo Giorgetti, Rafael Arrillaga y Eduardo Acuña Aybar, entre otros, introdujeron y aprobaron el proyecto de ley que permitía el nombramiento de alcaldes desde el Gobierno y no por elecciones directas; redistribuía los distritos judiciales; aumentaba el número de jueces municipales y reducía o casi eliminaba la cantidad de jueces de paz.[544] Este proyecto inflaba el gasto gubernamental por más de $10 000.

A los populistas les encantan los presupuestos inflados, sin embargo, en el proyecto sobre los jueces municipales lo menos importante era el dinero. Siempre que lidiamos con políticos populistas no es aconsejable perderse en lo aparente. Con ellos, las cosas nunca son lo que percibimos a simple vista. El objetivo principal de Muñoz era eliminar a los jueces de paz que hasta ese momento estaban en manos de los barbosistas y el Partido Republicano; crear una corte municipal en cada pueblo, llena de empleados afines a su partido con la confianza que le daba ser el ganador absoluto en los comicios; y —también— reinventar los distritos judiciales en una especie de *gerrymandering* que garantizaría el copo eterno y a perpetuidad de sus clientes.[545]

El Consejo Ejecutivo y el gobernador se negaron a aprobar los aumentos al presupuesto y los cambios a la judicatura. Muñoz, utilizando a sus multitudinarias huestes como peones en el chantaje, incitó a la Cámara a no aprobar el presupuesto, dejando a la población en un limbo económico. Decía Muñoz en uno de sus discursos incendiarios, divisorios y reductivos:

> La Cámara no debe consentir un momento más los actos injustos del Consejo Ejecutivo y que, si en esta ley como en la de Presupuestos y demás que la Cámara sostiene, el Consejo persiste en menospreciar la voluntad de los representantes del pueblo, debe procederse de manera que la protesta repercuta allá, ante los poderes de la Nación y ante el pueblo americano [...] Que seguramente la actitud de protesta de la Cámara será secundada por el millón de habitantes de la isla y que es hora ya de que la Cámara sostenga sin ningún género de vacilaciones una actitud más enérgica no estando dispuesta a ceder a las pretensiones del Consejo ni en esta ley ni en ninguna de las otras. Que si el Consejo se atreve a pasar el Presupuesto a su capricho prescindiendo de la Cámara, veremos qué dice el Pueblo americano que luchó por su libertad precisamente por querérsele imponer tributos en los que no intervenía el pueblo. (Aplausos).[546]

Ya sabemos que la Cámara de Delegados, azuzada por Muñoz Rivera, no aprobó el presupuesto para el año fiscal 1909-1910. Así, el pueblo de Puerto Rico, tomado como rehén, vio cómo por primera vez en su historia se quedaba sin un Gobierno operativo (aunque fuera de

---

[541] «Ayer mañana en la Cámara». *La Correspondencia*. San Juan, Puerto Rico. 10 de marzo de 1909, pág. 6.
[542] «La sesión del 17 de febrero». *La Correspondencia*. San Juan, Puerto Rico. 11 de marzo de 1909, pág. 6.
[543] «Extracto de sesiones». *La Correspondencia*. San Juan, Puerto Rico. 11 de marzo de 1909, pág. 7.
[544] «Clausura de la Asamblea». *La Correspondencia*. San Juan, Puerto Rico. 12 de marzo de 1909, pág. 4.
[545] «Continúa la sesión del 26». *La Correspondencia*. San Juan, Puerto Rico. 8 de abril de 1909, pág. 1.
[546] «La sesión del 17 de febrero»...

forma temporal); cómo se cernía sobre cada habitante la amenaza del cierre de instalaciones claves, las cesantías y el aumento de la precariedad. Por aquellos días de marzo de 1909, el comisionado del Interior informaba que quizás iba a tener que suspender de sus cargos a todos los ingenieros, arquitectos e inspectores de construcciones. Además, se paralizarían las obras de las carreteras de Lares a Yauco, de Ponce a Yauco, de Cabo Rojo a Juana Díaz y, «lo que es peor, la cesantía a muchos probos y activos empleados del departamento».[547] El secretario de Instrucción, en declaraciones oficiales, aseguró que se tendrían que cerrar las escuelas y la Normal el 18 de junio en lugar del 25 de junio. «¡No hay dinero, no hay dinero!», repetía.[548]

A pesar de los intentos propagandísticos de los muñocistas por presentar sus acciones como patrióticas, los periódicos, tanto en Puerto Rico como en Estados Unidos, publicaron notas que no dejaban bien parado al Jefe del Partido Unión:

> Instead of a fight for better government the whole struggle of the radical Porto Rican body has been to open the way for the appointment of more officers and for the distribution of more of the public funds.
> As a sample of this fact, it is only necessary to explain that one of the things the House of Delegates insisted should be passed in consideration of their agreeing to the appropriation bill was a measure to increase the number of municipal judges in the island. No more judges were needed at the time, and it is apparent on the slightest examination that this bill, which the House of Delegates made the price of the continuance of the insular government, had only one political object in view, which was to provide a lot of unnecessary offices for the dominant party.[549]

En ataques más directos hacia la figura de Luis Muñoz Rivera, el *Weekly Rogue River Courier* de Oregon, explicaba la situación en Puerto Rico:

> The leader of the anti-American movement is Luis Muñoz Rivera, a typical Spanish-American demagogue and agitator. He has dictated the policy of the party that holds every seat in the lower house, and his grievance is that he cannot in a like manner control the upper house, or Executive Council […]
> The demand is made by Muñoz Rivera and his followers that this council shall no longer be appointed by the President, but that it shall be elective […] it is easy to see that in the elections the one man who now controls the lower house would be absolute dictator where this power gives.[550]

Los eventos de 1909 no fueron únicos en la vida política de Muñoz Rivera. La práctica caciquil continuó con más fuerza en los próximos años acrecentada por el triunfo masivo y continuo del Partido Unión. Por ejemplo, el 31 de diciembre de 1913 mientras ocupaba el cargo de comisionado residente en Washington, le dio la bienvenida al gobernador de Puerto Rico, Arthur

---

[547] «La crisis del Parlamento. Hablan los jefes». *El Boletín Mercantil*. San Juan, Puerto Rico. 17 de marzo de 1909, pág. 2.
[548] *Id.*
[549] «Want to Feed at Public Crib». *Chicago Tribune*. Chicago, Illinois. 12 de mayo de 1909, pág. 6.
[550] «The Trouble in Porto Rico». *Weekly Rogue River Courier*. Grant Pass, Oregon. 30 de abril de 1909, pág. 4.

Luis Muñoz Rivera, José de Diego, Antonio Rafael Barceló y el resto de los líderes muñocistas mantuvieron una amigable y estrecha colaboración con el gobernador George Colton, quien fue el sustituto del odiado Regis H. Post. En la imagen, un banquete que organizó Barceló en 1913 para agasajar al gobernador Colton en el restaurante Filippi, ubicado en la calle Fortaleza #19. Se destacan José de Diego, quinto en la fila de la derecha contando de derecha a izquierda; Antonio R. Barceló, al lado de De Diego, y el gobernador Colton detrás de Barceló. Imagen: Fundación Luis Muñoz Marín.

Yager, recordándole entre líneas que mejor era evitarse problemas (como los que tuvo Regis H. Post en 1909), y para eso lo mejor era «aceptar la cooperación» de los hombres del Partido Unión que él dirigía:

> In all your undertakings I know you will have the cooperation of the House of Delegates and the native members of your Cabinet who seriously desire to help you. Governor Colton[551] found them

---

[551] El trabajo anterior de George R. Colton fue como jefe recaudador de la aduana de Santo Domingo. Aduana secuestrada por el National City Bank of New York (Rockefeller).

of the utmost aid to himself in his work and that they effectively combatted certain opposing elements and enacted much legislation that resulted in advancing the work of Education and Sanitation and of other Departments. He depended greatly upon their continuous and earnest effort to assist him in all his undertakings, and always found this dependence well placed, and I am sure that you, yourself, will find them an earnest, hard-working body, on which you can rely to assist you in accomplishing your high ideals; a body which will demonstrate to you the fitness of our people for a more liberal self-government, which with your cooperation, we hope to accomplish in the near future.[552]

Luego de aquellos consejos revestidos de chantaje, Luis Muñoz Rivera no perdió tiempo y fue directo al punto.

To fill the vacancy created by the retirement of Mr. Wilson from the position of Commissioner of the Interior, I wish to recommend Mr. Manuel T. Saldaña. I know Mr. Saldaña well and have absolute confidence in him […].[553]

Las prácticas intervencionistas de Muñoz Rivera en los nombramientos quedaron retratadas el 7 de agosto de 1914. Ese día, el jefe del Buró de Asuntos Insulares, Frank McIntyre, escribió una carta «absolutamente confidencial» al entonces gobernador de Puerto Rico, Arthur Yager en la que describió las intensas gestiones de Muñoz para evitar el nombramiento de Manuel V. Domenech como comisionado del Interior y, a la vez, conseguir que hombres suyos ocuparan ese cargo. Su lectura es reveladora:

Your recommendations were submitted to the Secretary of War. At the same time, I told him that Mr. Muñoz seemed to have received knowledge of the recommendations, in that he came to the office just before your letter arrived.
Confidentially, Mr. Muñoz is strongly opposed to the appointment of Mr. Domenech. He advocates the appointment of Mr. Jiménez, formerly assistant to the Commissioner of the Interior, and, as a second choice, Mr. Manuel Rivera Ferrer, who is now an employee of that department.
He says that Mr. Domenech represents the minority wing of the Republican party; that he is more strongly opposed by «the old guard», or the followers of Dr. Barbosa, than he is by the Unionist party; that his appointment now before elections would mean that the great patronage of the public works department would be given to one opposed to the majority in Porto Rico. And he objects to him further on the ground that we are now advocating a bill providing for the confirmation of such appointees by the Porto Rican senate, whereas Mr. Domenech would not only not be confirmed by such a body but would not receive a single vote in any senate that could be elected in Porto Rico.

---

[552] The Filson Historical Society, Louisville, KY. *Carta del comisionado residente, Luis Muñoz Rivera, al gobernador de Puerto Rico, Arthur Yager, 31 de diciembre de 1913*. Colección Yager, Arthur (1858-1941). Papers 1913-1921: Folder 48: Luis Muñoz Rivera Correspondence, 31 de diciembre 1913-mayo 1916.
[553] *Id.*

In fact, he would rather have an American from the States appointed than Mr. Domenech, while he is very strongly opposed to the appointment of an American.

All of this is coupled with a statement by Mr. Muñoz that Mr. Domenech is a competent man and a man of good character who stands well in all the ordinary relations of life. His objection to him is purely on political grounds.

I am advising you of this for your confidential information. It may be that Mr. Muñoz has had his views put before you directly. I do not know. He indicated that the thought the appointment of Mr. Domenech would weaken the Governor with the House of Delegates, the good-will of which was so necessary to a successful administration in Porto Rico. [...]

Mr. Muñoz's final statement was that unless another selection could be made, he hoped that no appointment would be made until after the next election.

This letter is absolutely confidential.[554]

Note el lector que Muñoz aseguró, en un espacio privado y confidencial, que prefería que nombraran a un estadounidense antes que a Domenech, nacido en Isabela, Puerto Rico, y graduado de Ingeniería en Legigh University en 1888. Domenech era republicano, por lo tanto, Muñoz lo trataba como se trata a un enemigo. De la carta se desprende que hizo múltiples gestiones para oponerse al nombramiento, incluyendo visitar al secretario de Guerra, al jefe del Buró de Asuntos Insulares y al gobernador de Puerto Rico. Sin embargo, en la esfera pública, Muñoz decía otra cosa muy distinta a lo que hacía:

Nosotros [refiriéndose a él mismo] no buscamos en la lucha un hartazgo de personales apetitos y una satisfacción de groseras bastardías. Y preferimos en la Fortaleza un Rosendo M. Cintrón [republicano] que a un William H. Hunt; en el Consejo Ejecutivo un José G. Brioso [republicano] que a un James J. Harlan; en la Jefatura de la policía un Luis Berríos [republicano] que a un Frank N. Techter; en la Jefatura de presidio un Cruz Castro [republicano] que a un advenedizo cualquiera de cualquier condado neoyorkino.[555]

Y como un último ejemplo de la red caciquil de Muñoz a través del tiempo, podríamos apelar a otra carta privada. Esta vez, una que escribió el 20 de julio de 1915 a Arthur Yager para agradecerle el nombramiento de Manuel L. Camuñas:

My dear Governor:

I wish to take this opportunity to thank you for your prompt action in the matter of the reappointment of Mr. Camuñas. This reappointment is very gratifying to his many friends including myself and I am sure that you will find him as efficient and faithful a worker in the discharge of his duties in the future as you have in the past. I do not doubt that a great deal of unnecessary complications have been avoided by renaming him.

---

[554] The Filson Historical Society, Louisville, KY. *Carta confidencial del brigadier general, Frank McIntyre, al gobernador de Puerto Rico, Arthur Yager, 7 de agosto de 1914*. Colección Yager, Arthur (1858-1941). Papers 1913-1921: Folder 75: War Department Correspondence, 10 de diciembre 1913 - 17 de mayo 1921.

[555] Muñoz Rivera, Luis: «Puerto Rico para los puertorriqueños». *The Puerto Rico Herald*. Nueva York. 11 de abril de 1903.

—Indio Luis, lo que te afana
quiero bien que me lo expliques
—Que moderes la macana
y en la tribu borincana
dejes quietos sus caciques.

Imagen: *El Carnaval*. San Juan, Puerto Rico. 2 de Julio de 1911.

Manuel L. Camuñas tuvo una larga y fructífera vida de patronazgo político a la sombra de Luis Muñoz Rivera. En la imagen se observa a Manuel Camuñas (izquierda), Antonio R. Barceló (centro) y Luis Muñoz Rivera en el Ateneo de Puerto Rico en 1908, durante el homenaje que le hicieran al Jefe, al regresar de Washington.
Imagen: Fundación Luis Muñoz Marín.

> There was some little antagonism to him shown by some of the Members of the Unionist Party on account of certain alleged neglect or failure to attend to requests that had been made of him. However, this was a matter of little importance. I believe that he prompts action of the Administration in appointing him without allowing his position to become vacant was the very best step that could have been taken in the matter [...].[556]

El caso de Camuñas contrasta con el de Domenech. Es importante notar que Muñoz fue capaz de reconocer que Domenech cumplía con los requisitos para el cargo, pero aun así se opuso a su nombramiento. En contraparte, aceptó que a Camuñas se le acusaba de negligencia en las funciones de su cargo pero, sin negarlo, aseguró que eran «asuntos de poca importancia».

Debemos recordar, además, que por aquellos días en que Muñoz le solicitaba favores al gobernador estadounidense Arthur Yager, este protagonizaba una cruzada para conseguir la aprobación de una nueva ley orgánica para Puerto Rico. En el libro de instrucciones del caciquismo si un cacique le hace un favor a otro cacique, como ocurrió en este caso, el último no se convierte en cliente del primero. Pero sí está obligado a devolverle el favor.

---

[556] The Filson Historical Society, Louisville, KY. *Carta del comisionado residente, Luis Muñoz Rivera, al gobernador de Puerto Rico, Arthur Yager, 20 de julio de 1915*. Colección Yager, Arthur (1858-1941). Papers 1913-1921: Folder 48: Luis Muñoz Rivera Correspondence, 31 de diciembre 1913 - mayo 1916.

Antonio R. Barceló (izquierda) fue uno de los primeros miembros de la red clientelar de Muñoz Rivera. A la muerte del Jefe, Barceló se convirtió en su heredero político e intelectual. Imagen: «Antonio R. Barceló y Luis Muñoz Rivera en Arecibo. Septiembre de 1912» Fundación Luis Muñoz Marín.

4

Apoteosis

> Mientras todos en el saco
> van guardando la merienda
> dando vítores ¡por Baco!
> a Luis Muñoz en ofrenda,
> es necio el que no comprenda
> que al pequeño… ¡ni un tabaco!
>
> JUAN DEL PUEBLO[557]

Febrero

En febrero de 1898 se oían los tambores de guerra desde cualquier punto del planeta, excepto en Puerto Rico.

La instauración del Gobierno provisional, el 11 de febrero, desencadenó una frenética disociación colectiva. La gente —azuzada por los líderes políticos— se tiró a la calle a celebrar en absoluto éxtasis. «No pecaremos de exagerados asegurando que nunca se había visto en la capital de Puerto Rico una manifestación de regocijo público tan espontánea, tan ordenada, tan bella y tan nutrida como la que se organizó ayer en la plazuela de Colón».[558] Así describía *La Correspondencia* una verdadera fiesta de pueblo celebrada el mismo día que se estableció el Gabinete autonómico:

> Rompió la marcha la banda de música del Batallón Provisional número tres. En primera línea lucía un precioso estandarte con el retrato de S.M. la Reina doña María Cristina y después otros del general Macías y señores Muñoz Rivera y Fernández Juncos […] La mayor parte de las casas y los comercios habían cerrado sus puertas. Casi todos los balcones estaban engalanados con cortinas y banderas. Las aceras, las bocacalles, las azoteas y los balcones estaban materialmente llenos de gente. Era casi imposible el tránsito público.[559]

Escenas como esta se repitieron por toda la isla.[560] Aquel éxtasis colectivo llevaba mucho del culto a la personalidad, tan típico en los entornos populistas.

---

[557] «¿Y a mí que me cuenta usted?». *El Momio*. San Juan, Puerto Rico. Noviembre de 1897, pág. 2.
[558] «La gran manifestación pública de ayer tarde». *La Correspondencia*. San Juan, Puerto Rico. 12 de febrero de 1898, pág. 2.
[559] *Id.*
[560] Véanse: «Noticias». *La Correspondencia*. San Juan, Puerto Rico. 14 de febrero de 1898, pág. 2. «La fiesta de ayer». *La Democracia*. Ponce, Puerto Rico. 28 de febrero de 1898, pág. 2.

Cuando la manifestación llegó frente a la casa del señor Fernández Juncos, la multitud prorrumpió en atronadores vivas en su honor, vitoreando también a España, al gobierno, al general Macías, a Muñoz Rivera, etc., etc. Los vítores y aclamaciones no cesaron durante todo el trayecto por la calle de la Fortaleza. Al llegar la procesión frente a la casa que ocupa el señor Muñoz Rivera, volvieron a repetirse atronadores los vítores en honor del jefe del partido liberal, de Fernández Juncos, de la Autonomía, del primer gobierno de la Colonia, etc., etc. Todos agitaban pañuelos y sombreros. El entusiasmo rayaba en lo indescriptible.[561]

El desastre del Maine

En medio de aquellas ruidosas celebraciones y la alegría por haber obtenido la autonomía (vista como la gloria máxima, redentora y definitiva), comenzaron los preparativos para las elecciones autonómicas. Quienes dominaban la opinión pública del país no hablaban ni pensaban en otra cosa. Sin embargo, en la noche del 15 de febrero de 1898, exactamente a las 9:40, una fuerte explosión hizo volar por los aires el buque de guerra Maine, matando a 254 hombres al instante. Otros 8 marineros quedaron en un estado tan grave que murieron uno a uno en los hospitales de La Habana. En pocas horas, el *New York World*, de Joseph Pulitzer, publicaba el primer informe del desastre con un inmenso titular y a cuatro columnas, acompañado de un dibujo que describía la explosión según vista por un testigo e incluía cuerpos que volaban por los aires.[562] Para no quedarse atrás, James Gordon Bannett difundió la historia en seis columnas en el *Herald*, y William R. Hearst le dio la primera página del *Journal*. «Eso significa guerra», vaticinó Hearst ante sus editores nocturnos.[563]

Esa noche se descorchó champán en el Metropolitan Club. Les habían servido el *casus belli*.

En los siguientes días, las historias sensacionalistas de los periódicos estadounidenses se sucedieron unas tras otras. El sabotaje había sido «por una máquina infernal secreta de los españoles», aseguraba el *Journal,* o por «un torpedo», según un supuesto experto en *The World*.[564] Theodore Roosevelt, por su parte, no perdió tiempo en culpar a los españoles. Dos días después del desastre, los subtítulos de la historia principal en el *Journal* leían textualmente: «el subsecretario Roosevelt está convencido de que la explosión no fue un accidente».[565] Por esos días Roosevelt le escribió a un amigo: «el Maine se hundió por un acto de sucia traición de los españoles».[566] Sin importar las evidencias, las dudas o los análisis críticos, la sentencia ya estaba dictada.

A pesar de la extrema atención mediática a la explosión, en Puerto Rico, *La Gaceta* no informó del incidente; *La Democracia* le dedicó un escueto párrafo siete días después, diluido entre otras noticias, asegurando que «no solo no han ocurrido desgracias personales ni averías en los buques de la escuadra y trasatlántica, sino que el salvamento en el citado buque se llevó a cabo por los de

---

[561] «La gran manifestación pública...».
[562] «Maine Explosion Caused by Bomb or Torpedo?». *The World*. Nueva York, Nueva York. 17 de febrero de 1898, pág. 1.
[563] Morris: *The rise of Theodore Roosevelt*..., págs. 626-627.
[564] «Zalinski Finds New Proof That a Torpedo was Used». *The World*. Nueva York, Nueva York. 18 de febrero de 1898, pág. 2.
[565] Zimmermann: First Great Triumph..., pág. 242.
[566] Morris: *The rise of Theodore Roosevelt*..., pág. 627.

nuestra escuadra. Con la noticia anterior quedan desvanecidos los rumores que vienen circulando».[567] *La Correspondencia* se ocupó del tema de forma muy breve el 18 de febrero, dando por sentado que se trató de un accidente en el almacén del barco.[568]

Todo estaba bien.

Propaganda de guerra en Puerto Rico

No había tiempo para ocuparse de los eventos en Cuba ni para reflexionar sobre las preocupantes noticias que publicaban a diario los periódicos estadounidenses sobre Puerto Rico. La atención se centraba en lograr la unidad, aunque fuera en apariencias, entre los dos bandos autonomistas. Lo único que importaba era ganar las elecciones. Para facilitar las cosas y en complicidad, los diarios de la isla, dominados por la élite política criolla, llevaron hasta sus últimas consecuencias el proverbio latino *Vox populi, Vox Dei*, fabricando una verdad paralela a la cruda realidad.

En esas versiones la posible invasión de Estados Unidos no existía; la autonomía terminaría el conflicto en Cuba ese mismo año;[569] «la cuestión del Maine se resolvería con un arbitraje»;[570] las guarniciones españolas eran «numerosas y jamás se rendirán»;[571] la Marina de Estados Unidos era «débil y llena de desertores»;[572] la tirantez entre España y Estados Unidos no existía, solo era una de las «bolas de las muchas que por aquí circulan a diario»;[573] la anexión de Cuba a Estados Unidos nunca ocurriría porque «constituiría una carga para la gran República del Norte»;[574] e incluso se llegó a afirmar que «las noticias e impresiones son absolutamente favorables a las relaciones de amistad entre España y Estados Unidos».[575]

Durante meses tan álgidos como abril, en el que *The Boston Globe* y otros periódicos estadounidenses aseguraban que la isla sería la primera en ser atacada, los diarios de Puerto Rico, de forma concertada, inventaban una realidad alterna en la que era «altamente improbable una guerra»[576] y en la que las potencias europeas apoyaban a España. «Ahora se dice que hay suspensión de hostilidades; que las potencias intervienen; que se someterá la cuestión al arbitraje del Papa, y que existen fundados motivos por ambas partes para considerar como muy improbable una lucha armada».[577]

También en abril, *La Democracia* informaba a sus lectores que la situación de alarma de guerra era solo una creación de ficción producida «por los falsos rumores e invenciones preparados para llevar a los Gobiernos de España y los Estados Unidos, contra su propia voluntad, a una situación tal

---

[567] «Cartera de la Isla». *La Democracia*. Ponce, Puerto Rico. 22 de febrero de 1898, pág. 3.
[568] «Última hora. Información por cable». *La Correspondencia*. San Juan, Puerto Rico. 18 de febrero de 1898, pág. 3.
[569] «Mr. King y la insurrección cubana». *La Correspondencia*. San Juan, Puerto Rico. 19 de febrero de 1898, pág. 2.
[570] «Lo del Maine». *La Democracia*. Ponce, Puerto Rico. 31 de marzo de 1898, pág. 2.
[571] «Noticias». *La Democracia*. Ponce, Puerto Rico. 29 de junio de 1898, pág. 2.
[572] «Noticias». *La Correspondencia*. San Juan, Puerto Rico. 25 de marzo de 1898, pág. 2.
[573] «Noticias». *La Correspondencia*. San Juan, Puerto Rico. 30 de marzo de 1898, pág. 2.
[574] «Cuestión Hispano-Yankee». *La Democracia*. Ponce, Puerto Rico. 13 de mayo de 1898, pág. 2.
[575] «Noticias telegráficas». *La Democracia*. Ponce, Puerto Rico. 30 de marzo de 1898, pág. 3.
[576] «Crónica». *La Democracia*. Ponce, Puerto Rico. 12 de abril de 1898, pág. 2.
[577] *Id.*

de relaciones, que el menor incidente pudiera convertirse en ruptura».[578] «A juicio del Gobierno, y después de examinar atentamente todos los datos al efecto allegados, no había motivo racional para estas alarmas, ni para modificar la actitud patriótica y pacífica que viene manteniendo».[579]

Cuando llegó el turno de informar sobre la batalla naval en Manila del 1 de mayo, *La Correspondencia* publicó 24 horas después del suceso un supuesto telegrama oficial que daba cuenta del «triunfo de nuestros marinos en aguas de Filipinas».[580] *La Gaceta de Puerto Rico* hizo lo propio, repitiendo un presunto cable recibido de Cuba que informaba:

> Escuadra española batió en Cavite a la escuadra yanqui, compuesta por buques blindados y protegidos, haciendo su retirada con grandes averías. Nuestros buques eran uno de hierro y dos protegidos.[581]

El día 3 de mayo los periódicos en Puerto Rico todavía insistían en la victoria española. Esta vez *El País*, periódico de los ortodoxos, repetía a sus lectores:

> Escuadra española batió en Cavite escuadra yanquee compuesta por buques blindados y protegidos haciéndola retirar con grandes averías. Nuestros buques se componían de uno de hierro, dos protegidos y el resto de madera.
> ¡Bien por nuestra escuadra!... con buques de madera fueron batidos buques blindados y protegidos![582]

Pasados cuatro días de la vergonzosa derrota española en Manila, *El País* seguía firme informando lo contrario. «La armada española luchó con verdadero heroísmo en Cavite, contra la americana que, a pesar de ser superior en número, tuvo que retirarse con grandes averías».[583] Agregaba el diario, además, que «la escuadra *yanquee* abandonará Cuba tan pronto llegue la primera división española».[584] Ni este ni ningún otro periódico informó jamás la verdad sobre la batalla de Manila a pesar de que el 8 de mayo se recibió por cable la noticia de que la escuadra de Montojo, en realidad, había sido destruida por la escuadra del comodoro Dewey.[585]

A todas luces la propaganda de guerra caló hondo en la población, alcanzando incluso las iniciativas comerciales. Fue el caso del fotógrafo Feliciano Alonso, quien tenía su estudio en la calle de San Francisco número 42. En un anuncio invitaba a «las personas que deseen obtener una fotografía del bizarro general Montojo, héroe de Cavite y vencedor de los yanquis en aguas filipinas, puede conseguirla en el taller fotográfico de Feliciano Alonso».[586]

Para los lectores puertorriqueños, las victorias españolas se sucedían una tras otra. No solo vencieron en Manila, sino que la escuadra de Cervera salió victoriosa. *El Buscapié* del 9 de junio anunció que la escuadra española había logrado escapar de Santiago de Cuba y que se encontraba frente a Nueva York. Allí se esperaba «un sangriento combate pues los acorazados americanos,

---

[578] «La cuestión palpitante. España y los Estados Unidos». *La Democracia*. Ponce, Puerto Rico. 7 de abril de 1898, pág. 2.
[579] *Id*.
[580] «Telegrama oficial». *La Correspondencia*. San Juan, Puerto Rico. 2 de mayo de 1898, pág. 2.
[581] Mari Mut, José A.: *El diario de guerra de Ángel Rivero Méndez*. Ediciones Digitales. 2013, pág. 16.
[582] «Noticias locales». *El País*. San Juan, Puerto Rico. 3 de mayo de 1898, pág. 2.
[583] «Por Cable». *El País*. San Juan, Puerto Rico. 3 de mayo de 1898, pág. 1.
[584] *Id*.
[585] Mari: *El diario de guerra...*, pág. 18.
[586] *Ibid*., pág. 16.

aunque muy retrasados, siguen su derrotero».[587] Esa noche, como si nada de importancia ocurriera, se cantó la zarzuela *Marina* en el Teatro Municipal de San Juan y los soldados acuartelados en El Morro pasaron toda la noche jugando tresillo y briscas.[588]

Por su parte, *El Boletín Mercantil*, órgano de los incondicionales, reprodujo en sus páginas el 16 de julio de 1898 un telegrama recibido por Luis Muñoz Rivera como secretario de la Gobernación:

> División Cervera, al salir de Santiago de Cuba, se batió con la escuadra americana echando a pique acorazados «New York [almirante]», «Massachusetts», «Minneapolis» y otro más cuyo nombre ignoramos. Hubo otros con averías. Últimos ataques Santiago de Cuba, grandes pérdidas enemigo. Ejército invasor destrozado.[589]

La cobertura noticiosa puertorriqueña no solo intercambió perdedores por vencedores, sino también invasores por invadidos. En mayo de 1898 *La Democracia* contaba que en Cayo Hueso «más de 2000 personas han abandonado aquella isla ante el temor de que sea bombardeada por la escuadra española».[590]

La única nota de alarma, al parecer, provino del *Boletín Mercantil*, periódico que en marzo de 1898 habló directamente de la amenaza real de una invasión. «De un momento a otro pueden caer sobre nuestras playas, en son de guerra, los norteamericanos».[591] El órgano oficial de los incondicionales pedía que se reforzara la vigilancia de las costas y que se reclutaran por lo menos 600 hombres para el Ejército y la Marina. «La proposición es buena / calmará nuestros afanes», contestó *La Democracia* en forma de verso, «mas ¡ay! que la Magdalena / no está para tafetanes». Para el editor del periódico liberal fusionista no había nada de qué preocuparse. «Serénese el *Boletín*», le decía, «no es de esperarse que la sangre llegue al río. Y lo más práctico es que nos evitemos trabajos inútiles y gastos superfluos».[592] *La Democracia* encontró todavía otra oportunidad para divertirse un poco con el asunto y terminó su nota en verso:

> Si algún enemigo osado
> llega a invadir nuestra playa,
> sabremos tenerlo a raya,
> como en el siglo pasado.[593]

---

[587] *Ibid.*, pág. 36.
[588] *Id.*
[589] «Ojo por ojo; diente por diente». *El Boletín Mercantil*. San Juan, Puerto Rico. 16 de julio de 1898, pág. 2.
[590] «Cuestión Hispano-Yankee». *La Democracia*. Ponce, Puerto Rico. 13 de mayo de 1898, pág. 2.
[591] «A Diestro y Siniestro». *La Democracia*. Ponce, Puerto Rico. 4 de marzo de 1898, pág. 2.
[592] *Id.*
[593] *Id.*

La unión

Con la mirada en el ombligo y atiborrados de un peligroso optimismo, los líderes criollos puertorriqueños intentaban, durante los últimos días de febrero de 1898, dar forma a la unión que les exigía el Gobierno español de cara a las elecciones de marzo.

El 23 de febrero, *La Correspondencia* anunciaba que el intento de conseguir la concordia entre los líderes criollos había fracasado nuevamente. Dos días antes los liberales fusionistas, dirigidos por Muñoz Rivera, habían entregado 9 bases que darían forma al nuevo partido. Los liberales fusionistas proponían, entre otros puntos, crear un nuevo partido que podría llamarse Unión Liberal Autonomista o Unión Autonomista Liberal (base primera), dirigido por una junta central (base quinta), compuesta por 100 personas «designadas por iguales partes, entre el Comité Provincial, que preside el señor Muñoz Rivera y la Delegación que preside el señor Fernández Juncos».[594]

El comité ortodoxo, a su vez, presentó enmiendas ligeras a las propuestas liberales. Pidió que el nombre fuera Unión Autonomista Liberal y que la junta central estuviera compuesta «de igual número de representantes a la Cámara Insular designados por partes iguales».[595]

Hasta aquí podríamos decir que las diferencias entre fusionistas y ortodoxos eran pequeñas. La controversia se limitaba a si la palabra 'liberal' iba primero en el nombre o si el privilegio le correspondía a 'autonomista'. Después de todo, había cosas más importantes a las que dedicarse. Pero en la base última (la nueve), relativa a la presidencia, no hubo acuerdos. Según la propuesta muñocista, la presidencia debía ir a manos del Comité Provincial del Partido Liberal Fusionista a cambio de su anterior 'sacrificio' de entregar la presidencia del Gabinete autonómico provisional a un ortodoxo.

> Habiendo recaído la presidencia del Consejo Insular en un autonomista, se propone que, en justa y legítima reciprocidad la presidencia de la Junta Central recaiga en un liberal, designado en las presentes sesiones por el comité provincial [liberal fusionista].[596]

Luis Muñoz Rivera entendía que la presidencia y el nuevo partido le pertenecían. Y eso era innegociable para los ortodoxos, quienes en su contrapropuesta pidieron de forma explícita que quedaran excluidos de ese puesto «los dos actuales presidentes de ambas colectividades».[597]

Ante el nuevo atasco, el secretario del Gobierno insular convocó a ambos grupos a una reunión en el Ateneo a las nueve de la noche del martes 22 de febrero de 1898. Esa noche los líderes criollos lograron aprobar ocho de las nueve bases con ligeras enmiendas. No obstante, al llegar a la base nueve los ánimos volvieron a alterarse. Durante más de una hora discutieron sin llegar a acuerdos. Muñoz Rivera, entonces, sacó la carta manipuladora de 'hacer el vacío' y «manifestó a la presidencia su deseo de retirarse del salón antes que aceptar discusiones de esa forma».[598]

---

[594] «La unión entre ortodoxos y liberales ha vuelto a fracasar». *La Correspondencia*. San Juan, Puerto Rico. 23 de febrero de 1898, págs. 2-3.
[595] *Id.*
[596] *Id.*
[597] *Id.*
[598] *Id.*

Sin Muñoz presente, la discusión continuó. Los ortodoxos se mantuvieron firmes en su posición y pidieron que se designara a cualquiera menos a Muñoz para la presidencia «importándole poco quien fuera, sonando al efecto el nombre de José Severo Quiñones [liberal fusionista]».[599]

Los grandes prohombres puertorriqueños reunidos en el Ateneo encargaron a José de Diego la tarea de ir a decirle el estado de la discusión a un Muñoz ofendido que se encontraba en las afueras del cónclave. Como niño resentido al que le han quitado un juguete que considera suyo, Muñoz «penetró en el salón donde se deliberaba y en términos muy enérgicos y decididos»[600] renunció «de forma irrevocable» a la presidencia del Comité Liberal Fusionista y «aún si fuera necesario al cargo de secretario de Despacho».[601] Recordó a los presentes los grandes 'sacrificios' que había asumido «haciendo constar que hasta ahora solo él era el sacrificado».[602]

El líder fusionista, en lugar de refutar los argumentos en contra de sus aspiraciones a la presidencia, prefirió utilizar la estrategia populista —tan común en conductas narcisistas— de descalificar al adversario mostrándolo como atacante, y adoptando para sí el papel de víctima.

> Después de este momento ya no quiero permanecer en la vida pública. Aquí no se trata de una cuestión de principios, de opiniones y de tendencias; aquí hay tan solo un odio, un rencor implacable y de ese rencor y de ese odio soy la víctima.
>
> Durante un año se me injurió, se me calumnió, me vilipendió, y he sufrido en silencio el vilipendio, la calumnia, la injuria, realizando este sacrificio de mi amor propio por mi Partido Liberal, por mi Patria Porto-Riqueña, por mi Patria Española […]
>
> En el último lineamiento de la nave, que existe como frontera divisoria entre el partido Liberal y la disidencia Autonomista, aparecen mi nombre y mi silueta. Yo los borro, ya no queda ningún obstáculo para la unión; yo los elimino y ahora obtienen el triunfo los que para combatirme fundaron una secta y una agrupación de fracciones del pueblo a su alrededor, y a la secta y a las fracciones y a sí mismos, se dieron el nombre augusto de partido. Estén satisfechos. Yo lo estoy también porque tras de un año de llorar hacia adentro lágrimas acerbas, al fin encuentra mi alma este desahogo que necesitaba, para sentirse libre del peso enorme de tantas injusticias.
>
> Buenas noches.[603]

Luego de esas palabras aderezadas con expresiones no verbales, en las que no debió faltar la patadita en el piso, los fusionistas que estaban aquella noche en el Ateneo reaccionaron obnubilados por la emoción. Salieron de forma destemplada del salón detrás de Muñoz Rivera, lo acompañaron hasta su residencia y allí, en la puerta, lo vitorearon y «le dijeron que debía ser a todo trance el jefe del partido liberal».[604] Al otro día, el 23 de febrero, el Comité Liberal Fusionista volvió a reunirse y aprobó por unanimidad el siguiente acuerdo:

---

[599] *Id.*
[600] *Id.*
[601] *Id.*
[602] *Id.*
[603] «No hay Unión. Equidad y amplitud de nuestras bases. Patriótica conducta del partido Liberal. Adhesión de los liberales a su jefe». *La Democracia*. Ponce, Puerto Rico. 24 de febrero de 1898, pág. 2.
[604] *Id.*

> Es base indiscutible e indispensable para el decoro y la dignidad política del partido liberal y de todos y cada uno de sus miembros, la de que su ilustre jefe don Luis Muñoz Rivera sea presidente provisional de la proyectada unión de los partidos autonomista histórico y liberal autonomista.[605]

A pesar de que en su discurso en el Ateneo renunció a todas sus posiciones políticas, Muñoz nunca entregó su jefatura del Comité Provincial del Partido Liberal Fusionista y mucho menos la Secretaría de Gracia, Justicia y Gobernación. Renunciar a ambas significaba renunciar a las alcaldías y renunciar a las alcaldías significaba perder las elecciones. Tres días más tarde de haber dimitido, Muñoz le explicaba a un periodista por qué no había entregado su puesto en el Gabinete:

> Es cierto que anuncié en el Ateneo y mantuve más tarde esa determinación. Pero hube de ceder a advertencias que un hombre político no puede desoír. Venía la crisis y era preciso evitarla. A los doce días de constituido el Consejo insular, mi renuncia era un desastre. Y aquí estoy y aquí estaré mientras el Gobernador crea que son útiles mis servicios y mientras el país me otorgue su plena confianza.[606]

En cuanto a la base nueve del Partido Unión Autonomista Liberal, Muñoz Rivera resolvió el tranque colocando en la presidencia de dicha agrupación a un hombre de paja, alguien de su entera confianza, un perfecto desconocido que jamás retaría su hegemonía política: Manuel C. Román Rivera.

> Como podía, por acuerdo mutuo entre liberales y autonomistas, designar un liberal para la jefatura de la Unión, designé a un puertorriqueño de corazón y de carácter; a un amigo leal en todas las grandes pruebas de estos días; a un hombre de los que no vacilan ni retroceden: a don Manuel Román.[607]

El propio Luis Muñoz Rivera le contaba a un amigo, en carta «reservada», que si bien él no era «el jefe para los brillos y las satisfacciones», sí lo era para «la lucha y el trabajo. Don Manuel Román se identifica en absoluto con mis pensamientos y pongo en él una confianza absoluta».[608] Manuel C. Román, por su parte, tampoco escondió su conexión con Muñoz Rivera:

> Designado por mi bondadoso y leal amigo don Luis Muñoz Rivera y aceptado mi modesto nombre por los organismos ejecutivos de las agrupaciones que habían de fusionarse, nos reunimos en los salones del palacio de Santa Catalina los comisionados de una y otra colectividad, y a las doce de la noche del 25 de febrero estampamos nuestras firmas en el acta de constitución del nuevo partido [...].[609]

---

[605] *Id.*
[606] «Muñoz Rivera. Una Interview». *La Correspondencia*. San Juan, Puerto Rico. 27 de febrero de 1898, pág. 2.
[607] Muñoz Rivera, Luis: «Al Partido Liberal y al País». *La Democracia*. Ponce, Puerto Rico. 28 de febrero de 1898, pág. 2.
[608] Fundación Luis Muñoz Marín: *Carta del secretario de Gracia y Justicia y Gobernación Luis Muñoz Rivera a don Matías González García, 26 de febrero de 1898*. Fondo: Luis Muñoz Rivera.
[609] Román, Manuel C.: «Circular». *El País*. San Juan, Puerto Rico. 3 de marzo de 1898, pág. 2.

Román aparecía públicamente como presidente de la Comisión Ejecutiva del Partido Unión Autonomista Liberal mientras Muñoz Rivera halaba los hilos de todas sus acciones. Era tan evidente el asunto que ninguno de los protagonistas intentó disimularlo frente a sus huestes. Así se expresaba Muñoz Rivera en una carta abierta a los miembros de su Partido Liberal Fusionista, publicada el 28 de febrero de 1898:

> Don Manuel Román [...] Ese es el jefe; y al lado del jefe; prestándole mi concurso activo y resuelto, sosteniéndole en la difícil tarea, identificándome con su pensamiento, colaborando en su obra, estaré en todas las ocasiones, en la oscuridad, en la penumbra, mas no en el ocio ni en la inercia.
> Entrando en la Unión no perdemos nada; ni aún la jefatura [...].[610]

Tenía razón Muñoz Rivera. Entrando en el Partido Unión Autonomista Liberal no perdía nada, ni siquiera la jefatura. Mientras Manuel C. Román actuaba como marioneta, José de Diego —a quien Muñoz con extrema familiaridad llamaba Pepito—,[611] hacía las veces de secretario del nuevo partido y el propio Muñoz Rivera asumía el puesto de vocal.[612]

El diablo

Entretanto, el 25 de febrero de 1898, Theodore Roosevelt, sentado en su oficina de la Marina en Washington, pasaba la tarde enviando cablegramas a los comandantes de los escuadrones europeos y del Atlántico Sur, asegurándoles que la guerra era inminente, indicándoles dónde reunirse si llegaba la guerra y ordenándoles que mantuvieran grandes suministros de carbón.[613] A Dewey, el comandante del escuadrón asiático, le ordenó dirigirse a Hong Kong y mantener las embarcaciones llenas de carbón. «En caso de declaración de guerra su deber será velar por que la escuadra española no abandone la costa asiática y luego la operación ofensiva en las islas Filipinas [...]».[614]

Ese día el secretario John D. Long se había ausentado de la oficina al mediodía para visitar al doctor. Antes de salir le indicó a Roosevelt: «No tomes ninguna decisión que afecte la política de la administración sin consultar al presidente o a mí. No estoy fuera de la ciudad, solo quiero que te ocupes de la rutina de la oficina mientras yo tengo un día libre tranquilo».[615]

Ya sabemos que aquel no lo escuchó. «El mismo diablo parecía poseerlo ayer por la tarde», recordó más tarde Long en su diario, refiriéndose al subsecretario (por supuesto).

---

[610] *Id.*
[611] «Frase hueca». *El Momio*. San Juan, Puerto Rico. 10 de abril de 1898, pág. 2.
[612] «En mármoles o en bronce». *El País*. San Juan, Puerto Rico. 24 de marzo de 1898, pág. 2.
[613] Brands: *Bound to Empire...*, págs. 22-23.
[614] Zimmermann: *First Great Triumph...*, pág. 243.
[615] *Id.*

El sistema de turnos en acción

Ahíto de poder, con el control absoluto de la agrupación autonomista, Luis Muñoz Rivera echó a andar el plan maestro que lo llevaría a turnarse el poder con el Partido Incondicional Español. El líder actuaba como si los acontecimientos en Cuba y Estados Unidos no existieran, a pesar de que los conocía muy bien no solo por su función gubernamental, sino también porque los periódicos que controlaba recibían cablegramas diarios de la situación. Marzo sería el mes de las elecciones autonómicas y de su subida al poder como primer ministro. No permitiría que nada ni nadie se interpusiera en su camino político. Que el 8 de marzo de 1898 la Cámara de Representantes de Estados Unidos aprobara por unanimidad la friolera de $50 millones[616] para «gastos de defensa»[617] —marcando así un evidente contraste con el Ejército español que por esa misma fecha no tenía dinero ni para pagar sus tropas— no le iba a aguar la fiesta.

Así las cosas, el 16 de marzo de 1898, Manuel C. Román, como presidente de la Comisión Ejecutiva del Partido Unión Autonomista Liberal, publicó una circular en la que ordenaba dejar espacio para las minorías, entendidas como 6 puestos para el Partido Incondicional.

> La Comisión ejecutiva, que tengo la honra de presidir, acordó en las últimas sesiones celebradas, disponer que los distritos de Capital, Arecibo, Mayagüez, San Germán, Ponce y Guayama designen solamente tres candidatos para Representantes insulares, y a las circunscripciones de Capital, Mayagüez y Ponce, dos candidatos para Diputados a Cortes, con objeto de que las minorías tengan la representación que, en buena práctica parlamentaria, debe concedérseles. También se acordó impedir, por cuantos medios juzgue convenientes, que individuos del partido pretendan hacerse elegir en los puestos que corresponden a las oposiciones.[618]

Habrá que recordar que en ese momento no existía ley alguna que garantizara espacios para las minorías. Los incondicionales, que hasta 1898 dominaban el escenario electoral, jamás permitieron que otros partidos ganaran contienda alguna, de lo cual el propio Muñoz Rivera podía dar fe. La mano maestra detrás de la inusual decisión de la Comisión Ejecutiva lo que procuraba no era justicia democrática, sino garantizar su propio y personal acceso al poder por los próximos años haciendo arreglos con el Partido Incondicional, agrupación política liderada en ese momento por Pedro Arsuaga Beraza. Se trataba del sistema de turnos en acción.

Los incrédulos no tuvieron que esperar mucho para constatar el complot con los incondicionales. El 27 de marzo, día de las elecciones, se pudo leer de forma inconfundible en las papeletas del Partido Incondicional el nombre de Luis Muñoz Rivera y de otros fusionistas. Una de las papeletas incondicionales para elegir representantes a la Cámara por el distrito de la Capital llevaba los nombres de Pedro Arsuaga Beraza junto a los fusionistas, Luis Muñoz Rivera y José Severo Quiñones; otra papeleta, también por el distrito de San Juan, incluía a Pedro Arsuaga mano a mano con los fusionistas Juan Hernández López y José Severo Quiñones.[619]

---

[616] Equivalentes a $1 568 602 409 638 actuales.
[617] «By a Vote of 311 to 0 House Passes $50 000 000 War Fund». *The World*. Nueva York, Nueva York. 9 de marzo de 1898, pág. 1.
[618] «Un acuerdo». *El País*. San Juan, Puerto Rico. 17 de marzo de 1898, pág. 2.
[619] «27 de marzo de 1898». *El País*. San Juan, Puerto Rico. 27 de marzo de 1898, pág. 2.

Pedro Arsuaga Beraza fue uno de los líderes del Partido Incondicional Español que más influencia ejerció en la vida de Puerto Rico. Socio de la poderosa casa mercantil Sobrinos de Ezquiaga, representante de la Standard Oil en Puerto Rico, supo aprovechar muy bien sus conexiones políticas, sobre todo luego del matrimonio con Rosario Dabán, hija de quien fuera gobernador de Puerto Rico de 1893 a 1895, Antonio Dabán Ramírez de Arellano. Imagen: «Pedro Arsuaga Beraza y Rosario Dabán». Cortesía de Gonzalo Garrido Arsuaga.

Como cuestión de hecho, de los 11 879 votos[620] que se le adjudicaron a Luis Muñoz Rivera por San Juan, alrededor de 800 pertenecían al bando de los incondicionales.[621] En paralelo, las papeletas fusionistas cargaron el nombre del jefe de los incondicionales, Pedro Arsuaga Beraza.

El propio Muñoz Rivera se vio obligado a reconocer, luego de una intensa crítica pública, que, en efecto, llegó a acuerdos con su contrincante político. Así intentaba explicar *La Democracia* aquel corrupto consorcio político al que calificó de una inocente y «efímera conjunción local de votantes dispersos».[622]

> En cuanto al concurso entre conservadores y liberales, ya es tiempo de que el público conozca su alcance, tan corto, tan circunscrito, que no puede serlo más. El señor Arzuaga visitó al señor Muñoz Rivera proponiéndole que sus correligionarios votarían a sus correligionarios, y viceversa, en San Juan, exclusivamente en San Juan. El señor Muñoz Rivera anunció al comité local, único que poseía facultades para decidir. El comité local decidió de una manera afirmativa. Y en nuestras papeletas se escribió el nombre del señor Arzuaga; y en las papeletas conservadoras se escribieron los nombres de Muñoz, Quiñones y Hernández López.
>
> Pero el señor Muñoz Rivera advirtió, con absoluta franqueza que, encontrándose floja en Bayamón la candidatura Quiñones, para ella se admitían los votos del señor Arzuaga y sus partidarios. Tal es la historia clara y sucinta del *pacto* que no es pacto sino una efímera conjunción local de votantes dispersos.[623]

---

[620] «Junta Insular del Censo Electoral». *La Gaceta de Puerto Rico*. San Juan, Puerto Rico. 13 de abril de 1898, pág. 1.
[621] «El triunfo de Barbosa». *El País*. San Juan, Puerto Rico. 29 de marzo de 1898, pág. 2.
[622] «La verdad». *La Democracia*. Ponce, Puerto Rico. 4 de abril de 1898, pág. 2.
[623] *Id.*

La nota en *La Democracia* no reveló la fecha de la reunión entre Pedro Arsuaga y Luis Muñoz Rivera. Aunque la circular, firmada Manuel C. Román como presidente de la Unión, y José de Diego como secretario, sí dice lo siguiente: «Nosotros queríamos salvar a las minorías conservadoras. Y de ahí el acuerdo de la comisión ejecutiva asegurándoles seis sitios».[624] Es lógico concluir que el encuentro entre el incondicional y el fusionista debió coincidir con la fecha de aquella circular, 16 de marzo, momento en que todos los autonomistas estaban agrupados bajo el Partido Unión Autonomista Liberal. De ser así, ni Muñoz Rivera ni tampoco el Comité Provincial Liberal Fusionista podían pactar o negociar nada relacionado con las elecciones.

Los ortodoxos, aún dentro del Partido Unión Autonomista Liberal, nunca estuvieron de acuerdo con la decisión de separar espacios a la minoría incondicional. Es bueno saber que Manuel F. Rossy no asistió a la sesión en la que se aprobó esta medida. Por su parte, los vocales José Celso Barbosa y Sánchez Morales objetaron que no se incluyera en esas 'minorías' a los candidatos ortodoxos «que pudieren ser proclamados y sostenidos por elementos de la Unión para los cuartos puestos en dichas circunscripciones».[625]

Después de las elecciones, los ortodoxos reconocieron que fueron engañados y también los incondicionales.[626] Al final, la borrachera de poder de los fusionistas fue tal que terminaron traicionando a amigos y a enemigos. Los incondicionales nunca obtuvieron la cantidad de puestos que se les prometió y se tuvieron que conformar con un solo escaño en la Cámara que fue a parar a manos del rico propietario de Guayama, Genaro Cautiño.[627]

En términos generales, a pesar de lo evidente y a juzgar por los numerosos escritos en *El País*, los ortodoxos se tragaron el anzuelo. Confiaron ingenuamente en la unión y esa confianza les costó las elecciones. El 2 de marzo de 1898, por ejemplo, los autonomistas ortodoxos se deshacían en alabanzas a Muñoz Rivera. Ya no era un dictador sino «un exacto cumplidor de sus promesas y fiel observador de su palabra».[628] El día 3 de marzo, el sagaz y experimentado político Manuel Fernández Juncos, desde su puesto en Hacienda, daba por sentado que «la unión ya realizada tiene la cohesión y los elementos indispensables y necesarios para constituir un nuevo gobierno estable y fecundo».[629] Un día después, el 4 de marzo, los redactores de *El País* se enzarzaron en una pelea periodística contra *El Boletín Mercantil* por este asegurar, con una clarividencia digna del más grande premio, que la tan mentada unión degeneraría «en sangrienta y fratricida lucha a la menor divergencia, lucha que como todas las guerras intestinas se alimentará de las propias entrañas de cada organismo contendiente».[630] No fue hasta el 18 de marzo —nueve días antes de las elecciones— que *El país* comenzó a reconocer de forma tímida la existencia de «algunos» que realizaban «trabajos de zapa para perturbar la hermosa conjunción de ideas y voluntades de la Unión Autonomista Liberal».[631]

---

[624] *Id.*
[625] «La minoría Incondicional». *El País*. San Juan, Puerto Rico. 29 de marzo de 1898, pág. 2.
[626] Véanse: «El Triunfo de Barbosa». «Quien a hierro mata…». «La minoría incondicional». *El País*. San Juan, Puerto Rico. 29 de marzo de 1898, pág. 2.
[627] *Id.*
[628] «A M. M.». *El País*. San Juan, Puerto Rico. 2 de marzo de 1898, pág. 2.
[629] «Lo que dice Fernández Juncos». *El País*. San Juan, Puerto Rico. 3 de marzo de 1898, pág. 2.
[630] «La Esfinge». *El País*. San Juan, Puerto Rico. 4 de marzo de 1898, pág. 2.
[631] «Trabajos de zapa». *El País*. San Juan, Puerto Rico. 18 de marzo de 1898, pág. 2.

En realidad, el Partido Unión Autonomista Liberal era un campo de paja seca sobre el cual varios pirómanos caminaban con un fósforo en la mano dispuestos a defender sus propios intereses a cualquier costo, aunque eso significara tropezar y —al decir del historiador José Luis Rénique— «incendiar la pradera».[632]

Incendio de la pradera

La primera chispa incendiaria ocurrió en el teatro La Perla, en Ponce, el domingo 13 de marzo de 1898. Ese día los autonomistas del distrito de Ponce debían elegir el nuevo comité del Partido Unión Autonomista Liberal y designar a los dos delegados que, junto a los pertenecientes a los demás pueblos del distrito, conformarían el comité para proponer los diputados a la Cámara Insular y a Cortes.[633] Es importante saber que la Cámara de Representantes local, según los decretos autonómicos, se compondría de 32 miembros y había por lo menos 100 aspirantes por todo el país. Junto con el Consejo de Administración, la Cámara de Representantes asumiría la facultad de legislar los asuntos del país y de ella saldrían los hombres que conformarían el Gabinete.[634] Por tanto, era de importancia vital dominar esa entidad si se pretendía copar el Consejo.

Las cosas no pudieron ir peor para los autonomistas reunidos en aquel teatro en Ponce. Individuos apostados cerca de las tres urnas arrebataban las papeletas a los electores que se acercaban, las rompían y las sustituían por otras; muchos de los presentes no pudieron votar porque se les acusó de no ser residentes de Ponce; otros votaron hasta quince veces en medio del barullo; y menores de veinticinco años también votaron aprovechando que no había listas ni registros.[635] Entre gritos y empujones, «elementos oficiales» repartieron una papeleta de color verde con candidatos que no aparecían en el resto de las papeletas blancas.[636] Los que no aparecían en la papeleta verde, casi todos fusionistas, tomaron el acto como un gigantesco fraude y la asamblea terminó en trifulca colectiva con acusaciones, empujones y gritos de parte y parte.[637]

El escrutinio en Ponce arrojó que todos los candidatos favorecidos para la Cámara Insular pertenecían a la facción ortodoxa: José Gómez Brioso, José Celso Barbosa y Félix Matos Bernier. Los autonomistas de Guayama, por su parte, escogieron a Modesto Solá, Modesto Bird, Jacinto Texidor y a Luis Muñoz Morales, todos del bando fusionista. En Mayagüez, la papeleta quedó conformada por los fusionistas Salvador Carbonell, Herminio Díaz Navarro, Santiago R. Palmer y el ortodoxo Manuel F. Rossy. En San Germán resultaron favorecidas las candidaturas de los fusionistas Luis Muñoz Rivera, Francisco Mariano Quiñones y Herminio Díaz Navarro.[638]

---

[632] Banda, Gonzalo: «Incendiar la pradera: Pedro Castillo y el miedo de las élites peruanas». *El País*. Madrid, España. 11 de junio de 2021.
[633] «Asamblea Popular». *La Democracia*. Ponce, Puerto Rico. 12 de marzo de 1898, pág. 2.
[634] «Electores, meditad». *El País*. San Juan, Puerto Rico. 18 de marzo de 1898, pág. 2.
[635] «Nos ratificamos». *La Democracia*. Ponce, Puerto Rico. 17 de marzo de 1898, pág. 2.
[636] «La papeleta verde». *La Democracia*. Ponce, Puerto Rico. 19 de marzo de 1898, pág. 2.
[637] «Trabajos de zapa». *El País*. San Juan, Puerto Rico. 18 de marzo de 1898, pág. 2.
[638] «Designación de candidato». *La Democracia*. Ponce, Puerto Rico. 21 de marzo de 1898, pág. 2.

Los nombres en esas candidaturas demuestran que, en la práctica, nunca se materializó unión alguna, sino que las facciones continuaron actuando hacia adentro.

Sin tiempo para apaciguar los ánimos, llegó la fecha en que se reunirían los autonomistas de San Juan para elegir sus aspirantes a Cortes y a la Cámara Insular. Esta reunión era una gigantesca y peligrosa tea incendiaria desde su faz. En San Juan se concentraban las candidaturas para la Cámara Insular de los líderes fusionistas Luis Muñoz Rivera, Juan Hernández López y José Severo Quiñones; y las de los ortodoxos José Celso Barbosa, Julián E. Blanco y Manuel Fernández Juncos. Ya sabemos que la mayoría de ellos habían sido seleccionados por otros distritos, cosa que las leyes de ese momento permitían sin importar el lugar de residencia, pero todos ellos —o mejor dicho, los egos de ellos— querían ser seleccionados en el distrito más importante: el de la capital.

Durante la noche de ese 18 de marzo de 1898 se reunieron —en los altos de la casa de Juan Margarida, en el número 44 de la calle San Francisco— 22 comisionados encargados de llevar a cabo la elección. De los 22, 18 provenían del bando liberal fusionista y solo 4 de la facción ortodoxa. Se temía lo peor. La gente comenzó a congregarse alrededor de la casa donde se celebraba la junta a tal punto que, ya oscureciendo, era imposible el tránsito público. La policía, dirigida por un aliado incondicional de Muñoz Rivera, despejó a la multitud. Entonces se formaron varios grupos que se paseaban desde la esquina de la Tanca hasta la de San Justo con verdadera ansiedad por saber el resultado de las candidaturas. Unos apostaban por los fusionistas Muñoz Rivera-Hernández-Quiñones, otros por los ortodoxos Barbosa-Fernández-Blanco.[639] En aquella manifestación se encontraba el líder obrero, Santiago Iglesias Pantín, quien terminó en la Cárcel Provincial, acusado de «injurias a la autoridad del Ilustrísimo señor Secretario de Gracia, Justicia y Gobernación».[640]

Cerca de las diez de la noche se supo el resultado de la votación. Los peores presagios se hicieron realidad. Quedaron fuera los tres ortodoxos: José Celso Barbosa, con 9 votos; Julián E. Blanco, con solo 1 voto; y Manuel Fernández Juncos, con apenas 2 votos.[641] En contraste, Luis Muñoz Rivera se alzó con 17 votos; Juan Hernández López, 20 votos; y José Severo Quiñones, 13 votos. «Y entonces se produjo un gran alboroto en la calle. La excitación de los ánimos era grandísima. La policía tuvo que despejar la vía pública en previsión de lo que pudiera ocurrir».[642]

> Cuando el pueblo se enteró del acuerdo de los comisionados se reunió proclamando a Fernández Juncos y a Barbosa y recorrió la calle de San Francisco disolviéndose al llegar a la calle principal […] Grande era la efervescencia política porque los autonomistas no podían conformarse conque hubieran sido excluidos de su distrito natural Fernández Juncos y Barbosa.[643]

---

[639] «Lo de anoche». *La Correspondencia*. San Juan, Puerto Rico. 19 de marzo de 1898, pág. 3.
[640] «Una carta». *El País*. San Juan, Puerto Rico. 18 de abril de 1898, pág. 2.
[641] «Viboreznos». *La Democracia*. Ponce, Puerto Rico. 25 de marzo de 1898, pág. 2.
[642] «Lo de anoche»...
[643] «La designación de candidatos». *El País*. San Juan, Puerto Rico. 21 de marzo de 1898, pág. 2.

La calle San Francisco del Viejo San Juan fue testigo de uno de las tantas trifulcas que ocurrieron antes de las elecciones de marzo de 1898. Imagen: «Calle San Francisco, esquina Tanca. 1898».
Puerto Rico Historic Building Drawings Society.

Los ortodoxos, todavía sin darse cuenta de que el fraude electoral ya estaba en acción, creyeron, ingenuos, que «la designación no se apartó una línea en las formas de las prescripciones constitucionales»[644] y que el acuerdo se tomó siguiendo las «reglas de las asambleas deliberantes».[645] Pensaron que la injusticia se subsanaría de inmediato con solo «conversar razonablemente» con el gobernador general.[646] La propuesta de los ortodoxos para lograr la concordia fue que se incluyera a José Celso Barbosa como candidato por la capital en lugar de José Severo Quiñones. Pero esa misma noche el gobernador tuvo que reconocer que había fracasado en sus intentos por mantener unidos a los autonomistas: Luis Muñoz Rivera se negó rotundamente a ceder espacio a Barbosa.[647]

El gobernador no intervino en la controversia. La cruda realidad despertó de un golpe a los seguidores de Barbosa y Fernández Juncos. Muñoz Rivera dijo a través de sus periódicos que no cedería su candidatura por la capital, aunque aseguró, en su típico juego entre los hechos y las palabras, que «no hubiera tenido inconveniente en así hacerlo de no haber ocurrido el alboroto

---

[644] *Id.*
[645] *Id.*
[646] *Id.*
[647] «Al país y a la nación». *El País*. San Juan, Puerto Rico. 5 de abril de 1898, pág. 2.

cuando fueron proclamadas las candidaturas. Ceder mi candidatura hoy parecería una debilidad».[648]

En estrictos términos legales y reglamentarios, Muñoz Rivera carecía de facultades para 'ceder' ninguna candidatura. Se suponía que esos candidatos se seleccionaran en elecciones libres no intervenidas. El reconocimiento público de que si él quería podía 'ceder' esta o cualquier otra candidatura, fue una señal clara de que todo el proceso electoral estaba controlado desde la Secretaría de Gracia, Justicia y Gobernación.

Aunque tardía, la reacción de los ortodoxos fue visceral. El 20 de marzo, San Juan, Bayamón y Cataño amanecieron llenos de hojas sueltas que decían así:

> Hoy a la seis de la tarde llegará a la Capital por Bayamón, el honrado y dignísimo ciudadano el doctor Barbosa.
>
> Es necesario que acudamos todos los liberales, todos los obreros de todas las clases y profesiones a recibir al patriota noble que regresa de la isla a donde fue a trabajar en favor de sus amigos, mientras en la capital se le hacía una traición indigna.
>
> Debemos ir e iremos todos los liberales a demostrarle al noble ciudadano que estamos con él y no con los traidores.
>
> Hoy a las seis de la tarde, en el muelle.
>
> Que no falte un obrero, un liberal.[649]

Aquella tarde del 20 de marzo cuando los seguidores de Barbosa llegaron al muelle donde debía atracar el vapor en el que venía el líder ortodoxo, se encontraron con «un verdadero cuartel general en la marina».[650] Fueron recibidos por «dos piquetes de la Guardia Civil montados, más de cien hombres de la policía de Orden público y municipal junto a los jefes de ambos cuerpos» que les impidieron llegar a los muelles.[651] En Cataño se formó «otro cuartel general». Un fuerte contingente de oficiales armados de la Guardia Civil daban el alto a los carruajes que pasaban y preguntaban «si iba dentro el doctor Barbosa».[652]

Nadie creyó que la guardia civil y la policía actuaron *motu proprio*. La represión policial tuvo origen en las órdenes emitidas por el Jefe, el entonces secretario de Gracia, Justicia y Gobernación.[653] Los eventos del 20 de marzo dejaron saber alto y claro que Luis Muñoz Rivera estaba dispuesto a todo con tal de conseguir el poder absoluto. Y, como si este preámbulo no fuera suficiente, tres días después ejecutó su golpe de gracia. Faltando muy poco para el evento electoral, emitió una circular en la que ordenaba la realización simultánea de las elecciones de diputados a Cortes y la de representantes a la Cámara Insular.

---

[648] «Considerando». *El País*. San Juan, Puerto Rico. 26 de marzo de 1898, pág. 2.
[649] «Los sucesos de ayer». *La Correspondencia*. San Juan, Puerto Rico. 22 de marzo de 1898, pág. 2.1
[650] «Botón de fuego». *La Democracia*. Ponce, Puerto Rico. 26 de marzo de 1898, pág. 3.
[651] *Id.*
[652] «Al Excmo. Señor Gobernador General». *El País*. San Juan, Puerto Rico. 22 de marzo de 1898, pág. 2.
[653] «Plantilla número 3. Secretaría de Gracia y Justicia y Gobernación». *La Gaceta de Puerto Rico*. San Juan, Puerto Rico. 10 de febrero de 1898, pág. 2.

> Para mayor facilidad en la votación y en el escrutinio se verificará aquella con dos papeletas y dos urnas, correspondiendo una a la elección de Diputados a Cortes y otra a la de Representantes insulares, de manera que cada elector vote con papeletas distintas en distintas urnas sus candidatos para la Cámara de la Colonia separadamente del candidato o candidatos para la Cámara nacional.[654]

Los problemas con esta circular no solo tenían que ver con la extrema cercanía al día de las elecciones, sino también con que no se aclaraba qué pasaría si un elector confundía las urnas. No se dijo entonces, pero las denuncias posteriores a la elección confirmaron que alegar que la papeleta fue depositada en una urna que no correspondía, fue una de las formas favoritas de los fusionistas para anular cientos de votos. Además, la división electoral para diputados a Cortes no era la misma que la de representantes a la Cámara Insular. Unir ambas elecciones faltando apenas tres días para los comicios, dificultó que los candidatos pudieran tener interventores en las mesas electorales, tal como establecía el reglamento.[655] Analizando el asunto en retrospectiva, el diario de los ortodoxos describía la decisión de Muñoz Rivera de unir las dos elecciones de la siguiente forma:

> Esto sorprendió al público como nos había sorprendido a nosotros, porque era profundamente perturbador citar a un cuerpo electoral nuevo y numeroso cuando aún no estaban publicadas ni una cuarta parte de las listas, a votar dos elecciones juntas de tanta importancia, aumentándose la confusión en los pueblos por la empresa de irse constituyendo los comités locales del nuevo partido, en cuya constitución tocaba siempre la peor parte a nuestros antiguos correligionarios por ser los Alcaldes muñocistas los arregladores del asunto.[656]

El fraude electoral que garantizaría el sistema de turnos estaba servido.

Se rompe la unión

El viernes, 25 de marzo de 1898 —dos días antes de las elecciones—, los ortodoxos, finalmente y sin remedio, reconocieron que la unión estaba rota. Luego de intentar sin éxito una mediación con los fusionistas a través del gobernador, el directorio del Partido Autonomista Ortodoxo decidió abstenerse de la lucha electoral «a causa de haber tomado el antiguo partido fusionista todos los resortes gubernamentales y de ser imposible por la proximidad de las elecciones, organizar nuestras fuerzas».[657] Los ortodoxos dejaron establecido en un manifiesto a Madrid, que «no existían garantías en la correspondencia postal y telegráfica»,[658] toda vez que

---

[654] «Circular». *El País*. San Juan, Puerto Rico. 23 de marzo de 1898, pág. 2.
[655] «De la constitución de las mesas electorales». *El País*. San Juan, Puerto Rico. 12 de marzo de 1898, pág. 2.
[656] «Al país y a la nación». *El País*. San Juan, Puerto Rico. 5 de abril de 1898, pág. 2.
[657] «Rotura de la Unión». *El País*. San Juan, Puerto Rico. 25 de marzo de 1898, pág. 2.
[658] *Id.*

«Muñoz Rivera no se apartaba del telégrafo ni un segundo», gracias a que el secretario de Obras Públicas y Comunicaciones, Juan Hernández López, no era sino una marioneta en manos de Muñoz.[659] En aquellas declaraciones, los ortodoxos aprovecharon la ocasión para devolverle el epíteto de traidor a Muñoz Rivera, asegurando que «los hombres del fusionismo que aún siguen la política personal del señor Muñoz carecen de rumbo y de doctrina».[660]

Un día antes de las elecciones, el directorio ortodoxo, con pocas esperanzas y sin siquiera poder utilizar el telégrafo para difundir sus decisiones, cambió de opinión y pidió a sus seguidores que, a pesar de todo, fueran a la contienda electoral. Los ortodoxos de Ponce debían votar por Federico Degetau y Cepeda como diputados en las Cortes; los de Coamo, por Sardá; los de Mayagüez, por Silva y Moya; en Humacao, por Cintrón; en Arecibo, por Colón, y en la capital, por Rafael María de Labra, «nuestro ilustre líder».[661] La papeleta correspondiente a la Cámara Insular se redujo a pocos nombres: José Celso Barbosa y Julián E. Blanco por la capital;[662] Francisco Mariano Quiñones por San Germán; doctor Santiago Veve por el distrito de Humacao; Juan R. Ramos por Arecibo; el doctor Francisco del Valle Atiles, por entonces alcalde de San Juan, por el distrito de Guayama; y Félix Matos Bernier, José Celso Barbosa y José Gómez Brioso por el distrito de Ponce.[663] A pesar de que se mantuvo en las filas ortodoxas hasta el último momento, Gómez Brioso, se cambió al bando de los liberales-fusionistas el día de las elecciones, asegurando así una silla en la Cámara Insular por el distrito de Ponce.

Las candidaturas ortodoxas fueron respaldadas por los obreros. En una asamblea celebrada en el teatro de San Juan el 25 de marzo, «acogieron con entusiasmo» la propuesta de Santiago Iglesias Pantín, por entonces director de *El ensayo obrero*, de apoyar las candidaturas para representantes a la Cámara de los ortodoxos Julián E. Blanco y José Celso Barbosa. Los trabajadores allí reunidos lanzaron duras acusaciones contra Luis Muñoz Rivera y Juan Hernández López.[664] Estas denuncias pusieron en peligro la libertad y la vida de Iglesias Pantín. Días antes de las elecciones, le confesaba en carta privada a José Celso Barbosa:

> [...] no puedo salir a ninguna parte y hasta mí llegan propagandas que se hacen en contra mía terribles.[...] Los odios, todos los odios de Muñoz Rivera, Pepe Diego y sus secuaces se han reconcentrado en contra mi persona y tal parece que quieren anularme de todas maneras.[...].[665]

Los liberales fusionistas, por su parte, y ante la ruptura definitiva del natimuerto Partido Unión Autonomista Liberal,[666] arengaron a sus huestes, arreciaron su campaña, y con una velocidad asombrosa reconstituyeron todos los comités liberales de los 71 pueblos de la isla en la misma forma que estaban antes de la unión,[667] demostrando que nunca abandonaron sus cuarteles generales y que siempre estuvieron sentados en el asiento del conductor.

---

[659] «Al país y a la nación»...
[660] «Rotura de la Unión»...
[661] *Id.*
[662] «Electores autonomistas del distrito de la capital». *El País*. San Juan, Puerto Rico. 26 de marzo de 1898, pág. 2.
[663] «Don Francisco Mariano Quiñones». *El País*. San Juan, Puerto Rico. 26 de marzo de 1898, pág. 2.
[664] «La reunión de obreros ayer tarde en el teatro». *La Correspondencia*. San Juan, Puerto Rico. 26 de marzo de 1898, pág. 2.
[665] Colección familia Iglesias Pantín. «Carta privada de Santiago Iglesias Pantín a José Celso Barbosa». Puerto Rico. Marzo de 1898.
[666] «Ruptura de la Unión. A vuestros puestos liberales». *La Democracia*. Ponce, Puerto Rico. 25 de marzo de 1898, pág. 2.
[667] «Noticias». *La Correspondencia*. San Juan, Puerto Rico. 26 de marzo de 1898, pág. 2.

Marzo: Nulla est redemptio

Sin duda alguna, en la víspera de las elecciones autonómicas de 1898, Luis Muñoz Rivera controlaba toda la maquinaria eleccionaria. Él mismo había diseñado las reglas; él era el director de toda la operación y en él recaían todas las decisiones, incluyendo certificar a los ganadores. Tenía control sobre los jueces municipales (encargados de someter los censos electorales a los alcaldes y de decidir las protestas); era el jefe de la Guardia Civil y de la Policía; dominaba todas las juntas electorales y de escrutinio a través de sus alcaldes; y tenía control del telégrafo. Además, y no menos importante, el Jefe gozaba del apoyo del Gobierno de Madrid por haber incluido, servil y obediente, a varios «cuneros»[668] en las papeletas fusionistas.

Luis Muñoz Rivera, antes, durante y después de las elecciones de marzo de 1898, imitó y superó en corrupción a su modelo Práxedes Mateo Sagasta. No hubo una sola de las triquiñuelas electorales de la España de la Restauración que Muñoz no implementara en Puerto Rico con excelsa maestría. El líder puertorriqueño conocía muy bien el engranaje electoral español. Durante su viaje a España en 1895 fue testigo de las elecciones municipales españolas y en sus reseñas para *La Democracia* aseguraba:

> Votaron hasta los muertos. Hubo en los comicios escándalos atroces. Se llevó hasta sus últimos límites la burla. El sainete del sufragio alcanzó acabadísima ejecución [...]
> Los padres del país gustan de otro género oratorio: del que se traduce en promesas de privanza y en perspectivas de lucro.
> [...] Si de tal suerte se falsea la base, que es la urna, ¿a dónde irá el prestigio de la representación nacional?
> El sufragio libre, la tribuna influyente, la opinión soberana, son unas grandes mentiras en esta tierra, donde se echa tierra a los atentados más atroces y a las más pornográficas estupideces.
> *Nulia* [sic] *est redemptio*.[669]

El Muñoz Rivera de 1895 no creía que existiera la redención para los terribles males electorales. Esa convicción lo llevó, no a combatirlos, sino a mimetizarlos en Puerto Rico. «Parece que estudió política en la desacreditada escuela del antiguo incondicionalismo y no sabe hacer otra cosa que repetir las lecciones aprendidas», denunciaban los ortodoxos a través de las páginas de *El País*. «¿Acaso no pudieron aprender otra lección los fusionistas en sus estudios políticos en la Universidad de Barranquitas?»,[670] se quejaban —impotentes— los antiguos hermanos autonomistas.

---

[668] Término que se aplica a los candidatos que son presentados por sus respectivos partidos en un distrito electoral al que no pertenecen.
[669] Muñoz Rivera, Luis: «Desde Madrid». *La Democracia*. Ponce, Puerto Rico. 14 de junio de 1895, pág. 2.
[670] «Mala raza y peor herencia». *El País*. San Juan, Puerto Rico. 11 de abril de 1898, pág. 2.

El Jefe y las elecciones

Según las reglas impuestas por el propio Muñoz Rivera, las votaciones se debían realizar en la sala capitular de los ayuntamientos y, en aquellos lugares donde hubiere más de 500 electores, entonces se abrirían nuevas secciones en los locales destinados a escuelas públicas. Ocho días antes, el presidente de la junta electoral debía publicar por medio de edictos, los locales donde se constituirían las secciones electorales, así como las listas de los electores hábiles.[671]

El día señalado, a las ocho de la mañana, el presidente de la mesa electoral anunciaría «¡empieza la votación!». Los electores, entonces, debían acercarse a la mesa en la que, además del presidente, se sentaban cuatro interventores en representación de los candidatos, y «diciendo su nombre entregará al presidente dos papeletas blancas dobladas en las cuales estará escrito o impreso el nombre del candidato o candidatos a quienes da su voto». Era responsabilidad del presidente colocar la papeleta en la urna correspondiente y decir en voz alta: «Fulano (el nombre del elector) vota». La papeleta tenía que permanecer a la vista del público desde el momento de la entrega hasta que se depositara en la urna hecha de cristal o vidrio transparente.[672] A las cuatro de la tarde terminaban los comicios.

Todo prístino y transparente... en teoría. La práctica, sin embargo, distó bastante de lo que contenía el papel.

A las ocho de la mañana del domingo, 27 de marzo de 1898 se escuchó en todos los colegios electorales del archipiélago puertorriqueño el grito: ¡empieza la votación! Lo primero que llamó la atención de los electores ortodoxos fue que las mesas electorales, presidentes e interventores de todos los colegios estaban copadas por fusionistas.[673] Sin un debido contrapeso —unido al poder casi ilimitado de Muñoz Rivera sobre las juntas y las mesas electorales, las fuerzas del orden público, el telégrafo y la judicatura—, los fusionistas tenían en sus manos una patente de corso que no desaprovecharon.

Comenzó así una jornada que fue descrita por *El País* como un «asqueroso juego de cubiletes electorales».[674] Además de las ya tradicionales triquiñuelas de romper o anular aquellas papeletas que no favorecían las candidaturas oficiales o de realizar escrutinios sin la presencia de la oposición, el 27 de marzo de 1898 debe ser recordado en la historia como el día en que Luis Muñoz Rivera desplegó una miríada de estrategias corruptas aprendidas de España, que no solo le abrieron el camino hacia un poder hegemónico sino que se convirtieron en un modelo para los políticos y procesos electorales que le sucedieron.

---

[671] «Reglamento provisional para la adaptación de la ley electoral». *El País*. San Juan, Puerto Rico. 14 de marzo de 1898, pág. 2.
[672] *Id.*
[673] Véanse: «Adjuntas». *El País*. San Juan, Puerto Rico. 27 de marzo de 1898, pág. 2. «Aguadilla». *El País*. San Juan, Puerto Rico. 27 de marzo de 1898, pág. 2. «Corozal». *El País*. San Juan, Puerto Rico. 27 de marzo de 1898, pág. 2. «Cabo Rojo». *El País*. San Juan, Puerto Rico. 29 de marzo de 1898, pág. 3. «Caguas». *El País*. San Juan, Puerto Rico. 31 de marzo de 1898, pág. 3.
[674] «El desastre». *El País*. San Juan, Puerto Rico. 30 de marzo de 1898, pág. 3.

Estrategia #1: Impide el voto de tus adversarios. Si ellos no votan, tú ganas

La maniobra más efectiva (y más utilizada) el 27 de marzo de 1898 fue la de impedir el voto de las fuerzas adversarias a través de diferentes ardides como el de abarrotar los colegios con electores fusionistas; el de repartir turnos de difícil acceso a los votantes del bando contrario o el de desplegar fuerzas policiales para intimidar a la oposición. *El País* calculó en más de 3000 la cantidad de electores ortodoxos que no pudieron votar.[675]

En Cayey, por ejemplo, lugar donde ocurrieron los eventos más violentos de la jornada, y según describieron varios testigos, «a los electores ortodoxos se procuraba detenerlos todo el tiempo posible para que no tuvieran tiempo de emitir su voto». Una vez llenos los colegios, los fusionistas «con calculada intención votaban y se quedaban para aumentar la aglomeración y así obstaculizar la entrada a los nuestros». Para colmo de males, «hombres allí nacidos y que allí han vivido no aparecían en las listas electorales».[676]

Los electores ortodoxos de Cayey, impotentes, irrumpieron en el colegio y rompieron las urnas.

> Después de este hecho, siguió el pueblo en actitud pacífica aunque imponente, atravesó la plaza [...] y al aproximarse a la casa de Zoilo Colón, en la cual estaba establecido otro colegio, fueron recibidos con una lluvia de pedradas, armándose por consiguiente un motín sostenido por pedradas que mutuamente se enviaban y también tiros y palos, los de una y otra agrupación.[677]

Es bueno hacer notar que Zoilo Colón, en cuya casa se instaló un colegio electoral que se presume neutral, no solo pertenecía a las huestes de Muñoz Rivera, sino que ambos eran íntimos amigos desde la infancia en Barranquitas. Cuando murió Colón en 1902, Muñoz le dedicó unas sentidas palabras que dan cuenta de la profunda relación: «Era un amigo nuestro de la infancia», escribió en su periódico *Puerto Rico Herald*, «leal como pocos, consecuente en las ideas, patriota a prueba de decepciones».[678]

Como resultado de las manifestaciones en Cayey, la casa frente a la oficina de correos terminó «sin ventanas ni persianas que lo contaran».[679] Entonces intervino la tropa de la guardia civil con un saldo de un muerto, varios heridos y, por lo menos, cuatro detenidos: Luis Benet, Luis Quevedo, Francisco Julio y Manuel González,[680] quienes, por órdenes directas de Luis Muñoz Rivera, permanecieron en la cárcel desde el 27 de marzo hasta el 18 de abril de 1898.[681]

La maniobra fusionista de obstaculizar el voto de sus oponentes se repitió en la mayoría de los pueblos. Los electores ortodoxos de un colegio establecido en un barrio rural de Morovis denunciaron que tardaban tres cuartos de hora entre la puerta de entrada y la urna.[682] En Carolina

---

[675] «27 de marzo de 1898». *El País*. San Juan, Puerto Rico. 28 de marzo de 1898, pág. 2.
[676] «Revista electoral. Cayey». *El País*. San Juan, Puerto Rico. 30 de marzo de 1898, pág. 2.
[677] Picó: «Representaciones de violencia electoral...».
[678] Muñoz Rivera, Luis: «Zoilo M. Colón». *Puerto Rico Herald*. Año II. Núm. 74. Nueva York. 6 de diciembre de 1902, pág. 331.
[679] «Notas electorales por telégrafo». *La Correspondencia*. San Juan, Puerto Rico. 29 de marzo de 1898, pág. 2.
[680] «Revista electoral. Cayey». *El País*. San Juan, Puerto Rico. 2 de abril de 1898, pág. 2.
[681] «Noticias locales». *El País*. San Juan, Puerto Rico. 19 de abril de 1898, pág. 3.
[682] «Revista electoral. Morovis». *El País*. San Juan, Puerto Rico. 4 de abril de 1898, pág. 2.

se quedaron sin votar la mitad de los electores; en Quebradillas, más de 600. En Guayanilla, se desplegó un alarde de fuerza innecesario con objeto de cohibir a los electores. La mesa electoral (fusionista) estableció turnos de difícil acceso para los ortodoxos y congregó los dos colegios más importantes en un espacio estrecho de la casa consistorial. «Por la mala designación de los colegios y por el orden establecido para efectuar la votación, resultaba el hecho evidente de que muchos electores se fueron sin votar».[683] En un colegio de Jayuya, cuyo censo constaba de 580 electores, solo votaron 67; en otro colegio también de Jayuya con un total de 700 electores, solamente aparecieron 180 votos.[684] De 800 electores inscritos en un colegio de Ciales, votaron apenas 141.[685] En el segundo distrito de Ponce ejercieron el voto 374 electores de un total de 1586, y en el primer distrito ocurrió algo muy parecido.[686] En Sabana Grande, «como en todas partes, cientos de electores tuvieron que marcharse sin ejercer el derecho concedido por la Nación».[687]

En lugares donde la mayoría de sus electores simpatizaban con los ortodoxos, la creatividad de los liberales fusionistas fue mayor. En uno de los colegios de la Playa de Ponce le negaron la entrada nada más y nada menos que a ortodoxos de la talla de Rosendo Matienzo Cintrón —otrora aliado de Muñoz Rivera quien además de elector era uno de los candidatos—, a Luis Lloréns Torres y a José de Guzmán Benítez. Los tres levantaron una protesta en la que Matienzo Cintrón hizo las funciones de notario.[688] En el colegio de La Cantera, también en Ponce, la mesa fusionista le negó el voto a un elector claramente identificado con los puros. Acto seguido:

> [...] promovióse un tumulto; hubo empujones; una ola humana se precipitó sobre la mesa; los individuos que constituían esta trataron de proteger las urnas, que sufrieron desperfectos; la confusión era espantosa; sonó un disparo y entonces el presidente don José Serra suspendió la votación [...] Fue necesario pedir auxilio a la policía, que hizo despejar el local y logró restablecer el orden. Fueron detenidos dos o tres sujetos.
> Se suspendió la elección.[689]

No hay que decir la filiación política de quienes se quedaron sin votar.

Estrategia #2: Monopoliza las listas electorales y haz con ellas lo que te plazca

Las denuncias sobre fraude con las listas electorales fueron numerosas. La propia *Democracia* reconoció que el censo electoral estuvo «deficientísimo».

---

[683] «Revista electoral. Guayanilla». *El País*. San Juan, Puerto Rico. 31 de marzo de 1898, pág. 2.
[684] «Revista electoral. Jayuya». *El País*. San Juan, Puerto Rico. 4 de abril de 1898, pág. 2.
[685] «Revista electoral. Ciales». *El País*. San Juan, Puerto Rico. 4 de abril de 1898, pág. 2.
[686] «Notas electorales». *La Democracia*. Ponce, Puerto Rico. 28 de marzo de 1898, pág. 2.
[687] «Revista electoral. Sabana Grande». *El País*. San Juan, Puerto Rico. 1 de abril de 1898, pág. 2.
[688] «Notas electorales. En La Playa». *La Democracia*. Ponce, Puerto Rico. 28 de marzo de 1898, pág. 2.
[689] «Notas electorales». *La Democracia*. Ponce, Puerto Rico. 28 de marzo de 1898, pág. 2.

No pocos individuos aparecen dos veces en las listas con un solo nombre y apellido, sin que se designe la profesión ni el domicilio por lo cual se hace en extremo difícil la identificación. No se enumeran los electores por orden alfabéticos, así es que el elector al buscar su nombre veíase precisado a repasar todas las planillas, lo que originaba una pérdida de tiempo. Añádese a esto la confusión producida por la aglomeración de electores impacientes que todos a la vez querían hacer uso de los pliegos para despacharse cuanto antes. En los apéndices las inscripciones están hechas sin orden ni concierto. Tan pronto se sigue el orden alfabético por nombre como por apellidos.[690]

Estas irregularidades en las listas beneficiaron en exclusividad a aquellos que controlaban los colegios electorales. En Isabela, por ejemplo, los electores ortodoxos vieron con estupor cómo muchos de ellos se quedaron fuera de las listas por supuestos cambios en los nombres o por estar mal escritos. «Los interventores tenían mucho cuidado en rebuscar en las listas cuando se presentaba a votar uno de los nuestros para poder decirle el consabido, no puede usted votar», decía uno de los denunciantes.[691] En Río Grande se «trasplantaron» 240 votos.[692] En Cabo Rojo, 87 electores denunciaron al gobernador general que en su municipio no se publicaron las listas electorales en las puertas de los colegios como exigía el reglamento y, además, se falsearon, «excluyendo de ella un gran número de electores autonomistas históricos que estaban incluidos».[693] En Ciales, «en el colegio de Pesas, cogieron los censos de Cordillera y otro barrio, y los *vaciaron*».[694] En Guayanilla, al tiempo que los interventores fusionistas alteraban el nombre de un elector que «llamándose Felipe aparece Félix todo porque el Alcalde respondía de que lo conocía», se le negaba el voto a un ortodoxo llamado Juan Torres «aduciendo para ello que era su padre el elector y no él». Al final resultó que el Juan Torres al que hacía referencia el alcalde «había muerto hace algunos años».[695]

Como una nota más relacionada al fraude masivo con las listas electorales, en un caso inverso, ocurrió que en las listas de Barranquitas publicadas el 21 de marzo de 1898 figuraban 1179 electores. Pero «el domingo 27 aparecen votando allí: ¡2434 electores!».

En solo el colegio tercero del propio pueblo resulta, según el acta de las votaciones que emitieron sufragios 974 electores. Suponiendo que en la votación y anotación del voto de cada elector se invirtiese un minuto, se necesitarían 16 horas 14 minutos. Y que el escrutinio (tratándose de dos urnas) se invirtiese medio minuto por elector, resultarían para este último 8 horas y 7 minutos. Total entre votación y escrutinio ¡24 horas y 21 minutos![696]

---

[690] *Id.*
[691] «Revista electoral. Isabela». *El País*. San Juan, Puerto Rico. 1 de abril de 1898, pág. 2.
[692] «Noticias de la isla. Río Grande». *El País*. San Juan, Puerto Rico. 1 de abril de 1898, pág. 2.
[693] «Revista electoral. Cabo Rojo». *El País*. San Juan, Puerto Rico. 2 de abril de 1898, pág. 3.
[694] «Revista electoral. Ciales». *El País*. San Juan, Puerto Rico. 4 de abril de 1898, pág. 2.
[695] «Revista electoral. Guayanilla». *El País*. San Juan, Puerto Rico. 31 de marzo de 1898, pág. 2.
[696] «Revista electoral. Barranquitas». *El País*. San Juan, Puerto Rico. 4 de abril de 1898, pág. 2.

Eduardo Giorgetti era el alcalde de Barceloneta desde el 31 de diciembre de 1897 y, por lo tanto, controlaba la junta electoral de ese municipio el día de las elecciones en marzo de 1898. Giorgetti era ya en 1898 un poderoso hacendado, socio mayoritario de la sociedad Balseiro y Giorgetti, dueña de grandes extensiones de tierra en Barceloneta y Arecibo y de la central Plazuela en Barceloneta, compradora de caña de azúcar a colonos de Arecibo, Ciales, Camuy, Manatí, Florida, Utuado y Morovis. Eduardo Giorgetti, además, comerciaba intensamente con Estados Unidos a través de L.W. Windford & Co., de Nueva Jersey, y de Fan Sugar Corporation. Imagen: «De pie, de izquierda a derecha, Eduardo Giorgetti, José de Diego, José Celso Barbosa y Luis Muñoz Rivera. Sentados de izquierda a derecha, Pedro Perea, José Gómez Brioso, Roberto H. Todd, Santiago Iglesias Pantín y Cayetano Coll y Cuchí». 1913. Fundación Luis Muñoz Marín.

Estrategia #3: Que tus candidatos obliguen a sus empleados a votar por ellos

En otra táctica copiada de España y de los incondicionales, los fusionistas liderados por Luis Muñoz Rivera —quien en años anteriores criticó duramente estas conductas— obligaron a los campesinos y a los más vulnerables a votar por sus candidatos, so pena de represalias.

Francisco Coll y Toste (don Paco) forzó a los trabajadores de su hacienda azucarera, en el barrio Arenalejos de Arecibo, «una falange de más de 500 hombres», a votar por su hermano, el candidato por el Partido Liberal Fusionista, Cayetano Coll y Toste, quien (por supuesto) ganó cómodamente.[697] De igual modo, el alcalde de Barceloneta,[698] Eduardo Giorgetti, candidato fusionista a la Cámara Insular,[699] socio mayoritario de la central azucarera Plazuela en Barceloneta,[700] además de controlar de forma absoluta la junta electoral de su municipio, utilizó su poder económico y se negó a dar trabajo a los peones que no le dieron su voto.[701]

---

[697] «De Arecibo». *La Correspondencia*. San Juan, Puerto Rico. 29 de marzo de 1898, pág. 2.
[698] «Extracto de los acuerdos de los Ayuntamientos y Juntas Municipales. Barceloneta». *La Gaceta de Puerto Rico*. San Juan, Puerto Rico. 5 de mayo de 1898, pág. 3.
[699] «Ecos del norte». *La Democracia*. Ponce, Puerto Rico. 23 de noviembre de 1898, pág. 2.
[700] Arrigoitía, Delma S.: *Eduardo Giorgetti y su mundo: la aparente paradoja de un millonario genio empresarial y su noble humanismo*. Ediciones Puerto. San Juan, Puerto Rico. 2001, págs. 2.

Estrategia #4: Ya que tienes control del telégrafo, úsalo a tu favor

Juan Hernández López, secretario fusionista de Obras públicas y Comunicaciones, se destacó en esta elección de una forma muy especial. Varias denuncias lo colocan interviniendo en los colegios electorales de la capital y Santurce, «arengando al pueblo desde un carruaje».[702] Mas, su función principal en los eventos electorales estuvo relacionada con la cesión absoluta del control del telégrafo a Luis Muñoz Rivera, quien se encargó de que nadie más tuviera acceso a tan preciado aparato.

El mismo día de las elecciones llegó una orden por telégrafo dirigida a los colegios de Loíza y Humacao que mandataba tachar el nombre del candidato ortodoxo a la Cámara Insular, Santiago Veve, de todas las papeletas.[703] En Barros, Ponce, se recibió un curioso telegrama que leía: «Candidatura cámara insular la misma, para diputado *córtes* sustituya nombre Cepeda que *sullará eleguido* Guana Bacoa Isla de Cuba por el doctor Corchado. -Gadea».[704]

El periódico *El País* copió textualmente el telegrama con su peculiar ortografía «para que se conozca sin enmienda».

> Pues bien se nos asegura que el señor Gadea no ha enviado semejante telegrama: que la intención del honrado político que concibió esta infamia era la de derrotar al señor Cepeda haciendo que los electores de Barros no dieran sus votos al valiente asturiano, desviando así y dividiendo el cuerpo electoral: la verdad es que esa gracia puede que le cueste caro a alguien. Ya sabe el país cómo fue derrotado Cepeda.[705]

Estrategia muy parecida se implementó en Caguas, en este caso en forma de hojas sueltas que circularon por toda la ciudad el día del evento electoral:

> Toda papeleta en que vaya el nombre de don Nicolás Quiñones Cabezudo es 'apócrifa' ¡No os dejéis sorprender! Es un ardid de nuestros adversarios. Las verdaderas papeletas son las que llevan los nombres de:
> Don Modesto Solá y Rodríguez
> Don Modesto Bird y León
> Don Luis Muñoz Morales[706]

Las hojas en cuestión estaban firmadas por Vicente Muñoz Barrios quien, además de alcalde de Caguas, era el tío de Luis Muñoz Rivera. Note el lector que los tres candidatos (Solá, Bird y Muñoz) eran del bando muñocista, siendo el último, incluso, su primo hermano. Los tres arrasaron en todo el distrito de Guayama (que incluía la ciudad de Caguas). Modesto Bird

---
[701] «Noticias de la isla. Barceloneta». *El País*. San Juan, Puerto Rico. 1 de abril de 1898, pág. 3.
[702] «27 de marzo de 1898». *El País*. San Juan, Puerto Rico. 28 de marzo de 1898, pág. 2.
[703] Véanse: «Noticias de la isla. Loíza». *El País*. San Juan, Puerto Rico. 1 de abril de 1898, pág. 2; «Las elecciones en la isla». *La Democracia*. Ponce, Puerto Rico. 28 de marzo de 1898, pág. 2.
[704] «Revista electoral. Barros de Ponce». *El País*. San Juan, Puerto Rico. 31 de marzo de 1898, pág. 2.
[705] *Id.*
[706] «¡Oh el respeto al elector!» *El País*. San Juan, Puerto Rico. 30 de marzo de 1898, pág. 2.

—dueño de haciendas azucareras en Fajardo, tío de la esposa de Antonio R. Barceló y de la esposa de Manuel Camuñas—[707] se alzó con 13 365 votos; Solá, con 13 358, y Luis Muñoz Morales, con 12 443, cifras que opacaron al cuarto ganador, Genaro Cautiño, quien apenas 'obtuvo' 1325 votos.[708]

A pesar de la diversidad en estratagemas, la jugada magistral 'telegrafista' involucró a un desconocido, Eduardo Gullón y al diputado a Cortes, Rafael María de Labra, quien era líder histórico de los autonomistas y seguro ganador en la contienda de diputados. Ambos aspiraban a representar a Puerto Rico en Madrid por el distrito de San Juan.

El sábado, 26 de marzo, «llegó el cable ordenando el apoyo oficial a Gullón». En menos de 24 horas hubo que imprimir millares de papeletas y distribuirlas. Según *El País*, a pesar de que nadie en Puerto Rico sabía quién era Eduardo Gullón y Dabán, «a las doce horas de sonar en Puerto Rico el nombre Gullón, dos colegios rurales de Toa Alta le habían dado más de 600 votos».[709]

Gullón era un 'cunero' de manual. Residía en España, nunca había ni siquiera visitado Puerto Rico y su padre no era otro que el ministro de Estado de Sagasta. Pero no fue el único. Según testimonio de José Celso Barbosa: «Sagasta envió cincuenta nombres que debían aparecer en aquellas papeletas y todos salieron electos».[710]

Con el apoyo fraudulento a la candidatura de Gullón, a la misma vez que se granjeaba la gracia del ministro español, Muñoz aprovechaba para rematar a un antiguo enemigo: el candidato a diputado por los autonomistas ortodoxos, Rafael María de Labra.

Para nadie era un secreto que Luis Muñoz Rivera no quería a Labra. Desde 1893 lo hizo saber públicamente a través de sus columnas en *La Democracia*. Durante su viaje a Madrid en 1895, ni siquiera lo visitó. Y para qué recordar la épica campaña de disolución del Partido Autonomista de 1896 en la que le dedicó una importante cantidad de insultos a Labra.

La candidatura de Gullón, gracias al eficiente uso del telégrafo, sustituyó al «genuino representante del sistema autonómico»[711] y ganó. Obtuvo 10 650 votos en el distrito de la capital (distrito con mayoría ortodoxa) mientras que Labra quedó fuera con solo 8165 votos.[712] El fraude fue tan evidente y tan burdo que, días más tarde y desde España, eliminaron de un plumazo de la lista de los diputados por Puerto Rico al tal Gullón y ordenaron una elección especial nueva.[713]

Estrategia #5: Usa la fuerza, para algo eres el Jefe de la Guardia Civil

La violencia necesaria de la que hablaba Maquiavelo fue, por sí misma, una estrategia más en las elecciones autonómicas de 1898. Al final de la contienda se contaban por cientos los heridos

---

[707] Manuel L. Camuñas se casó en 1887 con Joaquina Carlota Bird Arias, hija de Jorge Bird León, hermano de Modesto. Antonio R. Barceló se casó con la hermana de Carlota, María Georgina. Los Bird eran dueños de Fajardo Sugar Plantation que luego se convertirá en la poderosa Fajardo Sugar Company.
[708] «Junta insular del censo electoral de Puerto Rico». *La Gaceta de Puerto Rico*. San Juan, Puerto Rico. 13 de abril de 1898, pág. 1.
[709] «Balance del día». *El País*. San Juan, Puerto Rico. 30 de marzo de 1898, pág. 3.
[710] Carroll: *Report on The Island...*, pág. 791.
[711] «Bien...». *El País*. San Juan, Puerto Rico. 27 de marzo de 1898, pág. 2.
[712] «Junta insular del censo electoral de Puerto Rico». *La Gaceta de Puerto Rico*. San Juan, Puerto Rico. 13 de abril de 1898, pág. 1.
[713] «Puerto Rico». *El País*. San Juan, Puerto Rico. 14 de abril de 1898, pág. 2.

y los presos. También hubo muertos. Ya lo dijo un paisano de Barceloneta: «si se vuelven a hacer elecciones con estos procedimientos, habrá que ir armado a los colegios».[714] *El País* resumió el asunto de forma magistral en apenas dos párrafos.

> Las primeras elecciones del nuevo régimen, las primeras elecciones dirigidas por los fusionistas han de dejar recuerdo imperecedero no solo por los escándalos, alborotos, chanchullos, pucherazos, coaliciones, coacciones y por las sorpresas que de las urnas han salido, sino por algo más.
> En Arecibo, en Cayey, en Ponce, en Aguada y en Vega Alta, heridos, contusos, palos, pedradas y tiros en las calles en algunos pueblos sin importancia alguna, apareciendo un censo tan considerable que sus votos sobrepujan a los votos de la capital; en otros pueblos llevándose a cabo la votación de un modo singularísimo y completamente fin de siglo, en algunos colegios sin entrar siquiera los electores en el local y entregando en la puerta la papeleta a un agente situado en ella al efecto. En Ponce, pueblo eminentemente ortodoxo, corazón del autonomismo puro, triunfante la candidatura fusionista. En Cabo Rojo, coaccionando electores y llevando a la cárcel sin motivo alguno.[715]

Se registraron peleas frente a los colegios de toda la isla. En Santurce se fueron a garrotazos con un saldo de dos hombres presos.[716] En Cayey murieron dos personas: el trabajador Juan Díaz Gutiérrez y Juan Ortiz Bruno,[717] ambos por disparo de revólver.[718] En Aguadilla hubo heridos y contusiones.[719] En San Germán se contó al menos un herido y un preso. En Arecibo, los fusionistas «arrebataban papeletas, las hacían trizas y las arrojaban con despreciativo desdén al suelo si estas no resultaban ser la candidaturas oficiales».[720] En Cabo Rojo la fuerza armada tomó las calles y se registraron detenciones arbitrarias mientras la policía y la guardia civil arrebataban las boletas y amedrentaban a los ortodoxos.[721] En Aguada la guardia civil disparó sus fusiles contra un gentío que se arremolinaba frente al colegio electoral, de lo que resultó un muerto y cuatro heridos. Uno de ellos, herido de gravedad en el pecho y «revolcándose en su sangre, sacó las papeletas con que iba a votar, pidiendo que fuese otro a entregarlas antes de que él muriera».[722]

En Vega Baja, un empleado de la central San Vicente hirió en una mano a un ciudadano. En varias tiendas repartieron ron gratis mezclado con otras bebidas a cambio de que votaran por sus candidatos. En la tarde, la guardia civil tiró sus caballos encima de la multitud, en su mayoría en estado de embriaguez, que aguardaba frente a los colegios. Ante la resistencia de la gente, los guardias tomaron sus posiciones en la plaza, mandaron a cerrar las puertas de las casas y «pusieron en juego las carabinas» mientras daban quince minutos de gracia para que

---

[714] «Revista electoral. Barceloneta». *El País*. San Juan, Puerto Rico. 4 de abril de 1898, pág. 2.
[715] «Para la historia». *El País*. San Juan, Puerto Rico. 31 de marzo de 1898, pág. 2.
[716] «Las elecciones». *La Correspondencia*. San Juan, Puerto Rico. 28 de marzo de 1898, pág. 2.
[717] «Noticias». *La Correspondencia*. San Juan, Puerto Rico. 30 de marzo de 1898, pág. 2.
[718] Picó, Fernando: «Representaciones de violencia electoral…».
[719] «Noticias». *La Correspondencia*. San Juan, Puerto Rico. 28 de marzo de 1898, pág. 2.
[720] «Revista electoral. Arecibo». *El País*. San Juan, Puerto Rico. 2 de abril de 1898, págs. 2-3.
[721] «Revista electoral. Cabo Rojo». *El País*. San Juan, Puerto Rico. 2 de abril de 1898, pág. 3.
[722] «Noticias». *La Correspondencia*. San Juan, Puerto Rico. 30 de marzo de 1898, pág. 2.

se despejara la zona de lo contrario abrirían fuego contra el pueblo. Por fortuna el alcalde intervino y pudo calmar los ánimos.[723]

En fin, tal como aseguró *El País*, «el día cerró no con broche de oro, sino con broche de algo que el decoro periodístico nos veda estampar aquí».[724]

Ganar justifica el fraude

La extrema violencia, el fraude y la corrupción fueron, sin duda, los protagonistas de las elecciones autonómicas de marzo de 1898, organizadas por Luis Muñoz Rivera.

Si queremos realizar un análisis historiográfico certero de este evento habrá que tener en cuenta que, para ejecutar el fraude electoral se necesitan hombres dispuestos a ganar las voluntades de los electores por diversos medios (violentos o no): comprar votos; robar actas de votación; organizar la entrada de grupos a los colegios electorales; repartir bebidas embriagantes a los electores del bando contrario o falsificar los resultados. Esto quiere decir que el secretario de Gobernación, responsable exclusivo de este evento electoral, contaba ya para esa fecha con una red clientelar poderosa. Ya existían clientes suficientes cuyos servicios debieron ser recompensados con algún favor como para influir y alterar el resultado en una elección que tuvo otro elemento novedoso: el aumento explosivo en el número de votantes. Es sabido que la amplitud en el sufragio vuelve más compleja la organización y la manipulación electoral, por lo que debemos concluir que a mayor número de votantes, mayor es el nivel de fraude, del uso de métodos clientelistas y de la fuerza.[725]

Muchas de las estrategias corruptas desplegadas en las elecciones de 1898 requerían de la colaboración directa del presidente de la Junta Municipal del Censo y de los integrantes de la mesa electoral. Es menester recordar que para la fecha en que se celebraron las elecciones, Muñoz Rivera controlaba el 100% de los ayuntamientos del país.

Para mayor inri el escrutinio también recayó en la figura del presidente de la Junta Municipal, es decir, el alcalde de ese municipio. La certificación del resultado general, así como el acta de la junta de escrutinio luego de revisados por las juntas distritales, se debían remitir directamente al secretario de Gracia, Justicia y Gobernación quien, además de ser presidente de un partido en contienda y de ser él mismo un candidato, fue la persona encargada de oficializar a los ganadores.[726]

Con esta información, no resultará extraño que todos 'los ganadores' de aquella contienda electoral de 1898 fueran hombres del ala fusionista. Fue tal la magnitud del fraude electoral que

---

[723] «Vega Baja. Los sucesos del domingo». *La Correspondencia*. San Juan, Puerto Rico. 1 de abril de 1898, pág. 2.
[724] «27 de marzo de 1898». *El País*. San Juan, Puerto Rico. 27 de marzo de 1898, pág. 2.
[725] Moreno: «Teoría del clientelismo…».
[726] «Parte Oficial». *La Gaceta de Puerto Rico*. San Juan, Puerto Rico. 23 de marzo de 1898, pág. 1.

Luis Muñoz Morales (el primero de izquierda a derecha sentado), primo de Luis Muñoz Rivera, fue el líder del Partido Liberal Fusionista en Cayey, uno de los lugares que reportó mayor violencia y corrupción en las elecciones de marzo de 1898. Fue uno de los 'ganadores' a la Cámara Insular y, más tarde, se mantuvo cerca de Muñoz Rivera durante su trayectoria política obteniendo ventajosos puestos públicos como fue el de supervisor del Censo de Puerto Rico en 1899, administrador de escuelas en 1905 y luego presidente de la Junta Escolar en Cayey. En 1906 fue nombrado miembro de la Junta de Gobierno de la Universidad de Puerto Rico, y de 1907 a 1910 fungió como juez en la corte de distrito de Guayama. Gracias al patronazgo político y sus accesos al poder, Muñoz Morales logró amasar una fortuna considerable que le permitió ser uno de los primeros y exclusivos compradores de los carísimos terrenos en El Condado. En esa lista también se observan los nombres de Luis Muñoz Rivera y José de Diego. Véase: «El Condado». *La Correspondencia*. San Juan, Puerto Rico. 2 de diciembre de 1908, pág. 1.

el ministro de Ultramar, Segismundo Moret —uno de los artífices de la corruptela en la España de la Restauración—, hubo de reconocer la vergüenza que sentía al saber lo que ocurrió en Puerto Rico. Le decía el 2 de mayo de 1898 a Rafael María de Labra:

> No necesitará usted le encarezca la dolorosa impresión que me han dejado las elecciones de Puerto Rico. Todo podía esperar o temer menos lo que ha sucedido, y como es natural lo que más mepreocupa es el remedio acerca de lo cual deseo hablar con usted cuando la ocasión se presente.[727]

---

[727] «Documentos para la historia». *El País*. San Juan, Puerto Rico. 6 de octubre de 1898, pág. 1.

Resultados

La *Gaceta de Puerto Rico* no publicó los resultados finales de la contienda electoral hasta el 13 de abril de 1898.[728] No obstante, desde el 30 de marzo, tres días pasadas las elecciones, *La Democracia* adelantó —con un nivel de certeza impresionante— la lista de los ganadores por cada distrito.

Si contrastamos la información adelantada por *La Democracia* con los datos oficiales, podremos notar que el periódico sabía lo que decía y que, además, entre el 30 de marzo y el 13 de abril, hubo una especie de *tin marín, de dos pingüe* para definir quiénes serían los seis agraciados de la oposición que alcanzarían un puesto en la Cámara Insular. Porque sí, esos puestos se 'seleccionaron a dedo'. Los seis hombres de la oposición que 'ganaron' en las elecciones fueron, en realidad, escogidos por Muñoz Rivera y su fuerza élite.

Por ejemplo, *La Democracia* aseguraba el 30 de marzo que en el distrito de Aguadilla triunfaron los fusionistas Laurentino Estrella, José de Diego y Rafael Arrillaga (datos que resultaron ciertos) y agregaba que había una «minoría dudosa» entre los ortodoxos Luis Sánchez Morales y Julio Osvaldo Abril. En Arecibo también existía una «minoría dudosa» para la cuarta posición entre dos ortodoxos, Manuel Fernández Juncos y Lucas Amadeo Antonmarchi; pero las tres primeras posiciones estaban aseguradas para los liberales José Severo Quiñones, Cayetano Coll y Toste y Felipe Casalduc Goicochea.[729] Unos días más tarde *La Gaceta* confirmaba que *La Democracia* tenía razón en todos los nombres que publicó en los primeros lugares por distrito y que la «minoría dudosa» en Aguadilla se decantó por Julio O. Abril mientras en Arecibo se quedó fuera Manuel Fernández Juncos y resultó agraciado Lucas Amadeo Antonmarchi.[730]

Llama la atención, además, que fueran exactamente seis las posiciones ganadas por la oposición, tal como había anticipado Luis Muñoz Rivera, en la famosa circular de minorías. En la lista oficial publicada por *La Gaceta* se puede leer que, con precisión matemática, en el distrito de la capital se separó un espacio de representante en la Cámara Insular para Manuel Egozcue, del minúsculo Partido Oportunista; en el distrito de Arecibo, un puesto para el ortodoxo Lucas Amadeo; en Aguadilla, el cuarto lugar fue para el ortodoxo Julio Abril; en Ponce, el cuarto escaño se cedió al también ortodoxo Manuel Fernández Juncos; en Guayama, el premio fue para el Partido Incondicional y su representante Genaro Cautiño; y en San Germán la cuarta posición fue para el ortodoxo Francisco Mariano Quiñones. Eso sí, la diferencia en número de votos entre estos seis y el resto de los liberales ganadores es impresionante. Por ejemplo, en el distrito de Arecibo, José Severo Quiñones obtuvo el tercer lugar con 13 983 votos, y el cuarto lugar de la minoría solo llegó a unos 2000 votos, una diferencia de 11 983. Igual suerte corrió Julio O. Abril, quien apenas logró contabilizar 2616 votos en contraste con 8532 que obtuvo el liberal fusionista en la tercera posición por el distrito de Aguadilla. La diferencia todavía se acentúa más cuando comparamos los 1325 votos de Genaro Cautiño, en Guayama, con los 13 365 del fusionista Modesto Bird.

---

[728] «Parte Oficial». *La Gaceta de Puerto Rico*. San Juan, Puerto Rico. 13 de abril de 1898, pág. 1.
[729] «Elecciones del 27 de marzo». *La Democracia*. Ponce, Puerto Rico. 30 de marzo de 1898, pág. 2.
[730] «Junta Insular del censo electoral de Puerto Rico». *La Gaceta de Puerto Rico*. San Juan, Puerto Rico. 13 de abril de 1898, pág. 1.

Palacio de la Real Intendencia sede de la Cámara Insular

Comité Provincial Partido Liberal Fusionista

- Luis Muñoz Rivera
- Juan Hernández López
- José Severo Quiñones
- Felipe Casalduc Goicoechea
- Cayetano Coll y Toste
- José Severo Quiñones
- Rafael Arrillaga
- José de Diego
- Laurentino Estrella
- Salvador Carbonell
- Santiago R. Palmer
- Herminio Díaz Navarro
- Vicente Viñas
- Luis Muñoz Rivera
- Herminio Díaz Navarro
- Rafael Vera Ithier
- Ulpiano R. Colón
- Luis Porrata Doria
- José Gómez Brioso
- Modesto Bird León
- Modesto Solá Rodríguez
- Luis Muñoz Morales
- José Toro Ríos
- Ricardo A. Martínez Parodi
- José Vicente Cintrón
- Manuel Camuñas Cruz

Partido Autonomista Ortodoxo

- Lucas Amadeo Antonmarchi
- Julio O. Abril
- Francisco Mariano Quiñones
- Manuel Fernández Juncos

Los ortodoxos no aceptaron los puestos que Luis Muñoz Rivera separó para ellos. Sus nombres deben ser eliminados de la composición final de la Cámara Insular.

Partido Incondicional Español

- Genaro Cautiño

Partido Oportunista

- Manuel Egozcue Cintrón

Evidencia de que los candidatos opositores fueron escogidos luego de las elecciones es el extraño triunfo en el distrito de la capital del candidato del insignificante Partido Oportunista, y que en contraste se quedaran fuera hombres en extremo populares, con gran número de votantes, como José Celso Barbosa, Manuel F. Rossy, Julián E. Blanco, Rosendo Matienzo Cintrón, Santiago Veve y Manuel Zeno Gandía. Que Egozcue haya 'ganado' en las elecciones se puede explicar solamente con un milagro o con un fraude monumental.

Fue tal el banquete de los fusionistas que no se contentaron con ganar una vez, sino que repitieron la hazaña por dos distritos diferentes. Luis Muñoz Rivera y Herminio Díaz Navarro ganaron por San Juan y también por el distrito de San Germán; y José Severo Quiñones, ganó por San Juan y también por Arecibo. Es de suponer que los tres representantes, al tener dos asientos, tuvieron también derecho a doble voto.

Es importante establecer que, si bien en las listas oficiales de aquellas elecciones aparecen cuatro ortodoxos como ganadores, estos rechazaron de forma categórica los puestos. Desde por lo menos el 1 de abril de 1898, el directorio ortodoxo anunció que el partido no aceptaría ninguna de las posiciones ofrecidas por los fusionistas y, contrario al Partido Incondicional,[731] mantuvo su posición hasta el final.

> El partido autonomista histórico, el que no consintió que el estandarte que simboliza la pureza de su doctrina cayese en el arroyo cenagoso; ese que es la MAYORÍA DE LA COLONIA, no irá a las cámaras aceptando una minoría vergonzante. No iremos a la Cámara, iremos a nuestro puesto de honor, iremos a la oposición franca, decidida, enérgica, como cuadra a los fundadores del gran partido autonomista histórico.[732]

Los cuatro ortodoxos 'electos' nunca se sentaron en la Cámara ni participaron en ninguna de las reuniones del Parlamento local. Por lo tanto, deben ser eliminados de los libros de referencia que los incluyen. «Los fusionistas no han triunfado», decía *El País* el 2 de abril de 1898, «porque eso no es triunfo sino vergonzosa derrota que ningún partido serio puede aceptar».[733]

> No habrá, pues, en la primera Cámara insular de la colonia, ningún elemento que pueda contrariar los grandes planes políticos económicos de un *colono*, erigido en dictador.
> La ventura de la patria y la honra de la Nación están entre sus manos inexpertas, y de ellas ha de ser la tremenda responsabilidad del fracaso. Gozad en paz del gran festín, famélica jauría.
> El gran partido Unión autonomista, y pronto, asistirá a vuestros vergonzosos funerales.[734]

El periodista que escribió lo anterior, Vicente María Mascaró, pagó muy caro sus palabras. No terminó el día de la publicación sin dar con sus huesos en una de las mazmorras de la cárcel por órdenes directas del entonces secretario de Gracia, Justicia y Gobernación.[735]

---

[731] «Quien a hierro mata» y «La minoría incondicional». *El País*. San Juan, Puerto Rico. 29 de marzo de 1898, pág. 2.
[732] «La protesta». *El País*. San Juan, Puerto Rico. 1 de abril de 1898, pág. 1.
[733] Mascaró, Vicente María: «La Cámara insular». *El País*. San Juan, Puerto Rico. 2 de abril de 1898, pág. 1.
[734] *Id.*
[735] «Vicente M. Mascaró». *El País*. San Juan, Puerto Rico. 4 de abril de 1898, pág. 1.

Dándole vuelta a la tortilla

La carta de presentación preferida de Luis Muñoz Rivera siempre fue la de periodista perseguido. Desde esa retórica construyó para sí una biografía digna de un patriota. Los ataques del Gobierno o los retos a duelo por sus columnas periodísticas fueron piezas cruciales en un *curriculum* carente de verdaderas proezas, de acciones en pro del bienestar colectivo o de hazañas académicas. Recordemos, además, que en su famoso discurso pronunciado antes de la asamblea que ratificó la fusión con Sagasta en febrero de 1897, prometió que una vez asumiera el poder «imperarán de veras todas las libertades civiles: las de comercio, la de la asociación, la de imprenta […] y se llegará por fin, por diversos caminos, a la regeneración social y económica de nuestro pueblo bajo la bandera de la patria».[736]

No obstante, luego de su cuestionado triunfo en las elecciones de marzo de 1898, desde el poder que le daba la Secretaría de Gobierno, inició una implacable persecución a periodistas y periódicos que osaban levantar la bandera del fraude electoral o se aventuraban a atacar su figura. «Imprentas allanadas, detención de periodistas en la calle, periodistas en la cárcel, periodistas multados, periodistas arrestados»[737] fueron la orden del día en las semanas posteriores a las elecciones. El *Boston Globe* calculó los arrestos en más de 200;[738] otros periódicos de Estados Unidos aseguraron que el número de presos en las cárceles subió en pocos días en un preocupante 50%.[739]

> Muñoz Rivera, actual ministro de la gobernación, por obra, milagro y gracia de nuestros desaciertos políticos, olvida de repente su épica historia de liberal combatiente; y en la primavera de su vida, vuelve la espalda contra la libertad que era su ídolo.
> No acertamos a explicarnos la conducta del heroico periodista de combate en 1893.
> ¡Cómo un mandatario que parte de las filas de la libertad, cómo personalidad así, tan conocida en el mundo liberal por sus valientes defensas de la justicia, se convierte de la noche a la mañana en émulo de Narváez y de González Bravo! ¡Cómo confundirse así en la odiosa y sombría turbamulta de verdugos que afrentan la libertad de pensamiento!...
> ¡Metamorfosis incomprensible![740]

Apoyado por sus fieles acólitos que vieron complacientes cómo ocurrían cientos de detenciones, Luis Muñoz Rivera, sentado en su cómodo sillón en la Secretaría de Gobernación, ordenó el primero de abril de 1898 el arresto de Vicente María Mascaró, uno de los principales redactores de *El País* y director de *El Momio*. Ese mismo día encargó a los agentes de la policía la búsqueda y captura de Santiago Iglesias Pantín,[741] director de *El ensayo obrero*, bajo acusaciones de «injurias al señor Secretario de Justicia y Gobernación, y otra por desorden público».[742] Dos días más tarde, Vicente María Mascaró fue encarcelado de nuevo, bajo acusaciones de insultos a Muñoz Rivera.[743]

---

[736] «Interview con Muñoz Rivera». *La Correspondencia*. San Juan, Puerto Rico. 12 de febrero de 1897, pág. 2.
[737] «1887…1898». *El País*. San Juan, Puerto Rico. 4 de abril de 1898, pág. 1.
[738] «Terror in Porto Rico». *The Boston Globe*. Boston, Massachusetts. 12 de mayo de 1898, pág. 4.
[739] «Reign of Terror in Porto Rico». *Los Angeles Evening Express*. Los Ángeles, California. 9 de abril de 1898, pág. 1.
[740] «1887… 1898»…
[741] «Providencias judiciales». *La Gaceta de Puerto Rico*. San Juan, Puerto Rico. 6 de abril de 1898, pág. 4.
[742] «Cartera de la isla». *La Democracia*. Ponce, Puerto Rico. 21 de abril de 1898, pág. 3.

En la noche del 3 de abril la policía arrestó a don Aquilino Fernández, director de *La Unión*, periódico de los incondicionales. El intento de llevar a Fernández al cuartel de la Policía provocó que otros periodistas se acercaran al lugar para apoyar al colega y, poco a poco, comenzaran a llegar multitudes que, según *El País*, contabilizaron más de 3000 personas. La guardia civil tuvo que desalojar las calles Fortaleza y San José mientras el coche que llevaba al periodista a la cárcel intentaba avanzar.[744]

Todas las detenciones siguieron el mismo patrón: los arrestados iban directo a la cárcel sin que los tribunales intervinieran, e incluso ocurrieron arrestos antes de las propias denuncias. Muñoz llamó a esto «prisión preventiva».[745]

La noche en que arrestaron a Aquilino Fernández, Muñoz Rivera sacó a pasear otra de sus facetas: la de bravucón. En aquel escenario violento, en el que los ánimos estaban más que caldeados y se congregaban miles de personas hasta en las azoteas de las casas, Muñoz Rivera —no sabemos si en su carácter de particular o de gobernante— «tuvo por conveniente pasar desafiando a Aquilino y provocándolo».[746]

> Jamás contemplamos otro rasgo parecido, y anteayer que lo contemplamos no salimos de nuestra estupefacción. Provocar de ese modo al pueblo quien a sus espaldas lleva o en cuyas cercanías se encuentra una verdadera legión de hombres armados, y sobre todo, aunque así no sea, quien especialmente en tales ocasiones no debe mostrarse como particular más o menos audaz o valiente, sino como gobernante acreedor de respeto y a la consideración de todos, es colocar en manos del pueblo la decisión de si el que así provoca es el particular señor Muñoz Rivera o el Ilustrísimo señor Secretario del Despacho de Gobernación y Justicia. Y esto, como se comprenderá, es sobremanera impropio, torpe e impolítico.[747]

Unos meses más tarde, Muñoz Rivera llegó al extremo de prohibir a los vendedores de periódicos ambulantes andar por las calles «dando gritos descompuestos y ofensivos para las personas *atacadas*».[748] La frase «personas atacadas» se refería al propio Muñoz, quien era el personaje preferido por los vendedores para promocionar sus periódicos:

> Por lo regular esos gritos van dirigidos o contra los peninsulares o contra el señor Muñoz Rivera que es una autoridad constituida y contra la cual no debe permitir la policía, los desafueros de cuatro vendedores de periódicos sin educación ni cultura. En estos días hemos oído pregonar un periódico de la localidad con *La muerte de Muñoz Rivera*.[749]

---

[743] «Vicente María Mascaró»...
[744] «Lo de anoche». *El País*. San Juan, Puerto Rico. 4 de abril de 1898, pág. 2.
[745] *Id*.
[746] «Padrón de ignominia». *El Boletín Mercantil*. San Juan, Puerto Rico. 6 de abril de 1898, pág. 2.
[747] *Id*.
[748] «Ya era tiempo». *La Democracia*. Ponce, Puerto Rico. 17 de noviembre de 1898, pág. 2.
[749] *Id*.

¿No es verdad, ángel de amor,
que en esta apartada islilla
se ha virado la tortilla
de la justicia al calor?

«Muñoz Rivera dándole vuelta a la tortilla». *El Carnaval*. San Juan, Puerto Rico. 13 de noviembre de 1904.

Al final de la refriega todos los editores de periódicos en la ciudad de San Juan, así como «todos los editores de toda la isla»,[750] conocieron de cerca la cárcel. Todos, excepto tres: los de sus propios periódicos *La Democracia* y *El Liberal*; y su amigo Ramón B. López, editor de *La Correspondencia*.[751]

La flagrante contradicción entre lo que decía el periodista Muñoz Rivera de 1891 y lo que hacía el secretario de Gobernación en 1898 demuestra que el Teorema de Baglini tiene razón: las convicciones de los políticos son inversamente proporcionales a su cercanía al poder. Si Muñoz Rivera hizo carrera política sobre su defensa de la libertad de imprenta, lo olvidó en un santiamén justo en el instante en que esa libertad de expresión se volvió contra él. Una cosa era que él, desde sus periódicos, criticara a los gobernantes y, otra muy distinta, que los periódicos lo criticaran a él.

Durante esta ola desenfrenada de arrestos, resulta curioso notar que el periódico y los periodistas de *La Democracia* giraron sus cañones en contra de la libertad de imprenta y la libertad de expresión. «*La Unión, El País, El Heraldo* y *El Autonomista* se desfogan a diario diciendo pestes del Gobierno», se quejaba *La Democracia* en una de sus columnas el 7 de abril de 1898, «creyéndose inmunes han extremado la nota y, como es natural, han sufrido denuncias y secuestros».[752]

> ¿Cree la prensa de oposición que un gobierno puede soportar impasible y callado, no ya ultrajes a sus hombres, sino atentados a la constitución porque se rige y a la majestad de la ley?
> Una cosa es la libertad de prensa. Pero otra cosa, muy distinta, es el libertinaje de la prensa.
> La primera debe respetarse.
> El segundo debe contenerse.
> La prensa debe ser inviolable cuando ataca con mesura y no se excede jamás, agitándose siempre en el terreno puro y sereno de las ideas.
> Mas no es, no debe ser inviolable la prensa cuando desciende al terreno del personalismo y una vez allí, con frases incultas, excita las pasiones en vez de calmarlas, fomenta el desorden en vez de predicar el orden, y levanta donde quiera que va polvareda de escándalo.
> Desde el momento en que tal cosa hace, la prensa desnaturaliza sus augustas funciones, y el periódico se convierte en libelo.
> Y contra los libelos solo hay dos diques:
> El desvío de la opinión pública.
> La represión de los tribunales de justicia.

En otras palabras, *La Democracia*, el mismo periódico que hasta hacía muy poco enarbolaba la bandera de la libertad; el mismo que había personalizado sus dardos en contra de políticos, acuñando incluso términos como 'dabantage',[753] que implicaba de forma directa al gobernador Antonio Dabán con prácticas corruptas, y 'becerrada', término con el que llamó becerro al

---

[750] «Our Rule of Porto Rico». *Boston Evening Transcript*. Boston, Massachusetts. 4 de enero de 1899, pág. 16.
[751] *Id.*
[752] «A Diestro y Siniestro». *La Democracia*. Ponce, Puerto Rico. 7 de abril de 1898, pág. 2.
[753] Abril, Mariano: «El Dabantage». *La Democracia*. Ponce, Puerto Rico. 28 de agosto de 1894, pág. 2.

ministro de Ultramar, Manuel Becerra;[754] ese mismo periódico aseguraba ahora que las «prácticas personalistas» constituían libelo. Toda vez que no es posible entender de forma racional tamaña contradicción, debemos traducir la expresión anterior a: las críticas a Muñoz Rivera serán consideradas delito.

A *La Democracia* no solo le parecía 'natural' el arresto de periodistas opositores a Muñoz. En el colmo de la violación a la ética periodística se encargó de deshumanizarlos, quitándoles hasta el privilegio de llamarse periodistas, fomentando el odio y justificando la represión estatal.

> ¿Desde cuándo es periodista, y periodista notable, Vicente Mascaró, *uno de los principales redactores de El País,* como este colega afirma?
> ¿De cuándo datan las campañas de ese novísimo Girardín?
> ¿Desde cuándo se plumea en Ponce, Rafael Collazo Susi, que autoriza una hoja suelta denunciada hace poco?
> ¿Por qué acto maravilloso se ha convertido en periodista Aquilino Fernández, el famoso seide del general Palacios, hoy director de *La Unión*?[755]

Para los editores y redactores de *La Democracia*, aquellos que denunciaban la corrupción y el fraude orquestado por Muñoz Rivera no pertenecían ni siquiera al 'pueblo'. «Cuatro alborotadores de oficio, media docena de *cajas*[756] envalentonados, no componen la gran masa de este pueblo, noble e hidalgo, nunca sordo a los llamados del deber».[757] En ese discurso maniqueo —característico de los populistas— los opositores eran el 'antipueblo' y, además, unos mercenarios que «recibían dinero para insultar a los liberales».[758]

En esa cosmología dicotómica, los aliados de Muñoz eran 'nosotros', «nosotros los periodistas liberales»,[759] decía *La Democracia*. El resto eran los 'otros', «los que con la baba de su odio vitoreaban al *héroe* libelista».[760] Por obra y gracia de la retórica populista, los periodistas contrarios al Jefe fusionista se convirtieron en el enemigo que, luego de ser deshumanizado, se le podía atropellar, encarcelar, perseguir, multar y acallar.

Es bueno recordar, como bien sentenció *El País*, que «solamente hay un medio de fundar la libertad, y es respetarla».[761]

---

[754] Abril, Mariano: «Becerradas». *La Democracia*. Ponce, Puerto Rico. 27 de agosto de 1894, pág. 2.
[755] *Id.*
[756] Se refiere a los tipógrafos.
[757] «Voz de alerta». *La Democracia*. Ponce, Puerto Rico. 7 de abril de 1898, pág. 2.
[758] *Id.*
[759] «A diestro y siniestro». *La Democracia*. Ponce, Puerto Rico. 7 de abril de 1898, pág. 2.
[760] «Una protesta». *La Democracia*. Ponce, Puerto Rico. 12 de abril de 1898, pág. 2.
[761] «1887...1898»...

Los pobres del 98

Mientras en las ciudades de Puerto Rico reverberaba la efervescencia política y el ministro de la Gobernación encarcelaba a periodistas, en los campos de la isla más de 100 000 personas se morían (literalmente) de hambre.[762]

Una pertinaz sequía había azotado al país durante los primeros cuatro meses del año, lo que tuvo el efecto de recrudecer la tremenda crisis alimentaria que se vivía. La explotación agrícola, como sabemos, se concentraba en aquellas mercaderías exportables pero que no servían para comer: la tríada azúcar, tabaco, café. Desde hacía mucho se había abandonado el cultivo de productos comestibles. La dieta del pobre, basada en los productos más baratos, se componía fundamentalmente de café, pan, arroz, habichuelas y bacalao.[763] De los cinco, solamente el café se producía en suelo local, todo lo demás se traía desde Canadá, Estados Unidos o España incluyendo la harina para hacer el pan o el funche.[764] En las frecuentes épocas de crisis, las familias sobrevivían sembrando cerca de sus casas frutos menores. En 1898 la sequía impidió que las cosechas prosperaran y, para mayores estragos, detuvo los empleos agrícolas que constituían el único medio de subsistencia.[765]

A mediados de abril se informó la paralización de los trabajos en Vega Baja mientras los comerciantes aprovechaban la crisis para subir impunemente los precios de los artículos de primera necesidad. Lo mismo sucedió en Sabana Grande, Cabo Rojo, Corozal, Naranjito, Aibonito, Manatí, Cayey, Cataño y el resto de la isla. Las familias se quedaron sin comida y sin empleo a la misma vez que el arroz, las habichuelas, los garbanzos y el bacalao duplicaban y hasta triplicaban su precio. A pesar de que no existía una sola razón para tamaña especulación, el Gabinete Autonómico criollo no intervino. La excusa era «la guerra y el bloqueo», pero sabemos que, incluso luego del bombardeo del 12 de mayo, los barcos procedentes de diferentes lugares tan distantes como Alemania, Inglaterra, Islas Canarias o Barcelona continuaron entrando a los puertos de Mayagüez, Aguadilla, Ponce y Arecibo, cargados de papas, cebollas, bacalao, salazones, arroz, carbón y cerveza.[766] Los comercios estuvieron siempre suplidos.

Sin protección gubernamental alguna —ni de un bando ni de otro— las muertes en los campos de la isla, ya fuera por inanición, enfermedades relacionadas o suicidios, se contaban por cientos. El grado de desesperación de los más desventajados, de esos que no concurrían a las tertulias o a las manifestaciones citadinas porque estaban ocupados en sobrevivir a la hambruna y a la desidia política, se puede medir con los pocos testimonios recogidos por la prensa. El alcalde de Sabana Grande, por ejemplo, ordenó la matanza y el enterramiento de una res en mal estado no apta para el consumo humano y «poco después fue desenterrada por gentes famélicas que se repartieron

---

[762] «Starving Natives». *The Akron Beacon Journal*. Akron, Ohio. 7 de abril de 1899, pág. 1.

[763] El desayuno consistía en café negro sin leche y en ocasiones sin azúcar, acompañado de pan o de funche (harina de maíz cocida con agua o leche y azúcar). Los almuerzos y las comidas casi siempre se limitaban a arroz con habichuelas y bacalao. También era frecuente el gandul verde, guineos verdes hervidos con bacalao y sopas hechas con fideos, papas y bacalao. El bacalao era la proteína animal más barata que se podía comprar. La carne se consideraba un producto de lujo inalcanzable para estas familias. Tomado de: Justiniano, Carmen Luisa: *Con valor y a como dé lugar. Memorias de una jíbara puertorriqueña*. Editorial de la Universidad de Puerto Rico. Río Piedras, Puerto Rico. 1994, págs. 9-19.

[764] Marcus, Joseph: *Labor conditions in Porto Rico*. U.S. Government Printing Office. 1919, págs. 14-17.

[765] Rosario: *Los pobres del 98...*, págs. 19-24.

[766] Id.

Mientras Muñoz Rivera ponía toda su energía en lograr el poder absoluto, en los campos de Puerto Rico, niños, mujeres y hombres se morían de hambre. Durante los meses previos a la invasión, los campesinos puertorriqueños estaban más preocupados por los aires de lluvia que por los de guerra. Para esta población la autonomía no cambiaría en nada el abandono gubernamental en el que vivían. Imagen: Colección de fotos José H. Orraca. Fundación Luis Muñoz Marín.

sus restos».[767] En otro pueblo de la montaña, un testigo narró que al detenerse «ante una hilera de chozas raquíticas, rodeáronle diez o doce personas —mujeres, niños, jóvenes—, todos vestidos con harapos, todos llevando en el maciento rostro la señal de la anemia del hambre, pidiéndole, con voz desfallecida una limosna por amor de Dios».[768]

El entonces secretario de Gracia, Justicia y Gobernación no hizo nada para paliar la terrible situación, a pesar de la propaganda que lo describía como el Jíbaro de Barranquitas. Muñoz solía establecer categorías diferenciadoras entre él y los campesinos a quienes, a todas luces, despreciaba por la extrema pobreza en la que vivían, por las enfermedades que padecían, por los hijos que tenían e incluso por la comida que consumían, como si todo lo anterior fuera producto de una decisión personal y no de las difíciles circunstancias en las que vivían. En una de sus columnas más elitistas, publicada en 1891 en *La Democracia*, podemos leer de forma clara su praxis ideológica:

> Una multitud que se alimenta de raíces y de féculas no está nunca dispuesta a esfuerzos grandes en la lucha por la vida.
>
> El campesino vive en el más absoluto aislamiento; duerme bajo el techo de pajas, insuficiente a preservarlo en la intemperie; consume, como base de su alimentación cotidiana, el malango y el bacalao, que disminuye los glóbulos rojos de su sangre; mira a todos los burócratas, a los que medran con su ímprobo trabajo, por encima de él; ha adquirido, entre las prácticas enervantes de la servidumbre esclava, el hábito de la sumisión; piensa que las leyes son algo misterioso elaborado no con el propósito de protegerle, sino con el fin de oprimirle; ve en el alcalde un semidiós; en el cura un ser rayano en la divinidad; resiste a educar sus hijos en la escuela rural, porque ya sabe que la escuela, mal dirigida, es, en la práctica, estéril o perniciosa; ama por instinto la libertad como los vegetales al sol; no tiene ideas exactas de la existencia, porque jamás traspasó los lindes de su montaña y de su río.
>
> Y así, desarrollado en condiciones mefíticas, respirando una atmósfera viciada, explotado en su pobreza por el fisco que le persigue y por el clérigo que le fanatiza; cargado con la pesadumbre de todos los deberes, ignorando que existen para él, o debieran existir, derechos imprescindibles; muriendo de hambre y de tedio en la soledad de su choza, deja, como continuadora de su labor y como heredera de sus vicios, a una prole enfermiza y endeble, que sigue recorriendo iguales sendas, sometida al mismo régimen, sin porvenir, sin aspiraciones, sin nada de lo que constituye la vida social, y da impulso al pensamiento, y crea organismos equilibrados y sirve de acicate y de estímulo a los avances del progreso humano.
>
> Nunca podremos nosotros, los patriotas de corazón, modificar las condiciones en que vegetan esos hombres […].[769]

En el mismo año en que el líder cubano José Martí declaraba en sus versos «con los pobres de la tierra / quiero yo mi suerte echar», Luis Muñoz Rivera en Puerto Rico establecía un muro entre él y los más necesitados. Para Muñoz existía un 'nosotros' (su propio grupo social) y un

---
[767] «Un síntoma». *La Democracia*. Ponce, Puerto Rico. 27 de mayo de 1898, pág. 2.
[768] «La miseria en los campos». *La Democracia*. Ponce, Puerto Rico. 20 de mayo de 1898, pág. 2.
[769] Muñoz Rivera, Luis: «Las causas del mal». *La Democracia*. Ponce, Puerto Rico. 17 de febrero de 1891, pág. 2.

Muñoz Rivera vivió en el elitista barrio de Santurce de 1910, asistido por cuatro criados. Además, se valía de choferes y ayudantes que le servían en una relación de subordinación. Imagen: Olivencia, Ricardo [@ricardoolivenc1]: «Foto de Luis Muñoz Rivera llegando a Cayey para participar de una actividad política. Cayey, 1912». 20/04/2020. <https://twitter.com/ricardoolivenc1/status/1252384036850266112>. [4/02/2023]

'ellos' (los campesinos). 'Nosotros' se conformaba de intelectuales y profesionales con un alto nivel adquisitivo, que, además de comerciantes, constituían la élite política. Mientras que 'ellos' eran «la masa común, el montón anónimo»;[770] los que «no saben a ciencia cierta lo que quieren, por donde caminan»[771] y entre los cuales «no hay ninguna persona medianamente instruida»;[772] los que pasan el día «en la gallera, en el garito, en la hamaca; nunca en el *meeting*, en la biblioteca ni en los sitios donde se forma la conciencia y el espíritu se ilustra»;[773] los que viven «sin instrucción, sin cultura, sin barniz social».[774]

Muñoz Rivera mantuvo su visión higienista, racista y de superioridad sobre los campesinos durante toda su vida política. En 1904, el mismo que no logró estudiar más allá de la escuela elemental de Barranquitas, escribía en *La Democracia*:

> Bastan al campesino una choza de paja que le abrigue contra la intemperie, unas legumbres que nutran insuficientemente su organismo y unas telas baratas que cubran su desnudez. Va descalzo por las campiñas; descalzos van sus mujeres y sus hijos; en sus cabañas no hay trazos del *comfort* moderno; su existencia carece de dignidad; su cerebro de ideas y su conciencia de ideales.[775]

---

[770] «Los inconscientes». *La Democracia*. Ponce, Puerto Rico. 31 de marzo de 1897, pág. 2.
[771] *Id.*
[772] *Id.*
[773] Muñoz: «Las causas del mal»...
[774] «Los inconscientes»...
[775] Muñoz Rivera, Luis: «Cuestiones fundamentales. El problema social». *La Democracia*. San Juan, Puerto Rico. 1 de noviembre de 1904, pág. 1.

Mientras vivió en Washington D. C., el comisionado residente de Puerto Rico, Luis Muñoz Rivera, residió sin su esposa y sin su hijo en el lujoso edificio de apartamentos The Highlands, hoy, The Churchill Hotel.

Para el líder político, los obreros estaban en un escalafón un pelín más alto que los campesinos. «El obrero puertorriqueño es superior al campesino puertorriqueño por su mentalidad y por sus medios de vivir y prosperar», decía en 1904. No obstante, el obrero tenía «una deficiencia de carácter». No ahorraba. Ese era el problema. No se trataba de la miseria de salario que recibía ni la precariedad en la que vivía. «Al terminar la semana, al terminar el mes, al terminar el año, no logran ahorrar un solo céntimo». Eso —no ahorrar— era lo que, según el pensamiento de Muñoz Rivera, le impedía al trabajador poseer una «economía sana y razonable».[776]

Durante el mismo año que criticaba a los campesinos y filosofaba sobre las deficiencias de carácter de los obreros, Muñoz Rivera vivía en el hotel Inglaterra, en San Juan, el más lujoso de toda la isla. Un año después, luego de que su partido arrasara en las elecciones de 1904, se mudó

---

[776] Id.

para un palacete en la Parada 15 del Santurce burgués.[777] En 1908 —luego de incorporar junto a José de Diego y Eduardo Giorgetti una compañía fantasma de nombre Compañía Tabacalera de Puerto Rico—[778] compró al banquero Sosthenes Behn (Morgan) un solar en Condado.[779] Cuando ocurrió el censo de 1910, Muñoz vivía en el elitista barrio de Santurce de la Carretera Central con su esposa e hijo, junto con dos criadas (María Figueroa y Felícita Rivera), un sirviente (Domingo Colón) y un cochero (Manuel Maldonado).[780] Una vez en Washington D. C., luego de ser electo comisionado residente, pagado —de nuevo— con fondos públicos, el Jíbaro de Barranquitas se alquiló un apartamento en el lujosísimo edificio The Highlands, ubicado en el privilegiado punto donde la avenida Connecticut domina la ciudad y se convierte en la puerta de entrada al noroeste de Washington D. C.[781] Construido como una mansión, The Highlands tenía todas las comodidades imaginables, incluyendo un garaje para automóviles en el sótano, algo que no se volvió a ver en un edificio de apartamentos de Washington hasta la década de 1920.

Muñoz creía, además, que «los peores enemigos del pueblo no se agitan muchas veces en las esferas superiores, sino en la últimas capas sociales».[782] Para 'esos hombres' ni en 1898 ni en 1910 hubo ayudas gubernamentales o medidas que evitaran la especulación y el acaparamiento de los alimentos.

En 1898 el secretario de Gracia, Justicia y Gobernación, ante la terrible hambruna, se limitó a redactar una circular dirigida a los alcaldes en la que aconsejaba la siembra de frutos menores (tubérculos, cereales y frutos), aprovechando los primeros chubascos que comenzaron a caer a finales de abril.[783] Muñoz Rivera justificó la actitud inescrupulosa e inhumana de los comerciantes —muchos de ellos, sus colegas de partido— por «el presente estado de cosas».[784] Al secretario ni siquiera se le ocurrió proponer la eliminación del arancel de 4 pesos por cada 100 kilos de la harina de trigo, responsable en buena parte del alto costo del pan[785]

Mientras tanto, para *La Democracia,* los culpables de aquella terrible hambruna eran los propios afectados «por su general apatía» y «holgazanería».

> Nuestros campesinos, esos que todo lo esperan de la próxima cosecha, salvo raras excepciones, continúan impertérritos adquiriendo en la ladronera llamada *ventorrillo* el tradicional bacalao y el insustancial *chamaluco*[786] que pagarán con el producto espontáneo del palo de café, que no necesita mayores cuidados cuando llega a su completo desarrollo, y que debido a eso mismo hace que se generalice la holganza entre los labradores.[787]

---

[777] Muñoz Marín, Luis: *Memorias. 1898-1940.* Universidad Interamericana de Puerto Rico. 1982, pág. 6.
[778] Archivo General de Puerto Rico. *Compañía Tabacalera de Puerto Rico. 4 de febrero de 1908.* Fondo: Departamento de Estado. Serie: Corporaciones con fines de lucro. Caja: 9.
[779] «El Condado. Parque residencial bañado por las brisas del océano Atlántico. Lista parcial de compradores desde el 1 de abril 1908 al 1 de abril de 1909». *La Correspondencia.* San Juan, Puerto Rico. 11 de junio de 1909, pág. 3.
[780] Censo Decimotercero de los Estados Unidos. 26 de abril de 1910. Ancestry.com.
[781] *Carta personal de Luis Muñoz Rivera desde Washington D. C.* Agosto 1915.
[782] «Instantánea». *La Democracia.* Ponce, Puerto Rico. 5 de enero de 1898, pág. 2.
[783] «Circular. A los alcaldes de la isla». *La Gaceta de Puerto Rico.* San Juan, Puerto Rico. 21 de abril de 1898, pág. 1.
[784] «Cuestión del día». *La Democracia.* Ponce, Puerto Rico. 24 de mayo de 1898, pág. 2.
[785] «Carta de Luis Muñoz Rivera al general Guy V. Henry». *La Gaceta de Puerto Rico.* San Juan, Puerto Rico. 25 de diciembre de 1898, pág. 1.
[786] Variedad de plátano delgado que se come generalmente hervido y al que también se le llama mafafo, malango o piche.
[787] «El problema del hambre». *La Democracia.* Ponce, Puerto Rico. 26 de mayo de 1898, pág. 2.

5

Las Cámaras o la guerra

> Cuando vengan los yankees
> ¿qué haces tú?
> Apunto… Pepe Diego
> Aguanto…. Luis 1º
> Los enveneno… Carbonell
> Duermo… Hernández López
> Los llevo a Lares… Larrínaga
> Me los bebo… Rosendo Rivera
> ¡Ay, niña!, los beso… Ulpiano Colón
>
> EL MOMIO[788]

Abril

Apenas tres días después de las elecciones celebradas en Puerto Rico, el 30 de marzo de 1898, en una sesión secreta del Comité de Relaciones Exteriores del Senado estadounidense, Henry Cabot Lodge y el senador William P. Frye (de la camarilla del Metropolitan Club) ocupaban su tiempo en un proyecto para comprar las islas danesas de las Antillas menores, San Juan (Saint John), Santa Cruz y Santo Tomás por $5 millones. Lo anterior no sería importante a no ser por el detalle de que la excusa de ambos senadores para colar esa extraña compra en medio del conflicto con España fue, precisamente, Puerto Rico.

En aquella sesión senatorial, Cabot Lodge aseguró que «Porto Rico y no La Habana será el centro de nuestra guerra con España».[789] En ese contexto, según Lodge y Frye, se justificaba la compra por parte del Gobierno de las islas danesas, sobre todo porque «el suministro de carbón de España en Porto Rico es extremadamente limitado y prácticamente podríamos controlarlo si fuéramos dueños de las posesiones danesas cercanas».[790] Ambos senadores consideraron la compra algo esencial para un final temprano de la guerra. También manifestaron que era el «más sincero deseo de la administración controlar las islas».[791]

Es importante destacar que aquellas conversaciones se dieron en una supuesta sesión secreta del Comité de Relaciones Exteriores del Senado. Sin embargo, fue diseccionada en detalles por la mayoría de los periódicos estadounidenses y, desde importantes redes noticiosas salieron cables hacia todas partes del mundo incluyendo Londres y Hawái.[792] Comenzando el 30 de marzo hasta por lo menos el 6 de mayo, periódicos como el *Evening Star*,[793] *Chicago Tribune*,[794] *The Boston*

---

[788] «Cuando vengan los yankees ¿qué haces tú?». *El Momio*. San Juan, Puerto Rico. 10 de abril de 1898, pág. 2.
[789] «In Secret Session. The Senate Discusses Purchase of West Indian Islands. Needed for Strategic Purposes». *The Evening Star*. Washington D. C. 1 de abril de 1898, pág. 1.
[790] *Id.*
[791] *Id.*
[792] «United States will Buy». *The Honolulu Advertiser*. Honolulu, Hawái. 7 de enero de 1898, pág. 4.

Globe,[795] *The San Francisco Examiner*[796] y *The Philadelphia Inquirer*[797] dedicaron extensos espacios a la noticia. A Puerto Rico llegaron cables desde Nueva York con el dato. *La Correspondencia* lo publicó en medio de un bloque de otras noticias no relacionadas, en la última página del periódico, perdida entre múltiples anuncios.[798]

El tratado de compra con Dinamarca no se concretó en ese momento,[799] entre otras cosas porque el resto de los senadores concluyó que «con la guerra podemos conseguir a Porto Rico más barato que las islas danesas». No obstante, el evento abrió la puerta para insertar a Puerto Rico en la atención pública y legitimar así —desde los medios— la futura intervención en la isla. De paso, con esta narrativa se escondían detrás de la conveniente excusa de la estrategia militar, los verdaderos motivos para la invasión. La razón para comprar Santo Tomás, Santa Cruz y San Juan por $5 millones, no tenía nada que ver con asuntos militares. La invasión a Puerto Rico, tampoco.

Por un informe secreto que el Gobierno de Dinamarca hizo público en 1900, sabemos que Henry H. Rogers, uno de los principales directores de la Standard Oil de Rockefeller, y actuando en nombre de la poderosa corporación, se acercó por aquellos primeros meses de 1898 a William von Christmas, representante del Gobierno de Dinamarca y le aseguró que podía encargarse de la venta de las islas a cambio de un 10% del valor de toda la transacción (medio millón de dólares). Rogers puso por escrito que estaba en posición de hacer lo que quisiera gracias a la influencia que la Standard tenía en los senadores y en el propio presidente de Estados Unidos. «La palabra de la Standard Oil es ley, no tenga usted duda de eso. No permitiremos que nadie más que nosotros mismos venda las islas danesas», aseguró Rogers.[800]

En efecto, la Standard puso a disposición de Christmas a todos los senadores y congresistas que debía sobornar, un total de 26, incluyendo a Henry Cabot Lodge y Mark Hanna, además concretó reuniones con los hermanos Abner y William Mckinley. Dinamarca estaba dispuesta a vender las islas por $4 millones, pero la factura se infló para incluir el monto total de los sobornos en el dinero público que se pagaría. Las condiciones del trato incluían que J. P. Morgan & Co. sería el banco que representaría a Dinamarca en la compraventa y también que toda la transferencia de dinero debía hacerse a través de la casa bancaria judía-alemana, asentada en Nueva York, J. H. W. Seligman & Co.;[801] la misma que años más tarde se encargará de vender las primeras deudas de Puerto Rico.

---

[793] «In Secret Session...».

[794] «Index of Today's Newsand Features». *Chicago Tribune*. Chicago, Illinois. 30 de marzo de 1898, pág. 1.

[795] «Lodge Introduces Bill in Senate». *The Boston Globe*. Boston, Massachusetts. 31 de marzo de 1898, pág. 5.

[796] «A Disgrace to Democracy». *The San Francisco Examiner*. San Francisco, California. 2 de abril de 1898, pág. 6.

[797] «Summary of the News». *Philadelphia Inquirer*. Filadelfia, Pensilvania. 1 de abril de 1898, pág. 1.

[798] «Nueva York». *La Correspondencia*. San Juan, Puerto Rico. 4 de abril de 1898, pág. 3.

[799] Las negociaciones se retomaron en 1899 y en 1902 el tratado pasó con éxito por el Senado de Estados Unidos. Sin embargo, Dinamarca no lo ratificó precisamente por toda la corrupción envuelta.

[800] Véanse: «Standard Oil Plot Foreshadowed War. Big Proposal to Denmark. H.H. Rogers, Director, Attempted to Act in Official Negotiations. Germany after Them». *The New York Times*. Nueva York, Nueva York. 1 de mayo de 1900, págs. 1-2. «Power of a Trust. Captain von Christmas Envoy of the Government of Denmark. Explains how the Standard Oil Company defeated the Purchase of Danish West Indies». *The Marion Star*. Marion, Ohio. 1 de mayo de 1900, pág. 1. «To Investigate Alleged Bribery. Congress to Inquire into Christmas Charges Regarding Purchase of Danish West Indies. Prominent Men Involved». *The Scranton Republican*. Scranton, Pennsylvania. 28 de marzo de 1902, pág. 1.

[801] *Id.*

De manera que aquel 30 de marzo de 1898 cuando el senador Henry Cabot Lodge presentó el proyecto de compra de las islas danesas y habló de la supuesta importancia de Puerto Rico como estación carbonera en el contexto de la guerra, lo hizo como parte de un esquema fraudulento y representando los intereses de la Standard Oil de Rockefeller y de la Casa de Morgan. Sus declaraciones sobre la isla eran completamente falsas.

A pesar del fraude, la idea de invadir y retener a Puerto Rico se coló en la palestra pública. Tanto así que, el jueves 7 de abril, dieciocho días antes de la declaración formal de guerra, *The Boston Globe* comunicaba a sus lectores que la isla podría ser el primer objetivo en ser atacado, afirmación que coincidía con lo dicho por Cabot Lodge en la sesión secreta del Senado.

> La junta estratégica discutió hoy la posibilidad de hacer de Porto Rico el punto objetivo del escuadrón de avanzada. El argumento a favor es que esta gran y rica isla, 800 millas al este de La Habana, será seguramente la primera base española de suministros y su captura interrumpiría gravemente las comunicaciones entre Cuba y España.[802]

Unos días después, el 17 de abril, el diario con base en Boston (territorio de Cabot Lodge y puerto importante en los negocios con la isla) volvió a insistir en el asunto y aseguró que aún no se sabía si bombardearían una ciudad o dos en Puerto Rico, pero sí era definitivo que la isla sería el lugar de la primera batalla.[803]

El *Boston Globe* citó como fuente de la información a expertos navales y prominentes senadores sin mencionar nombres. El tiempo les dio la razón al periódico y a aquellos misteriosos y bien conectados informantes. Hoy se sabe que el 4 de abril la Junta de Guerra, compuesta por los Departamentos de Guerra y de la Marina —bajo estricto secreto— analizó un plan de campaña que, ¡oh, casualidad!, favorecía un primer ataque a Puerto Rico. La estrategia fue presentada por el mayor general ya retirado y de considerable reputación, John M. Schofield.

Schofield creía que el éxito militar en Puerto Rico eliminaría la necesidad de atacar la colonia más fuerte de España: Cuba. Esta visión también figuraba en el pensamiento estratégico del capitán Alfred T. Mahan quien sostuvo en su libro publicado luego de la guerra, que Puerto Rico «era invaluable para España como estación naval intermedia y como base de aprovisionamiento. Si se deja en su posesión sin perturbaciones, le permitiría, prácticamente, disfrutar de la misma ventaja de proximidad al gran escenario de operaciones que tenía Estados Unidos».[804] Por esta razón, Mahan creía que la isla debía ser el primer *point d'appui*.[805]

El general Nelson Miles opinaba igual que Mahan. Miles estaba seguro de que la guerra se desarrollaría principalmente como un conflicto naval y entendía que era mejor posponer las operaciones contra Cuba, hasta conseguir el control de los mares. De manera que el *Boston Globe* tenía razón, Puerto Rico estaba siendo considerado para el dudoso privilegio de ser el primer punto de ataque. Que no haya ocurrido así tuvo mucho que ver con la intervención del secretario

---

[802] «Covetous for Porto Rico. Probability that Flying Squadron Will be Sent to Capture San Juan, its Chief City». *The Boston Globe*. Boston, Massachusetts. 7 de abril de 1898, pág. 5.
[803] «Ready to Move. Flying Squadron May Be Sent Away Today. Porto Rico Expected to be the Destination». *The Boston Globe*. Boston, Massachusetts. 18 de abril de 1898, pág. 2.
[804] Trask, David F.: *The War with Spain in 1898*. Macmillan Publishing Co. Nueva York. 1981, págs. 339-340.
[805] *Id.*

de la Marina, John Long, quien hizo patente lo obvio: Puerto Rico no representaba ninguna ventaja estratégica real. Key West, el centro de operaciones de la Armada, estaba más cerca de La Habana que Puerto Rico.[806]

The Boston Globe, en su nota del 7 de abril, no se limitó a anunciar que Puerto Rico podría ser la primera isla atacada, sino que abundó en las ventajas de retener la isla. Este fue el inicio de una campaña dirigida a crear un clima de opinión en aras de justificar, con razones de Estado falsas, una futura, y más que segura, invasión. «La ocupación de Porto Rico tiene otra característica importante», decía en uno de sus últimos párrafos el *Globe*, «ya que después de la guerra, la isla podría ser retenida por Estados Unidos».[807] En lo que resultó ser una escalofriante profecía, el periodista que firmaba aquel artículo, Alfred Maurice Low, aseguró:

> [Según] senadores prominentes que declararon hoy al corresponsal de *The Globe*, si la bandera estadounidense se izara alguna vez sobre Porto Rico nunca sería bajada. Cualquiera que sea el resultado de nuestra intervención en Cuba, Porto Rico seguirá siendo siempre una posesión estadounidense.[808]

No transcurrieron 24 horas de esta publicación cuando el viernes, 8 de abril (Viernes Santo), el cónsul general de Estados Unidos en Puerto Rico, Philip C. Hanna, abandonó la isla junto a todos los vicecónsules y sus familiares por órdenes directas de Washington. Las instrucciones incluían que saliera hacia Santo Tomás y allí esperara órdenes futuras. Según reseñó la prensa estadounidense, en aquella goleta pagada por el Gobierno se fueron alrededor de 15 personas: el puertorriqueño Manuel del Valle Atiles y sus familiares (del Valle Atiles no solo era corresponsal del *The New York Herald* sino también vicecónsul de Estados Unidos); Mr. Wyman, secretario del Consulado, de nacionalidad estadounidense con residencia en Puerto Rico por más de 15 años; y «Mr. Van Syckle [sic] y su esposa», quien para la fecha, como dato adicional, estaba embarazada. Unas líneas más adelante, el periodista entendió oportuno aclarar que «Mr. Van Syckle es el representante de la Standard Oil de Porto Rico».[809]

En el pasaporte de Paul Van Syckel —un hombre de apenas veintiocho años, con unos impresionantes ojos azules y seis pies de estatura— se podía leer de forma inconfundible su dirección: #26 de la calle Broadway en Nueva York,[810] sede y cuartel general de la todopoderosa Standard Oil.

Esta información amerita hacer una pequeña digresión.

El director de la refinería de petróleo de Cataño distaba mucho de ser un empleado cualquiera. Su abuelo Samuel Van Syckel fue el inventor del oleoducto que revolucionó el transporte del petróleo a partir de 1865. Cuando Paul Van Syckel apenas tenía cuatro años, en 1872, John D. Rockefeller adquirió el oleoducto de su abuelo junto con otro grupo de pequeñas líneas petroleras.

---

[806] *Id.*
[807] «Covetous for Porto Rico...».
[808] *Id.*
[809] «Hanna Reaches St. Thomas. British Flag Flies Over U.S. Consulate at Porto Rico». *Evening Star*. Washington D.C. 11 de abril de 1898, pág. 14.
[810] National Archives and Records Administration, Washington D.C. U.S. Passport Applications, 1797-1925 [base de datos en línea]. *Passport Application for Paul Van Syckel*. Roll 508. June 6, 1898. Ancestry.com

En 1876, Rockfeller ya controlaba la mitad de los oleoductos existentes, y al final de 1879, era el propietario de todos los oleoductos de Estados Unidos. Luego de varios litigios, la Standard Oil absorbió los negocios de los Van Syckel y estos, obligados por las circunstancias, se convirtieron en estrechos colaboradores de John D. Rockefeller.[811]

Rockefeller envió, en 1885, a William Van Syckel (hijo de Samuel y padre de Paul) a administrar las plantas de la Standard en La Habana, lugar donde permaneció hasta su muerte en 1914.[812] En 1890, Rockefeller volvió a confiar en los Van Syckel, esta vez encargando a Paul la administración de la refinería de Cataño en Puerto Rico. Paul Van Syckel, aunque manejó negocios en Cuba y Nueva York, mantuvo su residencia en el pueblo de Bayamón hasta su muerte en 1906. Allí nacieron tres de sus hijos: Margaret Ethel, en julio de 1897;[813] Barbara, en noviembre de 1898; y William Henry, en abril de 1900, los tres asistidos por el doctor puertorriqueño y líder político José Celso Barbosa.[814]

¿Qué hacía Paul Van Syckel dentro de aquella goleta en la que solo debían irse de Puerto Rico los representantes del Gobierno de Estados Unidos? Según otra nota de prensa, la razón para que 'míster van Syckle' estuviera entre los protegidos del Gobierno era que:

> La Standard Oil Co. tiene grandes intereses en San Juan y su representante fue aconsejado por las autoridades locales para que abandonara el país. El señor van Syckle fue acosado varias veces por la guardia civil antes de su partida y se le insinuó que las autoridades no podían brindarle a él y a su propiedad la protección que le correspondía».[815]

Lo anterior se contradice con las propias palabras del cónsul Philip Hanna, quien aseguró que las autoridades españolas en la isla lo ayudaron cordialmente en su salida y que sus relaciones tanto con puertorriqueños como con españoles eran «placenteras».[816] También contrasta con las declaraciones hechas por A. V. Drake, secretario del vicecónsul de Estados Unidos en Mayagüez. Drake, a diferencia de Hanna, permaneció en la isla hasta el 21 de mayo. Según su propio testimonio, mantuvo la costumbre de conducir su bicicleta durante aquellos meses, incluso por zonas intrincadas y «nunca había sido molestado».[817]

Dejando a un lado el caso singular de Mr. Van Syckle, deberíamos también observar cuál fue el lugar escogido como destino de residencia para la comitiva consular. En 1898, Santo Tomás pertenecía a Dinamarca, país que ante el conflicto bélico se mantuvo neutral pero que en términos generales prefería a la monarquía española que a la democracia estadounidense. Resulta altamente sospechoso que, justo en esos momentos, hombres de la Standard y de la Casa de Morgan

---

[811] Tarbell, Ida M.: *The History of The Standard Oil Company*. Vol I. McClure, Phillips & Co. Nueva York. 1904, págs. 17-33.
[812] California Department of Health Services. *California Death Index, 1940-1997*. Ancestry.com
[813] Records of the Bureau of the Census. *Thirteenth Census of the United States, 1910. Record Group 29*. National Archives, Washington D. C. Ancestry.com.
[814] Barbara y William fueron inscritos en el Registro Civil de Puerto Rico ocho y seis años después de nacer, a petición de José Celso Barbosa. Véase: Registro Civil de Puerto Rico, 1836-2001. Imágenes digitales. *Registro #83 de Barbara Paul Van Syckel. Registro #84 de William Henry Van Syckel*. Nacimientos. Bayamón. Febrero 1904-mayo 1909.
[815] «Porto Rico Situation Grave. Food Scarcity Threatened and There Is Great Unrest Among the Inhabitants». *Kansas City Journal*. Kansas City, Missouri. 27 de abril de 1898, pág. 3.
[816] «Hanna Reaches St. Thomas...».
[817] «San Juan After the Fight. Stories of the Bombardment Told from the Land Side». *The Sun*. Nueva York, Nueva York. 21 de mayo de 1898, págs. 1-2.

negociaban la venta de Santo Tomás utilizando sus influencias en el Gobierno. Entre los sobornados estaba el senador Mark Hanna, aliado cercano de Rockefeller y, no por casualidad, primo hermano del cónsul en Puerto Rico.

Ante estos hechos habría que preguntarse si realmente la orden de salida del cónsul provino de Washington o del #26 de la calle Broadway en el distrito financiero de Wall Street.

En cualquier caso, la salida (que más que una salida pareció una puesta en escena) no encaja de forma alguna con la doctrina de la invasión de última hora. Es sabido que los Gobiernos rompen relaciones diplomáticas solamente ante hechos excepcionales y graves. El 8 de abril no existía una declaración de guerra contra España, y en Puerto Rico no había peligro alguno para los estadounidenses. Incluso, según informó *La Correspondencia de Puerto Rico*, antes de salir, Hanna tuvo tiempo suficiente para cursarle una atenta carta al gobernador de la isla, el general Macías, en la que le explicaba que abandonaba el país solo porque «su gobierno le ordenaba dirigirse en primera ocasión y por breves días a la vecina isla de Santo Tomás. Que esperaba regresar pronto».[818] Curioso, pero ninguno de los cónsules estadounidenses en Cuba se marchó a tan temprana fecha.[819] Tampoco los diplomáticos españoles en Estados Unidos, quienes todavía el 21 de abril, fecha en que de forma oficial se suspendieron las relaciones diplomáticas, seguían en sus puestos.[820] No fue hasta el 26 de abril —18 días después de la escapada de Hanna— que se recibió en Puerto Rico el telegrama oficial del ministro de Ultramar anunciando que «las oficinas consulares británicas se hacen cargo de los Consulados norte-americanos en territorio español».[821]

En una extraña paradoja, el intercambio comercial entre los puertos de la isla y los de Estados Unidos continuó ocurriendo sin contratiempos.[822] Al parecer existía riesgo para la vida y propiedad de los hombres de la Standard Oil y del cónsul, pero no para las embarcaciones que continuaban sacando materia prima de Puerto Rico y entrando productos manufacturados.

Lo cierto es que a partir de este momento, Santo Tomás se convirtió en el cuartel general de los que procuraban la invasión para Puerto Rico. Desde allí y por los próximos meses, Philip Hanna se mantuvo informando sobre todos los movimientos en Puerto Rico, gracias a informantes y aliados internos. El capitán Ángel Rivero, en su *Crónica de la guerra hispano-americana*, nos recuerda que «desde San Juan salían hacia Santo Tomás cables diarios. No se movía ni una mosca en toda la Isla sin que lo supiera Philip Hanna y por lo tanto el secretario Long o Alger».[823] Con este flujo constante de información, podemos entender los frecuentes comunicados de prensa que se emitían desde Santo Tomás y que insistían en describir un cuadro propicio para la invasión. «Tiranía en Puerto Rico», «ley marcial», «torpedos en la bahía de Arecibo», «multitudes de personas despavoridas huyen de sus casas» son algunas de las frases sacadas de esos despachos de prensa.[824] Como por arte de magia, coincidiendo con la llegada de Hanna, se despertó un

---

[818] «Los sucesos del día». *La Correspondencia*. San Juan, Puerto Rico. 9 de abril de 1898, pág. 2.
[819] «Crisis Notes». *The Boston Globe*. Boston, Massachusetts. 16 de abril de 1898, pág. 4.
[820] «Boston's Spanish Consul. He will not Leave Here Until All the Spaniards Have Secured Their Passports Out of the Country». *The Boston Globe*. Boston, Massachusetts. 21 de abril de 1898, pág. 5.
[821] «Parte oficial». *Gaceta de Puerto Rico*. San Juan, Puerto Rico. 27 de abril de 1898, pág. 1.
[822] Véanse: «It is a Gem. Porto Rico, Most Beautiful the West Indies. People will Welcome Annexation to United States». *The Boston Globe*. Boston, Massachusetts. 21 de julio de 1898, pág. 7. «Practically on a War Basis». *The Boston Globe*. Boston, Massachusetts. 18 de abril de 1898, pág. 5.
[823] Rivero: *Crónica de la Guerra Hispano-Americana...*, pág. 156.

Philip C. Hanna, cónsul de Estados Unidos en Puerto Rico y primo hermano de Mark Hanna, en su foto de pasaporte de 1919. Imagen: U.S., Passport Applications, 1795-1925 [banco de datos en línea]. Ancestry.com.

interés repentino entre los periodistas estadounidenses en publicar artículos sobre la geografía y la historia de Puerto Rico, desde sus poblaciones indígenas, pasando por Juan Ponce de León hasta llegar a 1898, fecha a la que con pocas variaciones se le agregaba la frase: «los nativos darán la bienvenida a la invasión Americana».[825]

La extraña y no explicada salida del cónsul estadounidense de San Juan con toda su comitiva también fue ignorada por la clase política puertorriqueña que, al parecer, se mantuvo atrapada en una gigantesca y colectiva disonancia cognitiva que le impidió razonar y ver la realidad.

En sus marcas, listos...

Setenta y dos horas después de la escapada del cónsul Hanna, el 11 de abril de 1898, el presidente McKinley se dirigió al Congreso en una petición ya presagiada:

> En nombre de la humanidad, en nombre de la civilización, en nombre de los intereses estadounidenses en peligro de extinción […] Le pido al Congreso que autorice y faculte al Presidente para tomar medidas que aseguren el establecimiento de un gobierno estable en la isla de Cuba así como a utilizar las fuerzas militares y navales de Estados Unidos según sea necesario para estos fines […].[826]

---

[824] Véanse: «The Situation at Porto Rico. Manner in Which Martial Law is Enforced». *The Times-Tribune*. Scranton, Pensilvania. 29 de abril de 1898. «Tyranny in Porto Rico. People Fleeing into the Interior». *The Burlington Free Press*. Burlington, Vermont. 29 de abril de 1898, pág. 2.

[825] Véanse: «Porto Rico a Strategic Point in Case of War». *The Kansas City Times*. Kansas, Missouri. 7 de abril de 1898, pág. 4. «Porto Rico will Throw off the Spanish Yoke. Dissatisfied Natives Would Welcome an American Invasion». *The Kansas City Times*. Kansas, Missouri. 24 de abril de 1898, pág. 13. «Spain's Last Possession. Porto Rico Will Soon be all that is left of the Empire Which Columbus Gave to Castile and Leon». *St. Louis Daily Globe*. St. Louis, Missouri. 10 de abril de 1898, pág. 39.

[826] Cabranes, José A.: «Citizenship and the American Empire. Notes of the Legislative History of the United States». *University of Pennsylvania Law Review*. Vol. 121. 1978, pág. 393.

CAPÍTULO 5

Tal como se anticipaba, el 19 de abril el Congreso votó a favor de esta petición, pero con enmiendas. Por un lado se 'coló' una resolución que no reconocía el gobierno en armas cubano, pero sí establecía el derecho de los cubanos a ser libres e independientes. Otra enmienda adicional, propuesta por el senador republicano, Henry M. Teller de Colorado tuvo el efecto de invalidar cualquier acción de Estados Unidos dirigida a ejercer soberanía, jurisdicción o control sobre Cuba.[827] Se cree que esta última fue producto del *lobby* ejercido por el Partido Revolucionario Cubano.

A pesar de las enmiendas agregadas, el 21 de abril de 1898, William McKinley firmó la Resolución Conjunta y ordenó el inicio del bloqueo naval a Cuba. Dos días más tarde, sin siquiera comenzar el asedio contra la mayor de las Antillas, el 23 de abril, John Pierpont Morgan, en un ejemplo claro de cómo funciona la economía de guerra, aprovechó la ocasión para vender a la Marina de Guerra, su yate Corsair II en $225 000.[828] El Corsair II se convirtió en el barco de guerra USS Gloucester que, con sus 21 cañones de precisión, participó en la batalla de Santiago de Cuba, el 3 de julio de 1898; en el desembarco por Guánica, Puerto Rico, el 25 de julio de 1898 y en la toma de Arroyo, Puerto Rico, efectuada el 1 de agosto de ese mismo año. Además, la línea de pasajeros y carga con base en Baltimore, Atlantic Transport Line, propiedad de J. P. Morgan, vendió 8 de sus 10 barcos al Gobierno para que los utilizaran en la guerra como transportes militares, y uno de ellos como buque-hospital. El Normannia, un buque de pasajeros construido en 1891 de la Hamburg-Line, también de Morgan, fue vendido a los españoles quienes lo usaron en la guerra con el nombre Patriota.

Paralelo al comienzo de las hostilidades, el 30 de abril, Theodore Roosevelt renunció a su puesto como subsecretario de la Marina y junto con el entonces capitán del Ejército, Leonard Wood, formó el Primer Regimiento de Caballería Voluntaria conocido por la prensa como los Rough Riders. Con la ausencia de Roosevelt, el puesto de subsecretario de la Marina se asignó a otro miembro de las fuerzas Morgan: Charles H. Allen.[829] Para la fecha, Allen, de cincuenta años y nacido en Lowell, Massachusetts, tenía ya una larga trayectoria bajo la égida de John Pierpont Morgan. Era director de Guaranty Trust Company of New York, Bank of Commerce, Appleton National Bank of Lowell y de Exchange National Bank.[830] Su capital se acercaba a $1 millón.[831]

Por su parte, Edwin Atkins y Henry Havemeyer del Sugar Trust, viendo que la autonomía para Cuba y Puerto Rico ya no era posible, crearon un fondo millonario en conjunto con Leonard Wood[832] para cabildear (activa y agresivamente) por la anexión de Cuba y se aprestaron a no quedarse atrás en la repartición del botín.

El mes de abril no terminó sin que *The Boston Globe* se reiterara en que Puerto Rico sería atacada y retenida. Luego de dedicar extensas columnas los días 17 y 18 de abril a la aprobación de la declaración conjunta que dio inicio a la guerra, los editores de *The Boston Globe* —entre los que se

---

[827] *Id.*
[828] La persona encargada de estas compras era Theodore Roosevelt.
[829] En 1900 será nombrado por William McKinley gobernador civil de Puerto Rico.
[830] «Charles H. Allen Dies at Lowell. Former Assistant Secretary of the Navy was 86». *The Boston Globe*. Boston, Massachusetts. 21 de abril de 1934, pág. 15.
[831] «Daughter Contests C.H. Allen's Will. First Governor of Puerto Rico left her $150,000 out of Million». *Rutland Daily Herald*. Rutland, Vermont. 26 de mayo de 1934, pág. 1.
[832] Fue nombrado por McKinley gobernador militar de Cuba desde el 23 de diciembre de 1899 al 20 de mayo de 1902. En 1903 se fue a Filipinas como gobernador de la provincia del Moro.

encontraba el millonario fundador de Jordan, Marsh & Co., hoy Macys— decidieron, el 21 de ese mismo mes, insertar una pequeña nota que anunciaba lo siguiente: «Luego de que España pierda Cuba, Porto Rico le seguirá. Esa será nuestra indemnización por los costos del proceso de desalojo».[833]

El clima de opinión iniciado por Henry Cabot Lodge y *The Boston Globe* a inicios de abril de 1898 sobre la necesidad de conquistar a Puerto Rico fue adquiriendo fuerza de forma rápida y exponencial. Ya en los últimos días de abril un lector promedio habría tenido contacto con, por lo menos, sesenta artículos que mencionaban a Puerto Rico. La base mediática estaba ya creada y de aquí en adelante no podría hacer otra cosa que exacerbarse.

Se suspende la apertura de las Cámaras

El ruido del hambre, de las peleas de muñocistas contra barbosistas y el de las constantes celebraciones no permitió a la élite política criolla escuchar la declaración de guerra sancionada por el Congreso de Estados Unidos. Los líderes puertorriqueños tampoco fueron capaces de concentrar su atención en el sonido de la pluma de McKinley cuando el 21 de abril firmaba la Resolución Conjunta que dio inicio al bloqueo naval y oficialmente a la guerra.

A pesar del negacionismo imperante, al gobernador general de Puerto Rico no le quedó otro remedio que actuar conforme a la realidad. El 23 de abril *La Gaceta* publicó el decreto que suspendía las garantías constitucionales en la colonia[834] y al otro día anunció el aplazamiento por tiempo indefinido de la reunión del Parlamento Insular.[835] Esto último provocó que el Gabinete provisional compuesto por liberales y ortodoxos, permaneciera mucho más tiempo del previsto y se demorara la llegada al poder absoluto de los liberales fusionistas, para disgusto de Muñoz Rivera. Días más tarde, el 5 de mayo, los secretarios en funciones, Francisco Mariano Quiñones, Luis Muñoz Rivera, Manuel Fernández Juncos, Juan Hernández López, Manuel F. Rossy y José S. Quiñones, reiteraban en una carta pública su lealtad a España: «No renunciaremos jamás a la bandera que protegió nuestras cunas y protegerá nuestros sepulcros».[836]

Fuera de las advertencias del gobernador, de la imposición de un gravamen de guerra y de la solicitud de donaciones a través de dos suscripciones cuasi obligatorias, al parecer la vida en la colonia continuó con el mismo ritmo. Esto, a pesar de las fuertes e innegables evidencias que apuntaban hacia una altísima posibilidad de un ataque naval a la isla.[837]

---

[833] «Editorial Points». *The Boston Globe*. Boston, Massachusetts. 21 de abril de 1898, pág. 6.
[834] «Gobierno General de la isla de Puerto-Rico». *La Gaceta de Puerto Rico*. San Juan, Puerto Rico. 23 de abril de 1898, pág. 1.
[835] «Decreto». *La Gaceta de Puerto Rico*. San Juan, Puerto Rico. 23 de abril de 1898, pág. 1.
[836] «Al pueblo de la colonia». *La Gaceta de Puerto Rico*. San Juan, Puerto Rico. 23 de abril de 1898, pág. 1.
[837] «La causa de España». *La Correspondencia*. San Juan, Puerto Rico. 13 de mayo de 1898, pág. 1.

What we want now is Porto Rico

«Lo que nosotros queremos ahora es Porto Rico», aseguró a la prensa el senador republicano Julius C. Burrows, luego de salir de una reunión con el presidente McKinley. «¿Eso ocurrirá pronto, senador?, preguntó el periodista. «Sí. Probablemente en un día o dos».[838]

El 3 de mayo, en un texto que supuestamente se dedicaba a los asuntos relacionados con Filipinas, *The Boston Globe* retomó el tema de Puerto Rico al asegurar que la isla «se convertirá en propiedad de Estados Unidos».[839] En esta ocasión el periódico se basó «en las declaraciones de varios funcionarios gubernamentales que saben de lo que están hablando».[840] Ese mismo día y en la misma página se incluyeron los comentarios del senador Teller sobre lo que significaba la victoria del escuadrón asiático, sin perder la oportunidad de mencionar de nuevo a la isla en el contexto de la guerra. «Nosotros deberíamos tener a Porto Rico», sentenció Teller.[841]

El 4 de mayo, el cónsul Philip Hanna —quien ya en esta fecha se había vuelto muy popular en Santo Tomás—,[842] en una comunicación confidencial dirigida al secretario de Estado, William R. Day recomendó una invasión temprana a Puerto Rico con el argumento de que «10,000 soldados estadounidenses desembarcados en Porto Rico pueden mantener la isla para siempre, porque estoy convencido de que una gran cantidad de puertorriqueños se levantarán y se sacudirán el yugo español tan pronto como tengan asegurada la ayuda». A los pocos días, el 9 de mayo, en otro cable a Day, informó con bastante exactitud el número de tropas españolas en Puerto Rico, afirmando una vez más que 10 000 soldados serían suficiente para tomar la isla. Esas tropas «podrían desembarcar por Fajardo o Ponce y marchar hacia San Juan, donde la Marina podría unirse al asalto». Además, continuó Hanna, «no tendremos dificultad en reclutar a por lo menos 50,000 nativos que están esperando las condiciones favorables para alzarse en contra de las autoridades españolas».[843] Esta información, pese a su extremo secretismo, llegó muy pronto a la prensa estadounidense que la repitió con un increíble nivel en los detalles.[844]

Resulta curioso que, un mes más tarde de la publicación de esta noticia, el periódico de Luis Muñoz Rivera, *La Democracia,* dedicó de forma íntegra su editorial a desmentir que en la isla existieran 50 000 puertorriqueños dispuestos a pelear contra España, lo que catalogó de «bolas o interesadas invenciones».[845] Esta nota constituye una prueba irrefutable de que los líderes en la isla conocían y leían las noticias que se publicaban en Estados Unidos, pero no movían un dedo para prepararse.

El cónsul Hanna no obtuvo respuesta de inmediato, con toda probabilidad porque en ese momento las energías de Washington se concentraban en ubicar al escuadrón de Cervera que ya navegaba en ruta hacia las Antillas. Mas sí ocurrió un evento en apariencia inconexo, que bien

---

[838] «Porto Rico his Prey. Admiral Sampson's Mission is to Bombard San Juan». *The Saint Paul Globe*. Saint Paul, Minnesota. 6 de mayo de 1898, págs. 1 y 3.
[839] «Mighty Problem Rising». *The Boston Globe*. Boston, Massachusetts. 3 de mayo de 1898, pág. 4.
[840] *Id.*
[841] «Exchange for British West Indies». *The Boston Globe*. Boston, Massachusetts. 3 de mayo de 1898, pág. 4.
[842] «San Juan Defenses». *Los Angeles Herald*. Los Ángeles, California. 26 de mayo de 1898, pág. 3.
[843] Trask: *The War with Spain in 1898...*, págs. 340-341.
[844] «Consul Hanna Thinks Porto Rico Should be Invaded at Once». *The Daily Picayune*. New Orleans, Louisiana. 21 de mayo de 1898, pág. 9.
[845] «Patria». *La Democracia*. Ponce, Puerto Rico. 8 de junio de 1898, pág. 2.

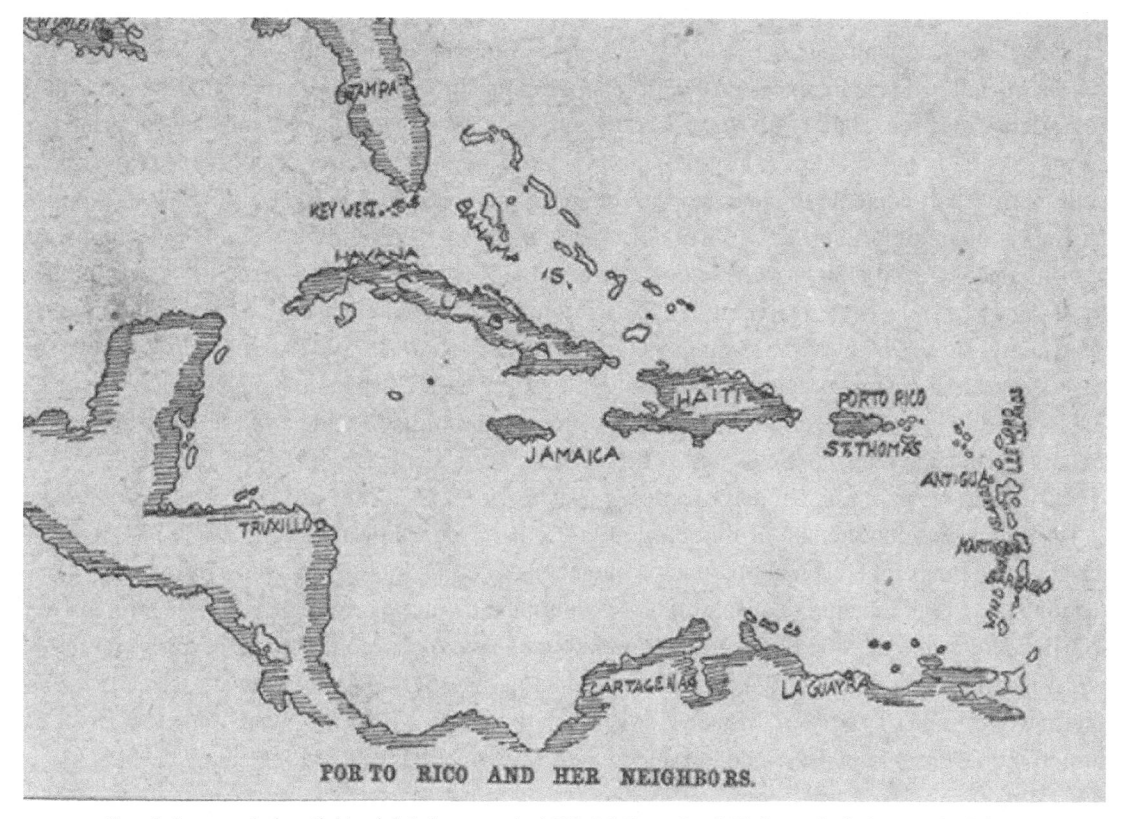

La página tres de la edición del 6 de mayo de 1898 del *Saint Paul Globe* se dedicó en exclusividad a Puerto Rico. El periódico insertó dibujos detallados de la ciudad de San Juan, un mapa con los pueblos de la isla y sus conexiones por carretera, un retrato del doctor Ramón Emeterio Betances, otro de José Julio Henna. También incluyó un mapa de Puerto Rico y sus vecinos. «Porto Rico His Prey. Admiral Sampson's Mission is to Bombard San Juan». *The Saint Paul Globe*. Saint Paul, Minnesota. 6 de mayo de 1898, págs. 1 y 3.

podría ser la consecuencia de la información ofrecida por el cónsul. Veinticuatro horas después del primer cable de Hanna a Day, el 5 de mayo, el Departamento de Guerra ordenó al teniente Henry F. Whitney de la cuarta unidad de artillería una misión de contrainteligencia militar en Puerto Rico. Haciéndose pasar por un marinero común, Whitney llegó a Ponce a bordo de un barco británico. Allí investigó durante unos 10 días hasta su salida por aquel puerto, el 1 de junio. Tan rápido como el 9 de junio, Whitney estaba de regreso en Washington. Luego de la guerra el general Miles rindió homenaje al militar:

> La información que obtuvo sobre la posición de las tropas españolas, la topografía del país, el carácter de los habitantes, los recursos y la cantidad de suministros disponibles y especialmente sus informes sobre el estado de los puertos, fueron extremadamente importantes.[846]

---

[846] Trask: *The War with Spain in 1898…*, págs. 340-341.

Que el departamento de Guerra se haya tomado el trabajo de infiltrar a uno de los suyos para conocer detalles de las defensas en Puerto Rico, demuestra que la operación final fue una muy pensada y calculada. Habrá que reconocer, de una vez y por todas, que los imperios no suceden por accidente. Estados Unidos, al igual que Inglaterra o España, ganó un imperio porque quiso un imperio y simplemente lo planificó, salió y lo conquistó. Tal como lo describió Marta Aponte Alsina, la invasión a Puerto Rico «fue el brazo armado de un plan de negocios, un mapa de oportunidades trazado mucho antes de que se escribiera el libreto de la guerra».[847]

El 6 de mayo de 1898, fecha en la que ni siquiera comenzaba el asedio a Santiago de Cuba, los titulares de varios periódicos anunciaban que Puerto Rico sería el próximo premio. «Porto Rico is the Next Prize», pregonaba el *Asheville Citizen-Times,* diario que, además, adelantaba a sus lectores lo siguiente: «en los círculos cercanos a la administración se rumora que la Marina atacará Porto Rico mañana. Se esperan noticias importantes antes del próximo domingo».[848]

Ya el 9 de mayo, en un cablegrama desde Washington D. C., impreso por *The Boston Globe* el 10 de mayo, se anunciaba al mundo que la escuadra del almirante William T. Sampson se dirigía hacia Puerto Rico con el objetivo de interceptar la escuadra española del almirante Cervera. Aunque con la publicación de esta noticia se eliminaba de un plumazo la posibilidad del ataque sorpresa,[849] las defensas en Puerto Rico, en efecto, fueron total y completamente sorprendidas.

El mismo día en que *The Boston Globe* anunció en su portada el ataque a Puerto Rico, las acciones de Sugar Trust y el Tobacco Trust en la bolsa de valores de Nueva York y Boston, subieron un 2% sobre el precio con el que comenzaron a venderse en la mañana.[850]

Bombardeo a San Juan

En la madrugada del 12 de mayo, el torrero de guardia del Morro divisó un gran convoy de buques que con luces apagadas se aproximaba desde el noroeste. Avisó de inmediato al sargento y al telegrafista del semáforo. Todos, ya reunidos sobre el parapeto que rodeaba el faro, examinaron con curiosidad las negras siluetas que casi se esfumaban en la bruma. No cabía duda: ¡era la escuadra española!, discutían con júbilo.

—Aquel acorazado de vanguardia es el Pelayo.
—No, es el Carlos V. ¡Mírale las tres chimeneas!
—Yo veo claramente al Vizcaya y al Oquendo.

¡Por fin llegaban los refuerzos tan esperados! Un buque pequeño venía a la cabeza. Le seguían tres más de gran tonelaje. En ese momento llegó el capitán Iriarte. La alegría se transmutó en

---

[847] Aponte Alsina, Marta: *PR 3 Aguirre*. Sopa de Letras. Cayey, Puerto Rico. 2018, pág. 119.
[848] «Porto Rico is the Next Prize. It May be Taken Tomorrow or Sunday». *Asheville Citizen-Times*. Asheville, North Carolina. 6 de mayo de 1898, pág. 1.
[849] «Sampson off Porto Rico». *The Boston Globe*. Boston, Massachusetts. 10 de mayo de 1898, pág. 1.
[850] «Still Booming. Rise in Stock». *The Boston Globe*. Boston, Massachusetts. 10 de mayo de 1898, pág. 9.

> # ʝe Boston Daily Globe.
>
> BOSTON, TUESDAY MORNING, MAY 10, 1898—TWELVE PAGES. PRICE TWO CENTS.
>
> # SAMPSON OFF PORTO RICO
>
> ## Cape Verde Fleet He Seeks Reported to Have Returned to Cadiz.
>
> ## THE LITTLE WINSLOW BEATS THREE GUNBOATS.
>
> ## War Department to Send 16,000 Regulars and 45,000 Volunteers to Cuba Without Delay.
>
> PINZON PEPPERED. | NEARING PORTO RICO. | TO BE IN CUBA SUNDAY.

Dos días antes del bombardeo a San Juan, *The Boston Globe* lo anticipó en inmensos titulares colocados en su portada. Era imposible no saber que la isla sería atacada.

pánico. ¡Avisen al capitán Rivero! —gritó excitado— ¡es la escuadra yanqui![851] En ese instante sonó el primer cañonazo.

Las familias despertaron sobresaltadas. Eran apenas las cinco de la mañana y el estruendo de los 164 cañones de la escuadra de Sampson sonaba terrorífico. Como si de una ensayada coreografía se tratara, los acorazados Iowa e Indiana, el crucero acorazado New York, los

---

[851] Quintero, Ángel: *Crónica de la guerra hispano-americana en Puerto Rico.* Plus Ultra Educational Publishers Inc. Nueva York. 1973, pág. 150.

monitores Terror y Amphitrite, y los cruceros Detroit y Montgomery se paseaban entre el Morro y el San Cristóbal, haciendo círculos mientras disparaban sin respiro sobre San Juan. La danza duró 2 horas y 19 minutos.

Se estima que unos 500 proyectiles cayeron sobre la ciudad, alcanzando el Morro; el Castillo San Cristóbal; el cuartel de Ballajá; el Asilo de Beneficencia;[852] la Catedral; la iglesia San José; la sede de la Audiencia Territorial;[853] el Seminario Conciliar;[854] el Ayuntamiento; la Plaza del Mercado; el hotel Inglaterra; las casas número 7, 9 y 11 del barrio de Ballajá; las casas número 2, 9, 15,19 y 21 de la calle San Sebastián; las número 12 y 42 de la calle Cruz; las número 20 y 21 de la calle San Francisco; las casas 17, 37, 39, 41 y 43 en la calle Fortaleza, incluyendo la número 19, ocupada por Luis Muñoz Rivera y su familia;[855] la tienda El Gallo de Oro, ubicada en la calle Fortaleza, esquina Cruz; la casa número 15, en la calle San Justo. En la casa número 61 de la calle San Francisco, sede del periódico *La Correspondencia*, cayó una de las bombas que provocó un enorme boquete en el techo: «Las piedras, ladrillos y maderamen al saltar cayeron sobre los talleres de tipografía inutilizando una de las prensas, el depósito de agua para alimentar la máquina y las poleas de transmisión».[856] En la casa del director de *La Correspondencia*, Ramón B. López, ubicada en Santurce, entre el colegio de Las Madres y el colegio de los Escolapios,[857] «penetró una bomba por la cocina, rompió un tabique y el balcón de la galería y se sepultó en el suelo abriendo un hoyo e hiriendo en la cabeza al joven Emilio Gorbea». Otra cantidad indeterminada de proyectiles cayó sobre la bahía, levantando teatrales columnas de agua; otros —más de 100— llegaron a Cataño[858] y también se documentaron bombas, una de ellas de 1064 libras, en los montes de la hacienda San Patricio, al otro lado de la bahía.[859]

En el Asilo de Beneficencia, un proyectil de pequeño calibre atravesó el muro del norte y estalló dentro del dormitorio de los niños. El efecto de la explosión fue tan intenso que las almohadas y ropas de cama volaron al techo. En el mismo edificio, otra granada de tiro rápido atravesó, una tras otra, cinco puertas que estaban abiertas, lastimó a una hermana de la Caridad, penetró en la capilla y cayó sobre el altar sin hacer explosión.[860] En la Plaza del Mercado, un enorme trozo de proyectil alcanzó en la pierna al joven de veintitrés años, Martín Benavides, maquinista en la tipografía de *La Correspondencia*. Benavides murió desangrado a consecuencia de la hemorragia, luego de que los doctores Ferrer y Barbosa le amputaran la pierna.[861] También murió un vendedor de comida de la Plaza del Mercado, de nombre José Matojo; y Crispín Gómez resultó herido en el mismo lugar. En el barrio de la Marina «a una mujer le llevó el brazo un proyectil».[862] En la calle San Justo, el joven Félix Suárez sufrió heridas.[863] En el campo del Morro,

---

[852] Hoy, Instituto de Cultura Puertorriqueña.
[853] Antiguo Convento de los Dominicos.
[854] Hoy, Centro de Estudios Avanzados de Puerto Rico y el Caribe.
[855] «Cartera de la Isla». *La Democracia*. Ponce, Puerto Rico. 17 de mayo de 1898, pág. 3. (Hoy es la casa #152)
[856] «El bombardeo de la capital. La defensa de la plaza». *La Democracia*. Ponce, Puerto Rico. 16 de mayo de 1898, pág. 2.
[857] *Id.*
[858] «Cartera de la Isla». *La Democracia*. Ponce, Puerto Rico. 17 de mayo de 1898, pág. 3.
[859] «El 12 de mayo de 1898. Valor espartano de nuestro ejército ¡Viva España!». *La Correspondencia*. San Juan, Puerto Rico. 13 de mayo de 1898, pág. 3.
[860] Quintero: *Crónica de la guerra Hispano-Americana...*, págs. 98-99.
[861] «El bombardeo de la capital. Retirada de la escuadra yanquee». *La Democracia*. 16 de mayo de 1898, pág. 2.
[862] «Noticias». *La Correspondencia*. San Juan, Puerto Rico. 13 de mayo de 1898, pág. 3.
[863] *Id.*

un soldado de infantería fue destrozado por un proyectil que, con la violencia de su explosión, lo despojó de todas las ropas «apareciendo el cadáver desnudo y conservando solamente el calzado del pie derecho».[864] Otro artillero, «quedó en cueros y con algunas heridas», luego de que explotara al lado suyo una granada de gran calibre.[865] En el Castillo San Cristóbal hubo un muerto y 7 heridos, además de dos obuses fuera de combate.[866]

En la Cárcel Provincial de Puerta de Tierra, un proyectil de 4 pulgadas perforó el muro norte y entró en la celda en la que se encontraban Antonio Salgado Izquierdo, Rafael Arroyo, Manuel Catalá Dueño, el doctor Juan Rodríguez Spuch, Santiago Iglesias Pantín, Vicente Mascaró —estos dos últimos condenados por injurias a Muñoz Rivera— y William Freeman Halstead, reportero del *New York Herald*, quien recién comenzaba una condena de 9 años de prisión por tomar fotografías de las defensas de San Juan. El proyectil no estalló pero dio en el piso, rebotó, atravesó el catre de tijera en el que dormía Santiago Iglesias Pantín y volvió a caer en el suelo, justo al lado del periodista del *Herald*. La habitación se llenó de escombros. Antonio Salgado tuvo serias lesiones en la espalda, pérdida de varios trozos de piel y la ropa hecha trizas; Santiago Iglesias sufrió heridas «en aquel paraje del cuerpo donde la espalda cambia de nombre»; y Halstead terminó levemente herido.[867]

El drama era, sin duda, conmovedor. Las monjas que vivían en el Convento de las Carmelitas[868] y las mujeres internas en el Manicomio Insular[869] fueron trasladadas hacia el Asilo de Beneficencia de Río Piedras.[870] Los residentes de San Juan, presos del pánico, salieron en estampida, algunos en ropas menores o desnudos, corrieron hasta Santurce, otros llegaron a Río Piedras y unos pocos no pararon hasta llegar a Carolina. Por la carretera que conectaba la ciudad amurallada hasta Río Piedras, se podían ver mujeres con sus niños, a pie, a caballo o en vehículos de todas clases, en una interminable procesión. En la huida, dos mujeres dieron a luz en las cunetas del camino, más allá del puente San Antonio.[871] El tranvía de vapor de Pablo Ubarri hizo viajes cada media hora, abarrotado de pasajeros y completamente gratis, arrastrando en algunos viajes más de 14 coches. «Fue bastante la confusión en dicho tren, porque muchas personas entraron por las ventanillas y otras querían llevar consigo maletas y grandes bultos».[872]

El capitán Ángel Rivero, quien presenció aquella difícil situación desde lo alto del Castillo San Cristóbal, describió así el maremágnum:

> El espectáculo era doloroso: ancianos, enfermos, cojos con sus muletas, ciegos a tientas, madres con sus hijos de las manos y en brazos los más pequeños, todos huían en abigarrado tropel [...]; los campesinos que a dicha hora llegaban con sus cargas de aves y vegetales volvieron grupas, y a todo correr tomaron la carretera a Río Piedras.[873]

---

[864] Quintero: *Crónica de la guerra Hispano-Americana...*, pág. 99.
[865] *Id.*
[866] *Ibid.*, pág. 82.
[867] *Ibid.*, págs. 100-101.
[868] Hoy, el hotel El Convento.
[869] Hoy, Escuela de Artes Plásticas.
[870] «Noticias». *La Correspondencia*. San Juan, Puerto Rico. 13 de mayo de 1898, pág. 3.
[871] Quintero: *Crónica de la guerra Hispano-Americana...*, págs. 96-98.
[872] *Id.*
[873] *Id.*

El doctor José Celso Barbosa estaba en su casa en Bayamón al momento de iniciar el bombardeo. Al oír los cañonazos, junto a otros colegas, tomó un coche hasta el pueblo de Cataño; allí convenció a la tripulación de un bote de que lo condujese a San Juan. El grupo atravesó la bahía mientras los proyectiles caían como lluvia cerca de la embarcación y, una vez en el muelle, se puso a las órdenes del general Vallarino.[874]

En contraste, Herminio Díaz Navarro, del ala muñocista, por azar o quizás por poseer alguna información privilegiada que no compartió con el resto de la población, había abandonado días antes su residencia en la calle Fortaleza número 37, piso tercero, con tal suerte que no pudo ver los cinco proyectiles que entraron a la casa.[875] La familia Muñoz Rivera tampoco se encontraba en su casa en el instante en que entró un proyectil traspasando las paredes del edificio contiguo.[876] Esto, a pesar de que el bombardeo ocurrió un jueves, día de trabajo para Muñoz en la Secretaría de Justicia, Gracia y Gobernación, y a las 5 de la mañana, hora en que las familias suelen estar durmiendo en sus hogares.

Al terminar el bombardeo, Luis Muñoz Rivera, sin explicar por qué extraña razón su casa estaba vacía durante el bombardeo, dirigió a los alcaldes de la isla el siguiente telegrama:

> Desde el amanecer once barcos enemigos atacan esta ciudad. La plaza responde vigorosamente. Espíritu tropas y paisanos levantadísimo. Proyectiles causan poco daño. Hay algunos heridos y contusos. Créese nuestras piezas producen avería escuadra yankee que se retira alejándose fuego y suspendido cañoneo. Mantenga tranquilidad redoblando vigilancia exterior y estimulando valor, patriotismo pueblo. —LUIS MUÑOZ RIVERA[877]

Secuelas

El intenso bombardeo contra la población civil de San Juan fue un acontecimiento lo suficientemente grave como para provocar que se levantase una alerta máxima entre los hombres que dirigían el país. Pero si tenemos en cuenta la forma en que la prensa trató el evento y si miramos el comportamiento de los líderes criollos durante los días sucesivos, entonces tendríamos que concluir que no. El ataque a la ciudad de San Juan, del 12 de mayo de 1898, fue subestimado.

La *Gaceta de Puerto Rico* publicó detalles del ataque dos días después y con visibles distorsiones de lo que realmente pasó. Como toda propaganda de guerra, la noticia de *La Gaceta* incluyó exageraciones y desfiguraciones, tanto de las fuerzas atacantes como del valor mostrado por las tropas españolas. «Atacada esta plaza por una poderosa escuadra enemiga de once barcos, con artillería muy superior en número y calibres a las de sus baterías fue aquella rechazada después de tres horas de violento combate».[878]

---

[874] *Ibid.*, págs. 93-94.
[875] «Más detalles sobre el bombardeo de la capital». *La Democracia*. Ponce, Puerto Rico. 18 de mayo de 1898, pág. 2.
[876] «Cartera de la Isla». *La Democracia*. Ponce, Puerto Rico. 17 de mayo de 1898, pág. 3.
[877] Mari: *El diario de guerra...*, pág. 25.
[878] «Parte Oficial». *La Gaceta de Puerto Rico*. San Juan, Puerto Rico. 14 de mayo de 1898, pág. 1.

Sabemos hoy que la escuadra estadounidense no se componía de once barcos y que, además, Sampson no tenía permiso para tomar la ciudad. Su objetivo era interceptar la flota del almirante Cervera, sin embargo, *La Gaceta* aseguró en su momento que los enemigos no consiguieron «el visible intento de desmantelar nuestras defensas [...] gracias en primer término a la serena firmeza de los comandantes, oficiales y sirvientes de las baterías, secundados por el entusiasmo de las demás fuerzas del Ejército, Voluntarios y Cuerpos Auxiliares».[879] La nota del gobernador creó la falsa impresión de que la ciudad logró vencer a una escuadra naval poderosa y superior.

> Es la primera vez que en lucha tan desigual se ve obligada a confesar su impotencia, retirándose acompañada por los proyectiles de las baterías de tierra, una escuadra numerosa y dotada de todos los poderosos elementos de las marinas modernas, y el honor de haber alcanzado éxito tal, será seguramente el mejor galardón para los defensores de Puerto-Rico.[880]

A la comunicación del gobernador le siguieron interminables telegramas de felicitaciones llegados de la metrópoli por «la victoria», «el valeroso comportamiento de la guarnición», «la defensa de la plaza y la actitud de la Isla», todos publicados *in extenso* por *La Gaceta*.[881]

El resto de los periódicos, manejados por la élite política, se hizo eco de la propaganda, infundiendo una peligrosa e injustificada confianza. «Nuestras baterías han contestado con seguridad y con rapidez»; «el enemigo no nos ha inutilizado ningún cañón ni lo ha reducido al silencio por un solo segundo»; «las pérdidas de vidas no han tenido nada de importantes colectivamente consideradas», aseguraba *La Correspondencia*.[882]

> La capital ha cumplido perfectamente los deberes del patriotismo, si alguna población de la isla se ve azotada por estas nuevas horas de adoradores del becerro de oro, que en nombre de la humanidad utilizan los adelantos materiales de la civilización en hacer daño a un pueblo que ni los ha llamado ni quiere y a quien sus costumbres groseras y hasta en su físico antiestético se hacen profundamente antipáticos, tenemos la seguridad de que no ha de dejar de emular a la hermana mayor, sufriendo con altivez espartana los daños que a prudente distancia pueden hacerle con sus proyectiles y esperando a que se atrevan a poner el pie en tierra, que seguramente no lo pondrán.[883]

La Democracia apeló igualmente al patriotismo dando vivas a España. «Tengamos fe en nuestro destino, depositemos plena confianza en nuestras autoridades y no haya duda de que la noble España nos deje abandonados en ocasión tan suprema. Ella vela por nosotros. ¡Puertorriqueños! Valor, confianza, serenidad, firmeza... y ¡viva España![884]

Según *La Democracia*, «las autoridades de la plaza actuaron con serenidad y firmeza» y «las defensas respondieron en menos de diez minutos lo que prueba la perfecta vigilancia y estricta

---

[879] *Id.*
[880] *Id.*
[881] «Parte Oficial». *La Gaceta de Puerto Rico*. San Juan, Puerto Rico. 17 de mayo de 1898, pág. 1.
[882] «Después del bombardeo». *La Correspondencia*. San Juan, Puerto Rico. 13 de mayo de 1898, pág. 2.
[883] *Id.*
[884] «¡Viva España!». *La Democracia*. Ponce, Puerto Rico. 13 de mayo de 1898, pág. 2.

disciplina de nuestras guarniciones».[885] Si seguimos el hilo narrativo del periódico ponceño, el bombardeo a San Juan fue «la primera victoria»[886] para los españoles y una derrota vergonzosa para Estados Unidos. «La soberbia del *yanquee* ha recibido un golpe tremendo en aguas de Puerto Rico. Materialmente por las considerables averías que sufrieron sus barcos y por las bajas de sus marinos».[887]

Ya para la fecha en que se publicó el editorial anterior, 18 de mayo de 1898, el periodista que firmaba la nota sabía (o debía saber) que los buques estadounidenses no sufrieron ni una sola avería y sus bajas se redujeron a un muerto y cuatro heridos a bordo del New York, y tres heridos en el Iowa. Todos los demás buques terminaron sus tres circuitos de bombardeos sin impactos ni heridos.[888]

La Democracia, no satisfecha con mentir acerca del estado de la escuadra enemiga, siguió aderezando su escrito con una retórica triunfalista. En ese mundo imaginado y narrado por el periódico, Puerto Rico había logrado «lo que raras veces ocurre: la retirada de una escuadra poderosa ante la heroica defensa de una plaza pequeña por la extensión y el número pero grande por su patriotismo y su valor».[889]

> El bombardeo de la capital por la escuadra yanquee, lejos de abatir nuestro ánimo, ha servido para probar nuevamente al mundo que somos dignos herederos de la tradición española […] Ya ven, pues, los jingoístas, los simpatizadores yankees, los enemigos solapados o francos de nuestra nación, que vencer a España no es cosa tan fácil como creen […].[890]

La verdad, sin embargo, estaba bastante lejos de aquella narración. Las defensas de San Juan se encontraban en estado miserable; el armamento era pobre y obsoleto; ni un solo artillero de los que guarnecían las baterías había escuchado en su vida el sonido de un disparo de cañón;[891] los trabajos que se hicieron para proteger el puerto de San Juan no sirvieron de nada; la red de torpedos fue desconectada; y el buque que se había hundido para obstruir la entrada de barcos enemigos se movió con la marea, dejando la entrada libre. Si, tal como explicó el capitán Ángel Rivero, «a mitad de combate la escuadra enemiga, con los acorazados a la cabeza», hubiera forzado la entrada y fondea en la bahía, «la plaza de San Juan se hubiese rendido sin remisión».[892]

En mayo de 1898 las defensas españolas en toda la Isla estaban tan descuidadas que incluso los cañones ubicados en el fuerte de Vieques, enclavados allí para defender el archipiélago de cualquier asedio por ese litoral, «eran de palo».[893] Los cañones estaban en tal mal estado que el general a cargo había decidido quitarlos y, para dar la impresión de que seguían funcionando, pidió que los sustituyeran por unos de madera.[894]

---

[885] «Últimas noticias del bombardeo de la capital». *La Democracia*. Ponce, Puerto Rico. 14 de mayo de 1898, pág. 2.
[886] Quintero: *Crónica de la guerra Hispano-Americana…*, pág. 113.
[887] *Id.*
[888] *Id.*
[889] «Primera Victoria». *La Democracia*. Ponce, Puerto Rico. 18 de mayo de 1898, pág. 2.
[890] *Id.*
[891] Quintero: *Crónica de la guerra Hispano-Americana…*, págs. 103-104.
[892] *Ibid.*, pág. 118.
[893] «Episodio de la Guerra hispano-americana». *La Correspondencia*. San Juan, Puerto Rico. 7 de diciembre de 1907, pág. 1.
[894] *Id.*

Con defensas de palo, tropas mal entrenadas y peor alimentadas, y a pesar de la cruda realidad, la euforia triunfalista de la prensa continuó escalando. Ahora las celebraciones no eran solo por la autonomía y el triunfo de los liberales-fusionistas, sino también por «la resistencia de Puerto Rico al ataque de los yanquees».[895] Tanto así que, quince días después del bombardeo y pasado el susto inicial, la narrativa propagandística ni siquiera daba detalles fácticos del suceso, sino que se concentraba en construir un discurso en el que el enemigo, derrotado y humillado, «no volverá a atacar».[896]

> Ahora el yanquee lo ha comprendido.
> Y no puede volver
> ¿Por qué?
> Ellos lo saben.
> Dos o tres barcos inutilizados, no sabemos cuántos hombres fuera de combate, muchísimos miles de «dollars» insensata e inútilmente gastados con la maléfica intención de destruir la simpática y querida San Juan en no se sabe cuántos disparos lanzados para diversión de los muchachos y para burla de las mujeres alegres […]
> Fuerza y valor que enterró ante el valor y la fuerza invencible de San Juan de Puerto Rico.
> ¿Qué dice El Liberal?
> Los yanquees no vuelven acá.
> La lección fue muy dura, y ellos estiman mucho los «dollars» y los setecientos o mil tiros y los tres o cuatro barcos y los hombres y sobre todo la pujanza de la plaza.
> Los yanquees no vuelven.[897]

Para la fecha en que *La Democracia* tergiversaba la realidad, el *Boston Globe* colocaba a Muñoz Rivera dentro de una jaula de pájaros junto con los capitanes generales de Cuba y Filipinas. En esa representación, el Tío Sam aparecía como un aficionado a las aves al que solo le faltaba en su colección las Islas Canarias.[898]

---

[895] «Información del día». *La Democracia*. Ponce, Puerto Rico. 19 de mayo de 1898, pág. 2.
[896] «Imposibilidad». *La Democracia*. Ponce, Puerto Rico. 28 de mayo de 1898, pág. 2.
[897] Id.
[898] «Uncle Sam as a Bird Fancier». *The Boston Globe*. Boston, Massachusetts. 12 de mayo de 1898, pág. 5.

CAPÍTULO 5

Campaña para la apertura de las Cámaras

> Mirad si tengo razones
> tan fuertes como sobradas
> para pedir *ab-birato*,
> sin tregua y con toda el alma
> que ordenen *citissimé*
> la apertura de las Cámaras
>
> Juan Bobo[899]

¿De qué forma podemos justificar la confianza de los líderes puertorriqueños con relación a la guerra?, ¿ingenuidad?, ¿ignorancia? ¿Fueron acaso víctimas inocentes de la propaganda de guerra? La respuesta debe ser un no rotundo. Nada más lejos de la verdad. Ya hemos visto cómo una y otra vez los periódicos puertorriqueños publicaban cables llegados de Estados Unidos e incluso cómo *La Democracia* dedicó un editorial entero a desmentir una de esas noticias.[900] El Estado Mayor militar, a pesar de la censura, entregaba a la prensa copia diaria de los cables transmitidos desde Cuba, y en la isla se recibían con regularidad los periódicos de Santo Tomás.[901] Era imposible no saber. Detrás de la campaña de 'aquí no ha pasado nada' había un interés específico y un personaje con nombre y dos apellidos.

Luis Muñoz Rivera, desde los primeros días de mayo, mantenía una caprichosa campaña para conseguir que el gobernador convocara al Parlamento Insular,[902] disolviera el Gabinete provisional compuesto por ortodoxos y liberales, y estableciera uno homogéneo en el que él fuera el presidente. En esta propaganda manipuladora, Muñoz utilizó como 'monos voladores'[903] a los periódicos *La Democracia*, *El Imparcial*,[904] *El Liberal*[905] y *La Correspondencia*.

Para que la apertura de las Cámaras ocurriera era indispensable minimizar y tergiversar todo lo referente a la contienda bélica. Había que pintar una paz que no existía en la realidad. El 7 de mayo, por ejemplo, el peligroso juego psicológico llamaba la atención sobre el hecho de que habían transcurrido quince días desde la declaración de la guerra y «ni siquiera hemos visto uno solo de sus barcos en nuestro horizonte».[906] El 9 de mayo, setenta y dos horas antes del bombardeo a San Juan, *La Democracia* aseguraba a sus lectores, con una certeza pasmosa, que «el país está perfectamente tranquilo; no hay ni siquiera el menor asomo de probabilidad de una invasión extraña».[907]

---

[899] «Bobadas». *El País*. San Juan, Puerto Rico. 2 de junio de 1898, pág. 2.
[900] «¡Patria!». *La Democracia*. Ponce, Puerto Rico. 8 de junio de 1898, pág. 2.
[901] Mari: *El diario de guerra…*, pág. 35.
[902] El artículo 2 de la Carta Autonómica proclamaba que el Parlamento Insular se dividía en dos Cámaras: el Consejo de Administración y la Cámara de Representantes.
[903] El término monos voladores define a los terceros que atacan y manipulan a otros obedeciendo órdenes. Proviene de la obra literaria, *El mago de Oz* y luego fue asumido por la psicología.
[904] «Cartera de la Isla». *La Democracia*. Ponce, Puerto Rico. 10 de mayo de 1898, pág. 3.
[905] Véanse: «El Parlamento Insular". *La Democracia*. Ponce, Puerto Rico. 30 de mayo de 1898, pág. 2. «Acto necesario». *La Democracia*. Ponce, Puerto Rico. 3 de junio de 1898, pág. 2.
[906] «Las Cámaras de Puerto Rico». *La Democracia*. Ponce, Puerto Rico. 7 de mayo de 1898, pág. 2.
[907] «Crónica». *La Democracia*. Ponce, Puerto Rico. 9 de mayo de 1898, pág. 2.

The Boston Globe incluyó a Puerto Rico en la lista de las islas conquistadas tan temprano como el 12 de mayo de 1898. Es curioso notar que la caricatura incluye el nombre correcto del capitán general de Cuba y el de Filipinas. Sin embargo, en Puerto Rico le dio este título a Luis Muñoz Rivera a quien colocó, apesadumbrado, en una de las jaulas.
«Uncle Sam as a Bird Fancier». *The Boston Globe*. Boston, Massachusetts. 12 de mayo de 1898, pág. 5.

El Gobernador, en los primeros momentos de alarma hizo bien en suspender la apertura de las Cámaras puertorriqueñas [...] Pero ya han variado las circunstancias presentes.
Hay mayor confianza, los triunfos obtenidos por nuestras armas quitan la menor posibilidad de que el *yankee* se acerque a nuestras costas, y por consiguiente no es el problema tan grave que debamos dedicar a él toda nuestra atención dejando en abandono nuestros asuntos interiores; Necesítase, por consiguiente, la constitución de un Gabinete homogéneo que tenga unidad y fuerza.[908]

---

[908] «Apertura de las Cámaras». *La Democracia*. Ponce, Puerto Rico. 6 de mayo de 1898, pág. 2.

Cuando por fin se aparecieron los barcos de guerra y ocurrió el ataque naval a la ciudad de San Juan, los muñocistas continuaron pidiendo la apertura de las Cámaras bajo la excusa de que ya se habían probado las defensas. Los destrozos en San Juan, el pánico de la gente, los muertos y los heridos fueron pasados por alto en pro del interés personal del caudillo:

> Organizado ya, en forma espléndida, la defensa del territorio; rechazado con gloria nuestra el primer empuje de las baterías enemigas; sancionado por la confianza pública el proceder del Gobierno central; rigiendo en Cuba, en toda su extensión, el nuevo régimen, creemos fielmente que es llegado el momento de desarrollarlo aquí en toda su amplitud.[909]

Dentro de aquel mundo paralelo no existió tampoco la segunda batalla de San Juan, un encuentro naval que terminó con tres muertos y once heridos. El 22 de junio se avistó desde la bahía de San Juan el buque estadounidense USS Saint-Paul. De inmediato, las autoridades españolas dieron la orden al acorazado Terror —perteneciente a la escuadra de Cervera— de salir a torpedearlo junto al Isabel II y al General Concha. El buque americano esperó el ataque, cuando se encontraba a una distancia eficaz para sus armas, comenzó el cañoneo. Los destellos de los cañones, las bocanadas de humo y el estallido de los proyectiles fueron visibles desde la bahía sanjuanera, por lo que concentró a una gran cantidad de curiosos que, por más de dos horas, observaron la pelea. Finalmente, un disparo del St. Paul golpeó al Terror en el costado de babor, seccionando la cabeza del maquinista José Águilar, matando al marinero Eusebio Orduña, y dejando heridos graves al maquinista, José Rodríguez, y al fogonero, Rogelio Pita.[910]

Los muertos del Terror consternaron a la ciudad, pero los periódicos locales no dieron cuenta del asunto. En la narrativa orquestada por los medios liberales, el peligro no era la inminencia de una invasión, sino «la existencia de un gobierno insular anómalo».[911] Ese era el verdadero problema. La causa de todos los males en el país. ¿Que no hay comida? La culpa era de la suspensión de las Cámaras. ¿Que el Gobierno no podía cobrar contribuciones porque la gente no tenía dinero? La culpa era de la suspensión de las Cámaras.[912] El único remedio para ese único mal era (por supuesto) que el gobernador declarara la apertura de las Cámaras. Las cámaras eran las únicas que podían «remediar eficazmente tanto mal».[913]

En esa narrativa, la apertura del Parlamento Insular sería como el maná que cae del cielo. Solucionaría todos los problemas «como por encanto».[914] Borraría de un plumazo el susto por el bombardeo a San Juan, el hambre, los problemas presupuestarios, y también la amenaza de ser invadidos por un imperio en ciernes. «El peligro, que no consiste para nosotros solamente en la acción directa de la guerra, sino antes bien en la perturbación general que el estado de guerra origina, no puede ser vencido, ni aún afrontado, sino por un hábil y eficaz empleo de fuerzas políticas que hoy permanecen en inacción», aseguraba de forma categórica *La Democracia*.[915]

---

[909] «Acto necesario». *La Democracia*. Ponce, Puerto Rico. 3 de junio de 1898, pág. 2.
[910] «The St. Paul and Terror. Witnesses Tell of the Fight off San Juan. It was a Fine Spectacle». *Washington Times*. Washington D.C. 5 de julio de 1898, pág. 2.
[911] *Id.*
[912] «Cartera de la Isla». *La Democracia*. Ponce, Puerto Rico. 30 de mayo de 1898, pág. 3.
[913] *Id.*
[914] *Id.*

Día a día, la prensa controlada por los liberales-fusionistas persuadía a sus lectores de lo imprescindible que era la constitución de un gabinete sin disidentes, amalgamado bajo la tutela del gran Jefe carismático dispuesto a solucionar todos los problemas del país. «¿Puede un gabinete transitorio, sin unidad de miras, sin homogeneidad de criterio, sin cohesión de fuerzas, afrontar con seguridad, con firmeza, con garantías de triunfo, los múltiples obstáculos y complejos problemas de la situación actual?», preguntaba *La Democracia* el 1 de junio de 1898, para contestarse de inmediato: «Honradamente, no».[916]

No faltaron por aquellas semanas las alusiones nacionalistas. Las palabras 'patria' y 'nación', elementos subjetivos pero de alta eficacia social,[917] fueron utilizadas a mansalva, de forma repetitiva y aderezadas con adjetivos grandilocuentes. «Puerto Rico llegará a todos los heroísmos por conservar su nacionalidad gloriosa. La historia patria le reserva páginas de oro»;[918] «en cuestiones de patriotismo cada español es un héroe»;[919] «a Puerto Rico solo le falta una cosa: ver sus primeras Cámaras reunidas; oír la palabra de sus representantes; admirar la sabiduría de sus legisladores y la prudencia y patriotismo de sus ministros»;[920] «la amargura de ese sinsabor no debilita sus energías ni apaga el fuego de su entusiasmo patriótico».[921] Frases como estas se repetían una y otra vez en los editoriales de *El Imparcial, El Liberal, La Democracia* y *La Correspondencia*. La retórica nacionalista llegó a tal punto que llegó a igualar el concepto de 'patria' y el de 'nación' con las propias Cámaras. «Es que en la tradición española, las Cámaras son el verbo de la patria, el alma de la nación».[922]

Como bien habrá anticipado el lector, políticos populistas no pueden sino orquestar propagandas populistas. Era el 'pueblo' quien anhelaba ver reunidas las Cámaras y no Luis Muñoz Rivera.[923] El «pueblo que sufre»[924] pedía a gritos que, ¡por fin!, se reuniera el Parlamento Insular.

> Nuestro pueblo necesita ver reunidas a sus Cámaras para que ellas discutan y resuelvan con entera libertad dentro de la ley y con firme conciencia de su derecho nuestros asuntos interiores, cada vez más apremiantes, y que de ningún modo puede dilucidar un gabinete formado, es verdad, por personas inteligentísimas, pero sin cohesión, ni homogeneidad.
> Este pueblo pacífico no solo acata las leyes que le rigen, sino que las acepta con amor. Aquí no hay nada que se imponga por la fuerza de las armas, porque no es necesaria imposición de ningún género, toda vez que se legisla en un ambiente de paz y de adhesión a la madre patria.[925]

El victimismo o juego de la piedad también tuvo un papel protagónico en aquella intensa y miope propaganda. La razón por la cual no se reunían las Cámaras era por una especie de

---

[915] «El Parlamento Insular». *La Democracia*. Ponce, Puerto Rico. 30 de mayo de 1898, pág. 2.
[916] «Insistimos». *La Democracia*. Ponce, Puerto Rico. 1 de junio de 1898, pág. 2.
[917] Pérez Vejo, Tomás: *Nación, identidad nacional y otros mitos nacionalistas*. Ediciones Nobel. España. 1999, págs. 19-22.
[918] «Las Cámaras de Puerto Rico». *La Democracia*. Ponce, Puerto Rico. 7 de mayo de 1898, pág. 2.
[919] «Voz del pueblo». *La Democracia*. Ponce, Puerto Rico. 10 de mayo de 1898, pág. 2.
[920] *Id.*
[921] «¡Patria!». *La Democracia*. Ponce, Puerto Rico. 8 de junio de 1898, pág. 2.
[922] «Las Cámaras de Puerto Rico»...
[923] «Voz del pueblo»...
[924] «Maquinando en la sombra». *La Democracia*. Ponce, Puerto Rico. 7 de junio de 1898, pág. 2.
[925] «La apertura de las Cámaras». *La Democracia*. Ponce, Puerto Rico. 31 de mayo de 1898, pág. 2.

maldición que pesaba sobre el país. «Por un azar del destino, por una fatalidad inexplicable que pesa sobre nosotros desde luengos años, Puerto Rico no ha obtenido todavía la plenitud de los derechos que le concediera la nación».[926] La isla se convirtió en «la Cenicienta que sufre y se queja»;[927] pero que «sabe ser Juana de Arco cuando tiene que derramar su sangre en defensa de la patria, de esa cara e idolatrada patria en cuyo regazo se vierten sus lágrimas».[928] En ese rol autoimpuesto de víctima, también se planteó que todo aquel atraso en reunir a las Cámaras significaba que «no se tiene confianza en nosotros».[929] Para remediar esa depredación sobre una 'víctima inocente', entonces «pedimos con el mayor respeto la apertura del Parlamento Insular».[930]

En fin, desde por lo menos el 6 de mayo hasta el 12 de julio de 1898, fecha en que el gobernador sucumbió a la presión y convocó al Parlamento,[931] Puerto Rico estuvo sumido en una especie de sopor propagandístico. Los líderes del país agotaron tanta energía en pedir la apertura de las Cámaras que, cuando percibieron el peligro —tal como sucede con el síndrome de la rana hervida—, ya no tenían energía suficiente para saltar y escapar de la cazuela.

Porto Rico no ha sido olvidada

A finales de mayo todos sabían en Estados Unidos que la escuadra de Cervera estaba en Santiago de Cuba y, por supuesto, a nadie le importaba si se reunían o no las Cámaras en Puerto Rico. Pero sí parecían muy interesados en incluir a la isla antillana dentro de los acuerdos de paz con España.

«Porto Rico no ha sido olvidada. Queremos tenerla»,[932] le decía el 24 de mayo de 1898 el senador Henry Cabot Lodge a Theodore Roosevelt en una carta desde Washington. Roosevelt, quien en ese momento entrenaba junto a los Rough Riders en Texas, respondió al día siguiente confirmando a su compinche que no se llegaría a ningún acuerdo de paz que no incluyera disposiciones para la independencia de Cuba, la salida de España de Filipinas y la anexión de Puerto Rico.[933] ¡Los dos hombres fuertes de John Pierpont Morgan, interesados en anexar Puerto Rico mientras en la isla los políticos jugaban el juego de los invencibles! Este dato no debe quedar fuera de los análisis historiográficos.

Dos días después del intercambio epistolar entre Cabot Lodge y Roosevelt, el general Nelson A. Miles —en estrecho contacto con ambos— pidió a sus superiores atacar Puerto Rico. Sin esperar respuesta, encomendó a un miembro de su equipo, el general Roy Stone, la tarea de obtener toda la información posible de la situación defensiva en la isla. Stone, a su vez, contactó

---

[926] «¡Patria!». *La Democracia*. Ponce, Puerto Rico. 8 de junio de 1898, pág. 2.
[927] *Id.*
[928] *Id.*
[929] «Maquinando en la sombra»...
[930] *Id.*
[931] «Parte Oficial. Secretaría». *La Gaceta de Puerto Rico*. San Juan, Puerto Rico. 13 de julio de 1898, pág. 1.
[932] Trask: *The War with Spain in 1898*..., pág. 341.
[933] *Id.*

El general Roy Stone (1836-1905), uno de los más cercanos colaboradores del general Nelson Miles, sirvió como brigadier general y como jefe de ingenieros en la campaña de Puerto Rico. Más tarde se quedó en la isla como superintendente en la construcción de caminos y carreteras. En 1900 fue uno de los participantes en las vistas senatoriales relacionadas con la Ley Foraker. Roy Stone controlaba los intereses madereros en el oeste de Nueva York y las compañías ferroviarias en esa área. El 13 de octubre de 1898, apenas tres meses luego de la invasión de la que él fue parte, Stone consiguió del gobierno militar de Puerto Rico la franquicia, libre de impuestos por quince años, para construir una líneas de ferrocarriles alrededor de la isla, tranvías eléctricos, el derecho al uso de aguas y la cesión de tierras del pueblo de Puerto Rico. Port America Co., de la cual Roy Stone era el presidente, fue incorporada por la casa bancaria The Standard Trust Co. of New York, con oficinas en el #40 de Wall Street. La mayoría de los directores de The Standard Trust Co. eran abogados corporativos en el poderoso bufete Cravath, Henderson & Gersdorff, representantes de John Pierpont Morgan en sus negocios de ferrocarriles. Uno de los miembros de The Standard Trust Co. y, por lo tanto, de Port America Co., Charles Steele, fue seleccionado por Morgan en marzo de 1900, para llenar una vacante como socio en J.P. Morgan & Co. Véase: Archivo General de Puerto Rico. *Relating to certain applications for concessions on behalf of the Port America Company.* Fondo: Oficina del Gobernador. Serie: Correspondencia General. Caja 61. Swaine. Robert T.: *The Cravath Firm and its Predecessors 1819-1947.* Vol. 1. Ad Press. Nueva York. 1946, págs. 663-664.

Sin la intervención de Theodore Roosevelt (Morgan) es poco probable que hubiera ocurrido la invasión a Puerto Rico. Años más tarde, su hijo mayor, Theodore Roosevelt Jr. (tercero desde la derecha) será gobernador de un Puerto Rico convertido ya en territorio no incorporado de Estados Unidos. La administración de Theodore Roosevelt Jr. (1929 a 1931) se caracterizó por el despilfarro de fondos públicos. Imagen: Dominio público.

al doctor Roberto H. Todd, secretario de la Junta Revolucionaria de Puerto Rico en Nueva York, quien ofreció sin reparos todos los detalles relacionados con San Juan.[934]

La propuesta de Miles no fue adoptada de inmediato por la Junta de Guerra que, en lugar de atacar Puerto Rico, decidió concentrar las fuerzas terrestres en Santiago de Cuba para destruir la escuadra de Cervera. Pero la evidencia documental es clara y demuestra el interés del presidente McKinley en montar muy rápido una segunda operación en las Antillas justo después de la conquista de Santiago y antes de proceder hacia La Habana. El 31 de mayo, el general William R. Shafter, recibió un cable con órdenes para que, luego de completar su misión en Santiago de Cuba, estuviera listo para «nuevos pedidos y futuros servicios importantes».[935] Ese mismo día, Cabot Lodge volvió a escribir a Roosevelt, esta vez con información precisa: «La administración

---
[934] *Id.*
[935] Trask: *The War with Spain in 1898...*, págs. 341-342.

continúa trabajando muy seriamente y creo que pronto emprenderá una expedición contra Porto Rico, lo que creo será muy útil».[936]

El 2 de junio Miles telegrafó desde Tampa al secretario Alger para informar que un ataque al 'número dos' (Puerto Rico) —evento que él consideraba «muy importante»—[937] debía seguir a la campaña en Santiago de Cuba. Miles estableció también que las ciudades costeras cubanas, Banes o Nipe, serían un punto de encuentro apropiado para las tropas que se trasladarían a Puerto Rico. Sin recibir aprobación oficial, el general comenzó a concentrar tropas en Tampa para la expedición al número dos. El 4 de junio recibió su respuesta firmada por el propio McKinley: «El presidente quiere saber cuál es el momento más temprano posible que pueda tener una fuerza expedicionaria lista para ir a Porto Rico lo suficientemente grande para tomar y mantener la isla sin utilizar la fuerza bajo el mando del General Shafter».[938] Un día antes, el 3 de junio, McKinley le confesó a John Hay, para esa fecha embajador en Londres, que una vez terminara la guerra, Estados Unidos exigiría la cesión de Puerto Rico en lugar de una indemnización monetaria.[939]

Porto Rico is Rich!

El 17 de junio, luego de que el día anterior 18 buques de guerra se asomaran por la boca del Morro de Santiago de Cuba, aún sin presentar batalla, varios periódicos estadounidenses publicaron un extenso artículo que venía acompañado del inmenso titular: «Porto Rico, Our Next New Island Possession» o, en el caso del *Pittsburgh Daily Post*, «Porto Rico is Rich!».[940] El autor del texto, John Beggs, se identificó a sí mismo como un exhacendado de Puerto Rico. Para esas mismas fechas, Beggs, con residencia en Nueva York y director en Harrisburg Electric Co.,[941] hacía negocios con W.L Kidder (de Kidder, Peabody & Co.[942]) y con G.A. Schall (de Muller, Schall & Co. [943]).[944] La nota fue publicada letra por letra, a pesar de su gran extensión, por al menos cuatro periódicos en Washington, Virginia y Connecticut.

Beggs, en calidad de conocedor de los asuntos en la isla, comenzó su escrito directo al grano. Les decía a sus lectores: «De seguro has leído sobre las maravillosas Filipinas, pero existe un lugar mejor, cerca de casa en forma de la isla de Porto Rico, la cual será nuestro próximo nuevo territorio de Estados Unidos».[945] La nota describía bucólicamente a Puerto Rico, recreándose en las montañas de la Cordillera Central y la magnificencia de la bahía de San Juan, al tiempo que

---

[936] *Id.*
[937] *Id.*
[938] *Id.*
[939] Zimmermann: *The First Great Triumph…*, pág. 314.
[940] Beggs, John: «Porto Rico is Rich. The Island Offers Much to Wide-Awake and Active Men as Miners and Planters». *Pittsburgh Daily Post*. Pittsburgh, Pennsylvania. 26 de junio de 1898, pág. 18.
[941] «Gossip's Column». *Harrisburg Telegraph*. Harrisburg, Pennsylvania. 24 de enero de 1898, pág. 1.
[942] Casa bancaria privada con sede en Boston de la cual John Dandridge Luce era socio.
[943] Banco privado judío-alemán con sede en el distrito financiero de Wall Street, casa matriz de Fritze Lundt & Cía. en Ponce.
[944] «Terre Haute Trotting Association Has Its Annual Meeting». *The Inter Ocean*. Chicago, Illinois. 19 de enero de 1898, pág. 4.
[945] Véanse: Beggs, John: «Porto Rico Next New Island Possession». *The Journal*. Meriden, Connecticut. 17 de junio de 1898, pág. 1. *Spokane Chronicle*. Spokane, Washington. 27 de junio de 1898, pág. 3. *The Times*. Richmond, Virginia. 26 de junio de 1898, pág. 18.

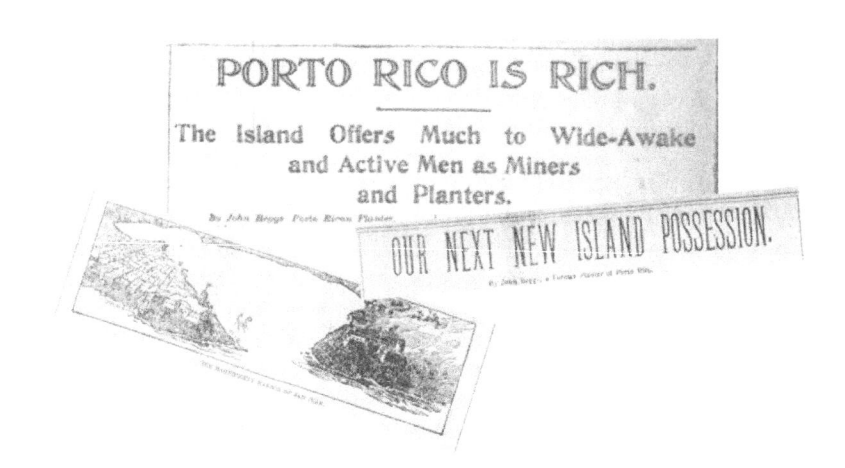

«Porto Rico Next New Island Possession». *The Journal*. Meriden, Connecticut. 17 de junio de 1898, pág. 1.

intentaba narrar la historia de la conquista por parte de Juan Ponce de León. Pero lo que debe atraer nuestra atención es que Beggs, de forma insistente, entre líneas y en párrafos intercalados, concentró su narración en las ventajas económicas que, a su entender, ofrecía la isla. «Porto Rico está perfectamente adaptada para el comercio»; «azúcar, café, tabaco, algodón, maíz y papas se transportan constantemente a través de sus numerosos ríos»; «si el Tío Sam se quedara con Porto Rico como una posesión en el Atlántico podría vender cada pedazo de la isla por un precio sustancial»; «Porto Rico es tan rico como Cuba y es una mina de oro para aquellos que quieran cultivar sus suelos»; «las exportaciones superan los $15 millones en tiempos de paz mientras que la clase adinerada importa alrededor de $5 millones en ropa y artículos para el hogar»; «en medio de tanta riqueza uno pensaría que el Señor no hubiera dotado a Porto Rico con nada más, pero es un hecho que en la isla abundan el hierro, el cobre, el carbón y la sal».[946] Beggs aderezó su largo texto con un detallado dibujo de la bahía de San Juan y concluyó diciendo: «Porto Rico es inmensamente rico en proporción a su tamaño y dudo que Filipinas pueda igualarlo. Es una de las mejores propiedades en la superficie de la tierra».[947]

Si hasta ese momento los magnates de Wall Street no habían reparado en la isla —cosa bastante improbable— luego de este artículo fue imposible ignorarla.

Es curioso que, pese a la guerra y a la ruptura de relaciones diplomáticas, el comercio entre Puerto Rico y Estados Unidos continuó como de costumbre. El 30 de mayo, por ejemplo, en medio de los momentos más álgidos del supuesto bloqueo naval, la compañía alemana con sede en San Juan, Mullenhoff & Korber[948] obtuvo permiso del secretario de Hacienda, Manuel Fernández Juncos para que los vapores de la línea Hamburg American Line (Morgan) pudieran mantener su comercio, aunque los barcos extranjeros tenían prohibido dedicarse al cabotaje.[949]

A fines de junio se terminó de embarcar todo el azúcar crudo de exportación que logró llegar con éxito desde San Juan, Ponce, Mayagüez y Arecibo a sus puertos de destino en Nueva York y

---

[946] *Id.*
[947] *Id.*
[948] Mullenhoff & Korber, una corporación creada en 1874 por el alemán residente en Puerto Rico Wilhelm Korber se dedicó a negocios de exportación de azúcar y a otorgar préstamos, entre otros asuntos comerciales. Archivo General de Puerto Rico. *Expediente Korber & Co. Inc.* Fondo: Departamento de Estado. Serie: Corporaciones con fines de lucro. Caja 24.
[949] «Cartera de la Isla». *La Democracia*. Ponce, Puerto Rico. 31 de mayo de 1898, pág. 3.

en Boston. Según J. E. Hesseltine, recaudador de impuestos, durante el año fiscal 1898 (que culminó el 30 de junio) las melazas lideraron la lista de mercancías que llegaron al puerto de Boston desde Puerto Rico con la importación de más de 1 millón de galones por un valor de $250 000; seguidas por 6 millones de libras de caña de azúcar, cuyo valor global fue de $124 000. Boston también compró a los productores en la isla: 4734 galones de espíritus destilados, que costaron unos $2000; 33 000 libras de azúcar por encima del nivel 16 en la escala Dutch a un precio total de $752; así como 300 libras de café y frutas por $80.[950] La mayoría de estas mercancías fueron transportadas sin dificultad en la flota de barcos de Gustavo Preston, de treinta y nueve años y nacido en Arroyo, de padre estadounidense y madre francesa, y quien, además de servir de informante a *The Boston Globe* en los temas de Puerto Rico, era el principal proveedor de melazas a importantes destilerías de Massachusetts y de azúcar negra a las refinerías del Sugar Trust en el sur de Boston.[951]

La intensidad de la actividad comercial en todos los puertos de la isla fue de tal magnitud que incluso se exportaron más mercancías en junio de 1898, en medio del bloqueo naval estadounidense, que en el mismo mes del año anterior. En junio de 1898 salieron por los puertos más kilogramos de azúcar, más café, más madera y más mieles que en 1897. Resulta paradójico y un tanto incomprensible que, tan solo en junio de 1898, se recibiera en el país más de 1 millón de pesos por concepto de exportaciones y que, además, superara la cifra del año anterior por encima de los 126 000.[952]

Una vez culminó el proceso de transportar más de 18 millones de kilogramos de azúcar desde Puerto Rico, y anticipando que en el mes de julio prevalecería el buen tiempo antes de la llegada de los meses de lluvia, el domingo, 26 de junio, el secretario de Guerra emitió órdenes detalladas para la organización de la expedición a Puerto Rico. Según las comunicaciones de Alger, se formarían tres divisiones compuestas por alrededor de 27 000 soldados. El mayor general John R. Brooke ocuparía el mando inmediato y, una vez comenzadas las operaciones, serviría a las órdenes del general Nelson A. Miles, junto a otros dos oficiales superiores. A Miles se le ordenó prepararse para salir de Tampa tan pronto se le instruyera.[953]

Nelson Appleton Miles

El general Miles, por entonces de sesenta y cuatro años, mostraba por aquellos meses un exagerado e inexplicado interés en atacar Puerto Rico. Una vez recibió la orden de prepararse para la operación contra la isla, contestó desde Tampa que ya había colocado algunas de sus tropas a bordo de transportes y otras estaban listas para partir. Aprovechó para mover la línea un poco más y pidió el traslado de todo su mando a Santiago de Cuba. «Si al llegar a ese lugar no

---

[950] «It is a Gem. Porto Rico, Most Beautiful of The West Indies. People will Welcome Annexation to United States». *The Boston Globe*. Boston, Massachusetts. 21 de julio de 1898, pág. 7.
[951] Gustavo Preston Company. *Our 135 years of History*. <https://www.gustavopreston.com/about/history>. [1/12/2020].
[952] «Estado de los principales productos del país exportados durante el mes de junio de 1898, comparados con los de igual mes del año anterior». *La Gaceta de Puerto Rico*. San Juan, Puerto Rico. 28 de agosto de 1898, pág. 4.
[953] Trask: *The War with Spain in 1898...*, págs. 345-353.

son requeridos», escribió al secretario de Guerra, «deben continuar hacia Puerto Rico sin demora».[954] Sin duda, tenía prisa en llegar al 'número dos'.

Miles vio las victorias del primero y el tres de julio en Cuba como una justificación para un ataque inmediato a Puerto Rico. El 5 de julio, dos días después de la batalla naval que destruyó la flota de Cervera, argumentó que las situaciones existentes parecían «más favorables para proceder inmediatamente a Puerto Rico, una isla de suma importancia».[955] Decía, además, que cerca de 4000 de sus hombres se encontraban ya a bordo de transportes en Cayo Hueso, y otros 7000 pronto estarían disponibles en Charleston, Carolina del Sur, y que podría recurrir a los 20 000 soldados que estaban en Santiago de Cuba. Aun así, si no tenía la fuerza suficiente para llevar a cabo las operaciones propuestas en Puerto Rico, fácilmente podría llamar refuerzos.[956] Parecía desesperado. Él mismo revelaría más tarde en sus memorias que «estaba ansioso por proceder lo más rápido posible hacia la isla de Porto Rico».[957] Incluso, llegó a afirmar al corresponsal en Puerto Rico del *Kansas City Star*, que «todo el tiempo que estuve en Cuba andaba extremadamente ansioso por llegar a Porto Rico».[958]

Por fin, la administración decidió enviar a Miles y sus tropas a Santiago de Cuba. El 8 de julio, el general Miles abordó el Yale rumbo a Santiago, adonde llegó el 11. Durante su estadía en Cuba tomó precauciones extraordinarias para mantener a sus tropas libres de enfermedades tropicales al implantar procedimientos sanitarios estrictos y manteniendo a sus hombres dentro del barco. Todo para no afectar su travesía a Puerto Rico. El 14 de julio, el secretario Alger le informó que el Departamento de Guerra estaba organizando el transporte de 25 000 hombres adicionales para la expedición y sugirió que cuando ocurriera la capitulación de Santiago de Cuba regresara a Estados Unidos. Miles interpretó esta propuesta como evidencia de la intención de Alger de privarlo del mando puertorriqueño. Su reacción fue presionar aún más para partir de inmediato hacia Puerto Rico con las tropas que pudiera reunir en la bahía de Guantánamo (solo alrededor de 3500 hombres). Al mismo tiempo, dispuso que otras unidades destinadas a su expedición navegaran directamente a Puerto Rico para reunirse con él allí. En dos días Miles maduró su plan de operaciones. El 16 visitó al almirante Sampson y le solicitó apoyo naval para la invasión a Puerto Rico. Explicó que entrarían por Fajardo, en la esquina noreste de la isla, y que desde esa cabeza de playa avanzaría hacia San Juan. Ese mismo día envió un cable a Alger informándole que se había reunido con el almirante y que pretendía comenzar su campaña tan pronto como la Marina le proporcionara escolta.[959]

Por esos días mientras Miles esperaba ansioso en Cuba el pistoletazo de salida hacia Puerto Rico, recibió un cable desde Escocia. Era del magnate del acero Andrew Carnegie, que lo instaba a proceder de inmediato «con toda la fuerza a Porto Rico [...] capturar Porto Rico dirá mucho en España y en Europa».[960] Ya para esa fecha Carnegie negociaba la venta de su Carnegie Steel

---

[954] *Id.*
[955] Whelpley, J.D.: «Must Explain. Alger is Directly Responsible for Yellow Fever's Great Ravages in the American Army. Miles Breaks Silence». *The Kansas City Star*. Kansas City, Missouri. 23 de agosto de 1898, pág. 1.
[956] *Id.*
[957] Miles, Nelson Appleton: *Serving the Republic. Memoirs of the civil and military life of Nelson A. Miles*. Harper & Brothers. New York. 1911, pág. 296.
[958] Whelpley: «Must Explain...».
[959] *Id.*
[960] Nasaw, David: *Andrew Carnegie*. The Penguin Press. Nueva York. 2006, pág. 543.

Nelson Miles nació en Westminster, Massachusetts. Su vida académica la realizó en Boston y sus primeros trabajos (antes de enlistarse en el Ejército) fueron en casas comerciales, también de Boston. Desde esa época mantuvo estrechas amistades que lo vinculaban directamente con John Pierpont Morgan y, por lo tanto, con Henry Cabot Lodge. Nelson Miles, además, se casó con la sobrina del senador republicano por Ohio y más tarde secretario de Estado bajo McKinley, John Sherman. Se le reconoce a Sherman ser un ferviente colaborador de Rockefeller, propulsor de la única ley en contra de los monopolios que existió hasta bien entrado el siglo XX. El contenido de esta ley fue tan ambiguo que, en lugar de restringir el monopolio, su efecto práctico fue reprimir la competencia.

En la imagen se observa a Miles en el centro, acompañado de su gran amigo William H. Moore (extrema izquierda). Moore era director en First National Bank of New York; American Surety Co.; Delaware, Lackawanna and Western Railroad Co.; Chicago, Rock Island and Pacific Railroad; Western Union Telegraph Co.; y Bankers Trust, todas de la esfera de influencia de Pierpont Morgan. Moore, junto a sus hermanos, controlaba también National Steel Co.; American Tin Plate Co.; American Steel Hoop Co.; y American Sheet Steel Metal. Estas últimas cuatro corporaciones, conocidas como National Steel Co., fueron compradas por Pierpont Morgan en 1901 y, en consecuencia, integradas a la United States Steel junto con Carnegie Steel Co. Véase: «W.H. Moore Dies». *The Brooklyn Daily Times*. Brooklyn, Nueva York. 12 de enero de 1923, pág. 3. Imagen: «Horse Shows. Judge W.H. Moore; Gen. N.A. Miles; P.V. De Graw». Washington D. C. 1911.
División de impresiones y fotografías de la Biblioteca del Congreso de Estados Unidos.

Company a Pierpont Morgan, en cuya transacción ganaría $226 millones pagados en certificados de oro. Su cable a Miles en julio de 1898 puede considerarse poco más que un milagro toda vez que las comunicaciones con Cuba estaban todas bloqueadas por la guerra. El telégrafo de Cuba y Puerto Rico dependía de un cable submarino propiedad de West India and Panama Cable Co., una compañía británica fuertemente subsidiada por el Gobierno español, por lo que no se posicionó nunca al lado de los militares estadounidenses.[961] Ni siquiera William Randolph Hearst, ni los corresponsales de otros periódicos podían encontrar una línea abierta para enviar sus comunicados, pero Carnegie desde Europa pudo, sin aparentes dificultades, contactar nada menos que al comandante de las operaciones militares.

Alegría, alegría, alegría... se convocan las Cámaras

En un momento en que las malas noticias sobre Manila y Santiago de Cuba caían de manera aluvional, con las defensas en la isla hechas trizas, la hambruna haciendo estragos, las garantías constitucionales suspendidas y un estado de guerra declarado, el gobernador de Puerto Rico, el 4 de julio de 1898, decidió que era buen momento para convocar al Parlamento Insular.[962]

> Aun cuando continúan subsistentes los motivos que en 23 de abril próximo pasado me obligaron a suspender la reunión de las Cámaras Insulares por tiempo indeterminado; teniendo en cuenta altas consideraciones de orden político y en mi deseo de cumplir los preceptos de la Constitución Autonómica; oído el parecer del Consejo de Secretarios de Despacho, he tenido por conveniente convocar de nuevo las referidas Cámaras Insulares para el día 17 de los corrientes.[963]

Según detalles publicados en *La Gaceta de Puerto Rico,* el domingo, 17 de julio, a las diez de la mañana habría un pomposa ceremonia. El gobernador «saldrá de su palacio en carruaje acompañado del Excmo. Sr. Gobernador Militar, de sus Ayudantes de Campo y la escolta hasta el Palacio de la Diputación Provincial donde provisionalmente se halla instalado el parlamento».[964]

Con este triunfo, y la inminencia de un nuevo gabinete compuesto solo por liberales-fusionistas, la campaña muñocista pudo moverse a otra cosa. ¿A preparar las defensas ante lo inevitable de una invasión? No; al despido masivo de los empleados públicos que habían sido nombrados por los secretarios ortodoxos, con especial énfasis en la importante cartera de Hacienda.[965]

---

[961] «Can't Send Puerto Rico News. Invaders Will Not Be Able to Use the Cable Without the Spanish Government's Consent». *The New York Times*. Nueva York, Nueva York. 21 de julio de 1898, pág. 1.
[962] «Decreto». *La Gaceta de Puerto Rico*. San Juan, Puerto Rico. 5 de julio de 1898, pág. 1.
[963] *Id.*
[964] «Gobierno General de la isla de Puerto-Rico». *Gaceta de Puerto Rico*. San Juan, Puerto Rico. 13 de julio de 1898, pág. 1.
[965] «Locales». *El País*. San Juan, Puerto Rico. 6 de julio de 1898, pág. 2.

Los puntos se conectan: John Dandridge Luce

El 15 de julio de 1898, 10 días antes de materializarse la invasión a Puerto Rico, Henry Cabot Lodge recibió en Washington una carta singular, escrita desde Boston y que tenía mucho que ver con Puerto Rico. Era de su cuñado John D. Luce, esposo de Louisa Davis, hija del contraalmirante Charles H. Davis y hermana menor de Nannie, su esposa. Además de los lazos familiares, Luce era uno de los miembros del exclusivo Metropolitan Club.

«Dear Cabot», iniciaba la epístola en un tono cariñoso que denota la cercanía entre ambos hombres. La extrema confianza le permitió a Luce —quien conocía muy de cerca los planes de guerra gracias a su padre, el contraalmirante y fundador del Naval War College Stephen B. Luce— confesarle al poderoso senador que estaba ansioso por ganar dinero y por ir a Puerto Rico no en las filas militares, sino comandando una institución bancaria privada:

> Tres de mis amigos con años de experiencia en los negocios quieren unirse a mí para formar una firma bancaria con sede en Porto Rico. Al presente Porto Rico está totalmente subdesarrollado y con la excepción de un solitario banco gubernamental carece de instituciones bancarias. Esto lo sé por mi propia experiencia con los hacendados azucareros de la isla. Podemos disponer de un capital de 200 mil dólares y lo que realmente queremos es ir de alguna manera bajo la égida del gobierno de Estados Unidos. Eso significa que, si es posible, el secretario del Tesoro nos haga depositarios del gobierno de Estados Unidos. Esto nos daría un prestigio incalculable sin el cual yo dudaría mucho en embarcarme en un plan que seguramente significaría una expatriación parcial. ¿Podrías darnos una carta de presentación a mí y a Henry DeFord dirigida a Mr. Gage? Lamento no haberte visto cuando estabas en la ciudad pero lo cierto es que, aunque hemos estado hablando de un plan como este durante algún tiempo, no hemos llegado a un acuerdo definitivo hasta hoy. Doy por sentado que cuando ocupemos Porto Rico será para quedarnos. No anticipas ningún término de paz que permita a España retener la isla como colonia, ¿verdad?
> Mis socios y yo estamos seguros de que podemos ganar dinero y yo, por supuesto, estoy muy ansioso por hacer cualquier cosa para ganar dinero. Ya hablé con Isa [Louisa, su esposa] y ella no tiene objeción en abandonar Boston. Si me entregas la carta que te pido y si buscas la manera de hacer cualquier cosa para promover el plan en lo que respecta a Washington, estaré muy agradecido […].[966]

Cabot Lodge, como era de esperarse, utilizó las fuerzas del Estado para intervenir a favor de su cuñado. En efecto, DeFord & Co. obtuvo el privilegio de ser el primer banco privado en llegar a Puerto Rico, pero de esas gestiones nos encargaremos más tarde. De momento nos interesa analizar el contenido de la carta en cuanto a la planificación de la invasión a Puerto Rico. Lo primero que salta a la vista es que Luce conocía muy bien la situación en la isla, lo que descarta la teoría de que en 1898 era desconocida para la aristocracia de los negocios estadounidense. Además, Luce aseguró haber hablado del tema «durante algún tiempo», detalle que demuestra la

---

[966] McAvoy Weissman, Muriel: «Brotherly Letters: The Correspondence of Henry Cabot Lodge and J.D.H. Luce, 1898-1913». *Revista Historia y Sociedad*. Año 1. Universidad de Puerto Rico. 1988, págs. 99-122.

conspiración previa a la invasión de julio de 1898. Pero antes de adentrarnos en los análisis hay que saber que John Dandridge Luce no era cualquier imperialista (como él mismo se llamó en su carta). No solo era hijo y cuñado de quien era, sino que desde hacía unos años trabajaba en la división de negocios internacionales de la casa bancaria, con sede en Boston, Kidder, Peabody & Co.

Kidder, Peabody & Co. fue organizada formalmente en 1865 por Henry P. Kidder y los hermanos Francis H. y Oliver W. Peabody, ambos miembros de una de las familias más antiguas de Boston. La firma alcanzó prominencia durante el bum del ferrocarril a fines de los 1870. Su fama se catapultó luego de que, en 1886, lograra ser el agente exclusivo en Estados Unidos de Baring Brothers & Co., de Londres, «uno de los bancos privados más prestigiosos e influyentes en todo el mundo».[967] Utilizando la conexión con Baring, Kidder, Peabody & Co., se convirtió en el banco principal de Boston. Aunque tuvo oficinas en Wall Street, siempre fue considerado un banco de inversión regional. Por aquellos años la mayoría de los bonos se vendían fuera de Estados Unidos y distribuir valores para empresas nacionales que necesitaban capital fresco, era todavía bastante raro. En esta disyuntiva histórica, el enlace con Baring resultó ser invaluable para Kidder.

La ubicación en Boston también fue de mucha utilidad para Kidder. Durante gran parte del siglo XIX, el Boston Stock Exchange era un hogar importante para el comercio de acciones y bonos industriales, en contraste con el New York Stock Exchange que intercambiaba acciones principalmente de compañías financieras y de ferrocarriles. En la medida en que transcurrían los años haciendo negocios en Boston, Kidder, Peabody & Co. logró acumular una gran experiencia en empresas industriales. El Sugar Trust supo reconocer esto cuando tuvo que embarcarse en su reestructuración en 1890. También lo hizo John Pierpont Morgan quien le encomendó la importante y lucrativa consolidación de la American Telephone & Telegraph (AT&T) en 1899. Más tarde lo invitó a participar en la compra de la Carnegie Steel Company y su conversión a United States Steel Corporation. Estas iniciativas catapultaron a Kidder, Peabody & Co., al primer rango de los suscriptores de Wall Street. Por sus convenientes accesos al capital extranjero, su consumado protestantismo y el origen netamente estadounidense de sus miembros, Kidder se convirtió en el banco yanqui por excelencia, elemento que lo acercó en demasía a las esferas de la Casa de Morgan.[968] Entre 1894 y 1934, Kidder, Peabody & Co. participó en 164 sindicatos junto a J. P. Morgan & Co., obteniendo ganancias netas que superaron los $753 millones. Como cuestión de hecho, uno de los sindicatos más lucrativos para Kidder, en el que estuvo involucrado el propio Pierpont Morgan, se formó, precisamente, en septiembre de 1898.[969]

Kidder, Peabody & Co. siempre se mantuvo como una firma pequeña. Fuera de los tres socios originales no admitió a ninguno adicional hasta 1872, y nunca tuvo más de una docena de miembros. Por lo tanto, la presencia de uno de sus socios en el primer sindicato bancario que invadió a Puerto Rico significa solo una cosa: la presencia de John Pierpont Morgan.

---

[967] Pak, Susie: *Gentlemen Bankers. The World of J.P. Morgan*. Harvard University Press. 2014, pág. 99.
[968] Geisst, Charles R.: *The Last Partnerships. Inside the Great Wall Street Money Dynasties*. McGraw-Hill. Nueva York. 2001, págs. 118-122.
[969] Sears, Marian V.: «The National Shawmut Bank Consolidation of 1898». *The Business History Review*. Vol. 39, No. 3. The President and Fellows of Harvard College. 1965, págs. 368-390.

Henry O. Havemeyer, de familia alemana asentada en Nueva York, conocido como el Sugar King, fue uno de los hombres más poderosos de todo Estados Unidos durante los años finales del siglo XIX. Su capital se calculó en más de $804 millones actuales. Además de regentar el monopolio estadounidense del refinado de azúcar, invirtió en grandes centrales azucareras en Hawái, Cuba y Puerto Rico; participó en sindicatos bancarios; fue miembro de la Junta de Gobierno del National City Bank hasta el día de su muerte, en 1907; invirtió en grandes edificios comerciales en Nueva York; en bonos y acciones de compañías de ferrocarriles, de minería y de café y en extensas (y costosas) colecciones de arte.

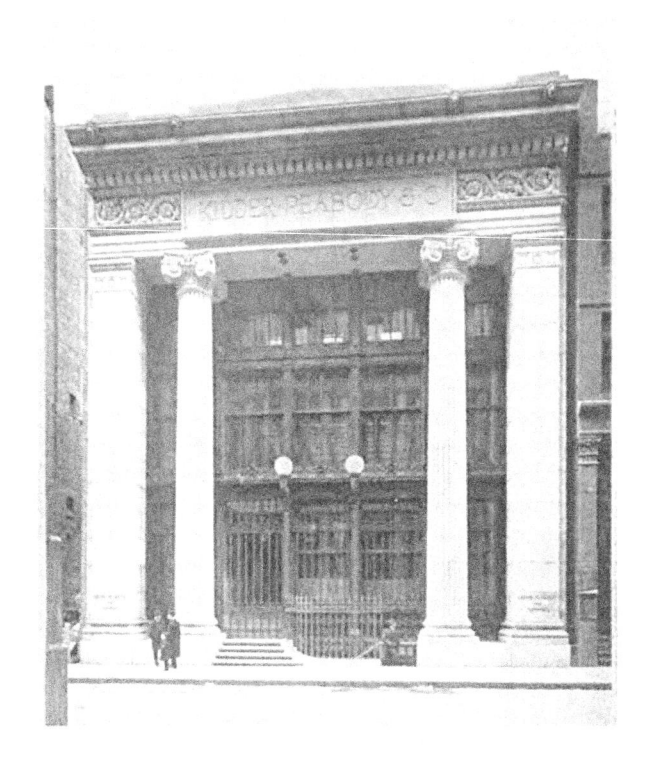

Edificio de Kidder, Peabody & Co. en la calle Devonshire, en Boston.
The Bankers Magazine. Vol. 76.
Bradford-Rhodes & Co. 1908.

Y por asociación —recordando que desde 1890 Kidder estaba involucrada con el Sugar Trust— tenemos a otro poderoso magnate presente: el alemán asentado en Nueva York, Henry Havemeyer quien para esa fecha controlaba importantes tierras y centrales azucareras tanto en Cuba,[970] como en Puerto Rico, destacándose las centrales Los Caños y Cambalache, en Arecibo, y la hacienda Santa Rita en Guánica, Puerto Rico.[971]

John D. Luce, en su familiar carta del 15 de julio de 1898, le confesó al presidente del Comité de Relaciones Exteriores del Senado estadounidense, que daba «por sentado que cuando ocupemos Porto Rico será para quedarnos». Luce, mostrando duda mezclada con miedo, le preguntó (aunque más que preguntarle parece que le hubiera pedido un favor): «No anticipas ningún término de paz que permita a España retener la isla como colonia, ¿verdad?».

No tenemos la carta-espejo de Cabot Lodge, pero no la necesitamos para saber cuál fue su respuesta. La misma que Roosevelt le dio a él en mayo de ese mismo año: no habría ningún acuerdo de paz que no incluyera disposiciones para la anexión de Puerto Rico.[972] Eso estaba decidido desde hacía mucho y esa decisión no se tomó en Washington.

Es útil anticiparle al lector que John D. Luce no solo fue el presidente de DeFord & Co., banco depositario del dinero del Gobierno de Puerto Rico luego de ser invadido, sino que fue él quien lideró, desde la isla, el proceso de devaluación de la moneda provincial y su cambio a patrón dólar. Luce fue también presidente de la Aguirre Central; dueño del ferrocarril entre

---

[970] Havemeyer, Harry W.: *Henry Osborne Havemeyer: The most independent mind.* Privately Printed. Nueva York. 2010, pág. 138.
[971] Montilla, Jaime: «Santa Rita / Desideria, Guánica». <https://jaimemontilla.com/santa-rita>. [9/09/2020].
[972] Trask: *The War with Spain in 1898...*, pág. 341.

Ponce-Guayama y Guayama-Arroyo (para el cual obtuvo gratis tierras públicas); dueño de los tranvías eléctricos que cubrían el tramo desde el centro de Ponce hasta Ponce Playa;[973] poseedor de la franquicia por 99 años y libre de impuestos para construir y mantener en el lado este del puerto de Ponce: muelles, depósitos, dársenas, malecones, rompeolas y cualquier otra estructura que quisiera;[974] y dueño de una planta de producción de energía eléctrica en Ponce. Además, Luce y su banco DeFord & Co. aparecerán, una y otra vez, involucrados en las deudas que comenzaron a emitir los municipios y el Gobierno central de Puerto Rico a partir de 1901.[975] John D. Luce fue uno de los presentes durante las vistas senatoriales que culminaron con la aprobación, en mayo de 1900, de la primera ley orgánica para Puerto Rico, conocida como Ley Foraker.[976]

La bandera estadounidense flotará en Porto Rico por siempre

Era evidente que Cabot Lodge y John D. Luce no estaban solos en su intención de ocupar Puerto Rico para siempre. El 16 de julio de 1898, Henry Clews, miembro del New York Stock Exchange y escritor en la revista financiera distribuida a nivel nacional, *Weekly Financial Review*, le reveló al *Washington Times* que la opinión de Wall Street sobre la cuestión de Puerto Rico era que «la isla debe convertirse en propiedad absoluta e incondicional de este gobierno».[977]

Pocos días después, el 20 de julio, desde Washington salieron «declaraciones autorizadas» que coincidían palabra por palabra con Clews. Decía el Gobierno a través de *Associated Press*.

> Porto Rico se mantendrá como posesión permanente de este país como precio de la guerra. La isla quedará en manos de Estados Unidos. Eso está resuelto y ha sido el plan desde el principio. Una vez tomada, nunca será liberada. Pasará para siempre a manos de Estados Unidos. Nunca ha habido otro pensamiento. Su posesión se destinará a compensar los grandes gastos de la guerra. Nuestra bandera, una vez que esté allí, flotará sobre la isla de forma permanente.[978]

La frase contenida en la declaración oficial de Washington: «este ha sido el plan desde el principio», refiriéndose a la anexión de Puerto Rico, no debe verse como una aislada o que se dio en un vacío ajeno a la realidad. Todo lo contrario. Los personajes involucrados, los eventos y las publicaciones confirman su certeza. Incluso en los días y meses posteriores a la invasión, fueron muchos los que insistieron en esta narrativa. Por ejemplo, luego de negociados los protocolos de paz, el *Quad-City Times* apuntaba:

---

[973] «National Capital Notes». *The Detroit Free Press*. Detroit, Michigan. 9 de diciembre de 1902, pág. 7.
[974] Archivo General de Puerto Rico. Fondo: Oficina del Gobernador. Serie: Correspondencia General. Febrero 1901. Caja 61.
[975] Archivo General de Puerto Rico. Fondo: Fortaleza. Sección: Consejo Ejecutivo 1902-1903. Caja 3.
[976] 56th Congress. First Session. Senate: *Hearings Before the Committee on Pacific Islands and Puerto Rico of the United States Senate on Senate Bill 2264 to Provide a Government for the Island of Puerto Rico and for Other Purposes. February 5, 1900. Presented by Mr. Foraker and Ordered to be Printed*. Washington D.C. Government Printing Office, págs. 203-204.
[977] «Tactful Change of Front. Henry Clews's Attempt to Pervert an American Issue». Washington Times. *Washington D. C.* 17 de julio de 1898, pág. 9.
[978] «Future of Porto Rico». *The Davenport Weekly Leader*. Davenport, Iowa. 22 de julio de 1898, pág. 1.

Hasta el momento no ha habido ningún reclamo oficial de que Cuba se agregue al territorio de Estados Unidos, o que la multitud de islas del Pacífico se conviertan en posesiones estadounidenses. Pero desde el comienzo de la guerra con España ha habido una intención ampliamente comprendida, si no abiertamente declarada, de anexar Puerto Rico. La isla productiva ha sido considerada uno de los frutos de la guerra, sin importar qué más se pueda ganar o perder. Si los procedimientos de paz continúan o se detienen, esta isla será capturada sin mucha demora o pérdida de vidas.[979]

Golpear mientras el hierro está caliente

No transcurrieron tres días desde la comunicación de Luce con el senador Lodge cuando el Gobierno español, a través del embajador francés en Washington, pidió al presidente McKinley la suspensión de las hostilidades y el inicio de las negociaciones para terminar la guerra. El día anterior, 17 de julio, Santiago de Cuba había capitulado frente a las fuerzas estadounidenses. Los españoles —ingenuos— creyeron que si la guerra se debía únicamente a las condiciones en Cuba, entonces era el momento de iniciar las conversaciones de paz. A todas luces el ministro de Estado español, Juan Manuel Sánchez y Gutiérrez de Castro, no sabía lo que ahora nosotros sabemos y que por aquellos días anticipaba el *New York Times*.[980] No habría acuerdo alguno si antes no caía Puerto Rico.

Ese mismo 18 de julio, como respuesta a la petición del embajador francés, salieron cables desde Washington dirigidos a Miles, con la instrucción de comenzar inmediatamente la expedición a Puerto Rico.[981] «The president proposes to strike while the iron is hot», aseguraba una fuente de la Casa Blanca a periodistas.[982]

Podríamos adivinar las razones para la prisa, pero los periódicos de la época fueron generosos con la información y no son necesarias las artes de pitonisa:

> El afán del presidente y sus asesores por conseguir que las tropas estadounidenses desembarquen en Puerto Rico lo antes posible se debe a información privilegiada de que España realmente está contemplando la presentación de propuestas de paz. Antes de que se reciban los términos definitivos, el presidente desea ocupar, al menos de forma técnica, a Porto Rico como base para su demanda de que la isla pase a ser propiedad de Estados Unidos. Considera que con los soldados estadounidenses en la isla y la armada estadounidense golpeando las fortificaciones, la reclamación contra Puerto Rico será considerada tangible y bien fundada por todas las naciones europeas. Este fue el motivo de la orden apresurada enviada anoche al general Miles en Siboney, al general Wilson en Charleston, así como al almirante Sampson en Santiago.[983]

---

[979] «Old Glory in Porto Rico». *Quad-City Times*. Davenport, Iowa. 31 de julio de 1898, pág. 2.
[980] «Spanish Fours Hang Heavy». *The New York Times*. Nueva York, Nueva York. 20 de julio de 1898, pág. 2.
[981] Trask: *The War with Spain in 1898...*, pág. 349.
[982] «Porto Rico Plans. Invasion of that Island Discussed l». *Sioux City Journal*. Sioux City, Iowa. 18 de julio de 1898, pág. 1.
[983] «Eager to Land Lest Was Cease. Reason for Haste in Rushing Campaign to Capture Porto Rico. It is a Race Against Peace». *The Kansas City Times*. Kansas City, Missouri. 20 de julio de 1898, pág. 1.

Las aseveraciones anteriores, directas y sin maquillaje, constituyen una pieza de evidencia invaluable para demostrar que la invasión a Puerto Rico fue planificada, calculada y pensada. Para agregar todavía más condimento a la historia, en la orden a Miles no solo se le instruía comenzar la expedición hacia Puerto Rico; se le daba otra misión que en nada aportaba a los esfuerzos militares: «Son las órdenes directas del secretario de Guerra que una vez llegue a la isla ice la bandera americana sin demora».[984] Este acto simbólico, innecesario por demás, revestía una extrema importancia para los invasores. Era la forma de reforzar el mensaje que ya el *Boston Globe* había adelantado desde el 7 de abril, que luego McKinley reconoció en sus comunicaciones privadas y que se repetirá *ad nauseam* a partir de ese momento: de Puerto Rico no se irían nunca. «Cualquiera que sea el resultado de nuestra intervención en Cuba, Porto Rico seguirá siendo siempre una posesión estadounidense».[985]

Estas palabras, andando el tiempo, han resultado ser de una veracidad escalofriante.

---

[984] «Covetous for Porto Rico...».
[985] *Id.*

6

El primer ministro
conteo regresivo

> Jamás, Muñoz, te lances homicida
> a despreciar la vida.
> La vida nos reserva cosas gratas:
> las judías, el tocino y las patatas.
>
> JUAN DE LAS VIÑAS[986]

Julio: el Jefe se corona

«Señores consejeros, señores representantes; en nombre del Rey declaro abierto el Parlamento insular». Con estas palabras el gobernador general de Puerto Rico, en una pomposa ceremonia, inauguró el 17 de julio de 1898 a las diez de la mañana, el Parlamento de la colonia española de Puerto Rico.[987] Casi en paralelo, en la casa del Gobierno Civil de Santiago de Cuba se izaba la bandera estadounidense al ritmo de *Star Spangled Banner*.[988]

Aquel domingo, en el edificio que ocupaba la Diputación Provincial al oeste de la Plaza de Armas en San Juan, se encontraron 19 de los 32 miembros de la Cámara Insular, los cuales con gran frenesí dieron vivas a España, al rey, al gobernador y a Puerto Rico.[989] Se destacaban, en aquel aquelarre, los sombreros jubilosos de Luis Muñoz Rivera, su primo Luis Muñoz Morales, así como los de José de Diego, Herminio Díaz Navarro y Santiago R. Palmer. Todos —absolutamente todos— los allí reunidos eran liberales-fusionistas.[990] Los ortodoxos, como ya hemos adelantado, se rehusaron a participar en una Cámara que consideraban fruto del fraude electoral. Tampoco asistieron Genaro Cautiño del Partido Incondicional ni Manuel Egozcue del Partido Oportunista.

Así, con una composición absoluta y homogénea a favor del bando muñocista, sin el necesario contrapeso de las minorías, la Cámara colonial se reunió el lunes, 18 de julio. Mientras desde Washington salían cablegramas que ordenaban la invasión a Puerto Rico, los representantes

---

[986] «Nulla est redemptio». *El Momio*. San Juan, Puerto Rico. Fecha no visible, pág. 2.
[987] «Mensaje leído por el Excmo. Sr. Gobernador General el día 17 de los corrientes en el solemne acto de la apertura de las Cámaras Insulares». *La Gaceta de Puerto Rico*. San Juan, Puerto Rico. 19 de julio de 1898, pág. 1.
[988] *La invasión de Santiago de Cuba. Crónica de los sucesos ocurridos en aquel Departamento desde el desembarco del ejército americano hasta la capitulación de la plaza y hechos posteriores*. Imprenta El Fígaro. La Habana. 1898, pág. 29.
[989] «Apertura de las Cámaras Insulares». *La Correspondencia*. San Juan, Puerto Rico. 17 de julio de 1898, pág. 1.
[990] Toda vez que los textos de referencia no los mencionan, entendemos oportuno insertar los nombres de los hombres que asistieron a la apertura de las Cámaras: Luis Muñoz Rivera, José de Diego, Juan Hernández López, Luis Muñoz Morales, José Toro Ríos, Manuel Camuñas, Modesto Solá, Laurentino Estrella, Santiago R. Palmer, Ricardo Martínez, Vicente Viñas, Rafael Arrillaga, Felipe Casalduc Goicochea, Herminio Díaz Navarro, Rafael Vera y José V. Cintrón. Véase: «Apertura de las Cámaras Insulares»...

fusionistas, en una intensa sesión que duró desde las doce del mediodía hasta las seis de la tarde, consumían su tiempo y energías en elegir al abogado corporativo, Herminio Díaz Navarro, como presidente de la Cámara y debatían con calor quiénes compondrían la comisión de actas.[991]

Herminio Díaz Navarro tenía —según describió su empleado Carmelo Martínez Acosta— «un complejo de superioridad enorme que exteriorizaba siempre de modo desagradable».[992] El elitista abogado corporativo no se alejaba de Luis Muñoz Rivera en el desprecio inmenso por los campesinos y los pobres. Una anécdota, contada por el secretario de su oficina, podría darnos buena cuenta de ello:

> Una tarde llegó al bufete un hombre cuyo aspecto y falta de desenvoltura denunciaban un campesino de ánimo apocado, y dirigiéndose a don Herminio, cuyo escritorio quedaba más cerca de la puerta que el mío, preguntó tímidamente:
> —¿Está don Herminio Díaz?
> —¿Qué hay? —respondió don Herminio con su énfasis y tono altanero acostumbrados.
> El campesino lo miró breves instantes, asombrado, indeciso y desconcertado, mientras don Herminio, casi volviéndole la espalda, siguió escribiendo con su lápiz un alegato que estaba redactando para que yo lo pusiera en limpio. Contemplaba yo la escena desde mi escritorio, deseoso de intervenir en ella para sacar al visitante de su situación embarazosa; pero don Herminio no me dio tiempo a realizar mi propósito, diciéndole de nuevo, más ásperamente:
> —¿Qué hay?
> El campesino entonces, pasando junto a él, se acercó a mí y dio comienzo a una conversación, de esta manera:
> —Don Herminio, yo vengo donde usted para ...
> Y no pudo continuar, porque don Herminio, con voz de trueno, lo interrumpió:
> —¡Oiga, estúpido, el abogado aquí soy yo!
> A lo que replicó el campesino:
> —¡Dispense, señor!...
> Y, con ligero andar, salió del bufete.
> Don Herminio siguió escribiendo como si nada hubiera pasado, y yo tuve que introducirme en la habitación contigua para que él no me viera reír.[993]

De este incidente la única lección que aprendió Herminio Díaz Navarro fue que debía comprarse ropas más costosas. «Estar en cuerpo de camisa es cómodo; pero en un bufete como este hay que estar lo mejor posible», le comentó sin sonrojo a su secretario. «Ese jíbaro de ayer me ha dado una lección y lamento no encontrarlo para darle las gracias».[994]

El mismo día que en San Juan elegían a Herminio Díaz Navarro presidente de la nueva Cámara, el influyente periódico *The New York Times* publicaba en su portada una noticia a dos columnas cuyo titular dejaba poco a la imaginación: «To invade Porto Rico at Once. Army to

---
[991] «Cámara Insular. Sesión de ayer». *La Correspondencia*. San Juan, Puerto Rico. 19 de julio de 1898, pág. 1.
[992] «Herminio Díaz Navarro». *Revista Jurídica de la Universidad de Puerto Rico*. Vol. 7, Núm. 3. Marzo 1938, págs. 165-170.
[993] *Id.*
[994] *Id.*

Herminio Díaz Navarro, político muy cercano a Luis Muñoz Rivera y presidente de la Cámara autonómica, cambió muy pronto sus lealtades para asumir el cargo de magistrado suplente del Tribunal Supremo bajo el gobierno militar de Guy V. Henry, en 1898. Un mes más tarde se movió a secretario de Justicia. En 1904, el presidente Theodore Roosevelt lo nombró al Consejo Ejecutivo de Puerto Rico, puesto en el que permaneció hasta 1908. A partir de esa fecha estuvo sentado a la diestra de José de Diego y Luis Muñoz Rivera en la Cámara de Delegados. Durante todos esos años mientras proponía y aprobaba legislación, mantuvo su bufete, ubicado en la calle San Justo #12, en San Juan, desde donde fungía como abogado corporativo de la Porto Rico American Tobacco Co.; Fritze, Lundt & Cía.; American Railroad Company of Porto Rico; Plazuela Sugar Co. (de Eduardo Giorgetti) y de la prestamista alemana Mullenhoff & Korber. Véase: Archivo General de Puerto Rico. *San Juan Warehouse and Dock Co*. Fondo: Departamento de Estado. Serie: Corporaciones con fines de lucro. Caja 7. Archivo General de Puerto Rico. *Protocolos notariales Herminio Díaz Navarro, octubre-diciembre 1906*. Fondo: Protocolos notariales San Juan siglo XX. Archivo General de Puerto Rico. *Certificación a ex consejero del Consejo Ejecutivo (1910)*. Fondo: Fotaleza. Sección Consejo Ejecutivo. Caja 22. Imagen: «Retrato de Herminio Díaz Navarro». Instituto de Cultura Puertorriqueña. Sin fecha.

Land at Playa. Will Capture Ponce and Continue Overland to San Juan».[995] El extenso artículo, además de detallar el número de militares que navegaban hacia Puerto Rico, descartaba por completo el norte de la isla como lugar de desembarco de las tropas y aseguraba que el puerto de Ponce sería el primero en recibir a los buques de guerra.

> Será aquí donde los transportes desembarcarán. Se tomará el pueblo de Ponce que se convertirá en la base de abastecimiento para las tropas que marchen por tierra hacia San Juan, a cincuenta millas de distancia. Se dice que las carreteras en la isla son bastante buenas y no se prevé ninguna dificultad grave para llevar las tropas de Ponce a San Juan.[996]

El martes, 19 de julio de 1898, asumiendo un comportamiento que recuerda la película *The Truman Show*,[997] los integrantes del nuevo Parlamento volvieron al Palacio de la Real Intendencia. En esa ocasión el objetivo principal fue jurar sobre la Constitución Autonómica y todos, con extremo júbilo, expresar «sus sentimientos de adhesión y lealtad a España». Durante la sesión aprobaron el primer estatuto colonial de su corta vida: suprimieron la Secretaría de Instrucción pública y la de Obras públicas y Comunicaciones, quedando solo cuatro.[998]

El titular del *New York Times* de aquel 19 de julio, leía: «Embarking for Porto Rico. Whole Expedition Expected to be on the Way Next Week».[999] El periódico volvió a insistir en que la invasión a Puerto Rico ocurriría por el sur, aunque esta vez refinó sus datos.

> No solamente el puerto de Ponce tiene un buen fondeadero, cerca de él y accesible por una buena carretera se encuentra el puerto de Guánica donde los barcos de 25 pies de eslora pueden entrar con seguridad. Se trata de una cuenca espaciosa, con una entrada de tan solo 30 metros de ancho, que según las autoridades militares podría fortificarse fácilmente para ser inexpugnable. El puerto de Jobos, 30 millas al este de Ponce, es otro lugar donde pueden desembarcar los barcos que no puedan ser acomodados en Playa. Los buques más grandes pueden anclar allí a salvo de todos los vientos y hay espacio para toda la armada.[1000]

Sin embargo —insistía el *New York Times*— «sin importar si el desembarco sea por Playa, Jobos o Guánica, será Ponce el lugar desde donde las tropas saldrán hacia San Juan».[1001] Esa misma noche, el general Miles envió un cablegrama a sus familiares en el que les informaba que partiría rumbo a Puerto Rico y que no podría comunicarse con ellos hasta que capturara la isla y se asegurara de que los cables estuvieran bajo su control.[1002]

---

[995] «To Invade Porto Rico at Once. Army to Land at Playa. Will Capture Ponce and Continue Overland to San Juan». *The New York Times*. Nueva York, Nueva York. 18 de julio de 1898, pág. 1.
[996] *Id.*
[997] Película estadounidense de comedia dramática-psicológica de 1998, en la que el personaje principal (Truman Burbank) vive en un set contruido dentro de una enorme cúpula que recrea escenarios para proyectar una falsa realidad y evitar que Truman explore el mundo exterior.
[998] «Cámara Insular sesión del 19». *La Correspondencia*. San Juan, Puerto Rico. 20 de julio de 1898, pág. 1.
[999] «Embarking for Porto Rico». *The New York Times*. Nueva York, Nueva York. 19 de julio de 1898, pág. 1.
[1000] *Id.*
[1001] *Id.*
[1002] «Miles Sails on Yale. Leaves Santiago with Vanguard of Puerto Rican Expedition». *The New York Times*. Nueva York, Nueva York. 20 de julio de 1898, pág. 1.

EL PRIMER MINISTRO: CONTEO REGRESIVO

I GUESS THAT ONE MUST BE ABOUT RIPE NOW!

La gigantesca portada de *The Boston Globe* del miércoles, 20 de julio de 1898, mostraba al Tío Sam listo para alcanzar un coco con el nombre de Porto Rico. Ese mismo día, los representantes ante la Cámara de Puerto Rico, dedicaban el día a nombrar cinco comisiones permanentes. «I Guess That One Must Be About Ripe Now!». *The Boston Globe.* Boston, Massachusetts. 20 de julio de 1898, pág. 1.

CAPÍTULO 6

> **FOREIGN TRADE**
>
> Of the Fertile Island of Porto Rico.
>
> Total Amount for the Year 1896 Was $36,624,120.
>
> Spain Receives Largest Share of This Trade,
>
> With United States, Cuba and Germany Following.

En medio de la crisis bélica y en el momento más álgido con relación a Puerto Rico, los hombres que componían la Junta de Directores de The New York & Porto Rico Steamship Co. solicitaron a la sección de mercados exteriores del Departamento de Agricultura un minucioso informe sobre la situación económica de la isla. Véase: «Foreign Trade...».

Veinticuatro horas más tarde, el 20 de julio, el U.S. Postal Service declaró una extensión de su servicio postal a Puerto Rico. «Se establecerán instalaciones para la transacción de giros postales y negocios de registro, venta de suministros postales, recibo y envío de correos. La orden entrará en vigor inmediatamente desembarquen las tropas estadounidenses en cualquier punto de Porto Rico».[1003]

El mismo 20 de julio, dentro de una edición dedicada a la próxima invasión a Puerto Rico, *The Boston Globe* publicó detalladas cifras relacionadas con el comercio de la isla. El periódico no escatimó espacio para profundizar en cuánto se exportó desde la isla, qué y a quién. Así los bostonianos supieron que las exportaciones que realizó Puerto Rico en 1896 superaron las importaciones; que el café y el azúcar representaban en valor el 8% de todas las mercancías enviadas desde la isla a puertos extranjeros; que a pesar de exportar productos a seis países, la

---
[1003] «Postal Service for Porto Rico». *The Davenport Weekly Leader*. Davenport, Iowa. 22 de julio de 1898, pág. 1.

mayor tajada iba para España, país que también era el líder en las importaciones hacia la isla, ganándose más de $20 millones al vendernos arroz, trigo, harina, productos porcinos, ropa, hierro, acero, jabones, papel y aceites entre otras manufacturas.[1004]

El jefe de la sección de mercados exteriores del Departamento de Agricultura fue quien suministró las estadísticas al *Boston Globe*, pero los datos —y aquí hay un punto importante— fueron solicitados por los hombres que dirigían la corporación The New York & Porto Rico Steamship Co.[1005] La Junta de Directores de esta línea de vapores, que obtendrá franquicias, concesiones y prebendas millonarias en Puerto Rico, incluyendo el uso exclusivo del muelle más importante en el puerto de San Juan, gravitaba —como analizaremos más adelante— en torno a la figura de John Pierpont Morgan.

5 días antes de la invasión

En Puerto Rico mientras tanto, Luis Muñoz Rivera aprovechaba su último día en la Secretaría de Gracia, Justicia y Gobernación para nombrar siete concejales al ayuntamiento de Cabo Rojo y a Juan Buzó Quintana como alcalde de Naguabo, al mismo tiempo que recibía —con júbilo no disimulado— la dimisión al cargo de subsecretario de Instrucción Pública, presentada por José Celso Barbosa.[1006]

Los representantes, por su parte, consumieron la sesión del 20 de julio de 1898 nombrando a los integrantes de cinco comisiones permanentes: de Gobierno Interior, cuyo presidente sería Herminio Díaz, y los vocales, los señores Camuñas, José de Diego, Palmer, Toro Ríos, Gómez Brioso y Casalduc; de Corrección de Estilo, compuesta por José de Diego y Camuñas; de Peticiones, integrada por Cintrón, Solá, Viña, Bird y Casalduc; de Examen de Cuentas y Concesión de Gracias y Pensiones, en la que estarían Francisco M. Quiñones, Palmer, Luis Muñoz Morales, Bird y Casalduc; de Presupuestos, a la que se apuntaron José de Diego, Palmer, Egozcue, Gómez Brioso y Rafael Arrillaga y, por último, la Comisión de Mensaje, presidida por Herminio Díaz y cuyos integrantes eran José de Diego, Camuñas, Palmer, Toro Ríos, Gómez Brioso y Casalduc.[1007]

4 días antes de la invasión

A pesar de las abrumadoras advertencias que anunciaban un peligro inminente, en Puerto Rico la ejecución de los planes seguía con normalidad. El jueves, 21 de julio de 1898, el gobernador

---

[1004] «Foreign Trade of the Fertile Island of Porto Rico. Total Amount for the Year 1896 was $36,624,120. Spain Receives Largest Share of this Trade». *The Boston Globe*. Boston, Massachusetts. 20 de julio de 1898, pág. 3
[1005] *Id*.
[1006] «Secretaría del Despacho de Gracia y Justicia y Gobernación. Decreto». *La Gaceta de Puerto Rico*. San Juan, Puerto Rico. 23 de julio de 1898, pág. 1.
[1007] «Cámara insular. Sesión del 20». *La Correspondencia*. San Juan, Puerto Rico. 21 de julio de 1898, pág. 1.

general aceptó las renuncias de los secretarios del Gabinete provisional y nombró un nuevo Consejo de Ministros. Nadie se extrañó al saber los nombres de ese Gabinete ni su afiliación política: todos, excepto uno, del bando muñocista y, por supuesto, presididos por Luis Muñoz Rivera.

¡Por fin, el 21 de julio de 1898, cuatro días antes de la invasión y luego de tanto esfuerzo, Luis Muñoz Rivera podía llamarse Primer Ministro![1008]

Además de todos los poderes políticos, administrativos y constitucionales que acarreaba ser el presidente del Gobierno, Luis Muñoz Rivera se aseguró para sí la Secretaría de la Gobernación que fue cercenada de Gracia y Justicia. Bajo Gobernación quedaron los asuntos relacionados con elecciones, diputación, ayuntamientos, orden público y Policía, beneficencia y sanidad.[1009] Es decir, el Jefe asumió la presidencia sin soltar el control sobre las alcaldías y los procesos eleccionarios.

El resto del Gabinete autonómico se compuso de la siguiente forma: al abogado graduado en España, Juan Hernández López[1010] —quien desde febrero hasta el 21 de julio de 1898 había sido ministro de Obras Públicas y Comunicaciones— le correspondió la Secretaría de Gracia y Justicia; a Salvador Carbonell, doctor en Medicina y Cirugía, la de Fomento; y la importante cartera de Hacienda fue a parar a Julián E. Blanco Sosa, un antiguo ortodoxo, sin estudios universitarios, con sesenta y ocho años de edad y socio-fundador del Banco Territorial y Agrícola.[1011]

Para dar la apariencia de pluralismo, Muñoz Rivera necesitaba a alguien en el Gabinete a quien no se le identificara con su propio bando. Julián Blanco Sosa fue el escogido para estos fines. Militó en el Partido Autonomista Ortodoxo, pero luego de las elecciones de marzo se alejó de la política. El propio Blanco contó cómo fue que terminó en aquel cuerpo de secretarios muñocistas:

> Yo entré en el Ministerio accediendo a las reiteradas instancias de Muñoz, como hombre completamente separado e independiente de todos los partidos, y bajo la promesa solemne que aquel me hizo de cambiar radicalmente de procedimientos, y de que en el gobierno cumpliríamos estrictamente la Constitución Autonómica, que hasta entonces se había violado constante y sistemáticamente, sin mixtificaciones ni hipocresías.[1012]

Muñoz negó la existencia de cualquier negociación con Blanco y, sobre todo, que él hubiera violado de forma sistemática la Constitución. Sí reconoció, sin embargo, que cuando le propuso la cartera de Hacienda a Blanco Sosa, en julio de 1898, «le advertí que necesitaba yo se tuviesen presentes mis compromisos para la provisión de empleos, y me respondió que no había obstáculos por su parte, porque *él sabía lo que es la política*».[1013] Meses más tarde, el primer ministro se quejaba

---

[1008] «Parte oficial Gobierno General». *La Gaceta de Puerto Rico*. San Juan, Puerto Rico. 22 de julio de 1898, pág. 1.
[1009] «Gobierno General de la isla de Puerto Rico». *La Correspondencia*. San Juan, Puerto Rico. 22 de julio de 1898, pág. 1.
[1010] Luego de la invasión estadounidense, Hernández López se pasará a las filas del Partido Republicano liderado por el archienemigo de Muñoz Rivera, José Celso Barbosa. También veremos a Hernández López como abogado corporativo de las empresas dirigidas por John Dandridge Luce. Véase: «Anuncio. Notaría de Juan Hernández López». *La Correspondencia*. San Juan, Puerto Rico. 26 de marzo de 1905, pág. 1.
[1011] «Parte oficial Gobierno General».
[1012] «Lo que dice el Consejo. Muñoz Rivera». *La Democracia*. Ponce, Puerto Rico. 18 de noviembre de 1898, pág. 2.
[1013] *Id.*

por no haber podido responder, «a lo que de mí esperaban mis amigos, porque en Hacienda están casi todos los destinos públicos. El señor Blanco olvidó su palabra y desatendió mis indicaciones».[1014]

Asombra constatar y merece una digresión que, en un momento tan crucial en la vida del país, el máximo líder dedicara su tiempo a la «provisión de empleos» y que los candidatos al gabinete se escogieran con la condición de nombrar a protegidos. El propio Muñoz confirmó que esta fue la dinámica cuando, en un intento por defenderse de las acusaciones públicas de Blanco, narró un incidente ocurrido en una de las reuniones de aquel Consejo entre el 21 y el 24 de julio de 1898:

> Yo expuse mi deseo de que se decretase la cesantía de don Ángel Sanz, administrador de la Aduana de Arecibo, y se le sustituyese con don José Ruiz Sagredo, liberal consecuentísimo y vicepresidente del Comité. El señor Blanco defendió a capa y espada al señor Sanz —uno de los incondicionales más fanáticos del país— y la cesantía no se hizo. Por lo demás, el señor Blanco no nombró a ningún oficial, a ningún jefe de negociado, a ningún jefe de administración recomendado por mí.[1015]

Ángel Sanz Ambrós, administrador de la aduana de Arecibo desde 1895, era el esposo de Trina Padilla de Sanz. Si bien Julián Blanco se negó a despedirlo, Muñoz Rivera logró su cometido meses más tarde, en octubre de 1898. La familia Sanz-Padilla tuvo que abandonar la casa que ocupaba (Casa Ulanga en Arecibo) y Trina Padilla se vio obligada a trabajar para mantener a la prole.[1016] Por su parte, la desobediencia al Jefe le costará a Julián Blanco Sosa el puesto y el prestigio, tema que trabajaremos en otro capítulo. De momento nos interesa analizar la composición y el comportamiento del Gabinete definitivo en julio de 1898.

Los subsecretarios fusionistas que venían desde el Gabinete anterior permanecieron en sus puestos sin problema alguno; no así, por supuesto, aquellos identificados con el ala ortodoxa. José Celso Barbosa tuvo que renunciar a la Subsecretaría de Instrucción Pública, y también Luis Sánchez Morales, a la Subsecretaría de Hacienda.[1017]

En esta nueva composición cien por ciento muñocista, el abogado corporativo José de Diego siguió ocupando la Subsecretaría de Gobernación y, además, la Subsecretaría de la Presidencia del Consejo.[1018] Al también licenciado Juan Morera Martínez, Muñoz lo nombró subsecretario de Hacienda[1019] y al ingeniero Tulio Larrínaga, graduado en la Universidad de Pensilvania, quien hasta esa fecha era subsecretario de Agricultura, lo movió al cargo de subsecretario de Fomento.[1020]

Debe notar el lector que la mayoría de los hombres que ocuparon Secretarías y Subsecretarías también estaban sentados en la Cámara Insular como representantes por diferentes distritos. Es el caso de Luis Muñoz Rivera (Capital y San Germán de forma simultánea); José de Diego (distrito de Aguadilla); Juan Hernández López (Capital) y Salvador Carbonell (distrito de

---

[1014] *Id.*
[1015] *Id.*
[1016] Véanse: «Don Ángel Sanz Ambrós». *La Correspondencia*. San Juan, Puerto Rico. 26 de octubre de 1898, pág. 2. Fernández Sanz, Yolanda: *Trina Padilla de Sanz. La hija del Caribe*. Editorial Plaza Mayor. Puerto Rico. 1996, págs. 60-61.
[1017] «Gaceta Oficial de Hoy». *La Correspondencia*. San Juan, Puerto Rico. 23 de julio de 1898, pág. 1.
[1018] «Noticias». *La Correspondencia*. San Juan, Puerto Rico. 27 de julio de 1898, pág. 1.
[1019] «Noticias». *La Correspondencia*. San Juan, Puerto Rico. 26 de julio de 1898, pág. 1.
[1020] «Noticias». *La Correspondencia*. San Juan, Puerto Rico. 28 de julio de 1898, pág. 1.

Mayagüez).[1021] Esta doble (y hasta triple) inmersión en las entidades gubernamentales que sin duda impactaba el necesario balance entre los cuerpos, ocurrió también dentro de la Cámara. El representante por el distrito de Ponce Ulpiano Colón, director del Banco de Crédito y Ahorro Ponceño, era a su vez el alcalde de Ponce. También, el representante por San Juan y por Arecibo, José Severo Quiñones asumió en paralelo la presidencia de la Audiencia Territorial. Mientras, por el lado de las alcaldías, el recién seleccionado por Muñoz Rivera alcalde de San Juan, Fermín Martínez Villamil, no era otro que el presidente del Banco Español, entidad a cargo de los fondos del Gobierno.[1022]

Es cierto que el artículo 46 de la Carta Autonómica permitía que los secretarios pertenecieran a la Cámara. Sin embargo, el texto no determinó con qué clase de funciones eran incompatibles los cargos gubernamentales, dejando dicha decisión a la Cámara Insular.[1023] Es por eso que, los posibles conflictos de intereses, nepotismos o desbalances políticos, fueron atendidos con celeridad por los propios representantes, quienes durante aquellas álgidas horas dedicaron un tiempo valioso a declarar:

> Compatibles los cargos de representante y consejero con los de Subsecretarios de Despacho, Presidente y Fiscal de la Audiencia, Gobernador del Banco Español, Presidente y Secretario del Tribunal de lo contencioso y alcalde de Ponce, Mayagüez y la capital.[1024]

Despejados los obstáculos, relegada la ética y constituido un Gabinete definitivo, homogéneo y muñocista hasta la médula, entonces, en la isla de Puerto Rico la rueda volvió a girar. Los secretarios liberales ordenaron los despidos inmediatos de todos los empleados públicos que habían sido nombrados por los salientes secretarios ortodoxos. En paralelo, reiniciaron la danza frenética de nombrar a sus amigos, amigos de los amigos y familiares.[1025]

En la Cámara: 4 días antes de la invasión

El 21 de julio, sin perder tiempo, en la Cámara Insular se introdujo la primera propuesta que anticipaba un gobierno de plutócratas. El representante por el distrito de Aguadilla y miembro del Comité Provincial del Partido Liberal Fusionista, Rafael Arrillaga, presentó una moción en la que solicitaba una subvención estatal de 5000 pesos por kilómetro en explotación para el Ferrocarril de Vía Estrecha de Mayagüez. La medida pasó a comisión y se continuó debatiendo en las próximas sesiones del 22,[1026] 23 y 24 de julio.[1027]

[1021] «Junta Insular del Censo electoral». *La Gaceta de Puerto Rico*. San Juan, Puerto Rico. 13 de abril de 1898, pág. 1.
[1022] «Alcalde municipal de esta capital». *La Correspondencia*. San Juan, Puerto Rico. 27 de julio de 1898, pág. 1.
[1023] Núñez Martínez, María: *Cuba y Puerto Rico en el constitucionalismo español. Las Cartas Autonómicas primer antecedente del Estado autonómico español*. Universidad Rey Juan Carlos. Madrid. 2008, pág. 86 y 109.
[1024] «Noticias». *La Correspondencia*. San Juan, Puerto Rico. 25 de julio de 1898, pág. 2.
[1025] «Gaceta Oficial de Hoy». *La Correspondencia*. San Juan, Puerto Rico. 17 de julio de 1898, pág. 1.
[1026] «Cámara insular. Sesión del 22». *La Correspondencia*. San Juan, Puerto Rico. 23 de julio de 1898, pág. 1.
[1027] «Noticias». *La Correspondencia*. San Juan, Puerto Rico. 22 de julio de 1898, pág. 1.

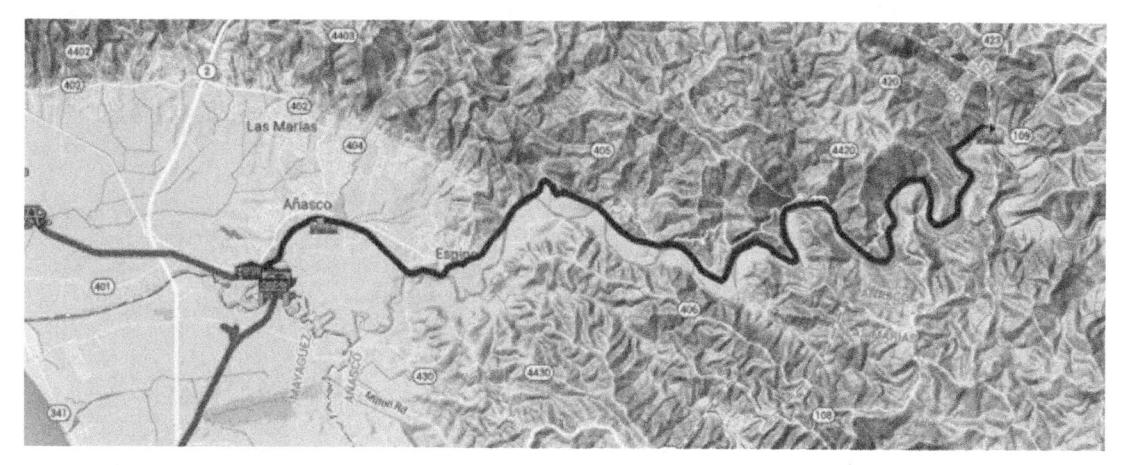

El Ferrocarril de Vía Estrecha de Mayagüez, para el cual se solicitaba dinero público, comenzaba cerca de la estación del Ferrocarril de Circunvalación de Añasco y terminaba 10 millas más allá, a las puertas de la Central Bianchi-Pagán, propiedad de Juan Bianchi Bracetti-Pagán, sin servir a otros intereses que no fueran los de la Central. Imagen: Ruiz: «El ferrocarril de Altozano…».

El ferrocarril en cuestión era propiedad de la sociedad anónima, Compañía de Ferrocarriles de Vía Estrecha de Mayagüez. El tren de trocha angosta comenzaba cerca de la estación del Ferrocarril de Circunvalación en Añasco y terminaba 10 millas tierra adentro a lo largo del valle del Río Grande de Añasco. Parecía que las vías del Ferrocarril de Vía Estrecha de Mayagüez terminaban en un lugar que no llegaba a ningún lado, que aquel tren entre montañas era un total despropósito. Sin embargo, si miramos bien, nos daremos cuenta de que sí cumplía una importante función: llegaba hasta las puertas de la Central Bianchi-Pagán, cuyos terrenos discurrían alrededor del Río Grande.[1028] Es decir, el ferrocarril para el cual el representante Arrillaga solicitaba dinero público conectaba de forma exclusiva la central Bianchi con el Ferrocarril de Circunvalación. Su único propósito era servir a los intereses de la acaudalada familia de hacendados azucareros: Bianchi-Pagán.

Conociendo lo anterior, y volviendo a la petición de subvención para el Ferrocarril de Vía Estrecha, resulta imperativo unir algunos datos. Rafael Arrillaga, el proponente del desvío de fondos públicos hacia el tren privado, estaba casado con Estela Bianchi Rosafa, una de las hijas de Juan Bianchi, dueño de la central.[1029] José de Diego, para la fecha subsecretario de Gobernación, subsecretario de la Presidencia del Consejo y representante ante la Cámara, era el abogado personal y corporativo de la familia Bianchi.[1030] Mientras tanto, el ingeniero a cargo del proyecto del ferrocarril, Tulio Larrínaga, hacía las veces de subsecretario de Fomento bajo el gobierno homogéneo de Luis Muñoz Rivera.[1031]

[1028] Ruiz, Héctor: «El ferrocarril de Altozano. Una línea montaña adentro». *Redescubriendo a Puerto Rico*. 11 de noviembre de 2013. <https://redescubriendoapuertorico.blogspot.com/2013/11/ferrocarril-alto-sano.html>. [20/07/2022].
[1029] Registro Civil de Puerto Rico: *Matrimonio Rafael Arrillaga García con Estela Bianchi Rosafa, 20 de febrero de 1891*. Departamento de Salud de Puerto Rico. Imagen digital. Ancestry.com.
[1030] Archivo General de Puerto Rico. *Juan y Francisco Bianchi Rosafa Ex parte*. Fondo Judicial. Tribunal Superior de Mayagüez. Serie: Expedientes Civiles. Juzgado de Mayagüez.1910. Caja 699.
[1031] Ruiz: «El ferrocarril de Altozano…».

José de Diego, además de ser abogado de los Bianchi, terminó emparentado con la familia luego de su matrimonio con Georgina Blanes Mangual en 1900. El primo hermano de su esposa —Miguel Esteve Blanes— se casó con Rosario Bianchi Rosafa, hija del dueño de la central Bianchi-Pagán, de Añasco, y principal beneficiario de cualquier concesión al Ferrocarril de Vía Estrecha.
Imagen: Miguel Esteve y Rosario Bianchi.
Puerto Rico Historic Building Drawings Society.

La invasión militar estadounidense abortó el proyecto que desviaría fondos públicos hacia los Bianchi-Pagán y todos sus afluentes, entendidos como Tulio Larrínaga, Rafael Arrillaga y José de Diego. No obstante, un mes después y con el país ya invadido, aquellos líderes autonómicos se las agenciaron para otorgarle una franquicia, que no sería revocada por los interventores americanos, al Ferrocarril de Vía Estrecha de Mayagüez.

El 27 de agosto de 1898, desde la Secretaría de Fomento, el subsecretario Tulio Larrínaga —a pesar de sus claros conflictos de intereses— firmó el decreto que concedió el derecho de «construir y explotar libremente una línea de ferrocarril económico de vía estrecha que partiendo del pueblo de Añasco y empalmando allí con el Ferrocarril de Circunvalación vaya a parar al pueblo de Lares pasando por el de San Sebastián». Esta concesión, libre de impuestos, será aprovechada meses más tarde por la americanizada compañía de ferrocarriles.[1032]

Eran las tres de la tarde

Por mucho que los políticos puertorriqueños se esforzaron en negar la realidad, esta terminó imponiéndose. A las tres de la tarde del jueves, 21 de julio, Nelson A. Miles y sus tropas partieron de Guantánamo rumbo a Puerto Rico. La escolta naval se componía del Massachusetts, el yate

---

[1032] Archivo General de Puerto Rico. *Franquicias y patentes. Decreto de otorgamiento de contrato para construir la línea del ferrocarril a la compañía New York Railroad. Noviembre 1899.* Fondo: Oficina del Gobernador. Serie: Correspondencia General. Caja 60.

Desde el 18 al 24 de julio de 1898 los periódicos de Estados Unidos dejaron muy claro que la invasión a Puerto Rico ya estaba en camino.

armado Gloucester (antiguo Corsair de J. P. Morgan) y el Dixie. Este último iba capitaneado por el comandante Charles H. Davis, hermano mayor de Nannie (esposa de Henry Cabot Lodge) y de Louisa (esposa de John Dandridge Luce). Entre los cadetes del Dixie también se encontraba George «Bay» Cabot Lodge, hijo del senador Cabot Lodge. Las tropas, un total de 3415 hombres, iban en los transportes Columbia, Yale y Macon.[1033]

Ese mismo día —a pesar de que la Ley de Bancos Nacionales de Estados Unidos prohibía a los bancos regulados por el Estado tener sucursales en el extranjero— el contralor de la Moneda autorizó a otro hombre de Morgan, William E. Curtis, del bufete corporativo, Curtis, Mallet-Prevost, Colt & Mosle, a establecer el First National Bank of Porto Rico.[1034]

Es bueno saber que ningún otro bufete corporativo de Wall Street tuvo jamás tanta conexión con Latinoamérica como Curtis, Mallet-Prevost. Esta firma, cien por ciento Morgan, sirvió de puente entre poderosos bancos de Wall Street y los Gobiernos de Venezuela, Brasil, México, Haití, Honduras, Cuba, Nicaragua, República Dominicana y Puerto Rico. Severo Mallet-Prevost, tío del vicepresidente de Guaranty Trust (Morgan), por ejemplo, fungió como asesor de Venezuela a la misma vez que representaba a Speyer & Co. en la venta de deuda para ese Gobierno.[1035]

Curtis, Mallet-Prevost tendrá particular influencia en Puerto Rico luego de la invasión. Será el representante del monopolio naviero, The New York & Porto Rico Steamship Co. (Morgan), también de San Juan Power, Light and Tramway Co. (Morgan) y del hotel Condado (Morgan). Uno de los socios del bufete, Otto Schoenrich, estará dentro de la comisión que revisó y compiló

[1033] Trask: *The War with Spain in 1898…*, págs. 351-353.
[1034] «National Bank of Hawaii». *The Galena Times*. Galena, Kansas. 22 de julio de 1898, pág. 1.
[1035] Mallet-Prevost, Severo: *Historical Sketch of the firm of Curtis, Mallet-Prevost, Colt & Mosle and its predecessors from 1830-1945*. Nueva York, págs. 16-31.

A pesar de que a los bancos nacionales se les prohibió abrir sucursales en el extranjero, el contralor de la Moneda autorizó, el 21 de julio de 1898, la incorporación del First National Bank of Porto Rico. Imagen: «Edificio que ocupó el First National Bank of Porto Rico en el Viejo San Juan». Puerto Rico Historic Building Drawings Society.

las leyes de Puerto Rico, además de ser juez de distrito en Arecibo, Mayagüez y Humacao. Martín Travieso, quien andando el tiempo llegará a la presidencia del Tribunal Supremo de Puerto Rico, se formó en este bufete de Wall Street. No por casualidad será Curtis, Mallet-Prevost, Colt & Mosle, el encargado de litigar los llamados Casos Insulares (todavía vigentes), De Lima vs. Bidwell; S.B. Downs vs. Bidwell; y Carlos Amstrong vs. The United States.[1036]

A 4 días de navegación

Según los planes aprobados por el alto mando de Guerra, Miles debía moverse hacia el norte a través del Paso de los Vientos, entre la punta oriental de Cuba y Haití, para luego navegar por la costa norte de La Española y Puerto Rico hasta llegar a Fajardo. Una vez en Fajardo se les uniría el resto de las fuerzas compuestas por alrededor de 3600 soldados, comandados por el general Wilson que habían partido de Charleston desde el 20 de julio y además, 2900 hombres bajo el mando del general Schwan, quienes salieron de Tampa el 24 de julio. Otros 4000 hombres se preparaban para partir desde Newport News y un grupo comparable esperaba transportes en

---

[1036] «Carlisle's Argument. Former Secretary is Expected to Begin it Today. He Finds a New Question. Have We a Right to Assess Duty Against Goods Entering Porto Rico?». *The Sun*, Baltimore, Maryland. 8 de enero de 1901, pág. 9.

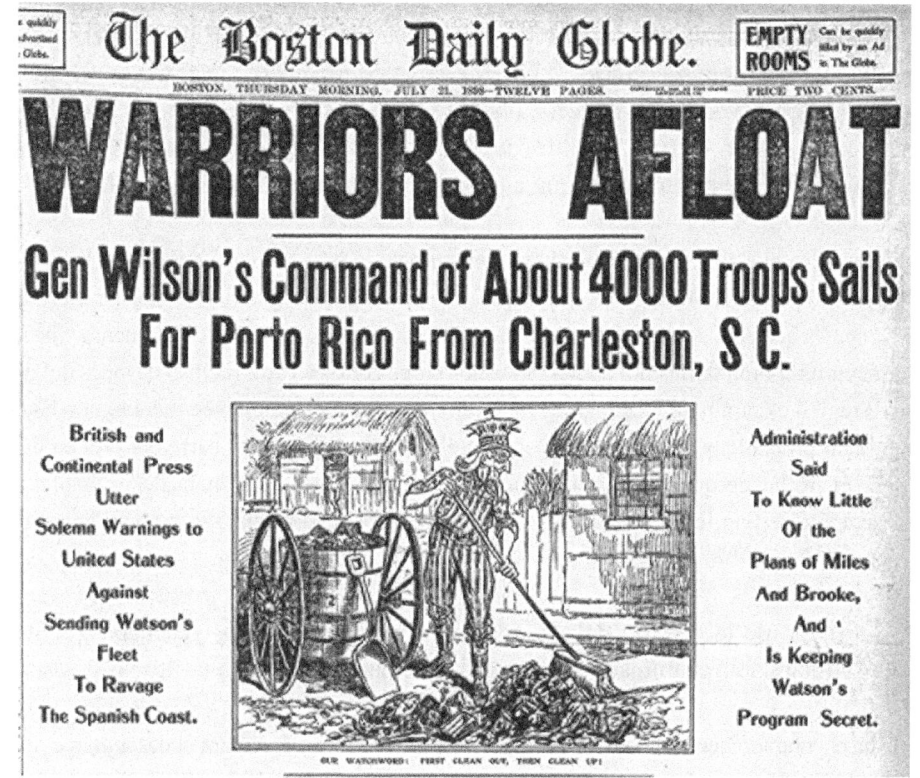

El mismo día que Luis Muñoz Rivera se proclamaba primer ministro, el *Boston Globe* colocaba en su portada inmensos titulares que adelantaban detalles precisos de la invasión a Puerto Rico, incluyendo el lugar de desembarco. *The Boston Globe*. Boston, Massachusetts. 21 de julio de 1898, pág.1.

Tampa. En total, todas las fuerzas destinadas a Puerto Rico sobrepasaban los 18 000 hombres, número que comparaba favorablemente con la guarnición española en la isla, estimada en 8233 regulares y 9107 voluntarios.[1037]

El mismo día que en Puerto Rico se proclamaba primer ministro a Muñoz Rivera, *The Indianapolis News* repetía que el Gobierno de Estados Unidos se quedaría con la isla como un pago por la guerra bajo el titular «To Hold Porto Rico». «Porto Rico se mantendrá bajo Estados Unidos como una posesión permanente. Nuestra bandera, una vez esté allí, flotará sobre Porto Rico de forma permanente», citaba una fuente de autoridad (no identificada) al periódico.[1038] *The Times-Picayune* de Nueva Orleans, indicaba: «Porto Rico será conquistada y anexada. Sin importar cuáles sean las disposiciones finales sobre Cuba y Filipinas, Porto Rico será retenida».[1039]

También el 21 de julio, impresionantes caracteres en *The Boston Globe* pregonaban en su

---

[1037] Trask: *The War with Spain in 1898...*, págs. 351-353.
[1038] «To Hold Porto Rico. Such is the Intention of the United States. It Will Become a Permanent Possession as the Prize of War. This Has Been the Plan from the First». *The Indianapolis News*. Indianapolis, Indiana. 21 de julio de 1898, pág. 1.
[1039] «One Spot We Want. Porto Rico Will Be Conquered and Annexed». *The Times-Picayune*. New Orleans, Louisiana. 21 de julio de 1898, pág. 9.

página principal que más de 4000 soldados avanzaban hacia Puerto Rico. El periódico aseguró en su portada que el propio secretario de Guerra había confirmado que el general Miles, con una brigada de infantería y varias de artillería, habían salido de Cuba hacia Puerto Rico. Para ayudar a sus lectores a seguir la ruta posible del desembarco, entrevistaron a Gustavo Preston, puertorriqueño residente en Boston y que a todas luces conocía al dedillo la isla.

> Lo primero que tienen que saber los americanos que irán a Puerto Rico es sobre los puertos y bahías. El puerto de Arecibo es el más peligroso de todos los que rodean la isla. Las bajas son tan frecuentes que el puerto está generalmente excluido en los contratos de fletamento y las compañías de seguros cobran tarifas por adelantado a los barcos que van allí. Incluso después del desembarco en Arecibo el camino a San Juan es increíblemente malo. También se menciona a Fajardo como un lugar probable para desembarcar y aquí el puerto es mejor y la carretera está en buen estado, pero el hecho de que se haya mencionado lo pone fuera de la lista de probables puntos de desembarque. San Juan es la ciudad y el lugar ideal de toda la isla, salvo por el hecho de que está bien fortificada.[1040]

En otro artículo de la edición del 21 de julio, *The Boston Globe* reseñaba que el Buró de Información Militar había acumulado gran cantidad de datos útiles para las tropas invasoras:

> Se ha encontrado que en la costa sur de Puerto Rico, donde se efectuará el desembarco de la primera expedición, abundan las bahías y puertos, pero están cubiertas de arrecifes. En esa área los únicos puertos por donde pueden entrar embarcaciones de calado regular se encuentran en Guánica y en Ponce».[1041]

Esta información, que sin lugar a duda coloca el lugar de desembarco en el sur, específicamente entre Guánica y Ponce, coincide con la vertida por el periódico líder *The New York Times* unos días antes, pero se contradice con la papelería oficial y con el supuesto rumbo que emprendió Miles al salir de Guantánamo.

¿Fajardo o Guánica?

Entre los días 17 y 21 de julio, todas las comunicaciones del Gobierno de Estados Unidos mencionan el puerto de Fajardo como el lugar escogido por el Departamento de Guerra para el desembarco en Puerto Rico. Miles partió, para todos los efectos oficiales, hacia Fajardo. Recordemos que el general junto con la escolta naval cruzaron el Paso de los Vientos entre Cuba y Haití, y navegaron por todo el norte de La Española y el norte de Puerto Rico en rumbo al

---

[1040] «It is a Gem. Porto Rico, Most Beautiful of The West Indies. People will Welcome Annexation to United States». *The Boston Globe*. Boston, Massachusetts. 21 de julio de 1898, pág. 7.
[1041] «Keeping Secrets. Gen. Wilson's Command, Consisting of About 4000 Troops, Sails for the Coast of Porto Rico From Charleston, S. C». *The Boston Globe*. Boston, Massachusetts. 21 de julio de 1898, págs. 1 y 4.

puerto de Fajardo, al este de la isla. Una vez en Fajardo se les debía unir el resto de las fuerzas, entre las que estaban los buques Wasp y Annapolis, comandados por el general James H. Wilson. Como cuestión de hecho, ambas embarcaciones llegaron a Fajardo y allí se enteraron de que Miles estaba en Guánica.[1042]

Sin embargo, ya hemos visto que durante las mismas fechas, *The Boston Globe* y *The New York Times*, lideraban una campaña informativa que marcaba el lugar de desembarco de la flota naval invasora no en el este, sino en el sur. Incluso estos periódicos llegaron a señalar a Guánica como el punto específico de entrada.

El 20 de julio el *New York Times* publicó que el desembarco en Puerto Rico se haría «por uno de los puertos del sur de la isla cerca de Ponce».[1043] De nuevo el 22 de julio —a la vez que describía con un asombroso nivel de detalles la cantidad de tropas, el nombre de los buques, los comandantes de cada barco, el tipo y cantidad de armas, así como las provisiones que zarparon hacia Puerto Rico— reiteró que «el general Miles llegará por el sur de la isla, cerca de Ponce».[1044] Ya el 24 de julio el periódico afirmó, con la autoridad del que sabe lo que dice, que Miles llegaría por el puerto de Guánica.

> El desembarco real se hará por el puerto de Guánica, catorce millas al oeste de Ponce. Guánica es el puerto de la ciudad de Yauco. Según la información oficial en poder del Departamento de Guerra, la bahía de Guánica es el mejor puerto de toda la isla. Tiene una milla y media de largo y un cuarto de milla de ancho. La entrada es similar a la del puerto de Santiago, de apenas 200 metros de ancho, con promontorios rocosos a ambos lados. Las orillas de la bahía son empinadas y forman un muelle natural perfecto. Barcos de treinta pies de calado pueden entrar fácilmente en este puerto sin salida al mar, y no hay minas ni fortificaciones más allá de un faro. A dos o tres millas de este puerto ideal se encuentra la ciudad de Yauco, que según los planos, será la primera parada de la fuerza invasora luego de su desembarco».[1045]

3 días antes de la invasión

El 22 de julio de 1898, desde Las Cabezas de San Juan en Fajardo, varias personas aseguraron haber visto siete buques americanos.[1046] La prensa se encargó de calmar las alarmas asegurando que solo eran rumores infundados. Los representantes ante la Cámara, impávidos, volvieron al Palacio de la Real Intendencia para continuar su proyecto de Gobierno.

Aquella sesión del viernes fue de especial patriotismo. José de Diego y Cayetano Coll y Toste

---

[1042] Trask: *The War with Spain in 1898...*, pág. 357.
[1043] «Miles Sails on Yale. Leaves Santiago with Vanguard of Puerto Rican Expedition». *The New York Times*. Nueva York, Nueva York. 20 de julio de 1898, pág. 1.
[1044] «Miles Off for Puerto Rico. Started at 3 o'clock Yesterday Afternoon. Transports Convoyed by a Big Fleet of Warships». *The New York Times*. Nueva York, Nueva York. 22 de julio de 1898, pág. 1.
[1045] «Miles May Reach Puerto Rico To-Day. Landing Likely to be Made at Guanica». *The New York Times*. Nueva York, Nueva York. 24 de julio de 1898, pág. 1.
[1046] «Noticias». *La Correspondencia*. San Juan, Puerto Rico. 23 de julio de 1898, pág. 1.

propusieron —y así fue aprobado por unanimidad— enviar un telegrama al mayordomo mayor de Palacio Real en el que pudieran expresar su extrema e incuestionada lealtad a España.[1047]

> El Parlamento de Puerto Rico, por acuerdo unánime y solemne os ofrece, Señora, para la patria, la soberana voluntad, la inquebrantable adhesión del país que ha defendido y defenderá, ante las invasiones extranjeras, su alma española. Cuando todo lo externo peligre, se habrá salvado siempre en este rincón americano, en estas Cámaras puertorriqueñas, el espíritu inmortal de la gran Nación madre y maestra de nuestro mundo.[1048]

Luego de redactar un mensaje tan contundente y de escuchar «un discurso de tonos altamente patrióticos» pronunciado por José de Diego, los representantes criollos volvieron a asuntos más mundanos y más urgentes: la subvención al Ferrocarril de Vía Estrecha de Mayagüez.

El señor Toro Ríos preguntó al secretario de Fomento y al presidente de Gobierno si existían antecedentes de otras subvenciones gubernamentales para entidades privadas. Salvador Carbonell aseguró que traería documentación sobre el particular. Muñoz Rivera, por su parte, ofreció «cumplidas explicaciones que satisfacen al interesado, quien da las gracias».[1049] Luego de un dilatado análisis y a propuesta del Jefe de Gobierno, acordaron prorrogar para la sesión del lunes, 25 de julio de 1898, la discusión sobre la subvención al ferrocarril de los Bianchi, día que estarían listos para aprobarlo.[1050]

En el Estado Mayor del Ejército español: 2 días antes de la invasión

El 23 de julio se recibió en el Estado Mayor del Ejército español en Puerto Rico un telegrama en cable de la cédula espía de Montreal que informaba lo siguiente: «Según los periódicos de Nueva York, el desembarco será por la bahía de Guánica el 25 de julio». El coronel jefe del Estado Mayor, Juan Camó, restó importancia a la comunicación. Entendió que era solo una maniobra de distracción del general Miles para alejar a las fuerzas españolas de la capital, por lo que recomendó que se hundiera un barco en la bocana del puerto de San Juan. El teniente coronel Francisco Larrea Lisso, oponiéndose al criterio del coronel Camó, recomendó emplazar los cañones de los buques en un tren y dirigirlos a la zona de Guánica. El jefe, sin embargo, se impuso y, luego de dar un puño en la mesa, vociferó: «Ningún cañón sale de San Juan».[1051]

Los militares españoles en Puerto Rico estaban igual de divididos que los políticos criollos. La mitad de las tropas no se hablaba con la otra y no existía comunicación entre el Estado Mayor y las guarniciones.

[1047] «Cámara insular. Sesión del 22». *La Correspondencia*. San Juan, Puerto Rico. 23 de julio de 1898, pág. 1.
[1048] «Cablegrama a la Reina». *El Boletín Mercantil*. San Juan, Puerto Rico. 27 de julio de 1898, pág. 3.
[1049] «Cámara insular. Sesión del 22»...
[1050] *Id.*
[1051] Rodríguez González, Agustín Ramón: *La guerra del 98. Las campañas de Cuba, Puerto Rico y Filipinas*. Agualarza Editores. España. 2012, págs. 112-113.

¿Washington o Wall Street?

El nivel de asertividad en los datos ofrecidos desde el 18 al 24 de julio por el *New York Times* y *The Boston Globe* sorprende a cualquier observador. Como ya sabemos —y tal como anticiparon ambos periódicos— en efecto, el desembarco se produjo por la bahía de Guánica, las tropas se movieron por tierra hacia Yauco y por mar hacia Ponce desde donde partieron a pie hacia San Juan a través de la carretera militar. Pero todavía nos queda una contradicción por resolver: ¿Por qué las comunicaciones oficiales entre el secretario de Guerra, Miles, altos funcionarios del Gobierno y el propio McKinley hablaban solo de Fajardo?

El 19 de julio, Miles hizo unos requerimientos específicos al almirante Sampson relacionados con la escolta naval necesaria para invadir Puerto Rico. En ese cablegrama, que se conserva en los archivos militares, menciona claramente el puerto de Fajardo como su objetivo.

> Le solicito una fuerza fuerte de buques de guerra para acompañar mis transportes, cubrir el desembarco en Fajardo, proteger los flancos de la fuerza militar durante la ocupación de ese lugar y brindar toda la asistencia posible en el movimiento desde allí hasta la toma del puerto y ciudad de San Juan.[1052]

Luego de que Sampson negara la escolta solicitada por Miles y de múltiples cablegramas entre Long, Sampson y Miles, el propio presidente de Estados Unidos intervino para terciar en la disputa. En esa comunicación, dirigida al secretario de la Marina con fecha 20 de julio, McKinley mencionó Fajardo en más de cuatro ocasiones.

> Para mí es evidente que el almirante Sampson no se propone proporcionar la ayuda que he ordenado. Debería enviar suficientes barcos y lo suficientemente fuertes como para permitir al general Miles desembarcar sus tropas a salvo en Pt. Fajardo, Cabo San Juan y permanecer mientras se necesite su ayuda. El general Wilson ya ha zarpado de Charleston con órdenes de dirigirse a Pt. Fajardo. Si su convoy se retrasa, llegará a Pt. Fajardo sin protección alguna, lo cual no debe permitirse. Wilson no puede ser contactado por cable. No tiene armas en sus barcos. El secretario de Guerra dice que el general Wilson debe llegar a Pt. Fajardo dentro de tres o cuatro días. Se deben tomar medidas rápidas para proteger al general Wilson a su llegada allí. Me parece que un crucero o un acorazado, o ambos, deberían ser designados. Por favor, asegúrese de que las órdenes necesarias se emitan de inmediato.[1053]

¿Qué sucedió entonces?

Resulta que el 22 de julio, cuando ya las embarcaciones invasoras habían recorrido toda la costa norte de Puerto Rico, el general Miles tomó una inexplicable y repentina decisión: pasar por alto Fajardo, regresar por toda la costa norte, moverse hacia el sur a través del Pasaje de la Mona y navegar por la costa sur de Puerto Rico hasta llegar al puerto de Guánica, distante a unas

---

[1052] Trask: *The War with Spain in 1898...*, pág. 351.
[1053] *Id.*

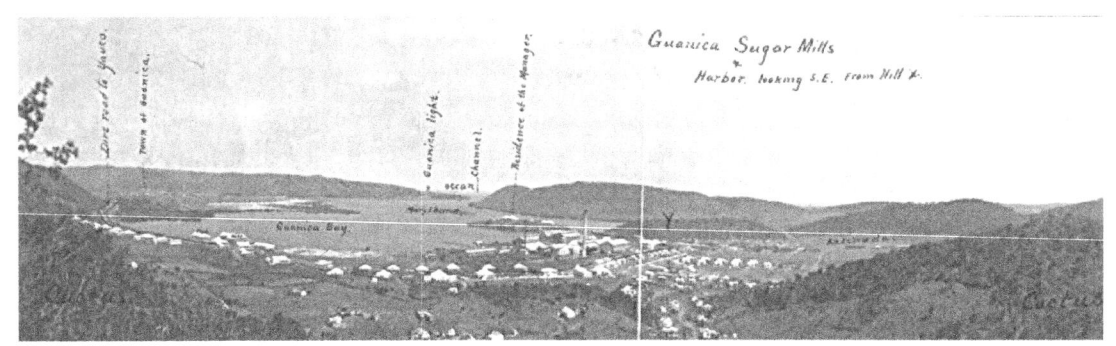

La tropas invasoras desembarcaron muy cerca de Santa Rita State, cuyos propietarios estaban involucrados con Fritze, Lundt y Cía. y con poderosos banqueros de Wall Street. Imagen: Armstrong, William: Manuscritos de William H. Armstrong. Vol.1. Hoja 84. Universidad de Puerto Rico, recinto de Río Piedras. 1910.

doce horas por mar.[1054] Esta acción, además de ser cuestionable en el plano estratégico, planteaba serios problemas de comunicación entre Miles, Washington, y los destacamentos de Wilson y Schwan que se dirigían a Fajardo. El resto de los altos mandos militares evaluó esta acción como temeraria. Incluso el capitán Mahan, en una carta al secretario Long, se refirió a la decisión de Miles como «una estupidez militar tan grande que solo puede ser explicada por una especie de obsesión por hacer cosas inesperadas o por pura vanidad».[1055] Miles, por su parte, justificó su inesperado cambio con el supuesto hecho de que sus movimientos eran conocidos y que al llegar por Guánica lograría una sorpresa estratégica, obviando por supuesto que el *Times* y el *Globe* no se cansaban de pregonar que el desembarco sería por Guánica y que esto era de conocimiento público.

Con toda probabilidad el recorrido de Miles fue una estupidez militar, como lo catalogó Mahan. Mas, no fue tan improvisado si *The Boston Globe* lo anticipaba un día antes y *The New York Times* lo hacía desde el 18 de julio. Sobre todo cuando también sabemos gracias al capitán Ángel Rivero, que tres días antes del desembarco por Guánica, la casa bancaria Fritze, Lundt & Cía.,[1056] compuesta por alemanes muy cercanos a Henry Havemeyer y a la cúpula del Sugar Trust, recibió un cable desde Nueva York anunciando cierta operación de azúcar, que luego de descifrado decía: «Fuerzas americanas, treinta mil hombres, escoltados por escuadra, han salido de tres puertos *para esa*; llegarán alrededor del 25».[1057]

Es curioso notar que la información provino de Nueva York, sede de Wall Street, y no de Washington. Precisamente fue a parar a Fritze, cuyo cuartel general se ubicaba en la Playa de Ponce, a unas 19 millas al este de la bahía de Guánica y a más de 97 millas de Fajardo. Por tanto, no es descabellado pensar que cuando el cable menciona que las tropas han salido «para esa», se refiere a las cercanías de Ponce, tal como informó una y otra vez el *Times*. De igual modo, la referencia al día 25 coincide con el atraso que provocó la 'sorpresiva' decisión de Miles de darle

---

[1054] Whelpley, J.D.: «Must Explain. Alger is Directly Responsible for Yellow Fever's Great Ravages in the American Army. Miles Breaks Silence». *The Kansas City Star*. Kansas City, Missouri. 23 de agosto de 1898, pág. 1.
[1055] Trask: *The War with Spain in 1898*…, pág. 355.
[1056] Archivo General de Puerto Rico. *Fritze, Lundt & Co. Succes., Inc.* Fondo: Departamento de Estado. Serie: Corporaciones con fines de lucro. Caja 24.
[1057] Rivero: *Crónica de la Guerra Hispano-Americana*…, pág. 156.

la vuelta a toda la isla. El propio Miles incluso, llegó a decirle al corresponsal de *Kansas City Star,* desde su cuartel general en Ponce, que gracias al desembarco por Guánica «pude poner en práctica mi plan de campaña de inmediato».[1058]

Las contradicciones entre los hechos, la información contenida en la papelería oficial y la vertida por dos periódicos de relevancia durante el mismo período de tiempo, demuestran la existencia de dos estructuras paralelas que dirigían las peripecias de la guerra. Había una oficial, compuesta por funcionarios del Gobierno, entiéndase McKinley-Alger-Long, y otra subyacente, no visible, pero que en realidad manejaba los hilos y cuyos miembros se movieron en la oscuridad desde el anonimato.

En la Cámara: 1 día antes de la invasión

A la misma vez que Miles recorría por segunda ocasión la costa norte, se aventuraba por el oeste y enfilaba hacia el sur de Puerto Rico sin ser molestado, los representantes ante la Cámara Insular insistían en legitimar su gobierno a golpe de reuniones, al parecer, como única protección contra la invasión que se les venía encima.

La sesión del domingo, 24 de julio comenzó temprano, con menos público que el día anterior. Asistieron los señores Luis Muñoz Rivera, Salvador Carbonell, Juan Hernández López, Manuel Camuñas, Herminio Díaz Navarro, José de Diego, Cayetano Coll y Toste, Manuel Egozcue, José Toro Ríos, Felipe Casalduc, Luis Porrata Doria, Ulpiano R. Colón, José Vicente Cintrón y Rafael Arrillaga.[1059]

Luego del café matutino, los allí reunidos aprobaron el acta de la sesión del sábado 23 en la que habían acordado —todos de pie y por unanimidad— otorgar una subvención a la señora viuda de Román Baldorioty de Castro. Más tarde en la mañana, cuando ya el calor prometía ser intenso y antes del sopor del mediodía, propusieron la suspensión de los juzgados municipales de los extinguidos pueblos de Luquillo y Ceiba, siendo el principal defensor de la medida Manuel Camuñas. Como nadie más habló sobre el asunto, se declaró discutido y pasaron a lo próximo. En esta ocasión, José de Diego acaparó el protagonismo al proponer un estatuto sobre la organización del Tribunal de lo Contencioso Administrativo. De ahí, los líderes criollos se movieron a otro punto: la proposición de estatuto autorizando al Consejo a hacer toda clase de economías destinadas a «la inmediata construcción de un edificio para las Cámaras Insulares». De nuevo, Camuñas consumió el turno a favor de la medida, pero no habiendo suficiente número de representantes para la votación legal de las proposiciones de estatutos, decidieron todos irse a disfrutar un merecido almuerzo y retomar los asuntos más adelante en el día.[1060] Construir un edificio para ellos mismos era algo que merecía un detenido debate.

[1058] «Gen. Miles Places Blame. He Arraigns the War Department for Sickness and Mistakes in Cuba and Porto Rico». *The New York Times*. Nueva York, Nueva York. 24 de agosto de 1898, pág. 1.
[1059] «Cámara insular. Sesión de la mañana del 24». *La Correspondencia*. San Juan, Puerto Rico. 25 de julio de 1898, pág. 1.
[1060] *Id.*

Ya en la tarde, todos de vuelta al recinto luego del almuerzo y la siesta, aprobaron el estatuto sobre supresión de los juzgados de Luquillo y Ceiba, la propuesta relativa a la organización del Tribunal de lo Contencioso Administrativo y también la creación de un fondo de reserva a disposición del Consejo de Secretarios para construirse un grandioso edificio.[1061]

Esa tarde del 24 de julio, los representantes insulares conformaron varias comisiones que debían rendir informes en las próximas sesiones. Luis Muñoz Rivera, Luis Porrata Doria, Manuel Egozcue y Cintrón conformaron una comisión para el estudio de aranceles; Herminio Díaz Navarro, Juan Hernández López, José de Diego, Manuel Egozcue y Cayetano Coll y Toste analizarían una nueva ley de empleados; mientras que Herminio Díaz Navarro, Juan Hernández López, Toro Ríos y Casalduc se llevaron la asignación de proponer un estatuto complementario para la administración de Justicia.[1062]

Al momento de salir, los señores representantes tomaron sus sombreros, algunos enrumbaron hacia la tertulia en la cercana farmacia del ortodoxo Fidel Guillermety, otros se movieron al restaurante La Catalana en el número 56 de la calle San Francisco, y el resto al lujoso hotel Inglaterra. Se despidieron afables y optimistas hasta el otro día, 25 de julio de 1898, en el que darían punto final al debate sobre la subvención al Ferrocarril de Vía Estrecha de Mayagüez. Ese lunes serían las fiestas de Santiago Apóstol, pero la gran obra de Gobierno no podía esperar. Tenían mucho trabajo por delante.

A esa hora, Nelson Miles se acercaba al puerto de Guánica.

La guerra en Puerto Rico

A las 5:20 de la mañana del 25 de julio de 1898, los barcos invasores llegaron con las luces apagadas a uno de los mejores puertos de todo Puerto Rico: la bahía de Guánica. El U.S.S Gloucester se aproximó solo a la entrada del puerto y, después de un ligero reconocimiento del canal, pidió permiso para entrar. El buque —construido a la medida de Pierpont Morgan y pilotado en ese momento por Julio R. Capifali Olivieri, nacido en Las Marías y exempleado de una compañía de buques mercantes con sede en San Juan—[1063] se perdió de vista por los zigzags de la entrada, navegó hasta llegar a 600 yardas de la costa donde fondeó y, de inmediato, tiró una lancha al mar en la que iban 29 soldados y un cañón automático Colt de seis milímetros.[1064]

La avanzada llegó hasta un pequeño muelle y el primer acto fue arriar la bandera española e izar la estadounidense. Luego de cumplida la misión más importante, los 29 hombres, sin titubear y sin perderse en una geografía que se presuponía desconocida, marcharon a pie hacia la hacienda Santa Rita, propiedad de Atlantic Trust Co. of New York. Allí, alrededor de las cinco de la tarde, establecieron su cuartel general.[1065]

[1061] *Id.*
[1062] *Id.*
[1063] Registro civil de Puerto Rico. *Certificado de defunción de Julio Capifali Olivieri.* 26 de enero de 1946. Registro Civil, 1885-2001. Ancestry.com.
[1064] Rivero: *Crónica de la Guerra Hispano-Americana...*, págs. 208-214.
[1065] *Id.* La antigua hacienda Santa Rita es hoy el Noviciado de las Hermanas Dominicas de Fátima.

Las tropas invasoras recibieron muchísima ayuda interna, lo que explica la facilidad con la que navegaron por los canales zigzagueantes de la bahía de Guánica y marcharon por tierra, directo a la hacienda Santa Rita. Uno de estos ayudantes fue Julio R. Capifali Olivieri, nacido en Las Marías, de padre francés y madre mayagüezana, quien pilotó el U.S.S Gloucester en su entrada por la bahía de Guánica el 25 de julio de 1898. Imagen: Árbol genealógico familia Atiles-O'Brien. Ancestry.com.

Volvamos a las primeras horas del 25 de julio cuando el Gloucester desapareció por los canales que conducen al poblado de Guánica. Sin esperar la vuelta del buque explorador, el Massachusetts dio la orden al resto de los transportes de entrar al puerto y desembarcar. En esta ocasión, y a pesar de que ya ondeaba una bandera estadounidense en la playa, colocaron otra de mayor tamaño. Sin duda, invirtieron mucho tiempo y energía en cumplimentar las órdenes relacionadas con la insignia. Nelson Miles, en su libro *Serving the Republic,* describió ese momento de la siguiente manera: «Los ingenieros construyeron una base para el asta con cajas de cartuchos y mientras los oficiales distribuían dichos cartuchos a los valientes soldados, las estrellas y las franjas mostraron sus colores como símbolo de soberanía de nuestra gran República».[1066]

Día cero de la invasión

Eran las ocho de la mañana del lunes, 25 de julio cuando el representante ante la Cámara por el distrito de Ponce Luis Porrata Doria salió del hotel Inglaterra de camino al edificio de la Real Intendencia. Él mismo había presentado una enmienda a la subvención del Ferrocarril de Vía Estrecha de Mayagüez y ese día tendría que defenderla. Llegar puntual al recinto donde se reunían los señores representantes revestía la mayor de las importancias.

Era día de Santiago Apóstol y la ciudad amaneció un tanto desolada. Los vecinos que quedaban se habían marchado el día anterior, escapando de un más que probable ataque. Pero las salvas en

---

[1066] Miles, Nelson Appleton: *Serving the Republic. Memoirs of the civil and military life of Nelson A. Miles.* Harper & Brothers. Nueva York. 1911, pág. 297.

Luis Porrata Doria, representante ante la Cámara Insular por el distrito de Ponce. Imagen: Dominio público.

honor al santo disparadas desde el San Cristóbal le recordaron al ponceño que todavía Puerto Rico estaba bajo la protección española y que el Gobierno criollo seguía en todo su vigor. ¡Viva España!

El optimismo duró poco. Al pasar por el establecimiento del señor Rafael Palacios, varios hombres lo interceptaron para preguntarle, alarmados, si sabía la noticia de que los americanos estaban ya en Yauco. Porrata Doria pensó de inmediato en su familia que había dejado en Ponce. Apretó el paso, cruzó la Plaza de Armas y entró al imponente Palacio de la Real Intendencia. Allí se encontró de bruces con Luis Muñoz Rivera quien, como de costumbre, había sido el primero en llegar. ¿Es cierto?, ¿ya están aquí los americanos?, le preguntó al Jefe. No sabía nada. Sorpresa total. No era posible... Habría que preguntar al gobernador.

El primer ministro agarró de prisa su sombrero y, dando las zancadas más grandes que su cuerpo regordete le permitía, caminó por la calle San José, doblando por la de Fortaleza hasta llegar al Palacio de Santa Catalina.

Al regresar de su incursión ante el gobernador general, un sudoroso Luis Muñoz Rivera les confirmó a los presentes la terrible noticia: los yanquis habían entrado por Guánica, lugar en el que —pese a las cientos de advertencias— no había ni una mina ni un barco español ni un soldado.

«Don Luis, mi familia está sola en Ponce y no hay otro hombre que la defienda», se escuchó decir a Porrata Doria. «Yo necesito ir a Ponce. Deme su permiso». Otros representantes, a coro, expresaron lo mismo. Luis Muñoz Rivera se quedó en silencio unos minutos. Reflexionó y resolvió:

— Está bien. Suspendamos las Cámaras y esperemos los acontecimientos.[1067]

Ese fue el último día que la Cámara Insular se reunió. Nunca más fue convocada.

Ponce

Las siguientes movidas de Miles demuestran que no fue tan accidental su elección del punto de llegada. Luego de desembarcar por la bahía de Guánica, ordenó a sus tropas la toma de Ponce, la ciudad más importante de todo el país en cuanto a economía se refiere, la cuna de compañías vinculadas a Wall Street y de la mayor cantidad de desafectos al régimen español. Ponce tenía para la fecha unos 28 000 habitantes, un banco, tres hoteles de primera clase, un teatro y, lo más importante, una carretera excelente que la conectaba con San Juan.[1068] Toda esta información había sido anticipada por *The New York Times*.

Para apoyar la entrada a Ponce, Miles instruyó al general de brigada George A. Garretson a seis compañías de Massachusetts, y a una de Illinois que se movieran por tierra hacia Yauco, un pueblo ubicado a 6 millas al norte de Guánica y que colindaba con el ferrocarril y la carretera hacia Ponce. Esta movida estratégica también había sido detallada con asombrosa certeza por el *New York Times*. Después de una breve escaramuza en los alrededores de la hacienda Santa Rita durante la madrugada del 26 de julio, los defensores españoles se retiraron permitiendo al general de brigada, Guy V. Henry ocupar Yauco y, dos días después, el 28 de julio, marchar con sus tropas por la carretera hacia Ponce, adonde llegaron ese mismo día. Al mismo tiempo, la Marina hacía su parte desembarcando varios transportes por el puerto de Ponce —que, al igual que Guánica, resultó libre de minas, sin fortificaciones y sin defensas— al mando de Charles H. Davis, cuñado del senador Henry Cabot Lodge.[1069]

La guarnición española en Ponce recibió órdenes de retroceder hacia el norte por la carretera militar, y así lo hizo en la madrugada del 28 de julio. Los hombres que dirigían la ciudad, todos pertenecientes al Comité Provincial del Partido Liberal Fusionista, no esperaron un segundo para entregarse ante el invasor. La ciudad de Ponce —cuyo alcalde Ulpiano Colón había sido nombrado

---

[1067] Todd, Roberto H.: *En busca de un eslabón*. 12 de abril de 1940. <https://redis.sagrado.edu/bitstream/handle/20.500.12985/3287/RT%20%201-064-06.pdf?sequence=2&isAllowed=y>. [21/07/2022].
[1068] Trask: *The War with Spain in 1898…*, pág. 357.
[1069] *Id.*

George «Bay» Cabot Lodge, hijo del poderoso senador Henry Cabot Lodge, de apenas veinticinco años, fue el responsable de izar la bandera estadounidense en la Aduana y en la Casa Alcaldía de Ponce.
George Cabot era, además, sobrino de John Luce, quien ya para esa fecha negociaba su entrada a Puerto Rico como parte del banco privado, DeFord & Co.
Imagen: Lodge: *The Lodge Women...*

por Luis Muñoz Rivera[1070] y que era, además, representante ante la Cámara— no se rindió una vez, sino en cuatro ocasiones. Según el reportero de guerra Richard Harding Davis, la ciudad capituló primero ante el alférez Roland Curtin del Wasp; luego ante tres oficiales que entraron por error; después ante el comandante Davis, y por último, frente al general Miles.[1071]

En una de las narraciones más cinematográficas de aquel momento, la escrita por Richard Harding Davis, se cuenta que el general Miles se acercó a tierra junto a varios oficiales de su Estado Mayor. Uno de ellos agitaba vigorosamente la bandera. Mientras la lancha se acercaba, la multitud aglomerada en los muelles, en frenesí, gritaba vivas al invasor. Cerca de la costa —según contó Richard Davis tiempo después en tono sarcástico y refiriéndose a la proclama de Miles— un soldado que hablaba español anunció que la llegada del general Miles «les traía libertad, fraternidad, paz, felicidad y riqueza sin impuestos. Libertad de expresión, pensamiento y conciencia, 'tres acres y una vaca', 'varias esposas', y a cada ciudadano 'un cargo político' y 'una pensión vitalicia'».[1072]

[1070] «Secretaría del Despacho de Gracia y Justicia y Gobernación». *La Gaceta de Puerto Rico*. San Juan, Puerto Rico. 28 de junio de 1898, pág. 1.
[1071] Blow: *A Ship to Remember...*, pág. 379.
[1072] *Id.*

No es posible afirmar que Puerto Rico fue conquistada por la fuerza de las armas, toda vez que la firma de los protocolos de paz interrumpió la campaña militar. McKinley solo necesitaba la presencia de la Marina y de los militares en la isla, en lo que él llamó una «ocupación técnica». *The Boston Globe* recogió muy bien las estrategias políticas en esta caricatura publicada el 26 de julio de 1898, apenas un día después del desembarco por Guánica y sin que todavía se supiera el desenlace final de la invasión. «Come, come now; that's a good little man: give me the rest of these things». *The Boston Globe*. Boston, Massachusetts. 26 de julio de 1898, pág. 7.

Richard Harding Davis se burlaba, como muchos de sus colegas, de la proclama de corte napoleónico que presentó Miles ante la muchedumbre que lo vitoreaba. El texto, que fue repetido en su totalidad y sin cuestionamientos por la élite política criolla, decía en una de sus partes:

> No hemos venido a hacerle guerra al pueblo de una nación que por siglos ha sido oprimida, sino por el contrario a traerles protección no solo a ustedes sino a su propiedad, a promover la prosperidad y otorgarles a ustedes las inmunidades y bendiciones de las instituciones liberales de nuestro gobierno.[1073]

[1073] Rodríguez Cruz, Rafael: «Las tramas del general Nelson A. Miles». *Rebelión*. 31 de mayo de 2017.

Soldados ocupando la Aduana de Ponce. Julio 1898. Imagen: Puerto Rico Historic Building Drawings Society.

Luego de esa entrada apoteósica que sirvió como gasolina para el ego de Miles, le siguieron escenas dignas de los mejores dramas. Al cadete George «Bay» Cabot Lodge, y como una forma de reconocer el papel prominente de su poderoso padre en esta guerra, le permitieron izar la bandera estadounidense en el puerto de Ponce y en la Casa Alcaldía. En una carta a su madre, Bay comentaba:

> Tuve el honor de izar la bandera sobre la Aduana del puerto en medio del inmenso entusiasmo de la población. Multitudes aparecieron vitoreando y gritando, 'vivan les conquistadors americanes', [sic] 'viva el Puerto Rico libre', ¡liberen a dieciséis presos políticos! Luego con gran solemnidad el alcalde y yo izamos la bandera sobre el ayuntamiento. Mientras la bandera subía, la gente vitoreaba ruidosamente como jamás antes escuché.[1074]

En pocos días, las tropas invasoras ocuparon Guánica, Yauco, Peñuelas, Ponce, Sabana Grande, San Germán, Mayagüez, Arroyo, Guayama, Las Marías, Adjuntas, Utuado y Juana Díaz. Nelson Miles se tomó su tiempo en planificar las operaciones subsiguientes. Una vez llegaron sus refuerzos, ideó una campaña de cuatro puntas que luego de impactar los principales pueblos del interior, cerraría filas sobre San Juan. Demoró una semana planificar la operación y descargar los suministros, pero cuando las columnas del ejército finalmente se movieron, lo hicieron de forma muy rápida a través de la carretera militar.[1075]

[1074] Lodge, Emily: *The Lodge Women. Their Men and Their Times*. Estados Unidos. Edición Kindle, loc. 2350.
[1075] Blow: *A Ship to Remember…*, pág. 379.

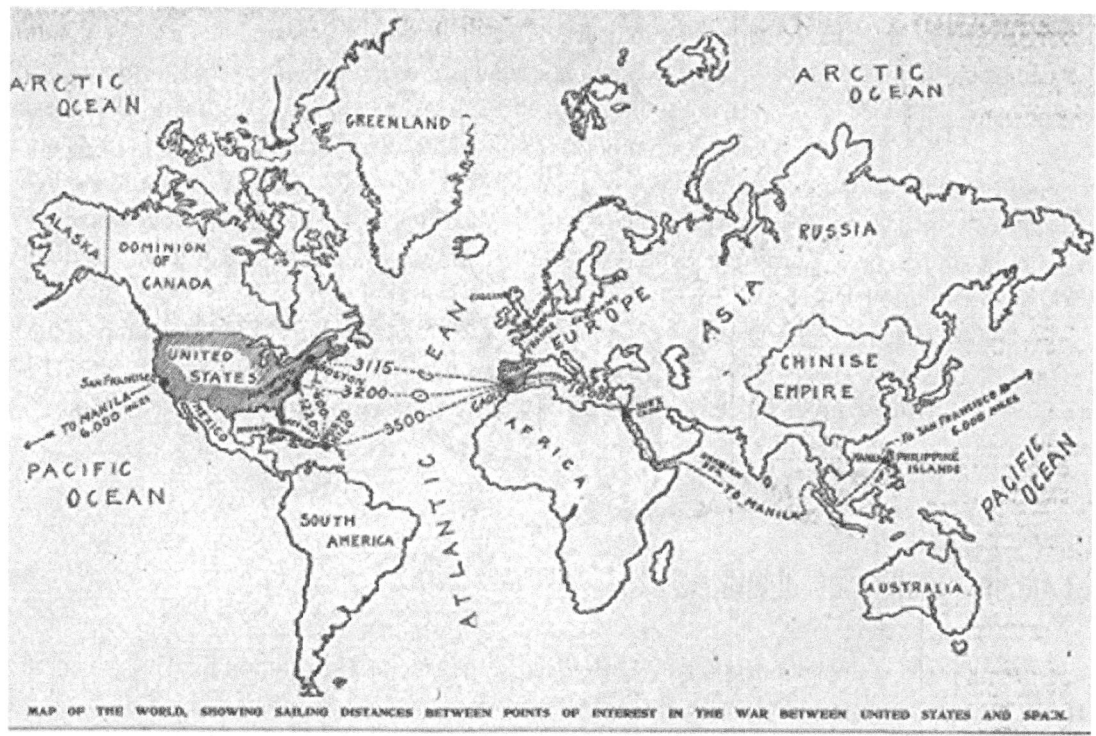

El 1 de mayo de 1898, a unas 8000 millas de distancia, en Filipinas, Dewey destruyó la flota española en Manila. El 21 de junio, la Marina se apoderó de la pequeña isla de Guam y su magnífico puerto que estaban en manos de los españoles. El 1 de julio, el teniente coronel Theodore Roosevelt, vestido de uniforme con botones de bronce que acababa de comprar a Brooks Brothers, condujo a sus Rough Riders en un teatral ataque a pie (olvidaron llevar los caballos en el barco), por el Cerro de San Juan en el oriente de Cuba. Dos días después, la Marina destruyó a todo el escuadrón del almirante Cervera en la bahía de Santiago de Cuba. El 7 de julio, el presidente McKinley firmó la anexión de Hawái. El 25 de julio, un destacamento de infantes de la Marina desembarcó por la bahía de Guánica en Puerto Rico. El 13 de agosto, Manila cayó ante Dewey. En pocos meses, por medio de la fuerza militar, Estados Unidos ganó territorios en los lados Atlántico y Pacífico de sus fronteras continentales. Imagen: «Mapa que muestra los puntos de interés en la guerra, las distancias y el patrón en zigzag de la conquista». *The Boston Globe*. Boston, Massachusetts. 12 de mayo de 1898, pág. 4.

El 9 de agosto, a la altura de Coamo, el «picnic» puertorriqueño dio un giro serio. En ese lugar, en el que el camino a San Juan serpentea entre las montañas, los españoles optaron por luchar, así que el recibimiento a las tropas invasoras fue mucho menos acogedor de lo que había sido en Ponce. El 12 de agosto, ya en territorio de Aibonito, un oficial estadounidense enviado a reconocer el terreno informó que había «una garganta profunda en un lado y una pared perpendicular en el otro». Por encima de ellos, a una altura de 1300 pies, los españoles colocaron ametralladoras y piezas de artillería. Davis informó «un terrible fuego de metralla, proyectil común y balas de Máuser que causaron mucho daño a nuestra infantería». Las precarias condiciones provocaron que el mayor general, James H. Wilson pospusiera el enfrentamiento hasta la mañana siguiente.[1076]

[1076] *Ibid.*, págs. 380-381.

Al amanecer del sábado, 13 de agosto de 1898, los invasores se preparaban para el combate. La geografía no los ayudaba y tampoco sabían a ciencia cierta cuántos soldados y municiones tenían las defensas españolas. En contraparte, los ibéricos ocupaban una posición de gran fuerza natural, protegida por siete líneas de trincheras y una batería de dos obuses. En la parte yanqui se podía respirar el miedo. De repente, como caído del cielo, un oficial de comunicaciones irrumpió en la escena a todo galope, gritando: «¡Cese al fuego! La paz ha sido declarada».[1077] Allí, en las alturas de la Cordillera Central y a medio camino entre Ponce y San Juan, terminó la campaña de Puerto Rico.

La Guerra Hispano-Americana o 'splendid little war', como la llamó John Hay en una carta a Theodore Roosevelt, duró 3 meses y 22 días; 113 días para ser exactos. Tan rápido como el 12 de agosto, McKinley ordenó el cese de las hostilidades y el levantamiento de todos los bloqueos navales a Cuba, Puerto Rico y Filipinas.

La noble España nos abandona

Materializada la invasión técnica a Puerto Rico y sin esperar el resultado final, el presidente McKinley y el secretario de Estado William R. Day comenzaron las conversaciones con Jules Cambon, embajador francés en Estados Unidos, quien actuaba en nombre del Gobierno español.

En esos diálogos se estableció desde los días finales de julio que no habría concesiones en cuanto a Puerto Rico. Estados Unidos exigía como condición para el cese de las hostilidades que España cediera la isla sin restricciones. Cambon entendió que los términos propuestos eran severos y pidió algunos cambios. McKinley contestó de un modo categórico: si no aceptaban esas condiciones ahora, luego serían más agresivas. El embajador francés, quien como muchos otros creía que McKinley era débil, en esta ocasión observó que el presidente actuaba «firme como una roca».[1078]

Sin esfuerzos ulteriores, España entregó la isla de Puerto Rico. Hasta ese día, Muñoz Rivera y sus seguidores estaban convencidos —o al menos eso decían de cara a la galería— de que «la noble España no nos dejará abandonados en ocasión tan suprema».[1079] Pero el protocolo que se firmó el 12 de agosto de 1898 no dejó espacio para dudas. La Madre Patria abandonó en segundos, sin provisión ni protección alguna, a sus colonias antillanas. El armisticio, que sirvió de base para el tratado de paz definitivo, quedó redactado como sigue:

[1077] *Id.*
[1078] Blow: *A Ship to Remember...* pág. 382.
[1079] «¡Viva España!». *La Democracia*. Ponce, Puerto Rico. 13 de mayo de 1898, pág. 2.

"LET US HAVE PIECE—IN FACT, SEVERAL PIECES!"

El 12 de agosto de 1898 grandes titulares anunciaban la firma de la paz y la conquista de varias islas. El *Boston Globe*, en su página principal, dio espacio a esta caricatura en la que el Tío Sam 'se come' a Puerto Rico mientras sostiene en la otra mano a Manila, Cuba y Guam. «Let Us Have a Piece. In Fact, Several pieces». *The Boston Globe*. Boston, Massachusetts. 12 de agosto de 1898, pág. 1.

1- España renunciará a todos los reclamos de soberanía y títulos sobre Cuba.
2- Puerto Rico y otras islas españolas en las Indias Occidentales y una isla en los Ladrones [hoy Marianas] a ser seleccionada por el Gobierno estadounidense serán cedidas a Estados Unidos.
3- Cuba, Puerto Rico y otras islas españolas en las Indias Occidentales deben ser evacuadas de inmediato y los comisionados, dentro de los treinta días posteriores a la firma del protocolo, deben reunirse en La Habana y San Juan para organizar y ejecutar los detalles de la evacuación.
4- Estados Unidos ocupará y mantendrá la ciudad, bahía y puerto de Manila, en la espera de la conclusión del tratado de paz que determinará el estatus de las islas Filipinas.
5- Estados Unidos y España nombrarán comisionados para negociar el tratado de paz. Los comisionados se reunirán en París no más tarde del primero de octubre de 1898.
6- Una vez firmado el protocolo, las hostilidades deben cesar y cada Gobierno deberá comunicarlo de inmediato a sus comandantes y fuerzas navales.[1080]

[1080] Foner: *The Spanish-Cuban American War*..., págs. 374-375.

Las razones: ¿políticas o económicas?

Sin resolver todavía cómo sería gobernada Puerto Rico, ya los periódicos estadounidenses revelaban los verdaderos grupos de intereses que estuvieron detrás de la invasión. Si bien no son necesarias más evidencias que las expuestas hasta ahora para concluir que las razones detrás de la guerra contra Puerto Rico no fueron políticas y sí comerciales; también es cierto que los eventos y publicaciones que se sucedieron a la firma de los protocolos de paz son harto elocuentes y nos sirven para argumentar aún más y, de paso, intentar convencer a los todavía incrédulos.

Habrá notado el lector la total ausencia hasta ahora de alusiones a que Puerto Rico sería utilizada como base naval o como centro de abastecimiento de carbón, justificación que hoy enarbola la historia oficial como razón principal de aquella invasión. En contraste, sí existen múltiples referencias a Filipinas como lugar estratégico para la Marina de Guerra. Por ejemplo, semanas antes de la firma del armisticio, el 28 de julio de 1898, el *Chicago Tribune* le preguntó a doce senadores qué se debería hacer con Cuba, con Puerto Rico y con Filipinas. Ocho de ellos contestaron que Filipinas debía ser convertida en una estación carbonera. Los doce dijeron que Puerto Rico debía ser retenida por el Gobierno, sin mencionar ni una sola vez «coaling station» o algo que se le pareciera. El senador George L. Shoup de Idaho estuvo «a favor de la salida de las tropas españolas de Cuba, Porto Rico y Filipinas; la independencia de Cuba; adquisición de Porto Rico; estación carbonera en Filipinas». El senador Lucien Baker de Kansas aseguró que: «España debe renunciar a todas sus propiedades en Cuba y Porto Rico. Deberá cedernos una estación carbonera en Filipinas, las Carolinas y Canarias. Porto Rico no parece lo suficientemente valiosa para estos propósitos». El senador George C. Perkins de California pidió la independencia para Cuba pero acotó que «las fortunas de la guerra han resultado en un suceso sin paralelo para nuestra armada y para la Marina de Guerra, lo que exige el establecimiento de bases carboneras para usos futuros. Estoy a favor de la retención de una de las Filipinas, preferiblemente Luzón, para esos propósitos. También favorezco la anexión de Porto Rico». El senador Francis E. Warren de Wyoming se expresó en términos muy parecidos sobre Cuba, en cuanto a Puerto Rico afirmó que debería ser «retenida como una posesión permanente. Si no son retenidas completamente las islas Filipinas, Carolinas y Ladrones, al menos debemos colocar allí bases carboneras».[1081]

Las posturas oficialistas y de los medios permearon, sin duda, en la opinión pública. Al hacerle la misma pregunta a ciudadanos de varios estados, el *Chicago Tribune* obtuvo respuestas muy parecidas. Noventa y una personas fueron entrevistadas en Chicago, Denver, Atlanta, Baltimore, Mobile, Seattle, St. Louis, Filadelfia, Springfield, Milwaukee, Nueva Orleans, Los Ángeles, Detroit, Louisville, Kansas City, Memphis y Omaha. El líder obrero W. D. Mahon contestó que: «Estados Unidos debe poseer completamente a Cuba y Porto Rico, y quizás establecer una estación carbonera en Filipinas». J. L. Hudson, comerciante de Detroit, creía que «este país debe contar con Cuba como una de sus posesiones y Porto Rico también». Daniel Rich de Atlanta, pidió anexar a Cuba y Puerto Rico, además de «una estación naval en Filipinas». James F.

[1081] «Senators on Peace Terms. Opinions as to the Wages of War to be Paid by the Spaniards. Independence of Cuba. Favor Holding Porto Rico». *The Chicago Tribune*. Chicago, Illinois. 29 de julio de 1898, pág. 3.

Buckner, secretario de la Junta de Comercio de Maine opinó que «España debía salir de Cuba y Porto Rico y ceder la última a Estados Unidos. Una estación naval en Filipinas».[1082]

Como cuestión de hecho, en Puerto Rico no se formalizó una base militar en propiedad hasta comienzos de 1917,[1083] el Campamento Las Casas en Santurce, y una base naval hasta 1940.[1084] Estos hechos no abonan a la creencia general de que la isla fue invadida en 1898 solo por su posición estratégica-militar. Esperar diecinueve o cuarenta y dos años para instalar campamentos militares es un tiempo excesivo, si pensamos que ese fue el único y principal objetivo al ocupar el territorio. En contraparte, la base naval de Guantánamo en Cuba se estrenó en 1898; la base aérea de Clark, Filipinas, en 1903; la base naval estadounidense en Subic Bay también en 1898. Es preciso aclarar que, acercándose la Primera Guerra Mundial sí se habló y debatió sobre la importancia estratégica de Puerto Rico como un punto de defensa del Canal de Panamá y como posible base naval en las denominadas 'West Indies'.[1085] Pero no es correcto aplicar esta misma aseveración a los eventos de 1898.

Debemos refutar también la teoría de que Puerto Rico fue invadida en 1898 por una supuesta importancia geopolítica con relación al Canal de Panamá. La concesión para construir un canal interoceánico a través de Panamá fue otorgada por el Gobierno de Colombia —país del cual formaba parte la provincia de Panamá— a un sindicato francés que poco o nada tenía que ver con Estados Unidos en esos momentos: la Compagnie Universelle pour le Canal Interoceanico. En 1894 la empresa fracasó estrepitosamente llevando a la cárcel a varios de sus organizadores incluido Gustave Eiffel, constructor de la torre Eiffel y la Estatua de la Libertad, por fraude y uso ilícito de los fondos de los inversores. Varios banqueros implicados en el escándalo se suicidaron y no pocos políticos, que también participaron, terminaron en la cárcel o perdieron sus cargos por aceptar sobornos. En julio de 1898 muy pocos apostaban por la efectividad de un canal por Panamá, incluso en ese momento la palabra 'Panamá' era sinónimo de fracaso y escándalo (la expresión popular francesa 'Quel Panama!' significaba ¡qué lío!). No fue hasta diciembre de 1898 (cinco meses después de la invasión a Puerto Rico) que el abogado corporativo William Nelson Cromwell (Morgan), de la firma Sullivan & Cromwell, con oficinas en el número 41 de Wall Street, inició su cabildeo para que el Gobierno de Estados Unidos comprara la concesión francesa, lo que logró (no sin antes orquestar una invasión militar a Panamá con la invaluable ayuda de Theodore Roosevelt) en noviembre de 1903.[1086] Los $40 millones que salieron de las arcas públicas para esa transacción se pagaron directamente a J.P. Morgan & Co.[1087]

[1082] «Citizens Give Their Views on Peace Terms». *The Chicago Tribune*. Chicago, Illinois. 29 de julio de 1898, pág. 3.

[1083] The Filson Historical Society, Louisville, KY. *Colonels Field and Wood Assume Control of 374 and 375 Regiments*. Colección Yager, Arthur (1858-1941). Papers 1913-1921. Folder 75: War Department. Correspondence, 10 diciembre de 1913-17 de mayo de 1921.

[1084] Santiago Caraballo, Josefa: «Guerra, reforma y colonialismo: Luis Muñoz Marín, las reformas del PPD y su vinculación con la militarización de Puerto Rico en el contexto de la Segunda Guerra Mundial». *Tesis doctoral*. Departamento de Historia. Universidad de Puerto Rico, recinto de Río Piedras. 2005.

[1085] The Filson Historical Society, Louisville, KY. *Memorando del Comandante W.R. White, U.S. Navy al secretario del Navy sobre bases navales estadounidenses en las Indias Occidentales*. Colección Yager, Arthur (1858-1941). Papers 1913-1921: Folder 76: Yager (Personal File):Correspondence, reports, articles. 1913- 1919. 1 de noviembre de 1917.

[1086] Díaz-Espino: *El país creado por Wall Street...*, págs. 29-241.

[1087] «Deliberate Untruths. World Says Mr. Roosevelt Lied About Panama. Asserts He Knew Americans Got Canal Purchase Money». *The Boston Globe*. Boston, Massachusetts. 8 de diciembre de 1908, pág. 8.

En 1898, la corporación privada que operaba la construcción de un canal interoceánico por Nicaragua —esta sí estadounidense— estaba en la más absoluta de las bancarrotas a la espera de un rescate gubernamental que nunca llegó.[1088]

Por lo tanto, no debemos buscar en Panamá o en Nicaragua las causas de la invasión a Puerto Rico en julio de 1898. ¿Qué nos queda entonces si no seguir la pista al dinero desde y hacia Wall Street?

Es un hecho que en el breve período que duró la guerra se formaron no menos de 200 nuevos trust en Estados Unidos. El número de consolidaciones de empresas manufactureras subió de 69 en 1897, a 1200 en 1899. Tan pronto como 1901, estos nuevos leviatanes corporativos dominaban una larga lista de industrias: azúcar, petróleo, acero, *whisky*, tabaco, carbón, cristal, papel, clavos y tornillos, entre muchas otras. Las acciones intercambiadas en un solo día en el New York Stock Exchange (NYSE) subieron de $1.2 millones a $3000 millones.[1089] John Pierpont Morgan completó la lucrativa fusión de la American Telephone and Telegraph Company (AT&T), que estuvo lista el 30 de diciembre de 1899; consolidó el sindicato Federal Steel Company, que terminaría con la compra de Carnegie Steel Co., y la creación, en 1901, de U.S Steel Co., la primera corporación capitalizada en $1000 millones de todo el mundo y la más grande productora de acero. También en los primeros meses de 1902, Morgan anunció el nacimiento del Ship Trust, una compañía tenedora de acciones de nombre International Mercantile Marine Co., que amalgamó bajo un solo par de manos (las de Pierpont) a las empresas navieras del planeta.[1090] Y, desde 1898 hasta 1911, los reformadores monetarios de Indianápolis —liderados por Morgan, con el apoyo del Estado— intentaron reformar los sistemas monetarios en ocho países: Puerto Rico, Filipinas, México, China, Cuba, Panamá, República Dominicana y Nicaragua.[1091]

La guerra de 1898 terminó la crisis financiera que había empezado en 1893. Por primera vez Estados Unidos comenzó a salir de su condición de deudor de los bancos ingleses para convertirse en un importante acreedor y centro financiero.

[1088] Díaz-Espino: *El país creado por Wall Street...*, págs. 30-34.
[1089] Pak, Susie: *Gentlemen Bankers. The World of J.P. Morgan*. Harvard University Press. 2014, pág. 99.
[1090] Chernow: *The House of Morgan...*, págs. 81-83.
[1091] Rothbard: *A history of money...*, págs. 218-233.

Oliendo lo que guisan

Yo no digo que la cocina americana sea mala
pero lo cierto es que no confecciona un plato este cocinero
que no nos produzca una indigestión.

«Oliendo lo que guisan». *El Carnaval*. San Juan, Puerto Rico. 20 de marzo de 1910, pág. 11.

7

Interludio

> Cuando iba Muñoz Rivera
> de Ponce por la gran vía
> el muy guasón al Vigía
> le puso una gran bandera.
> Aquí las banderas rotas
> no se pudieron izar,
> y al verle el Vigía llegar
> echó mano a las pelotas.
>
> JUANIQUILLO[1092]

Agosto-octubre

Entre agosto y los primeros días de septiembre de 1898, unos 50 000 soldados estadounidenses se desplegaron por todo el archipiélago puertorriqueño.[1093] Mientras el ejército invasor se desplazaba sobre los pueblos, alcaldes, concejales, jueces, escribanos, soldados y hasta el comandante del presidio provisional abandonaban en estampida sus puestos de trabajo, dejando a las poblaciones sin servicios y sin gobierno. Las ciudades, desprotegidas, sentían en carne propia la incertidumbre y la inseguridad de un cambio de mando no planificado y que se ejecutaba de forma muy errática. No hay que decir que el caos y la confusión reinaban por doquier. Tampoco habrá que decir que el caos es el mejor aliado del saqueo, el expolio, el fraude, la corrupción y el robo.

Desde agosto hasta el 18 de octubre de 1898, Puerto Rico estuvo regido *de facto* por dos entidades estatales provisorias paralelas. En uno de los extremos, el control que el Ejército de Estados Unidos obtuvo en amplias zonas del país permitió la organización en ellas de una estructura paraestatal. Este gobierno militar logró cortar las comunicaciones y el flujo de dinero que corría de los pueblos ocupados hacia el Departamento de Hacienda a nivel central. Si a esto le agregamos la fuerte persuasión que suele acompañar el uso de las armas podríamos concluir que los militares, desde su cuartel general en Ponce, controlaban el país a tal extremo que, incluso, llegaron a establecer un «gobierno civil».[1094]

Luego de hacer su famosa proclama, Miles entregó el control de los asuntos civiles al mayor general James H. Wilson, comandante de la Primera División del Ejército estadounidense. Wilson, de inmediato, asumió jurisdicción sobre la aduana ponceña, algo entendible si tenemos en cuenta

---

[1092] «Banderas y pelotas». *El Momio*. San Juan, Puerto Rico. 28 de noviembre de 1897, pág. 2.
[1093] «Labor Problem Solved. The Adquisition of Cuba and Porto Rico Has Done It». *The Province*. Vancouver, British Columbia, Canadá. 19 de agosto de 1898, pág. 1.
[1094] «De la capital a Ponce. Interview interesantísima. El general Wilson». *La Correspondencia*. San Juan, Puerto Rico. 24 de agosto de 1898, pág. 1.

que por allí pasaba el grueso de las riquezas de todo el país. Así fue cómo el coronel F. A. Hill se convirtió en el jefe-cobrador de la aduana, desplazando al cuñado y socio de Muñoz Rivera, Quintín Negrón Sanjurjo. Para asombro de muchos, los tribunales de Ponce también fueron intervenidos por aquel incipiente gobierno militar. Apenas cinco días después de la ocupación de la ciudad, el 2 de agosto de 1898, Wilson colocó en el cargo de magistrado-presidente de la Audiencia de Ponce al licenciado Rosendo Matienzo Cintrón, quien continuó ejerciendo como abogado-notario en paralelo a su función oficial.[1095] Wilson designó, además, a José de Guzmán Benítez como registrador de la Audiencia. Antes de ocupar los puestos, ambos puertorriqueños tuvieron que jurar lealtad a la nueva metrópoli.[1096] Wilson se inspiró en una de las órdenes de Lincoln durante la Guerra Civil, para redactar un juramento provisional que decía así:

> Durante la ocupación de la isla de Porto Rico por los Estados Unidos de América, renuncio y abjuro toda lealtad a cualquier soberano, príncipe o potentado extranjero y prometo apoyar fielmente al gobierno de los Estados Unidos establecido por las autoridades militares en la isla.[1097]

En el otro extremo, en San Juan, el régimen autonómico —compuesto por hombres inexpertos en el arte de la administración pública— lidiaba con una situación que sobrepasaba por completo sus capacidades. Aquellos políticos, más preocupados por su propio bienestar que por los eventos dramáticos que afectaban al país, descuidaron de forma negligente el tesoro público, que quedó a merced de los depredadores que se iban a España, de los que llegaban desde el norte y, también, de la propia élite criolla que decidió no perderse su parte del pastel.

Los líderes autonómicos frente a la invasión

Luis Muñoz Rivera no podía creer lo que estaba sucediendo. Después de tanto esfuerzo, luego de renunciar a su ideología republicana (si es que alguna vez la tuvo), de enfrentarse a sus propios correligionarios autonomistas, de tantas horas dedicadas a campañas, propagandas, estrategias y fraudes. Luego de la inmensa cantidad de energía invertida en eliminar a sus opositores y, sobre todo, días después de escuchar cómo lo llamaban primer ministro, ¡una invasión lo devolvía a la casilla cero!

En medio de aquella terrible frustración, el 3 de agosto, cuando ya los militares estadounidenses ocupaban las ciudades de Guánica, Yauco, Ponce, Peñuelas, Sabana Grande, San Germán, Mayagüez, Arroyo, Las Marías, Adjuntas, Utuado y Juana Díaz, el entonces primer ministro abandonó su oficina en la capital —lugar desde donde intentaba gobernar el Gabinete autonómico— y escapó a la casa paterna en Barranquitas.[1098] Allí, en medio del peor peligro que jamás se cerniera sobre Puerto Rico, el presidente dedicó su tiempo a escribir *Sísifo*,

---

[1095] «Cartera de Ponce». *La Democracia*. Ponce, Puerto Rico. 7 de noviembre de 1898, pág. 1.
[1096] «Ponce under our Rule». *Alton Telegraph*. Alton, Illinois. 18 de agosto de 1898, pág. 10.
[1097] *Id*.
[1098] «Noticias». *La Correspondencia*. San Juan, Puerto Rico. 4 de agosto de 1898, pág. 2.

un poema en el que se compara con el rey de la mitología griega que fue condenado por los dioses a subir una y otra vez una piedra a lo alto de una montaña. «El bloque es un obstáculo, un peligro, / una amenaza y, para ciertos seres, / un deshonor», decía Muñoz Rivera en el poema, antes de describir las instrucciones que Plutón le impartía: «Sísifo, marcharás al punto: / sobre tus hombros echarás la mole: / la mole cuya inmensa pesadumbre / asusta y exaspera a los corintios. / Y no descansarás hasta fijarla, / sólida y firme, en la escarpada cima».[1099]

Si, tal como interpretó Lucrecio, el poeta romano del siglo I, la piedra que los políticos ruedan montaña arriba es la del poder, entonces al leer aquel poema de agosto de 1898 debemos concluir que Muñoz Rivera no se recrearía demasiado tiempo en la resignación. No abandonaría tan fácil el poder que se encuentra en la «escarpada cima». Más pronto que tarde, el poema se mueve a la acción: «El enviado de Plutón socava / su peñasco: lo mueve, lo sacude; / lo siente vacilar, dobla sus bríos, / y lo levanta al fin sobre su dorso / para emprender la ruta inverosímil / hacia la ingente cumbre […]».[1100]

Los versos pueden ser un buen lector de la psiquis del poeta. Una mera lectura de *Sísifo* es suficiente para concluir que el primer ministro de Puerto Rico iría hacia la ingente cumbre del poder, traicionaría a España, abrazaría la bandera del nuevo invasor y no habría que esperar mucho para verlo.

Veinticuatro horas después, el 4 de agosto de 1898, momento en que las tropas invasoras se encontraban acampadas en la frontera con Aibonito y a punto de ocurrir la batalla de Coamo, el funcionario público de más alto rango en todo el gobierno criollo decidió que era buena idea regresar a San Juan vía Aibonito, muy cerca del campamento americano. Y lo hizo… o por lo menos lo intentó. Fue arrestado por la guardia civil bajo sospecha de pretender cruzar la línea hacia el campo americano.[1101]

¡El primer ministro del país invadido, arrestado por acercarse demasiado al campamento del invasor! ¡Arrestado aun cuando gozaba de inmunidad! Algo muy gordo debió ser aquello para que la guardia civil se atreviera a arrestarlo. Los decretos autonómicos otorgaban absoluta protección a quienes ocupaban puestos en el Gabinete y también a los representantes. Estos hombres no podían ser procesados ni arrestados, a no ser que los hallaran *in fraganti*.[1102]

La censura gubernamental prohibió a los periódicos mencionar el tema, pero el incidente quedó recogido en el diario personal del capitán del Ejército español, Ángel Rivero, y en un pequeño periódico publicado en Humacao de nombre *El Criterio*.[1103]

La pregunta obligada ante estos hechos es ¿qué hacía Luis Muñoz Rivera, solo, el 4 de agosto de 1898, en medio del avance de las tropas invasoras, en las cercanías del campamento estadounidense? Sin respuesta oficial y sin otros detalles sobre el suceso, debemos proseguir con la narración.

Ante la ausencia del Jefe, la gente pensó que se había «embriscado»,[1104] tal como ya lo había hecho Juan Hernández López.[1105] Muñoz apagó los rumores de inmediato al asegurar que no

---

[1099] *Poemas y pensamientos de Luis Muñoz Rivera*. Instituto de Cultura Puertorriqueña. San Juan, Puerto Rico. 1963, págs. 2-6.
[1100] *Id.*
[1101] Mari: *El diario de guerra…*, pág. 54.
[1102] Núñez: *Cuba y Puerto Rico en el constitucionalismo español…*, pág. 80.
[1103] «Noticias». *La Correspondencia*. San Juan, Puerto Rico. 12 de agosto de 1898, págs. 1-2.
[1104] «Noticias». *La Correspondencia*. San Juan, Puerto Rico. 5 de agosto de 1898, pág. 2.

intentaba escapar, sino que se encontraba enfermo desde hacía varios días.[1106] No aclaró nada más y, por supuesto, no asumió postura alguna. Las aguas estaban todavía demasiado pantanosas como para aventurarse a dar declaraciones definitivas.

El misterio sobre cuál sería la posición del primer ministro sobre la invasión continuó hasta que el 15 de agosto, luego del armisticio que confirmó la derrota española, los periódicos comenzaron, poco a poco, a dar señales de vida del político. El primero en hacerlo fue *La Unión*, órgano de los incondicionales, asegurando que el señor Muñoz Rivera le había dicho a un amigo (y ese amigo a ellos) que, ante el dolor que le causaba la entrada de los yanquis, tenía «la firme resolución de marcharse a la Península para no vivir hoy en esta tierra ya no española».[1107]

Sin prestar atención a los elogios patrióticos que le hicieran sus adversarios, Muñoz Rivera desmintió a *La Unión* desde las páginas de *La Correspondencia*:

> El señor Muñoz no autorizó a nadie para hablar en su nombre, y solo pueden tenerse por declaraciones suyas, las que aparezcan con su firma. El día en que sea preciso hablar, hablará tan clara y tan explícitamente cual acostumbra: entre tanto, su actitud solo puede deducirse de sus actos, que se ciñen, ahora y siempre, al cumplimiento del deber.[1108]

El Jefe mentía una vez más. Para esa fecha ya había tomado la decisión de que su acceso al poder era más importante que falsos y emocionales patriotismos. El mismo que unos días antes juraba lealtad eterna a España, preparaba a la opinión pública para justificar el giro copernicano que estaba a punto de acometer. «Existe la creencia de que los americanos han de conceder mayor amplitud al régimen autonómico hoy vigente»,[1109] decía sin sonrojos *La Correspondencia* en su edición del 17 de agosto.

Ya Muñoz había establecido con anterioridad que no importaban ideologías. Lo único que valía era cualquier sistema —ya fuera autonomía, un raquítico autogobierno o un sistema de turnos— donde él pudiera tener control sobre los cargos públicos. Sin ideologías, solo quedaba el control y el poder. Crudo y duro. Daba igual si ese poder llegaba de la China o de Marte, de España o de Estados Unidos. Por lo que, para convencer al pueblo de que lo mejor en ese momento era aceptar a la nueva metrópoli, siguió diciendo *La Correspondencia*:

> El pueblo americano siempre ha dado muestras de respetar la opinión de las mayorías creadas por voluntad libérrima del pueblo, donde se asienta el verdadero espíritu democrático, y por esta vez no han de romper con esta costumbre. Trátase de un país serio, que junto a la libertad coloca el orden y que al respetar el disfrute de los derechos del ciudadano [...]
> Y esto nos induce a creer que sabrá respetar los derechos adquiridos dentro del sistema autonómico, manteniendo en sus funciones a las actuales Cámaras elegidas por el voto popular. Y a ellas encomendará la obra de establecer las nuevas leyes.[1110]

[1105] «Noticias». *La Correspondencia*. San Juan, Puerto Rico. 30 de julio de 1898, pág. 2.
[1106] *Id.*
[1107] «Noticias». *La Correspondencia*. San Juan, Puerto Rico. 16 de agosto de 1898, pág. 1.
[1108] «Noticias». *La Correspondencia*. San Juan, Puerto Rico. 20 de agosto de 1898, pág. 1.
[1109] «Mirando hacia el porvenir». *La Correspondencia*. San Juan, Puerto Rico. 17 de agosto de 1898, pág. 1.
[1110] *Id.*

¿Mentía de forma deliberada *La Correspondencia*? No lo sabemos. Siempre existe la posibilidad de justificar los errores por mera y cruda ignorancia o por la incapacidad de atisbar el futuro. Sí sabemos que días antes, el 13 de agosto, los editores del periódico aliado de Muñoz Rivera dedicaron un espacio considerable a explicarles a sus lectores los detalles y la historia de la bandera de Estados Unidos.[1111] También sabemos que el 17 de agosto creyeron oportuno insertar en otra columna, los datos biográficos «del jefe de las fuerzas americanas que operan en Puerto Rico, Mr. Nelson A. Miles».[1112] De él difundieron, entre otros detalles, que «al promoverse el motín socialista de Chicago fue el encargado de pacificar la ciudad y reducir a los rebeldes». En esa misma línea agregaron una nota amenazante: «Vayan tomando nota los sediciosos».[1113]

Cuatro días más tarde de publicar las alabanzas a Miles, *La Correspondencia* se aventuró un poco más y comenzó a dibujar la vida bajo el colonialismo estadounidense. Una vida plácida, próspera y mejor que la anterior. En esta cruzada propagandística, llama la atención la ausencia absoluta de cuestionamientos, la pronta y no explicada resignación y, por supuesto, no deja de asombrar la rapidez con la que ocurrió el cambio de lealtades.

En un artículo publicado el 21 de agosto de 1898 titulado «¿Colonos o ciudadanos?», el popular periódico muñocista informaba que la ocupación militar se prolongaría durante años, pero solo «mientras se normaliza el cambio brusco que ha de sufrir nuestra vida política y social».[1114] El periodista justificaba lo anterior sobre la base de la inferioridad y la incapacidad puertorriqueña para autogobernarse:

> La labor será larga: no es tan fácil y hacedero remover por completo todo un régimen que ha venido sucediéndose durante muchos años. Hay que comenzar por educar al ciudadano, y barrer con no pocos resabios, reorganizando el mecanismo administrativo, cuyas deficiencias a nadie escapan.[1115]

En una línea progresiva de la propaganda dirigida a justificar las nuevas lealtades de la élite política criolla, *La Correspondencia* volvió a la carga el 24 de agosto de 1898; esta vez con una entrevista de su director, Ramón B. López, al mayor general, James H. Wilson. El periodista, junto con el alcalde de Coamo, Florencio Santiago, y el intérprete, Adrián López Mussa, se presentó en la tienda de campaña de Wilson en Coamo. El militar, según palabras de López, respondió a las preguntas «con amabilidad exquisita y suma complacencia».[1116] El experimentado reportero procuró guiar la entrevista por aquellos puntos vitales para los puertorriqueños. «El Congreso de Estados Unidos declarará a Puerto Rico territorio de la Unión americana, entrando de lleno a formar parte de aquellos estados»;[1117] todos los empleados civiles «continuarán en sus

---

[1111] «Old Glory». *La Correspondencia*. San Juan, Puerto Rico. 13 de agosto de 1898, pág. 2.
[1112] «El General Nelson A. Miles». *La Correspondencia*. San Juan, Puerto Rico. 17 de agosto de 1898, pág. 1.
[1113] *Id.*
[1114] «¿Colonos o ciudadanos?». *La Correspondencia*. San Juan, Puerto Rico. 21 de agosto de 1898, pág. 1.
[1115] *Id.*
[1116] López, Ramón B.: «De la capital a Ponce. Interview interesantísima. El general Wilson». *La Correspondencia*. 24 de agosto de 1898, pág. 1.
[1117] *Id.*

La Correspondencia de Puerto Rico, periódico aliado a Muñoz Rivera, les indicó a sus lectores el 17 de agosto de 1898, que Nelson Miles fue el encargado de pacificar Chicago tras «el motín socialista». Se referían en realidad a los actos sangrientos perpetrados contra los trabajadores en huelga que hemos descrito en el capítulo 2 de este libro. Los editores de *La Correspondencia* conocían muy bien a lo que se referían. No obstante, prefirieron describir los eventos como «pacificación de la ciudad» y, de paso, usar esa arma amenazante en contra de sus enemigos políticos. En la imagen: la caricatura «Cómo convertirse en presidente [por] el general Miles», publicada por la revista de humor y sátira política, *Puck*, el 15 de marzo de 1899. División de impresiones y fotografías de la Biblioteca del Congreso de Estados Unidos.

puestos»; las escuelas, el culto y el clero «quedarán como están» y el Gobierno americano «lo único que quiere es garantizar las leyes, la libertad y el orden».[1118] En cuanto al Consejo de Secretarios, un aspecto que le importaba en demasía a los políticos criollos, «continuará en el gobierno como Consejo del general que sea designado por el Gabinete de Washington».[1119]

La permanencia en el poder es pieza de evidencia en el *quid pro quo*. Unos, los políticos criollos, mantenían sus redes clientelares gracias a sus accesos en el Gobierno, a pesar del cambio de metrópoli. Los otros, los magnates de Wall Street, se robaban las riquezas del país con manos libres sin ser molestados ni supervisados.

La entrevista de Ramón B. López al mayor general Wilson, publicada por *La Correspondencia* y repetida por muchos otros periódicos locales, tuvo el efecto de presentar a los nuevos invasores como verdaderos salvadores, cuyo único objetivo era el bienestar colectivo. En otras palabras,

---

[1118] *Id.*
[1119] *Id.*

ya estamos en presencia de lo que ha sido catalogado como el colonialismo bondadoso o colonialismo ilustrado, doctrina que se convertirá en una de las justificaciones básicas para la invasión a Puerto Rico. Los defensores de esta doctrina, que como ya hemos visto tuvo entre sus filas a la élite política criolla, se encargaron de proyectar a modo de propaganda el imperialismo estadounidense como una misión democratizadora y civilizadora que no explotaba, no abusaba ni reprimía, sino que estaba orientada única y exclusivamente a promover el progreso y la paz de los habitantes de las nuevas posesiones.[1120]

El Jefe se 'vende' a la nueva metrópoli

> Tienes unos ojitos
> cielito lindo, y unas pestañas,
> y una boca embustera,
> cielito lindo, con que me engañas.
> COPLA[1121]

No transcurrió un mes de la invasión militar sin que Luis Muñoz Rivera moviera sus fichas para granjearse las simpatías del nuevo amo. El 28 de agosto de 1898, en funciones de primer ministro aún, consiguió ser entrevistado por R. D. Gill,[1122] reportero de *The New York Tribune,* el periódico republicano más respetado e influyente de todo Estados Unidos. En una larga sesión y ayudado en la traducción por Wenceslao Borda, el Jefe hizo lo mejor que sabía hacer: mentir y hablar de sí mismo.

Muñoz, ocupado en complacer su inmenso ego, no reparó en un detalle importante. Para la fecha en que se publicó aquella entrevista, 10 de octubre de 1898, el propietario de *The New York Tribune,* Whitelaw Reid, ya estaba instalado en una lujosa habitación del hotel Continental en París, como uno de los cinco integrantes de la comisión estadounidense a cargo del tratado de paz con España. Reid fue uno de los primeros estrategas cercanos a McKinley que comenzó a hablar de retener a Puerto Rico, además de ser un reconocido experto en manipular a la prensa y un maestro en filtrar noticias. Estos dones, además de sus contactos en París y su dominio del francés, lo colocaron en primera fila para formar parte de la comisión de paz.[1123]

[1120] Años más tarde, en 1946, Luis Muñoz Marín, hijo de Luis Muñoz Rivera, retomará esta teoría para contraponer la política imperialista 'boba' de Estados Unidos con el nacionalismo de Pedro Albizu Campos. En varios artículos en el periódico *El mundo*, Muñoz Marín explicaba que el imperialismo americano ayudaba en lugar de explotar a sus colonias y que las había adquirido en un momento de distracción mental. Ayala, César y Rafael Bernabe: *Puerto Rico en el siglo americano. Su historia desde 1898.* Ediciones Callejón. Puerto Rico. 2011.
[1121] Copla muy popular entre los campesinos puertorriqueños del siglo XIX. Ortega Morán, Arturo: *Cápsulas de lengua. Historias de palabras y expresiones.* México. 2014, págs. 41-42.
[1122] Mari: *El diario de guerra…*, pág. 61.
[1123] Contosta, David R. and Jessica R. Hawthorne: *Rise to World Power. Selected Letters of Whitelaw Reid (1895-1912).* The American Philosophical Society. Philadelphia. 1986, págs. 5-7.

CAPÍTULO 7

Whitelaw Reid, propietario del periódico en el que apareció la primera entrevista de Luis Muñoz Rivera en Estados Unidos, era miembro del Metropolitan Club y estaba casado con la hija del banquero multimillonario de la esfera de influencia de Pierpont Morgan, Darius O. Mills. Reid era uno de los directores, junto con Morgan, del Metropolitan Museum of New York y un importante aliado de Theodore Roosevelt a quien apoyó en su carrera para la gobernación de Nueva York y en sus aspiraciones a ser elegido vicepresidente. En la fotografía, tomada en la casa de Darius O. Mills alrededor de 1890, aparece en la extrema derecha Whitelaw Reid, al lado de John Pierpont Morgan. Se sabe que Morgan compartía con poquísimos y selectos amigos, entre los que sin duda alguna estaba el dueño del *New York Tribune*. Véase: «Story of Ambassador Reid's Rise from Poor Ohio Lad to International Fame as Editor, Financier and Diplomat in America's Premier Post». *The Boston Globe*. Boston, Massachusetts. 16 de diciembre de 1912, pág. 4. Imagen: Dominio público.

Desde París, Reid articulaba la línea editorial del *Tribune,* a la misma vez que concretaba estrategias para lograr que los españoles cedieran a Puerto Rico. En ese contexto, mantener la estabilidad en la isla resultaba crucial, por lo que entretener al primer ministro con un artículo de autobombo era, sin duda, una carta ganadora.

En la entrevista en cuestión, Luis Muñoz Rivera fue en extremo cauteloso con sus respuestas. Sentado en su despacho en el edificio de la Real Intendencia exigió escribir sus declaraciones, en lugar de seguir la tradicional línea de preguntas y respuestas orales. Para el reportero estuvo claro que Muñoz era un hombre que «no da opiniones a medio digerir». Quizás por eso tuvo el cuidado de insertar en la introducción de su artículo, la aclaración de que todo lo que allí escribiría sería «una traducción fiel de sus declaraciones y respuestas a algunas de las preguntas formuladas».[1124] Esta oportuna explicación nos permite descartar cualquier duda sobre lo que dijo o no dijo Luis Muñoz Rivera ante el *New York Tribune*.

A pesar de que cuidó mucho sus respuestas y de que incluso las escribió, Muñoz Rivera omitió episodios de su vida y exageró otros. Se adjudicó los logros de sus propios amigos y culpó a otros por los fracasos. Habló de su ascenso al poder; de la tiranía española; del júbilo con el que recibía a las fuerzas estadounidenses; de lo ignorantes que eran las masas puertorriqueñas; de cómo debería ser el cambio de moneda; de su deseo de obtener la ciudadanía estadounidense para los puertorriqueños y, por supuesto, de la extrema importancia de un gobierno autónomo en el cual él sería la máxima figura.[1125]

La mitad del artículo, publicado a dos columnas, giró sobre la biografía de Muñoz Rivera y su ascenso al poder. En aquella narrativa, el Jefe del Comité del Partido Liberal Fusionista reescribió su propia historia para inventarse un pasado heroico en el que abundaban escenas caballerescas de duelos, persecución y prisión política. Muñoz —el mismo que tanto arremetió contra los independentistas cubanos— aseguró al periodista que en sus años de juventud evaluó una revolución armada contra España, de la cual no existe una sola evidencia. Indicó, además, que a los veinte años, no a los treinta y uno como en realidad ocurrió, fundó *La Democracia* y, desde el primer editorial, atacó al entonces gobernador Antonio Dabán porque «nadie en la isla se atrevió a protestar», ignorando así a tantos de sus compañeros que, a diferencia de él, sí debieron soportar el rigor de las cárceles y el destierro por sus ideales políticos.[1126]

Según Muñoz Rivera, Antonio Dabán (gobernador entre 1893 y 1895 nombrado por Práxedes Mateo Sagasta, el socio en lides políticas de Muñoz) lo persiguió por escribir un artículo en contra de su Gobierno. Aprovechando que nadie lo escuchaba y que pocos en Puerto Rico podrían leer un texto escrito en inglés, le contaba al periodista anglosajón:

> The article was entitled «The Two Flags». It was in its essence a plea for separation from Spain and in it the writer, inveighing against the wholesale robbery of the natives by the Captain-General, coined the word «dabantage» as the synonymous for public plunder. The article attracted instant attention, and in a few weeks the paper attained a circulation equal to all the other papers on the island […].[1127]

La Correspondencia publicó una versión de aquella reseña periodística pero con evidentes cambiazos y omisiones. No incluyó, por ejemplo, ni una sola palabra del párrafo anterior.[1128] Quizás porque quien acuñó el término 'dabantage' no fue Muñoz Rivera, sino el periodista Mariano Abril —para la fecha copropietario de *La Democracia*— con sus crónicas «El Dabantage»[1129] y «Becerradas»,[1130] publicadas el 27 y 28 de agosto de 1894 respectivamente.

[1124] «Prospects in Porto Rico. An interview with the President of the insular Government. *The New York Tribune*. Nueva York, Nueva York. 10 de octubre de 1898, pág. 9.
[1125] *Id*.
[1126] *Id*.
[1127] *Id*.
[1128] «Perspectivas en Puerto Rico. Una entrevista con el Presidente del Gobierno Insular». *La Correspondencia*. San Juan, Puerto Rico. 22 de octubre de 1898, pág. 1.
[1129] Abril, Mariano: «El Dabantage». *La Democracia*. Ponce, Puerto Rico. 28 de agosto de 1894, pág. 2.
[1130] Abril, Mariano: «Becerradas». *La Democracia*. Ponce, Puerto Rico. 27 de agosto de 1894, pág. 2.

No contento con adjudicarse los logros periodísticos de Mariano Abril, el Jefe abundó un poco más sobre las consecuencias de aquellos supuestos textos que escribió:

> Daban was enraged, and at his instigation, Angel Rivero, the Editor of the «Intecredad Nacional» [sic], replied, and subsequently challenged Munez [sic]. Although dueling was prohibited, Daban ordered the Guardian Circle [sic] not to interfere, and Rivero went to Ponce to kill Munez. But the latter, as the challenged party, claimed the privilege of selecting the weapons. Rivero was an expert swordsman, and Munez insisted upon pistols. The result was the duel did not come off. Munez continued his attacks upon the authorities. He was persecuted and imprisoned. But the people adored him [...].[1131]

Fue Mariano Abril, y no Muñoz Rivera, quien se batió en un duelo a pistolas con Ángel Rivero, por entonces teniente de artillería y redactor en el periódico *La Balanza*. Rivero pidió reparación de agravios por el artículo «A un incógnito» que Abril publicó bajo su firma el 18 de abril de 1895 en *La Democracia*.[1132] Es cierto que en un inicio hubo exigencias entre los padrinos de Rivero y de Abril (Luis Muñoz Rivera era uno de ellos) sobre las armas que utilizarían. Pero el duelo, en efecto, sí ocurrió y estuvo envuelto de un aire novelesco que le dio no poca fama al valiente de Mariano Abril.

A las cinco de la mañana del 25 de abril de 1895, en una planicie de la finca Isabel, en Ponce, los periodistas Ángel Rivero y Mariano Abril (quien a diferencia de Muñoz Rivera siempre firmaba sus crónicas) se posicionaron a veinte pasos de distancia, cargaron sus armas y a la señal de las tres palmadas, dispararon sus pistolas. En ese primer intercambio salieron solo las balas de Abril. En el segundo y tercer disparo se liberaron los tiros de Rivero y fallaron los de Abril. El cuarto disparo fue nulo por habérsele escapado a Mariano Abril antes de la señal. Quinto y sexto disparos, simultáneos. Séptimo, octavo y noveno, salieron los tiros de Abril, fallaron los de Rivero. Décimo disparo, erraron ambos... Y así hasta agotar por completo las municiones.

Según las reglas de los duelos entre caballeros, el combate debía continuar hasta que uno de los adversarios estuviera imposibilitado de continuar. Sin embargo, al cabo de 1 hora y 37 minutos y de 19 disparos a solo 20 pies de distancia, ambos contrincantes seguían ilesos. En ese momento, los padrinos de Rivero, Vicente Balbás y Aureliano Esteban, y los padrinos de Mariano Abril, Luis Muñoz Rivera y Luis R. Velázquez, decidieron dar por terminado el lance.[1133]

En un contexto histórico en que los duelos se asociaban a cuestiones de honor entre aristócratas, el encuentro con Rivero hizo que aumentara de forma exponencial la popularidad y el prestigio que ya tenía Mariano Abril.

Ahora bien, para entender la mezcla de verdades y mentiras que dijo Muñoz Rivera a su entrevistador, debemos saber que nueve meses después del lance entre Abril y Rivero, el 11 de enero de 1896, el Jefe fue retado a duelo por el director de *La Integridad Nacional*, Vicente Balbás. El encuentro entre Muñoz y Balbás ocurrió en una finca de Bayamón, el 12 de enero de

---

[1131] «Perspectivas en Puerto Rico...».
[1132] Abril, Mariano: «A un incógnito». *La Democracia*. Ponce, Puerto Rico. 18 de abril de 1895, pág. 2.
[1133] «Cuestión Rivero-Abril. Actas levantadas con motivo de este asunto». *La Democracia*. Ponce, Puerto Rico. 2 de mayo de 1895, pág. 5.

Luis Muñoz Rivera se apropió de los logros de Mariano Abril (izquierda) en su entrevista con el periodista de *The New York Tribune*. Afirmó que había sido él quien se batió en duelo con Ángel Rivero y que fue quien acuñó el término «dabantage» para referirse al Gobierno de Antonio Dabán. Imagen: «De izquierda a derecha, Mariano Abril, Luis Muñoz Rivera, José Santos Chocano y Miguel Guerra en 1913». Dominio público.

1896. Para esa fecha, hacía ya siete meses que Antonio Dabán no era el gobernador de la isla. Un testigo de aquel duelo lo describió de la siguiente manera:

> Eran las tres de la tarde. Muñoz, que era muy lerdo en el manejo de la espada, dos veces fue pinchado por su oponente en el brazo izquierdo, en el segundo ataque. Restañada la sangre de esos puntazos, comenzaron el tercer momento sin que Muñoz hubiera atacado una sola vez; Balbás volvió a herir a Muñoz sobre la tetilla izquierda, y el juez volvió a preguntar si no creían que el adversario de Balbás se encontraba en condiciones de inferioridad para continuar el lance [...].[1134]

Con la anterior descripción, podemos entender por qué Luis Muñoz Rivera —en su búsqueda de protagonismo, ante la falta de hazañas propias, para mantener su falso Yo y haciendo gala de las características nucleares de las personalidades narcisistas— no dudó en adjudicarse el honor, la fama y la valentía de su amigo, Mariano Abril. Frente al periodista del *Tribune*, el primer ministro utilizó la vieja estrategia psicopática de robar el prestigio de otro, apostando a que nadie en Puerto Rico leería un texto que sería publicado en Estados Unidos y en inglés.

Para coronar sus 'logros personales', Muñoz Rivera le contó al reportero estadounidense sus hazañas relacionadas con la autonomía y el pacto con Sagasta. En esa versión no existió una campaña para eliminar la autonomía como ideología del partido ni otra cruzada de odio para disolver el Partido Autonomista y minar el prestigio de los líderes autonómicos. Muñoz tampoco

---

[1134] Todd, Roberto H.: «Cuando los periodistas se batían: el duelo Muñoz Rivera-Balbás». *Redis. Depósito Digital Universidad Sagrado Corazón.* <https://redis.sagrado.edu/xmlui/handle/20.500.12985/3196?show=full>. [5/2/2023].

mencionó que en 1896 renunció de forma 'irrevocable' al partido. En esta historia paralela y de ficción, él fue solo a Madrid, solo consiguió la autonomía y sola fue su gloria. Así relató el primer ministro:

> Finally, realizing the fruitlessness of revolution and of leading a party in Porto Rico which could not make headway against the authorities there, he conceived the idea of merging the political fortunes of those who were struggling for home rule in the island with those of the most democratic party in Spain —the Liberal party—, of which Sagasta was the leader. He presented his idea to the radical convention [...] but it was rejected, whereupon, on his own responsibility, he went to Spain, saw Sagasta and secured from the latter a promise of autonomy.[1135]

Toda vez que la versión de Muñoz lo colocaba como el Jefe del Partido Autonomista en 1896, de un partido que había tirado por los suelos y al que había renunciado, y como, además, ignoraba por completo la función desempeñada por el resto de los comisionados pactistas, *La Correspondencia* decidió hacer una traducción libre más apegada a la verdad. De esta manera, los lectores puertorriqueños leyeron algo muy diferente a lo que leyeron los de Nueva York.

> Viendo entonces Muñoz Rivera que su lucha y de la de su partido era ineficaz en la colonia tuvo la idea de que la colectividad autonomista se uniera a la que dirige Sagasta. Y si bien en varias de las Asambleas de su partido, Muñoz Rivera encontró oposición en algunos compañeros, venció al fin, y ya en Madrid, como miembro de la Comisión enviada de la isla, contribuyó poderosamente a que Sagasta le hiciera solemnes promesas de llevar la autonomía a Puerto Rico.[1136]

La tiranía española

Además de colocarse medallas que no le correspondían y manipular la historia a tal punto que todavía se sigue contando su versión y no lo que de verdad ocurrió, Muñoz Rivera aprovechó la oportunidad para atacar «la tiranía española» y «el viejo sistema colonial de España», sin mencionar que un mes antes gritaba vivas y juraba lealtad a esa tiranía. «Nos aplastó bajo el peso de un despotismo absurdo», decía de España; para luego hacer contraste con «las tradiciones democráticas, el buen carácter y la enorme prosperidad de Estados Unidos».[1137]

De forma clara y directa, el entonces presidente del Gobierno autonómico de Puerto Rico pidió que se le otorgara a la isla la condición de territorio de Estados Unidos y que, tras un breve período, se le concediera la estadidad. En esa petición procuró insertarse él mismo como posible gobernador, en una administración futura que gravitara bajo la égida de Estados Unidos.[1138]

[1135] «Prospects in Porto Rico...».
[1136] «Perspectivas en Puerto Rico...».
[1137] «Prospects in Porto Rico...».
[1138] No sabía entonces el Jefe que el deseo casi patológico de ser el máximo líder local bajo la tutela de Estados Unidos se le concedería a través de su hijo Luis Muñoz Marín, quien para la fecha tenía seis meses de nacido.

En su afán por mantener el poder, Muñoz Rivera se valió de intérpretes a quienes pagaba con fondos públicos. Entre ellos podemos mencionar al abogado corporativo, Wenceslao Borda. Borda nació en Londres en 1869, pero muy pronto se trasladó a Nueva York. Allí adoptó la ciudadanía estadounidense desde 1881. En Puerto Rico estuvo asociado a las corporaciones de ferrocarriles desde por lo menos 1896. Archivo General de Puerto Rico. *List of applications for franchises, filed in the Executive Council, to April 15, 1902.* Fondo: Oficina del Gobernador. Serie: Correspondencia General. Caja 61.

> I am the opinion that my country is able to govern and administer itself, and that this is the aspiration of the great body of the natives. There are in the country competent directing elements, with a docile and sensible people behind them. I believe, first, that the military occupation should be brief, very brief, not to be prolonged beyond the next session of Congress. […] Congress should grant to us then a Territorial government, compatible with the laws of the United States, but it should not be less autonomic nor liberal than the plan we are giving up. Later, after a short period, our recognition as a State would completely gratify the ardent desires of the country and wholly identify us with the new fatherland. This would be the easiest and simplest method of Americanizing Porto Rico […].[1139]

Como se podrá notar, no hubo en Muñoz Rivera asomo alguno de resistencia y muchísimo menos de enfrentamiento al invasor. Pedir la estadidad —antes incluso del traspaso de la plaza y mucho antes de que España cediera de forma oficial a Puerto Rico— es un acto de entrega servil que roza grados de traición, sobre todo si leemos esa última línea en la que da consejos al nuevo imperio sobre cómo americanizar la isla.

Para disgusto del Jefe, *The New York Tribune* no tardó 24 horas en publicar un editorial en el que le contestaba con nombre y apellidos y le decía que se olvidara de la idea vana de la estadidad para Puerto Rico. El editorialista, sin rodeos, aseguró que Estados Unidos no tenía la mínima intención de otorgar la estadidad a la isla ni en ese momento ni en un período corto de tiempo ni en un futuro cercano. Y ¡vaya si tenía razón!

> That Señor Munez would show himself as familiar with United States as with Porto Rican affairs was not, however, to be expected, and it is therefore not at all surprising to find that when he touches upon the former, he makes at least one capital mistake. That is his assumption that «after a short period» Porto Rico will be admitted to this Union as a State. His error is not unnatural. No

---

[1139] «Prospects in Porto Rico…».

CAPÍTULO 7

«Aguinado de Navidad». *El Carnaval*. San Juan, Puerto Rico.

> doubt there is in Porto Rico a strong aspiration toward Statehood. There may be some expectation that Statehood will be granted, even an idea that it must be granted as a matter of right, as soon as the island formally requests it. That delusion may have been created and encouraged by injudicious utterances in this country. It is nevertheless a delusion, and nothing more.
> Note that in the first place the United States is under not the slightest obligation, moral or legal, to grant Statehood. It has never offered the slightest promise nor given the slightest ground for hope to that effect. In its Constitution and in its historic policy which it is faithfully maintaining there is nothing that in the least degree binds it to admit any more States […]
> The people of this Nation do not mean, at the present time, or «after a short period», or in any future near enough for practical consideration, to admit Porto Rico or Hawaii or any such outlying Territory as a State […].[1140]

Luis Muñoz Rivera se molestó muchísimo con esta respuesta, al igual que *La Correspondencia* que no vaciló en contraatacar al *Tribune,* ofendida por haber comparado a Puerto Rico con Hawái, a cuyos pobladores tildó de inferiores y salvajes.[1141]

Lo que no sabía Luis Muñoz Rivera, tampoco los editores de *La Correspondencia,* era que desde París, Whitelaw Reid, asesor de McKinley en los asuntos de Cuba, Puerto Rico y Filipinas, supervisaba todo lo publicado en el *Tribune*. Desde por lo menos el 31 de agosto, Reid había establecido en una carta dirigida a Donald Nicholson, jefe de redacción del poderoso periódico, que estaba prohibido a los periodistas publicar, aludir o hacer referencia siquiera a la posibilidad de la estadidad para las nuevas posesiones.

> In yesterday's paper was an editorial with a casual reference to the new territories being «prepared for Statehood».
> Please explain to the writer of this article, to the man who passed it, and to everybody that we are decidedly opposed to admitting that any of these territories are, or ever ought to become states. It may not be necessary to argue the point very vehemently now; but we mean to hold no territory not on the continent should ever be admitted to our union as a state; and we must let nothing get into the editorials contrary to this view.[1142]

A pesar de la respuesta negativa a su petición de estadidad, la *interview* (como la llamó *La Correspondencia* a tono con los tiempos) de Luis Muñoz Rivera con *The New York Tribune* consiguió su cometido. El Jefe estuvo complacido y muy contento. Dedicó sus días a repartir hojas sueltas con la versión en español, diferente a la original, y a republicarla en los diferentes periódicos de la isla.[1143]

[1140] «Idle Dreams of Statehood». *The New York Tribune*. Nueva York, Nueva York. 11 de octubre de 1898, pág. 6.
[1141] «La población de Hawaii se compone de la raza Himalaya, en estado completo de salvajismo. Ha sido gobernada por reyes idólatras y bárbaros como su pueblo [...] es un hecho patente que la supremacía intelectual aquí [Puerto Rico] la tiene el elemento del país. Hawaii no tiene esta supremacía de sus hijos porque ellos no se van a educar a Europa [...] ellos hablan un dialecto indio, inútil o más bien agravante contra su civilización. Nosotros tenemos el culto católico, aceptado por el mundo civilizado; el pueblo de Hawaii es idólatra: rinde culto a la barbarie [...]». Véase: «Aclaremos. Al Nueva York Tribune». *La Correspondencia*. San Juan, Puerto Rico. 26 de octubre de 1898, pág. 1.
[1142] Contosta: *Rise to World Power*..., pág. 44
[1143] «Noticias». *La Correspondencia*. San Juan, Puerto Rico. 30 de octubre de 1898, pág. 1.

En la imagen, el almirante Winfield Scott Schley, a bordo del U.S.S. Brooklyn, navegando hacia Puerto Rico. Schley, quien hablaba español con fluidez, y el general Gordon, llegaron a la isla el 5 de septiembre de 1898. Ambos se hospedaron en el hotel Inglaterra para ser parte de la comisión que recibiría la plaza. Comisión en la que no se encontraba ningún líder local. No obstante, Muñoz Rivera, Schley y Gordon se reunieron en varias ocasiones durante el período de transición al gobierno militar. Schley y Gordon participaron en la ceremonia oficial de traspaso de soberanía. El primero apareció tomado del brazo de Salvador Carbonell, secretario de Fomento y Gordon, de la mano de Juan Hernández López, secretario de Gracia y Justicia.
Imagen: División de impresiones y fotografías de la Biblioteca del Congreso de Estados Unidos.

Mientras tanto, en París se cocinaban los asuntos más vitales para el futuro del país sin que los líderes criollos les prestaran atención.

Cambio de lealtades

Luego de transcurrir el mes de agosto de 1898 y tras haber dedicado todas sus energías a ensalzar al nuevo imperio, la élite política criolla pasó a la nueva fase de su estrategia de sobrevivencia personal: se dejó ver con los americanos.

El 8 de septiembre de 1898, el teniente coronel Edward Hunter, abogado corporativo, juez del Ejército y secretario de la comisión americana que recibiría la plaza, le hizo una visita de cortesía al primer ministro, en sus oficinas en San Juan. Ni Muñoz Rivera ni ningún otro líder criollo formaban parte de la comisión que negociaba el traspaso de la isla, por lo que no sabemos cuál fue el tema de aquella conversación en la que José R. Baíz Molinari le sirvió de traductor personal a Muñoz Rivera.[1144]

[1144] «Noticias». *La Correspondencia*. San Juan, Puerto Rico. 8 de septiembre de 1898, pág. 2.

El día 10 de ese mismo mes —según *La Correspondencia*— ocurrió un «encuentro casual» en la planta baja del hotel Inglaterra entre Muñoz Rivera, José de Diego y los tres miembros de la comisión americana, Mr. Hunter, el almirante Schley y el general Gordon, con la asistencia nuevamente de Baíz Molinari. Todo el país sabía que en el hotel Inglaterra se hospedaban los comisionados estadounidenses. Era noticia diaria en todos los periódicos.[1145] Muñoz Rivera y José de Diego sabían que ir hasta dicho hotel significaba solo una cosa: un encuentro con los americanos, que de casual tenía muy poco. Minutos más tarde se vio al grupo caminar unido por San Juan hasta llegar a la calle San José donde se realizaría la conferencia de la comisión mixta que negociaba la entrega de la plaza.[1146] *The New York Tribune,* sin embargo, echó por tierra la teoría de la casualidad al publicar en su portada del 12 de septiembre que Muñoz Rivera se había acercado a los comisionados para «presentar sus respetos».[1147]

Nueve días más tarde, el 19 de septiembre, el teniente coronel Hunter, acompañado del secretario de Fomento, Salvador Carbonell, visitaron juntos el Asilo de Beneficencia. Allí fueron recibidos por el director Ramón Marín, suegro de Luis Muñoz Rivera. «La banda del Asilo tocó en obsequio a los visitantes».[1148]

El plato estaba servido.

París: 71 días antes de la cesión de Puerto Rico

Mientras la élite política puertorriqueña concentraba su atención en el hotel Inglaterra de San Juan, en la mañana lluviosa del 30 de septiembre de 1898, en el lujosísimo hotel Continental en París recibían con extrema hospitalidad a los cinco comisionados de paz estadounidenses, a sus familiares y a la extensa comitiva que los acompañaba.

Los norteamericanos ocuparon siete habitaciones en la planta baja del hotel, que fue inaugurado en 1869 por la emperatriz Eugenia, y las convirtieron en sus espacios de trabajo. Traían consigo un presupuesto envidiable de unos 7 millones de dólares actuales, que no tendrían reparo en agotar.[1149] Su misión los valía.

De inmediato, las puertas de las habitaciones se cubrieron con banderas estadounidenses y varios miembros del equipo administrativo comenzaron a desempacar varias cajas de madera repletas de documentos, registros y expedientes cuidadosamente ordenados.[1150]

Las esposas de los comisionados dedicaron el día a visitar el Louvre.

Se respiraba alegría y también seguridad.

[1145] «Courtesies at San Juan. Spaniards Gracefully Accept the Inevitable». *The New York Tribune.* Nueva York, Nueva York. 18 de septiembre de 1898, pág. 2.
[1146] «Noticias». *La Correspondencia.* San Juan, Puerto Rico. 11 de septiembre de 1898, pág. 2.
[1147] «Commissions Ready to Meet». *The New York Tribune.* Nueva York, Nueva York. 12 de septiembre de 1898, pág. 1.
[1148] Mari: *El diario de guerra...*, pág. 67.
[1149] «McKinley's 20 Commissions». *Darlington Democrat.* Darlington, Wisconsin. 20 de septiembre de 1900, pág. 3.
[1150] «Envoys in New Quarters. Peace Commission Arranging Details of its World». *The New York Tribune.* Nueva York, Nueva York. 1 de octubre de 1898, pág. 6.

Los comisionados americanos que negociaban la entrega de Puerto Rico se hospedaron en el hotel Inglaterra, ubicado en la calle de La Cruz, esquina Tetuán en el Viejo San Juan. Por allí se vio a Luis Muñoz Rivera y a José de Diego.
Imagen: «Anuncio». *Boletín Mercantil*. San Juan, Puerto Rico. 17 de noviembre de 1904, pág. 6.

Cesantías

Por el lado de los funcionarios públicos en Puerto Rico el panorama no era tan halagador como para los secretarios de Gabinete. El 1 de octubre de 1898, la *Gaceta de Puerto Rico*, aun mostrando el sello de la monarquía española, publicó un decreto del todavía gobernador Manuel Macías Casado en el que declaraba excedentes a todos los empleados de la administración civil que conservaran la nacionalidad española.[1151]

Las cesantías en las secretarías autonómicas —firmadas por el presidente del Consejo de Secretarios, Luis Muñoz Rivera— fueron en progreso durante los días posteriores; a tal grado que el 11 de octubre solamente quedaban aquellos empleados que se consideraban esenciales para el funcionamiento de cada Ministerio. Fue una verdadera carnicería de funcionarios públicos que recién habían estrenado sus puestos apenas unos meses antes.

No fueron pocos los que vieron este acto con mucho recelo en contra de los propios secretarios autonómicos quienes permanecieron en sus puestos cobrando sus salarios mientras despedían a funcionarios que ellos mismos habían nombrado pocos meses atrás.

> Como siempre, esta vez la soga ha venido a quebrar por lo más delgado, y los funcionarios de alto bordo, los que menos trabajan y gozan, no obstante, de más pingües retribuciones, permanecen inconmovibles en sus puestos, como la alta roca de la que nos habla el poeta.
> Los Secretarios de despacho antes que someterse y despedir al personal de sus dependencias, debieron presentar sus renuncias, comenzando por dar ellos el ejemplo y concluyendo por correr la misma suerte que sus subordinados.[1152]

[1151] «Parte Oficial. Gobierno Insular de Puerto Rico. Presidencia». *La Gaceta de Puerto Rico*. San Juan, Puerto Rico. 1 de octubre de 1898, pág. 1.
[1152] «Ecos de la opinión». *La Correspondencia*. San Juan, Puerto Rico. 2 de octubre de 1898, pág. 1.

Durante los últimos años del siglo XIX, era frecuente encontrar en el Café de la Paix del hotel Continental de París, a grandes intelectuales de la talla de Víctor Hugo, Émile Zola y Guy de Maupassant.

El editorialista de *La Correspondencia* llevaba razón. Los secretarios debieron salir de sus cargos junto con el resto de los funcionarios públicos. Pero las renuncias —tan frecuentes en la vida política criolla— no aparecieron esta vez.

Combustión interna

El 11 de octubre de 1898, Manuel Fernández Juncos, José Celso Barbosa, Manuel F. Rossy, y otros delegados declararon disuelto el Partido Autonomista Ortodoxo. Arguyeron que «cambiada la soberanía metropolítica de Puerto Rico», debían desaparecer las «antiguas organizaciones político-sociales que tenían rumbos, programas y medios completamente distintos de los que ahora han de establecerse en vista del cambio de nacionalidad que experimenta el país».[1153]

Dos días más tarde, los liberales-fusionistas hicieron lo mismo. El 13 de octubre de 1898, Luis Muñoz Rivera entregó el alma a la nueva metrópoli a cambio de mantenerse en el poder: disolvió el Comité Provincial del Partido Liberal Fusionista de Puerto Rico con la excusa de «facilitar la obra del gobierno americano».[1154] Con este acto, Muñoz Rivera sacó del medio cualquier impedimento para que los invasores se adueñaran por completo de las riquezas de la isla. En una sesión secreta —en la que estuvieron presentes Herminio Díaz Navarro, Hernández López, José de Diego y Salvador Carbonell— Luis Muñoz Rivera pidió que de forma «urgentísima» se disolviera el partido que él mismo había creado apenas un año y medio antes.[1155]

[1153] «Acuerdos». *El País*. San Juan, Puerto Rico. 12 de octubre de 1898, pág. 1.
[1154] «Disolución inmediata del partido liberal». *La Correspondencia*. San Juan, Puerto Rico. 14 de octubre de 1898, pág. 2.
[1155] *Id.*

> Dada la rapidez con que van desenvolviéndose los acontecimientos, creía el señor Muñoz Rivera urgentísimo que la sección permanente acordara una resolución definitiva y al efecto propuso que, aceptándose por la más alta representación del partido liberal, se disolviera el partido, quedando sus miembros en completa libertad para seguir los rumbos y adoptar las actitudes que mejor satisfagan sus aspiraciones [...]
>
> La sección permanente acordó, desde luego por unanimidad, la disolución inmediata del partido en los términos propuestos por el señor Muñoz Rivera.[1156]

Recordemos que la fusión con el Partido Liberal Fusionista Español provocó en febrero de 1897 la secesión más grande en la historia política de Puerto Rico. División fratricida que marcó y moldeó los destinos del país, no solo por aquellos años sino durante por lo menos un siglo adicional. Sin embargo, el propio arquitecto de esa fusión —año y medio más tarde cuando ya las circunstancias no le eran favorables— decidió disolver el partido sin dar explicaciones ni reparar agravios, lo que demuestra que el objetivo de Luis Muñoz Rivera siempre fue el poder personal y nunca el bienestar colectivo. Se unió al Partido Liberal Fusionista para llegar al poder y disolvió el Partido Liberal Fusionista para mantener el poder.

Con la implosión voluntaria de los dos principales partidos políticos en octubre de 1898, la élite política puertorriqueña se autocastraba, pero también dejaba el campo libre a las fuerzas interventoras estadounidenses. Los ortodoxos no volvieron a reagruparse hasta el 1 de julio de 1899 con la creación del Partido Republicano Puertorriqueño. Los liberales fusionistas demoraron todavía más. No fue hasta el 1 de octubre de 1899 que lograron organizarse bajo una nueva agrupación política, que tuvo por nombre Partido Federal de Puerto Rico.[1157] Lo anterior significa que el gobierno militar estadounidense y la aristocracia de Wall Street disfrutaron de largos (y cruciales) meses sin que existiera ninguna fuerza política que los detuviera.

Ahora bien —sin pretender restarles su alta cuota de responsabilidad— existen pocas probabilidades de que la idea de eliminar los partidos políticos proviniera de los líderes criollos. Algo de esa magnitud no sucede de forma espontánea y simultánea. Es lógico inferir que hubo presión y chantaje por parte de las autoridades americanas. Y, en efecto fue así. Días más tarde de las dos implosiones, *Associated Press* divulgaba por todo Estados Unidos los informes de John R. Brooke sobre Puerto Rico. El párrafo dedicado a los partidos políticos se parece mucho a las palabras utilizadas por los lideres puertorriqueños al momento de disolver las agrupaciones criollas.

> Partisan politics should not exist under these present circumstances and a strong effort will be made to eliminate them from the premises and to allay their disturbing influence. Just how far this can be done successfully is a question open to and receiving considerable discussion at the present time.[1158]

[1156] *Id.*
[1157] Bothwell: *Puerto Rico: Cien años de lucha política...*, pág. xxv.
[1158] «Rule in Porto Rico. Everything Absolutely Under Control of the American Military Authorities». *The Tennessean*. Nashville, Tennessee. 14 de noviembre de 1898, pág. 8.

Esos esfuerzos de Brooke para eliminar los partidos políticos no habrían servido de nada si los funcionarios públicos se mantenían en sus puestos. Para deslegitimar un Gobierno que, a pesar del inmenso fraude eleccionario fue producto de un proceso democrático, no bastaba con eliminar los partidos a los que pertenecían los incumbentes. Era imprescindible que aquellos hombres renunciaran a sus puestos. Y, sin protesta pública alguna, así lo hicieron.

El 13 de octubre de 1898, el abogado Herminio Díaz Navarro renunció a su cargo de presidente de la Cámara Insular,[1159] y el 16 de octubre, Luis Muñoz Rivera hizo pública sus intenciones de renunciar de forma 'irrevocable' a los dos puestos que ocupaba: secretario de Gobernación y presidente del Gabinete de Secretarios.[1160] Al Jefe le siguieron los otros. El día 18 de octubre, fecha del traspaso de la plaza militar, todos los líderes criollos que componían el Gobierno autonómico habían dimitido a sus puestos. En ese momento dijeron que lo hacían «por decoro».[1161]

Tanto la disolución de los partidos como las renuncias deben verse como un esfuerzo más de la élite política criolla por permanecer en el poder. Ceder ante los reclamos de la nueva metrópoli significaba garantía de un mejor trato a nivel personal. Cuando incendiaban las instituciones políticas del país aquellos hombres no renunciaban al poder. Todo lo contrario, se abrían camino. Muñoz Rivera, por ejemplo, luego de entregar su dimisión, envió circulares a todos los pueblos de la isla para que las personas, de forma 'espontánea', firmaran cartas solicitando que se volviera a nombrar el Consejo de Secretarios que él presidía. El periódico *El País* catalogó esta conocida estrategia muñocista como «el juego de siempre»,[1162] y agregó algo evidente para cualquier observador imparcial:

> Nos resistimos a creer que los que componen el Gobierno insular se atrevan a seguir ocupando después de concluida la soberanía española, puestos que debieron a la influencia de un partido peninsular con detrimento del régimen autonómico.[1163]

No poca razón llevaba la prensa española cuando en octubre de 1898 decía de los políticos de Puerto Rico que alguna vez se hicieron llamar autonomistas:

> Se rebajan adulando al vencedor, les lamen las manos, se postran ante él y se desatan los muy villanos en injurias contra España, ahora que impunemente pueden insultarla. ¡Vaya con Dios, la Magdalena la guíe y buen provecho haga a los yankis! No otra salutación de despedida merece la *bella Borinquen*, la leal Puerto Rico [...].[1164]

[1159] «Noticias». *La Correspondencia*. San Juan, Puerto Rico. 13 de octubre de 1898, pág. 2.
[1160] «Noticias». *La Correspondencia*. San Juan, Puerto Rico. 16 de octubre de 1898, pág. 3.
[1161] Mari: *El diario de guerra...*, pág. 72.
[1162] «El juego de siempre». *El País*. San Juan, Puerto Rico. 13 de octubre de 1898, pág. 1.
[1163] *Id*.
[1164] Paizy, Gabriel: «La España despechada: el cambio de soberanía en Puerto Rico desde la óptica de la prensa madrileña». *HIB. Revista de Historia Iberoamericana*. Vol. 9, Núm. 2. 2016, págs. 39-59.

Efecto espejo

La entrega acelerada e incondicional de los líderes locales tuvo su efecto-espejo en el resto de la población. Con una rapidez asombrosa, la gente en la calle olvidó cuatro siglos de convivencia con España y asumió la cotidianidad norteamericana.

El 22 de agosto, apenas diez días después de la firma del armisticio, en Ponce ya se editaba el primer periódico en inglés, *The Puerto Rico Mail,* dirigido por Eugenio Deschamps.[1165] En octubre comenzó la circulación de la publicación *Puerto Rico Americano* que, según anunciaba, se dedicaría a «la defensa de los intereses comerciales».[1166]

La nueva propaganda periodística pudo sentirse pronto en la opinión pública. En la calle, hombres, mujeres y niños compraban con entusiasmo un panfleto titulado: *Idioma inglés en siete lecciones*. Gracias a estas clases, se puso de moda en San Juan decir 'Good bye' tanto para saludar como para despedirse; 'Good day' en lugar de 'Good morning' o 'Good afternoon'. Las cosas dejaron de ser buenas o malas para ser 'very good' o 'very bad'. En Ponce se volvió coloquial la expresión 'All right', usada como saludo y como cierre de conversación.[1167] Tan popular se volvió 'All Right', que logró colarse en los textos de *La Democracia*, un periódico que hasta ese momento se caracterizaba por insertar cultas expresiones en latín.[1168]

En el café de la plaza Colón, en San Juan, un cartel anunciaba la venta de «soda wat [sic] y shaked milk». Un supermercado en la calle Cristo tenía «a constant stock of groceries and made a great especialty of French and Spanish preserves».[1169] En Santurce, un agente de bienes raíces ofrecía «ause to let [sic]» y en Mayagüez los comercios españoles lucían el siguiente cartelón: «Don't enter you in here because it is a worst Spaniard [sic]».[1170]

Un mes más tarde, en septiembre de 1898, abrió el primer *boarding house* en San Juan en la calle de La Fortaleza número 16. Se llamó The Sun y anunciaba que estaba montado «in the New York Style».[1171] Un hotel en Yauco cambió su nombre a 25 de Julio; una barbería en Puerta de Tierra asumió el de Washington, y en Mayagüez el casino se convirtió en Uncle Sam's House.[1172] En San Juan, el vendedor de sombreros Pepe Cid comenzó a mercadear «sombreros elegantes de forma americana» y «bombines forma Mac Kinley».[1173] Meses más tarde, los ortodoxos Luis Sánchez Morales (para la fecha alcalde de San Juan) y Paniagua abrieron en la calle Cristo #16 un hotel-restaurante con «el simpático nombre de May Flower [sic]».[1174] En diciembre de 1898, Luis Muñoz Rivera cedió un espacio en el edificio de la Diputación Provincial al pintor Francisco Oller para que instalara allí una academia de pintura. Oller le puso por nombre: Washington.[1175]

[1165] Mari: *El diario de guerra*…, pág. 61.
[1166] «Noticias». *La Correspondencia*. San Juan, Puerto Rico. 26 de octubre de 1898, pág. 1.
[1167] «Porto Rican English. Bright Little Boys the First to Pick Up the Language». *The Indianapolis Journal*. Indianapolis, Indiana. 7 de octubre de 1900, pág. 20.
[1168] «Lo que anhela Puerto Rico». *La Democracia*. Ponce, Puerto Rico. 24 de diciembre de 1898, pág. 2.
[1169] «Porto Rican English…».
[1170] Mari: *El diario de guerra*…, pág. 62.
[1171] *Ibid.*, pág. 65.
[1172] «Porto Rican English…».
[1173] «Anuncio». *La Correspondencia*. San Juan, Puerto Rico. 22 de octubre de 1898, pág. 1.
[1174] «Noticias generales». *La Democracia*. Ponce, Puerto Rico. 3 de marzo de 1899, pág. 3.
[1175] «Noticias generales». *La Democracia*. Ponce, Puerto Rico. 16 de diciembre de 1898, pág. 3.

Remate del tesoro público

La noticia del armisticio puso sobre el tablero una verdad irrefutable: los españoles tendrían que marcharse de la isla en poco tiempo. Esa realidad trajo consigo otra: había que irse con los bolsillos llenos. «El trabajo de ahora», anotaba el capitán Ángel Rivero en su diario, «es empacarlo todo y vender, a cualquier precio, lo que no se pueda llevar a España».[1176]

Toda la propiedad pública se convirtió en una mercancía que podía ser vendida: 340 barriles de cemento adquiridos para trabajos en el Morro; las herramientas y efectos utilizados en los parques y plazas; materiales y efectos de hierro y otros de madera;[1177] 2550 resmas de papel sellado de todas clases;[1178] el mobiliario de las oficinas públicas;[1179] los muebles del Parque de Artillería;[1180] 2000 kilogramos de tocino;[1181] 16 000 kilogramos de harina, otros tantos de arroz, 30 000 kilogramos de garbanzos, 90 000 de habichuelas, 700 de sal, 1000 de café, 2000 de azúcar, 3000 litros de aguardiente, 15 000 kilogramos de galletas, y 246 litros de aceite de oliva;[1182] el material del Hospital Militar;[1183] una máquina de triturar piedra con 24 juegos de mandíbulas nuevas, tasada en 800 pesos;[1184] tierras y propiedades embargadas a personas con deudas[1185] y hasta el cañonero Criollo[1186] fueron rematados en subastas públicas con la autorización del secretario criollo de Hacienda, Julián E. Blanco. Esto, sin importar que todo había sido comprado con fondos públicos y que, por lo tanto, pertenecía al pueblo de Puerto Rico.

En paralelo al remate de bienes públicos, el Gabinete autonómico adjudicó, de forma precipitada y caótica, subastas para obras públicas que comprometían el futuro de la hacienda pública, como fue el caso de los trabajos de reparación en la carretera de Arecibo a Ponce por Utuado y Adjuntas.[1187]

En los municipios se replicó el *modus operandi*. Los alcaldes y concejales se apresuraron a gastar el presupuesto del año en cosas tan absurdas como una suscripción a la *Revista Jurídica de Ultramar*;[1188] la devolución al alcalde de lo que gastó en un viaje por ferrocarril[1189] o en obsequios a dos columnas de tropas en tránsito.[1190] El festín con fondos públicos fue de tal

---

[1176] Mari: *El diario de guerra...*, pág. 65.
[1177] «El Comisario de Guerra interventor del material de Ingenieros». *La Gaceta de Puerto Rico*. San Juan, Puerto Rico. 3, 18 y 29 de septiembre de 1898, pág. 1.
[1178] «Secretaría de Hacienda». *La Gaceta de Puerto Rico*. San Juan, Puerto Rico. 12 de octubre de 1898, pág. 1.
[1179] «Comandancia de Ingenieros». *La Gaceta de Puerto Rico*. San Juan, Puerto Rico. 27 de septiembre de 1898, pág. 1
[1180] «Parque de Artillería de Puerto Rico». *La Gaceta de Puerto Rico*. San Juan, Puerto Rico. 20 de septiembre de 1898, pág. 2.
[1181] «Comisaría de Guerra Intervención del Depósito de Víveres de la Capital». *La Gaceta de Puerto Rico*. San Juan, Puerto Rico. 18 de septiembre de 1898, pág. 1.
[1182] «Comisaría de Guerra Intervención del Depósito de Víveres de esta plaza». *La Gaceta de Puerto Rico*. San Juan, Puerto Rico. 9 de octubre de 1898, pág. 1.
[1183] «Comisaría de Guerra Intervención del Hospital Militar de Puerto Rico». *La Gaceta de Puerto Rico*. San Juan, Puerto Rico. 27 de septiembre de 1898, pág. 1.
[1184] «Comandancia de Ingenieros de Puerto Rico». *La Gaceta de Puerto Rico*. San Juan, Puerto Rico. 8 de octubre de 1898, pág. 1.
[1185] «Alcaldía Municipal de Toa Baja». *La Gaceta de Puerto Rico*. San Juan, Puerto Rico. 9 de septiembre de 1898, pág. 4.
[1186] «Ordenación de pagos de Marina». *La Gaceta de Puerto Rico*. San Juan, Puerto Rico. 28 de septiembre de 1898, pág. 1
[1187] «Jefatura de Obras Públicas». *La Gaceta de Puerto Rico*. San Juan, Puerto Rico. 18 de septiembre de 1898, pág. 1.
[1188] «Extracto de los acuerdos del ayuntamiento de Caguas». *La Gaceta de Puerto Rico*. San Juan, Puerto Rico. 10 de septiembre de 1898, pág. 3.
[1189] «Extracto de los acuerdos del ayuntamiento de Vega Baja». *La Gaceta de Puerto Rico*. San Juan, Puerto Rico. 10 de septiembre de 1898, pág. 2.
[1190] «Extracto de los acuerdos del ayuntamiento de Caguas»...

magnitud que, en diciembre de ese mismo año, el alcalde de Cayey se quejaba frente al entonces gobernador militar Guy V. Henry de no tener un solo centavo en sus arcas municipales. Henry, en respuesta, preguntó al alcalde qué había hecho con los 20 000 pesos que el ayuntamiento había recolectado durante los dos meses anteriores a la evacuación española. Un testigo ocular describió la reacción del alcalde como de quien no sabe qué hacer. Un trágame tierra. «He became very much confused. He did not suspect the Governor General had any such information».[1191]

El Gabinete autonómico criollo, además, decidió invertir una gran cantidad de dinero público en pagar pasajes a familias enteras que abandonaban Puerto Rico hacia España. El 25 de septiembre de 1898, por ejemplo, Juan Hernández López como secretario de Gracia y Justicia, autorizó el pago del pasaje por cuenta del Estado al presidente de la Audiencia Territorial, Venancio Zorrilla Arredondo, y a toda su familia.[1192] Cuatro días más tarde, el 29 de septiembre, Luis Muñoz Rivera otorgó «a todos los funcionarios públicos que lo soliciten y tengan opción a dicho pasaje anticipo de embarque para la península por cuenta del Estado, sin perjuicio de los derechos que tengan adquiridos en sus respectivas carreras».[1193] El 30 de septiembre de 1898, el ministro de Fomento, Salvador Carbonell, ordenó al secretario de Hacienda, Julián E. Blanco, abonar el pasaje de más de cuarenta empleados públicos y de todos sus familiares.[1194] *El Liberal*, de Madrid, *y The New York Tribune* fijaron en 10 000 la cantidad total de familias que viajaron a Europa a expensas del dinero público.[1195]

El drenaje del tesoro estatal no se limitó a la subasta de los bienes públicos o al pago de pasajes a todo el que quisiera irse a España, también incluyó el abono a montones de acreedores del Estado que no podían probar que lo eran. Es decir, todo el que quiso decir que el Gobierno le debía, pero que se le había extraviado el documento que así lo atestiguaba, recibió las cantidades que reclamaba sin oposición alguna. Tal fue el caso de Manuel Cremades, quien reclamó poseer una carta de pago (extraviada) por valor de 164 pesos expedida por la Tesorería Central.[1196] Igual suerte tuvo Ramón Rivera Fuentes, a quien también se le perdió la carta de pago de 400 pesos;[1197] Leopoldo Cerecedo, quien no tuvo suerte encontrando la evidencia de que pagó una fianza ascendente a 1000 pesos,[1198] y Enrique Mayo Vela, a quien le pagaron 9 cupones sin talón, así como a la compañía Meltz y Gandía, a la que abonaron la totalidad de 38 cupones sin evidenciar.[1199]

Entre tanto se gastaba a manos llenas el tesoro insular y se descuidaban —con negligencia criminal— más de 2 millones de dinero público. Por ejemplo, el 26 de abril de 1898 el entonces

---

[1191] «Affairs in Porto Rico. Recent Observations of Maj. George W. Fishback». *St. Louis Globe-Democrat*. St. Louis, Missouri. 2 de febrero de 1899, pág. 6.
[1192] «Secretaría de Gracia y Justicia». *La Gaceta de Puerto Rico*. San Juan, Puerto Rico. 25 de septiembre de 1898, pág. 1
[1193] «Gobierno Insular de Puerto Rico. Presidencia». *La Gaceta de Puerto Rico*. San Juan, Puerto Rico. 1 de octubre de 1898, pág. 1.
[1194] «Secretaría de Despacho de Fomento». *La Gaceta de Puerto Rico*. San Juan, Puerto Rico. 5 y 12 de octubre de 1898, pág. 1.
[1195] «Won't Live Under American Flag. Ten Thousand Spaniards in Porto Rico Demand to be Sent Home». *The New York Tribune*. Nueva York, Nueva York. 26 de septiembre de 1898, pág. 7.
[1196] «Intervención General de la Administración del Estado de la Isla de Puerto Rico». *La Gaceta de Puerto Rico*. San Juan, Puerto Rico. 7 de septiembre de 1898, pág. 1. «10,000 peninsulares de Puerto-Rico». *La Correspondencia*. 14 de octubre de 1898, pág. 3.
[1197] «Intervención General de la Administración del Estado de la Isla de Puerto Rico». *La Gaceta de Puerto Rico*. San Juan, Puerto Rico. 8 de septiembre de 1898, pág. 1.
[1198] «Intervención General de la Administración del Estado de la Isla de Puerto Rico». *La Gaceta de Puerto Rico*. San Juan, Puerto Rico. 24 de septiembre de 1898, pág. 1.
[1199] «Ordenación general de pagos de la isla de Puerto Rico». *La Gaceta de Puerto Rico*. San Juan, Puerto Rico. 11 y 15 de octubre de 1898, pág. 1.

secretario de Hacienda, Manuel Fernández Juncos, recibió un telegrama del ministro de Ultramar ordenándole girar 1 millón de pesos con destino a los gastos de la guerra.[1200] El secretario autonómico accedió sin chistar y permitió que saliera del país un dinero que provenía en exclusividad de los recaudos internos de Puerto Rico.

La negligencia y la corrupción del Gabinete autonómico durante los meses de agosto a octubre de 1898 llegaron a tal nivel que el 15 de noviembre de 1898, cuando el nuevo secretario de Hacienda Cayetano Coll y Toste llegó a su oficina, se encontró con que el tesoro insular se encontraba completa y absolutamente esquilmado: en sus bóvedas solo quedaban 76 centavos en moneda de cobre; $3 en oro venezolano y alrededor de $900 en billetes americanos.[1201]

El fondo de garantía general —en el que se depositaba el dinero de las fianzas para ejercer profesiones como las de policía y fiscal, y en el que también se encontraban los dineros del fondo de pensiones de maestros— estaba vacío. ¡Entre agosto y octubre de 1898 se 'perdieron' más de 500 000 pesos![1202] Julián Blanco, Cayetano Coll y Luis Muñoz Rivera acusaron al último gobernador español, Manuel Macías, de llevarse a España 91 000 pesos, y al brigadier de Marina, Vallarino, de largarse con otros 46 000 pesos.[1203] No obstante, a pesar de que los tres políticos criollos se mantuvieron en el Gobierno por muchos años más, nunca investigaron qué pasó, nunca exigieron de vuelta el dinero que terminó en Madrid (si es que en realidad terminó en Madrid) y tampoco repararon los daños causados a las víctimas.

El caso del fondo de pensiones de maestros

Nos debemos detener, por lo triste y vergonzoso, en el expolio de 42 000 pesos provinciales —un poco más de $1 millón actuales— que se encontraban depositados en el fondo de pensiones de los maestros y cuya función era servir de ayuda económica a los docentes jubilados.

El fondo en cuestión se había creado desde febrero de 1894 por real decreto y se nutría de 4000 pesos que se sacaban anualmente de los presupuestos generales de la isla; de un 10% del material asignado a las escuelas y de un 3% que se les descontaba a los maestros de sus salarios. Todas las remesas ingresaban en caja a través de los municipios y de las aduanas y se depositaban en el Banco Español bajo una cuenta abierta al gobernador general como presidente que era de la Junta de Derechos Pasivos de Primera Enseñanza de Puerto Rico. Los sueldos del secretario, del contador, del oficial de la contabilidad y de los escribientes de la Junta figuraban en los presupuestos de la Diputación Provincial de Puerto Rico.[1204]

[1200] Mari: *El diario de guerra…*, pág. 13.
[1201] «A Depleted Treasury. Only 76 c. in Copper and $900 in American Money. Was found in the Insular Vaults». *The Times*. Shreveport, Louisiana. 10 de enero de 1899, pág. 2.
[1202] Aproximadamente $15 millones de hoy.
[1203] *Id.*
[1204] González Font, A.: «Historia completa del 'fondo de jubilaciones' de maestros». *La Correspondencia*. San Juan, Puerto Rico. 1 de octubre de 1903, pág. 1.

El Banco Territorial y Agrícola, fundado en 1894 por Manuel Martínez Casado y Julián E. Blanco Sosa, llegó a ser el depositario de los fondos del Gobierno de Puerto Rico durante los primeros años del siglo XX. Su imponente edificio se ubicó en la calle Tetuán (calle de los bancos) en el Viejo San Juan, muy cerca del Banco Español y más tarde del American Colonial Bank y del National City Bank of Porto Rico. Imagen: Puerto Rico Historic Building Drawings Society.

Si analizamos lo anterior podremos asegurar que la totalidad del dinero pertenecía de forma íntegra a Puerto Rico, aun cuando existía una Junta Central con sede en Madrid que ordenaba los pagos y que tenía el derecho de conceder o negar las jubilaciones.[1205]

¿Qué pasó, entonces, con aquellos 42 000 pesos provinciales? No se sabe. Lo único que podemos asegurar es que el 13 de septiembre de 1898 todavía estaban en la cuenta del Banco Español. Ese día, el ministro de Ultramar ordenó al gobernador de Puerto Rico remitir con urgencia al presidente de la Junta Central en Madrid los fondos pertenecientes a las pensiones de los maestros puertorriqueños, con la excusa de «ponerlos a salvo a fin de que en su día pueda dárseles la distribución correspondiente».[1206]

[1205] *Id.*
[1206] «Gobierno General de la isla de Puerto Rico. Secretaría». *La Gaceta de Puerto Rico*. San Juan, Puerto Rico. 18 de septiembre de 1898, pág. 1.

Esa orden no fue cumplida por el entonces secretario de Hacienda, Julián Blanco Sosa. Un mes más tarde, el 13 de octubre de 1898 y a punto de vencerse la soberanía española, el ministro de Ultramar volvió sobre el tema y en un tono de regaño ordenó «a la Junta Provincial de Instrucción Pública de esa isla proceda inmediatamente a la formación de todas las cuentas que tenga sin rendir a la expresada Junta Central, exigiéndole las explicaciones necesarias sobre el incumplimiento de estos servicios y sobre la administración de estos fondos».[1207] Pese al esfuerzo español por hacerse del dinero, los 42 000 nunca salieron de Puerto Rico.

Por investigaciones posteriores se sabe que en algún momento, entre el 13 de septiembre y noviembre de 1898, el secretario de Fomento Salvador Carbonell y el secretario de Hacienda Julián E. Blanco Sosa, sacaron el dinero del Banco Español y lo pasaron al Banco Territorial y Agrícola.[1208] Esta movida era ilegal de su faz. El real decreto que creó el fondo de pensiones especificaba que el dinero debía depositarse siempre en el Banco Español. Y no solo era ilegal, sino claramente corrupta. Julián Blanco Sosa, el secretario autonómico de Hacienda y uno de los protagonistas en el movimiento del dinero, era uno de los socios mayoritarios del Banco Territorial y Agrícola y, para mayor inri, uno de sus dos fundadores.

Luego de una breve estadía en el Banco Territorial y Agrícola, en enero de 1902, el dinero del fondo de pensiones de los maestros volvió a moverse. En esta ocasión a la bóveda del banco privado, DeFord & Co. Hasta allí llegan las pistas.

El olvido de las masas y la desidia política hicieron el resto.

En fin

Como habrá notado el lector, los meses de julio, agosto, septiembre y los primeros días de octubre de 1898 fueron cruciales para el futuro de Puerto Rico. Durante ese tiempo se materializó la penetración económica estadounidense, se dibujaron las leyes que nos regirían, Luis Muñoz Rivera pidió la estadidad y, además, se vio de forma clara que las ganancias que ofrecía la isla no serían para cualquier inversionista sino que estaban destinadas a los *big men* del distrito financiero de Wall Street. Ellos se encargaron de llegar primero y de bloquear cualquier competencia.

En esta encrucijada histórica, los políticos criollos tuvieron una función vital. Sobre sus hombros recayó la responsabilidad política y moral de servir como muro de contención a las aves de rapiña que sobrevolaban el territorio, así como de proteger el patrimonio nacional y el tesoro público. Estaban obligados a cuidar las finanzas de un país pobre, pero con un superávit considerable en las arcas estatales. Al fin y al cabo eran ellos los que tenían la llave de Hacienda, de Fomento y de todas las Secretarías gubernamentales. Sin embargo, hicieron todo lo contrario.

[1207] «Gobierno General de la isla de Puerto Rico. Decreto». *La Gaceta de Puerto Rico*. San Juan, Puerto Rico. 14 de octubre de 1898, pág. 1.
[1208] González: «Historia completa…».

8

La invasión de Wall Street

> La cuestión económica, madre de
> todas las cuestiones, *inestatuquo*, y
> haciendo al que más y al que menos,
> gritar a pleno pulmón... Pan, carne,
> monopolios abajo.
> Consumo ten caridad,
> no acabes de consumirnos...
> EL MOMIO[1209]

Invasión económica

Mientras la élite política puertorriqueña concentraba sus esfuerzos en sobrevivir al cambio de metrópoli y realizaba ingentes esfuerzos por permanecer en el poder reteniendo sus prebendas personales, ocurría de forma paralela —y sin que nadie lo supervisara— una verdadera invasión económica.

«Porto Rico es otro precioso pedazo de real estate». Así se expresaba el *Boston Globe* en un artículo fechado el 14 de agosto de 1898. El influyente periódico anticipaba la función que tendrían los puertorriqueños en el próximo siglo asegurando a sus lectores que los 950 000 habitantes de la isla «necesitan muchísimas cosas que los comerciantes y fabricantes estadounidenses están dispuestos a proporcionar como por ejemplo materiales para ferrocarriles, maquinaria y manufacturas de hierro y acero».[1210] Un día después, el mismo diario auguraba que las frugalidades impuestas por la crisis de 1893 habían terminado. Venían tiempos mejores. «La marea de prosperidad va en aumento. El efecto inmediato de las nuevas adquisiciones será un crecimiento en la compra de bienes de consumo y, por tanto, un aumento del volumen de comercio».[1211] Mientras tanto, el cónsul de Estados Unidos en Puerto Rico Philip Hanna «se ahogaba entre tantas cartas de cazafortunas» que peleaban entre sí por obtener franquicias y contratos en la isla.[1212]

En esa misma línea, John Goodnow, cónsul general de Estados Unidos en Shanghái, en una carta privada fechada el 19 de agosto analizaba la política de expansión de la siguiente manera:

[1209] «Crónica». *El Momio*. San Juan, Puerto Rico. 27 de febrero de 1898, pág. 1.
[1210] «Uncle Sam's New Markets. General Summary of What is Needed in Cuba, Porto Rico and the Philippines». *The Boston Globe*. Boston, Massachusetts. 14 de agosto de 1898, pág. 23.
[1211] «Better Times. Tide of Prosperity is on the Rise. Bonds and Stocks in Good Fettle». *The Boston Globe*. Boston, Massachusetts. 15 de agosto de 1898, pág. 2.
[1212] «Smooth Sailing in Porto Rico». *The New York Tribune*. Nueva York, Nueva York. 24 de septiembre de 1898, pág. 3.

Deberíamos mantener las islas Filipinas, también Cuba y Porto Rico. No importa si lo llamamos indemnización de guerra o qué. Las necesitamos para nuestros negocios. No tienes ni idea y no puedes tenerla hasta que llegas aquí, donde todas las naciones luchan por el comercio, qué intenso celo hay por Estados Unidos. En este momento la gente continental parece más celosa de nosotros que incluso de Inglaterra.[1213]

Esta noción del imperialismo económico fue reforzada poco tiempo más tarde, en 1900, cuando se debatía en el Congreso la Ley Foraker para Puerto Rico. En esa ocasión, el representante republicano por Ohio, Charles H. Grosvenor (Rockefeller), vociferó en plena sesión: «Vamos a sacar todo el dinero que podamos en esta transacción».[1214]

Los remedios recetados contra el pánico financiero que sufría Estados Unidos desde 1893 encajan perfectamente con los eventos de 1898. Resuena, sobre todo, aquella sentencia del entonces secretario de Estado, Richard Olney, en la que, como solución a los terribles problemas económicos del país del norte, decretó:

> Ha llegado el momento en que nos conviene aceptar la posición dominante entre los poderes de la tierra. La inmediata necesidad de nuestros intereses comerciales es más mercados y mercados más grandes para los productos norteamericanos, especialmente en América latina.[1215]

Más mercados y mercados más grandes. Eso es lo que estaba ocurriendo en 1898. Los hombres de Wall Street, utilizando sus influencias políticas, estaban conquistando esos mercados.

Tan temprano como el 7 de agosto de 1898 —una fecha en la que todavía las tropas invasoras ni siquiera alcanzaban las alturas de Coamo en dirección a San Juan y aún no se sabía el destino de las negociaciones de paz— el vapor Silvia, de la línea The New York & Porto Rico Steamship Co., zarpó de Nueva York con rumbo a Ponce. El viaje fue coordinado por Andrew J. Miller,[1216] Archibald H. Bull y Henry T. Knowlton. Según declaró este último a la prensa, las solicitudes para acomodar carga sobrepasaron la capacidad del barco. «Hay espacio para unos cincuenta pasajeros de primera cabina en el Silvia y, al parecer, tendremos más solicitudes de las que podemos acomodar».[1217]

> El *Silvia*, lleno de suministros de todo tipo para vender en tiendas locales, zarpó a las 2 de la tarde con 40 representantes de un sindicato a bordo. Entre estas personas hay ingenieros civiles, topógrafos y expertos en minería, quienes realizarán una investigación exhaustiva de los recursos

---

[1213] «We Need Them». *Marion Record*. Marion, Kansas. 19 de agosto de 1898, pág. 2.
[1214] «Taxation Without Representation». *The Kansas State Register*. Wichita, Kansas. 9 de marzo de 1900, pág. 4.
[1215] Rothbard: *Wall Street...*, págs. 3-5.
[1216] Andrew J. Miller, prominente banquero de Nueva York, miembro del Metropolitan Club (Morgan), vicepresidente de Equitable Securities Co. (Rockefeller) y director en las firmas bancarias Boissevain & Co. y Hallgarten & Co.; Anaconda Copper Mining Co. (Rockefeller); Andes Copper Co. (Rockefeller); Chile Copper Co. (Rockefeller); Chile Exploration Co. (Rockefeller); Atlantic, Gulf & West Indies Steamship Co. (Morgan); Fisk Rubber Co. of Nueva York; Lorain Dock & Fuel Co.; United States Leather Co. y National Railways of Mexico. Véase: «Andrew J. Miller, Banker, Expires». *Evening Star*. Washington D. C. 2 de noviembre de 1937, pág. 7.
[1217] «Is Now an American Port. Ponce, Porto Rico, Formally Opened for Business». *Knoxville Sentinel*. Knoxville, Tennessee. 3 de agosto de 1898, pág. 6.

Antes de la invasión militar estadounidense, ya Puerto Rico estaba invadida por hombres poderosos de Wall Street. Es el caso de la Standard Oil of New Jersey. Si el lector observa bien las letras en el tanque de la derecha de esta fotografía del barrio La Carbonera (la Coal) en Puerta de Tierra, San Juan, podrá leer West India Oil Co. El 99.3% de las acciones de la West India estaba en manos de la Standard Oil of New Jersey, de John D. Rockefeller. Las refinerías de petróleo de La Habana y Cataño también eran subsidiarias de la West India. Imagen: «Barrio La Carbonera, San Juan, 1919». Puerto Rico Historic Buildings Drawings Society.

de la isla con el fin último de organizar una empresa para establecer diversas empresas comerciales en el sur de la isla.[1218]

El *Washington Times* aseguró que entre los participantes de aquel primigenio sindicato de inversionistas se encontraba el juez del Tribunal Supremo de Nueva York, William D. Dickey, y su hijo, «quienes están muy entusiasmados con las posibilidades que ofrece la isla bajo la bandera americana».[1219]

Sobre el mismo evento comentaba el Alton Telegraph:

> Estos hombres, armados con créditos bancarios y autoridad para poner en marcha todo tipo de empresas, descubrieron al desembarcar que una firma estadounidense había asegurado el control del banco español en Ponce y que otros yanquis emprendedores habían obtenido permiso para desplazar el Banco de España en San Juan [John Dandridge Luce y su banco DeFord & Co.].

[1218] «To Seek Porto Rican Gold. Representatives of a Syndicate Sail on the Silvia». *The Washington Times*. Washington D. C. 8 de agosto de 1898, pág. 8.
[1219] *Id.*

Y estos son solo la vanguardia de los capitalistas estadounidenses que se preparan para abalanzarse y devorar las oportunidades doradas que durante años han estado custodiadas por trochas comerciales de aranceles prohibitivos.

Pero ahora las trochas están bajas. La corriente comercial cargada de dólares que durante tantos años fluyó a través del Atlántico hacia España se desviará por un nuevo canal. De ahora en adelante, los 950 000 *Porto Ricans* harán sus compras en los mostradores del Tío Sam y los ricos productos de la isla se guardarán en los espaciosos contenedores del Tío Sam. Así, la guerra tendrá su efecto en la mesa del desayuno. Probablemente hoy en día usted no pueda comprar una libra de café de Porto Rico en su supermercado. Para Navidad lo tendrá directamente de las plantaciones de esta *Rich Port Isle*.

Pero esto no debe ser un trato unilateral. Nos estamos preparando para dar algo a los portorriqueños a cambio de los productos de sus plantaciones. Les enviaremos todo tipo de telas, maquinaria, zapatos, sombreros, bicicletas para sus carreteras macadamizadas, pianos para sus salones, tranvías para las ciudades, frijoles de Boston y otras comodidades y lujos pertenecientes a la civilización superior.

Principalmente enviaremos un buen número de estadounidenses emprendedores que estarán listos para despegar y desarrollar los recursos latentes de la isla. Construirán ferrocarriles y líneas de tranvías, levantarán grandes fábricas, excavarán el tesoro mineral en las colinas, talarán los árboles valiosos en los bosques, construirán grandes y costosos hoteles de invierno, trazarán y explotarán nuevos suburbios para las ciudades e introducirán a los nativos a las delicias del níquel en las máquinas tragamonedas.[1220]

El Puerto Rico antebellum

Las inversiones estadounidenses en Puerto Rico, como ya hemos establecido en este trabajo, no comenzaron con la invasión militar de julio de 1898. Es cierto que a partir de esta fecha se acrecentaron, pero es útil tener en cuenta que desde mucho antes la isla ya gravitaba en la órbita económica de Estados Unidos, a pesar de mantenerse como colonia política de España.

Por ejemplo, entre los años 1892 a 1896, los intercambios mercantiles desde y hacia la isla ascendieron a $34 millones, de los cuales, más de $14 millones correspondieron a las exportaciones hacia España, Estados Unidos, Inglaterra, Alemania, Cuba y Francia. Una buena porción del comercio con Estados Unidos fue a parar a Boston, gracias a enérgicos comerciantes en ambos lados y a una línea constante de vapores entre Boston y los puertos de la isla.[1221] Otra buena tajada terminaba en Nueva York donde, al igual que en Boston, había importantes refinerías del Sugar Trust y también una línea de buques que conectaba con las ciudades portuarias boricuas y con algunos puertos cubanos. A partir de 1880, incipientes líneas de ferrocarril que

---

[1220] «A Boom for Porto Rico. Yankee Possession of the Island Means 950,000 Customers for Uncle Sam's Big Shop. Rich Commercial Stream Diverted from Spain to Us». *Alton Telegraph*. Alton, Illinois. 25 de agosto de 1898, pág. 10.
[1221] «It is a Gem. Porto Rico, Most Beautiful of The West Indies, People will Welcome Annexation to United States». *The Boston Globe*. Boston, Massachusetts. 21 de julio de 1898, pág. 7.

La guerra de 1898 propició una avalancha de sindicatos sobre las islas conquistadas, incluyendo Puerto Rico. Este hecho no fue ignorado por la prensa, mucho menos por aquellos periódicos más críticos con el gobierno como fue el caso de *The World*, medio noticioso propiedad de Pulitzer. «Is this our bid for peace?». *The World*. Nueva York, Nueva York. 17 de marzo de 1898, pág.1.

interconectaban ciudades productoras con los principales puertos en Puerto Rico hicieron el resto del trabajo.

Está claro que ningún comercio de esta intensidad puede desarrollarse sin la existencia en las ciudades involucradas de múltiples actores sociales de diversas escalas. Tanto en Boston, Nueva York como en Arroyo, Arecibo, San Juan, Mayagüez, Ponce, Guayama o Fajardo pululaban un sinfín de personajes inherentes a la ebullición mercantil: representantes de ventas, corresponsales de prensa, marinos, diplomáticos, personal de aduanas, compradores, vendedores profesionales, negociantes informales, traductores, tasadores, estibadores, notarios, aseguradores, banqueros, prestamistas y transportistas, entre otros. Todos de diversas nacionalidades, incluyendo alemanes, rusos[1222], ingleses y daneses, impregnando a las ciudades involucradas de un carácter cosmopolita que difícilmente podía ser controlado por la censura española. Esto nos coloca, por obligación, en un contexto en el que ambos países (Estados Unidos y Puerto Rico) se reconocieron y se conectaron a través del intenso flujo de complejas líneas comerciales, logrando incluso sobrepasar las barreras del lenguaje. En este fenómeno económico pero también sociocultural, el capital estadounidense fue un vector cardinal.

Ante la singularidad del fenómeno que ocurría, sobre todo en los litorales del sur y del suroeste de la isla, en ciudades productoras de azúcar y café que a la misma vez eran importantes centros

---

[1222] Al menos había una familia rusa en el Puerto Rico preinvasión. Se sabe que en Mayagüez vivía y hacía negocios Nicolai Megwinoff, de nacionalidad rusa. Véase: «San Juan After the Fight. Stories of the Bombardment Told from the Land Side». *The Sun*. Nueva York, Nueva York. 21 de mayo de 1898, págs. 1-2.

portuarios, podríamos hablar sin temor a grandes equivocaciones de la existencia en Puerto Rico, mucho antes de la invasión de 1898, de una constante y progresiva 'americanización' de lo local. Este proceso fue avalado desde lo nacional, ya sea porque las autoridades españolas prefirieron ignorar lo que ocurría a cambio de jugosos recaudos de impuestos aduaneros o porque los propios organismos gubernamentales concedieron franquicias monopolísticas a sindicatos estadounidenses, como fue el caso de la Standard Oil de Rockefeller.

Esta americanización, originada inicialmente en la economía, muy pronto se extendió al ámbito social y familiar, fenómeno que, por supuesto, ahondó mucho más las fidelidades boricuas al 'american way of life'. No fueron pocos los puertorriqueños que estudiaron en escuelas y universidades de Estados Unidos y que luego, a su regreso, se insertaron ya educados en los intereses estadounidenses dentro de la sociedad puertorriqueña. Estos jóvenes se interconectaron con la élite financiera (a la que pertenecían), a través de complicadas redes entre sociedades mercantiles y enlaces matrimoniales. Se sabe que en 1825 más de 200 jóvenes puertorriqueños estudiaban en universidades estadounidenses.[1223] Esta cifra continuó ascendiendo de forma progresiva mientras transcurría el siglo y aumentaban los lazos comerciales. Incluso, abundaron los intermediarios cuyo negocio consistía en cuidar a los chicos que sus padres enviaban solos a estudiar a Estados Unidos. Fue el caso del doctor Pedro J. Salicrup quien en 1895 se anunciaba en el periódico *La Democracia* y colocaba como referencia a los hermanos Tomás, Eduardo y Carlos Armstrong, de Ponce, y a los hermanos Finlay, en San Juan.[1224]

La cantidad de puertorriqueños o residentes en Puerto Rico que en la segunda mitad del siglo XIX se educaban en Estados Unidos es asombrosa. Por ejemplo, Manuel Luzunariz, Luis Ramu y Gustavo Preston, los tres nacidos en la ciudad portuaria de Arroyo, estudiaban en 1869 en la academia Cheshire en Connecticut, una escuela reconocida por su sistema militar. En Cheshire Academy estudiaron también los hermanos Jorge Otto y Eugenio Verges Ramu, ambos nacidos en Arroyo, de padres puertorriqueños. El hermano mayor, Luis Francisco Verges Ramu, tan temprano como 1885, era un estudiante más de West Newton English and Classical School en Boston, Massachusetts. Dos años más tarde, Luis Francisco se matriculaba en el Massachusetts Institute of Technology (MIT), de donde se graduó como ingeniero civil. De regreso a Puerto Rico, para entonces un ferviente defensor de la anexión a Estados Unidos, se integró en el negocio azucarero de su padre, dueño de la hacienda de cañas Luisa en Maunabo y copropietario con la familia Clauzel de las haciendas Bordelaise, también en Maunabo, y Felicia en Guayama. Luego de concretada la invasión, Verges Ramos fue uno de los fundadores de la central Columbia en Maunabo, y copropietario de las centrales Providencia en Patillas; Machete en Guayama; Cortada en Santa Isabel; y Pasto Viejo en Humacao.[1225] En 1903, fue nombrado por el gobernador William H. Hunt miembro de la Junta de Gobierno de la recién creada Universidad de Puerto Rico.[1226]

[1223] Negroni, Hécto Andrés (Coronel): *Historia militar de Puerto Rico*. Ediciones Siruela. Madrid. 1992, pág. 313.
[1224] «El doctor Pedro J. Salicrup». *La Democracia*. Ponce, Puerto Rico. 14 de junio de 1895, pág. 2.
[1225] Rodríguez Caparrini, Bernardo: «Luis Francisco Verges, empresario azucarero». *Diario de Cádiz*. 5 de julio de 2020. <https://www.diariodecadiz.es/elpuerto/Luis-Francisco-Verges-empresario-azucarero_0_1479752245.html>. [12/01/ 2021].
[1226] «Has Been Organized. Aim of the University of Porto Rico». *Evening Star*. Washington D.C. 30 de junio de 1903, pág. 17.

> ## LA ACADEMIA CHESHIRE
> ### COLEGIO DE PUPILOS PARA JOVENES.
> ### Sistema militar.
> #### UNO DE LOS MEJORES COLEGIOS DE LOS ESTADOS UNIDOS.
>
> Preparacion para ingresar en Colegios y Universidades de carreras científicas y para Escuelas Mercantiles.
> Muchos jóvenes de Puerto-Rico han recibido, y reciben actualmente educación en la Academia.
> Referencias: Mr. Henry Bird, Fajardo. Mr. Gustavo Preston, Naguabo. Mr. José Veve, Fajardo. 37 Central Street, Boston, Mass.
> Pídanse informes detallados y Catálogos ilustados á
>
> #### E. D. WOODBURY, M. A. PRINCIPAL.
> #### CHESHIRE, CONN; U. S. A.

Anuncio. *La Correspondencia*. 12 de junio de 1901, pág. 1.

Andrés Crosas O'Ferrall, de San Juan, se educó en New London y en Cheshire Academy. En abril de 1861 fue uno de los voluntarios que salieron desde Nueva York hacia Washington D.C., para pelear en el Ejército de la Unión durante la Guerra Civil. Crosas regresó a Puerto Rico en 1873 dispuesto a aprovechar sus conexiones con el norte, lo que le permitió acumular una considerable riqueza. Durante los sucesos de 1898, Crosas se mantuvo dentro de Puerto Rico informando sobre las defensas y los movimientos españoles al cónsul estadounidense. No es extraño que fuera él, precisamente, el presidente del First National Bank of Porto Rico y uno de los escogidos por McKinley para conformar el Consejo Ejecutivo en 1900.[1227] Su sobrino, Andrés B. Crosas y Graham, quien nació en San Juan en 1877, pasó toda su vida académica en escuelas y universidades de Estados Unidos. En 1884, cuando apenas tenía siete años, sus padres lo enviaron a St. Aloysius Academy; luego pasó a St. Peter College para terminar sus estudios preparatorios. En 1892 inició un bachillerato en la Universidad de Fordham y, finalmente, en el otoño de 1897 comenzó en la New York Law School. Allí lo sorprendió el estallido de la guerra contra España. Rápidamente hizo saber su interés en que Puerto Rico fuera invadido y anexado. A su regreso a la isla, ya ocupada por los estadounidenses, fue nombrado por el Gobierno, abogado de Riego de Guayama, juez de la corte de distrito de Aguadilla y juez sustituto de la corte de San Juan.[1228]

[1227] «Andrés Crosas Consejero del Ejecutivo». *La Correspondencia*. 29 de septiembre de 1904, pág. 2.
[1228] «Nuestros jueces. Hon. Andrés B. Crosas». *Revista de legislación y jurisprudencia*.

1. ALBERT E. LEE   2. GEORGINA LATIMER   3. ALEJANDRO TAPIA DIAZ   4. ALBERT E. LEE, Jr.

La aristocracia de los negocios criolla, desde por lo menos la segunda mitad del siglo XIX, viajaba con mucha frecuencia a Estados Unidos. No fueron pocas las familias que compraron propiedades en Nueva York mientras mantenían sus negocios en Puerto Rico. En la imagen se observan miembros de la familia Lee, Latimer y Tapia, en un viaje de placer a Nueva York, en 1907. Imagen: Colección Especial Biblioteca Conrado E. Asenjo. Universidad de Puerto Rico Recinto de Ciencias Médicas. San Juan, Puerto Rico.

Manuel Vicente del Valle Atiles, hijo de padres puertorriqueños y miembro de una de las familias más prominentes de San Juan, con apenas quince años salió de Puerto Rico, en noviembre de 1885, a estudiar a Ann Arbor en Michigan. En 1891 pidió y obtuvo la ciudadanía estadounidense.[1229] Estudió Cirugía Dental en la Universidad de Michigan y, al regresar a San Juan, fungió como vicecónsul de Estados Unidos y corresponsal de *The New York Herald*. Durante los sucesos de 1898, Manuel Vicente del Valle Atiles ejerció una eficiente corresponsalía a favor del *Herald,* que le permitió fotografiar las defensas españolas y hacer informes diarios de la situación del país en el contexto de la guerra.[1230]

Tulio Larrínaga, de Trujillo Alto, uno de los miembros más destacados del partido de Luis Muñoz Rivera, luego de estudiar en el Seminario Conciliar San Idelfonso en San Juan, partió hacia Nueva York para cursar clases en el Instituto Politécnico Troy. En 1871 se graduó de Ingeniería Civil en la Universidad de Pensilvania en Filadelfia. Al próximo año regresó a Puerto Rico,[1231] no sin antes trabajar en la preparación del mapa topográfico del condado de Kings en

---

[1229] National Archives and Records Administration. *Passport Applications, 15 May 1891-21 May 1891*. Washington D.C.. Ancestry.com.
[1230] Rivero: *Crónica de la Guerra Hispano Americana…*, págs. 29-52.
[1231] Biographical Directory of the United States Congress. *Larrínaga, Tulio (1847-1917)*.<https://bioguide.congress.gov/search/bio/L000102>. [14/ 01/ 2021].

Brooklyn y ayudar en la construcción del imponente edificio Grand Central Depot en el lado este de Manhattan. En su momento, Grand Central Depot fue el espacio cerrado más grande del país, comisionado por el magnate de ferrocarriles Cornelius Vanderbilt a un costo de $6.5 millones. Tulio Larrínaga, además, fue el responsable de introducir en Puerto Rico materiales de la industria ferroviaria fabricados en Estados Unidos como locomotoras, vagones de carga y rieles.[1232] Desde 1905 hasta 1911, Larrínaga ocupará la silla de comisionado residente por el Partido Unión y, más adelante, será uno de los miembros, nominado por el presidente de Estados Unidos y confirmado por el Senado, del Consejo Ejecutivo.

Al analizar la realidad puertorriqueña de fines del siglo XIX, no es descabellado concluir que: por un lado, el intenso comercio con Estados Unidos y, por el otro, el movimiento constante de jóvenes puertorriqueños que salieron a Estados Unidos a estudiar y luego regresaron, provocaron que, de forma progresiva, la isla gravitara alrededor de los intereses y costumbres estadounidenses. Estos factores sociales y económicos hicieron la labor para que en el país del norte pudieran tener muy claro «el mapa del tesoro», a través de un conocimiento profundo y de primera mano de las riquezas, la geografía y la idiosincrasia del país. Se equivocan aquellos que plantean que Puerto Rico era *terra ignota* para la aristocracia de los negocios estadounidenses y que, por lo tanto, la invasión de 1898 fue producto de la «fiebre de guerra».

Wall Street en Puerto Rico

Mientras Puerto Rico se inclinaba cada vez más hacia Estados Unidos, los magnates del distrito financiero de Wall Street, quizás sin ser notados, ponían un pie en la puerta.

Recordemos que en agosto de 1894, a pesar del férreo monopolio mercantil que mantenía España sobre sus colonias de ultramar, los hombres de John D. Rockefeller lograron penetrar con fuerza la economía de Puerto Rico. Circunvalaron los impuestos aduaneros y reforzaron la supremacía comercial de su fábrica en Cataño, productora de los aceites para alumbrado, Luz Brillante, Elefante y Luz Solar Águila, gracias a un acuerdo monopolístico firmado con el ministro español de Ultramar bajo el Gobierno de Sagasta.[1233]

La Standard Oil no fue el único monopolio estadounidense en el Puerto Rico preinvasión. Tenemos evidencias de la presencia en la isla de alemanes muy cercanos a Henry Havemeyer y a la cúpula del Sugar Trust. Es el caso de las haciendas Los Caños (257 cuerdas) y Cambalache, en Arecibo. Ambas fueron adquiridas alrededor de 1866 por la sociedad radicada en Nueva York y compuesta por judíos alemanes nacidos en Bremen, E. Pavenstedt & Co.[1234]

[1232] «Washington News and Near News». *The Muscatine Journal*. Muscatine, Iowa. 11 de febrero de 1910, pág. 3.
[1233] «Intendencia general de Hacienda pública de la isla de Puerto-Rico». *La Gaceta de Puerto Rico*. San Juan, Puerto Rico. 16 de agosto de 1894, págs. 1-2.
[1234] «Apelación por denegatoria de recurso de injusticia notoria en asunto Ultramar. 13 de abril de 1866». *Jurisprudencia Civil. Colección completa de las sentencias dictadas por el Tribunal Supremo de Justicia en recursos de nulidad, casación e injusticia notoria y en materia de competencias desde la organización de aquellos en 1838 hasta nuestros días*. Tomo XIII. Madrid. Imprenta de la Revista de Legislación. 1866, págs. 468-470.

La academia Cheshire de Connecticut pagaba frecuentes anuncios en periódicos locales en Puerto Rico y colocaba como referencia a Gustavo Preston, Enrique Bird y Luis Veve Fajardo. Toda vez que se comprobó que Preston estudió en la academia, presumimos que Bird y Veve también fueron alumnos del centro. En la imagen, los hermanos Jorge Otto (primero de derecha a izquierda) y Eugenio Verges Riefkohl (de pie a la derecha), ambos de Arroyo, vestidos con el uniforme de Cheshire. No es descabellado inferir que el resto de los jóvenes en la foto también eran puertorriqueños. Foto cortesía Richard del Río.

A partir de la penetración de los Pavenstedt, las corporaciones alemanas, conectadas directamente con Wall Street, se catapultaron en Puerto Rico. Fue el caso, por ejemplo, de Johann Diedrich Stubbe quien llegó a la isla desde su natal Bremen alrededor de 1895 a trabajar en Los Caños. Don Juan Stubbe contó a un periódico local que muy pronto aprendió inglés y «se dedicó a negocios con firmas de Estados Unidos».[1235] En Puerto Rico fue director de Meltz & Stubbe;[1236] luego, junto a su hermano Frederick, quien también emigró a la isla desde Bremen, regentó las corporaciones General Farm Equipment Co. y Stubbe Brothers.[1237]

Mullenhoff & Korber, una corporación creada por Wilhelm Korber en 1874, se dedicó a negocios de exportación de azúcar y a otorgar préstamos, entre otros asuntos comerciales. Mullenhoff & Korber fue, además, agente en Puerto Rico de Magdeburg Fire Insurance Co. (alemana); Prussian National Co. (alemana); St. Paul Fire and Marine Insurance Co. (estadounidense); Home Insurance Co.; Mutual Life Insurance (Rockefeller) y de Hamburg American Line (Morgan).[1238]

[1235] Rojas Daporta, Malén: «Don Juan Stubbe llegó hace 72. Rememora la salida de españoles, llegada de EU al cumplir 95 años». *San Juan Star*. San Juan, Puerto Rico. 22 de mayo de 1967.
[1236] «Anuncio». *La Correspondencia de Puerto Rico*. San Juan, Puerto Rico. 19 de mayo de 1900, pág. 3.
[1237] Archivo General de Puerto Rico: *Stubbe Brothers*. Fondo: Departamento de Estado. Serie: Corporaciones con fines de lucro. Caja: 25.
[1238] Archivo General de Puerto Rico. *Expediente Korber & Co. Inc.* Fondo: Departamento de Estado. Serie: Corporaciones con fines de lucro. Caja 24.

Edmund Wilhelm Emil Pavenstedt (1862-1945) nació, se educó y murió en Bremen, Alemania. Además de regentar Los Caños, en Arecibo, era socio de las firmas Mosle Brothers y Muller, Schall & Co., y desde 1894 compró un asiento en la New York Stock Exchange. Fue un miembro muy activo de la comunidad judío-alemana en Nueva York. Él y su primo Adolph Pavenstedt eran socios de G. Amsinck & Co., firma bancaria muy conectada al Gobierno alemán. Sus actividades en G. Amsinck & Co. le costaron figurar en la lista negra de enemigos durante la Primera Guerra Mundial. En esta lista de supuestos enemigos también aparecían los miembros de Muller, Schall & Co., William Muller Jr., Carl Muller, Earnst Muller y Frederick Muller-Schall. Imagen: *Kings Views of the New York Stock Exchange: 1897-1898*. Moses King Publisher. 1898.

EDMUND PAVENSTEDT
MULLER, SCHALL & CO.

De igual forma, temprano en el siglo XIX se asentaron en la isla los hermanos Hartmann provenientes de Hamburgo. Esta familia alemana, que más tarde forjó alianzas matrimoniales con los McCormick, instituyó la corporación A. Hartmann & Cía., cuya base de operaciones se concentró en la zona de Maunabo, Patillas, Arroyo, Guayama y Salinas. A. Hartmann & Cía. se dedicó a exportaciones e importaciones, principalmente azúcar y sus derivados y, al igual que el resto de los alemanes asentados en Puerto Rico, a otorgar préstamos sujetos a altísimos intereses y a garantías hipotecarias. Gracias a esto último, A. Hartmann se agenció grandes extensiones de tierra incluyendo haciendas azucareras que más adelante estarán subordinadas a la Aguirre Central.[1239]

Por último, tenemos a la corporación alemana más importante en Puerto Rico: Fritze, Lundt y Cía., fundada en 1892, con oficinas en San Juan, Mayagüez y la playa de Ponce, que en 1916, reportaba un capital superior al millón de dólares.[1240]

[1239] Archivo de Arquitectura y Construcción de la Universidad de Puerto Rico, Río Piedras. *Resumen de las inscripciones en el registro de la propiedad de la Finca Aguirre*. Serie: Legales. Subserie; Compraventas Aguirre 1889-1943.
[1240] Archivo General de Puerto Rico. *Fritze, Lundt & Co. Succes., Inc.* Fondo: Departamento de Estado. Serie: Corporaciones con fines de lucro. Caja 24.

Conexión Fritze-Havemeyer

Todos los miembros de Fritze, Lundt y Cía. eran alemanes: Adolf Rauschenplatt, Theodore Duckwitz, F.A. C. Hastrup, Karl H. Lundt (cónsul de Alemania en San Juan),[1241] W. Hepp y Julius Umbach.[1242] El presidente, Heinrich Carl Fritze (o Enrique Fritze, como lo llamaban en la isla), llegó a ser una de las figuras más poderosas del Puerto Rico de fin de siglo.

Enrique nació en un hogar en el que ya se hacían negocios que involucraban a magnates de Nueva York y al Caribe. Su padre, Johann Gottlieb Carl Fritze,[1243] fundó en Bremen la casa bancaria, W.A. Fritze & Cía; y ya en 1847, hacía negocios en Nueva York.[1244] En 1861 se instaló en Cuba, desde donde tramitó no pocos préstamos usureros y sus correspondientes ejecuciones de haciendas, ingenios y tierras.[1245] En 1892 don Juan Fritze fue el intermediario en la transacción por la cual la Trinidad Sugar Company, ubicada en el poblado Fomento, en la provincia de Las Villas, Cuba, pasó a manos del presidente del Sugar Trust, Henry Havemeyer.

Cuando Havemeyer murió de forma repentina (por indigestión) en 1907, tenía en su poder bonos y acciones preferentes de la Trinidad por un valor ascendente a $357 000,[1246] unos $10 millones actuales. Sin embargo, en la papelería oficial las tierras seguían a nombre de Fritze & Cía. Juan Fritze, además de intermediario en transacciones dudosas, le había servido de testaferro a Havemeyer en su esfuerzo por no aparecer como dueño de un monopolio absoluto. La conexión entre los Fritze y el Sugar Trust es clara y es innegable.

En Puerto Rico, Enrique Fritze se encargó de fungir como el eslabón que completó el triángulo de negocios: Nueva York-Cuba-Puerto Rico. En las tres patas de ese triángulo estaban Wall Street, Henry Havemeyer y los Fritze.

Heinrich 'Enrique' Carl Fritze fue aceptado muy pronto por la élite de poder puertorriqueña. Además de fungir como vicecónsul alemán en Ponce, perteneció a la Junta Directiva del Casino de Ponce;[1247] fue el presidente de la Compañía Anónima de Redes Telefónicas de Ponce[1248] y director de la Compañía de la Luz Eléctrica.[1249] En 1895, se convirtió en uno de los directores del recién creado Banco de Crédito y Ahorro Ponceño; institución que se fundó con un capital de 200 000 pesos.[1250] Cinco años después, Fritze era el presidente del Banco de Crédito y Ahorro Ponceño que, ya para la fecha, se anunciaba como una sucursal de Muller, Schall & Co., casa bancaria con sede en Wall Street.[1251]

[1241] McAvoy-Weissman, Muriel: «Early United States Investors in Puerto Rican Sugar». *Politics, Society and Culture in the Caribbean. Selected Papers of the XIV Conference of Caribbean Historians.* Universidad de Puerto Rico. San Juan. 1983, pág. 123.
[1242] Archivo General de Puerto Rico. *Expediente Korber & Co. Inc*…
[1243] Registro civil de Puerto Rico. *Acta de nacimiento de Enrique Julio Gerardo Fritze y Toro.* 25 de agosto de 1896. Registro Civil, 1836-1910. Ancestry.com.
[1244] National Archives at Washington D. C. *Registers of Vessels Arriving at the Port of Nueva York from Foreign Ports, 1789-1919.* Microfilm Publication M237, Roll 1-95. Ancestry.com.
[1245] «Descendientes de Pedro Iznaga y María Zubaur». <http://www.antzinako.org/RepLinajes/iznaga.html> [3/01/2019].
[1246] Havemeyer, Harry W.: *Henry Osborne Havemeyer: The most independent mind.* Privately Printed. Nueva York, Nueva York. 2010, pág. 138.
[1247] «Noticias generales». *La Correspondencia.* San Juan, Puerto Rico. 20 de diciembre de 1900, pág. 2.
[1248] *La Democracia.* Caguas. 31 de julio de 1897; *Gaceta de Puerto Rico.* San Juan, Puerto Rico. 19 de abril de 1898, pág. 4.
[1249] «Ecos de Ponce». *La Correspondencia.* San Juan, Puerto Rico. 23 de enero de 1902, pág. 1.
[1250] «Noticias Generales». *La Correspondencia.* San Juan, Puerto Rico. 22 de febrero de 1895, pág. 3.
[1251] McAvoy-Weissman: «Early United States Investors…», pág. 123.

Enrique Fritze logró cimentar poderosos lazos familiares al casarse con Nieves Toro Pasarell, la hija mayor del matrimonio de Luis Toro Loudón y Nieves Pasarell Becerra, una de las familias más pudientes e influyentes de Ponce. Los Fritze-Toro mantuvieron siempre la ciudadanía alemana a pesar de que su lugar de residencia y negocios era Ponce. En 1904, luego de ganar mucho dinero en Puerto Rico, se marcharon a Hamburgo, donde Fritze murió en 1926. Imagen: «Familia Fritze-Toro en 1900. Desde la izquierda, las hijas Elisa e Irma; en el centro, de pie, Enrique Fritze y, sentada, la esposa Nieves Toro Pasarell; a la derecha, el hijo menor, Enrique Julio». Colección personal de Humberto García-Muñiz.

Invasión del Sugar Trust

En diciembre de 1897, meses antes de la invasión militar, una sociedad de reciente creación, incorporada en Nueva York y compuesta por hombres muy cercanos al Sugar Trust, se apropió de una estratégica hacienda ubicada en el barrio de Guánica, en el sur de Puerto Rico. La Hacienda Santa Rita, establecida en los primeros años del siglo XIX, en el sector Ojo del Agua, tenía 2081 cuerdas y un canal de riego que la convertía en la más importante de la zona. En diciembre de 1897, su dueño, el rico cafetalero corso Domingo Mariani Dominicci, la vendió por 125 000 pesos provinciales a Santa Rita State, una sociedad incorporada en Nueva York.[1252]

La compraventa, sin embargo, envuelta en extrañas madejas de transacciones, se alejó por mucho de ser transparente o inocente.

La corporación compradora, Santa Rita State, estaba representada por Julius Umbach Riemann, un alemán nacido en Hamburgo, quien, a pesar de que hacía negocios y vivía en Puerto Rico desde 1888, no hablaba español (solo inglés y alemán) y mantenía fuertes vínculos tanto con su país de origen como con otros alemanes dentro y fuera de la Isla.[1253]

Para comprar la hacienda y sus tierras, Santa Rita State, a través de Umbach, pidió prestado 100 000 pesos a Fritze, Lundt y Cía. Luego de recibir esa cantidad, Santa Rita State hipotecó la finca, las tierras, las máquinas, la casa —absolutamente todo— a favor de la corporación, con

---

[1252] *Id.*
[1253] National Archives at Nueva York City. *Naturalization Record for Julius Umbach.* Petition No. 123334. Ancestry.com.

Atlantic Trust Co.
51 Wall Street, Nueva York

Banco privado, agentes vendedores de azúcar. 52 Exchange Place, Nueva York

E. Pavenstedt Co.
Edmund Pavenstedt — Director

William Schall Jr. — Director

Mosle Brothers — Socio

Muller, Schall & Co.
44 Wall Street, Nueva York — Director

Fritze, Lundt y Cía. Ponce

Enrique Fritze — Presidente

Julius Umbach — Socio

Hipoteca hacienda Santa Rita

Hacienda Senado, Camagüey
Dueño en papeles: Mosle Brothers
Propietario real: Henry Havemeyer

Hacienda Congreso, Camagüey
Dueño en papeles: Mosle Brothers
Propietario real: Henry Havemeyer

Johann Gottlieb Fritze

Trinidad Sugar Co. Las Villas
Dueños: Henry Havemeyer (socio mayoritario), Edwin Atkins
Agente comprador: Fritze & Cía.

Santa Rita State
Préstamo de 100 000 pesos

Cuba

Hacienda Santa Rita
Guánica, Puerto Rico

sede en el número 51 de Wall Street, Atlantic Trust Co., que para la fecha contaba con un impresionante capital de 1 millón, 500 000 dólares.[1254] La hipoteca, a su vez, garantizaba el pagaré a Fritze, Lundt y Cía. por la cantidad inicialmente prestada.[1255]

Hasta aquí nada indica que Santa Rita State tuviera conexión alguna con Henry Havemeyer o con el Sugar Trust. Pero las cortinas se descorren si miramos con lupa a los involucrados.

Allá para 1897, Umbach Riemann era socio de la firma alemana asentada en Ponce, Fritze, Lundt y Cía.,[1256] la misma que prestó el dinero a Santa Rita State. Umbach, por lo tanto, representaba a los compradores de la hacienda y a la misma vez a los prestamistas. Por su parte, Atlantic Trust Co., dueña de la hipoteca y, en consecuencia, dueña de la hacienda, tenía entre sus directores a los judíos alemanes, William Schall Jr. y Edmund Pavenstedt, presidente de E. Pavenstedt & Co.[1257] Ambos, (Schall y Pavenstedt), pertenecían al banco judío-alemán de Wall Street, Muller, Schall & Co., casa matriz de Fritze & Lundt.[1258] Enrique Fritze estaba conectado con Havemeyer a través de su padre, Juan Fritze; a la vez que Fritze, Lundt & Cía. hacía lo mismo a través de W.A. Fritze & Cía.

La conexión con Henry Havemeyer se completa cuando insertamos en el análisis a la casa bancaria de Nueva York, Mosle Brothers. George Rudolph Mosle, nacido en Bremen y fundador de Mosle Brothers, era también director en E. Pavenstedt & Co. Sus hijos, George Rudolph Mosle y Arthur Henry Mosle, eran directores de Muller, Schall & Co. Arthur Henry, además, era socio en el bufete corporativo de Wall Street, Curtis, Mallet-Prevost, Colt & Mosle. Los hermanos Mosle fueron los intermediarios en la compra de las haciendas Senado y Congreso, en Camagüey, Cuba. Una investigación del Senado de Estados Unidos realizada en 1902 reveló que Mosle Brothers retuvo la hipoteca de las haciendas, pero el dinero provino siempre, de forma directa, de Henry Havemeyer.[1259] Un esquema muy parecido al de la compra de la hacienda Santa Rita.

Porto Rico: la tienda del Tío Sam

Si bien es cierto que la invasión económica de Wall Street a Puerto Rico precedió a la invasión militar de julio de 1898, también es cierto que este último evento facilitó el desvío de la corriente comercial de la que hablaba el *Alton Telegraph*.

Tan pronto como el 19 de agosto de 1898 —una fecha que se anticipa por meses a la cesión oficial de Puerto Rico a Estados Unidos— el presidente McKinley, a través del mecanismo de

---

[1254] «Trust Companies Merge». *The Standard Union*. Brooklyn, Nueva York, 24 de diciembre de 1902, pág. 3.
[1255] Pérez Comas, Adolfo: *1898. La gran guerra europea y la etapa puertorriqueña.*
<https://issuu.com/jalmeyda/docs/la_gran_guerra_europea__1914_y_puer>. [20/01/2019].
[1256] Julius Umbach continuó siendo un fuerte accionista de Fritze, Lundt & Cía. por lo menos hasta 1918, año en que poseía 500 acciones de un total de 1700 repartidas entre 5 hombres. Archivo General de Puerto Rico. *Fritze, Lundt & Co. Succes. Inc.* Fondo: Departamento de Estado. Serie: Corporaciones con fines de lucro. Caja 24.
[1257] *Directory of Directors in the City of Nueva York, 1900.* Audit Co. Nueva York, Nueva York. 1979.
[1258] García Muñiz, Humberto: «The U.S. Alien Property Custodian vs. German Business in Nueva York and Puerto Rico during the First World War». *Centro Journal.* Vol. XXXI. Núm. III. 2019, págs.93- 121.
[1259] United States Senate: *Cuban Sugar Sales. Testimony Taken by the Committee on Relations with Cuba, 26 de abril de 1902.* Washington D.C. 1902, págs. 103-106.

las órdenes ejecutivas, decidió aplicar impuestos a los productos puertorriqueños que entraban a puertos estadounidenses y, a la misma vez, permitir la entrada libre a todas las mercancías estadounidenses que llegaban a Puerto Rico. En paralelo, las importaciones hacia Puerto Rico provenientes de Europa o de cualquier otro lugar que no fuera Estados Unidos se sometieron, por decreto, a fuertes y prohibitivas tarifas aduaneras.[1260]

Esta acción, que bien pudiera catalogarse como la primera medida interventora de índole económica, abrogó *de facto* los acuerdos de reciprocidad vigentes desde 1895 entre ambos países, y significó la exclusión inmediata de mercancías francesas, alemanas, inglesas o españolas, en los mercados de la isla. De aquí en adelante, Puerto Rico estuvo obligado a gravitar solo en la órbita comercial de Estados Unidos mientras veía cómo los costos de las importaciones aumentaban exponencialmente junto con el precio de los artículos de primera necesidad.[1261]

Pero al momento de anunciar la medida, tanto el presidente como los periódicos que difundieron la noticia, tuvieron mucho cuidado de presentarla como algo beneficioso para la isla y para eso contaron con el silencio cómplice de la élite de poder criolla.

> El resultado de esto será que bajen los precios de los artículos con más demanda en la isla porque podremos suplirlos de una forma mucho más barata. Los consumidores puertorriqueños y los productores americanos serán los ganadores.[1262]

Esta afirmación resultó ser cierta en solo una de sus partes: la última.

Cabotaje

Dentro de la orden ejecutiva del 19 de agosto de 1898, William McKinley obligó tanto a Cuba como a Puerto Rico a transportar todas sus mercancías en barcos que ondearan la bandera estadounidense. La isla, para estos efectos, fue considerada como un estado más de la Unión americana y aquí no hubo máscaras que escondieran el verdadero propósito: «Como la mayor cantidad de importaciones vendrán de Estados Unidos, la marina mercante americana tendrá más negocios que hacer», rezaba la orden ejecutiva.[1263]

¿A quién se refería McKinley con 'marina mercante americana' en una época en que no existía una marina mercante gubernamental? La respuesta es fácil. Al poseedor del leviatán marítimo más importante que ha existido en la historia: John Pierpont Morgan.

Desde los años finales del siglo XIX, J. P. Morgan había logrado ser codueño de la línea de vapores más grande de Estados Unidos, la International Navigation Company, a la que acabaría dominando y ampliando. La International operaba 26 barcos con subsidiarias en Bélgica e

---

[1260] Whelpley, J.D.: «Porto Rico's Tariff Law. Will the United States Proceed to Absorb the Entire Commerce of the Island?». *The Kansas City Star*. Kansas City, Missouri. 30 de agosto de 1898, pág. 8.
[1261] Cabán, Pedro A.: «El aparato colonial y el cambio económico en Puerto Rico: 1898-1917». *Conuco. Revista de Ciencias Sociales*. Vol. 27, Núm. 1. Marzo-junio 1988, págs. 55-88.
[1262] «The Porto Rican Tariff». *Chicago Tribune*. Chicago, Illinois. 21 de agosto de 1898, pág. 30.
[1263] *Id.*

Inglaterra y ya había absorbido las líneas de barcos de vapor, Red Star Line y la American Line. Morgan financió deuda de la corporación a través de uno de sus sindicatos y a cambio —como era su costumbre— exigió puestos en la Junta de Directores. Una vez dentro y para ampliar su mastodóntica corporación, Morgan compró la línea de buques de pasajeros y de carga, Atlantic Transport Line. Casi de continuo, sucumbieron la Leyland Line, la prestigiosa White Star Line, la Dominion Line y mitad de la Holland American. Una vez se combinaron todas las líneas de barcos, la International Navigation llegó a controlar 118 barcos que representaban el 20% del total de buques trasatlánticos y una tercera parte de todo el negocio de pasajeros. No satisfecho, el magnate amplió aún más su control al pactar un acuerdo de participación en las ganancias con la empresa naviera trasatlántica, Hamburg, America & North German Lloyd. Esta compañía, una de las más grandes del mundo, servía al mercado de la migración alemana hacia Estados Unidos y hacia Europa del Este.[1264]

No pasó mucho tiempo sin que John Pierpont Morgan anunciara al mundo el nacimiento de la International Mercantile Marine Co. of New Jersey, un trust derivado de la original International, con un capital inicial de $120 millones, sumados a una emisión de $180 millones en bonos. La IMM, como se le conoció comúnmente, no fue otra cosa que una compañía tenedora de acciones que amalgamaba bajo una misma Junta de Gobierno, a todas las empresas navieras adquiridas por Morgan.[1265]

Según explicó a la prensa el propio George W. Perkins, socio de J.P. Morgan & Co., «los intereses estadounidenses dominan la fusión naviera y esto no solo es un triunfo para Mr. Morgan, sino que convierte a Estados Unidos en el verdadero gobernante de la marina mercante del mundo». Aclaraba también Perkins:

> Los buques afectados por la combinación navegarán bajo su respectiva bandera y algunos construidos en el extranjero lo harán con bandera de Estados Unidos porque no hay nada que impida a una empresa estadounidense poseer el control de los intereses en una empresa extranjera. Toda la corporación —incluyendo los buques extranjeros— está dominada por capital estadounidense.[1266]

A pesar de que la fecha oficial en que se creó el Ship Trust fue 1902, lo cierto es que la totalidad de sus elementos constitutivos operaban desde por lo menos 1871. Al momento de ocurrir la invasión estadounidense a Puerto Rico, Pierpont Morgan ya tenía el control absoluto de todos los buques de vapor, fueran de carga o de pasajeros, con rutas Atlánticas, en el Mediterráneo, en el Caribe o entre las costas de Estados Unidos.

En un esfuerzo por entender el caso particular de Puerto Rico, para la fecha en que William McKinley emitió la orden de cabotaje para la isla, John Pierpont Morgan dominaba la New York & Porto Rico Steamship Co., única beneficiaria de la restricción al cabotaje.[1267]

[1264] «Steamship Merger. J. Pierpont Morgan Puts the Deal Though. Transatlantic Lines. The new combination will have over $150,000,000 of capital». *Evening Star*. Washington D. C. 19 de abril de 1902, pág. 1.
[1265] *Id.*
[1266] *Id.*
[1267] Proceedings of the Committee on the merchant marine and fisheries in the investigation of shipping combinations under House resolution 587. Vol. II - «Testimony of Mr. Ernest M. Bull». Washington, Govt. print. Off. 1913-1914, págs. 769-775.

CAPÍTULO 8

Uno de los buques emblema de The New York & Porto Rico Steamship fue, sin duda, el Coamo. El barco, construido en 1891, de 4328 toneladas y 337 pies de largo, fue transferido en 1902 de otra de las líneas de Morgan (Allan State Line) y remodelado en su totalidad. Un evento en particular puede dar cuenta del poderío político de los hombres detrás de la New York & Porto Rico. En 1903, la hija del entonces presidente de Estados Unidos, Alice Roosevelt, utilizó el Coamo para llegar y salir de Puerto Rico en su viaje de dos semanas a la isla. Es relevante saber también que en aquel viaje, la señorita Roosevelt almorzó con la familia Luce y entre sus visitas oficiales se contaron la realizada a la Aguirre y a la Guánica Central. Véase: «Miss Roosevelt is Returning from San Juan On Board Coamo». *The Pittsburgh Press*. Pittsburgh, Pensilvania. 1 de abril de 1903, pág. 11. Imagen: Museo de la Ciudad de Nueva York.

The New York & Porto Rico Steamship Co.

The New York & Porto Rico Steamship Co., una modesta línea nacida en 1873 que cubría la navegación entre Nueva York y los puertos de Ponce y San Juan, llamó la atención de John Pierpont Morgan desde por lo menos 1890. Ese año, Juan Manuel Ceballos,[1268] un personaje conocido en Nueva York por sus cercanías a Morgan, amenazó al fundador de la compañía naviera, Archibald H. Bull, con llevarlo a la ruina si no le vendía parte de las acciones. Ceballos no solo hizo amenazas; contactó a todos los productores en Puerto Rico para ofrecerles ventajosos contratos de transportación de sus mercancías hacia Estados Unidos con *rebates* y sobornos incluidos. Bull, en un intento desesperado, hipotecó su casa, sacó los niños de la escuela privada, despidió sirvientes… pero nada resultó. Al final, se vio obligado a cederle una participación importante a Juan Manuel Ceballos, quien se convirtió en uno de los tres directores de The New York & Porto Rico Steamship Co.[1269]

Ocho años más tarde, justo a las puertas de la invasión militar a Puerto Rico, Juan Manuel Ceballos, nacido en Nueva York de padre español (Santander) y madre cubana, se encargó de sacar de circulación a los otros dos directores de The New York & Porto Rico Steamship Co.

La estrategia fue burda pero efectiva. Convenció a sus socios de emitir $600 000 en deuda para adquirir nuevos barcos. Esos $600 000 fueron comprados en su totalidad por una sola persona: John E. Berwind, presidente de Archer Coal Depot Co.; vicepresidente de Berwind-White Coal Mining Co.; director en New York, New Haven & Hartford Railroad (Morgan); director de Pennsylvania Railroad (Morgan); director de Atchison, Topeka & Santa Fe Railroad (Morgan); director de International Telephone & Telegraph (Morgan) y director de Guaranty Trust Company (Morgan). Berwind, además, reaparecerá en la vida puertorriqueña en 1901 como uno de los directores de la Guánica Central[1270] y, más adelante, en 1903, como uno de los socios y directores del hotel Condado-Vanderbilt.[1271] La sala de juntas del hotel todavía se llama John Berwind y el campo de golf, Berwind Country Club, logró que amplias zonas residenciales de Carolina y de Río Grande asumieran el nombre del magnate.[1272]

Luego de dominar las acciones de la naviera, John E. Berwind obligó a dos de los tres directores a renunciar y, además, les exigió que firmaran un acuerdo por el cual no podrían entrar en el negocio de la navegación por diez años. Logrado el golpe de estado, John Berwind se colocó como presidente de The New York & Porto Rico Steamship Co. Su hermano Edward Berwind —director en Guaranty Trust (Morgan) y en International Mercantile Marine Co. (Morgan)— asumió la vicepresidencia. F. Kinsgbury Curtis, del bufete Curtis, Mallet-Prevost, Colt & Mosle, además de ser el asesor legal que tramitó la compra de los bonos y el traspaso de la corporación,

---

[1268] Este personaje se estudiará con cuidado en un próximo libro de la autora. La casa bancaria de Ceballos fue la privilegiada en las subastas realizadas en 1901 para los préstamos municipales de San Juan ($600 000); Ponce ($200 000); Mayagüez ($200 000); Arecibo ($100 000).

[1269] Proceedings of the Committee on the merchant marine and fisheries in the investigation of shipping combinations under House Resolution 587. «Testimony of Mr. A. H. Bull». Vol. II. Washington, Govt. print. Off. 1913-1914, págs. 1207-1208.

[1270] García Muñiz, Humberto: *Sugar and Power in the Caribbean. The South Porto Rico Sugar Company in Puerto Rico and the Dominican Republic. 1900-1921*. La Editorial Universidad de Puerto Rico. San Juan, Puerto Rico. 2010, pág. 108.

[1271] Archivo General de Puerto Rico. *Economía. Fomento. Julio 1903*. Fondo: Oficina del Gobernador. Serie: Correspondencia General. Caja 5.

[1272] «Condado Hostelery in San Juan Suburb». *The Miami Herald*. Miami, Florida. 27 de diciembre de 1936, pág. 23.

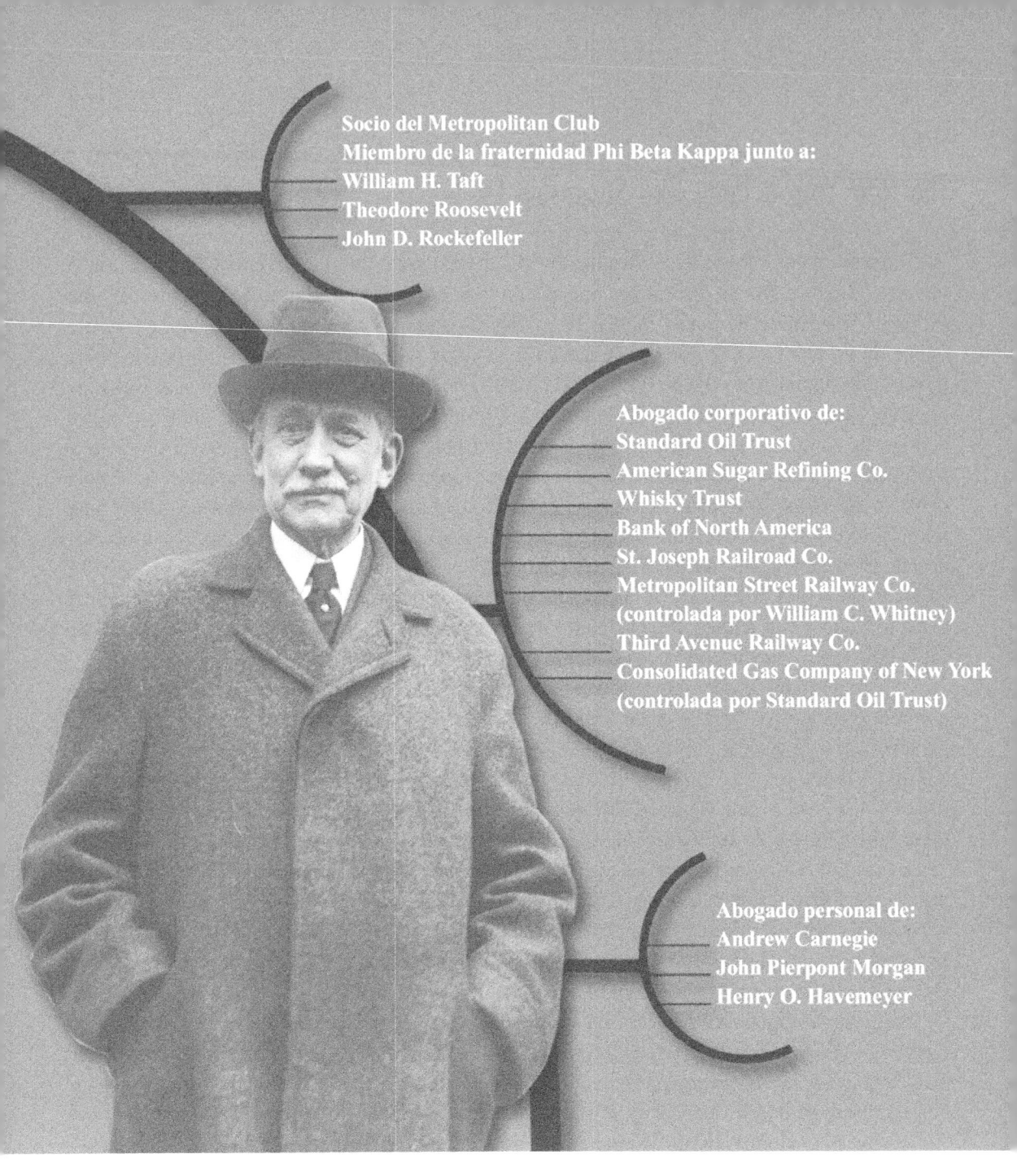

Socio del Metropolitan Club
Miembro de la fraternidad Phi Beta Kappa junto a:
- William H. Taft
- Theodore Roosevelt
- John D. Rockefeller

Abogado corporativo de:
- Standard Oil Trust
- American Sugar Refining Co.
- Whisky Trust
- Bank of North America
- St. Joseph Railroad Co.
- Metropolitan Street Railway Co. (controlada por William C. Whitney)
- Third Avenue Railway Co.
- Consolidated Gas Company of New York (controlada por Standard Oil Trust)

Abogado personal de:
- Andrew Carnegie
- John Pierpont Morgan
- Henry O. Havemeyer

Al momento de ser nombrado secretario de Guerra, en agosto de 1899, Elihu Root era reconocido como «probablemente el mejor asesor corporativo en todo Estados Unidos». Root, quien benefició con franquicias ventajosas a los hombres de la New York & Porto Rico Steamship, había sido el abogado a cargo de la reorganización del Sugar Trust efectuada en 1890; además de abogado personal de John Pierpont Morgan, Henry Havemeyer (Sugar Trust) y Andrew Carnegie. Root pertenecía a la camarilla del Metropolitan Club, junto a Morgan, Theodore Roosevelt, Henry Cabot Lodge y el general Nelson Appleton Miles. Véase: DeForest Hicks, Paul: *John E. Parsons: An Eminent New Yorker in the Gilded Age*. Prospecta Press. Nueva York. 2016, pág. 205. «The Sugar Case. Details of the Proceedings Today Before Judge Pratt». *The Wall Street Journal*. Nueva York, Nueva York. 30 de octubre de 1890, pág. 1. «New Secretary of War. Elihu Root of New York is General Alger's Successor». *The Abbeville Press and Banner*. Abbeville, South Carolina. 9 de agosto de 1899, pág. 2. Thomas, G.V.: «Elihu Root: the man». *The San Francisco Sunday Call*. Vol. 98, No. 60. 30 de julio de 1905, págs. 8-9.

263. THE TRANSPORT "HILPATRICK" READY TO SAIL. P. RICO. A. MOSCIONI PHOT.

La New York & Porto Rico Steamship Co. impidió la libre competencia en el negocio de la transportación marítima por diferentes vías. Primero, aniquiló a sus competidores y los obligó a firmar acuerdos que los sacaban del mercado por 10 años. Segundo, inventó su propia competencia creando nuevas líneas de barcos que funcionaban en apariencia como compañías independientes, pero que eran manejadas por la misma Junta de Gobierno. Es el caso de la Insular Line, cuyos 7 barcos cubrían también la ruta entre Nueva York y San Juan. El dueño de Insular Line no era otro que F. Kingsbury Curtis, secretario y tesorero de la New York & Porto Rico Steamship Co. En tercer lugar, los hombres de la New York monopolizaron los muelles más importantes de la isla, impidiendo a otras compañías realizar negocios. Los habitantes de San Juan recordaron por mucho tiempo el caso de un cargamento de 80 mulas que llegó en un barco de la competencia. El muelle de la New York estaba vacío, pero uno de sus barcos ocupaba el otro muelle, el conocido como «Quartermaster». El barco con las mulas permaneció más de un día con los animales sufriendo el rigor del calor, sin poder descargarlos ante la negativa de la New York de cederles un espacio. En la práctica, gracias a las políticas públicas asumidas tanto por Washington como por San Juan, los 13 barcos de The New York & Porto Rico Steamship Co., disfrutaron por más de 50 años de un completo y total monopolio en el negocio de transportar pasajeros y carga desde y hacia Puerto Rico.
Véase: Proceedings of the Committee on the merchant marine and fisheries in the investigation of shipping combinations under House resolution 587. Vol. II. «Testimony of Mr. Ernest M. Bull». Washington, Govt. print. Off. 1913-1914, págs. 769-775. «Consejo Ejecutivo». *La Correspondencia*. San Juan, Puerto Rico. 8 de julio de 1906, pág. 1. Imagen: Moscioni, Atilio: «Muelle 1 The New York & Porto Rico Steamship Co.». Puerto Rico Historic Buildings Drawings Society.

se instaló como secretario-tesorero. Juan Manuel Ceballos quedó como uno de los directores. Pocos meses después, Ceballos sustituyó a John Berwind en la presidencia.[1273]

Es decir, en agosto de 1898, en el instante en que William McKinley restringió el comercio con Puerto Rico a solo barcos con bandera estadounidense, hombres de J.P. Morgan controlaban el cien por ciento de las acciones de la única corporación que se beneficiaba con la medida: The New York & Porto Rico Steamship Co.

Luego de conseguir la orden ejecutiva de McKinley, los hombres que manejaban los hilos de The New York & Porto Rico Steamship Co. se movieron a cumplir objetivos más específicos que configuraron el poderoso monopolio en el que se convirtieron. En diciembre de 1898, obtuvieron el contrato para manejar el correo hacia y desde Puerto Rico.[1274] Meses más tarde, el 5 de septiembre de 1899 —mientras Puerto Rico se regía por el gobierno militar de George W. Davis, un hombre cercano en extremo a J.P. Morgan—[1275] obtuvieron del entonces secretario de Guerra, Elihu Root, la franquicia más ventajosa que corporación alguna haya soñado.

Por virtud del acuerdo firmado en 1898 con el gobierno militar, ratificado el 28 de febrero de 1900 y de nuevo en agosto de 1902, The New York & Porto Rico Steamship Co. se abrogó «el derecho de mantener en el puerto de San Juan, en Puerto Rico, un muelle y embarcadero».[1276] Es decir, la corporación tuvo el inigualable privilegio de poseer el único muelle de hormigón en el puerto más importante de todo Puerto Rico. Es cierto que durante la primera mitad del siglo XX existió otro muelle en San Juan, conocido como 'Quartermaster', pero la New York lo ocupó siempre con sus barcos. Ninguna otra compañía pudo descargar su mercancía en San Juan. Por lo que podemos asegurar que la corporación de Morgan ejerció un verdadero monopolio.[1277]

Los privilegios no terminaron ahí. La franquicia ratificada por Elihu Root en febrero de 1900 también proveyó para que The New York & Porto Rico Steamship Co. pudiera «mantener y operar, construir y reconstruir, usar y disfrutar dicho malecón, muelle y accesos, libre de todo derecho de revocación o cancelación por parte de El Pueblo de Puerto Rico hasta el día 28 de febrero de 1950».[1278] Transcurridos esos 50 años, si el Gobierno pretendía adquirirlo de vuelta, tendría que pagarle a la compañía el valor que esta le adjudicara.[1279]

Además de garantizarle 50 años de disfrute monopolístico a la corporación de Morgan, también se le concedió el sueño de cualquier capitalista: su casilla estaría libre de impuestos. «El muelle no estará sujeto a ningún impuesto insular, estatal, territorial, municipal o de otro tipo, excepto que The New York & Porto Rico Steamship Co. deberá pagar al Tesorero de Puerto Rico la suma de $3000 anuales, en pagos trimestrales iguales».[1280]

[1273] Proceedings of the Committee on the merchant marine and fisheries in the investigation of shipping combinations under House resolution 587. Vol. II - «Testimony of Mr. A. H. Bull». Washington, Govt. print. 1913-1914, págs. 1207-1208.
[1274] «Mail Service for Cuba and Porto Rico». *The Baltimore Sun*. Baltimore, Maryland. 16 de diciembre de 1898, pág. 6.
[1275] De 1900 a 1903, Davis fue vicepresidente y gerente general del Canal de Nicaragua; en 1904 se convirtió en gobernador del Canal de Panamá. «Gen. Davis Rests in Arlington». Evening Star. Washington D.C. 15 de julio de 1918, pág. 20.
[1276] Archivo General de Puerto Rico. *Licencia a The New York & Porto Rico Steamship Co. Febrero 1900*. Fondo: Oficina del Gobernador. Serie: Correspondencia General. Caja 60.
[1277] Véase discusión dentro del Consejo Ejecutivo y Cámara de Delegados sobre el monopolio en los muelles de San Juan. *La Correspondencia*. San Juan, Puerto Rico. 8-16 de julio de 1906.
[1278] Archivo General de Puerto Rico. *Ordinance to be Passed by the Executive Council of Porto Rico. 1900*. Fondo: Oficina del Gobernador. Serie: Correspondencia General. Caja 62
[1279] *Id.*
[1280] *Id.*

Luis Muñoz Rivera apoyó sin condiciones el cabotaje para Puerto Rico. El Jefe llegó a asegurar que la medida significaría un superávit y que así la isla se convertiría en un ejemplo para cubanos y filipinos. Imagen «Luis Muñoz Rivera en 1897». Fundación Luis Muñoz Marín.

Para la misma época, la New York & Porto Rico pagaba $35 000 al año por el muelle en Brooklyn, y unos $1000 adicionales por el costo de iluminarlo. El de San Juan, en contraste, solo le costaba $3000 que saldaba en cómodos plazos trimestrales durante cincuenta años garantizados.[1281] Un negocio redondo para los magnates de Wall Street.

[1281] «Porto Rico Steamship Leases Brooklyn Pier 22». *Brooklyn Daily Eagle*. Brooklyn, Nueva York. 26 de agosto de 1901, pág. 5.

El Jefe ante el cabotaje

Habrá que decir también que el éxito de la medida interventora que hizo obligatorio el transporte de mercancías solo en barcos estadounidenses,[1282] no hubiera sido posible jamás sin la activa colaboración de la élite política puertorriqueña.

El Gobierno autonómico de Puerto Rico —el cual, en agosto de 1898, estaba legal y legítimamente constituido— apoyó y colaboró para que el cabotaje con Estados Unidos se implementara.[1283] Los políticos criollos no solo hicieron declaraciones públicas a favor de la medida, sino que, por ejemplo, el secretario de Fomento Salvador Carbonell, en diciembre de 1898, convocó a la Junta de Agricultura, Industria y Comercio para tratar el canje de la moneda y el cabotaje. «En cuanto al segundo extremo, se decidió unánimemente a favor de esta benéfica medida».[1284] Más tarde, en enero de 1899, cuando McKinley repitió su orden ejecutiva sobre cabotaje, el Consejo de Secretarios compuesto por los mismos hombres del Gabinete autonómico volvió a apoyarla.

¿Qué pensaba Luis Muñoz Rivera sobre el cabotaje, una medida que ni en 1898 ni ahora beneficia a los puertorriqueños? Dejemos que sea el propio Jefe quien nos lo diga a través de su informe al Gobierno de Washington.

El texto en cuestión, que apareció publicado en *La Democracia* y en otros periódicos locales, fue redactado por Muñoz en mayo de 1899 mientras se encontraba de gira por Estados Unidos, intentando de forma desesperada recuperar su puesto de primer ministro que le había quitado el gobernador militar, Guy Henry. Filosofaba así el Jefe:

> **Razones económicas:** Puerto Rico hará casi todo su comercio con su nueva nacionalidad, y con este monopolio que no puede ser más legítimo y justo, el Tesoro Federal encontrará compensaciones valiosas, aunque indirectas. Por otra parte, los gastos de la isla se cubrirán sin violencia. El presupuesto insular puede cubrirse, sin excluir lo que cuestan la policía, la enseñanza, la administración de justicia y las obras públicas con la suma de $1 millón 200,000. De modo que el cabotaje resultará en un superávit de $300,000.
>
> **Razones sociales:** En lo que se refiere al interés de Puerto Rico, es seguro que el libre cambio de productos con los Estados Unidos abrirá a aquella isla un ancho horizonte para su progreso mercantil y agrícola, y contribuirá poderosamente al bienestar de las clases trabajadoras. Decretado el cabotaje, los grandes plantadores de azúcar y tabaco se hallarán en actitud de aumentar los salarios hasta 75 u 80 centavos a causa de la colocación ventajosa que darán a sus frutos en los puertos americanos […] de ahí que el cabotaje sea el único medio de prevenir la cuestión social.
>
> **Razones políticas:** Conviene que no se diga con razón que Puerto Rico marcha peor que Estados Unidos que con España. Y conviene doblemente, si se reflexiona en el influjo que tendrán sobre los filipinos, y más aún sobre los cubanos, las franquicias de las que gocen los puertorriqueños.

[1282] Puerto Rico todavía está obligado a transportar su mercancía en barcos con bandera estadounidense. Se estima que este monopolio impuesto desde el Estado le cuesta a los puertorriqueños 2.5% o un 151% más que si transportara desde otros puertos. Este costo sería el equivalente a un impuesto de 7.2%, es decir, un incremento de $367 millones solamente en la importación de bebidas y alimentos a la isla.

[1283] «Lo que anhela Puerto Rico. Algo que se quiso y no se pudo». *La Democracia*. 24 de diciembre de 1898, pág. 2.

[1284] «Importantes acuerdos». *La Democracia*. Ponce, Puerto Rico. 9 de diciembre de 1898, pág. 2.

> A poca costa presentará la administración un ejemplo práctico de lo que significa el cambio de soberanía dentro de la paz, inalterable en Puerto Rico. El cabotaje es el primer paso; y si tras el cabotaje le suceden reformas políticas de índole autonómica, filipinos y cubanos se convencerán de que no se resuelve por las armas un problema que está resuelto […].[1285]

Los cálculos económicos y sociales de Luis Muñoz Rivera no pudieron estar más errados. Nunca las restricciones en el cabotaje han significado superávit alguno, sino todo lo contrario. Tampoco, por supuesto, significó mejoras salariales. Aunque sí llama la atención en el análisis de Muñoz Rivera, la presencia temprana de la estrategia propagandística de presentar a Puerto Rico como 'la vitrina del Caribe', algo que años más tarde desarrollará a profundidad su hijo Luis Muñoz Marín.

Conscientes de la gran desventaja que significó para Puerto Rico la orden ejecutiva de agosto de 1898, sin dejar de reconocer la complicidad de los políticos criollos, no debe extrañarnos que tan solo dos años después, las exportaciones desde Estados Unidos hacia Puerto Rico se cuadriplicaron[1286] y, doce años más tarde, aumentaran dieciocho veces. Las ventas a la isla desde el mostrador del Tío Sam crecieron más rápido que con cualquier otra comunidad, tanto que en 1912 excedieron el valor de los tratos con España, China o India, equiparándose con el intercambio con Argentina, Australia y con todo el continente africano. En ropas de algodón nada más, Estados Unidos vendió a Puerto Rico cinco veces más que a Canadá y más que a Cuba y a Haití combinadas. Le vendió más botas y zapatos que a toda América central; la misma cantidad de automóviles —medido por el valor— que a Francia y Alemania juntas; y más harina que a Alemania.[1287]

Primer banco privado agente fiscal del Gobierno

El 19 de agosto de 1898 —el mismo día que McKinley gobernaba por decreto a Puerto Rico sin poder legal alguno y mientras los políticos puertorriqueños dedicaban su tiempo en granjearse las simpatías de los estadounidenses— John Dandridge Luce, sentado en su patricia casa en la calle Clarendon de Boston, acariciaba en sus manos un certificado firmado por el mismísimo presidente William McKinley que convertía a su banco DeFord & Co. en agente fiscal del gobierno del Puerto Rico invadido y ocupado.[1288]

El agente fiscal funcionaba como un intermediario entre el Tesoro y la burocracia administrativa colonial, privilegio que les permitía tener comisiones por cada transacción, además del invaluable acceso a los depósitos del gobierno. El hecho de que un banco privado obtuviera el privilegio de ser el agente fiscal del gobierno de Puerto Rico constituye una evidencia medular

---

[1285] «El cabotaje. Informe del señor Muñoz Rivera al Gabinete de Washington». *La Democracia*. Ponce, Puerto Rico. 30 de mayo de 1899, pág. 2.
[1286] «Trade with Porto Rico». *The New York Times*. Nueva York, Nueva York. 27 de octubre de 1900.
[1287] «Benefits by Annexation. Porto Rican-U.S. Trade Now 18 Times Greater than in 1897». *The Brooklyn Daily Eagle*. Brooklyn, Nueva York. 12 de febrero de 1912, pág. 13.
[1288] McAvoy Weissman: «Early United States Investors…», págs. 103-104.

del control económico que existía sobre las decisiones políticas. Es una muestra clara de que, en efecto, lo económico determinó lo político y no a la inversa.

Resulta que la Ley de Bancos Nacionales, en vigor en Estados Unidos desde 1863, prohibía a los bancos privados ser receptores del dinero gubernamental. A los bancos nacionales, regulados por la Oficina del Contralor de la Moneda sí se les permitía ser depositarios del Gobierno, pero se les negaba la posibilidad de abrir sucursales en el extranjero y otorgar préstamos hipotecarios.[1289]

El banco privado DeFord & Co. no tenía derecho legal a ser el agente fiscal del gobierno de Puerto Rico. Si lo hubiera tenido, por ser un banco nacional y no privado, entonces no hubiera podido abrir una sucursal en la isla ni tampoco conceder préstamos hipotecarios como hizo. Ante la evidente violación a la ley, la pregunta obligada sería, ¿cómo John D. Luce consiguió aquella prebenda tan jugosa?

Pues, como suele suceder todavía, y tal como explica Noam Chomsky en su *Réquiem por el sueño americano*:

> La concentración de las riquezas provoca la concentración del poder, lo que hace que las grandes empresas tengan a los partidos políticos en el bolsillo. Este poder político se traduce rápidamente en una legislación que respalda el incremento de la concentración de las riquezas.[1290]

Todo un círculo vicioso.

En el caso que nos ocupa ya hemos analizado la petición que le hizo Luce el 15 de julio a su cuñado, el senador Henry Cabot Lodge. En respuesta, Lodge le escribió directo al presidente McKinley el mismo día que se firmó el armisticio (12 de agosto de 1898) y bajo el sello oficial del Senado, le dijo:

> Unos señores de Boston, de la más alta reputación, con amplio capital y fuerte respaldo quieren establecer una casa bancaria en Porto Rico [...] ellos están muy ansiosos de ser los agentes fiscales del gobierno [...] Mi interés en este asunto surge del hecho de que mi cuñado, el señor J.D.H. Luce, de Kidder, Peabody & Co., ¡hijo del Contraalmirante Luce!, es uno de los socios. Me sentiría muy agradecido y en deuda si les pudiera conferir esto.[1291]

Los accesos de John D. Luce a las altas esferas gubernamentales no se limitaban a su cuñado. La red de influencias de altos funcionarios incluía también al secretario de la Marina, John Long, quien le aconsejó irse a Washington «y no salir de allí hasta que consiguiera el certificado de agente fiscal».[1292]

Fue así cómo, el 16 de agosto de 1898, John D. Luce y Henry De Ford se montaron en el primer tren hacia la capital para reunirse con el secretario del Interior, Cornelius Bliss. Como

---

[1289] Rothbard: *A history of money...*, págs. 122-123.
[1290] Chomsky, Noam. *Réquiem por el sueño americano. Los diez principios de la concentración de la riqueza y el poder*. Editorial Sexto Piso. Madrid, España. 2018, págs. 13-14.
[1291] McAvoy Weissman: «Early United States Investors...», págs. 102-104.
[1292] Id.

```
DE FORD & CO.,
FISCAL AGENTS OF THE UNITED
           STATES FOR
    THE ISLAND OF PORTO RICO.
    EXCHANGE BOUGHT AND SOLD
               AND
       LETTERS OF CREDIT ISSUED
35 BROAD ST.,        PONCE AND SAN JUAN,
BOSTON.              PORTO RICO.
HENRY DE FORD,   ⎫  Formerly
FRANCIS DUMARESQ,⎬  Henry De Ford & Co.
J. D. H. LUCE,   ⎬  Formerly with
W. S. H. LOTHROP,⎭  Kidder, Peabody & Co.
```

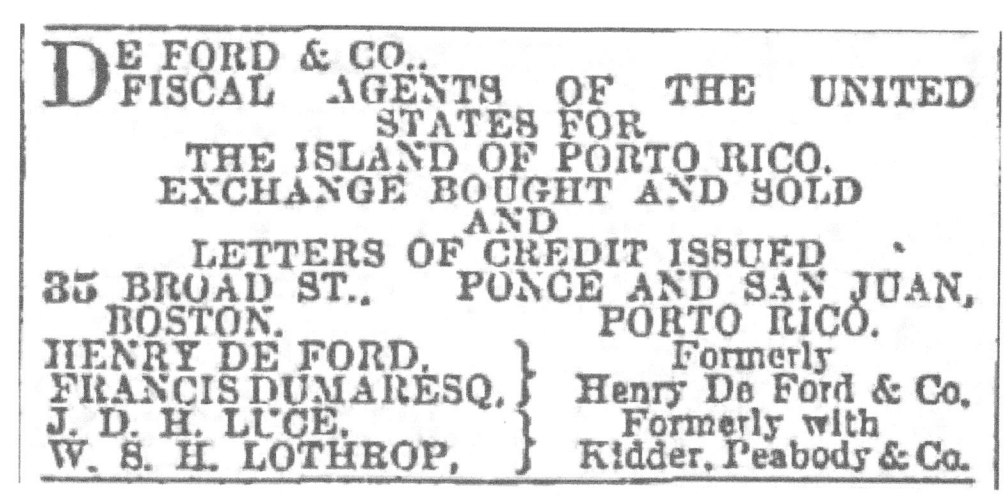

Anuncio de De Ford & Co., como agente fiscal del Gobierno de Puerto Rico, publicado el 21 de septiembre de 1898. Para esa fecha Puerto Rico no había sido cedida ni anexada. Tampoco se había establecido el gobierno militar estadounidense en la isla. Imagen: *The Baltimore Sun*. Baltimore, Maryland. 21 de septiembre de 1898, pág. 11.

recordarán, Bliss gravitaba en la esfera de influencia de J.P. Morgan, al igual que las casas bancarias bostonianas. Luce y De Ford, astutamente, se acercaron a Bliss con una recomendación firmada por Henry Lee Higginson, emparentado con Theodore Roosevelt y director de la poderosa firma, Lee, Higginson & Co.[1293] No satisfechos, los empresarios se movieron a la oficina del entonces subsecretario de la Marina, Charles Allen,[1294] futuro gobernador civil de Puerto Rico, quien les prometió llevarlos hasta el presidente.

El siguiente escalón fue una reunión con el secretario del Tesoro, Lyman Gage, y, por último, lograron la tan ansiada entrevista con el presidente de Estados Unidos, William McKinley.[1295] Con tamañas influencias nadie se asombrará al conocer que, tan pronto como el 27 de agosto de 1898, apenas transcurrido un mes de la invasión militar, Luce y sus amigos bostonianos ya estaban instalados en Ponce y pocos días después en San Juan.[1296] No hay duda alguna de que aquellos hombres eran poderosos. Basta con mirar la Junta Directiva de DeFord & Co. (firma bancaria que funcionaba con la misma estructura que los sindicatos Morgan) para corroborarlo: John D. Luce y Henry De Ford, ambos de Kidder, Peabody & Co., así como Francis Dumaresq y William Sturgis Lothrop, con trasfondo en las refinerías de azúcar dominadas por el Sugar Trust en Boston.[1297]

[1293] La casa bancaria Lee, Higginson & Co., de Boston, no fue un banco grande pero sí se consideraba muy prestigiosa, un típico *old-stock Anglo-American house*. George C. Lee, de Lee, Higginson & Co. estará en la Junta de Directores de la Central Aguirre en Salinas, Puerto Rico.

[1294] Charles Allen fue seleccionado primer gobernador civil de Puerto Rico cuando ya DeFord & Co. y la Central Aguirre dominaban la esfera económica en la isla. Esto, por supuesto, no fue ninguna casualidad.

[1295] McAvoy Weissman: «Early United States Investors…», págs. 102-104.

[1296] «Boston Firm Gets the Job. DeFord & Co. the Government Fiscal Agents in Porto Rico». *The Inter Ocean*. Chicago, Illinois. 21 de agosto de 1898, pág. 5.

[1297] «Central Aguirre Sugar Co. An Enterprise in Porto Rico and Backed by Boston Capital, Which Was Started Soon After the Spanish War, and Now Becoming Highly Profitable». *The Boston Globe*. Boston, Massachusetts. 16 de diciembre de 1915, pág. 12.

Casa que Henry De Ford se construyó en la Central Aguirre. Puerto Rico Historic Buildings Drawings Society.

Una vez asentado en Puerto Rico, DeFord & Co. inició de inmediato acciones predatorias que incluyeron préstamos hipotecarios con intereses astronómicos por encima del 18%,[1298] acaparamiento y venta a sobreprecio de la moneda provincial,[1299] sobrecargos por transacciones y cobro por concepto de comisiones al Gobierno.[1300] Además, sus directores aprovecharon la ventaja de ser los agentes fiscales del Gobierno para engrosar sus finanzas personales creando corporaciones privadas, a costa del despojo de los fondos públicos.

En el período que duró la ocupación militar entre octubre de 1898 y mayo de 1900, obtuvieron franquicias para operar un muelle en el puerto de Ponce y una línea de tranvías, también en Ponce. Se les concedió construir y operar líneas de teléfonos; construir y operar una línea de ferrocarril, desde Aguirre hasta el barrio Descalabrado en Santa Isabel; construir y operar un sistema de electricidad en Ponce; e instalar y operar una empresa de automóviles. John D. Luce logró, además, que el gobernador militar de turno le regalara un tramo considerable del camino público, en Salinas, para pasar por ahí su ferrocarril, el cual, por cierto, nunca pagó impuestos.[1301]

En paralelo, John D. Luce —con la colaboración del gobierno militar y la complicidad de la élite política criolla—[1302] comenzó a adquirir tierras en el distrito de Salinas para edificar allí la mastodóntica Central Aguirre. A golpe de remates públicos, de préstamos impagables, de asfixiar económicamente a los tenedores de tierras y de expropiaciones ejecutadas desde el Gobierno, el

---

[1298] «Porto Rico's Currency. Fiscal Agents Report that Business is at a Standstill and Planters Need Money for Crop». *The New York Tribune*. Nueva York, Nueva York. 21 de septiembre de 1898, pág. 2.
[1299] McAvoy Weissman: «Early United States Investors…», págs. 102-104.
[1300] «The Unconscious Benevolence of Trusts». *Washington Times*. Washington D. C. 30 de mayo de 1900, pág. 4.
[1301] Archivo General de Puerto Rico. *Franquicias y patentes. Concesión a DeFord. Abril 1899 - diciembre 1899*. Fondo: Oficina del Gobernador. Serie: Correspondencia General. Caja 60.
[1302] John D. Luce no logró que el propietario José Salichs Simonpietri le cediera 100 yardas que necesitaba para pasar su ferrocarril. Entonces, se valió de sus contactos para expropiar a Salichs. En este esfuerzo sirvieron de ayuda Francisco de Paula Acuña, secretario de Estado para el gobierno militar de Guy V. Henry; Porrata Doria, alcalde de Ponce; Francisco del Valle Atiles, secretario de Interior. Véase: Archivo General de Puerto Rico. *Franquicias y patentes. Concesión a DeFord & Co. Abril 1899 - diciembre 1899*. Caja 60.

cuñado de Cabot Lodge consiguió muy pronto 1466 acres de terreno que pertenecían a la hacienda de cañas Aguirre, en el término municipal de Salinas.[1303] Esta privilegiada hacienda que tenía también canales de riego, concesiones para su regadío, y que colindaba por el sur con la maravillosa Bahía de Jobos, fue adquirida por 100 000 pesos provinciales, luego de que el propio John D. Luce lograra tirar al piso el valor de esta moneda.[1304]

Quince años más tarde —y a pesar de la Resolución Conjunta del Congreso de Estados Unidos que limitaba la posesión de tierras en Puerto Rico a solo 500 acres— la Central Aguirre acaparaba 9000 acres de terreno y dominaba 6000 acres adicionales de los colonos circundantes.[1305] La Central Aguirre dejó a sus socios ganancias que comenzaron en $602 000, en 1902; $933 000 en 1903; $1 millón en 1904; $2 millones en 1905; $1 millón, $946 000 en 1906; $1 millón, 164 000 en 1907, hasta llegar a $3 millones en 1915.[1306] Todo eso, al igual que The New York & Porto Rico Steamship Co., sin pagar impuestos a Puerto Rico.

El poder económico de los directores de la Aguirre tuvo su equivalente en el poder político. Desde los cuarteles generales de Aguirre se conspiró para devaluar el peso provincial y para estafar a Puerto Rico en un supuesto canje de moneda. También se planificaron las primeras deudas millonarias del país, se seleccionaron gobernadores, y se escribieron importantes leyes.

Sindicato de Nueva York se apropia de las mejores casillas

El 6 de septiembre de 1898, como parte de la agresiva invasión económica y aún sin tener el control legal de la isla, hombres cercanos a John Pierpont Morgan incorporaron en Nueva Jersey, la compañía American Indies Co., cuyo lugar de negocio sería Cuba y Puerto Rico. Los estatutos de la corporación describen un amplísimo campo de operaciones que incluía desde producir electricidad, pasando por intereses madereros y de alcantarillado, hasta la explotación minera y el manejo de líneas de barcos de vapor.[1307]

> American Indies Co. tiene el poder de generar, acumular, distribuir y suministrar electricidad para fines de luz, calor, energía y señalización; de construir, poseer y operar telégrafos, teléfonos y otros; de construir, poseer y explotar centrales telefónicas, fabricar y suministrar gas para combustible y alumbrado, alumbrar ciudades, edificios y lugares tanto públicos como privados; de adquirir y administrar propiedades y derechos inmobiliarios madereros, mineros y petroleros; para llevar a cabo el negocio de minería, fundición, refinación y manufactura; de construir, poseer

---

[1303] Archivo General de Puerto Rico. *Franquicias y patentes. Revocación DeFord & Co. Jobos. Octubre 1899- febrero 1900.* Fondo: Oficina del Gobernador. Serie: Correspondencia General. Caja 60.
[1304] Archivo de Arquitectura y Construcción. Universidad de Puerto Rico Río Piedras. Expediente 3.7. Serie: Legales. Subserie: Compraventas Aguirre, 1889-1943.
[1305] «Central Aguirre Sugar Companies. An Enterprise Located in Porto Rico and Backed by Boston Capital, Which Was Started Soon After the Spanish War, and Now Becoming Highly Profitable». *The Boston Globe*. Boston, Massachusetts. 16 de diciembre de 1915, pág. 12.
[1306] *Id.*
[1307] «To Develop Cuba and Porto Rico. The American Indies Company Incorporated with 18,000,000 Capital». *The New York Tribune*. Nueva York, Nueva York. 7 de septiembre de 1898, pág. 2.

y operar embalses, alcantarillado, drenaje, saneamiento, agua y todas las demás mejoras públicas y privadas; de construir, comprar o adquirir barcos de vapor o embarcaciones de cualquier otra clase, y explotar líneas o ferrocarriles de vapor, eléctricos o de otro tipo.[1308]

Según sus propios directores, la empresa se comenzó a formar varios meses antes de su incorporación, «con el propósito de aprovechar la extraordinaria transformación económica que ahora se vive en Cuba y Porto Rico».[1309] Uno de los socios del sindicato, Henry D. Macdona, quien además era reportero en *The New York Herald*,[1310] aseguró que la corporación pretendía crear nuevos negocios en «esas islas prodigiosamente ricas y para ello se ha asegurado de la cooperación de algunos de los hombres más ricos y emprendedores».[1311]

Esta corporación, con un impresionante capital de $18 millones, fue creada por el mismo sindicato que controlaba la New York Metropolitan Traction Company y todas sus subsidiarias. Entre sus directores se destacan William C. Whitney, secretario de la Marina[1312] bajo Grover Cleveland, lugarteniente de John D. Rockefeller y su Standard Oil, estrecho aliado de J. P. Morgan en el New York Central Railroad[1313] y director de American Tobacco Co. También llaman la atención Thomas F. Ryan, cuya fortuna se llegó a calcular en $500 millones; y el hispanoamericano Juan Manuel Ceballos, socio del magnate del Sugar Trust, Edwin Atkins, en la Central Tuinicú en Cuba; director de New York & Porto Rico Steamship Co.; presidente y director de Rosario Sugar Co., en Cuba; director de Western National Bank y dueño de 70 000 acres en Ciego de Ávila, Cuba, en donde fundó un pueblo al que le puso su propio nombre.[1314] Juan Manuel Ceballos era asimismo el presidente de la casa bancaria, J.M. Ceballos & Co., que fue la encargada de tramitar las primeras deudas municipales de Puerto Rico a partir de 1901.[1315]

Por último, debe mencionarse el nombre del asesor legal de American Indies, Elihu Root, quien, como ya sabemos, era el abogado corporativo de Standard Oil, Bank of North America, Sugar Trust y Tobacco Trust, y abogado personal de John Pierpont Morgan y de Henry Havemeyer.[1316]

The San Juan Light & Transit Co.

Muy pronto, American Indies creó subsidiarias que se encargaron de cada pata del negocio. Tal fue el caso de The San Juan Light & Transit Co., cuya Junta de Directores coincidía con la de American Indies y con el senador Henry Cabot Lodge como su principal intermediario ante el

---

[1308] *Id.*
[1309] *Id.*
[1310] «Henry D. Macdona Dead». *The New York Times*. Nueva York, Nueva York. 26 de abril de 1909, pág. 7.
[1311] «To Develop Cuba and Porto Rico...».
[1312] Dirigió la expansión de la Marina estadounidense a partir de 1886, incluyendo la construcción del USS Maine y el USS Texas.
[1313] Spingola: *The Ruling Elite...*, págs. 128-131.
[1314] «Firm Owned Cuban Town. Ceballos, In Cuba, Populated By Americans». *The Baltimore Sun*. Baltimore, Maryland. 12 de octubre de 1906, pág. 10.
[1315] «Porto Rico Municipal Loans Are Taken at Par». *The Wichita Beacon*. Wichita, Kansas. 22 de febrero de 1902, pág. 6.
[1316] «New Secretary of War...».

El famoso tranvía que recorría el trayecto entre Río Piedras y San Juan pasó a manos de poderosos hombres de Wall Street antes que Puerto Rico fuera controlado por el Gobierno de Estados Unidos. En octubre de 1898, el tren de Ubarri fue adquirido por una subsidiaria de American Indies. El gobierno militar estadounidense validó la venta, aprobó el cambio de vapor a electricidad y mantuvo la exención completa en el pago de impuestos. Imagen: «Fotografía del primer trolley de San Juan Light and Transit Company en salir a la calle conducido por Mr. Wilson, 1 de enero de 1900». Colección Especial: Conrado F. Asenjo. UPR, Recinto de Ciencias Médicas.

gobierno militar de Puerto Rico.[1317] No fue ninguna casualidad que apenas un mes después de su incorporación, en octubre de 1898, Pablo Ubarri Iramategui, segundo conde de San José de Santurce, vendiera su tranvía de vapor que operaba entre San Juan y Río Piedras a una compañía americana: The San Juan Light & Transit Co.[1318] En el proceso, los hombres de Morgan se aseguraron de adquirir el tren con las mismas condiciones que Pablo Ubarri había conseguido del Gobierno español, es decir: cero pago de impuestos por el resto de sus días, sin que los representantes del pueblo en el Gobierno autonómico hicieran nada por evitarlo.[1319]

Los Baños de Coamo

Del buque-madre American Indies, también salió The Porto Rican Improvement and Investment Association, sindicato que se encargó de comprar los Baños de Coamo durante los primeros meses de 1899 por un total de 100 000 pesos provinciales, 10 000 de ellos en efectivo.

[1317] Véase: Archivo General de Puerto Rico. *Correspondencia relacionada al cobro de impuestos a The San Juan Light & Transit Co. Mayo 1904.* y *Recomendaciones a Chas E. Warner que viene a San Juan a dirigir la compañía San Juan Light & Transit. Julio 1904.* Fondo: Oficina del Gobernador. Serie: Correspondencia General. Caja 63.
[1318] Mari: *El diario de guerra…*, pág. 70.
[1319] Archivo General de Puerto Rico. *Correspondencia relacionada al cobro de impuestos a The San Juan Light…*

Hotel Baños de Coamo en 1900. Puerto Rico Historic Buildings Drawings Society.

Los nuevos propietarios construirán cabañas y pabellones en la propiedad y operarán una línea de autobuses desde San Juan y Ponce hasta el centro turístico. Esta misma empresa también ha asegurado la planta de luz y agua de San Juan y una ladrillera en Ponce.[1320]

Cuba, big returns; Porto Rico, sure returns

Al igual que sucedió en Cuba, las mayores y mejores oportunidades estuvieron para aquellos que llegaron primero. Sobre todo, los más beneficiados fueron quienes lograron penetrar el mercado de la isla durante el gobierno militar, mucho antes de la aprobación de la Ley Foraker.

Contrario a lo que asegura la historiografía oficial, esas oportunidades no estuvieron disponibles para todos por igual ni para comerciantes de poca monta. Una y otra vez, artículo tras otro, se repetía que la isla no era para gente pobre. Alfredo Zayas, residente de San Juan, le decía al *Wanatah Mirror* en diciembre de 1898 que «en los próximos 50 años Porto Rico será ocupada exclusivamente por millonarios americanos».[1321] «Si me preguntaran si Porto Rico es un buen lugar para el agricultor estadounidense con un capital pequeño diría que no enfáticamente», aseguraba, el 31 de agosto de 1898, el corresponsal del *Kansas City Star* en Ponce. El general Guy V. Henry, gobernador militar de la isla desde diciembre de 1898 a mayo de 1899, se hizo eco de esta premisa: «La isla es un lugar para capitalistas y no para gente pobre».[1322]

[1320] «Boom in Porto Rico Lagging. Future as Summer Resort». *The Chicago Tribune*. Chicago, Illinois. 18 de marzo de 1899, pág. 9.
[1321] «Is a Haven for Americans. Island of Porto Rico Prophesied as a Future Mecca for Our Wealthy Citizens». *Wanatah Mirror*. Wanatah, Indiana. 1 de diciembre de 1898, pág. 2.

Era cierto. Las inversiones en la isla fueron por otro camino y en otra dirección, esa que nos lleva directamente a oficinas en Wall Street con nombres de grandes monopolios. Como bien señaló en 1904 Federico Degetau cuando el periodista Frank G. Carpenter le preguntó si recomendaba a los americanos ir a Puerto Rico a hacer fortuna: «No. Si son pobres no se los recomiendo». El por entonces comisionado residente —descrito por Carpenter como «el hombre más guapo de todo el Congreso. Alto y bien formado, tez clara, hermosos ojos marrones y una exuberante barba marrón sedosa salpicada de gris»— abundó más sobre el tema:

> Tenemos multitud de buenos trabajadores y muchos pequeños capitalistas. Para tener éxito en Porto Rico cuanto más dinero tenga, mejor. Hay una gran oportunidad para la banca, la construcción de ferrocarriles y negocios de varios tipos. En cuanto a los bancos, las tasas de interés van desde el 12% hacia arriba, aunque la tasa legal es del 6%. Los préstamos pueden hacerse con buena seguridad. También hay oportunidades para comprar tierras, pero solo para aquellos que pueden disponer de grandes cantidades de dinero en efectivo.[1323]

Note el lector que Degetau categorizó los intereses usureros e ilegales como uno de los atractivos para invertir en Puerto Rico.

En realidad, el verdadero botín fue Puerto Rico y no Cuba. Es cierto que antes de 1898 la aristocracia de los negocios estadounidense había logrado amasar fortunas multimillonarias, construir mansiones que hicieron palidecer a los palacios de las monarquías europeas, incluso quitar y poner presidentes de la nación. Pero nunca antes pudieron tener lo que los reyes y los príncipes sí poseían desde hacía siglos: soberanía sobre un territorio y poder sobre sus ciudadanos. Puerto Rico les dio la corona. Si la cruda realidad cupiera en un tablero de Monopolio, entonces este habría sido un juego en el que se les permitió a unos pocos jugadores escribir las reglas del juego antes de empezar la partida. Estos astutos-privilegiados monopolizaron las mejores propiedades, los servicios públicos de infraestructura, los muelles, las bahías, los ferrocarriles y las líneas marítimas. Garantizaron salarios exuberantes sacados de las arcas públicas; se saltaron las odiosas casillas de impuestos (las de aquí y las de allá); y se aseguraron de tener siempre en el bolsillo la tarjeta que los sacaría de la cárcel en forma de Tribunal Federal.

La importancia de Puerto Rico para Wall Street no debe buscarse en su tamaño ni en su capacidad de producción. En este análisis es importante que pensemos como si fuéramos un miembro más de la clase gobernante. No se trata de cuál isla ofrece más cantidad, sino cuál deja más ganancias con menos inversión, con menos riesgo y con menos obstáculos. Esa isla fue (y todavía lo es) Puerto Rico. Por un lado, la élite de poder criolla y las condiciones políticas en sí mismas —muy lejos de lo que sucedía en Cuba y Filipinas— permitieron instaurar un gobierno hecho a imagen y semejanza de Wall Street. Un «gobierno estable», como lo catalogaron los apologistas de la invasión. Un gobierno que contrataba deudas y a la misma vez garantizaba su pago; que repartía franquicias, tierras, aguas y mantenía a raya a la competencia; que desviaba

---

[1322] «Affairs in Puerto Rico. Gen. Henry, Who Arrived on the McPherson, Talks of Them. The Natives Very Friendly». *The New York Times*. Nueva York, Nueva York. 18 de mayo de 1898, pág. 5.
[1323] Carpenter, Frank G.: «No Place for Poor Men. But Men with Money can Grasp Great Opportunities in Porto Rico». *The Boston Globe*. Boston, Massachusetts. 28 de mayo de 1904, pág. 3.

CAPÍTULO 8

FEDERICO DEGETAU
RESIDENT COMMISSIONER FROM PORTO RICO
TO THE UNITED STATES

Federico Degetau, «el hombre más guapo del Congreso», en su función de comisionado residente, fue vocero de la tesis de que Puerto Rico solo estaba disponible para los grandes inversionistas.
Imagen que acompañó el extenso artículo escrito por el reconocido escritor Frank G. Carpenter, el 28 de mayo de 1904 en *The Boston Globe*.

fondos públicos hacia bolsillos privados; que permitía monopolios, a la misma vez que eximía de impuestos.

Asegurar que Puerto Rico fue la joya de la corona de todas las islas conquistadas en 1898 podría clasificarse de puro chovinismo. Pero si leemos a los protagonistas de aquella invasión, podremos darnos cuenta de que no andamos tan lejos de la realidad. «Money put into Cuba is a speculation, in Porto Rico an investment», repetían los expertos economistas durante los meses de la guerra de 1898, junto con otro axioma: «Cuba, big returns; Porto Rico, sure returns».[1324]

En fin, al filo del lunes, 17 de octubre de 1898, último día de la soberanía española sobre Puerto Rico, la isla carecía de partidos políticos; sus líderes criollos habían renunciado de forma voluntaria a los puestos para los cuales fueron electos; en París se cocinaba un tratado que ataría a las generaciones futuras de puertorriqueños a los poderes caprichosos del Congreso de Estados Unidos; el estatus de la moneda provincial basada en plata era precario, y el dólar con base en el patrón oro controlaba los intercambios comerciales; los tentáculos de poderosas corporaciones estadounidenses dominaban una buena parte del comercio; el monopolio mercante era un hecho consumado; los productos estadounidenses inundaban los mercados y, como si lo anterior fuera poco, el tesoro público —que hasta esa fecha presumía de un orgulloso superávit— estaba en números rojos.

[1324] «Boom in Porto Rico Lagging. Fear of Home Rule Makes Financiers Cautious in Investing their Funds». *The Chicago Tribune*. Chicago, Illinois. 18 de marzo de 1899, pág. 9.

9

Encuentro con el mentor

> Ya vino el americano
> y se ha dío el español
> no se sabe entoavía
> cual nos gobierna peor.
>
> Tonadilla puertorriqueña

¡Adiós!, España

San Juan amaneció diferente el martes, 18 de octubre de 1898. Parejas de soldados estadounidenses con bayonetas caladas, hacían guardia en cada esquina y en cada plaza de la ciudad. Todos los comercios cerrados; adentro, sus propietarios —armados hasta los dientes— esperaban que terminara el día. Las banderas españolas habían desaparecido de todos los edificios y en los barracones de Puerta de Tierra y Asilo de Pobres se podían atisbar tropas regulares americanas acuarteladas.[1325]

Al filo del mediodía y bajo un calor sofocante, el extraño silencio fue interrumpido por el grito de ¡atención! y por los acordes del *Star-Spangled Banner*. La bandera de Estados Unidos comenzó a subir de forma simultánea en el asta de La Fortaleza, en el edificio de la Real Intendencia, en la Alcaldía de San Juan y en el Morro. De fondo se escuchaban los gritos de hurras del ejército y una salva de veintiún cañonazos hecha por los castillos de San Cristóbal y el Morro y por dos cruceros de guerra.[1326]

> Poco antes de la hora fijada bajaron del palacio Santa Catalina donde se hallaban con objeto de presenciar el acto, el general Brook [sic] del brazo derecho del señor Muñoz Rivera, Presidente y Secretario de Gobernación; el almirante Schley del brazo del señor Carbonell, Secretario de Fomento; el general Gordon del brazo del señor Hernández López, Secretario de Gracia y Justicia y el coronel Hunter del brazo del señor Blanco, Secretario de Hacienda.[1327]

Mucho antes de que España cediera a Puerto Rico de forma oficial, tomado de la mano de un complaciente Luis Muñoz Rivera, John R. Brooke se estrenó como el primer militar estadounidense en gobernar la isla. Comenzaba el imperio de Estados Unidos, con la evidente complicidad de la élite política criolla.

[1325] Mari: *El diario de guerra…*, pág. 73.
[1326] Cancel Sepúlveda, Mario: «Adiós España: aquel 18 de octubre de 1898». *Blog: Puerto Rico entre siglos: Historiografía y cultura.* 27 de agosto de 2017. < https://puertoricoentresiglos.wordpress.com/tag/18-de-octubre-de-1898/>. [14/02/2021].
[1327] «Última hora». *La Correspondencia*. San Juan, Puerto Rico. 18 de octubre de 1898, pág. 2.

John R. Brooke

John Rutter Brooke era un hombre alto, corpulento, de aspecto rígido, sin educación militar formal y, para la fecha, de sesenta años. Solía mostrarse «atiesado» y al contestar las preguntas lo hacía con monosílabos y en voz muy baja.[1328]

El viejo militar había desembarcado con sus tropas por Arroyo y estaba en Guayama cuando lo sorprendió la firma del armisticio.[1329] Ya el 5 de septiembre de 1898 se encontraba en la capital junto con su Estado Mayor y un escuadrón de caballería para asumir el cargo de gobernador de Puerto Rico.[1330] Desde esa fecha, *La Correspondencia* advertía que el nuevo gobernador sería «la suprema autoridad hasta que el Congreso de Estados Unidos estatuya leyes civiles para el gobierno de la isla».[1331] El periódico —que se autoproclamaba un diario absolutamente imparcial y que hasta hacía muy poco daba vivas a España— agregaba:

> El General es hombre de gran popularidad: es de aspecto imponente y de muchas disposiciones. Los puertorriqueños deben tener plena confianza en él por su habilidad y sabiduría, lo que demostrará tan pronto entre en el lleno de sus funciones y tan luego sea realizada la evacuación de las tropas.[1332]

Es cierto que Brooke tenía una larga (y sangrienta) trayectoria militar, pero de forma alguna esto significaba experiencia o aptitudes para gobernar un país de casi un millón de habitantes. Desde 1880 hasta 1895 había sido el comandante en jefe del Distrito Administrativo-Militar Platte que cubría los estados de Iowa, Nebraska, Wyoming, el territorio de Utah y la mayor parte de Idaho, incluyendo varios poblados indígenas como la aldea lakota en Pine Ridge. Durante ese período —en el que estaba subordinado a Nelson A. Miles— se caracterizó por no informar de forma adecuada a su superior, por omitir y tergiversar información relevante, por reaccionar de forma violenta en contra de los informes de prensa y por mostrar extrema sensibilidad a las críticas. De hecho, en 1890, Emma C. Sickel, intermediaria en la investigación sobre la masacre indígena de Wounded Knee, muy alejada de lo que decía el editorial de *La Correspondencia*, se expresó del entonces general de brigada de la siguiente manera:

> El general Brooke es unánime y justamente caracterizado como obstinado, miope y fácil de engañar. Es alguien que conoce los hechos después de que han sucedido y parece estar construido de manera que mentalmente es incapaz de anticipar o prevenir ningún evento.[1333]

[1328] «El General Brook. Su Estado Mayor». *La Correspondencia*. San Juan, Puerto Rico. 6 de septiembre de 1898, pág. 1.
[1329] «Major General John Rutter Brooke». *Pittsburgh Daily Post*. Pittsburgh, Pensilvania. 20 de diciembre de 1901, pág. 9.
[1330] «Noticias». *La Correspondencia*. San Juan, Puerto Rico. 7 de septiembre de 1898, pág. 1.
[1331] «El General Brook». *La Correspondencia*. San Juan, Puerto Rico. 5 de septiembre de 1898, pág. 1.
[1332] *Id.*
[1333] Russell, Sam: «Brigadier General John Rutter Brooke and his Forgotten Campaign Report». *Army at Wounded Knee*. 6 de febrero de 2016. <https://armyatwoundedknee.com/2016/02/06/brigadier-general-john-rutter-brooke-and-his-forgotten-campaign-report/>. [13/02/2021].

Brigadier general John R. Brooke a cargo de Pine Ridge, en enero de 1891, pocos días después de la masacre de Wounded Knee que dejó muertos a 200 mujeres y niños. Imagen: Denver Public Library Western History Collection.

Cuando llegó el invierno de 1890, el general de brigada John R. Brooke llevaba dos años y medio al mando del Departamento de Platte. Era el oficial de mayor rango en aquella zona y fue quien dio la orden de avanzar contra la aldea indígena de Pine Ridge, ubicada cerca del arroyo Wounded Knee, en Dakota del Sur.[1334] El 28 de diciembre de aquel año, el Séptimo Regimiento de Caballería, siguiendo órdenes de Brooke, rodeó el campamento lakota armado con cuatro cañones Hotchkiss. Al amanecer de un frío 29 de diciembre, los soldados entraron al pueblo y, luego de un forcejeo, comenzaron a disparar de manera indiscriminada en contra de mujeres, niños y hombres desarmados. Cuando terminó la refriega, 300 seres humanos, miembros del pueblo lakota habían sido asesinados; 200 de ellos mujeres y niños.[1335]

[1334] *Id.*
[1335] Ligget, Lorie. «The Wounded Knee Massacre-December 1890». Bowling Green State University, American Culture Studies Program. Verano 1998.
<https://web.archive.org/web/20110605041642/http://www.bgsu.edu/departments/acs/1890s/woundedknee/WKIntro.html. [13/02/2021].

CAPÍTULO 9

Brooke vivió junto a su segunda esposa, Mary Laurinda Stearn, en el palacio de Santa Catalina desde donde disfrutó una vida de lujos. Un mes y 17 días más tarde, cuando la familia Brooke se fue de Puerto Rico, cargó con los muebles de la mansión, los cubiertos, la mantelería. Todo. «Affairs in Porto Rico. Recent Observations of Maj. George W. Fishback». *St. Louis Globe-Democrat*. St. Louis, Missouri. 2 de febrero de 1899, pág. 6. Imagen: «Palacio de Santa Catalina, 1901». Puerto Rico Historic Building Drawings Society.

Ocho años después de la masacre de Wounded Knee, en el otoño de 1898, John R. Brooke disfrutaba de otros aires mucho más apetecibles que aquel viento gélido de Dakota del Sur. Su casa era ahora un palacio construido en el siglo XVI y remodelado en el XVIII, con vistas a la impresionante bahía de San Juan y con preciosos jardines. Al palacio se le agregaron súbditos. Vasallos. Miembros de la élite política criolla que, en total sumisión, le rendían honores y pleitesías. Todo un rey sin corona. ¡Quién lo iba a decir!

Un nuevo gobierno con viejos políticos

La administración militar en Puerto Rico se estableció sin la legitimidad del derecho internacional.[1336] Tan anómalo fue aquel supuesto gobierno que en la primera orden, John R. Brooke se vio obligado a explicar la fuente de su poder: «Cumpliendo las instrucciones del Presidente de Estados Unidos, el que suscribe asume desde hoy el mando del departamento de Puerto-Rico».[1337] Estas palabras contrastan con las dichas por el propio general cuando asumió el Gobierno de Cuba el 1 de enero de 1899: «En cumplimiento con el Tratado de París […] hoy cesa la soberanía de España sobre Cuba y comienza la de Estados Unidos».[1338]

Es decir, en octubre de 1898 el poder del gobernador militar de Puerto Rico no provenía de la Constitución de Estados Unidos ni del derecho internacional. Aún no se había firmado tratado alguno con España y las premisas constitucionales impedían gobernar territorios sin la extensión de todas las protecciones de ley. Para resolver el entuerto jurídico se interpretó —de forma muy acomodaticia y estirando los límites constitucionales al máximo— que el presidente de Estados Unidos, como comandante en jefe del Ejército y la Marina, podía delegar su poder al Departamento de Guerra y este, a su vez, transferirlo al general Brooke.[1339]

Lo anterior puso maquillaje, de forma interna y temporal, al problema sobre el origen del poder político de la nueva metrópoli, pero no legitimó el gobierno militar en una isla que todavía no había sido cedida a Estados Unidos de forma oficial.

¿Podía Estados Unidos —un Gobierno con poderes otorgados expresamente por la Constitución— gobernar naciones extranjeras como si fueran parte de Estados Unidos sin aplicar las limitaciones constitucionales? Esa interrogante estaba muy lejos de ser contestada en octubre de 1898, sobre todo si se tiene en cuenta que las leyes federales, según fueron codificadas en los Estatutos Revisados de 1873, establecían que todos los derechos y las protecciones garantizadas por la Constitución de Estados Unidos eran aplicables a los territorios.[1340] Además, desde 1868 el Congreso había aprobado la Decimocuarta Enmienda a la Constitución que garantizaba a todo ciudadano de Estados Unidos la promesa de igual protección de ley, sin importar raza o lugar de residencia.

Sin legitimidad y sin apoyo constitucional resultaba claro que los gobiernos interventores tenían que operar con guantes de seda (algo muy difícil para los militares). Lo primero que se necesitaba era toda la información posible sobre las nuevas colonias; lo segundo, la colaboración y complicidad incondicional de la élite política criolla.

Para obtener información —un bien muy valioso en una época en que conseguir datos confiables era costoso y raro— William McKinley nombró no a uno, sino a tres comisionados cuya misión sería visitar Puerto Rico y recopilar toda la data posible. El 17 de agosto de 1898 designó a Robert H. Porter comisionado especial para investigar las condiciones de la industria,

---

[1336] Igual suerte corrió Filipinas. El gobierno militar comenzó en agosto de 1898 y terminó el 1 de julio de 1901.
[1337] «Cuartel General del Departamento de Puerto-Rico. Órdenes Generales». *La Gaceta de Puerto Rico*. San Juan, Puerto Rico. 20 de octubre de 1898, pág. 1.
[1338] «Cuba is free». *The Huntingburg Argus*. Huntingburg, Indiana. 6 de enero de 1899, pág. 3.
[1339] «Problems of the Day Concerning the Government of Cuba and Porto Rico. Military Commission Appointed Yesterday by the President». *Asheville Daily Gazette*. Asheville, North Carolina. 17 de agosto de 1898, pág. 1.
[1340] «The United States Statutes at Large». Title XXIII. The Territories, Sec. 1891. Biblioteca del Congreso, pág. 333.

el comercio exterior, la moneda y los sistemas bancarios en Cuba y Puerto Rico.[1341] Por esa encomienda, Porter, editor financiero de *Chicago Inter Ocean* y de *Philadelphia Press* y fundador de *New York Press*, recibió $30 000 (unos $906 000 actuales) del presupuesto del Departamento de Guerra.[1342] En septiembre, McKinley nombró a un segundo comisionado especial para informar sobre las leyes, instituciones, aduanas, moneda, industrias, producción y escuelas en la isla. Esta vez escogió a Henry K. Carroll, compilador de las estadísticas religiosas del censo de 1890 y editor en *The Independent*, una revista semanal que se publicaba en Nueva York, dirigida a promover las ideas de las iglesias protestantes puritanas.[1343] En noviembre de ese mismo año, el presidente envió a Puerto Rico al subsecretario del Tesoro, Frank A. Vanderlip, para «familiarizarse con las condiciones financieras de la isla, dándole especial atención al asunto del cambio de moneda».[1344]

Obtener la complicidad y la colaboración incondicional de la élite política criolla resultó más fácil y más barato que conseguir información fidedigna.

Estructura del gobierno militar

John Brooke tiró al piso el sistema de gobierno que existía en Puerto Rico. Disolvió el Parlamento Insular y todos los cuerpos gubernativos. Acto seguido, organizó la nueva maquinaria compuesta por dos organizaciones separadas, una civil y una militar, en cuyas cabezas estaría siempre el gobernador con poderes supremos y absolutos, limitados solo por el presidente de Estados Unidos y el secretario de Guerra.

El gobierno militar se dividió en dos distritos geográficos: el de Ponce, con jurisdicción sobre Aguadilla, Mayagüez, Ponce y Guayama; y el de San Juan, cuyos límites se extendían desde Arecibo, Bayamón, Humacao, Vieques y Culebra. Para ocupar el mando en el cuartel general de Ponce, Brooke nombró al general Guy V. Henry del Cuerpo de Voluntarios, y para San Juan, al brigadier-general, Frederick Dent Grant.[1345]

En esta estructura el servicio postal sería la única entidad fuera del control del gobernador, toda vez que quedó bajo la supervisión del Postmaster General.[1346] Veinticuatro horas después de izada la bandera en los principales edificios de San Juan, la Oficina de Correos se instaló en el antiguo edificio de la Lotería de Puerto Rico. Desde allí funcionó con empleados estadounidenses y en una especie de gobierno paralelo.[1347]

[1341] «Robert Porter. Appointed as Commissioner to Cuba and Porto Rico». *The Muncie Morning News*. Muncie, Indiana. 18 de agosto de 1898, pág. 8.
[1342] «McKinley's 20 Commissions». *Darlington Democrat*. Darlington, Wisconsin. 20 de septiembre de 1900, pág. 3.
[1343] «Personal». *The New York Tribune*. Nueva York, Nueva York. 1 de octubre de 1898, pág. 6.
[1344] «Vanderlip Goes to Porto Rico». *St. Joseph Gazette*. St. Joseph, Missouri. 19 de noviembre de 1898, pág. 4.
[1345] «Cuartel General del Departamento de Puerto Rico. Órdenes generales». *La Gaceta*. San Juan, Puerto Rico. 20 de octubre de 1898, pág. 1.
[1346] «Postal System in Porto Rico. Major Stewart will Superintendent an Important Work». *The Philadelphia Times*. Filadelfia, Pensilvania. 4 de septiembre de 1898, pág. 2.
[1347] «Rule in Porto Rico. Everything Absolutely Under Control of the American Military Authorities». *The Tennessean*. Nashville, Tennesse. 14 de noviembre de 1898, pág. 8.

El gobierno civil, por su parte, se apoderó de la configuración instituida por el régimen español. En la parte inferior estaban los municipios autónomos, gobernados por el alcalde y el concejo municipal, los cuales de momento quedaron inalterados. En cuanto a la organización de los municipios, Brooke explicó en su primera orden que «las leyes provinciales y municipales serán mantenidas en todo su vigor. Dichas leyes serán administradas materialmente, tales como existían antes de la cesión de Estados Unidos». Claro, y esto es importante, se respetarían esas leyes «a menos que no resulten incompatibles con el cambio de condiciones».[1348]

En la cima del ala civil, John R. Brooke organizó cuatro Secretarías: Gobernación (en inglés se mantuvo Secretary of State), Justicia, Hacienda y Fomento. Los cuatro secretarios, unidos por un presidente, formarían un cuerpo asesor al que se le siguió llamando Consejo.[1349]

De los cuatro departamentos, Gobernación era el más importante. Tenía control de las administraciones municipales, lo que hacía que el hombre agraciado con este puesto pudiera nombrar alcaldes, supervisar los presupuestos municipales e ir en alzada sobre los acuerdos de los ayuntamientos. Le seguía en envergadura el de Hacienda, quien sería el jefe de los colectores de rentas internas y distribuiría el producto de los impuestos directos e indirectos (más o menos 1 millón, 360 000 pesos provinciales al año). En un principio, el secretario criollo de Hacienda mantuvo cierto control sobre las aduanas del país y sobre los 2 millones, 300 000 pesos que entraban por los puertos de la isla.[1350] Pero esta última responsabilidad la compartió siempre con el Ejército de Estados Unidos, que ya en diciembre asumió total control de tan importante punto económico.[1351] De cualquier modo, todo el dinero recolectado por el secretario, ya fuera de rentas internas o el producto de las aduanas, debía depositarse en las arcas de DeFord & Co., agente fiscal del gobierno de Puerto Rico.

El 21 de octubre de 1898, John R. Brooke, «por virtud de la autoridad que le ha sido conferida como Comandante Militar del Departamento de Puerto-Rico», nombró a Luis Muñoz Rivera como secretario de Gobernación y presidente del Consejo; a Juan Hernández López lo sembró en el puesto de secretario de Justicia; a Julián Blanco Sosa lo seleccionó como secretario de Hacienda; y al doctor Salvador Carbonell, en la silla de Fomento.[1352]

Los antiguos hombres del Gabinete autonomista aceptaron sin resistencia ni condiciones esos nombramientos. Ellos —y no el derecho internacional— fueron los encargados de legitimar un gobierno que era, de su faz, ilegal e inmoral. Muñoz Rivera, Hernández López, Julián Blanco y Salvador Carbonell, en una carta abierta al pueblo de Puerto Rico, escrita el 23 de octubre de 1898, reconocieron con displicencia el traspaso de soberanía (aun sin la firma de tratado alguno) y avalaron el poder del presidente de Estados Unidos para imponer un gobierno militar en Puerto Rico. «Al extinguirse la soberanía española e iniciarse la soberanía americana, estableciéndose el poder militar, absoluto y supremo, por orden del muy honorable Presidente de los Estados Unidos [...]», decían en las primeras líneas de aquella comunicación. También se encargaron de

---

[1348] «Cuartel General de Puerto-Rico. Órdenes Generales». *La Gaceta de Puerto Rico*. 20 de octubre de 1898, pág. 1.
[1349] *Id.*
[1350] El artículo 39 de la Carta Autonómica de 1897 concedió al Parlamento Insular la potestad de designar los derechos que hubieran de pagar las mercancías, tanto en su importación al territorio insular como en la exportación. El secretario de Hacienda tenía, por lo tanto, la jurisdicción sobre las aduanas.
[1351] «Porto Rico». *The Weekly Wisconsin*. Milwaukee, Wisconsin. 14 de mayo de 1898, pág. 4.
[1352] «Headquarters Department of Porto Rico». *Gaceta de Puerto Rico*. San Juan, Puerto Rico. 28 de octubre de 1898, pág. 1.

publicar y hacer evidente que ninguno de ellos pertenecía a ningún partido político. «Rotos los viejos moldes de la colonia, disueltas las agrupaciones políticas, no somos ya hombres de partido: somos hombres de gobierno».[1353] Por último, pusieron rodilla en tierra, bajaron la cabeza y se entregaron en cuerpo y alma al nuevo imperio.

> Cedido por España el territorio de la isla en que nacimos, y sometiéndonos sin reservas de ninguna clase a los hechos consumados, no serviremos de hoy más a una bandera; serviremos a la nueva metrópoli, que nos asegura el bienestar y el derecho y a la tierra en que radican nuestros afectos y nuestros intereses […]
> El régimen militar reduce la órbita de nuestra acción a límites estrechos. No obstante, informaremos en cada caso al general Brooke con el leal y noble propósito de que sus actos se inspiren siempre en la justicia y en la ley. Por lo que a nosotros toca, aspiramos a la pura satisfacción de que los Estados Unidos, al fijarse en estos dominios suyos, se convenzan de que aquí hay un pueblo sensato, dócil y digno de que hasta él se extiendan las conquistas de la democracia, que han hecho grande a la patria de Franklin y de Lincoln.[1354]

Quizás podríamos entender una entrega tan incondicional y tan precipitada al reparar en un hecho que, al parecer, no ha sido notado: la increíble influencia y el poder político que mantuvo Luis Muñoz Rivera en el nuevo gobierno. Por un lado, retuvo el control sobre policías, alcaldes y concejales, lo que, ya sabemos, es pieza crucial en el engranaje clientelar. Por el otro, la presidencia del Consejo lo volvió a colocar en el tope jerárquico de la pirámide gubernamental, con acceso a todos los asuntos inherentes a otros secretarios. En este análisis es importante saber que la estructura del Gabinete bajo el gobierno militar de Brooke era la misma heredada de España y bastante alejada del Gabinete republicano estadounidense. El Consejo actuaba como una sola unidad —no eran secretarios aislados administrando cada uno lo suyo— y su función era servir de intermediario entre el gobernador y el pueblo. Sus cargos no eran los de funcionarios de Gabinete que se limitan a asesorar al ejecutivo, sino los de una rama distinta en la administración civil del gobierno.[1355]

La regla impuesta por Brooke fue que cada asunto debía ser referido al departamento adecuado para obtener así información y recomendación. Pero, «todos los papeles concernientes a los departamentos tenían que pasar primero por el presidente del Consejo de secretarios y todos los papeles de los secretarios al gobernador militar también tenían que pasar primero por sus manos».[1356] De igual modo, exigió que cada informe del Consejo fuera unánime. Aquí de nuevo asoma la cabeza de Muñoz Rivera. Rara vez el general Brooke entró en contacto de forma individual con los secretarios. Por lo general los convocaba reunidos en Consejo y en esos momentos el presidente, Luis Muñoz Rivera, actuaba como portavoz.[1357] De esta forma la 'unanimidad' en las decisiones estaba garantizada *a priori*.

[1353] «Al pueblo de Puerto Rico». *La Correspondencia*. San Juan, Puerto Rico. 24 de octubre de 1898, pág. 1.
[1354] *Id.*
[1355] «Our Rule in Porto Rico». *Iowa City Press-Citizen*. Iowa, Iowa. 15 de agosto de 1899, pág. 3.
[1356] *Id.*
[1357] *Id.*

Además, para sorpresa de muchos, antes de aceptar su nuevo cargo, Muñoz Rivera negoció su salario. Bajo España, entre sueldos y sobresueldos, ganaba 8000 pesos provinciales al año. Pidió al nuevo patrono que respetara sus emolumentos. Fue así como logró un salario muy cercano a los $5000 que ganaba un senador en Estados Unidos y mayor de los $4500 que recibía el subsecretario de la Marina.[1358] En total, Muñoz logró mantener un salario anual de 8000 pesos provinciales al año (unos $4800 de la época o $127 398 actuales).[1359]

A la oficina de la Presidencia del Consejo se le asignó un presupuesto de 5590 pesos al año con los que se pagaban los salarios de un jefe de Negociado (2000 pesos); un oficial (750 pesos); dos escribientes (500 pesos) y un conserje (240 pesos). De ahí, además, salían los 900 pesos del pago de la casa de Muñoz en la calle Fortaleza, que serían unos $16 000 actuales; y 600 pesos para «gastos de escritorio y reparación de muebles». La Secretaría de Gobernación gozó de un presupuesto más jugoso: 22 755 pesos (casi medio millón de dólares actuales) repartidos en una abundante plantilla: un secretario (Muñoz); un subsecretario con salario de 4375 pesos (unos $77 772 actuales); dos jefes de Negociado con salarios de 2000 pesos; dos oficiales a los que se les pagaba 750 pesos; un escribiente de primera con sueldo de 600 pesos; dos escribientes de segunda, cobrando 500 pesos, dos escribientes de tercera, a razón de 400 pesos; un portero, que cobraba 500 pesos al año, y dos conserjes con salario anual de 240 pesos. Además, Gobernación tenía presupuestado 1500 pesos para «gastos de escritorio, libros y reparaciones de muebles». Un poco más tarde, en enero de 1899, el gobernador Guy V. Henry exigió economías y bajó los salarios de los secretarios a $6000. En esa renegociación de privilegios, Muñoz Rivera pidió que los dólares con los que se le pagaba estuvieran sustentados en oro.[1360]

No hay duda de que Muñoz Rivera no solo mantuvo su gobierno por influencias bajo Brooke sino que lo acrecentó. Por aquellos meses, los periódicos en Estados Unidos lo describían como un hombre «well loved and also well hated, and by far the most influential man in the arena of the Porto Rican affairs».[1361] El comisionado especial Henry K. Carroll comenzó su entrevista con Muñoz asegurándole: «I heard a great deal about you even before I left the United States».[1362] Incluso, en más de una ocasión, los periódicos tanto en Puerto Rico como en Estados Unidos, (no sabemos si alentados por su propia maquinaria propagandística), lo colocaron como el próximo gobernador civil de la isla.

> Muñoz and his Cabinet did not heed the criticism. They continued their policies of shaping the action of the military government in the interest of their party, and soon began to talk of the speedy termination of former. Rumors were numerous of the withdrawal of the American troops and the appointment of Muñoz as civil governor. These gave him prestige […][1363]

[1358] Morris: *The Rise of Theodore Roosevelt*…, págs. 582-584.
[1359] «Cuartel General del Departamento de Puerto-Rico. Consejo de Secretarios. Oficinas de la Presidencia». *La Gaceta de Puerto Rico*. San Juan, Puerto Rico. 16 de noviembre de 1898, pág. 2.
[1360] «Our Rule in Porto Rico». *Iowa City Press-Citizen*. Iowa, Iowa. 15 de agosto de 1899, pág. 3
[1361] *Id.*
[1362] Carrol: *Report on the Island of Porto Rico*…, pág. 231.
[1363] «The Puerto Rican Crisis». *The New York Times*. Nueva York, Nueva York. 21 de febrero de 1899, pág. 7.

> **HEADQUARTERS**
> **DEPARTMENT OF PORTO RICO**
>
> To whom it may concern.
> By virtue of the authority vested in him as Commander of the Department of Porto Rico, the Major General Commanding hereby appoints Luis Muñoz Rivera, Secretary of State and President of Council of Secretaries.
> *M. V. Sheridan* — Brigadier General, U. S. V. Chief of Staff.
> Headquarters Department of Porto Rico — San Juan October 21, 1898.
>
> To whom it may concern.
> By virtue of the authority vested in him as Commander of the Department of Porto Rico, the Major General Commandig hereby appoint Juan Hernandez Lopez, Secretary of Justice.
> *M. V. Sheridan* — Brigadier General, U. S. V. Chief of Staff.
> Headquarters Department of Porto Rico — San Juan October 21, 1898.
>
> To whom it may concern.
> By virtue of the authority vested in him as Commander of the Department of Porto Rico, the Major General Commanding hereby appoints Julian E. Blanco, Secretary of Finance.
> *M. V. Sheridan* — Brigadier General, U. S. V. Chief of Staff.
> Headquarters — Department of Porto Rico — San Juan October 21, 1898.
>
> To whom it may concern.
> By virtue of the authority vested in him as Commander of the Department of Porto Rico, the Major General Commanding hereby appoints Doctor Salvador Carbonell, Secretary of Fomento.
> Headquarters Department of Porto Rico — San Juan October 21, 1898.
> *M. V. Sheridan* — Brigadier General, U. S. V. Chief of Staff.
>
> **TRADUCCION**
>
> Hago saber:
> Que por virtud de la autoridad que le ha sido conferida como Comandante Militar del Departamento de Puerto-Rico, el Mayor General en Jefe nombra por el presente á Don Luis Muñoz Rivera, Secretario de Gobernación y Presidente del Consejo.
> *M. V. Sheridan*.—Brigadier General, U. S. V. Jefe de Estado Mayor.
> Cuartel General del Departamento de Puerto-Rico.—Octubre 21 de 1898.
>
> Hago saber:
> Que por virtud de la autoridad que le ha sido conferida como Comandante Militar del Departamento de Puerto-Rico, el Mayor General en Jefe nombra por el presente á Don Juan Hernandez Lopez, Secretario de Justicia.
> *M. V. Sheridan*.—Brigadier General, U. S. V. Jefe de Estado Mayor.
> Cuartel General del Departamento de Puerto-Rico.—Octubre 21 de 1898.
>
> Hago saber:
> Que por virtud de la autoridad que le ha sido conferida como Comandante Militar del Departamento de Puerto-Rico, el Mayor General en Jefe nombra por el presente á Don Julian E. Blanco, Secretario de Hacienda.
> *M. V. Sheridan*.—Brigadier General, U. S. V. Gefe de Estado Mayor.
> Cuartel General del Departamento de Puerto-Rico. Octubre 21 de 1898.
>
> Hago saber:
> Que por virtud de la autoridad que le ha sido conferida como Comandante Militar del Departamento de Puerto-Rico, el Mayor General en Jefe nombra por el presente al Doctor Salvador Carbonell, Secratario de Fomento.
> Cuartel General del Departamento de Puerto-Rico.—Octubre 21 de 1898.
> *M. V. Sheridan*.—Brigadier General, U. S. V. Jefe de Estado Mayor.

«Nombramientos». *La Gaceta de Puerto Rico*. San Juan, Puerto Rico. 28 de octubre de 1898, pág. 1.

En la reingeniería gubernamental operada por el gobierno militar no se salvó el Poder Judicial, rama que también fue disuelta y vuelta a constituir. El más alto Tribunal de Justicia —por entonces conocido como Audiencia Territorial— quedó compuesto por su presidente, José Severo Quiñones; el presidente de Sala, José Conrado Hernández; el fiscal, Francisco de Paula Acuña Paniagua; los magistrados, Rafael A. Nieto Abeillé, José de Diego, Isidoro Soto Nusa, Arístides Maragliano y José María Figueras Chiqué; el abogado fiscal, Ángel Acosta Quintero; el teniente fiscal, Felipe Cuchí; y el secretario de Gobierno, Pedro de Aldrey Montolio.[1364]

El hasta entonces presidente de la Cámara, Herminio Díaz Navarro, fue nominado por Brooke para fungir como magistrado en la Corte Suprema pero declinó, no sin antes prometer «en la más solemne forma, fidelidad absoluta a la hidalga nación de los Estados Unidos de América, a la que me honro en pertenecer como súbdito».[1365] El 27 de diciembre de 1898, sin embargo, aceptó el cargo pero solo por un breve período.[1366] Muy pronto se movió a secretario de Justicia.

[1364] «Noticias». *La Correspondencia*. San Juan, Puerto Rico. 3 de noviembre de 1898, pág. 2.
[1365] «Una renuncia». *La Correspondencia*. San Juan, Puerto Rico. 28 de octubre de 1898, pág. 3.
[1366] «Noticias». *La Correspondencia*. San Juan, Puerto Rico. 28 de diciembre de 1898, pág. 3.

José Conrado Hernández, juez del Tribunal Supremo de Puerto Rico desde 1898 hasta 1909, y presidente de 1909 a 1922, protagonizó un episodio que define muy bien cómo se compran y venden lealtades dentro de regímenes populistas y corruptos. En 1918, su hijo Pedro Hernández, teniente en el Primer Regimiento de Infantería de Puerto Rico mientras estaba estacionado en Panamá fue arrestado y sometido a una corte marcial, imputado de cargos por conducta escandalosa (se casó «inesperadamente» con una bailarina de cabaret de Ciudad Panamá y la trajo a vivir al campamento militar); por robar unos $220; por conducta inapropiada, y por mentir a un oficial superior. El caso era serio. Cualquier otro puertorriqueño hubiera enfrentado largos años de cárcel. Pero no Pedro Hernández. Él era hijo de su padre. José Conrado Hernández no vaciló en usar toda su influencia para sacarlo de aquel atolladero. Se reunió en varias ocasiones con el gobernador de Puerto Rico Arthur Yager y le escribió detalladas cartas con el membrete oficial del Tribunal Supremo y también dirigió súplicas al jefe del Buró de Asuntos Insulares, Frank McIntyre. «My Dear General», le decía a este último en una carta fechada el 5 de junio de 1918: «I ask for clemency of my son Pedro and I will be forever grateful to you for anything that you might do to mitigate my sufferings as a father within the rigid military laws. The honor of my son is honor of my name». El gobernador, a su vez, contactó al secretario de Guerra, Newton D. Baker. Muy pronto Pedro fue liberado y no sabemos cómo Hernández devolvió aquel favor, pero de seguro, en su larga estadía en el Tribunal Supremo, tuvo más de una oportunidad para hacerlo.

Véase: The Filson Historical Society, Louisville, KY. *Intercambio epistolar entre José Conrado Hernández, el Brigadier General Frank McIntyre y el gobernador de Puerto Rico, Arthur Yager, 5 de junio de 1918-22 de julio de 1918.* Colección Yager, Arthur (1858-1941). Papers 1913-1921: Folder 75: War Department Correspondence, 10 de diciembre de 1913 - 17 de mayo de 1921.

El abogado ortodoxo Manuel Rossy fue uno de los candidatos a ocupar un cargo de magistrado en el Tribunal Supremo. Rossy también rechazó la nominación, pero por razones muy diferentes a las de Herminio Díaz. Alegó conflictos de intereses para aceptar ese puesto. Sus expresiones demuestran que los códigos de ética —aunque no existían en la reglamentación o las leyes— sí debieron regir las acciones de todos los líderes criollos de 1898. Decía Rossy:

> Aunque hoy esos hombres (los Secretarios de Despacho) aparezcan desligados de la política anterior y representen ser imparciales en su consejo al Gobierno militar sobre cuestiones civiles, no pueden sustraerse, aunque ellos quisieran, del influjo de antiguos compromisos con sus amigos políticos, según lo demuestran hoy, recomendándoles para los principales destinos. Aceptar yo un cargo por indicación de los actuales Secretarios, si bien solo sea esta para demostrar su imparcialidad, me haría desmerecer ante la opinión pública en mi nombre de político serio que conquisté a fuerza de trabajo y durante quince años.[1367]

Los nombramientos a la Audiencia Territorial constituyen, además, un buen ejemplo de cómo funcionaba el Consejo de Secretarios. *La Correspondencia*, al anunciar los nombres de los elegidos, comentaba que el gobernador Brooke «aceptó íntegra la propuesta del señor secretario de Justicia». Y eso es verdad. «Solo que hay un detalle no del todo exacto», continúa diciendo el periódico, «la propuesta no es del secretario de Justicia sino del Consejo de Secretarios».[1368]

> Le correspondía proponer el personal de la Magistratura en la constitución autonómica. Y parece que el general Brooke quiso también oírla en pleno. Por lo demás, los pareceres fueron unánimes por completo.[1369]

Es importante destacar que, para consumar el cambio y antes de asumir los nuevos cargos, los secretarios, subsecretarios, jueces, hasta los más humildes empleados públicos nombrados por Brooke, debieron renunciar por escrito a las antiguas fidelidades y, rodilla en tierra, comprometerse con lealtad y sumisión a defender la Constitución de Estados Unidos.

> Yo [nombre] juro solemnemente renunciar, para siempre, a sumisión y fidelidad alguna a todo príncipe, potentado, Estado o soberanía extranjeros, y particularmente al Estado y soberanía de España. Y juro, además, que mantendré y defenderé la Constitución de los Estados Unidos contra todos los enemigos exteriores e interiores; que la acataré con lealtad y sumisión, y que contraigo este compromiso libremente, sin reserva o propósito de evadirlo.
> Firma del interesado
> Suscrito y jurado ante mí hoy, ___ de _____ año de 1898.[1370]

[1367] «Noticias». *La Correspondencia*. San Juan, Puerto Rico. 29 de octubre de 1898, pág. 3.
[1368] «Noticias». *La Correspondencia*. San Juan, Puerto Rico. 28 de octubre de 1898, pág. 3.
[1369] *Id*.
[1370] Quintero: *Crónica de la Guerra*..., pág. 459.

Luis Muñoz Rivera, Salvador Carbonell, Juan Hernández López, Julián Blanco Sosa, José de Diego, José Conrado Hernández y todos los demás firmaron este documento y juraron lealtad antes del 18 de octubre de 1898.

> Today the members of the old Insular Cabinet, Messrs. Muñoz, Blanco, López and Carbonell, the Secretaries, as they are called, took the oath of allegiance to the United States. This oath was administered by Col. Edward Hunter.[1371]

¿Continuidad o ruptura?

En esta historia hay muchos elementos que apuntan hacia que con el inicio del gobierno estadounidense no hubo un desplome del Gobierno autonómico, sino que por el contrario, la Carta Autonómica sobrevivió encarnada en Luis Muñoz Rivera, Juan Hernández López, Salvador Carbonell y Julián Blanco.

Para confirmar esta teoría lo primero que salta a la vista es la afirmación de Brooke de que las leyes en la isla permanecerían en vigor. También tenemos el hecho evidente de que los hombres que formaban el Gabinete autonómico estaban, de igual modo, en el creado por Brooke; que los nombres de las Secretarías coinciden (aunque a Justicia le hayan cercenado 'Gracia'); y que los propios secretarios, en su alocución al pueblo de Puerto Rico al aceptar los cargos, escogieron verbos y frases verbales que apuntan hacia la continuidad del Gobierno autonómico. Así discursaban, el 23 de octubre de 1898, los secretarios:

> Al extinguirse la soberanía española e iniciarse la soberanía americana —estableciéndose el poder militar, absoluto y supremo, por orden del muy honorable Presidente de los Estados Unidos— ocupábamos nosotros el gobierno insular. Estimando que la resignación de nuestros cargos se imponía de un modo absoluto, la hicimos ante el General Brooke resuelta y formalmente. El general Brooke estima que 'debemos seguir' prestándole nuestro concurso en el despacho de los asuntos del Gobierno de la Isla y ocupar las Secretarías, que subsistirán mientras no legislen para el país las Cámaras de Washington. Y, como queremos corresponder a tan honrosa prueba de confianza, 'permaneceremos' en nuestros puestos durante este período transitorio, las responsabilidades que nos crea.[1372] [énfasis nuestro]

Por todo lo anterior, varios abogados, políticos e investigadores contemporáneos han descansado en la tesis de que el Gobierno autonómico se mantuvo durante los primeros meses de la invasión norteamericana y que los hombres en el Consejo de Secretarios bajo Brooke «fueron electos al Parlamento Autonómico y de esta forma representaban al país».[1373]

[1371] «Rule in Porto Rico. Everything Absolutely Under Control of the American Military Authorities». *The Tennessean*. Nashville, Tennessee. 14 de noviembre de 1898, pág. 8.
[1372] «Al pueblo de Puerto Rico». *La Correspondencia*. San Juan, Puerto Rico. 24 de octubre de 1898, pág. 1.
[1373] Delgado Cintrón, Carmelo: *Imperialismo jurídico norteamericano en Puerto Rico (1898-2015)*. Publicaciones Gaviota. Colombia, 2010, pág. 131.

Creemos, sin embargo, que ocurrió todo lo opuesto. Antes incluso de que se inaugurara el régimen militar, el 18 de octubre de 1898, ya el Gobierno autonómico descansaba en la fosa donde moran los muertos y no por mano invasora sino por fuego amigo.

Habrá que tener en cuenta que si bien Brooke aseguró que las leyes continuaban en vigor, le agregó una oración importante que lo cambiaba todo: «a menos que no resulten incompatibles con el cambio de condiciones».[1374] El propio gobernador militar explicó a *The Associated Press* el contexto desde el cual había que interpretar esa orden:

> Es propósito del general Brooke, gobernador militar de esta isla, retener en la medida de lo posible las instituciones gubernamentales, tanto generales como municipales, que ahora existen aquí, y permitir que estas diversas instituciones regulen los asuntos de la isla en el futuro como lo han hecho en el pasado. Pero esta política tiene dos aspectos distintivos. Primero, debe entenderse claramente que todas y cada una de las instituciones están bajo el control absoluto del gobierno militar estadounidense, y que este estado de cosas continuará hasta el momento en que el Congreso de los Estados Unidos haya determinado exactamente qué tipo de administración interna debemos emprender en Puerto Rico. Segundo, los partidos políticos no deben existir en estas circunstancias actuales.[1375]

En la práctica, la coletilla «a menos que no resulten incompatibles» significó exactamente lo opuesto a la oración previa. Ninguna ley estaba vigente ni se respetaría, a menos que los militares así lo entendieran.

Recordemos, además, que todos los miembros del Gabinete autonómico y del Parlamento Insular renunciaron de forma voluntaria a sus puestos antes del 18 de octubre de 1898. Es cierto que en la alocución al pueblo los secretarios parecen indicar que sus renuncias no fueron aceptadas. Mas Brooke hizo nombramientos oficiales de los cuales tenemos evidencia documental. Si las renuncias no hubieran sido efectivas, no hubiera existido la necesidad de nombrarlos de forma oficial como lo hizo. Los nuevos secretarios, luego de renunciar, tuvieron que deponer sus antiguas lealtades al rey de España y jurar fidelidad a la Constitución de Estados Unidos; tres pasos importantes que los separan de las casillas donde estaban sus viejas posiciones.

Otro asunto que no podemos relegar es el hecho indubitado de que los propios miembros del Consejo de Secretarios dinamitaron el partido político por el cual fueron electos en las elecciones autonómicas. En octubre de 1898, Luis Muñoz Rivera, Juan Hernández López, Salvador Carbonell y Julián Blanco Sosa eran políticos sin ideología y sin partido que, además, habían renunciado de forma voluntaria a los cargos públicos para los que fueron elegidos. A pesar de lo anterior, ¿seguían teniendo personalidad jurídica? ¿Los votos logrados en las elecciones sobrevivían a sus propias acciones? Creemos que no.

En otro nivel de análisis, debemos reconocer que el Gobierno autonómico no se limitaba al Consejo de Secretarios. Se componía de cuatro ramas importantes e imprescindibles: gobernador

---

[1374] «Cuartel General del Departamento de Puerto-Rico. Órdenes Generales». *La Gaceta de Puerto Rico*. San Juan, Puerto Rico. 20 de octubre de 1898, pág. 1.
[1375] «Rule in Porto Rico. Everything Absolutely Under Control of the American Military Authorities». *The Tennessean*. Nashville, Tennessee. 14 de noviembre de 1898, pág. 8.

general, municipios autónomos, Consejo de Secretarios y Parlamento.[1376] Los municipios autónomos nunca existieron por no haberse realizado las elecciones municipales. En cuanto a la Cámara Insular, no olvidemos la mañana del 25 de julio de 1898 en la que Luis Muñoz Rivera disolvió la reunión. Luego de esa fecha la Cámara de Representantes, sin presidente (por la renuncia voluntaria de Herminio Díaz), no fue convocada nunca más. Por lo que es obligatorio concluir que el elemento parlamentario, pieza crucial en la estructura autonómica, no existía desde el 25 de julio de 1898.

Otros elementos apuntan a que el Gobierno autonómico no estaba en vigor en octubre de 1898. La primera pista la encontramos en la orden número 1 de Brooke. «Con la cesión de Puerto-Rico e islas adyacentes a los Estados Unidos, quedan rotos los lazos políticos que unían a sus habitantes con la Monarquía española».[1377] La segunda pista la hallamos en el sucesor de Brooke, Guy V. Henry, quien en diciembre de 1898 dijo de forma categórica:

> Aquí no hay Autonomía ni Gobierno Insular. La única autonomía es la suma de libertad de acción que tenga a bien conceder el Gobierno Militar. No existe, digo, Gobierno Insular; el único gobierno existente, hoy por hoy, es el militar, auxiliado por un Gabinete de funcionarios o ciudadanos que aquel tenga por conveniente llamar a su lado. Estos podrían ser sustituidos por oficiales del ejército, lo mismo que los Alcaldes [...][1378]

Y la tercera nos las entrega el propio Luis Muñoz Rivera cuando, ante preguntas del comisionado Henry K. Carroll, reconoció, el 2 de noviembre de 1898 que el Gabinete autonómico ya no estaba en funciones aquel día caluroso del 18 de octubre de 1898:

Dr. Carroll:	May it be said that the autonomous system is fairly installed?
Mr. Rivera:	When the Americans arrived, the autonomous system was fully introduced, but today the government is a military one, and that government settles matters having any importance.[...]
Dr. Carroll:	The present military government, as I understand it, is a continuation of the former system of government, with such changes as military control might require.
Mr. Rivera:	That is the case.
Dr. Carroll:	Then, the autonomist system is not in operation today?
Mr. Rivera:	I cannot consider that we are today an autonomous government, because the fact of the invasion dissolved the chambers, and the secretaries are not responsible members of the government. They have to appeal to General Brooke.[1379]

[1376] Núñez: *Cuba y Puerto Rico en el constitucionalismo español...*, págs. 77-90.
[1377] «Cuartel General del Departamento de Puerto-Rico. Órdenes Generales». *La Gaceta de Puerto Rico*. San Juan, Puerto Rico. 20 de octubre de 1898, pág. 1.
[1378] «Discurso pronunciado por el general Henry en la Asamblea que terminó ayer en la capital». *La Democracia*. Ponce, Puerto Rico. 21 de diciembre de 1898, pág. 2.
[1379] Carroll: *Report on The Island...*, págs. 231-234.

CAPÍTULO 9

El gobierno que se estableció a partir del 18 de octubre de 1898 en Puerto Rico fue, *de iure* y *de facto*, un gobierno nuevo. Un gobierno nuevo con viejos políticos y viejas mañas.

El Jefe y los americanos

Como habrá notado el lector, la llegada del gobierno militar no significó grandes cambios para Muñoz Rivera. El Jefe conservó sus cargos, por lo que su patronazgo político y su red de clientelas quedaron intactos.

Quizás por eso se le vio tan contento por aquellos meses.

El 23 de octubre, dos días después del nombramiento oficial al Consejo, *La Correspondencia* reportó haber visto a Muñoz Rivera y a Salvador Carbonell junto con el intérprete Baíz, paseando en coche con el general Brooke por la ciudad de Cangrejos.[1380] El 4 de noviembre, *La Democracia* informaba que Muñoz Rivera, «casi siempre taciturno y reservado», luego de una reunión con el general Brooke en la que este le reiteró su confianza, «aparecía alegre y comunicativo».[1381] Se hizo notar, además, mientras paseaba en coche, auxiliado por su intérprete personal José R. Baíz, junto al general estadounidense Sheridan[1382] y la esposa de este.[1383] En diciembre se hizo público que Muñoz Rivera y su familia acompañaron al general Frederick Dent Grant en una excursión por Guayama.[1384]

Muñoz no escatimó en halagos al general Brooke: «Se esfuerza por servir con acierto su alta misión y estudia a fondo cuantos problemas van a sus manos, que son todos los de la isla». «Los que tratan a la primera autoridad manifiestan su regocijo al ver la inteligente asiduidad y el tacto exquisito con que procede siempre», decía *La Democracia*.[1385] Para el Jefe del Consejo, y para sus acólitos, el gobernador militar de la isla era poco menos que una «maravilla».

> Como gobernante, domina los asuntos más escabrosos y posee la virtud de acertar [...] Cuando habla de política, de administración, de finanzas, demuestra que en su espíritu no existe la duda. Se ve al estadista seguro de sí mismo, que penetra en las honduras del análisis y avanza a conciencia de que llegará hasta el fin.
>
> No cede nunca a la primera impresión. Escucha a sus interlocutores, medita, estudia. Bajo su frente se descubre la rápida elaboración de las ideas. Y la palabra, al salir de sus labios, sale calmosa, lenta, grave, llena de dignidad.
>
> Al principio, al iniciaros en el trato, le encontráis frío, casi marmóreo. Después vais desenvolviendo la plática y el general Brooke capta vuestra simpatía y vuestro respeto por sus

---

[1380] «Noticias». *La Correspondencia*. San Juan, Puerto Rico. 24 de octubre de 1898, pág. 1.
[1381] «Cartas cortas». *La Democracia*. Ponce, Puerto Rico. 4 de noviembre de 1898, pág. 2.
[1382] Se refiere al entonces brigadier general Michael V. Sheridan, quien ocupó el cargo de jefe del Estado Mayor (*chief of staff*) en el gobierno de Brooke. «Headquarters Department of Porto Rico». *La Gaceta de Puerto Rico*. San Juan, Puerto Rico. 26 de octubre de 1898, pág. 1.
[1383] «Noticias». *La Correspondencia*. San Juan, Puerto Rico. 3 de noviembre de 1898, pág. 1.
[1384] «Ecos del Norte». *La Democracia*. Ponce, Puerto Rico. 12 de noviembre de 1898, pág. 2.
[1385] «Cartas cortas». *La Democracia*. Ponce, Puerto Rico. 7 de noviembre de 1898, pág. 2.

formas corteses y por sus respuestas francas y cordiales, aunque muy serias y muy reflexivas. Conoce de un solo golpe a los que se le acercan. No precipita sus juicios y resulta difícil sorprenderle. Jamás le comprometen sus actos ni sus declaraciones. Sabe callar y sabe también usar el monosílabo con maestría.

Su voz posee las inflexiones que necesita para dar al diálogo los tonos y los matices convenientes. Lo gradúa de tal manera que solo le oyen las personas a quienes se dirige. Y a veces la convierte en un murmullo que escapa al oído y que pone a prueba la capacidad de los intérpretes.

Mr. Mac Kinley [sic] escogió *á merveille* su delegado en Puerto-Rico. Las medidas del General Brooke merecen el aplauso de la población insular, sensata y culta [...]

Su rigidez y su tacto exquisito, uniéndose a su templanza y a su rectitud, harán fácil el tránsito de las estrecheces españolas a las amplitudes americanas. Aquella metrópoli, tan práctica, no podía elegir mal. A cada fruta su tiempo y a este tiempo de disturbios y audacias, la mano robusta y el corazón entero del General Brooke.[1386]

La resbaladiza ideología del Jefe

En el terreno de la ideología, ya sabemos por la entrevista con el reportero de *The New York Tribune* en agosto de 1898 que, con el cambio de régimen, Muñoz Rivera abandonó sus adherencias a la monarquía española y se colocó en las filas de los anexionistas a la república estadounidense. Este tercer o cuarto salto ideológico, que no será el último, lo reafirmó el 2 de noviembre de 1898 en una conferencia con el comisionado especial Henry K. Carroll. Sentado frente a Carroll, Muñoz habló de su visión particular del estatus y de la importancia de restringir el sufragio a las masas ignorantes. Pidió (o imploró) a Estados Unidos, que legislara sobre Puerto Rico de forma tal que «la ruta hacia el progreso sea fácil».[1387]

> El sistema territorial de los Estados Unidos es perfectamente aplicable a Puerto Rico [...] La patria quedaría satisfecha con este sistema, y bajo su amparo se prepararía paulatinamente para la estadidad, que es la más alta aspiración de los naturales del país, consumación que podría llegar en un tiempo comparativamente corto, si se toma en cuenta la cultura y la riqueza de la isla, que son iguales al menor de los Estados de la propia Unión [...] Para concluir, Puerto Rico aspira a la estadidad y acepta como condición transitoria la de territorio [...].[1388]

Unos meses más tarde, el 20 de febrero de 1899, el Jefe tuvo oportunidad de repetir sus nuevas lealtades ideológicas: «Queremos ser un territorio; más aún: queremos ser un Estado de la Unión americana».[1389] Y de nuevo el 17 de mayo de ese mismo año aseguró en una entrevista mientras estaba en Washington D. C., que «todo el pueblo de Puerto Rico le dará la bienvenida a la anexión

---

[1386] «El General Brooke». *La Democracia*. Ponce, Puerto Rico. 3 de noviembre de 1898, pág. 2.
[1387] Carroll: *Report on The Island...*, págs. 231-236.
[1388] *Ibid.*, pág. 234.
[1389] «Nuestra bandera». *La Democracia*. Ponce, Puerto Rico. 20 de febrero de 1899, pág. 2.

a los Estados Unidos, y no la cambiará nunca por la independencia».[1390] No obstante, en marzo de 1899, en un período intermedio entre las dos declaraciones anteriores mientras intentaba recuperar su puesto de primer ministro, viajó hasta Cuba e intentó establecer una alianza con el Partido Revolucionario Cubano, cuyo programa de gobierno era la independencia.[1391]

Durante el resto de su vida política, Muñoz Rivera continuó zigzagueando entre la estadidad y la independencia, siempre según las circunstancias. Bajo la incumbencia de gobernadores que favorecían al partido opositor, fue común que levantara con más frecuencia la bandera de la independencia; durante el período de gobernadores más amigables con los muñocistas, entonces volvía a la zona cómoda del *self-government*. El cambio también se manifestaba dependiendo del terreno en el que ocurriera. Una cosa era el espectáculo público y otra muy distinta la esfera privada.

Por ejemplo, en marzo de 1914, en una audiencia frente al Comité de Asuntos Insulares del Senado de Estados Unidos, Muñoz Rivera aseguró que preferiría la independencia, pero que si le ofrecían la estadidad, la aceptaba de inmediato.[1392] Dos meses más tarde de aquella afirmación dicotómica, mientras de forma pública defendía la independencia y la ciudadanía puertorriqueña en contra de la americana, le escribió de forma confidencial al gobernador Arthur Yager: «Tras las declaraciones de las Asambleas Unionistas de Mayagüez y San Juan,[1393] el partido al que pertenezco no puede apartarse de su demanda claramente definida de ciudadanía puertorriqueña, aunque, personalmente, no le doy mucha importancia a este asunto».[1394]

El 7 de abril de 1916, también en una carta privada, le aconsejaba a Yager agilizar los trámites para aprobar la Ley Jones, «aprovechando la primera oportunidad que pueda encontrar». La razón por la cual Muñoz pedía una aprobación por la vía rápida de la ley que impondría la ciudadanía americana a todos los puertorriqueños era la de evitar el avance de las fuerzas independentistas lideradas por Manuel Zeno Gandía:

> Si no se promulga una ley para Puerto Rico este año, los radicales, bajo el control de los Sres. Balbás, Zeno Gandía y otros líderes, adquirirán mucha fuerza y traerán serias dificultades. Sería lamentable que no se aprovechara el momento presente para instaurar y sostener una política de cordial inteligencia y resultados positivos entre norteamericanos y puertorriqueños en la Isla, asistida por un gran movimiento de opinión pública.[1395]

[1390] «Dislikes Gen. Henry. Senor Rivera Points Out Mistakes Made in Porto Rico». *St. Louis Post-Dispatch*. St. Louis, Missouri. 17 de mayo de 1899, pág. 3.

[1391] «Porto Rico is Uneasy. Rivera Proposes to Effect Entente with Cuban Leaders. Wants a Civil Government». *The Burlington Hawk-Eye*. Burlington, Iowa. 17 de marzo de 1899, pág. 1.

[1392] «Carta del señor Muñoz Rivera al señor director del Heraldo Español». *La Democracia*. Caguas, Puerto Rico. 13 de abril de 1914, pág. 2.

[1393] Se refiere a las asambleas del Partido Unión en las que se determinó: 1- Acción enérgica en pro de la autonomía insular. 2- Desenvolvimiento de la autonomía insular hasta que se demuestre la capacidad del pueblo para gobernarse a sí mismo. 3- Reclamación definitiva de la independencia de Puerto Rico. «La asamblea unionista. Resoluciones aprobadas». *Boletín Mercantil de Puerto Rico*. San Juan, Puerto Rico. 8 de septiembre de 1914, pág. 4.

[1394] The Filson Historical Society, Louisville, KY. *Carta del Comisionado Residente Luis Muñoz Rivera al gobernador de Puerto Rico Arthur Yager, 10 de julio de 1914*. Colección Yager, Arthur (1858-1941). Papers 1913-1921: Folder 48: Luis Muñoz Rivera Correspondence, 31 de diciembre 1913 - mayo 1916.

[1395] The Filson Historical Society, Louisville, KY. *Carta del Comisionado Residente Luis Muñoz Rivera al gobernador de Puerto Rico Arthur Yager, 7 de abril de 1916*. Colección Yager, Arthur (1858-1941). Papers 1913-1921: Folder 48: Luis Muñoz Rivera Correspondence, 31 de diciembre 1913-mayo 1916.

La ideología de Luis Muñoz Rivera y de toda su red caciquil se puede resumir en un solo episodio. El 18 de marzo de 1914 —mientras se debatía en el Congreso de Estados Unidos el proyecto de ley que impondría la ciudadanía americana a los puertorriqueños y en momentos en que José de Diego y Muñoz Rivera hacían diatribas públicas en defensa de la independencia y de la ciudadanía puertorriqueña— el Comité Central del Partido Unión se reunió en una sesión secreta y de allí salió una resolución que indicaba lo siguiente:

> Declaramos que no tomaremos una actitud hostil contra la ciudadanía estadounidense como lo dispone el proyecto de ley Jones-Shafroth; no obstante, en nuestra campaña política mantendremos en toda su integridad la actual plataforma de la Unión de Puerto Rico. Y dentro de estas líneas, el Gobierno de Puerto Rico puede contar con el esfuerzo absoluto del Partido Unionista para establecer un sistema de gobierno justo, ordenado y liberal de acuerdo con los principios del gran Partido Demócrata.

José de Diego se encargó de hacerle llegar la anterior resolución, firmada por él y por Antonio R. Barceló, al gobernador Arthur Yager dentro de una correspondencia privada. Así, para las masas que prestaban su voto al Partido Unión, aquellos hombres siguieron siendo «patriotas independentistas», pero quienes procuraban dar el zarpazo final a los puertorriqueños, sabían que tenían el campo libre para actuar a sus anchas. Véase: The Filson Historical Society, Louisville, KY. *Carta de José de Diego con membrete de la oficina del presidente de la Cámara de Delegados de Puerto Rico.* 24 de marzo de 1914. Colección Yager, Arthur (1858-1941). Papers 1913-1921: Folder 24: De Diego, José (House of Delegates, P.R.) Correspondence. 9 de enero de 1914-17 de marzo de 1916. Imagen: «Luis Muñoz Rivera (segundo de derecha a izquierda) y José de Diego (tercero de derecha a izquierda), en 1899». Fundación Luis Muñoz Marín.

Si tuviéramos que definir la ideología que de verdad cultivó Luis Muñoz Rivera, tendríamos que concluir que el poder fue su amo, su lacayo y su verdugo. El propio Muñoz aseguró el 13 de febrero de 1899 que la fundación de un gobierno no es lo primero en la vida política. Para él, todo se reducía a la lucha eterna entre dos grupos (bipartidismo) por el triunfo. Un triunfo que no se logra con proyectos a largo plazo ni con transformaciones económicas y sociales de avanzada. No. Triunfa el que más «influye», el que mejor propaganda haga. Al final, el ganador en esa contienda tiene el derecho de coronarse como lo hace un rey. Quien gana manda:

> La fundación de un gobierno no es la causa, es el efecto de una organización colectiva. Hay dos grupos que se disputan el predominio. Lo logra el que influye con más fuerza entre los ciudadanos. Y, al lograrlo, el jefe ocupa el primer puesto.
> Tal sucedió en nuestra pobre ínsula.[1396]

París: 60 días antes de la cesión de Puerto Rico

No podríamos decir que Muñoz Rivera ni ningún otro político criollo estuviera preocupado por las conversaciones que comenzaron en París el 1 de octubre de 1898, y que culminarían en diciembre de ese mismo año con la cesión de Puerto Rico al control del Congreso de Estados Unidos. Entre octubre y diciembre de 1898, Muñoz no habló ni una sola vez del tema y tampoco sus periódicos satélites.

En Francia, en contraparte, había algo que flotaba en el aire y preocupaba en extremo a los españoles. Sin siquiera iniciar las conferencias, ya se sabía con extraña certeza que los comisionados estadounidenses ocupaban el asiento del conductor. Iban a por todas.

El equipo estadounidense era variopinto en cuanto a nivel educacional y profesional, aunque bastante homogéneo en cuanto a ideología. De cinco, cuatro eran fervientes imperialistas. De cinco, cuatro eran republicanos. De cinco, tres eran senadores que tendrían que votar en el Senado para aprobar o no el tratado que ellos mismos negociaron; esto último, en contra de las normas democráticas más elementales y de los propios preceptos constitucionales de Estados Unidos.

Al revisar los nombres en aquella delegación, podemos notar el cuidado con que la camarilla McKinley escogió a sus comisionados. Una combinación astuta de expansionistas —con capacidad de argumentación y destrezas de negociación— y de senadores que no solo garantizaba el predominio exclusivo de sus intereses; también el paso exitoso del tratado por el Senado.

Encabezaba la lista, haciendo funciones de presidente, el amigo personal de McKinley, William R. Day, quien para asumir esta tarea debió renunciar a su cargo de secretario de Estado. Le seguía Whitelaw Reid —de Ohio, cuartel general de Rockefeller, al igual que Day— con una larga trayectoria como escritor de discursos, periodista y editorialista y que, como ya sabemos, era el jefe propietario de *The New York Tribune*. Reid no escondió su apoyo a las políticas imperialistas ni siquiera cuando fue nombrado miembro de la comisión del Tratado. Un mes antes

---

[1396] «Comentarios a un Decreto». *La Democracia*. Ponce, Puerto Rico. 16 de febrero de 1899, pág. 2.

de iniciarse las reuniones, le expresó a *Century Magazine*: «Debemos retener a Cuba por lo menos hasta que se establezca un gobierno permanente. Debemos retener a Porto Rico y probablemente también a Filipinas».[1397]

El resto de los comisionados por Estados Unidos eran todos senadores. El abogado Cushman K. Davis, republicano de Minnesota y presidente del Comité de Relaciones Exteriores del Senado, era el encargado precisamente de formular las políticas en contra de España. Además de ferviente imperialista era un hombre extremadamente culto. Su colección de libros superaba los 5000 volúmenes, estudió profundamente a Shakespeare,[1398] las obras de Virgilio y la literatura napoleónica. Era capaz de leer de forma fluida italiano y francés (lo que ayudó mucho en su estancia en París). Davis, además, estuvo al mando del informe del Comité de Relaciones Exteriores que en 1895 determinó que la doctrina Monroe era aplicable a la controversia entre Inglaterra y Venezuela. Como presidente del Comité de Relaciones Exteriores del Senado fue una de las figuras más prominentes luego de la explosión del Maine, y uno de los asesores más cercanos a McKinley. En 1898 redactó la resolución que exigía la salida de España de Cuba, lo que equivale a ser el redactor de la declaración de guerra.[1399] Luego de la firma del Tratado de París, en febrero de 1899, fue Davis el encargado de presentar los acuerdos ante el Senado.

El segundo senador en la comisión del tratado era William P. Frye, republicano de Maine, expansionista, miembro del Comité de Relaciones Exteriores al igual que Davis, y uno de los asiduos al Metropolitan Club. Por último, el único y solitario demócrata y antiimperialista, George Gray, de Delaware, estaba allí solo para salvar las apariencias de cumplimiento con el balance ideológico e inclusión de minorías.[1400]

En el otro extremo, en la esquina de los perdedores y contra las cuerdas, se podían observar a los comisionados españoles: Eugenio Montero Ríos (presidente), Buenaventura de Abárzuza, José de Garnica, Wenceslao Ramírez de Villa-Urrutia y Rafael Cerero, todos juristas o diplomáticos, ayudados por el astuto embajador de España en Francia, Fernando León y Castillo.[1401] Sabían que representaban a una nación en bancarrota y abandonada por el resto de Europa, por lo que toda su estrategia descansó en la capacidad de resistir a través de la oratoria y la súplica.

«Han tenido una gran victoria. La primera contra un enemigo extranjero», comenzó adulando León y Castillo a los comisionados estadounidenses el primer día de las conversaciones. «Ahora deben probar su grandeza procediendo con magnanimidad», continuó el diplomático español en un tono que Whitelaw Reid describió como de súplica bastante orgullosa. «No olviden que somos pobres», exclamó con creciente energía. «No olviden que hemos sido vencidos. No olviden que fue España la que descubrió el Nuevo Mundo. No olviden que la grandeza de la victoria puede ser empañada por la falta de magnanimidad hacia el vencido».[1402]

[1397] «Story of Ambassador Reid's Rise from Poor Ohio Lad to International Fame as Editor, Financier and Diplomat in America's Premier Post». *The Boston Globe*. Boston, Massachusetts. 16 de diciembre de 1912, pág. 4.
[1398] Davis escribió el libro *Law in Shakespeare*.
[1399] «Senator Cushman K. Davis Asleep in Death». *The Saint Paul Globe*. Saint Paul, Minnesota. 28 de noviembre de 1900, págs. 1 y 3.
[1400] Foner: *The Spanish-Cuban-American War...*, págs. 406-421.
[1401] *Ibid.*, pág. 406.
[1402] Contosta: *Rise to World Power...*, págs. 44-46.

No sabían los españoles entonces que los pedidos de súplica no provocarían ninguna compasión en el oponente. Los españoles perdían su norte y su tiempo. No habría magnanimidad alguna. Los comisionados estadounidenses fueron a París dispuestos a conseguirlo todo sin ceder nada a cambio.

La autonomía de Puerto Rico, ¡ay!, la autonomía

Luis Muñoz Rivera no parecía prestar importancia a los efectos que tendría el nuevo estado de cosas sobre su 'incansable búsqueda' de un autogobierno. Todo lo contrario, en octubre de 1898 tuvo la oportunidad de su vida para lograr, de forma efectiva, un sistema de gobierno autonómico y no solo la desaprovechó, sino que se opuso a ella con todas sus fuerzas.

Sucedió que, apenas días después de instalado el gobierno militar, los concejales y el alcalde de Ponce enviaron un memorial a John R. Brooke a través del general jefe del Distrito de Ponce, Guy V. Henry, en el que le solicitaban que cumpliera con la ley y le reconociera autonomía municipal a su ayuntamiento. Aquellos hombres, que sin duda conocían al dedillo los artículos contenidos en el real decreto autonómico y también la primera orden general emitida por Brooke, exigían el derecho a nombrar a todos sus empleados, incluido el alcalde y el vicealcalde, así como la opción legítima de aprobar su propio presupuesto.[1403]

En estrictos términos legales tenían razón. El artículo 55 de la Constitución Autonómica de 1897 otorgaba la prerrogativa a los municipios de establecer libremente los ingresos necesarios para cubrir sus presupuestos, sin otra limitación que hacerlo compatible con el sistema tributario de la isla. El artículo 56 estipulaba que los alcaldes y vicealcaldes debían ser electos por el voto de los concejales, y el número 61 mandataba que ningún estatuto colonial podía privar a los municipios de las facultades reconocidas en los artículos anteriores.[1404] Por otro lado, la orden de Brooke publicada en *La Gaceta de Puerto Rico* el 20 de octubre de 1898, decía en su punto número 8 que «las leyes provinciales y municipales [...] serán mantenidas en todo su vigor, a menos que no resulten incompatibles con el cambio de condiciones realizado en Porto Rico».[1405]

¡Bingo!

No se podía pedir mejor oportunidad para vindicar el autogobierno otorgado desde Madrid. La petición de Ponce llegaba justo a tiempo. Ese mes recién comenzaban las negociaciones en París, por lo que todavía se podía jugar la carta de la autonomía puertorriqueña y demostrar, con hechos, la incapacidad de España de ceder lo que ya no le pertenecía. Además, desde los microgobiernos municipales se podrían establecer trincheras de autonomía que hicieran frente a la arrolladora intrusión estadounidense. Este era el momento de gloria para los secretarios Luis Muñoz Rivera, Salvador Carbonell, Juan Hernández López y Julián Blanco Sosa.

Por desgracia, no fue así.

[1403] Carroll: *Report on The Island of Porto Rico...*, págs. 344-345.
[1404] Núñez: *Cuba y Puerto Rico en el constitucionalismo español...*, págs. 110-111.
[1405] «Cuartel General del Departamento de Puerto-Rico. Órdenes Generales». *La Gaceta de Puerto Rico*. San Juan, Puerto Rico. 20 de octubre de 1898.

John R. Brooke, con el memorial de Ponce en la mano, convocó a su Consejo de Secretarios para preguntarles qué hacer. De inmediato, Luis Muñoz Rivera y el secretario de Justicia, Juan Hernández López se opusieron de forma tajante. «Eso sería destruir el imperio absoluto y supremo del gobierno militar», dijo uno. «El artículo 52 de la Constitución colonial se refiere a los municipios *legalmente constituidos* por sufragio universal y no como el de Ponce cuyo alcalde y concejales han sido nombrados para cubrir plazas vacantes», dijo el otro. Ambos remataron sus argumentos asegurando al gobernador que para «reformar un organismo tan esencial como el de los municipios, debe proceder un detenido estudio que en este caso no se ha hecho».[1406]

Los secretarios criollos interpretaban de forma retardataria la frase contenida en el artículo 52: «todo municipio legalmente constituido estará facultado...», que se refería a la organización municipal. Además, echaban mano de la píldora envenenada presente en la orden número uno de Brooke: las leyes en Puerto Rico estarían vigentes «a menos que...». Con esto no solo le negaban la autonomía a Ponce, sino que legitimaban dócilmente «el imperio absoluto y supremo» de un gobierno que se había instalado sin que se hubiera firmado ningún tratado internacional y sin que este tratado hubiera pasado el cedazo del Senado de Estados Unidos ni de las Cortes españolas.

Muñoz Rivera —en un acto sacado del manual populista— culpó a la víctima (el ayuntamiento de Ponce) por acciones que él mismo había cometido: nombrar al alcalde y concejales a su propia conveniencia sin convocar elecciones. Para mayor inri, inducía a error al gobernador al decirle que con el memorial se pretendía «reformar» las leyes constitutivas del régimen municipal vigente. La verdad, tan grande como una catedral, es que la petición nada tenía que ver con reformas o cambios. Se trataba —nunca mejor dicho— de cumplir la ley al pie de la letra.

Salvador Carbonell estuvo de acuerdo con Muñoz Rivera y con Hernández López, pero no fue el caso del secretario de Hacienda, Julián Blanco Sosa. El antiguo ortodoxo le dijo a Muñoz en la cara que allí no había nada que analizar o estudiar. Los ponceños tenían razón y punto.

En un segundo se hizo añicos la armonía del Consejo.

Los secretarios discutieron en español, se alzaron la voz y los dedos acusadores juguetearon en el aire. Brooke no entendió ni pizca de lo que allí se dijo, pero no había que ser muy inteligente para saber que peleaban entre ellos. Terminó el asunto pidiendo un informe por escrito.

Muñoz Rivera convocó la reunión del Consejo de Secretarios para el domingo, 30 de octubre a las ocho en punto de la mañana. A Blanco Sosa le avisó el sábado por la noche. El secretario de Hacienda contestó que a esa hora estaría fuera de la capital, en Bayamón. Lo próximo que supo Julián Blanco fue que el informe, sin su firma, estaba ya en el escritorio de Brooke.[1407]

El documento en cuestión concluía que no se debía otorgar autonomía alguna a Ponce. Era un calco de los argumentos falsos establecidos por Muñoz Rivera y Hernández López.

> El Consejo de Secretarios, no asistiendo el Secretario de Hacienda, por hallarse ausente, opina que el Ayuntamiento de Ponce, como todos los de la Isla, debe continuar funcionando sin modificación alguna en las leyes constitutivas del régimen municipal vigente al realizarse la conquista de la Isla por E.E. Unidos de América.

[1406] «Acuerdo del Consejo». *La Democracia*. Ponce, Puerto Rico. 18 de noviembre de 1898, pág. 3.
[1407] «Our Rule in Porto Rico». *Iowa City Press-Citizen*. Iowa, Iowa. 15 de agosto de 1899, pág. 3.

CAPÍTULO 9

Y esto por las razones siguientes:

Por que con arreglo a un principio de derecho internacional seguido y confirmado por la Unión Americana, las leyes municipales vigentes en el territorio conquistado, deben ser respetadas, interín no resuelva otra cosa el poder legislativo de la Nación conquistadora.

Por que a la reforma de un organismo tan esencial como el de los municipios, debe proceder un detenido estudio, que en este caso no ha hecho, de las condiciones políticas y jurídicas del pueblo en que la reforma ha de ser aplicada.

Por que, si la alteración establece la completa autonomía de los Ayuntamientos, esto no es posible sin destruir en gran parte el imperio absoluto y supremo del Gobierno Militar existente en Pto. Rico.

Y si ha de respetarse la legislación vigente al efectuarse la conquista, no puede concederse la autonomía amplísima que reclama el Ayuntamiento de Ponce, por que las facultades determinadas en el artículo 52 de la Constitución Colonial están la acción y funciones de las Secretarías del Despacho, que establece el artículo 45 de la misma Constitución, acción y funciones que hoy asume el poder militar. Además, por que dicho artículo 52 se refiere a los municipios legalmente constituidos, esto es, por el sufragio universal, como prescribe el régimen autonomista, estando los actuales Ayuntamientos de Puerto Rico de una parte constituidos por el sufragio estrecho y limitado del antiguo régimen, y de otra por nombramientos que hacía a su voluntad el Gobernador para cubrir algunas vacantes.

En resumen, el Consejo de Secretarios es totalmente adicto a la independencia autonómica de los municipios, siempre que deban su origen al principio democrático de la voluntad popular, libremente manifestada en los comicios, principio que no se cumple en ninguno de los existentes en el país.

Puerto Rico, 30 de octubre de 1898.

L. Muñoz —Presidente.[1408]

Brooke acogió el texto en todas sus partes y lo comunicó como una decisión suya, aunque —sabemos ahora— solo siguió la determinación del Consejo, manufacturada y firmada por Luis Muñoz Rivera. Para demostrarlo podemos revisar, palabra por palabra, el texto que remitió Brooke al general en jefe del distrito de Ponce, Guy V. Henry. Veremos que coincide en su totalidad, con la excepción de pequeñas correcciones ortográficas, con el suscrito por el presidente del Consejo de Secretarios:

CUARTEL GENERAL DEPARTAMENTO DE PUERTO RICO. — SAN JUAN.

Al General Jefe, Distrito de Ponce, Puerto Rico.

Señor:

El General de División, Jefe de las fuerzas, ha considerado con gran cuidado la memoria de la ciudad de Ponce, presentada por el Alcalde y una comisión del Ayuntamiento y acompañada de su carta, y me ordena que manifieste a usted que aquel documento no se ajusta a sus ideas acerca de las funciones de las municipalidades de Puerto Rico.

[1408] *Id.*

Primero: porque según un principio de derecho internacional, que persigue nuestro Gobierno al resolver los asuntos de Puerto Rico, las leyes municipales vigentes en el momento de nuestra ocupación de la Isla, deben ser respetadas y hacer que sean cumplidas por la autoridad militar, mientras sobre el particular se resuelva otra cosa por el Congreso de los E.U.

Segundo: porque la reforma de una organización tan esencial como es la de una Corporación Municipal debe ser precedida de un estudio profundo, (lo cual en el presente caso no parece haberse hecho), de las condiciones políticas y legales de la Comunidad donde haya de ser aplicada dicha reforma.

Tercero: porque el planteamiento de la completa autonomía no puede ser llevado a la práctica, sin limitar en gran manera la autoridad absoluta y suprema del gobierno militar, hoy existente en Puerto Rico, y porque las facultades que se trata de establecer por el artículo 52 de la Constitución colonial están limitadas por los actos y funciones hoy asumidos por la Autoridad militar.

Por consiguiente, desea el Mayor General, Jefe de las fuerzas, que usted manifieste al Alcalde y Ayuntamiento de Ponce su opinión sobre tal materia y les requiera para que no acuerden nada, haciendo uso de las atribuciones conferidas según dicha memoria, que sea incompatible con este criterio, siendo su creencia que es mejor para todas las partes interesadas que no se haga ningún cambio radical en ninguna Corporación municipal hasta que las facultades y limitaciones de las municipalidades no sean definidas por la acción legislativa del Congreso.

Muy respetuosamente.
M.V. SCHERIDAN.
General de Brigada, Jefe de Estado Mayor.[1409]

Gracias a Luis Muñoz Rivera, el gobernador militar estadounidense obtuvo la excusa que necesitaba, sin tener que esforzarse, para negarles a los municipios su autogobierno. Hay que reconocer que en esta ocasión no fue una invasión extranjera la que atentó contra las libertades autonómicas. Fue el propio Jefe criollo quien se encargó del socavón.

Con este capítulo se cerró un intento inteligente de frenar el avance americano sobre la política puertorriqueña. Las cosas seguirían como hasta ese momento. Los alcaldes y concejales continuarían siendo nombrados desde la Secretaría de Gobernación que controlaba Muñoz. O lo que es lo mismo: las redes clientelares del cacique permanecerían poderosas e inalteradas. Así tenía que ser para la gloria personal del Jefe.

París: 40 días antes de la cesión de Puerto Rico

Mientras acá abajo en la isla se dividían las lealtades entre los partidarios del alcalde de Ponce y los muñocistas, los comisionados en París dedicaban todo el mes de octubre a debatir quién se quedaba con la inmensa deuda de Cuba.

[1409] «Contestación del Gobernador». *La Democracia*. Ponce, Puerto Rico. 10 de noviembre de 1898, pág. 2.

CAPÍTULO 9

Al aceptar como inevitable la pérdida de ambas islas, los comisionados españoles centraron toda su energía en evadir el pago de la deuda de Cuba, que superaba los $455 millones a los que habría que sumar los intereses acumulados. Argumentaron que el empréstito cubano se relacionaba de forma directa con los propios gastos del país y que, si España ya no recibiría ganancias de su colonia, tampoco debería asumir la obligación de pagar su deuda. En otras palabras: la isla y la deuda deberían moverse juntas. En esa misma línea, intentaron que la soberanía sobre Cuba se transfiriera de España a Estados Unidos «incondicionalmente» y «sin obligación de transferirla al pueblo cubano», pero asumiendo la obligación de la deuda.[1410]

Las disputas sobre el déficit cubano continuaron hasta que el secretario de Estado estadounidense, en respuesta a una solicitud de instrucciones, informó a la comisión el 25 de octubre, que el presidente McKinley rechazaría cualquier propuesta que implicara asumir deuda alguna. Desesperados, los españoles propusieron que los cubanos se quedaran con la responsabilidad de «toda deuda no peninsular que fuera propia y peculiarmente cubana», cuyo monto lo determinaría una comisión mixta. Este plan de repartir parte de la deuda también fue rechazado. El 27 de octubre de 1898, los españoles tuvieron que aceptar la posición estadounidense: ni Cuba ni Estados Unidos pagarían ni un centavo de la millonaria cifra.

Todavía en octubre, entre discursos, reuniones, informes larguísimos en español y de nuevo el mismo informe en inglés, los jugadores españoles aprovecharon para introducir una carta que, de ganarla, representaría un alivio para las gastadas arcas públicas de España. Insertaron en el tablero de negociación una supuesta deuda pública de Puerto Rico que, según ellos, debía ser aceptada por Estados Unidos. Fue un buen intento para lograr algo de dinero, pero no tuvieron éxito.

En un memorándum sometido el 14 de octubre de 1898, los comisionados españoles aceptaron ceder la isla de Puerto Rico «en compensación por las pérdidas y los gastos incurridos por Estados Unidos en la guerra». Resuelto este punto, seguía diciendo el memorial, «la única cuestión que quedaría por resolver en cuanto a Puerto Rico es una de dinero. Esa cuestión está relacionada con la deuda de la colonia».[1411]

La respuesta de la parte estadounidense fue rápida y contundente, lo que demuestra que estaban muy empapados con los datos y con el estatus económico de Puerto Rico. «La referencia en el memorando español a las obligaciones de Puerto Rico no es entendida por los comisionados americanos a quienes se les había hecho creer que no existía deuda portorriqueña». Acto seguido presentaron una evidencia irrefutable que dejó sin argumentos a los españoles y dio por terminado el asunto: la *Gaceta de Madrid* del 1 de julio de 1896, en la que Tomás Castellano, ministro de Ultramar, presentó ante las Cortes el presupuesto de Puerto Rico para el año 1896-97. Decía Castellanos sobre la situación económica de la isla:

[1410] Durante la conferencia de paz quedó claro que los españoles preferían que Estados Unidos anexara la isla de Cuba antes de que se estableciera un país libre.
[1411] United States Senate: *A Treaty of Peace between the United States and Spain. Message from President of the United States, transmitting a Treaty of Peace between the United States and Spain, Signed at the City of Paris, on December 19, 1898.* Washington D. C. 1899, pág. 93.

En 1898, Puerto Rico, a diferencia de Cuba y Filipinas, no tenía deuda pública alguna. Todo lo contrario, gozaba de un superávit que, desde 1893, aumentaba de forma ininterrumpida. Este sobrante y la situación única de la isla fue tema en el debate entre los comisionados de España y Estados Unidos en París. «Proyecto de Ley de Presupuestos…».

Demostración del sobrante que han ofrecido los presupuestos de 1893-94 y 1894-95, y del que se espera con fundados motivos que ha de ofrecer el de 1895-96.

PRESUPUESTOS	Recaudación total. Pesos.	Pagos ejecutados. Pesos.	Sobrantes. Pesos.
1893-94	4.114.230'76	3.848.277'97	265.952'79
1894-95	4.454.957'67	3.903.667'07	551.290'60
1895-96	5.085.532'17	4.151.866'18	933.665'99
TOTALES	13.654.720'60	11.903.811'22	1.750.909'38

Grata es la tarea de dar cuenta a la Representación del País del estado en que se halla la hacienda de Puerto Rico, reflejo de la prosperidad creciente de la pequeña Antilla, que ha sabido con la multiplicidad de los cultivos y con la actividad de su trabajo acreditar sus productos en el mundo entero.

Sin Deuda Pública, cubiertas todas las necesidades de su presupuesto, repleto su Tesoro, con total regularidad en los servicios públicos, sobriedad en sus gastos y desarrollo constante en las rentas del Estado, tal es el cuadro que se presenta a la vista del observador que mira atentamente el desenvolvimiento del presupuesto de la isla de Puerto Rico a poco que escudriñe el pasado.[1412]

«La *Gaceta de Madrid* publicó también una ley aprobada el 29 de junio de 1896 que disponía lo que se haría con el sobrante de $1 millón, 750 000 en la tesorería de Porto Rico al vencimiento del año fiscal 1895-96», remataron los comisionados por Estados Unidos. Es decir, y en conclusión, «ningún préstamo de Porto Rico se contrató o flotó antes de 1896. No se cotizan bonos de Porto Rico en los mercados de Europa o de América».[1413]

La isla no tenía deuda alguna, sino todo lo contrario: un envidiable superávit.

La deuda de Cuba con Puerto Rico

De lo que no se habló en aquellas cuatro semanas de octubre —y no ha de extrañarnos— es de los 2 millones, 500 000 pesos, salidos de las arcas puertorriqueñas que fueron transferidos al

---

[1412] «Proyecto de Ley de Presupuestos Generales del Estado de la isla de Puerto Rico para el próximo año económico de 1896-97». *Gaceta de Madrid*. Núm. 183. Madrid, España. 1 de julio de 1896, págs. 15-17.
[1413] United States Senate: *A Treaty of Peace between…*, pág. 103.

tesoro de Cuba con la promesa de que la isla vecina los devolvería.[1414] De esa deuda nadie preguntó, nadie se hizo responsable, nadie intentó cobrarla y, por supuesto, nadie pagó.

Procurar que se hablara de ese préstamo en París y de los asuntos que importaban al país era responsabilidad exclusiva de los líderes criollos puertorriqueños. Luis Muñoz Rivera, según sus biógrafos, dominaba el francés, lo que le hubiera permitido defender mejor los intereses de la isla.[1415] Pero ya sabemos que por aquellos días de octubre, noviembre y diciembre de 1898, el Jefe estaba ocupado en otras cosas.

En lugar de reclamar la deuda de Cuba, Muñoz Rivera y sus secretarios orquestaban, desde los primeros días de diciembre, un empréstito al «Banco americano» por medio millón de pesos. Este préstamo hubiera colocado a la isla ante su primera deuda pública en un momento en que su moneda se encontraba en el punto más bajo, gracias a la devaluación artificial a la que era sometida. Según explicaba *La Democracia*, los secretarios pensaban —de forma muy ingenua— que esa financiación se pagaría a «un módico tipo de interés anual y se amortizarán en cinco años o en menos». Con tal de conseguir el dinero, el Consejo estaba dispuesto a ofrecer «uno de los grandes edificios que posee la isla» como garantía hipotecaria.[1416]

Por los días en que se debatía la supuesta deuda de Puerto Rico en París y se daba forma al artículo IX del tratado, Muñoz Rivera repetía sin cesar, frases que inducían al pueblo a dormir tranquilo, sin prestar atención a los acontecimientos. Decían los voceros del Jefe: «Nosotros confiamos, con absoluta confianza, en la gran república y en los hombres grandes que la gobiernan».[1417] «Hay que tener fe en el gobierno americano».[1418]

El Jefe contraataca

Mientras en París se acordaban las palabras que atarían a Puerto Rico al poder caprichoso del Congreso de Estados Unidos, la isla, embelesada, continuaba atenta a las secuelas del caso Ponce.

El mensaje distorsionado de Muñoz, las mentiras y la ensalada de palabras lograron su cometido. Ponce, ni ningún otro municipio, disfrutó de autonomía alguna ni en ese momento ni en los próximos veinte años. Sin embargo, no podemos negar que la movida del ayuntamiento de Ponce fue, en todo su rigor, un jaque al rey. Si Muñoz accedía a darles los poderes que pedían los ponceños, perdía su importante red clientelar y con ello toda su influencia. Si se los negaba, como en efecto hizo, su imagen pública caería a los subsuelos a los que pertenecen los traidores.

Muñoz Rivera, como ya sabemos, escogió la segunda opción. Prefirió enfrentar los problemas de credibilidad antes que soltar el poder que le daba nombrar alcaldes y concejales. Lo hizo porque sabía que era cuestión de contrarrestar las incómodas consecuencias a golpe de propaganda. Y en eso él era un maestro.

[1414] Actas de la Primera Asamblea Legislativa de Puerto Rico. *Solicitud de antecedentes acerca de la deuda de Cuba a Puerto Rico, presentada por el señor Zeno Gandía el día 10 de diciembre de 1900.* San Juan, Puerto Rico. 1901.
[1415] González: *Luis Muñoz Rivera a la luz de sus obras...*, págs. 2-4.
[1416] «Ecos del Norte». *La Democracia*. Ponce, Puerto Rico. 16 de diciembre de 1898, pág. 2.
[1417] «Noticias». *La Democracia*. Ponce, Puerto Rico. 2 de noviembre de 1898, pág. 2.
[1418] «Política de intrigas». *La Democracia*. Ponce, Puerto Rico. 25 de noviembre de 1898, pág. 2.

De inmediato, sus periódicos satélites —a la misma vez que ignoraban por completo las conversaciones en París— comenzaron a filtrar supuestas informaciones confidenciales que apuntaban a un proyecto de autonomía municipal que propondría el Jefe y que sería «mucho más amplio, mucho más libre, mucho más práctico y discreto que el de los concejales de Ponce».[1419] En paralelo, repetían día tras día frases o ideas que, de vez en vez, filtraba el propio caudillo:

> Yo entiendo que los municipios en este país pueden y deben ser dueños de administrarse libremente, de tal modo que ellos mismos hagan sus presupuestos, voten sus tributos, acuerden sobre obras públicas, sobre enseñanza, sobre higiene, sobre los varios asuntos que han de resolver. Y opino que a los municipios corresponde elegir sus empleados. Y que ni en aquellas funciones, ni en nada que toque a la vida local, es bueno que intervenga el gobierno central […]
> Pero esto en otras circunstancias; no en las circunstancias presentes. Nuestros Ayuntamientos no representan a los pueblos, porque, después de implantarse la Autonomía y el sufragio universal, fue imposible, a causa de la guerra, hacer las elecciones. Nuestros Ayuntamientos resultan arbitrarios, ya que les designó a su gusto el poder de los gobernadores. Nuestros Ayuntamientos son transitorios, interinos y carecen de fuerza moral, que solo se obtiene por la confianza pública en un régimen democrático. Con Ayuntamientos así, la independencia administrativa —que Ponce desea y que, si se le concede, habrá de ampliarse, otorgándole a la isla entera— me parece un despropósito.[1420]

Muñoz Rivera, por supuesto, mentía. Si de verdad quería la autonomía municipal, lo único que tenía que hacer era emitir un informe favorable ante el gobernador militar. Sin embargo, no lo hizo. Los hechos —no la verborrea— demuestran que el por entonces presidente de Secretarios no era partidario de la independencia municipal. No haría nada por la autonomía de los municipios en ese momento, tal como no lo hizo cuando asumió sus cargos en el Gabinete autonómico ni lo hará años más tarde cuando su partido monopolice los puestos públicos durante la primera mitad del siglo XX. Todo lo contrario. Erigió su hegemonía política, precisamente, sobre la base del dominio absoluto de los ayuntamientos.

Las informaciones que publicaban los periódicos de Muñoz Rivera eran solo palabras vacías. Propaganda populista. Pura gestión de crisis. Habrá que recordar que, ante estrategias populistas, aplica la máxima bíblica: «Por sus obras los conoceréis». Es imperativo prestar atención a los hechos, a las acciones; no a las palabras.

¿Qué hizo Muñoz a la misma vez que llenaba de palabras vacías y mentiras los periódicos? Despedir a los concejales y al alcalde de Ponce para castigar a los rebeldes con una mano, y con la otra, afianzar su patronazgo político. Mientras con la boca injuriaba a los municipios por carecer de 'fuerza moral' por la procedencia no democrática de alcaldes y concejales, desde el poder del Estado quitaba y ponía alcaldes a su antojo.

El 11 de noviembre, sin importar que la ley exigía que fueran los concejales quienes eligieran a su alcalde, nombró a Luis Porrata Doria al ayuntamiento de Ponce, descabezando por

---

[1419] «Cartas cortas». *La Democracia*. Ponce, Puerto Rico. 5 de diciembre de 1898, pág. 2.
[1420] «Cartas cortas». *La Democracia*. Ponce, Puerto Rico. 15 de noviembre de 1898, pág. 2.

consiguiente al alcalde rebelde, José Lloréns Echevarría.[1421] Al instante, los concejales ponceños presentaron por escrito sus renuncias, basándose, entre otras cosas, en que el nombramiento de Porrata Doria era ilegal.[1422]

Con las vacantes libres en el ayuntamiento, el próximo paso fue nombrar a todos los concejales. Los nombres de los agraciados nos indican de forma clara que, allá para los meses finales de 1898, las lealtades de Muñoz Rivera estaban ya comprometidas con la élite económica. El Jefe estaba vinculado irremediablemente con los mismos hombres que, en esos justos momentos, negociaban con los comisionados de McKinley la devaluación artificial de la moneda provincial, la eliminación de impuestos y la imposición de restricciones a la transportación marítima, entre otras medidas que empobrecerían aún más al país.

Muñoz Rivera nombró como concejales para el ayuntamiento de Ponce a José Ramón González, Pedro Auffant, Agustín Arce, José Vidal Vilaret, José Pou, Manuel Zaldo, Julio M. Bernard, Rodulfo del Valle, José Porras, Adolfo Cabrera, Miguel Hernández, José Usera, Francisco Becerra Pasarell y Luis Toro Pasarell.[1423] Por esos días, José y su hermano Vicente Usera —ambos emparentados con el juez del Tribunal Supremo, José Conrado Hernández—[1424] solicitaban del gobierno militar varias franquicias y concesiones, entre ellas la de operar una red de tranvías en Ponce.[1425] Luis Toro Pasarell[1426] estrenaba negocio nuevo, junto a su cuñado Enrique Fritze,[1427] de Fritze, Lundt & Cía. Ambos figuran como incorporadores, en abril de 1898, de La Internacional, casa dedicada a la elaboración de tabacos y cigarrillos ubicada en el barrio de la Playa, en Ponce.[1428] No pasará mucho tiempo sin que Luis Toro Pasarell se convierta en el presidente de The Porto Rican-American Tobacco Co., una subsidiaria de la American Tobacco Co. (Tobacco Trust).

Luego de enumerar los nombres anteriores —todos pertenecientes a la élite financiera— *La Democracia* hizo un alto y mencionó a «los obreros Julio Rivera y Elías Concepción». Con esto, aseguraba, «todas las clases sociales tienen allí representación, demostrando así que el elemento obrero tiene una misión más alta que cumplir que la de promover motines, algaradas y huelgas».[1429]

Incluir a dos obreros dentro de la lista de concejales aristócratas, fue una jugada inteligente a la que Muñoz Rivera se encargó de sacar partido. Mas no eliminaba la ilegalidad de cambiar a su antojo al alcalde y a los concejales de Ponce ni tampoco aminoraba el impacto de un evidente acto de represalias, orquestado desde la cúpula máxima del poder político.

Poco tiempo después del maremágnum en Ponce, varios concejales de Aguadilla presentaron también sus renuncias. Lo mismo hicieron otros de Aibonito. Todos adujeron que el

---

[1421] «El nuevo alcalde». *La Democracia*. Ponce, Puerto Rico. 27 de diciembre de 1898, pág. 2.
[1422] «La sesión de anoche». *La Democracia*. Ponce, Puerto Rico. 12 de noviembre de 1898, pág. 2.
[1423] «Obreros en el Ayuntamiento». *La Democracia*. Ponce, Puerto Rico. 3 de diciembre de 1898, pág. 2.
[1424] El juez estaba casado con Ángela Usera Seda.
[1425] Archivo General de Puerto Rico. *List of Applications for Franchises*. Fondo: Oficina del Gobernador. Serie: Correspondencia General. Caja 61.
[1426] También estaba emparentado con los Usera. Su esposa fue Asunción Usera Usera, hija de Julio Usera.
[1427] Fritze estaba casado con Nieves Toro Pasarell, hermana de Luis Toro.
[1428] «Anuncio». *La Correspondencia*. San Juan, Puerto Rico. 9 de abril de 1898, pág. 2.
[1429] «Obreros en el Ayuntamiento». *La Democracia*. Ponce, Puerto Rico. 3 de diciembre de 1898, pág. 2.

DON JUAN R. BAÍZ.

La vida profesional de José R. Baíz Molinari gravitó alrededor del patronazgo ejercido por Luis Muñoz Rivera. Se inició en la red clientelar al servir como intérprete del Consejo de Secretarios en 1898 a la misma vez que fungía como traductor del coronel Hunter. Luego de aquellos primeros servicios, Muñoz Rivera le consiguió una plaza en la Policía Insular. Más tarde, renunció al cargo de teniente y pasó directamente a dirigir el periódico *Diario de Puerto Rico*, fundado y dirigido por Luis Muñoz Rivera. Baíz fue uno de los que disparó desde la casa y sede del *Diario de Puerto Rico* en los eventos del 14 de septiembre de 1900. Estuvo con Muñoz Rivera en Caguas y allí administró *La Democracia*. Fue miembro leal del Partido Unión, de Muñoz Rivera, y sirvió de intérprete a José de Diego en sus viajes a Estados Unidos. Baíz también ocupó la plaza de intérprete de la Cámara de Delegados, por lo menos hasta 1911, año en que la propia Cámara, presidida por José de Diego, aprobó legislación para arrendarle terrenos públicos en la estratégica Bahía de Jobos (sede de la Aguirre Central) por un término de 30 años, por el único pago de $1. Para esa misma época, Baiz fungía como agente de la corporación alemana Mullenhoff & Korber y la compañía de seguros The Mutual Life, propiedad de John D. Rockefeller. Véanse: «Noticias». *La Correspondencia*. 23 de octubre de 1898, pág. 1. «Don Juan R. Baíz». *Puerto Rico Herald*. Año 1. Núm. 20. Nueva York. 23 de noviembre de 1901. *Leyes y Resoluciones. Primera Legislatura de la Sexta Asamblea Legislativa de Puerto Rico*. 9 de enero a 9 de marzo de 1911, págs. 170-171. «The Mutual Life». *La Democracia*. Caguas, Puerto Rico. 22 de julio de 1903, pág. 5.

nombramiento del alcalde de su municipio era ilegal.[1430] Muñoz Rivera, sin detenerse en el cumplimiento de la ley, no demoró en repetir la fórmula empleada en Ponce.

Con la lección aprendida, Luis Muñoz Rivera atendió el motín a bordo y precavido en sus acciones, incluyó en la arremetida al ayuntamiento de San Juan, cuyo alcalde Francisco del Valle Atiles se negaba a someterse a su dominio dictatorial. Más pronto que tarde, consiguió nombrar a los 24 concejales de la capital.[1431] Con esta jugada logró la renuncia, bajo presión, del alcalde en funciones.[1432] Dos días más tarde, el 23 de noviembre, llenó la vacante en la alcaldía con su hombre de confianza, Manuel C. Román Rivera, quien le había servido de testaferro en febrero de 1898 al asumir la presidencia del natimuerto Partido Unión Autonomista Liberal.[1433] El 25 de noviembre de 1898 nombró al alcalde de Bayamón, al de Aguadilla, a Eduardo Giorgetti para alcalde de Barceloneta y al alcalde de Aibonito, junto con los consabidos concejales.[1434]

Con esto sofocó de raíz la insurrección y envió un mensaje poderoso a disidentes futuros.

En el área judicial, para continuar reforzando su red clientelar, nombró el 10 de noviembre a su primo hermano Pedro Orcasitas Muñoz[1435] como juez municipal del distrito de San Francisco; a Rafael Palacios Rodríguez, juez municipal del distrito de Catedral; a Arturo Fernández Sanjurjo, fiscal municipal del distrito de San Francisco; y a Gumersindo Rivera, fiscal municipal de Bayamón.[1436] Nombró también a 62 jueces municipales para todos los distritos judiciales, incluyendo a Manuel de Guzmán Benítez, propietario de la mayor plantación de caña en Vieques, como juez municipal en Fajardo.[1437] En diciembre de 1898 —ya bajo la gobernación militar de Guy V. Henry— Muñoz, como secretario de Gobierno, nombró jueces municipales para el distrito de Santa Isabel, Quebradillas y Salinas, y jueces suplentes para Bayamón, Vieques y el distrito de San Francisco.[1438] El 24 de enero de 1899, se atrevió a nombrar juez municipal de Barranquitas a uno de sus hermanos menores, José Muñoz Rivera, para entonces sin estudios superiores y de treinta años.[1439]

Además, desde el 1 de noviembre de 1898, Muñoz Rivera había logrado el nombramiento de su traductor personal, José R. Baíz Molinari, de veintitrés años, para la plaza de intérprete oficial del Consejo de Secretarios con un salario anual de 2400 pesos, unos $74 000 actuales.[1440]

[1430] «La fórmula». *La Democracia*. Ponce, Puerto Rico. 28 de diciembre de 1898, pág. 2.
[1431] «Cartas cortas». *La Democracia*. Ponce, Puerto Rico. 2 de noviembre de 1898, pág. 3.
[1432] «San Juan Politics. Non-Partisan Mayor Forced to Resign». *The Hartford Courant*. Hartford, Connecticut. 21 de noviembre de 1898, pág. 1.
[1433] «Departamento Militar de Puerto Rico. Secretaría de Gobernación». *La Gaceta de Puerto Rico*. San Juan, Puerto Rico. 27 de noviembre de 1898, pág. 1.
[1434] «Departamento Militar de Puerto Rico. Secretaría de Gobernación». *La Gaceta de Puerto Rico*. San Juan, Puerto Rico. 25 de noviembre de 1898, pág. 1.
[1435] Hijo de la tía paterna de Muñoz Rivera, Mercedes Muñoz Barrios.
[1436] «Suprema Corte de Justicia de Puerto Rico. Fiscalía». *La Gaceta de Puerto Rico*. San Juan, Puerto Rico. 4 de diciembre de 1898, pág. 1.
[1437] «Corte Suprema de Justicia. Secretaría de Gobierno». *La Gaceta de Puerto Rico*. San Juan, Puerto Rico. 16 y 22 de noviembre de 1898, pág. 1.
[1438] «Suprema Corte de Justicia de Puerto Rico. Secretaría de Gobierno. *La Gaceta de Puerto Rico*. San Juan, Puerto Rico. 24 de diciembre de 1898, pág. 1.
[1439] «Estafeta de Ponce». *La Democracia*. Ponce, Puerto Rico. 24 de enero de 1898, pág. 3.
[1440] «War Department. Headquarters Department of Porto Rico. Presidencia». *La Gaceta de Puerto Rico*. San Juan, Puerto Rico. 1 de noviembre de 1898, pág. 1.

El rey está desnudo: el caso Blanco

Luego de aniquilar sin piedad a los alcaldes y concejales rebeldes, al Jefe le quedaba solo una cosa por hacer. Esta asignación tenía nombre y apellidos: Julián Blanco Sosa.

Todo el mollero político y la maquinaria institucional muñocista se activó con el único objetivo de aplastar a Blanco y, de paso, dar una lección al resto de la red clientelar. Recordemos que los líderes populistas necesitan mantener unido a su propio bando o facción y por eso no solo dirigen sus ataques hacia el lado contrario, sino también hacia adentro. La violencia intragrupal es la forma más efectiva de eliminar la diferencia que distingue al individuo del resto del colectivo.[1441] Además, los populistas —narcisistas en esencia— no soportan que los desenmascaren en público.

No habría piedad para Julián Blanco. Pero en esta batalla, Muñoz no saldría sin heridas. Blanco, viejo en edad y en lides políticas, no estaba dispuesto a salir del Gobierno sin antes dar la pelea.

El 4 de noviembre de 1898, cuando todavía Muñoz concentraba sus esfuerzos en descabezar a los concejales y alcaldes rebeldes, Julián Blanco dedicó su día a contarle, con lujo de detalles, al comisionado especial Henry K. Carroll todo lo relacionado a la petición de autonomía de Ponce, las jugarretas de Muñoz para evitar que él estuviera en la reunión del Consejo que determinó en contra de la independencia municipal y, con parsimonia, se deleitó en enumerar las constantes violaciones de ley que cometía el Jefe del Gabinete.[1442] Llama la atención el nivel de argumentación de Julián Blanco y sus fundamentos legales. Resulta notable que, a diferencia de Muñoz, basó su posición en hechos y en derecho, por lo que con toda probabilidad logró un alto grado de credibilidad frente al entrevistador.

Esta fue la primera estocada de Blanco, directa hacia lo que más apreciaba Muñoz: su imagen ante el nuevo imperio. Pero el efecto de su testimonio no tuvo repercusiones inmediatas para el Jefe, toda vez que aquellas palabras se quedaron, por mucho tiempo, en el plano de documentos oficiales y confidenciales sin que fueran divulgadas por la prensa local.

Mientras transcurría el mes de noviembre y avanzaban las conversaciones en París, se hacía más evidente en Puerto Rico que a Blanco le quedaban muy pocos días en el Gobierno. Su 'renuncia voluntaria' era más que inminente. Entonces, el todavía secretario de Hacienda ejecutó su segunda y mejor estrategia.

El domingo, 13 de noviembre, Ponce amaneció bajo un verdadero terremoto político. El periódico *La Nueva Era* había publicado, de forma íntegra, una supuesta carta privada escrita por Julián Blanco a Charles Edward Wellenkamp, agente de la Standard Oil en Puerto Rico y residente en Ponce. En la misiva, redactada más en forma de manifiesto que de carta íntima, Blanco le contaba a su amigo los detalles de cómo Muñoz lo convenció para aceptar el puesto de secretario de Hacienda;[1443] cómo ordenaba el despido de empleados y el reclutamiento de otros;[1444] y cómo el indulto a los presos, firmado por Juan Hernández López en agosto de 1898, se relacionaba con la violencia, el robo y los asaltos de los llamados *tiznados*.[1445] Por último, acusó

[1441] *Id.*
[1442] Carroll: *Report on the Island*..., págs. 343-347.
[1443] «Lo que dice el Consejo. Muñoz Rivera». *La Democracia*. Ponce, Puerto Rico. 18 de noviembre de 1898, pág. 2.
[1444] *Id.*

a Salvador Carbonell de violar la ley, al nombrar él a los maestros en lugar de permitir que fueran los ayuntamientos quienes los escogieran.[1446]

Luis Muñoz Rivera tuvo que defenderse. Se vio obligado a mover a sus peones en *La Democracia*, en *El Liberal* y también en *La Correspondencia* y en *El Imparcial*. Una entrevista acá, un editorial allá, cartas de lectores anónimas, cartas cortas, cartas largas. En esta narrativa, el veterano autonomista Julián Blanco Sosa personificaba la maldad y la traición. Lo que hizo se debía catalogar como un «asesinato frustrado con las agravantes de premeditación y ensañamiento»;[1447] «no se conoció nunca ingratitud más grande, ni conducta más siniestra, ni prevención más injusta»;[1448] «el señor Blanco correspondió de un modo inicuo a la confianza de Muñoz Rivera, que le llevó al Consejo y que le ofreció un puesto al lado suyo».[1449]

Con este discurso personalista e incendiario, Muñoz consiguió redirigir la culpa hacia la figura de Blanco. Lo convertía en el chivo expiatorio e intercambiaba el locus de control mientras, en paralelo, se libraba de tener que dar explicaciones por sus actos.

> Los pigmeos. Este es el verdadero nombre con el cual podemos calificar a los que sostienen la encarnizada lucha para herir con las armas más viles y cobardes el altísimo nombre del paladín de la política puertorriqueña don Luis Muñoz Rivera, punto de mira de los que se entretienen en desacreditar en cualquier forma, el nombre de tan ilustre figura.
>
> Vedlos cómo inventan miles de falsedades que brotan de sus carcomidos y calenturientos cerebros; vedlos arrastrándose por el pantano de la intriga y la calumnia.
>
> Ya no encuentran de qué medios valerse para formar sus maquiavélicas falsedades; ciegos por la pasión e impulsados por su mala fe, se revuelcan en el fango de la envidia, lo que muchos seres de espíritu pequeño le tienen al señor Muñoz Rivera.
>
> Un montón de pigmeos sin nombre y sin historia política que pretenden figurar sin méritos para ello no encuentran otro asunto más que el ataque al señor Muñoz, ataque descabellado y absurdo que no tendrá eco entre nosotros, y los cuales, por ser tan desatinados, se pierden en el vacío, resultando al fin, que no hacen más que ensalzar los méritos muy reconocidos honran sobremanera al hombre de más prestigio en la política puertorriqueña.[1450]

En la batalla cósmica entre el bien y el mal —en esa en la que no hay grises porque todo es blanco o negro—[1451] Muñoz Rivera siempre se autorrepresentó como la víctima inocente de un cruel complot en su contra. «Se ve muy claro que el señor Blanco entró en el Consejo con un doble propósito que fue realizándolo etapa por etapa hasta llegar a jugarse desde Ponce, su última

---

[1445] «Lo que dice el Consejo. Hernández López. El doctor Carbonell». *La Democracia*. Ponce, Puerto Rico. 19 de noviembre de 1898, pág. 2.
[1446] *Id*.
[1447] «Lo que dice el Consejo. Muñoz Rivera»…
[1448] «Cartas cortas». *La Democracia*. Ponce, Puerto Rico. 18 de noviembre de 1898, pág. 2.
[1449] «Cartas cortas». *La Democracia*. Ponce, Puerto Rico. 17 de noviembre de 1898, pág. 2.
[1450] «Los pigmeos». *La Democracia*. Ponce, Puerto Rico. 23 de noviembre de 1898, pág. 3.
[1451] Esta es una de las características fundamentales que nos permite identificar a políticos populistas. Luis Muñoz Rivera no fue el único en utilizar esta estrategia. También su hijo, Luis Muñoz Marín, fue un maestro en ella: «Es momento de lucha entre la luz y la sombra, y este es el momento para arrojar todas las fuerzas de la luz contra las barricadas pestilentes de la oscuridad», discursaba frente a la tumba de su padre en 1939.

carta», aseguraba *La Democracia*. «Mientras asistía con nosotros al Consejo, preparaba este golpe, que él, en su inocencia, considera mortífero», comentaba un 'afligido' Muñoz. ¿No preveía usted el acto del señor Blanco?, cuestionó el periodista. Ante la pregunta, con aires inocentes, contestó el Jefe:

> Confieso a usted que no lo preveía. Usted mismo me advirtió, días há, que uno de los hombres que me rodeaban había dicho en no sé cuál tertulia que me acechaba y que me hundiría. Yo no concedí gran valor a su advertencia, como no lo concedo a la cien y cien que recibo a diario. Vea usted que pronto se realizaron sus temores. No importa; nadie me juzga por las palabras ajenas sino por los actos míos, y mis actos pueden entregarse todos al pueblo para que los analice a su antojo. No encontrará sombras ni traiciones en ellos. En cuanto a los móviles de la carta, he decir a usted que el señor Blanco, por motivos que reservo, era incompatible ya con el Consejo insular. Comprendiéndolo, y buscando quizá una puerta de escape, encuentra la de las libertades municipales, y se va por allí muy orondo. Sin duda piensa que ha conseguido triunfar en la opinión; pero todo el mundo conoce el juego y sabe que eso es pura comedia.[1452]

La retórica populista de Muñoz Rivera hizo el resto. El asunto fue catalogado como «crisis ministerial. La primera que ocurre en Puerto Rico».[1453] Las palabras 'crisis', 'emergencia' y 'amenaza' azuzan la confrontación apocalíptica y la extrema polarización. Es por eso que a los populistas del siglo XIX, y también a los del XXI, les encanta utilizarlas. Sin embargo, que algo constituya o no una crisis es cuestión de interpretación.[1454] Aquellos eventos de noviembre de 1898 estaban muy lejos de considerarse una verdadera crisis; más bien parecían una puesta en escena para legitimar ciertas acciones. Lo que estaba pasando en París, por el contrario, sí que tenía toda la pinta de un cataclismo cuya repercusión se extendería por siglos; pero a ese tema nadie le prestó atención.

El Jefe, sin reparar en los asuntos de Estado, volvió sobre la vieja técnica de manipulación que consiste en decir una cosa para, de inmediato, decir otra que la contradice. La confusión que genera esa estrategia agota y baja las defensas y la capacidad de analizar desde la racionalidad a quien lo escucha. Por eso es tan efectiva. «El informe del Consejo, aprobado por los señores Carbonell, Hernández López y yo es muy democrático, muy liberal, muy autonomista», explicaba Muñoz en una entrevista al periodista de *La Democracia*, Rosendo Rivera Colón. Acto seguido, en el mismo párrafo, agregaba que, por ser tan liberal el informe, «no admite que un 'ayuntamiento de oficio', como el de Ponce, aplique y destruya la autonomía».[1455] Lo que el primer ministro nunca explicó fue cómo la autonomía de un municipio puede destruir la autonomía de ese mismo ayuntamiento. ¿De qué forma un texto que niega la autonomía puede considerarse democrático, liberal y autonomista?

Muñoz repitió en toda su propaganda pública que le negó la autonomía a Ponce porque ese ayuntamiento estaba constituido de forma ilegal, toda vez que su alcalde y concejales no habían

---

[1452] «Lo que dice el Consejo. Muñoz Rivera»...
[1453] «Cartas cortas». *La Democracia*. Ponce, Puerto Rico. 17 de noviembre de 1898, pág. 2.
[1454] Müller, Jan-Werner: *¿Qué es el populismo?* Libros Grano de Sal. Ciudad de México, México. 2017, págs. 43-44.
[1455] «Lo que dice el Consejo. Muñoz Rivera»...

sido electos en comicios democráticos. A la misma vez, no ocultaba que esa situación había sido manufacturada por él mismo. «El señor Blanco entiende por mixtificación de la autonomía la interpretación que permitió al Consejo insular destituir a los alcaldes incondicionales en enero y en febrero de este año». Reconocía así que, en efecto, destituyó no solo a incondicionales, también a ortodoxos, y que nombró alcaldes a golpe de su capricho. Pero lo hizo por una buena causa. Ese bien supremo y superior justificaba sus acciones. «De suerte que, según ese sistema, aún tendríamos a los propios alcaldes de don Alejandro Villar».[1456]

Dos días después de publicada la carta de Julián Blanco, el general Brooke aceptó 'la renuncia' del secretario de Hacienda. Ese mismo día firmó el nombramiento de Cayetano Coll y Coste para sustituirlo. «El General Brooke, en uso de su poder supremo, y después de meditar un día y una noche con sagacidad profunda y con serenidad completa, prescinde del señor Blanco y ratifica su confianza en Muñoz Rivera».[1457]

En el enfrentamiento entre Blanco y Muñoz, el gobernador se posicionó al lado del segundo. Por eso —solo por eso— era bueno.

> Y el General Brook [sic] no es un fanático; no es un apasionado. Es un testigo de cuanto ocurre; de las miserias que se agitan; de las turbulencias que se yerguen; testigo imparcial, más alto que luchadores del país; sin ningún interés en la contienda; sin otra mira que la de servir bien a la gran patria que le envió a esta isla y al país, que tanto espera de su rectitud y de su talento. Pasarán las discordias presentes; vendrán los tiempos en que se restablezca la paz, y la figura del General Brook, por encima de los debates y de las contradicciones quedará en los anales puertorriqueños, respetable y nobilísima, cumpliendo la sentencia romana SUUM CUIQUE TRIBUERE: *a cada cual lo suyo*.[1458]

Según *La Democracia*, con la salida de Blanco «la crisis quedó resuelta».[1459] Pero Muñoz no dejaría escapar tan fácil a su enemigo. El 19 de noviembre de 1898 ya se hacía público un 'repentino descubrimiento': «En la caja de Hacienda no quedaban ni cinco duros. ¡Qué Tesorero, eh!».[1460] Los secretarios se dieron cuenta, justo ese día, del desfalco a las arcas del Gobierno que, como sabemos, venía ocurriendo desde el instante en que todos ellos se apropiaron de los cargos públicos. ¡Pura casualidad!

La información fue filtrada a diarios de Estados Unidos. «A Depleted Treasury. Only 76 c. in Copper and $900 in American Money was Found in the Insular Vaults», anunciaba en grandes titulares el *Shreveport Times*, de Louisiana.[1461] En tanto, *The Evening Times*, de Washington D. C., conectaba de forma más directa a Blanco con el dinero perdido:

[1456] «Lo que dice el Consejo. Muñoz Rivera»...
[1457] «Cartas cortas». *La Democracia*. Ponce, Puerto Rico. 17 de noviembre de 1898, pág. 2.
[1458] *Id.*
[1459] *Id.*
[1460] «Ecos del Norte». *La Democracia*. Ponce, Puerto Rico. 19 de noviembre de 1898, pág. 3.
[1461] «A Depleted Treasury. Only 76 c. in Copper and $900 in American Money». *The Shreveport Times*. Shreveport, Lousiana. 10 de enero de 1899, pág. 2.

Nearly $400,000 is missing from the island's treasury, and further investigation may show that even more than that was wrongly taken by Spain when the United Stated occupied San Juan, Porto Rico's capital. Julián Blanco y Sosa was secretary of the insular treasury [...].[1462]

Julián Blanco Sosa murió el 8 de diciembre de 1905.[1463] Nunca logró recuperar el prestigio público del que gozaba antes de aquella 'crisis ministerial'.

A otra cosa: arrestos de periodistas y líderes obreros

Luego del linchamiento público de Julián Blanco Sosa, Muñoz Rivera continuó sus «gestiones arduas»[1464] como presidente del Consejo de Secretarios y ministro de Gobernación.

El domingo, 27 de noviembre, pidió a un celador de la policía que le trajera a su oficina al líder obrero, Santiago Iglesias Pantín. El primer ministro cuestionó a Iglesias sobre un club de obreros que existía en la calle Sol, número 62, y aprovechó la ocasión para recordarle, no que fue él quien lo metió en la cárcel, sino que fue él quien lo sacó de la cárcel durante los últimos días del Gobierno español, «generosidad muy mal pagada». De inmediato «le aconsejó que no perturbase a los trabajadores del país y llegó a indicarle la posibilidad de un viaje, sino cambiaba de rumbo y de conducta».[1465]

La respuesta de Iglesias fue contundente. Al otro día de aquella reunión, San Juan amaneció llena de hojas sueltas en las que, según Muñoz, «no cabían más injurias». Veinticuatro horas después, el líder obrero estaba de nuevo en la cárcel por ofensas al presidente del Consejo, junto con los que distribuyeron las hojas sueltas.[1466] «Siempre que este individuo ha ido a la cárcel, ha sido, no por sus propagandas socialistas, sino por su lenguaje calumnioso para las autoridades»,[1467] intentaba justificar *La Democracia*, a la misma vez que degradaba a Iglesias a la condición de «socialista de mentirijilla».[1468]

Iglesias Pantín fue directo a una celda sin que se le radicaran cargos frente a un juez. «Es triste que se impongan al gobierno estas violencias que el señor Muñoz repugna y que solo practica cuando la opinión las estima indispensables», aseguraba *La Democracia*, sin perder la oportunidad de colocar a Muñoz como la víctima, en lugar del papel de victimario que le correspondía.[1469]

Días más tarde, el Jefe de los secretarios, y repitiendo una conducta ya convertida en patrón de comportamiento, volvió a arrestar al periodista Vicente Mascaró por «otro artículo que escribió en *El Momio*».[1470]

[1462] «Porto Rican Funds Gone». *The Evening Times*. Washington D. C. 9 de enero de 1899, pág. 4.
[1463] «Don Julián Blanco y Sosa». *La Democracia*. Caguas, Puerto Rico. 9 de diciembre de 1905, pág. 4.
[1464] «Ecos del Norte». *La Democracia*. Ponce, Puerto Rico. 1 de diciembre de 1898, pág. 2.
[1465] «Iglesias en Gobernación. Las advertencias. En la cárcel». *La Democracia*. Ponce, Puerto Rico. 2 de diciembre de 1898, pág. 2.
[1466] «Ecos del Norte». *La Democracia*. Ponce, Puerto Rico. 3 de diciembre de 1898, pág. 2.
[1467] «Socialista Pour Rire». *La Democracia*. Ponce, Puerto Rico. 3 de diciembre de 1898, pág. 2.
[1468] *Id*.
[1469] «Cartas cortas». *La Democracia*. Ponce, Puerto Rico. 1 de diciembre de 1898, pág. 2.
[1470] «Noticias». *La Democracia*. Ponce, Puerto Rico. 16 de diciembre de 1898, pág. 3.

CAPÍTULO 9

En una muestra de versatilidad, el mismo día en que enviaba a la cárcel a Santiago Iglesias, el Jefe se reunió con el subsecretario del Tesoro de Estados Unidos, Frank A. Vanderlip.[1471]

La mayor estafa de todos los tiempos

Los meses de octubre a diciembre de 1898 fueron cruciales para el futuro del país y no solo por el Tratado de París. Mientras en Francia se decidían los derechos políticos y civiles de los puertorriqueños, en la isla se invocaban otros sortilegios, igual de peligrosos, ante los cuales tampoco tuvimos protección o defensa alguna. Los políticos que lideraban el país jugaban para el equipo contrario.

El 28 de noviembre —ejerciendo su absoluto control sobre las decisiones de los secretarios— Muñoz Rivera convocó al Consejo para, junto al general Brooke, debatir sobre los destinos de la Diputación Provincial y adoptar «acuerdos importantísimos». Ese día en la tarde, reunido otra vez el Consejo en la oficina de su presidente, recibieron la visita de Frank Vanderlip. El grupo de secretarios informó que conversaron sobre el canje de la moneda y las relaciones mercantiles. «Ambos asuntos fueron examinados en todos sus aspectos amplísimamente. También se habló de cuestiones sociales de mucha trascendencia para el porvenir de las clases trabajadoras».[1472]

Vanderlip, quien tenía treinta y tres años cuando visitó Puerto Rico, había sido editor financiero de *The New York Tribune* hasta que fue nombrado por William McKinley a la Subsecretaría del Tesoro. Fue el responsable de supervisar los $200 millones que el Congreso aprobó el 13 de julio de 1898 para gastos de guerra.[1473] Vanderlip se encargó de devaluar la moneda provincial de Puerto Rico, de realizar un pseudocambio a patrón dólar y de computar arbitrariamente el tipo de cambio. También, fue el responsable de tirar al piso todo el sistema de impuestos que había en Puerto Rico y sustituirlo por otro en extremo favorable a los intereses de Wall Street.[1474] Luego de culminadas sus tareas en la isla, en 1901, fue premiado con el cargo de vicepresidente del National City Bank de Nueva York (de la esfera de influencia de Rockefeller) y con puestos en, por lo menos ocho Juntas de Gobierno, entre las que se destacan: Farmers Loan & Trust (Morgan), National Bank & Commerce (Morgan) y American Telephone & Telegraph Co. (Morgan).[1475]

La reunión del 28 de noviembre no fue la primera ni la última entre Luis Muñoz Rivera y Frank Vanderlip. Un día antes, el domingo, 27 de noviembre, ambos se encontraron en La Fortaleza. «El General Brooke hizo la presentación correspondiente, departiendo luego todos durante media hora y permaneciendo después el Presidente del Consejo en conferencia particular

---

[1471] «Vanderlip in Porto Rico». *New Ulm Review*. New Ulm, Minessota. 30 de noviembre de 1898, pág. 3.
[1472] «Ecos del Norte». *La Democracia*. Ponce, Puerto Rico. 30 de noviembre y 1 de diciembre de 1898, pág. 2.
[1473] «He Handled the War Loan». *Kansas City Journal*. Kansas City, Missouri. 18 de septiembre de 1898, pág. 13.
[1474] Véanse: «Porto Rican Currency. Recommendations that will be made by Assistant Secretary of the Treasury Vanderlip». *The Brooklyn Daily Eagle*. 6 de enero de 1899, pág. 2. «Vanderlip in Porto Rico»... «Vast opportunity. Porto Rico an untouched field for enterprise». *The North Adams Transcript*. North Adams, Massachusetts. 6 de enero de 1899, pág. 2.
[1475] «Exhibit 134-C. Explanation of table of interlocking directorates». *Investigation of Financial and Monetary conditions in the United States under House Resolutions Nos. 429 and 504 before a Subcommittee and Currency*. Part 4. Government Printing Office. Washington D. C. 1913.

con el General Brooke».[1476] El jueves, 1 de diciembre, Muñoz Rivera volvió a reunirse con el subsecretario del Tesoro, esta vez para presentarle un proyecto de presupuesto del Gobierno de Puerto Rico, ascendente a la suma de 1 millón, 500 000 pesos, cantidad que, en comparación con el presupuesto del año anterior, 1897-1898, significaba una merma de 2 millones de pesos.[1477]

El editor de *La Democracia* que escribió la nota aseguró desconocer «los términos precisos de la entrevista. Pero nos consta que Mr. Vanderlip salió de ella satisfecho».[1478] No sabemos cuál fue la razón para que *La Democracia* creyera que el subsecretario del Tesoro estaba satisfecho, pero sí sabemos que una vez salió de allí, Vanderlip proclamó a los cuatro vientos que Puerto Rico no sabría autogobernarse y que se necesitaría mano dura para gobernarla. «The Porto Ricans are hardly capable of self-government. Yet eighty per cent of them are illiterate and it will require a strong hand to govern the people», aseguró.[1479]

Frank Vanderlip, luego de pasar 10 días en Puerto Rico en los que visitó San Juan, Ponce y Mayagüez y, por supuesto, después de sus reuniones con Muñoz Rivera, rindió un informe fechado el 6 de enero de 1899. En su texto, el subsecretario recomendó al presidente McKinley sacar de circulación el peso provincial basado en plata —una moneda profundamente afectada por la inflación y la devaluación— y cambiarlo por el también devaluado dólar estadounidense basado en plata, a razón de 60 centavos.[1480]

Unos días antes, el 3 de enero de 1899, el comisionado especial Robert P. Porter —quien había concentrado sus esfuerzos en Cuba y al parecer consiguió pasar inadvertido en Puerto Rico—, presentó también su informe ante el presidente. El texto de Porter se parece mucho a las conclusiones de Vanderlip y, toda vez que lo antecedió, debemos concluir que fue la zapata para todas las medidas posteriores.

Estas primeras investigaciones y órdenes ejecutivas constituyeron el precedente que allanó el camino para el definitivo canje de moneda en 1900. Como país, nos debemos un análisis racional y a fuego lento de un asunto tan trascendental.

Empecemos.

Las venas abiertas de Puerto Rico: 1896

Hemos planteado en este trabajo que una de las fuerzas fundamentales, centrífugas, en la conquista de nuevos territorios fue la creación por la fuerza de un bloque de territorios-clientes que estuvieran atados a los bancos de Nueva York. Estos supuestos socios comerciales estarían obligados a comerciar siempre con una moneda denominada en dólares estadounidenses; sus reservas se depositarían en bancos de Estados Unidos y las transacciones de intercambio se realizarían solo a través de bancos de Nueva York.

[1476] «Ecos del Norte». *La Democracia*. Ponce, Puerto Rico. 30 de noviembre de 1898, pág. 2.
[1477] «Ecos del Norte». *La Democracia*. Ponce, Puerto Rico. 3 de diciembre de 1898, pág. 2.
[1478] «Ecos del Norte». *La Democracia*. Ponce, Puerto Rico. 30 de noviembre de 1898, pág. 2.
[1479] «Strong Hand for Porto Rico». *The Baltimore Sun*. Baltimore, Maryland. 9 de diciembre de 1898, pág. 2.
[1480] «Vast Opportunity. Porto Rico an Untouched Field for Enterprise. Assistant Secretary of Treasury Makes a Glowing Report About Island». *The North Adams Transcript*. North Adams, Massachusetts. 6 de enero de 1899, pág. 2.

Los primeros actos de los políticos estadounidenses en Puerto Rico estuvieron relacionados con el imperialismo monetario. No había transcurrido ni un mes de instaurado el gobierno militar y ya se encontraba en suelo boricua el subsecretario del Tesoro, Frank A. Vanderlip, un hombre con profundas conexiones tanto con John D. Rockfeller como con John Pierpont Morgan y al que *La Democracia* describió como un hombre «alto y recio. Su figura arrogante y simpática predispone en favor suyo». Vanderlip, luego de recopilar suficiente información en la isla y de varias reuniones con Luis Muñoz Rivera, recomendó a Mckinley cambiar el devaluado peso provincial por el aún más devaluado dólar-plata, a razón de 60 centavos dólar. En este proceso, Muñoz Rivera y el resto de la élite política del país aportaron información valiosa y colaboraron para que el canje ocurriera de forma rápida y en los términos más favorables para los banqueros de Wall Street. Véanse: Rothbard: *A History of Money...*, págs. 220-221. «Ecos del Norte». *La Democracia*. Ponce, Puerto Rico. 30 de noviembre de 1898, pág. 2. Imagen: Harris & Ewing: «Frank A. Vanderlip, 1918 o 1919». División de impresiones y fotografías de la Biblioteca del Congreso de Estados Unidos.

Pues bien, en esta redada, Puerto Rico fue el primer país en caer y, gracias a su élite política, fue el único que lo hizo sin resistencia.

Los magnates de Wall Street —utilizando de peones a los amigos en el Gobierno— pretendían colocar el dólar estadounidense como la moneda nacional en la isla y obligar a todos los bancos locales a convertirse en meros subsidiarios de los bancos en Nueva York. El primer paso en estas aspiraciones era sacar de circulación el peso provincial. Tarea que les resultaría fácil porque, a diferencia de lo que ocurría en Filipinas y en Cuba, en Puerto Rico no existía fidelidad a la moneda provincial que apenas llevaba dos años en circulación.

Resulta que en 1895 España impuso un canje de monedas a través de un real decreto emitido el 6 de diciembre de ese año. En la operación, que se completó el 27 de febrero de 1896, la metrópoli sacó de circulación la moneda mexicana e introdujo en la colonia una moneda de cuño español basada en plata, diseñada para el uso exclusivo de Puerto Rico, a la que llamó: 'peso provincial'. Esta nueva moneda, según el real decreto, tenía que ser de igual peso y valor que el duro español,[1481] es decir, 25 gramos de peso y ley de 900 milésimas de plata.[1482]

En el intercambio España se llevó para reacuñación la moneda de plata mexicana que poseía la isla y devolvió la nueva moneda provincial. Solo en esta etapa la metrópoli se agenció un importante rédito, gracias a que la moneda mexicana pesaba 2 ½ gramos más y 2 ½ gramos más de ley.[1483] Esta diferencia, en peso y en ley, debió significar 500 000 de superávit para Puerto Rico, pero fue todo lo contrario: España entregó 95 centavos por cada peso mexicano.[1484] Se quedó, por lo tanto, con cinco centavos por cada moneda mexicana en un canje total de seis millones, lo que significó otros 300 000 para las arcas españolas. Además —como si lo anterior no fuera suficiente—, los 6 millones que llegaron a Puerto Rico fueron mitad en plata y la otra mitad en billetes de canje de un peso. Estos billetes no eran plata pero funcionarían 'como si fueran plata'. Dicho de otro modo, la mitad del dinero que llegó a Puerto Rico en 1896 no tenía un valor intrínseco en metal sino que poseía un valor fiduciario. Para mayor inri, el Gobierno español cobró un fuerte señoreaje que superó los 250 000 pesos por cargos de acuñación, fletes, seguros, embalajes y comisiones, entre otros.[1485]

En Puerto Rico se aceptó con alegría el cambio porque España prometió que, «luego de liquidar el gasto de reacuñación y el de las demás operaciones del canje», introduciría en la isla monedas sustentadas en metal oro «por el valor sobrante que resulte de la reacuñación de los pesos mejicanos».[1486] Esto, por supuesto, nunca ocurrió. Solo fue el *engañabobos* que el imperio utilizó para estafar y robar a su incauta colonia. Nada parecido ocurrió en Cuba ni en Filipinas.

Luego del intercambio fraudulento e inmoral de monedas en 1896, los puertorriqueños tuvieron que lidiar con una terrible contracción económica, sin que se resolviera el viejo problema inflacionario que representaba la pérdida de valor de la plata en los mercados. Si, en 1834 se

---

[1481] Archivo General de Puerto Rico. *El Canje de la moneda en Puerto Rico. La opinión del Banco Español de esta Isla. Puerto Rico. Tipografía Al Vapor de La Correspondencia. San Francisco 59. 1898.* Fondo: Oficina del Gobernador. Serie: Publicaciones. Caja 1.
[1482] En este contexto, 'ley' se refiere a las partes de metal fino que contiene la pieza. La moneda provincial de Puerto Rico contenía 900 milésimas de plata, lo que significa que de mil partes, 900 eran de plata, y el resto del metal utilizado para la aleación.
[1483] «Nuestro Director en el Parlamento». *El Boletín Mercantil de Puerto Rico*. San Juan, Puerto Rico. 16 de enero de 1895, pág. 2.
[1484] Luego de transcurrida la fecha límite para el canje, el Gobierno intercambió el peso mexicano a razón de 55 centavos y pasados tres meses no le adjudicó valor alguno.
[1485] «El Decreto del Canje». *El Boletín Mercantil de Puerto Rico*. San Juan, Puerto Rico. 11 de diciembre de 1895, pág. 2.
[1486] *Id.*

intercambiaban 15 ½ onzas de plata por una onza de oro;[1487] en los 1890 la balanza se inclinaba mucho más sobre el oro, intercambiándose 30 onzas de plata por 1 de oro.[1488] La nueva moneda de plata que España acuñó para Puerto Rico rodó pendiente abajo desde el mismo instante en que salió de la Casa de la Moneda de Madrid.

Es entendible que dos años más tarde nadie en Puerto Rico sintiera apego por una moneda inflacionaria y devaluada a la que, además, se asociaba con la corrupción y el crudo coloniaje español. La isla, sin saberlo, tenía ya las venas abiertas y cuando algo así ocurre en la vida de los pueblos, no puede sino acontecer otro ataque peor. La transacción de 1896 abrió un camino por donde muy pronto transitarían otros depredadores. El país, en una especie de respuesta por congelación, se abandonó a su suerte.

El doble vínculo de traición: 1898

Ya podemos anticipar que el intercambio entre la moneda provincial y el dólar estadounidense no sería favorable para Puerto Rico. No lo fue el canje de 1896 y tampoco lo sería el de 1898. Pero esta vez las cosas podrían ponerse mucho peor. Estados Unidos manejaba un sistema bimetálico y, a pesar de que conocía los problemas de navegar entre dos monedas a la vez, estaba dispuesto a aplicarlo en sus nuevas colonias.

En el contexto de 1898 hubiera sido una política razonable cambiar a Puerto Rico de un patrón de moneda de plata —devaluada e inflacionaria— a uno de moneda de oro. Pero los nuevos imperialistas, en complicidad con la élite política criolla, estaban mucho menos interesados en el bienestar de la isla que en sus propios beneficios. Lo que buscaban era atar el centro financiero imperial, Nueva York, con el territorio-cliente; ganar cantidades astronómicas en el proceso y, encima, lograr que la gente de a pie pagara por ese cambio.

Los planes que trajeron a Vanderlip y a Porter a Puerto Rico consistían en lograr un cambio de la moneda provincial al dólar, sin saltar a un patrón oro genuino, y sin mantener el patrón plata. El nuevo sustento de la moneda, convertido en un patrón inventado, sería el dólar. Las reservas monetarias del país se mantendrían no en plata ni en oro, sino en forma de dólares, y no estarían en la isla, sino acumuladas en bancos de Nueva York. De esta forma los bancos de Wall Street se expandirían sobre el dinero de Puerto Rico en una especie de pirámide en la que podrían ganar importantes dividendos y circunvalar su propia inflación sin correr riesgos.[1489]

Está claro que una de las consecuencias que sufriría Puerto Rico luego de la invasión militar sería el cambio del peso provincial por el dólar. Las elecciones de 1896 y la Convención Monetaria de Indianápolis ya lo anticipaban. La pregunta que aún quedaría por contestar sería: ¿a cuál dólar? ¿El dólar basado en oro o el dólar-plata, cuyo valor era solo 46.5 centavos? La respuesta correcta a estas preguntas es: ninguno de los dos y los dos a la vez.

[1487] Reed, Lawrence: *The Silver Panic. How government price maintenance of silver under bimetallism led to the panic of 1893*. Foundation for Economic Education. 1978.
[1488] Friedman y Jacobson: *A monetary history...*, págs. 104-113.
[1489] Rothbard: *A History of Money...*, págs. 220-221.

En enero de 1896 se cambió la moneda en Puerto Rico por real decreto. España sacó de la isla monedas de plata y devolvió 6 millones, mitad en monedas de plata (con un peso en plata inferior al de los soles mexicanos circulantes en la isla) y la otra mitad en billetes de canje, con un valor fiduciario de un peso. En la transacción, los funcionarios españoles ganaron más de 1 millón de pesos.

El estándar del 'patrón-dólar' que tendría que asumir la nueva colonia no se definió en ningún documento oficial. Solo se informó que el nuevo patrón moneda sería el «American dollar». Este dólar no contendría oro en sí mismo, pero «podría ser canjeable por oro». Es decir, tendría un valor fiduciario, tal como lo tenían los billetes españoles. En Puerto Rico estaban acostumbrados a ese billete de canje gracias al cambio español de 1896, por lo que se presumía que nadie se daría cuenta de la estafa.

En la práctica, el nuevo 'patrón-dólar' se basó en oro o en plata según las circunstancias y las conveniencias. Estados Unidos introdujo una especie de bimetalismo en el que siempre salían ganando los magnates de Wall Street. Por ejemplo, cuando el Gobierno de Puerto Rico comenzó a emitir deuda pública, en 1901, los bancos de Nueva York compraron esos bonos con plata, que fue el dinero que llegó al país; pero esa deuda se tuvo que pagar con dólar-oro.[1490] A los trabajadores de la caña se les pagaba con monedas de plata;[1491] mientras que a los altos funcionarios públicos, como era el caso de Muñoz Rivera y los secretarios criollos, con

---

[1490] «U.S. Silver Coin. About 3 Tons to Be Sent to Porto Rico». *The Tennessean*. Nashville, Tennessee. 22 de junio de 1902, pág. 21.
[1491] «Iglesias Under Arrest». *The Evening Review*. East Liverpool, Ohio. 12 de noviembre de 1901, pág. 3.

dólar-oro.[1492] Por supuesto, cuando se ejecutó el canje de moneda entre 1899 y 1900, lo que se intercambió por el peso provincial fue el devaluado dólar-plata.[1493]

Es importante insistir en que un dólar estadounidense basado en plata poseía un valor nominal de 46.5 centavos con relación a su homólogo basado en oro. Ese dólar-plata, a su vez, era inferior al peso provincial puertorriqueño. Si comparamos ambas monedas notaremos que la puertorriqueña pesaba 25 gramos de plata en contraposición con los 23 gramos de la estadounidense.[1494]

> Como valor intrínseco, pues, por la cantidad de metal precioso que contiene, es innegable el mayor valor del peso especial de Pto-Rico sobre el dollar americano. La diferencia verdadera está en que mientras el peso puertorriqueño es y representa plata, el dollar americano más que moneda realmente tal, viene a ser un valor fiduciario, una representación de aquella, *por que siendo plata representa oro*, merced a las disposiciones que en la materia rigen la Unión.[1495]

Tanto Vanderlip como Robert Porter, y también Luis Muñoz Rivera, conocían a fondo esta información. Pero los tres recomendaron cambiar plata por plata. Una moneda devaluada por otra más devaluada aún. «La moneda local debe ser retirada», le decía Muñoz Rivera al reportero de *The New York Tribune* que lo entrevistó en agosto de 1898. «El Gobierno de Washington debe enviar $5 millones para reemplazar esta moneda». Según Muñoz, los 5 millones podrían reducirse a $4 millones, 200,000 —perdiendo Puerto Rico $1 millón, 800,000— «aunque, si se acuñaran los pesos así redimidos y se pusiere el saldo de $1 millón, 800,000 en el tesoro insular para ser pagados aquí, el Gobierno de los Estados Unidos no sufriría pérdidas».[1496] No mencionó Muñoz, sin embargo, el descomunal menoscabo que sí ocurriría para el campesino puertorriqueño, las lavanderas, las sirvientas, el obrero de la caña, el de los muelles o el tipógrafo de sus periódicos.

Vanderlip y Porter notaron que los minoristas en la isla solían cambiar sus precios de pesos a dólares sin reducirlos, obteniendo un aumento inmediato en las ganancias de casi un tercio.[1497] La población, de forma general, estaba muy confundida con el valor de ambas monedas. Por ejemplo, un turista de Brooklyn que estuvo en Puerto Rico en los primeros meses de 1899 contó la siguiente anécdota: «Nunca olvidaré mis sensaciones después de una primera noche en un hotel puertorriqueño. Había desayunado y fui a la recepción a pagar mi cuenta. Le di al propietario un billete de cinco dólares y me entregó algo así como $6 de cambio».[1498]

El dinero norteamericano no solo era aceptado en todo Puerto Rico, sino que en la mayoría de los casos era preferido por encima de la moneda de plata española. En esto último tuvo mucho que ver la labor de acaparamiento del peso, primero, y luego la sobrevaloración del dólar que

---

[1492] «Our Rule in Porto Rico». *Iowa City Press-Citizen*. Iowa, Iowa. 15 de agosto de 1899, pág. 3.
[1493] «The Cabinet Meeting. Report on Refunding Bonds-Porto Rico and Hawaiian Officials». *The Semi-Weekly Messenger*. Wilmington, North Carolina. 4 de mayo de 1900, pág. 5.
[1494] Archivo General de Puerto Rico. *El Canje de la moneda en Puerto Rico. La opinión del Banco Español de esta Isla…*
[1495] *Id.*
[1496] «Prospects in Porto Rico…».
[1497] Rosenberg: «Foundations of United States International…», págs. 169-202.
[1498] «What the Eagle Party Saw in Porto Rico». *The Brooklyn Daily Eagle*. Brooklyn, Nueva York. 19 de marzo de 1899, pág. 33.

hizo John D. Luce desde su banco DeFord & Co. Se debe agregar otra razón de pura conveniencia práctica: el peso provincial era una moneda de plata grande y pesada, por lo que bastaban pocas de ellas para deformar por completo el lado del pantalón en cuyo bolsillo se llevaran.[1499]

En este contexto de niebla y confusión, los comisionados estadounidenses concluyeron que, si los puertorriqueños veían ambas monedas como equivalentes —aunque ya sabemos que no lo eran— y si, en la mayoría de las ocasiones, incluso percibían a la moneda de plata estadounidense como superior, entonces podrían, cual truco de magia, cambiar una por otra, con solo un rápido pase de manos.

Follow the money

El comisionado Robert Percival Porter fue quien determinó las palabras exactas que utilizó McKinley en su orden ejecutiva de enero de 1899. Por lo tanto, debemos leer con atención las razones que desglosó en su informe del 3 de enero de 1899, por las cuales, según él, no se debía instaurar un patrón oro legítimo en Puerto Rico.

> Un obrero no comprenderá que 50 centavos en moneda de los Estados Unidos equivalen al peso que ha estado acostumbrado a recibir. El empleado encontrará que vivir con $50 de oro mensuales es mucho más difícil que vivir con 100 de plata. Los patronos no podrán reducir los salarios en proporción a la diferencia en el valor de la moneda de oro y plata, y, por lo tanto, se producirá un pesado balance en su contra.
> Las ganancias de los cultivadores de café, azúcar y todos los productos agrícolas exportados y vendidos por oro necesariamente se reducirán en gran medida. De hecho, un cambio repentino y arbitrario de la base plata existente, a la moneda de los Estados Unidos restringirá la producción en todas las ramas de la industria en esta isla, y por esta razón cualquier cambio de este tipo debe ser considerado con sumo cuidado en Washington y no se debe decidir en forma precipitada.
> Con el tiempo, sin duda, un patrón oro se puede implantar de forma general para el usuario, pero una medida de esta naturaleza que afecta tan radicalmente los intereses creados en la isla, se debe poner en funcionamiento gradualmente y se debe dar tiempo a los comerciantes y hacendados para que se preparen para las nuevas condiciones [...].[1500]

Basado en lo anterior, Porter recomendó cambiar toda la moneda puertorriqueña por «American silver»: plata devaluada por plata más devaluada. En su informe al presidente, texto que no estaba destinado a hacerse público, el comisionado, sin maquillar las palabras ni las intenciones, aseguró de forma explícita que ningún jornalero sería capaz de diferenciar entre el valor intrínseco o el valor de acuñación de ambas monedas. «Nada los convencerá, ni siquiera los razonamientos», manifestó con referencia a los obreros puertorriqueños. «Aquí la única

---

[1499] *Id.*
[1500] Porter, Robert P.: *Report on the Currency Question of Porto Rico. Robert P. Porter, Special Commissioner for the United States to Cuba and Porto Rico. Respectfully Submitted to Hon. Lyman J. Gage, Secretary of the Treasury.* Washington D. C. 3 de enero de 1899, pág. 5.

Los magnates de Wall Street, introdujeron billetes en Puerto Rico que no contenían oro en sí mismos, pero «podrían ser canjeables por oro».

práctica objetiva debe ser la toma y la entrega prolongada del peso por parte de las autoridades».[1501]

Sabemos que esto fue lo que se hizo, pero ¿de dónde sacó esta información Robert Percival Porter? Hasta esa fecha no se le conocía como un experto en asuntos antillanos y tampoco tenemos evidencia de que haya pasado mucho tiempo en suelo puertorriqueño. Porter, nacido en Inglaterra, se mudó a Estados Unidos en 1869 cuando apenas tenía diecisiete años. Sus primeros trabajos en Illinois fueron en la redacción de *Chicago Inter Ocean* y en *The Princeton Review*. En 1882 fue nombrado miembro de la Comisión Tarifaria de Estados Unidos —en un considerable acercamiento a nuestros protagonistas— y, a partir de ahí, se catapultó al periódico republicano *The New York Tribune* que, entre otras tareas, lo envió a Europa a estudiar las condiciones industriales del viejo continente. De 1885 a 1887, Porter ejerció de editor en *The Philadelphia Press* y como editor-fundador en *New York Press*. En 1890 la administración del presidente republicano, Benjamin Harrison, lo nombró supervisor de las Estadísticas Religiosas del Censo junto a Henry K. Carroll. En 1898 lo tenemos en Cuba y en Puerto Rico a cargo del informe sobre asuntos monetarios y tarifarios de ambas islas antillanas.[1502]

Porter, quien dedicó tres meses a Cuba, visitó Puerto Rico durante la primera semana de diciembre de 1898, a la misma vez que el subsecretario Vanderlip.[1503] Según la poca información que existe, se reunió con la Cámara de Comercio, entidad que actuaba en representación de los intereses comerciales e industriales de la isla.[1504] No hay rastros de otras reuniones que lo hubieran ayudado en su tarea. Debemos entonces, en un esfuerzo por identificar los intereses detrás de una decisión tan relevante, como lo fue el cambio de la moneda, referirnos al texto íntegro y a los anejos contenidos en el informe que sometió a McKinley el 3 de enero de 1899.

[1501] *Ibid.*, pág. 6
[1502] «Robert P. Porter Dead. Commercial Editor of London Widely Known in America». *The Washington Post*. Washington D. C. 1 de marzo de 1917, pág. 4.
[1503] «Importantísimo». *La Correspondencia*. San Juan, Puerto Rico. 6 de noviembre de 1898, pág. 1.
[1504] «Submits his Report. Special Commissioner Robert P. Porter Returns from the Island». *Warren Sheaf*. Warren, Minnesota. 29 de diciembre de 1898, pág. 6.

Para asegurar que los obreros puertorriqueños no entenderían el cambio de plata a oro, Porter citó como fuente una nota que publicó el *London Times*, fechada el 19 de octubre de 1898. El comisionado —quien a la sazón tenía fuertes conexiones con el *London Times* tanto así que luego de su trabajo en Puerto Rico se marchó de forma definitiva a trabajar en ese periódico— se apropió de forma íntegra del artículo, pero sin revelar quién era el autor del texto. Lo único que sabemos es que se escribió desde Ponce por «alguien que evidentemente conoce la situación».[1505]

¿Quién era ese misterioso personaje tan conocedor de los asuntos económicos de Puerto Rico? Todos los caminos nos llevan a Heinrich «Enrique» Carl Fritze, de la sociedad comercial Fritze, Lundt & Cía., y presidente del Banco de Crédito y Ahorro Ponceño, ambas firmas funcionando como subsidiarias de la casa bancaria de Wall Street, Muller, Schall & Co.[1506]

Enrique Fritze, desde agosto de 1898, daba conferencias de prensa y entrevistas a periódicos de Estados Unidos sobre el tema.[1507] Además, 9 días antes de aparecer el artículo en el *London Times*, le había escrito una larga y detallada carta al comisionado Robert P. Porter con términos idénticos. En esa comunicación, incluida como el anejo 1 del informe, el alemán le contaba al comisionado toda la historia de los intercambios entre oro y plata en Puerto Rico comenzando en 1879, incluyendo el canje de monedas de 1896. También, le explicó cómo —sin aportar estadísticas o pruebas corroborables— el valor intrínseco de la moneda provincial no se relacionaba con su valor real en el mercado y, por esa razón, «no se puede tomar en cuenta el peso en gramos de la moneda provincial para realizar la conversión a la moneda de Estados Unidos».[1508]

Es importante saber que José de Diego, exsubsecretario de Gobernación y, para la fecha, magistrado en la Audiencia Territorial, era y siguió siendo por muchos años, incluso mientras presidió la Cámara de Delegados, el abogado corporativo de Fritze, Lundt & Cía.; del Banco de Crédito y Ahorro Ponceño;[1509] del Banco de Puerto Rico[1510] (antiguo Banco Español), del cual John D. Luce era socio mayoritario; y, más adelante, de la Guánica Central, cuya Junta de Directores estaba compuesta por hombres de Muller, Schall & Co.,[1511] y por el propio Enrique Fritze.[1512]

Además de Enrique Fritze, otros personajes —igual de reveladores— entregaron memoriales, informes y cartas al comisionado Robert Porter. Entre ellos debemos notar la presencia de Henry T. Knowlton, uno de los propietarios de la línea de vapores The New York & Porto Rico Steamship Co. (Morgan); el cónsul Philip Hanna (Rockefeller); George R. Mosle (Sugar Trust), de la casa bancaria Mosle Brothers, asociada a las centrales azucareras de Henry Havemeyer en Cuba; Edwin Atkins, director del Sugar Trust y socio de varias corporaciones dominadas por Morgan, y Charles «Carlos» Armstrong, ciudadano británico residente en Ponce, de la firma

---

[1505] Porter: *Report on the Currency Question of Porto Rico...*, págs. 4-5.
[1506] McAvoy-Weissman: «Early United States ...», pág. 123.
[1507] «Gage's Change Comes. If he can't Plan for the Conquest of Porto Rico». *The Wichita Daily Eagle*. Wichita, Kansas. 10 de agosto de 1898, pág. 6.
[1508] Porter: *Report on the Currency...*, págs. 8-12.
[1509] Archivo General de Puerto Rico. *Fritze, Lundt & Co. vs. Francisca Arán Cuascú. Acción hipotecaria*. Fondo Judicial Tribunal Superior de Mayagüez. Serie: Expedientes Civiles. Caja 649.
[1510] Archivo General de Puerto Rico. *El Banco de Puerto Rico vs. Rafael Martínez Nadal*. Fondo Judicial Tribunal Superior de Mayagüez. Serie: Expedientes Civiles. Caja 703.
[1511] Archivo General de Puerto Rico. *José María Binet vs. Dolores García Sanjurjo. Guánica Central, Interventor*. Fondo Judicial Tribunal Superior de Mayagüez. Serie: Expedientes Civiles. Caja 703.
[1512] García-Muñiz: *Sugar and Power in the Caribbean...*, págs. 108-109.

Oficinas de Fritze, Lundt & Cía. en la Playa de Ponce. 1905. Colección personal de Humberto García-Muñiz.

Mayrn, Armstrong & Finlay Brothers, socio de L.W. & P. Armstrong de Nueva York y miembro de la Cámara de Comercio de Ponce.[1513]

Los estafadores cobran por estafar

Si tomamos en cuenta el segundo informe del subsecretario Frank Vanderlip, el problema de los magnates de Wall Street allá para el 11 de diciembre de 1898, no era si cambiar plata por plata o plata por oro. Eso ya se había decidido desde mucho antes. En lo que todavía no se ponían de acuerdo era en la tasa de cambio entre el dólar-plata y el peso provincial puertorriqueño. Lo justo hubiera sido —si es que aún quedaba algún resquicio de justicia— pagarles a los portadores de la moneda provincial un diferencial por la disparidad en gramos de plata entre ambas monedas. Pero la meta era sacar la mayor tajada posible en todas las fases del proceso. Y claro, esto se pudo hacer porque no había nadie mirando. «La cuestión es qué tipo de cambio debe fijarse. No creo que deba tomarse el tipo de cambio promedio a través de una serie de años porque los agentes de cambio han controlado la situación con poca referencia a la balanza comercial real», reflexionaba Vanderlip una semana después de reunirse con Muñoz Rivera.[1514]

De esta información se desprende que no solo intentaban dar el cambiazo entre dos monedas devaluadas cobrando encima por la estafa; sino que pretendían fijar, desde el poder del Estado, la tasa de cambio. Esto, en lugar de permitir que el valor fluctuara según las leyes del libre mercado. Para completar la inmoralidad, esa tasa de cambio sería computada de forma arbitraria,

---

[1513] Porter: *Report on the Currency...*, págs. 8-12.
[1514] «Currency in Porto Rico. A Question of Importance. Exchange Rates». *Democrat and Chronicle*. Rochester, Nueva York. 12 de diciembre de 1898, pág. 2.

sin tomar en cuenta las estadísticas y los patrones de comportamiento de una moneda frente a la otra. Durante 1897, por ejemplo, el peso puertorriqueño se había cambiado por el dólar-oro estadounidense a un promedio de 67 centavos.[1515] Ese debió ser el radio del canje frente al dólar-oro; no así, por supuesto, frente al dólar-plata que, como ya hemos dicho, solo valía unos 46.5 centavos. En este último caso, el cambio debió representar un crédito para Puerto Rico de 20.5 centavos por cada peso intercambiado.

Pero Vanderlip, Porter y Muñoz Rivera atendían a otras cuestiones que nada tenían que ver con el libre mercado. Sin el apoyo de la data oficial, buscaban fijar la tasa de canje sobre otros intereses muy ajenos a los del pueblo de Puerto Rico. Los deudores (hacendados que operaban con crédito a largo plazo) defendían una baja valoración del peso puertorriqueño (50 centavos), entre otras razones porque tendrían que pagar con la nueva moneda las obligaciones contraídas con la antigua. Mientras que los banqueros, poseedores de créditos sustanciales en pesos, abogaron por una valuación más alta que iba desde 70 a 75 centavos.[1516]

En agosto de 1898, Nelson Miles decidió —sin apoyo de data alguna y sin dar explicaciones— que «todos los negocios gubernamentales se ejecutaran en el radio de dos dólares por un peso provincial».[1517] John D. Luce, el 12 de septiembre de 1898, repitió el mismo número en una carta escrita desde Ponce, dirigida al senador Henry Cabot Lodge:

> My Dear Cabot:
> Of course, we have been in the island too short a time to form an adequate opinion to many things, but of one thing we are quite sure [...] no time should be lost in naming a commission to investigate the matter of the conversion of the currency. The fairest rate, would be two silver Puerto Rican pesos for the American dollar, as already fixed by the military authorities, although the intrinsic value of the peso was only about 38 cents. De Ford and Company had bought quite an amount yesterday for convenience for 56 cents and were selling in today for 57 cents.[1518]

Luis Muñoz Rivera se posicionó del lado de los banqueros. «Creo que los pesos deberían convertirse a 70 centavos dólar», aseguró en su entrevista con *The New York Tribune* en agosto de 1898, sin explicar cómo llegó a ese número. «A los acreedores y deudores cuyas obligaciones vencen después del reembolso de la moneda local se les debe permitir recibir y cumplir sus obligaciones a la tasa fijada», agregó el Jefe, demostrando con su comentario dónde estaban sus lealtades.[1519]

Más allá de si el canje se hacía a 70 o a 50 centavos, llama la atención —en una reflexión que pudiera representar una digresión— la extrema sumisión del primer ministro. Esta entrega dócil se hace más evidente si contraponemos las respuestas a las mismas preguntas que dieron los cubanos. Por ejemplo, la Cámara de Comercio de Santiago de Cuba entendió, y así lo hizo saber a Robert Porter, que declarar el dinero estadounidense como única moneda legal era «un

---

[1515] Archivo General de Puerto Rico. *El Canje de la moneda en Puerto Rico. La opinión del Banco Español de esta Isla...*
[1516] Rosenberg: «Foundations of United States International...».
[1517] «How can Porto Rico's Finances be Adjusted?». *The Kansas City Star*. Kansas City, Missouri. 26 de agosto de 1898, pág. 10.
[1518] McAvoy-Weissman: «Brotherly Letters...», págs. 99-122.
[1519] «Prospects in Porto Rico...».

movimiento prematuro, ya que la situación política del país no está resuelta y además perjudicial para el interés comercial y para la riqueza pública».[1520] Tenían razón. Ni en Cuba ni en Puerto Rico estaba resuelta la situación política por aquellos meses finales de 1898. Todavía se debatía en París el tratado que debería definir el estatus político de las islas. Esto debió saltar a la vista del líder puertorriqueño antes de plegarse a un prematuro y desventajoso cambio de patrón-moneda. Como en tantos asuntos vitales para el país, no ocurrió.

Al final, Robert Porter, en su informe a McKinley del 3 de enero de 1899, recomendó fijar el canje sobre la base de 60 centavos dólar a cambio de 1 peso provincial, sin explicar matemática y racionalmente de dónde salió ese número. Porter se basó en la información que le proveyó Heinrich «Enrique» Carl Fritze y en la del resto de sus informantes para concluir:

> La moneda americana tiene que ser la moneda de curso legal de la isla, admitiéndose además en el pago de impuestos, derechos de aduana, timbres y toda clase de derechos públicos el peso de plata puertorriqueño al tipo de 60 centavos, moneda de los Estados Unidos.
> La gente debe ser libre de contratar en las monedas que quiera, ya sea americana o portorriqueña, pero no obstante, el peso no valdrá menos ni más de 60 centavos, porque el Gobierno de los Estados Unidos lo aceptará solo a esa tasa.
> Si los habitantes de la isla de Puerto Rico prefieren la moneda americana, como se espera, los pesos pronto llegarán al Tesoro de los Estados Unidos y de allí a la casa de la moneda a su valor en dólares, y será fácil desecharlos gradualmente después. Si se prefieren los pesos y se piden más de los que deberían estar en *stock* en nuestras agencias fiscales, esto podría ser satisfecho con la acuñación de una moneda de 60 centavos. Pieza de plata americana, igual en tamaño, peso y valor de cerca al peso puertorriqueño existente.[1521]

Tres días más tarde, Vanderlip se acogió a la misma cifra, 60 centavos, en su informe a Lyman Gage.[1522] El secretario del Tesoro, a su vez, le presentó un borrador de ley a McKinley en el que se incluía el número mágico de 60 centavos.[1523] Ese mismo día, el presidente estampó su firma sobre aquel proyecto. Así, el 20 de enero de 1899, días antes de que el Senado ratificara el Tratado de París, William McKinley emitió una orden ejecutiva en la que copiaba, palabra por palabra, el informe de Robert Porter... o el de Enrique Fritze, el que prefiramos mejor:

> Se ordena que a partir del 1 de febrero de 1899, y hasta que se disponga lo contrario, todas las aduanas, impuestos, derechos públicos y postales en la isla de Porto Rico se pagarán en dinero de los Estados Unidos o en monedas de oro extranjeras, tales como el alfonsino español y los luises franceses, que serán aceptados en pago de tales derechos aduaneros, impuestos, públicos y postales.

[1520] Acebo Meireles, Waldo: «Problemas monetarios. El emisario de Estados Unidos, William McKinley, y su estudio sobre las diferentes monedas que circulaban en Cuba en 1898». *Cubaencuentro*. 13 de junio de 2018.<https://www.cubaencuentro.com/cuba/articulos/problemas-monetarios-333030>. [10/09/2022].
[1521] Porter: *Report on the Currency...*, págs. 5-7.
[1522] «Vast Opportunity. Porto Rico an Untouched Field for Enterprise. Assistant Secretary of Treasury Makes a Glowing Report About Island». *The North Adams Transcript*. North Adams, Massachusetts. 6 de enero de 1899, pág. 2.
[1523] «Philippine Commission». *The Seattle Post-Intelligencer*. Seattle, Washington. 21 de enero de 1899, pág. 8.

Encuentro con el mentor

...res, sociedad mercantil domiciliada en esta Ciudad, presentantes y liquidadores de la anterior sociedad "Lundt y Compañía", también de este domicilio, por re... ción de su abogado José de Diego, promueven demanda... Maximino Rodriguez y Gonzalez, mayor de edad, casado... rio, vecino de Mayaguez, exponiendo, alegando y soli... cual aparece á continuación.

JOSÉ DE DIEGO
ABOGADO Y NOTARIO

Mayaguez, á 18 de Agosto de 1910.

Abogado de la "Guánica Centrale".

...DE DISTRITO DEL DISTRITO JUDICIAL DE MA...

CIVIL.

DE 1912

Entre Lundt y Compañía...

Sobre...

Notificado con copia, de la anterior reclamación,
hoy 9 de Noviembre de 1908.

Abogado de Fritze Lundt & Co.

Notificado con copia de la anterior reclamación,
hoy 9 de Noviem...

de G. y S. Castelló.

EN LA CORTE DE DISTRITO DE Mayaguez.

Civil No.984.

...Lundt y Ca. en liquida-

DEMANDANTE

vs

...Arán y Cuascú, como Ad-
...cial de los bienes

Notificado con copia, de la anterior reclamación,
...Noviembre de 1908.

Abogado de Fritze Lundt & Co.

Mayaguez, á 19 de septiembre de 1910.

Abogado de la Guánica Centrale.

Por la presente, yo, José de Diego y juro: Que soy el abogado de la Corpora-... "...trale" en este asunto; que un oficial ó re-... "...Corporación no jura para ello; y que ...sidir en este Distrito ninguno autorizado ...los hechos y alegaciones de la presente demanda los creo cier-...tos y me constan de propio conocimiento, salvo los que conoz-...co por información. Mayaguez, á 19 de Septiembre de 1910.

Se ordena además que a partir del 1 de febrero de 1899, y hasta que se disponga otra cosa, las siguientes monedas de plata puertorriqueñas o españolas actualmente en circulación en la isla de Porto Rico se recibirán para los derechos de Aduana, impuestos, derechos públicos y postales con las siguientes tasas fijas en dinero de los Estados Unidos:

El peso............$0.60
El medio peso.....$0.30
La peseta.......... $0.12
El Real............$0.6
El medio real......$0.3

Además, se ordena que, de las monedas de Puerto Rico así recibidas, se retenga una cantidad conveniente y se cambie a dinero de los Estados Unidos al tipo de cambio enumerado anteriormente. Es decir, $0.60 en dinero de los Estados Unidos por una pieza de plata puertorriqueña.[1524]

Esa noche se descorchó champán en Wall Street.

De inmediato, y como movidos por un resorte, se presentaron en el Congreso proyectos de ley para permitir la libre acuñación de monedas de plata y oro, y para el establecimiento de bancos nacionales en Cuba y en Puerto Rico.[1525]

Los estafados pagan por las pérdidas de los estafadores

Además de cambiar una moneda devaluada por otra más devaluada aún, el imperio financiero decidió que la isla también debía pagar por lo que ellos llamaron «la pérdida material en la reacuñación», ascendente a $895 000, cifra que hoy serían unos $20 millones.[1526]

Esta supuesta pérdida se calculó sobre el valor atribuido artificialmente al peso local. Primero valoraron los 5.5 millones de pesos que circulaban en la isla en solo $3.3 millones sin una sola razón para ello; luego, cotizaron cada uno de esos $3.3 millones en apenas 45 centavos. De ahí concluyeron que en el proceso de reacuñación habría una pérdida de unos $895 000. Es decir, devaluaron arbitraria y unilateralmente el peso, le adjudicaron un valor inventado de 45 centavos y, entonces, aseguraron que esa devaluación les produjo una pérdida material.

> Si nuestros cálculos son exactos, debe haber en circulación hoy en Puerto Rico la cantidad de 5.5 millones de pesos; estimándolos en su valor comercial actual, representan $3.3 millones a 60 centavos el peso. Esta cantidad de plata, a una cotización actual de 45 centavos, representa $2 millones, 475,000, produciendo el canje entonces una pérdida material de $825,000.[1527]

[1524] «Currency in Puerto Rico. The President Fixes the Legal Value of Coins in Money of the United States». *The New York Times*. Nueva York, Nueva York. 21 de enero de 1899, pág. 7.
[1525] «House will Begin Consideration of Currency Bill». *Bangor Daily Whig and Courier*. Bangor, Maine. 9 de diciembre de 1899, pág. 1.
[1526] «Informe de la Comisión Insular. Moneda de Puerto Rico». *La Correspondencia*. San Juan, Puerto Rico. 15 de julio de 1899, pág. 2.
[1527] *Id.*

Como el canje de monedas era algo 'muy bueno' para el país, entonces, se consideraba 'justo' que Puerto Rico pagara por la supuesta pérdida material.

> Esta pérdida debe ser a nuestro juicio cargada a la isla de Puerto Rico, cobrándola el gobierno americano del producto de las entradas de sus aduanas. Nosotros creemos que el pueblo de Puerto Rico daría su consentimiento a esta solución.
> Lo creemos eminentemente justo y razonable, pues siendo el pueblo de Puerto Rico el único que ha de gozar los beneficios del canje, sus gastos debe pagarlos la isla.[1528]

Aunque el pueblo nunca dio su consentimiento para tamaño fraude, entre otras razones porque nunca se enteró y porque sus líderes tampoco se lo dijeron, el cobro se concretó.

Las ataduras con el centro imperial financiero

El cambio al 'patrón dólar' obligó a los bancos locales a interconectarse, de forma irremediable e irreversible, con el distrito financiero del imperio: Wall Street. Aquí radica el aspecto más trascendental del canje de monedas que se inició en 1898.

Fritze, Lundt & Cía. y el Banco de Crédito y Ahorro Ponceño, ambos funcionaban (desde su propio origen) como subsidiarias de Muller, Schall & Co. Por su parte, De Ford & Co., agente fiscal del gobierno, respondía a importantes casas bancarias de Boston y Nueva York. El Banco Español de Puerto Rico, único que en apariencia permanecía independiente de Wall Street, también había sido tomado por asalto. John D. Luce muy pronto se apresuró a comprar, a precio de remate, una gran cantidad de sus acciones hasta convertirse en socio mayoritario y, de ahí, en gobernador del banco.[1529]

Escudado en la franquicia otorgada bajo España y protegido por las cláusulas del Tratado de París, el Banco Español siguió operando con los beneficios de emitir billetes y acuñar monedas sin pagar impuestos. En apariencia era un banco español, por lo que se le debían respetar sus propiedades y prebendas tal como mandató el artículo IX del Tratado. Puertas adentro, era el banco de John D. Luce, dominado por intereses estadounidenses.[1530]

Para completar el control de Nueva York sobre Puerto Rico, el 4 de abril de 1899 se incorporó en West Virginia el banco privado American Colonial Bank of Porto Rico.[1531] La casa bancaria comenzó operaciones con un capital inicial de un millón de dólares. En su Junta de Directores, se encontraba la plana mayor de Muller, Schall & Co.: Edwin L. Arnold, Edmund Pavensted y William Schall.[1532]

Meses más tarde, en septiembre de 1900, el First National Bank of Porto Rico ratificó la autorización para comenzar operaciones en San Juan, otorgada por el contralor de la Moneda,

---

[1528] *Id.*
[1529] Archivo General de Puerto Rico. *Reunión de accionistas del Banco Español de Puerto Rico y nombramiento de John D. Luce como gobernador*. Fondo: Oficina del Gobernador. Serie: Correspondencia General. Caja: 6.
[1530] *Id.*
[1531] En 1930 se fusionó con el National City Bank of New York (Rockefeller).
[1532] «Porto Rico Bank Chartered». *The Wheeling Daily Intelligencer*. Wheeling, West Virginia. 5 de abril de 1899, pág. 2.

desde julio de 1898.[1533] La Junta de Directores del First National Bank of Porto Rico no se diferenció mucho de la del American Colonial Bank. Ambos bancos funcionaron como uno solo en el área de los negocios. El ala privada (American) se encargaba de hipotecas y de otras transacciones que estaban fuera del alcance legal del nacional. Mientras que el nacional, aprovechaba las ventajas de poder acuñar billetes a su antojo sin pagar impuestos.

En apenas dos años, todos los bancos en Puerto Rico se comportaron como meras subsidiarias de bancos privados y nacionales de Wall Street. En paralelo, se creaban las condiciones perfectas para que la isla 'necesitara' grandes inyecciones de préstamos, cuyos agentes fiscales y beneficiarios serían los mismos hombres que provocaron los déficits y los mismos que se sentaban en las juntas de directores de los bancos.

Consecuencias para Puerto Rico

A diferencia de Wall Street, en Puerto Rico no hubo celebraciones.

La estafa monetaria, unida a la pérdida de los mercados provocada por las órdenes ejecutivas de agosto de 1898; la imposición de tarifas de exportación; las restricciones de cabotaje; el robo al tesoro público por parte de los políticos criollos; y el desfalco ejecutado por los españoles hicieron que las condiciones de vida en Puerto Rico se tornaran peores que las del sur de Estados Unidos luego de la Guerra Civil. Cientos de terratenientes abandonaron sus haciendas por falta de recursos. Las tierras, que hasta hacía poco se vendían por 60 pesos el acre, ahora se compraban por menos de 10. Los préstamos de usura, con intereses superiores al 18% aunque la tasa legal era menor al 6%, precedían hemorragias de ejecuciones de hipotecas,[1534] litigadas por abogados criollos como José de Diego, José Hernández Usera[1535] y Herminio Díaz.[1536]

Un peón de una plantación de café, cuyo salario era de 15 pesos mensuales, vio reducirse su paga a $9 en una moneda que, además, tenía menos valor que la anterior. Mientras perdía de forma irrecuperable más del 40% por ciento de su salario mensual, los precios de los bienes que compraba subían astronómicamente. Esa pérdida se repitió el próximo mes y el próximo y el próximo.[1537]

La gente se moría de hambre, literalmente. «Las personas están muriendo de inanición en todo el interior de la isla», contaba el brigadier general Roy Stone en marzo de 1899. «En el distrito de Aguas Buenas hubo muchas muertes. El juez de Comerío me enseñó un libro en el que tenía escrito los nombres de todos los que han muerto por falta de comida». El general Grant informó de 39 muertes por hambre en su distrito y Stone aseguró, además, que cuando se fue de Puerto Rico, había por lo menos «cien mil personas que llevaban dos semanas sin pan, sin carne, y nada para comer».[1538]

[1533] «New National Banks». *The Brooklyn Daily Eagle*. Brooklyn, Nueva York. 7 de septiembre de 1900, pág. 14.
[1534] Carpenter, Frank G.: «No Place for Poor Men». *The Boston Globe*. Boston, Massachusetts. 28 de mayo de 1904, pág. 3.
[1535] Hijo del juez del Tribunal Supremo, José Conrado Hernández.
[1536] Véase: Archivo General de Puerto Rico. *Protocolos notariales José Hernández Usera. Protocolos notariales Herminio Díaz Navarro*. Fondo: Protocolos Notariales. San Juan. Cajas: 521 y 287.
[1537] Rosenberg: «Foundations of United States International Financial Power...».
[1538] «Starving Natives». *The Akron Beacon Journal*. Akron, Ohio. 7 de abril de 1899, pág. 1.

A pesar del poco tiempo que John R. Brooke estuvo en la isla, el pintor puertorriqueño, Francisco Oller pudo perpetuarlo vestido con su uniforme de gala, en un imponente óleo sobre lienzo. En 1905 la Cámara de Delegados de Puerto Rico aprobó una resolución para que con fondos públicos se comprara el óleo que aún permanecía en manos de Oller. La cantidad separada por aquella Cámara —compuesta por José de Diego, José Coll y Cuchí, Rosendo Matienzo Cintrón y Santiago R. Palmer, entre otros— para comprar la obra fue de $400, en un momento en que el trabajador de la caña ganaba 25 centavos al día y un estibador de los muelles apenas 15 centavos. De alguna forma esta élite política se volvió adicta a los óleos. En 1907 compraron a Ramón Frade por $1200 de dinero público (unos $30 784 actuales), los óleos de Theodore Roosevelt y del gobernador Beckman Winthrop. En 1908, pagaron $400 (poco más de $10 000 actuales) por el de José de Diego; y en 1910, desembolsaron $500 del erario, para un retrato del entonces presidente del Supremo, Severo Quiñones. El óleo de John R. Brooke es hoy propiedad del Instituto de Cultura Puertorriqueña. Fuentes: *The Acts and Resolutions of the Second Legislative Assembly Convened in Extraordinary Session of Porto Rico*. San Juan, Porto Rico. 1905, pág. 55. Cabrera Salcedo, Lizette: *Reflejos de la historia de Puerto Rico en el arte*. Museo de Historia, Antropología y Arte. Universidad de Puerto Rico, recinto de Río Piedras. 2015, pág. 81.

No habrá que decir mucho más sobre aquella estafa descomunal a la que se le ha llamado 'canje', que desvió millones de dólares para los bolsillos de grandes magnates; ató las finanzas de la isla con Nueva York, y empobreció aún más, a niveles indescriptibles, a los puertorriqueños. Para resumir este tema, lo mejor es copiar las palabras con las que terminó Robert Porter su informe, con la esperanza de que no las olvidemos nunca:

> To those who ask the question, why make two bites at a cherry, the answer may be given that, unlike Cuba, the currency of Porto Rico is very much more than a mouthful.[1539]

París: 10 días antes de la cesión de Puerto Rico

El primero de diciembre de 1898, los secretarios, dirigidos por Luis Muñoz Rivera, enviaban —contentos— sus retratos a la revista ilustrada de Nueva York, *New Harper*.[1540] Ese mismo día un telegrama de Londres anunciaba que el Gobierno de España había autorizado al comisionado Montero Ríos, la firma de la paz.[1541]

Alea jacta est.

Lágrimas por la salida de Brooke

«¡Qué Dios le proteja! Es un gran carácter y un gran corazón».

Así despedían los secretarios criollos, liderados por Luis Muñoz Rivera, entre discursos patrióticos, promesas de fidelidad al imperio y una que otra lágrima, al gobernador militar John R. Brooke.

Ya a punto de firmar el Tratado de París, un mes y 17 días luego de ocupar la gobernación de Puerto Rico, McKinley le ofreció a Brooke el Gobierno de Cuba, adonde se fue con el objetivo de «pacificar la Isla» y liquidar el Ejército Revolucionario Cubano, a cambio del pago de sumas ridículas a los soldados.[1542]

Aquel 6 de diciembre de 1898 en el que se embarcó rumbo a su nuevo puesto, en La Fortaleza se celebró un solemne acto oficial. Brooke habló de forma serena y grave. Declaró que se sentía satisfecho de la inteligencia y lealtad de su cuerpo de secretarios. Añadió que se marchaba con tristeza de Puerto Rico y no vaciló en extenderles consejos a los líderes criollos. En la despedida,

---

[1539] Porter: *Report on the Currency...*, pág. 7.
[1540] «Ecos del Norte». *La Democracia*. Ponce, Puerto Rico. 1 de diciembre de 1898, pág. 2.
[1541] «La Paz». *La Democracia*. Ponce, Puerto Rico. 1 de diciembre de 1898, pág. 2.
[1542] Foner, Philip S.: *The Spanish-Cuban-American War...*, págs. 422-451.

muy cordial y afectuosa, según *La Correspondencia*, el general reiteró su afecto a los ministros liderados por Muñoz Rivera, «les aconsejó de un modo paternal y les indicó que siguieran poniendo por encima de todo, su patriotismo y su deber».[1543]

Luis Muñoz Rivera no desaprovechó la ocasión para protagonizar un discurso también. En nombre del Consejo de Secretarios —a pesar de que John Brooke no había hecho nada por el bienestar colectivo del país— expresó la inmensa pena que le causaba la salida del gobernador; saludó con extremo respeto al general Henry, sucesor de Brooke, afirmando que la isla esperaba grandes bienes de su intervención en los negocios públicos. Muñoz Rivera aseguró, además, que los secretarios estarían siempre al servicio de la patria. Esto mientras exponía sus ideas generales sobre el porvenir de Puerto Rico, «al amparo de la Unión Americana».[1544]

Al final

En Cuba, Brooke no tuvo tan buena recepción como en Puerto Rico. Allí nadie le dedicó discursos, aceptó sus consejos ni le dijo que era una maravilla. Por el contrario, todavía hoy se le recuerda por tratar con desdén a los miembros del Ejército Libertador; por haber utilizado y manipulado al general Máximo Gómez para desmantelar al ejército; por ser un represor de la prensa y del movimiento obrero; por arrestar periodistas; por secuestrar imprentas; y por ser alguien muy, pero que muy sensible a las críticas.[1545]

Brooke no pudo darse cuenta de algo tan elemental como que los secretarios cubanos conspiraban para poner fin a la ocupación estadounidense, apostando a que el descontento contra el torpe gobernador militar provocara un brote popular que revirtiera en contra de Estados Unidos. El capitán Leonard Wood, por entonces gobernador de Santiago de Cuba, predijo en una carta a Theodore Roosevelt que, si Brooke continuaba al mando de Cuba otros seis meses, la ocupación estadounidense culminaría derrotada.[1546]

Al final, Emma Sickel tenía razón. Brooke siempre estuvo muy lejos de ser una maravilla. Era más bien miope y mentalmente incapaz de anticipar cualquier evento. Quizás por eso se llevó tan bien con la casta política puertorriqueña.

[1543] «Cartas cortas». *La Correspondencia*. San Juan, Puerto Rico. 8 de diciembre de 1898, pág. 2.
[1544] *Id.*
[1545] Foner, Philip S.: *The Spanish-Cuban-American War...*, págs. 422-451.
[1546] *Id.*

10

La ordalía

> Cuando se muera Muñoz
> ¿quién lo llevará a enterrar?
> —Pepe Diego en las orejas
> ¿qué más quiere? ¿quiere más?
>
> JUAN VERGÜENZA[1547]

Cambio de mando: 5 días antes de la cesión de Puerto Rico

La vacante dejada por Brooke provocó una intensa campaña de cabildeo entre dos fuertes aspirantes al puesto de gobernador de Puerto Rico. Por un lado estaba el general Frederick Dent Grant, hijo mayor del expresidente Ulysses S. Grant, a cargo del distrito militar de San Juan, nacido en Nueva York y de treinta y ocho años.[1548] En el otro extremo, el general Guy V. Henry, nieto de Daniel D. Tompkins, vicepresidente de Estados Unidos desde 1816 a 1820, y dos veces gobernador de Nueva York. Guy Henry, de cincuenta y nueve años —conocido como Fighting Guy— era hijo del mayor William S. Henry de la Tercera de Infantería. Desde que nació en Fort Smith, territorio indígena en el que su padre estaba destacado, estuvo vinculado al Ejército.[1549]

McKinley favoreció a Guy V. Henry. El 8 de diciembre de 1898 lo nombró gobernador militar de Puerto Rico y ese mismo día lo ascendió a mayor general del Cuerpo de Voluntarios.[1550]

Para no perder la costumbre, Luis Muñoz Rivera y el resto de los secretarios criollos renunciaron por escrito ante el nuevo gobernador:

> Al honorable General Guy V. Henry
> Comandante Jefe del Departamento
> El Consejo de Secretarios resigna en vuestras manos los cargos de confianza que ejerce y reitera su profunda adhesión a los Estados Unidos.[1551]

El militar no aceptó las renuncias del Consejo. Sin embargo, de lejos se podía notar que había un nuevo *sheriff* en el pueblo. Henry no era Brooke y Muñoz lo sabía.

[1547] «Saetazos». *El Momio*. San Juan, Puerto Rico. 6 de marzo de 1898, pág. 1.
[1548] «Porto Rico's Governor. Fred Grant is Trying to Get the Position». *Weekly Clarion-Ledger*. Jackson, Mississippi. 1 de diciembre de 1898, pág. 1.
[1549] «Gen. Guy V. Henry Dead». *The Evening Times*. Washington D.C. 27 de octubre de 1899, pág. 1.
[1550] «Major Generals, U.S.V. Honors for Col. Guy V. Henry of Porto Rico, and Brig. Gen. Leonard Wood of Santiago». *The Boston Globe*. Boston, Massachusetts. 8 de diciembre de 1898, pág. 4.
[1551] *Id.*

CAPÍTULO 10

El soldado más duro del oeste

De complexión delgada y tan bajo de estatura que, en la multitud que lo recibía a su llegada a La Fortaleza, se oyó a un puertorriqueño exclamar: «¡Madre de Dios, si es del tamaño de mi hijo!». El nuevo gobernador impresionaba. Tenía un agujero de bala en cada mejilla, el puente de la nariz roto, y el ojo izquierdo, completamente sin visión, lucía caído e incoloro.[1552]

A Henry le precedía su historial en las masacres indígenas, lo que anticipaba un gobierno duro para Puerto Rico. En 1876, en el valle del Rosebud en el oeste de Estados Unidos, su tropa se enfrentó a una alianza poderosa de guerreros sioux, cheyenes y arapahoes. Durante el combate, el entonces coronel Guy V. Henry recibió un balazo que le atravesó las mejillas y le destrozó el nervio óptico izquierdo. A pesar de las graves heridas se mantuvo sobre la silla y siguió animando a sus tropas mientras la sangre le salía a borbotones de los agujeros de entrada y de salida de la bala. Cuando no pudo más, se desplomó. En la caída se aplastó la nariz.[1553]

Para sorpresa de todos, al otro día en la mañana Henry seguía vivo. Lo sacaron del valle en una camilla arrastrada por mulas. Los soportes eran demasiado cortos, por lo que si ponían la cabeza cerca del segundo animal, este lo golpeaba con el hocico, si invertían el cuerpo, entonces la primera mula le pateaba la cabeza. Para colmo de males, uno de los bastidores de la camilla se desprendió durante el traslado y el coronel se despeñó por la ladera. Fue golpeándose de piedra en piedra, hasta estamparse seis metros más abajo contra las rocas. Cuando lo rescataron estaba inconsciente. Todos lo creyeron muerto, pero de repente, el hombre entreabrió los labios y musitó: «Estoy bien… Gracias».[1554]

Henry, curtido en las masacres a los indígenas, lucía a primera vista un militar más al estilo Brooke. Una anécdota contada por el propio gobernador pareciera ir en esa dirección. Resulta que mientras estuvo a cargo del distrito militar de Ponce, un hombre vino de Adjuntas para decirle que habría una rebelión armada contra el ejército. Henry contestó: «Regresa a tu pueblo y cava cuantas tumbas puedas. Rebélense y yo ordenaré a los soldados que disparen a todos los portorriqueños hasta que se llenen por completo todas las tumbas».[1555] También fue Henry quien aseguró que los puertorriqueños estaban tan listos para autogobernarse como él lo estaba para guiar una locomotora.[1556] En diciembre de 1898 llegó a comparar su misión en Puerto Rico con la de un padre que debe disciplinar a sus hijos:

> Yo amo a Puerto Rico como amo a mi familia; quiero a los puertorriqueños como si fueran hijos míos, pero cuando los hijos no son prudentes y no atienden a las reconvenciones ni los consejos del padre resulta muy saludable administrarles una ligera azotada. Espero no verme en ese caso.[1557]

[1552] «Henry's Well-Won Scars. Stories of the Gaunt, Gray Commander of Porto Rico. His One Eye Likened To a Bullet». *Omaha Daily Bee*. Omaha, Nebraska. 25 de enero de 1899, pág. 9.
[1553] Marchena Barcelona, Domingo: «Un héroe de la Unión. El soldado más duro del Oeste». *La Vanguardia*. Barcelona, España. 1 de febrero de 2021.
[1554] *Id.*
[1555] «Praise for Porto Rico. Gen. Henry Enthusiastic over the Island and its People». *The Indianapolis Journal*. Indianapolis, Indiana. 18 de mayo de 1899, pág. 4.
[1556] «Boom in Porto Rico Lagging». *The Chicago Tribune*. Chicago, Illinois. 18 de marzo de 1899, pág. 9
[1557] «Última hora. La Asamblea». *La Correspondencia*. San Juan, Puerto Rico. 20 de diciembre de 1898, pág. 3.

Guy V. Henry, segundo gobernador militar de Puerto Rico, tenía un agujero de bala en cada mejilla, el puente de la nariz roto, y el ojo izquierdo, completamente sin visión, lucía caído e incoloro. Imagen: «Brigadier General Guy V. Henry, United States Army». U.S. Army Heritage.

En este retrato psicológico del personaje, tenemos otros hechos que apuntan hacia un hombre complejo que, a la misma vez que administraba el país desde la rigidez militar, tenía un importante lado humano. Guy V. Henry, por ejemplo, ante las virulentas guerras intestinas entre los políticos puertorriqueños, aconsejó la implantación de procedimientos que se basaran en la humanidad y en la justicia, «sin perder de vista el áureo precepto de *a tu prójimo como a ti mismo*».[1558] Incluso, llegó a aconsejarles —con inusitada sabiduría— que pensaran en el modelo que le estaban legando a las futuras generaciones:

> Si han de subsistir las discordias de partidos, la Isla retrocederá forzosamente, y malhadada la herencia será la que legareis a vuestros hijos, en vez de la envidiable que habríais de dejarles, trabajando juntos para bien de todos. No han de pensarlo mucho los que de veras aman este pedazo de tierra para resolverse en cuanto a la norma a que deban ajustar su conducta; y arrollados por la mayoría, enmudezcan entonces los que andan reñidos con el progreso y la concordia.[1559]

En otra faceta, no faltó quien viera al general en la Plaza de Ponce, en los escalones del quiosco del centro, contando en palabras sencillas la historia de Cristo con la Biblia en la mano. Sobraron los testimonios sobre las reuniones con los niños en las que les preguntaba qué regalos de Navidad pedirían. Cuentan que aquellos chiquillos contestaban que preferían maestros a cualquier otro presente.[1560] Se sabe, además, que solía ir los domingos a la misma plaza a conversar con la gente, ayudado por un intérprete, sobre el tema del buen gobierno, y del valor de convertirse en ciudadanos honestos y temerosos de Dios.[1561]

En su complejidad humana, Henry fue capaz de tomar medidas de avanzada que no fueron planteadas por los políticos locales en esos años ni en los posteriores. Por ejemplo, redujo los gastos del Gobierno;[1562] bajó los altísimos salarios de los secretarios que componían el Consejo;[1563] prohibió a los funcionarios hacer viajes costeados con dinero público;[1564] implantó el régimen de meritocracia para ocupar los cargos públicos;[1565] instituyó exámenes de oposición para ocupar los puestos de jueces,[1566] notarios y registradores de la propiedad;[1567] liberó a todos los presos a los que no se les había seguido ningún proceso judicial;[1568] derogó el secreto del sumario y la incomunicación de los procesados;[1569] estableció que todas las escuelas que recibieran fondos públicos tenían que ser gratuitas;[1570] ordenó a los ayuntamientos pagar las

---

[1558] «Orden general #50». *La Gaceta de Puerto Rico*. San Juan, Puerto Rico. 25 de abril de 1899, pág. 1.
[1559] «Our Rule of Porto Rico». *Boston Evening Transcript*. Boston, Massachusetts. 4 de enero de 1899, pág. 16.
[1560] «Gov. Gen. Henry's Policy. Bringing Order Out of Chaos in Porto Rico». *The Los Angeles Times*. Los Ángeles, California. 25 de diciembre de 1898, pág. 2.
[1561] «Fighting Guy V. The man who Rules First of Our Islands». *The Evansville Courier and Press*. Evansville, Indiana. 5 de febrero de 1899, pág. 9.
[1562] «Gov. Gen. Henry's Policy...».
[1563] «Secretaría de Justicia». *La Gaceta de Puerto Rico*. San Juan, Puerto Rico. 8 de enero de 1899, pág. 1.
[1564] «Orden general #43». *La Gaceta de Puerto Rico*. San Juan, Puerto Rico. 8 de abril de 1899, pág. 1.
[1565] «Corte de Justicia de Mayagüez». *La Gaceta de Puerto Rico*. San Juan, Puerto Rico. 8 de abril de 1899, pág. 2.
[1566] «Secretaría de Justicia». *La Gaceta de Puerto Rico*. San Juan, Puerto Rico. 13 de abril de 1899, pág. 1.
[1567] «Registro de la propiedad». *La Gaceta de Puerto Rico*. San Juan, Puerto Rico. 27 de abril de 1899, pág. 1.
[1568] «Alocución del general Henry». *La Democracia*. Ponce, Puerto Rico. 13 de diciembre de 1898, pág. 2.
[1569] «Procedimientos en causas criminales». *La Gaceta de Puerto Rico*. San Juan, Puerto Rico. 7 de mayo de 1899, pág. 1.
[1570] «Orden definiendo las escuelas públicas y los derechos de los alumnos». *La Gaceta de Puerto Rico*. San Juan, Puerto Rico. 22 de abril de 1899, pág. 1.

deudas a los maestros;[1571] destinó dinero a la sanidad;[1572] eximió a los maestros, a los campesinos y a los médicos del pago de impuestos,[1573] mientras que, en paralelo, obligó a los estadounidenses y extranjeros a pagar impuestos como el resto de la población;[1574] y prohibió al banco DeFord & Co. hacer deducciones de los cheques girados contra fondos del Gobierno.[1575]

Ante el viejo y recurrente problema del hambre en la población, Henry, a diferencia de Muñoz, habló menos y actuó más. Abolió el impuesto sobre las harinas;[1576] repartió ayudas a las familias que se encontraban en extrema pobreza[1577] y puso límites al precio del pan.[1578] Se atrevió a ordenar que, en la construcción de todas las obras y mejoras, se emplearan primero a los puertorriqueños, con preferencia sobre los extranjeros.[1579]

También, fue el gobernador Henry quien promulgó, mediante una orden, que un día de trabajo se componía de 8 horas.[1580] Este reclamo obrero no se validó hasta la firma de la Ley Jones, en marzo de 1917. Henry se adelantó por 18 años a esta importante legislación social, en un claro contraste con los líderes criollos. José de Diego, miembro de la Cámara de Delegados desde 1903 y presidente de ese cuerpo legislativo desde 1907, no presentó jamás una legislación protectora de los trabajadores como esta. Tampoco lo hizo Muñoz Rivera, Herminio Díaz Navarro, Eduardo Giorgetti ni ningún otro miembro del partido que copó la Cámara de Delegados y la Comisaría Residente desde 1904.

El modelo establecido por Henry no sobrevivió a su corta gobernación. Todas las medidas de sanidad fiscal, anticorrupción y justicia social fueron derogadas por su sucesor, el general George W. Davis (Morgan), y por la élite política criolla, más interesada en proteger sus propios intereses y los de las grandes corporaciones, que en el bienestar colectivo del país.

El Jefe frente al nuevo gobernador

Luis Muñoz Rivera recibió el mes de diciembre de 1898 con renovado optimismo. Las tensiones provocadas por la carta de Blanco por fin cedían y sus enemigos parecían dejarle un respiro. Las adulaciones a su persona, que tanto disfrutaba, continuaban. Ese mes le regalaron un retrato suyo hecho a punta de lápiz, por el artista Idelfonso Vélez, «encerrado en dorado marco de cuatro pulgadas».[1581] Su tesoro más preciado —la red clientelar— crecía sin grandes contratiempos. Entre el primero y el 5 de diciembre tuvo acceso a 8 plazas en la plantilla de Obras Públicas[1582]; un oficial de segunda, en Hacienda; y un oficial de quinta, en la Secretaría del

---

[1571] «Secretaría del Interior. Circular». *La Gaceta de Puerto Rico*. San Juan, Puerto Rico. 29 de marzo de 1899, pág. 1.
[1572] «Orden general #48». *La Gaceta de Puerto Rico*. San Juan, Puerto Rico. 19 de abril de 1899, pág. 1.
[1573] Véanse: «Secretaría de Hacienda. Circular». *La Gaceta de Puerto Rico*. San Juan, Puerto Rico. 30 de marzo y 4 de abril de 1899, pág. 1. «Circular a los señores alcaldes». *La Gaceta de Puerto Rico*. San Juan, Puerto Rico. 12 de abril de 1899, pág. 1.
[1574] «Circular No. 8». *La Gaceta de Puerto Rico*. San Juan, Puerto Rico. 12 de abril de 1899, pág.1.
[1575] «Orden general #29». *La Gaceta de Puerto Rico*. San Juan, Puerto Rico. 8 de marzo de 1899, pág. 1.
[1576] «Orden general #39». *La Gaceta de Puerto Rico*. San Juan, Puerto Rico. 5 de enero de 1899, pág. 1.
[1577] «Secretaría de Estado. Circular». *La Gaceta de Puerto Rico*. San Juan, Puerto Rico. 22 de marzo de 1899, pág. 1.
[1578] «Orden general #43»…
[1579] «Circular No. 1». *La Gaceta de Puerto Rico*. San Juan, Puerto Rico. 11 de marzo de 1899, pág. 1.
[1580] «Orden general #54». *La Gaceta de Puerto Rico*. San Juan, Puerto Rico. 3 de mayo de 1899, pág. 1.
[1581] «Noticias». *La Correspondencia*. San Juan, Puerto Rico. 14 de diciembre de 1898, pág. 2.

Guy V. Henry, durante su corta gobernación en Puerto Rico, ejecutó medidas anticorrupción, de saneamiento fiscal, y de justicia social. A pesar de lo anterior, la historia lo ha relegado. «Guy V. Henry». Third Cavalry Museum.

Instituto de Segunda Enseñanza.[1583] Pocos días después, logró nombramientos de 14 intérpretes para las personas que recomendó a puestos públicos.[1584] Además, pudo nombrar a Pedro L. Rivera, alcalde de Morovis; a Ramón H. Delgado, alcalde de Carolina;[1585] y a Celestino Solá, como alcalde de Caguas.[1586]

[1582] «Secretaría de Fomento». *La Gaceta de Puerto Rico*. San Juan, Puerto Rico. 7 de diciembre de 1898, pág. 1.
[1583] «Secretaría de Hacienda y de Fomento». *La Gaceta de Puerto Rico*. San Juan, Puerto Rico. 6 de diciembre de 1898, pág. 1.
[1584] «Noticias». *La Correspondencia*. San Juan, Puerto Rico. 9 de diciembre de 1898, pág. 3.
[1585] «Noticias generales». *La Democracia*. Ponce, Puerto Rico. 7 de diciembre de 1898, pág. 3.
[1586] «Noticias generales». *La Democracia*. Ponce, Puerto Rico. 10 de diciembre de 1898, pág. 2.

Como cierre al problema con Ponce, el viernes, 2 de diciembre logró aprobar en el Consejo de Secretarios su propio plan autonómico que le daba libertad a los municipios en todo, menos en el nombramiento de los alcaldes y concejales. La autonomía que proponía Muñoz comenzaría a regir luego de que se efectuaran unas elecciones municipales inciertas y sin fecha.[1587] Ese proyecto no se presentó hasta que Muñoz «tuvo los Ayuntamientos arreglados a su antojo».[1588]

A pesar de que en apariencia todo seguía igual, el primer ministro prefería que cualquier otro menos Henry fuera el gobernador militar de Puerto Rico. Tenía sus razones. En primer lugar, Guy V. Henry tramitó la petición de autonomía de Ponce y, por lo tanto, conocía de primera mano las triquiñuelas muñocistas envueltas en el proceso. En segundo lugar, Henry había vivido mucho tiempo en Ponce, lugar al que Muñoz consideraba «la cuna de los *puros* más *puros* de la puritania. Como se le supone influido por ellos y por sus exageraciones; y como el *Counsil of Secretaries* [sic] les molesta y les estorba, ya van alcanzando su triunfo y dándose pisto de vencedores».[1589]

Además, el Jefe no lograba descifrar a Henry. El miércoles, 7 de diciembre, al otro día de la despedida a Brooke, a las 10:30 de la mañana, se vio cara a cara con el nuevo gobernador en un encuentro extenso que duró hasta las doce del mediodía. De esa primera reunión salió con más dudas que respuestas. «Parece que no están muy claras las relaciones entre el Consejo de Secretarios y el comandante del Departamento», aseguraba *La Democracia*.[1590] Para colmo de males, el día anterior, Henry había liberado de la cárcel a su archienemigo Santiago Iglesias Pantín.[1591] Aquello no pintaba bien para el Jefe. Aunque, con toda probabilidad, bastaría con desplegar las estrategias populistas de siempre para sortear los nuevos obstáculos. Si lo logró con Brooke, ¿por qué no con Henry?

La primera movida de Muñoz fue recordar a sus huestes que le debían a él sus trabajos, y que incluso los opositores también habían disfrutado de puestos públicos (gracias a él, por supuesto). Asimismo, creyó oportuno reforzar el mensaje maniqueo de que él —no ya un partido que ni siquiera existía— era el representante de todo el 'pueblo', sin olvidar al chivo expiatorio, tan necesario en estos casos, y culpable de todos los problemas: José Celso Barbosa.

> Los hombres que hoy gobiernan no han suscrito una sola cesantía. Alcaldes fueron, mientras quisieron serlo, de Barros y Aguadilla, los señores Arroyo y Valle; empleados son Venegas, Sabat, Dones, Vega, Valdivieso, Paniagua, y cien que en sus destinos permanecen tranquilos.
> Bastándoles una plumada, nunca la dieron los señores Muñoz, Hernández, López, Coll y Carbonell. Se ocupaban de cosas más trascendentales […]
> Nosotros representamos la inmensa mayoría de los habitantes de esta isla. Esto no lo ignoran ni nuestros propios enemigos. Las urnas nos darán siempre la victoria, y a las urnas apelaremos. De las urnas saldrán ochenta mil votos para decir a la Unión Americana que somos los más, y que multiplicándose cuatro veces, aún no nos igualan los jacobinos de Barbosa.[1592]

[1587] «La autonomía municipal. El proyecto del Consejo». *La Democracia*. Ponce, Puerto Rico. 8 de diciembre de 1898, pág. 2.
[1588] «Cómo piensa el Consejo». *La Democracia*. Ponce, Puerto Rico. 10 de diciembre de 1898, pág. 2.
[1589] «Cartas cortas». *La Democracia*. Ponce, Puerto Rico. 7 de diciembre de 1898, pág. 2.
[1590] «Noticias». *La Democracia*. Ponce, Puerto Rico. 7 de diciembre de 1898, pág. 2.
[1591] «Ecos del norte». *La Democracia*. Ponce, Puerto Rico. 8 de diciembre de 1898, pág. 2.
[1592] *Id.*

En paralelo, comenzaron a circular 'rumores' por las diferentes ciudades, repetidos por los periódicos satélites de Muñoz. Uno de ellos aseguraba que, «el General Brooke volverá a Puerto Rico a fines de este mes para tomar de nuevo la dirección de los negocios públicos».[1593] Otro 'rumor' repetía la posibilidad de que Muñoz se convirtiera en gobernador civil.

> Dice *La Nueva Bandera*, de Mayagüez:
> Noticias de Washington dan por seguro que Puerto Rico será declarado territorio. Será suprimido el consejo de secretarios, quedando el gobierno con un gobernador civil, (para cuyo cargo se indica a un ilustrado jurisconsulto de Ponce, muy querido en Mayagüez) un secretario y un gobernador militar.[1594]

El 8 de diciembre, Muñoz y Henry se volvieron a reunir. De ese encuentro, el Jíbaro de Barranquitas salió contento. «Dícese que está satisfecho de las francas declaraciones del Comandante Jefe del Departamento militar», repetía *La Democracia*.[1595] A partir de ese día —todavía sin terminar de publicar los 'cientos' de telegramas felicitando a Brooke por haber nombrado a Muñoz al Consejo—, comenzaron a aparecer las felicitaciones a Henry por no haber aceptado las «renuncias patrióticas» de los miembros del Consejo.[1596]

Programa de gobierno de Henry

Guy V. Henry no perdió tiempo. Asumió el control y, de manera inmediata, el 7 de diciembre de 1898, envió su programa de gobierno al presidente del Consejo y a los Secretarios.[1597] La existencia de un plan de gobierno hace notar la ausencia de tan importante documento en los partidos criollos. Ni el Comité Liberal Fusionista ni el Partido Ortodoxo presentaron programa de gobierno alguno; pero Henry sí. Él asumía la gobernación a lo grande. No se instalaba en La Fortaleza para ser un figurín o ser manipulado. Tenía ambiciones y ganas de ser el Jefe de verdad.

Una lectura rápida de su programa deja entrever que el sagaz militar había sabido captar, durante los cinco meses de su estadía en Ponce, las prácticas populistas que se habían enquistado, tal como lo hace un cáncer, en los políticos puertorriqueños y, además, se había dado cuenta de que el hilo de todos los problemas conducía siempre a la figura omnipresente de Luis Muñoz Rivera.

Las primeras palabras de Henry fueron directas a la yugular de Muñoz Rivera: la autonomía de los ayuntamientos. Con esto Henry establecía de forma clara que no olvidaba lo que pasó con

---

[1593] «Noticias». *La Democracia*. Ponce, Puerto Rico. 6 de diciembre de 1898, pág. 2.
[1594] «Noticias». *La Correspondencia*. San Juan, Puerto Rico. 10 de diciembre de 1898, pág. 2.
[1595] «Ecos del norte». *La Democracia*. Ponce, Puerto Rico. 9 de diciembre de 1898, pág. 2.
[1596] «Manifestación». *La Democracia*. Ponce, Puerto Rico. 12 de diciembre de 1898, pág. 3.
[1597] «Parte Oficial». *La Gaceta de Puerto Rico*. San Juan, Puerto Rico. 17 de diciembre de 1898, pág. 1.

Ponce. «Tanto como sea posible, quiero dar independencia de acción a los alcaldes y ayuntamientos de toda la isla, en la elección de concejales y presidentes de las corporaciones».[1598]

> Se desea y se mantiene la intención de designar para los ayuntamientos únicamente a personas elegidas por el pueblo mismo o recomendadas por el propio Concejo. Y el asunto de las elecciones, que tantos particulares envuelve, será sometido a especial consideración.[1599]

El mensaje era claro: atrás quedaban los tiempos en que el caudillo criollo quitaba y ponía alcaldes y concejales a su antojo. De ahora en adelante el poder de seleccionar el alcalde estaría en manos de los concejales.

> Ningún empleado será destituido sin causa eficiente. Si miembros de un Concejo resultan ineptos o acontece que lo es el alcalde, y se me participa, se les destituirá después de la debida investigación, y en la sustitución de ellos serán atendidas con preferencia las indicaciones del Concejo. Mas, si en tales casos se deja, por este, de cumplir con el deber, yo me encargaré, en virtud de mi autoridad militar, del nombramiento de esos concejales.[1600]

Siguiendo por una línea que también conducía a Luis Muñoz Rivera, el general Henry incluyó en su plan de gobierno la prohibición de encarcelar a personas sin que existieran cargos con suficientes pruebas en su contra. «Las causas de los individuos encarcelados actualmente deben ser examinadas y si no resultaren pruebas suficientes para mantener la prisión serán puestos en libertad».[1601] El día antes de publicar la plataforma gubernamental, el martes 7 de diciembre de 1898, el general había excarcelado a Santiago Iglesias Pantín, quien se encontraba en la cárcel, por órdenes de Muñoz Rivera desde el 28 de noviembre.[1602]

Si unimos la acción y las palabras del nuevo gobernador militar no podemos sino concluir que las flechas de su carcaj se dirigían hacia la figura del presidente del Consejo de Secretarios.

Educación

Henry tenía una particular idea sobre la americanización de la isla. «Muchos de los problemas que he experimentado en Porto Rico, fueron causados por americanos. Me dieron más problemas que los nativos. Mi idea no es americanizar, sino colonizar la isla».[1603] El militar creía que lo mejor era educar a los puertorriqueños de forma tal que se convirtieran en los mejores guardianes de los intereses estadounidenses, aun cuando estos últimos ni siquiera vivieran en la isla.[1604]

[1598] «La alocución del General Henry al Presidente y a los Secretarios del Consejo». *La Democracia*. Ponce, Puerto Rico. 13 de diciembre de 1898, pág. 2.
[1599] *Id.*
[1600] *Id.*
[1601] *Id.*
[1602] «Ecos del Norte». *La Democracia*. Ponce, Puerto Rico. 8 de diciembre de 1898, pág. 2.
[1603] «Education in the South. General Henry Relate his Experience as Governor General of Porto Rico». *The Brooklyn Citizen*. Brooklyn, Nueva York. 22 de junio de 1899, pág. 2.
[1604] *Id.*

Creía el gobernador que «la guerra contra España fue una guerra de Dios. Los soldados estuvieron detrás de las armas y Dios, detrás de los hombres».[1605] Si la guerra era divina, entonces tenía que existir un compromiso con las islas conquistadas. «De nosotros depende el éxito de la guerra en la introducción de la civilización en Porto Rico. Cometeremos un gran error si incumplimos nuestro deber hacia estas personas», aseguraba.[1606]

Sabiendo cuál era su filosofía, no extraña que el nuevo militar a cargo del país proyectara en su programa de gobierno reformas al sistema de educación en la isla. «Es mi deseo saber cuántos maestros especiales pueden ser costeados para la enseñanza de la lengua americana o inglesa, empezando por los niños de más corta edad».[1607]

> Es opinión que personas hablando únicamente el inglés, pueden ejercer la enseñanza de este idioma, por medio de lecciones objetivas. Y se estima que mujeres americanas pueden ejercer tal profesorado, pueden conseguirse por cincuenta pesos, oro, mensuales, retribución bien merecida. Los niños están ansiosos de aprender y este es el momento oportuno.[1608]

Esas maestras serían costeadas con los presupuestos municipales. Ni un solo peso-oro dirigido a esta partida vendría del Gobierno federal o del estatal.[1609] Esto, a pesar de que el salario de una maestra estadounidense tendría de todo menos de equitativo. Cincuenta pesos al mes se alejaba por mucho de los 3 que, con suerte, recibía una sirvienta puertorriqueña; de los 6 o 7 que cobraba una cocinera de primera clase; y también de los 15 centavos al día que conseguía una costurera por trabajar desde las 7 de la mañana hasta las 6 de la tarde.[1610]

Un mes más tarde, el 6 de enero de 1899, Henry completó el esfuerzo educativo con el nombramiento del general John B. Eaton como director de Instrucción Pública.[1611] Hasta ese momento el área de educación se encontraba bajo la Secretaría de Fomento, por lo que con esta acción Henry eliminó la jurisdicción del doctor Salvador Carbonell, y por extensión la de Muñoz Rivera, sobre las escuelas del país y sobre los nombramientos de maestros. Eaton, quien había sido comisionado de Educación durante la presidencia del republicano Ulysses S. Grant, desempeñó un papel trascendental en la centralización del sistema educativo de Puerto Rico.

Más adelante, en abril de 1899, Henry volvió a la carga sobre la educación, en esa ocasión para establecer una medida de avanzada: declarar a todas las escuelas sostenidas con el dinero público «Escuelas Públicas y la admisión a ellas será gratuita y sin cargas de ninguna especie para todas las personas desde los seis y ocho años de edad que sean residentes en la Isla». Además, tuvo el cuidado de prohibir a los maestros «el aceptar remuneración alguna por la instrucción dada en las Escuelas públicas durante las horas de la clase».[1612]

[1605] «Porto Rican Needs. Gen. Guy V. Henry Discusses the Island and Its People». *Evening Star*. Washington D.C. 26 de mayo de 1899, pág. 1.
[1606] *Id.*
[1607] «La alocución del General Henry...».
[1608] *Id.*
[1609] *Id.*
[1610] Carpenter, Frank: «The Belles of Porto Rico. Frank Carpenter Writes of the Pretty Girls of San Juan -Women's Work and Wages». *The St. Joseph Herald*. St. Joseph. Missouri. 30 de julio de 1899, pág. 12.
[1611] «To Educate Porto Rico». *The North Adams Transcript*. North Adams, Massachusetts. 6 de enero de 1899, pág.1.
[1612] «Orden definiendo escuelas públicas y los derechos de los alumnos»...

Policía y tribunales

Henry, en la tarea de colonizar la isla, decidió intervenir otro cuerpo importante: la Policía.

> Es mi deseo introducir, tan pronto como posible sea, individuos de policía americana, que guíen a los policías del país con la enseñanza del ejemplo, mostrándoles plenamente su deber y levantando en ellos la fuerza moral para el ejercicio de la autoridad de que están revestidos, autoridad que, en estos momentos parecen faltos de voluntad para ejercer. Con el objeto de dar tal ejemplo, se empleará, ahora, algunos americanos en la isla, con la retribución de $50, oro, al mes. Si resultan aptos, su paga se aumentará hasta $75 de igual moneda.[1613]

El presupuesto del que se pagaría a los policías estadounidenses también provenía de las saqueadas arcas municipales. «Las poblaciones que deseen iniciar semejante sistema con uno o más individuos, me informarán de ello, expresando qué suma están dispuestos a pagar», instruía el militar en su plataforma.[1614]

El gobernador militar no dejó esta idea en meras palabras. Ejecutó de inmediato su propuesta. Le correspondió a Luis Muñoz Rivera, como secretario de Gobernación, hacerse cargo de su implantación. Muñoz asumió con gusto la tarea. El 30 de diciembre de 1898, el primer ministro informaba a través de *La Democracia*, que hubiera querido que «empezase dicho cuerpo a funcionar desde los primeros días de enero de 1899».[1615] Pero, se justificaba, «a causa de la enorme acumulación de trabajo en la Secretaría de Gobernación fue imposible hasta hoy consagrar tiempo a la organización de la policía que se proyecta».[1616] Muñoz, en su tarea de echar a andar la Policía americanizada y militarizada, aceptó del general Grant «trescientas carabinas e igual número de revólveres, con las cargas correspondientes».[1617] Más tarde, en un doble discurso y luego de ser expulsado del Gobierno, Muñoz Rivera criticó al cuerpo policial y trató de desvincularse de sus orígenes como si nunca hubiera sido su padre putativo.

Además de la Policía,[1618] Guy V. Henry se encargó de penetrar los tribunales del país.

> Para el caso en que los tribunales civiles falten al cumplimiento del deber en el procesamiento de bandidos y asesinos, he organizado comisiones, cuya obligación consiste en someter a juicio a dichos malhechores.
>
> Los alcaldes darán cuenta de todos los casos de esta índole que ocurran y los oficiales militares con mando, presentarán la acusación, con suficientes pruebas, a este cuartel general, de donde estas causas serán remitidas a las comisiones militares, para que se proceda como corresponde.[1619]

[1613] «La alocución del General Henry...».
[1614] *Id.*
[1615] «Ecos del Norte». *La Democracia*. Ponce, Puerto Rico. 30 de diciembre de 1898, pág. 3.
[1616] *Id.*
[1617] *Id.*
[1618] Esta incipiente policía fue la base para la creación definitiva de la Policía Insular de Puerto Rico, que se creó por ley de la Cámara de Delegados en 1901. *Leyes y Resoluciones de la Primera Asamblea Legislativa de Puerto Rico*. San Juan, Puerto Rico. 1901, págs. 116-121.
[1619] «La alocución del General Henry...».

Aduanas

En su programa de gobierno, Henry mencionó que los derechos de aduanas, hasta ese momento bajo jurisdicción compartida entre el secretario de Hacienda y el Ejército de Estados Unidos, «penden de resoluciones del Congreso».[1620] Lo que no dijo fue que, en ese preciso momento, ya estaba en el escritorio de McKinley un proyecto de orden sobre el tema.

Recordemos que el control de las aduanas era requisito indispensable para retirar de circulación el peso provincial y completar, con éxito, la estafa que nos haría gravitar alrededor del patrón dólar y de Wall Street. Por eso, el 13 de diciembre de 1898, y antes de que se expresara sobre el canje de monedas, William McKinley firmó una orden ejecutiva que otorgaba al Ejército el dominio completo y exclusivo sobre las aduanas del país.

La orden declaraba a San Juan como el puerto de entrada y los de Ponce y Mayagüez como puertos subsidiarios. «A cada uno se destinará un oficial del Ejército quien será el responsable de recaudar los derechos de aduana y ejercerá jurisdicción sobre dicho puerto. El secretario de Guerra nombrará los colectores, inspectores y demás empleados civiles que puedan necesitarse».[1621] En paralelo, McKinley ordenó que luego del 1 de enero de 1899 todos los impuestos aduaneros se cobraran en dólares estadounidenses basados en oro.[1622]

Por virtud de esta orden ejecutiva, los empleados de aduanas y puertos pasaron a la jurisdicción del Ejército de Estados Unidos. Ese mismo mes de diciembre, el secretario de Guerra nombró al capitán James A. Buchanan, del Regimiento 11 de Infantería quien ya trabajaba en el puerto de Mayagüez, para fungir como jefe colector de aduanas del puerto de San Juan con poder de supervisión sobre todos los demás puertos de la isla.[1623]

Consejo de Secretarios

Henry no olvidó mencionar en su amplio plan de gobierno al Consejo de Secretarios. «Al hacerme cargo del mando», explicó, «el Gabinete elegido por el general Brooke puso en mis manos su dimisión para dejarme en libertad de acción completa». Al parecer, el astuto militar decidió que no era momento para enfrentarse a Muñoz y a sus estrategias populistas.[1624]

> Consideré que era en interés de la isla retener a esos hombres en sus cargos, mientras razón no tuviese para determinar su relevo, en caso de que tal cosa ocurriese jamás porque creo que son hombres de capacidad, que tienen el bien de la isla en su corazón y que regulan sus actos sencillamente por los intereses del país, antes que por motivos personales que pudieran inspirar su conducta.[1625]

[1620] Id.
[1621] «Departamento de Guerra. Orden del Presidente 13 de diciembre de 1898». *La Democracia*. Ponce, Puerto Rico. 30 de diciembre de 1898, pág. 2.
[1622] «Retiring Spanish Money». *Evening Standard*. Leavenworth, Kansas. 30 de diciembre de 1898, pág. 1.
[1623] «To Collect Porto Rico Customs». *Evening Star*. Washington, District of Columbia. 27 de diciembre de 1898, pág. 8.
[1624] «La alocución del General Henry...».
[1625] Id.

Hermosas palabras: 2 meses antes de la ratificación del Tratado

Luego de conocerse el programa de gobierno de Henry, *La Democracia* se deshizo en elogios al viejo general:

> El documento es importantísimo; es el criterio que el General Henry se propone seguir mientras se halle al frente del gobierno de esta isla. Revela el buen deseo que le anima en pro del progreso material y moral de la colonia.
> Más que un programa político es una serie de consejos paternales que Mr. Henry da a los puertorriqueños para que, observándolos fielmente, pueda este pueblo entrar de lleno, y a la mayor brevedad posible, a participar de los derechos inherentes a todo ciudadano de la gran República. [...] A nosotros que nunca adulamos al general Henry; a nosotros que no le dedicamos ditirambos prematuros, sino que seriamente aguardamos sus actos para juzgarle con entera imparcialidad, cúmplenos hoy tributarle nuestros aplausos por los deseos que en su programa demuestra de realizar el bien en esta tierra; así como por la justicia que hace al patriotismo, honradez y capacidad de los Secretarios de Despacho, que en el gobierno representan a la inmensa mayoría del país.[1626]

Como notará el lector, a Muñoz Rivera y sus acólitos no les importó —en ese momento— que se contrataran maestras y policías estadounidenses, que se militarizaran los tribunales, que las aduanas pasaran a manos del Ejército americano y, tampoco, que Henry amenazara con clausurar todos los periódicos que hablaran mal del gobierno o de sus agentes, implantando así una férrea censura a la libertad de expresión.

Guy V. Henry había dejado el Consejo intacto y también a su presidente Luis Muñoz Rivera. Por eso —al igual que lo fue Brooke en su momento— era bueno. Por eso merecía felicitaciones, telegramas, aplausos y todo el apoyo a su gestión de gobierno. «Aplaudimos al general Henry, y enviamos nuestro pésame a los que aguardaban lo contrario».[1627] El hecho de que la Policía, el sistema de educación, los tribunales y las aduanas del país se llenaran con funcionarios estadounidenses no era importante… todavía.

«Hermosas palabras», así describía *La Democracia* el punto sexto de la alocución del gobernador:

> Palabras de justicia que el digno general dedica a unos hombres que llevan el bien de la isla en su corazón y que impasibles, sin preocuparse de otra cosa que de ayudar al gobierno en la gran obra de regenerar a esta tierra, marchan sin parar mientes en los insultos.
> El gran general Henry, hombre de corazón sano, de sentimientos honrados y con talento suficiente para comprender las pequeñeces de esa politiquilla, no hizo caso, y atento solo al cumplimiento de su deber ha dicho: *mientras estos hombres no den motivo para ello les conservo a mi lado por interés del país, porque son hombres capaces; hombres patriotas que no inspiran sus actos en motivos personales.*[1628]

[1626] *Id.*
[1627] «La Dimisión». *La Democracia*. Ponce, Puerto Rico. 8 de diciembre de 1898, pág. 2.
[1628] «Palabras del General». *La Democracia*. Ponce, Puerto Rico. 15 de diciembre de 1898, pág. 2.

CAPÍTULO 10

Luis Muñoz Rivera aprovechó cada ocasión para colocarse en el centro de la atención. Imagen: «Celebración en el hotel Inglaterra por la llegada de Luis Muñoz Rivera de Nueva York». Sin fecha. Fundación Luis Muñoz Marín.

El eclipse

El mismo día que *La Democracia* publicó el programa de gobierno de Henry y al mismo tiempo que McKinley secuestraba las aduanas del país, el 13 de diciembre de 1898, los puertorriqueños observaron con curiosidad un eclipse parcial del Sol. Pocos días después, el 27 de diciembre, a las 5:26 en punto de la tarde, comenzó otro impresionante eclipse, esta vez uno total de la Luna que concluyó a las 9:11 minutos de la noche y que fue perfecta y maravillosamente visible en todos los puntos del país.[1629]

Quizás aquellos fenómenos naturales auguraban otro declive. Pero, el Jefe no se dio por aludido. De momento no había razones para alarmarse.

[1629] «El eclipse de anoche». *La Correspondencia*. 28 de diciembre de 1898, pág. 3.

Acercamiento a la caverna más profunda

Casi en paralelo a su programa de gobierno, Henry envió al presidente y a los secretarios del Consejo una circular, firmada el 9 de diciembre de 1898 y publicada en *La Gaceta* el 14 de diciembre, en la que convocaba a una asamblea. «Anhelo vivamente que el pueblo sienta que puede tener alguna representación aquí, y exponer ante mí las quejas, agravios o indicaciones que deseen».[1630]

> A este fin deseo que os comuniquéis con los Alcaldes y estos con sus Concejales, para que del seno de los Municipios que designéis —de las principales poblaciones o de todas si lo estimáis preferible— envíen dos delegados elegidos por la Corporación, los cuales deberán respectivamente representar uno de los partidos radical [ortodoxo] y liberal [fusionista]. Si dentro de la Corporación no fuese posible hallar uno y otro, el Alcalde los elegirá de entre los vecinos no pertenecientes a dicha Corporación. Estos delegados deberán constituirse en San Juan el lunes 19 del corriente.[1631]

Muñoz Rivera tenía razones sobradas para desconfiar de esta asamblea. En el primer párrafo de la convocatoria el gobernador se refirió de forma directa a él. «Parece como que existe la idea de que, hoy por hoy, el país está gobernado a voluntad de un solo hombre, lo cual es una reliquia del sistema español».[1632] Más adelante abundaba un poco más y, ¡no había duda! Henry amenazaba, de forma directa, lo más preciado del Jefe: su red clientelar.

> También existen quejas de que el número de empleados anejos al Gabinete, es excesivo y que los sueldos que se pagan son más crecidos de lo que puede soportar el país sin gravar al contribuyente. Este asunto será examinado y estudiado detenidamente […].[1633]

En ese momento debieron saltar todas las alarmas del caudillo. Aquello no podía augurar nada bueno. El peñasco que cargaba *Sísifo* amenazaba con rodar pendiente abajo, si no tomaba medidas de inmediato. Era el momento de poner 'manos a la obra'. Lo primero fue tantear las aguas y, para eso, consiguió una reunión con el gobernador tan pronto como el 15 de diciembre. De forma simultánea, los periódicos satélites del presidente del Consejo comenzaron a publicar 'rumores' que repetían el supuesto de que los «puros, ortodoxos o radicales —que a todos esos nombres responden *ellos*— no asistirán a la asamblea. De ser así, lo sentimos por *ellos*».[1634]

La propaganda muñocista previa a la asamblea intentó, además, hacer creer que Henry tenía como objetivo «matar esa *polilla política* que pretende destruir su obra»,[1635] en clara referencia a los ortodoxos.

[1630] «Cuartel General de Puerto Rico». *La Gaceta de Puerto Rico*. San Juan, Puerto Rico. 14 de diciembre de 1898, pág. 1.
[1631] *Id.*
[1632] *Id.*
[1633] *Id.*
[1634] «Ecos del Norte». *La Democracia*. Ponce, Puerto Rico. 15 de diciembre de 1898, pág. 2.
[1635] «Palabras del General». *La Democracia*. Ponce, Puerto Rico. 15 de diciembre de 1898, pág. 2.

El general Henry debió ver una lección en el modo con que esa prensa despidió a su digno antecesor. Y que ha conocido bien a esos politiquillos lo demuestran estas frases que encontramos en su circular convocando para la Asamblea del lunes.

«No deben venir —dice a los delegados— contando con que bastarán sus indicaciones para deponer a las personas que ocupan el poder, ni aún para criticarlas personalmente. A nada se prestará atención».

Siga por ese camino el general Henry y lo conseguirá; es más, tendrá el aplauso del país sensato que quiere paz, orden y armonía; si bien la censurarán media docena de ambiciosos sin arraigo en la opinión, y que se imaginaron que aquí iba a reinar el desorden y la anarquía. Callen, pues, esas cuatro voces.[1636]

Como ya hemos visto en previas campañas de factura muñocista, la adulación extrema al gobernador de turno es una parte importante de las estrategias. Esta ocasión no fue la excepción. «Es un documento que demuestra la sinceridad y la buena fe con que el general Henry quiere administrar los intereses de esta Isla»,[1637] comentaba *La Democracia* en referencia a la convocatoria a asamblea.

> Este acto del general Henry demuestra la bondad de sus sentimientos y la buena fe con que quiere implantar en este país las prácticas democráticas de su nación; pues pudiendo gobernar con un régimen absolutamente militar, como hubieran hecho los gobernadores, pide el concurso del pueblo.[1638]

Henry, por su parte, se preparó para la asamblea. Montó una red importante de acopio de datos que bien podría catalogarse como una contrainteligencia en toda regla. La mejor descripción de las estrategias del gobernador por aquellos días la ofreció el mayor George W. Fishback, quien estaba en la isla como jefe pagador del Ejército. Contó Fishback a *The Globe Democrat*:

> Durante semanas antes de que se reuniera la convención, el Gobernador General empleó todos los medios disponibles para obtener información que le fuera útil para sopesar las opiniones presentadas. Fui uno de los que llamó a contribuir a su propósito. El General sabía que yo estaba familiarizado con la lengua española. Un día me llamó a palacio. Me dijo que quería que me paseara entre los políticos de ambos partidos en la isla y consiguiera toda la información que pudiera sobre sus diferencias políticas. Era una tarea difícil, pero prometí hacer lo mejor que pudiera. Antes de que se reuniera la convención de los alcaldes, pude darle información bastante completa sobre las condiciones políticas. Henry usó a todos los demás que podrían ser de ayuda, tal como me usó a mí, demostrando así sus calificaciones como líder.[1639]

[1636] *Id.*
[1637] «La Convocatoria». *La Democracia*. Ponce, Puerto Rico. 14 de diciembre de 1898, pág. 2.
[1638] *Id.*
[1639] «Affairs in Porto Rico. Recent Observations of Maj. George W. Fishback». *St. Louis Globe-Democrat*. St. Louis, Missouri. 2 de febrero de 1899, pág. 6.

El calvario

Grandes cantidades de personas se aglomeraron el lunes, 19 de diciembre, alrededor de La Fortaleza. Todos querían ver a los dos delegados, uno ortodoxo y otro liberal, enviados por cada ayuntamiento. De lejos se podían distinguir a los antiguos miembros del directorio ortodoxo, Manuel F. Rossy y Santiago Veve; también a los secretarios Cayetano Coll y Toste, Salvador Carbonell, Juan Hernández López y su presidente Luis Muñoz Rivera, este último en riguroso traje negro.

Puntual a las diez de la mañana, el general Henry abrió la asamblea. Comenzó advirtiendo a los participantes que «no debe haber disputas, ni regaños, ni quejas infantiles de enemigos políticos, ni esfuerzos para promover venganzas personales en esta asamblea».[1640] Aunque era una tarea casi imposible de lograr, el gobernador hizo hincapié en que no estaba ahí para escuchar peleas entre muñocistas y barbosistas.

> Todo lo concerniente a banderías políticas, debe descartarse, dando al olvido las añejas animosidades y unidos como un solo hombre, trabajar todos por una sola causa: el bien de la Isla. Si no podéis aveniros a trabajar unidos, resuelto estoy a escuchar a los representantes de otras agrupaciones y resolveré en definitiva, lo cual será siempre en pro de las masas y de los pueblos interesados [...].[1641]

Además, el gobernador militar, entendió prudente aclarar que:

> Aquí no hay Autonomía ni Gobierno Insular. La única autonomía es la suma de libertad de acción que tenga a bien conceder el Gobierno Militar. No existe, digo, Gobierno Insular; el único gobierno existente, hoy por hoy, es el militar, auxiliado por un Gabinete de funcionarios o ciudadanos que aquel tenga por conveniente llamar a su lado. Estos podrían ser sustituidos por oficiales del ejército, lo mismo que los Alcaldes [...][1642]

Dicho lo anterior, pidió a los liberales que se pusieran de pie, luego los instruyó a que se sentaran para que permitieran pararse a los ortodoxos. Los contó uno a uno. La desconfianza de Henry era inmensa y lo vergonzoso es que tenía razón para ello. Muñoz Rivera y su gente intentó por todos los medios torpedear la presencia de los 'puros' en aquella asamblea y casi lo logran. Los liberales superaban dos a uno a los ortodoxos.[1643]

Aquella asamblea representó la primera oportunidad en la historia política de la isla de conversar sobre los problemas del país frente a un gobernador. Allí estaban los representantes de todos los ayuntamientos, sentados frente a la plana mayor del gobierno civil y militar. Sin embargo, los delegados prefirieron enfocar sus largos discursos —en inglés y en español o en un

---

[1640] «Our Rule of Porto Rico. Much Expected from the General Assembly». *Boston Evening Transcript*. Boston, Massachusetts. 4 de enero de 1899, pág. 16.
[1641] «Discurso de apertura del general Henry en la Asamblea de ayer». *La Correspondencia*. San Juan, Puerto Rico. 20 de diciembre de 1898, pág. 2.
[1642] *Id.*
[1643] *Id.*

español inentendible para los estadounidenses presentes— en felicitar a Henry y a Mckinley, y en pedir exactamente lo mismo que el gobernador militar había incluido en su programa o lo que el presidente ya tenía resuelto vía órdenes ejecutivas: escuelas gratuitas; autonomía para los municipios; canje y cabotaje; creación de un cuerpo de Policía dirigido por estadounidenses y poco más.[1644] Algunos se ocuparon solo de que su discurso sonara lo más rimbombante posible para ser catalogados como «oradores elocuentes». Ese fue el caso de Herminio Díaz.[1645]

Ninguno de los delegados mencionó la hambruna y la miseria que asolaban a los habitantes de cada uno de los municipios ni que los derechos civiles y la condición política del país se había traspasado al Congreso de Estados Unidos. Eso sí, se entretuvieron en filosofar, desde la enajenación racista y elitista en la que vivían, si debían otorgar o no el derecho al voto a «los ignorantes que no saben leer ni escribir, demasiado ociosos y apáticos para aprender y adquirir propiedades», tal como propusieron Juan Hernández López y Santiago Veve.[1646]

En cuanto al tema específico del derecho al voto, Muñoz Rivera intervino para asegurar ante sus correligionarios, la prensa y el gobernador, que era «partidario del sufragio universal, pues tiene la seguridad plena de que su pueblo no hará mal uso de tan sublime derecho, dando pruebas de su buen criterio y de su civismo».[1647] El presidente del Consejo volvió a echar mano de su particular y populista concepto de 'pueblo' para repetir que no le preocupaba que las personas que no sabían leer ni escribir votaran porque, igual, «tenía garantizado el triunfo».[1648]

> A los antiguos liberales les es indiferente, para el triunfo, una y otra forma del sufragio; con todas ellas disponen de una fuerte mayoría; pero en materia de principios, formo entre los más entusiastas defensores de que vote el pueblo sin corta pizzas [sic].
> Y ahora digo que no me asalta temor de que el *pueblo* se vuelva contra mí; que con el concurso del *pueblo* vencí siempre en las urnas; que tengo fe en el *pueblo* y que con él voy a todas partes, por que [sic] él me sostuvo en la lucha y me llevó a la victoria.[1649]

El Jefe aseguró, de forma pública, que era un entusiasta partidario del sufragio universal. Pero un mes antes, de forma privada, le dijo lo contrario al comisionado Henry Carroll:

> Teniendo en cuenta el estado de educación de nuestro pueblo y también la diferencia de raza, siendo la raza anglosajona un pueblo reflexivo y de debate y tranquilo, mientras que la raza latina es excitable y poco deliberante, y a la edad de 21 años un hombre de esta última raza no ha formado carácter, creo que no es prudente hacer el cambio sugerido. Considero que el Gobierno de los Estados Unidos debe prestar mucha atención a este asunto del sufragio, porque es quizás el más grave que tendrá que resolver. De la votación procederá el gobierno del país y la experiencia

---

[1644] «Última hora. La Asamblea. Primera Sesión. Proposiciones y discursos». *La Correspondencia*. San Juan, Puerto Rico. 19 de diciembre de 1898, pág. 3.
[1645] «La Asamblea Primera Sesión. Continúan los discursos». *La Correspondencia*. San Juan, Puerto Rico. 20 de diciembre de 1898, pág. 2.
[1646] *Id.*
[1647] «La Asamblea. Útima sesión. Los oradores». *La Correspondencia*. San Juan, Puerto Rico. 20 de diciembre de 1898, pág. 3.
[1648] *Id.*
[1649] *Id.*

ya nos ha demostrado que sería sumamente peligroso entregar nuestro futuro a las masas, que carecen por completo de educación cívica y que podrían estar mal dirigidas por la audacia de agitadores que los convertirían en sus herramientas.[1650]

Por último, en la asamblea, y sin importar las advertencias de Henry, las peleas chiquitas se hicieron presentes. El primero en halar el gatillo fue el licenciado Manuel F. Rossy, quien en un extenso discurso pidió la supresión del Consejo de Secretarios por los fraudes cometidos en las elecciones de marzo de 1898. Muñoz Rivera le contestó con la narrativa victimista que acostumbraba utilizar cuando se sentía desenmascarado en público.[1651]

> El Consejo de Secretarios puede destruir, pulverizar, los cargos del señor Rossy; pero no quiere contestarlos. Ocupa este sitio y en él recibe los dardos de sus enemigos, más o menos saturados de veneno. Los recoge y los perdona: no los devuelve. Solo lamento que a las notas de paz y de olvido, de unión y de concordia, que dimos ayer, no respondan notas idénticas de nuestros adversarios. Yo espero que rectifiquen su conducta que desistan de su actitud, y que vengan a confundirse con nosotros para formar juntos la grande y noble familia puertorriqueña a la sombra del invicto pabellón americano.[1652]

Como buen populista, Muñoz terminó su discurso echando balones fuera y negando cualquier responsabilidad sobre cualquier asunto. «Si mi esperanza se frustra y se pierde, no será la culpa mía ni de mis amigos. Será de los que enarbolan el trapo de sus odios como única bandera de combate». Ante palabras tan incendiarias, el aplauso de la concurrencia «fue inmenso».[1653] Henry, por su parte, contestó a la petición de remover a los secretarios del modo siguiente:

> Cuando vine a ocupar el puesto de mi digno antecesor el General Brooke, presentóme su dimisión el Sr. Muñoz Rivera manifestando que se hallaba dispuesto a alejarse del país [...] No admití la dimisión: el Sr. Muñoz Rivera, por amor a su país, sirvió a España y la sirvió con lealtad. Esto, para mí, constituye una garantía.
> Los Secretarios de despacho son buenos, yo así lo creo. Para sustituirlos se me ha recomendado a varios señores, algunos de los cuales no me parecen aptos. Indicadme cuatro hombres que reúnan el valor y la capacidad que reúnen los que tengo a mi lado. Son honrados y se interesan por servir a su paisano. Yo confío en ellos.[1654]

Con estas palabras, Guy V. Henry dio por terminada la asamblea. Se cerró así la única oportunidad de plantear, debatir y resolver los asuntos trascendentales del país. De nuevo, la élite política se posicionó en el bucle infinito de ¡viva Muñoz! o ¡muera Muñoz! Todo giró, una vez más, sobre la figura de Muñoz Rivera mientras se dejaban a un lado los aspectos vitales de

---

[1650] Carroll: *Report on The Island of Porto Rico ...*, págs. 235-236.
[1651] «La Asamblea. Útima sesión...».
[1652] *Id.*
[1653] *Id.*
[1654] *Id.*

país. Durante los días siguientes, los periódicos se dedicaron, casi de forma exclusiva, a dar su opinión sobre la asamblea. «La asamblea ha sido un exitazo»; «el efecto de la asamblea es atroz para los *puros*»; «se puso de manifiesto la pequeñez de espíritu de los radicales»;[1655] «se ve que Manuel Rossy no tiene otro programa que el de guerra a Muñoz Rivera y sus amigos».[1656] En cuanto al gobernador, *La Democracia* y *El Liberal*, (ambos periódicos fundados por Muñoz Rivera), seguían considerándolo otra maravilla igual o superior a Brooke. Así describía *La Democracia* a Henry el 24 de diciembre de 1898.

> El general Henry mantuvo allí, en alto, muy en alto, la representación de que la gran república le inviste. Se mostró digno de ella en sus tendencias nobles hacia la libertad. Se mostró a la altura de sí mismo en el mantenimiento de su autoridad indiscutible. Fue un mandatario noble y enérgico de un pueblo grande y supo presentarse ante todos como lo es: como hombre de corazón, de cerebro firme, de poderosa voluntad.[1657]

Henry vs. Muñoz

Las alegrías duraron hasta que el mismo 24 de diciembre de 1898, día en que el presidente del Consejo y los secretarios se preparaban para celebrar la primera Nochebuena a lo americano, el general Henry les envió una carta que turbó sus ánimos.

Anunciaba el gobernador en aquella comunicación dirigida a Luis Muñoz Rivera que, tal como había anticipado en la asamblea, reduciría el presupuesto de la isla de todas formas posibles. «Confío en usted para que los gastos disminuyan cuanto sea dable disminuirlos y dejo a usted y a sus auxiliares el cuidado de regular este asunto que estará, no obstante, sujeto a los cambios que crea yo conveniente introducir».[1658] Para Muñoz este asunto era radiactivo de su faz. Según él, ya no se podía ahorrar ni un centavo más. Se escudó en la eliminación de la Diputación Provincial y en el hecho de que los salarios del clero no saldrían más del Gobierno, para justificar su postura. La isla gozaba de un superávit de 1 millón, 170 000 pesos provinciales, por lo que la situación no era «tan difícil, ni tan grave».[1659]

Bajar el pesado costo de la nómina gubernamental y establecer un equilibrio fiscal no era algo que le interesara particularmente a Muñoz Rivera. Todo lo contrario. Ya sabemos que los populistas utilizan de modo discrecional los fondos públicos. Disponen a su antojo de los recursos del país sin asumir responsabilidad alguna, y para lograrlo mientras más grande sea el gasto gubernamental, mejor.

[1655] «Cartas cortas». *La Democracia*. Ponce, Puerto Rico. 22 de diciembre de 1898, pág. 2.
[1656] «Oradores de la Asamblea». *La Democracia*. Ponce, Puerto Rico. 23 de diciembre de 1898, pág. 2.
[1657] «Lo que anhela Puerto Rico». *La Democracia*. Ponce, Puerto Rico. 24 de diciembre de 1898, pág. 2.
[1658] «Cuartel General. Departamento de Puerto-Rico. Al Secretario Muñoz Rivera». *La Gaceta de Puerto Rico*. San Juan, Puerto Rico. 25 de diciembre de 1898, pág. 2.
[1659] «Carta de Luis Muñoz Rivera al general Henry». *La Gaceta de Puerto Rico*. San Juan, Puerto Rico. 25 de diciembre de 1898, págs. 1-2.

La parte más alarmante de la carta de Nochebuena de Henry tenía que ver con la red clientelar que con tanto esmero había cultivado Muñoz Rivera. El general pretendía que en los ayuntamientos hubiera igualdad de fuerzas políticas; que existiera el mismo número de concejales fusionistas que ortodoxos. Esa transformación debía realizarse de forma gradual y «por recomendación de los Concejos mismos o de los hombres de arraigo en el comercio de las distintas localidades aprobadas por el Ayuntamiento».[1660]

> Creí también que algunos Concejales se inclinarían a dejar vacantes sus puestos, a fin de que los otros pudieran tener representación. No me propongo hacer cambios radicales echando de los Ayuntamientos a las personas que los ocupan en la actualidad; pero sí me propongo proceder de tal manera que se satisfaga el interés de los pueblos y se produzcan la paz, la armonía y el progreso de la isla; para cuyos fines todos trabajamos juntos.[1661]

¿Compartir los ayuntamientos con los ortodoxos?, ¿permitir que los alcaldes fueran electos por concejales de ambos partidos?, ¿perder el control absoluto en los municipios? Jamás. La mera idea significaba una 'crisis' para Muñoz y, por supuesto, así lo calificó *La Democracia*.[1662] En ese momento nada importaba más: ni el artículo IX del Tratado de París ni la estafa monumental del canje de moneda ni que la población muriera de inanición. Había que parar el empuje del general Henry. Hacia allí se dirigieron todas las fuerzas de Muñoz Rivera y de su red de clientelas.

El primer ministro contestó de inmediato: «En cuanto a los municipios y a la igualdad de fuerzas políticas en ellos, el Consejo de Secretarios demostró que busca siempre la ponderación y el equilibrio de todas las tendencias», intentaba explicar Muñoz aunque, de forma evidente, las palabras y los hechos no coincidían. «El Consejo cooperará con gusto a la obra que os dignáis anunciarme, pero sin que se entienda que el Gobierno arroja de sus puestos en los Municipios a los que hoy los ocupan».[1663]

En una jugada magistral, Muñoz Rivera intentó que el general a cargo del país siguiera su particular fórmula para resolver el problema. Trató que el gobernador gobernara a su manera.

> Mientras los Ayuntamientos puedan ser elegidos por los ciudadanos en las urnas, se cubrirán con hombres del radicalismo [ortodoxos] las vacantes que existen y las que ocurran, en los pueblos donde ese partido disponga de personas elegibles para esos cargos cuando se llegue a nivelar el número de liberales con el de radicales, se cubrirán las nuevas vacantes, de suerte que no se rompa el equilibrio. Y quedarán satisfechas las aspiraciones del Gobierno Militar y las del Consejo de Secretarios que quiere realizar la justicia y marchar a la concordia.[1664]

Muñoz no desaprovechó la ocasión para, de nuevo, colocarse como víctima. Le recordó a Henry que «en la asamblea del 19 solo se escuchó un llamamiento a la unión: el que hicierais

---

[1660] «Cuartel General. Departamento de Puerto-Rico. Al Secretario Muñoz Rivera».
[1661] *Id.*
[1662] «Ecos del Norte». *La Democracia*. Ponce, Puerto Rico. 26 de diciembre de 1898, pág. 2.
[1663] «Carta de Luis Muñoz Rivera al general Henry».
[1664] *Id.*

vos; el que repitieron el Presidente del Consejo y el Secretario de Justicia, sin que del campo radical se levantase un orador para recoger tan nobles iniciativas».[1665] Él y su gente eran los 'buenos'; los otros, los 'malos'.

Guy V. Henry devolvió la misiva asegurando a Muñoz que «si mis planes no logran buen éxito, me veré obligado a nombrar yo mismo los Concejales, sobre la base de buenas recomendaciones lo que en modo alguno deseo».[1666] Muñoz Rivera, haciendo gala de las viejas estrategias que lo llevaron al poder, envió la carta de Henry a varios periódicos.[1667]

«La carta a la que se refiere usted era una de índole privada y no fue mi intención el que se publicase», explicó Henry al periodista de *The San Juan News*. «Al ser conocida, el criterio del público ha tomado rumbos erróneos. Ordené simplemente la supresión de empleados innecesarios y la más estricta reducción en las economías».[1668] El general, luego de verse expuesto por Muñoz Rivera y reconocer la jugarreta, le contestó el golpe. Le escribió una nota al Jefe en la que le otorgaba «permiso» para publicar todo lo que quisiera.

> Como la pública expresión de mis opiniones parece haber sido mal interpretada por usted mismo, sino también por otras personas, dejo a usted en perfecta libertad de dar a esta carta, en conexión con la suya, toda la publicidad que juzgue necesaria.[1669]

Muñoz Rivera no se retractó. Al contrario, luego de esta comunicación publicó las dos cartas en *La Democracia*.[1670] Henry hizo lo mismo en *La Gaceta*.[1671]

Renuncia... otra vez

La renuncia de Muñoz Rivera no podía faltar en el fuego cruzado con Henry. El político criollo presentó de forma oficial su renuncia 'irrevocable' (la segunda frente a este gobernador) para así poder echar mano de la acostumbrada retórica que tan buenos resultados le había dado.

> El Presidente del Consejo, juzgando que, después de la primera carta del General Henry, no quedaba en su sitio el decoro suyo y de sus compañeros presentó su renuncia sin tardanza e indicó la conveniencia de que se llamara a los radicales.
> El General Henry no aceptó la renuncia ni la indicación.
> Y el Consejo continúa.[1672]

[1665] *Id.*
[1666] «Cuartel General. Departamento de Puerto-Rico. Al Secretario Muñoz Rivera».
[1667] «Algo que no debe callarse. La reducción de sueldos de los Secretarios». *La Democracia*. Ponce, Puerto Rico. 30 de diciembre de 1898, pág. 2.
[1668] *Id.*
[1669] «Cuartel General. Departamento de Puerto-Rico. Al Secretario Muñoz Rivera».
[1670] «Dos cartas. Documentos oficiales». *La Democracia*. Ponce, Puerto Rico. 26 de diciembre de 1898, pág. 2.
[1671] «Parte Oficial». *La Gaceta de Puerto Rico*. San Juan, Puerto Rico. 25 de diciembre de 1898, págs. 1-2.
[1672] «Ecos del Norte». *La Democracia*. Ponce, Puerto Rico. 26 de diciembre de 1898, pág. 2.

Luis Muñoz Rivera, en su camino político, fabricó aliados y enemigos. En esta última categoría cayó el doctor Bailey K. Ashford (izquierda). Decía del doctor, en una carta a su socio Eduardo Giorgetti, en 1911: «Voy creyendo que la <u>ambicioncilla</u> del Dr. Ashford mueve las fichas en el tablero. Aquí se cree —¿quién lo hizo creer?— que el 20 por 1000 con que se rebajó la estadística de mortalidad, que era 41 y es 21, se debe a la curación de la anemia. Y lo de la anemia es lo que llaman los americanos un <u>fake</u>: simplemente una farsa, que nos cuesta más de $500 000 y que tal vez nos costará la ruina política del país». «Carta desde Washington a Eduardo Giorgetti, 23 de junio de 1911».
Fundación Luis Muñoz Marín.

Días más tarde, *El Liberal* ahondó más en la estrategia victimista de Muñoz Rivera. «Hay quienes desean que salga yo del Consejo» —decía Muñoz al director de aquel periódico del cual era propietario— «Ojalá que lo logren. Si dependiera de mi sola voluntad habría salido. Porque me cansa esta lucha con la mentira y el engaño. Pero depende también de la voluntad del país que me renueva día tras día su confianza».[1673]

Es una pena que Muñoz Rivera no sintiera la necesidad de renunciar antes: al ver cómo despojaban al país de sus riquezas naturales; cómo se repartían franquicias libres de impuestos; cómo imponían una estafa colosal en forma de canje; cómo dejaban en manos del Congreso los derechos civiles de los puertorriqueños; cómo secuestraban las aduanas; cómo —en definitiva— se robaban el futuro de Puerto Rico mientras él estaba de guardia.

Ataque a la red clientelar

Aquel rifirrafe terminó con cientos de empleados públicos despedidos. La carnicería en la red clientelar del Jefe fue a tal nivel que, de 12 000 pesos que se destinaban para esa nómina, solo quedaran 4000 pesos. A pesar de que el Gobierno dejaba sin empleo a los mismos que había nombrado, Muñoz Rivera continuó «aplaudiendo» a Guy V. Henry.[1674]

Los secretarios del Consejo también sufrieron recortes. Guy V. Henry les bajó el salario de 8000 a 6000 pesos. Aunque ni tan mal. Muñoz Rivera logró que esos 6000 se pagaran en oro y no en plata,[1675] lo que representó prácticamente un aumento. También cayeron en la redada los jueces de la Suprema Corte de Justicia. José Severo Quiñones, presidente, vio reducido su paga a 4500 pesos; José Conrado Hernández, como presidente de Sala comenzó a cobrar 4000, y el resto de los magistrados, 3500. José de Diego, presidente de la Corte de Justicia de lo Criminal de Mayagüez, vio encoger su salario a 3500, aunque siguió cobrando mucho más que el resto de los magistrados que recibían 2750 al año.[1676] En total, Guy V. Henry redujo el presupuesto para el año fiscal que comenzaría en enero de 1899, de 4 millones de pesos a 1 millón, 700 000.[1677]

Muñoz Rivera se vio obligado a cambiar las reglas del juego en cuanto al nombramiento de alcaldes y de concejales. De esta fecha en adelante, en contra de su voluntad, tuvo que hacer públicas las vacantes de concejales y permitir que fueran los propios ayuntamientos, y no él, quienes los escogieran.[1678]

A pesar de todo, el control seguía en las manos del hijo de Don Luis. Todo estaba bien.

[1673] «Ecos del Norte». *La Democracia*. Ponce, Puerto Rico. 30 de diciembre de 1898, pág. 3.
[1674] *Id.*
[1675] «Cuartel General de Puerto Rico». *La Gaceta de Puerto Rico*. San Juan, Puerto Rico. 8 de enero de 1899, pág. 1.
[1676] *Id.*
[1677] «San Juan de Porto Rico». *The Los Angeles Times*. Los Angeles, California. 25 de diciembre de 1898, pág. 2.
[1678] «Secretaría de Gobernación. Circular». *La Gaceta de Puerto Rico*. San Juan, Puerto Rico. 11 de enero de 1899, pág. 1.

Adiós al año más feliz: 1898

El año terminó como empezó: Muñoz Rivera peleando contra los ortodoxos mientras ignoraba los problemas terribles que asolaban al país. Durante los últimos días de aquel convulso 1898, el primer ministro se dedicó a hablar de los 'puros', de su presencia en las alcaldías y a tratar de circunvalar la orden de Henry, desviando la atención hacia unas elecciones inciertas. Elecciones municipales que, en ese momento, él se sabía ganador.

> Lo que debe hacer el general Henry es verificar las elecciones cuanto antes, para que una vez salgan de las urnas los Ayuntamientos legalmente constituidos.
> Cree el general Henry que constituidos los Ayuntamientos de por mitad surgirá la concordia, y nosotros opinamos lo contrario. Con eso solo se conseguiría llevar la oposición tenaz que hoy se desarrolla por calles y boticas, al seno de los Ayuntamientos, porque no son unas plazas más o menos de concejales, las que mantiene en ese elemento político el odio hacia los liberales.[1679]

Durante aquellos días finales del 98 Muñoz Rivera, siguió alabando en exceso al gobernador militar de turno. «El General Henry ve las cosas desde lo alto y quiere ser justo: el Consejo de Secretarios le secunda sin reservas», decía *La Democracia*, el 28 de diciembre de 1898. El 31 de diciembre, aseguraba que Henry hablaba con «la noble franqueza de un militar que no esconde su propósito ni su pensamiento».[1680] Estaban seguros de que «el general y el Consejo harán la concordia, a menos que se obstinen en obstruirla los hombres que con nada se conforman».[1681]

En aquel esfuerzo propagandístico de despedida de año, no faltaron los dardos envenenados dirigidos a sus enemigos favoritos. En un *sueltecillo* de *El Liberal*, publicado el 29 de diciembre, la prensa muñocista llamó pigmeos, turba de reptiles, pobres gentes, eunucos, entre otros epítetos a los hombres del antiguo Partido Autonomista Ortodoxo.

> ¿Que Muñoz Rivera no está contento? ¿Y cómo ha de estarlo si ve que, al agotarse el vocabulario de la diatriba, se acude a La Fortaleza con el engaño, con la falsedad, con la mentira? ¿Cómo ha de estarlo si no pelea en lid bizarra y generosa con un enemigo leal, sino en mísero pugilato con una turba de reptiles? […]
> ¡Pobres pigmeos, que al entrar en la batalla enarbolan, a guisa de bandera, el trapo de sus odios!
> ¡Pobres gentes que no obedecieron jamás a sus principios, que no recibieron nunca el impulso de una aspiración grande y pura: que se agitan catalépticas contra un paisano suyo, que los compadece y los excusa y los perdona!
> ¡Pobres eunucos![1682]

Por esos mismos días, el teniente coronel «Bulter Amrs [sic] y el teniente Pearson, recién venidos de New York», regalaron a Muñoz Rivera, como presente de pascuas, un revólver igual

---

[1679] «La Fórmula». *La Democracia*. Ponce, Puerto Rico. 28 de diciembre de 1898, pág. 2.
[1680] «Cartas cortas». *La Democracia*. Ponce, Puerto Rico. 31 de diciembre de 1898, pág. 2.
[1681] «Cartas cortas». *La Democracia*. Ponce, Puerto Rico. 28 de diciembre de 1898, pág. 2.
[1682] «Cartas cortas». *La Democracia*. Ponce, Puerto Rico. 31 de diciembre de 1898, pág. 2.

CAPÍTULO 10

A juzgar por el ventajoso trato que recibió la American Railroad Company of Porto Rico, la reunión de su abogado corporativo, F. H. Dexter (a la derecha en la imagen), con el primer ministro Luis Muñoz Rivera, en diciembre de 1898, no fue otra cosa que un acercamiento para conseguir privilegios y prebendas del Estado.
Imagen: «Mr. Villard, director de American Railroad Company of Porto Rico junto al abogado de la compañía, F. H. Dexter». *Gráfico*. Núm. 44. 18 de agosto de 1912.

a los que usan los oficiales de la Marina de Estados Unidos.[1683] El Jefe, además, pudo celebrar «una larga entrevista» con Mr. Dexter. Según *La Democracia,* en aquella reunión «se trató muy a fondo la situación económica del país».[1684] F. H. Dexter, «don Paco» como le decían en Puerto Rico, era abogado de profesión y representaba los intereses de la American Railroad Company of Porto Rico, compañía que muy pronto obtendrá del gobierno, ventajosas franquicias y exenciones de impuestos.

Para cerrar con broche de oro el año «más feliz»,[1685] según *La Democracia,* el presidente del Consejo asistió junto a todos los secretarios al cumpleaños de Herminio Díaz Navarro. Mientras la mayoría de la población se moría de hambre, en aquella fiesta hubo derroche de dulces, pastas, licores y champán. Muñoz Rivera, abandonando su acostumbrada austeridad, le regaló al homenajeado «un par de artísticos bustos árabes de terracota», que fueron muy elogiados por la selecta concurrencia.[1686]

En palabras del cronista social de *La Correspondencia,* «las horas se deslizaron rápidas y felices entre los acordes de piano y los atractivos de amena, variada e interesante conversación».[1687]

1899: 1 mes antes de la ratificación del Tratado

Luis Muñoz Rivera comenzó el nuevo año feliz. Desde el primero de enero ocupó los dos pisos de la casa en la calle Fortaleza, pagada con fondos públicos, que hasta ese momento compartía con la oficina de la Presidencia del Consejo. Los asuntos de la Presidencia se comenzaron a despachar, a partir de esta fecha, en la Secretaría de Gobernación.[1688]

Tan feliz estaba que no vaciló en «tirar la casa por la ventana» al ofrecer una *soirée* (fiesta de sociedad) en su hermosa residencia. A este sonado festín asistieron «distinguidas damas y caballeros de la sociedad capitaleña», entre ellos «el senador y diputado norte-americanos que se hallan en San Juan». Según *La Democracia,* el general Henry «no pudo asistir por hallarse enfermo, pero estuvo uno de sus ayudantes representándole».[1689]

El jueves, 6 de enero de 1899, a pesar de la festividad española de los Reyes Magos, el general Henry convocó al Consejo de Secretarios para conversar, junto con «un representante del Congreso americano y otro del Senado», de asuntos importantes para Wall Street, como el precio de los jornales, el valor de los terrenos, la necesidad del catastro y las deficiencias estadísticas.[1690]

[1683] «Ecos del Norte». *La Democracia.* Ponce, Puerto Rico. 31 de diciembre de 1898, pág. 2.
[1684] «Ecos del Norte». *La Democracia.* Ponce, Puerto Rico. 30 de diciembre de 1898, pág. 3.
[1685] «Año Nuevo». *La Democracia.* Ponce, Puerto Rico. 31 de diciembre de 1898, pág. 2.
[1686] «Ecos de Sociedad. La fiesta de anoche». *La Correspondencia.* San Juan, Puerto Rico. 28 de diciembre de 1898, pág. 3.
[1687] *Id.*
[1688] «Ecos del Norte». *La Democracia.* Ponce, Puerto Rico. 26 de enero de 1899, pág. 2.
[1689] «Una soiree». *La Democracia.* Ponce, Puerto Rico. 11 de enero de 1899, pág. 3.
[1690] «Conferencia importante». *La Democracia.* Ponce, Puerto Rico. 9 de enero de 1899, págs. 2-3.

Después de dos horas de información detallada, y ya de pie para despedir a todos, el General Henry pronunció frases muy halagüeñas para el Consejo, declarando, una vez más, que este dispone de su plena confianza. «Quiero, decía, que conste aquí entre estos señores representantes de la nación, que estoy satisfecho de los servicios de él, porque me ayuda en la difícil tarea del gobierno, del modo más asiduo y eficaz».[1691]

Ese mismo 6 de enero, como ya sabemos, Henry nombró director de Instrucción Pública al general John B. Eaton.[1692] En enero también, James Buchanan asumió su puesto en la aduana de San Juan,[1693] y un intérprete del gobierno militar desplazó a José R. Baíz quien, no obstante, siguió siendo el traductor del Consejo de Secretarios.[1694] El 17 de enero, Henry separó de la Secretaría de Fomento el cargo de inspección y vigilancia de los faros de la isla. Para esa importante tarea nombró al alférez de la Marina de Estados Unidos, W.R. Gherardi.[1695] A pesar de los anteriores cambios y nombramientos, Muñoz Rivera, los secretarios y los periódicos satélites seguían felicitando a Henry.

> Afortunadamente se halla al frente del gobierno militar de la isla un hombre de conciencia recta y de buena voluntad, que en su afán de acertar le vemos a cada paso vacilante, indeciso, temeroso de dar un paso en falso, pero que una vez convencido de la verdad o del error, los afronta pronta y enérgicamente. Ese hombre es el general Henry.
> Las dos últimas disposiciones dictadas contra el militarismo entrometido, no pueden menos que obtener el aplauso unánime del país, que solo aspira, como hemos dicho ya, a que se le haga justicia, nada más que justicia […] El general Henry merece, pues, nuestro aplauso; el general Henry demuestra con esas circulares que está firmemente dispuesto a hacer cumplir las leyes; y el país no puede menos que guardarle gratitud.

La extrema gratitud y los aplausos no durarán mucho.

En el Senado: 1 mes antes de la ratificación del Tratado

Mientras en Puerto Rico los muñocistas complacían servilmente al gobernador militar, en Estados Unidos ocurrían intensísimos debates alrededor del Tratado de París. Luego de la firma, ambas naciones intercambiaron el proyecto para evaluación de las Cortes españolas y del Senado estadounidense, cuerpo que para aprobarlo necesitaba dos terceras partes de votos a favor.

McKinley y los comisionados anticipaban una fuerte oposición dentro de la Cámara Alta y en la población; sobre todo luego del nacimiento en Boston, de la Liga Antiimperialista, cuyo

---

[1691] Id.
[1692] «To Educate Porto Rico». *The North Adams Transcript*. North Adams, Massachusetts. 6 de enero de 1899, pág. 1.
[1693] «Nombramientos». *La Democracia*. Ponce, Puerto Rico. 20 de enero de 1899, pág. 2.
[1694] «Ecos del Norte». *La Democracia*. Ponce, Puerto Rico. 26 de diciembre de 1898, pág. 2.
[1695] «Orden general #4». *La Gaceta de Puerto Rico*. San Juan, Puerto Rico. 20 de enero de 1899, pág. 1.

objetivo principal era la lucha en contra de la anexión de Filipinas.[1696] Sus miembros, entre los que se encontraban Mark Twain, George S. Butwell[1697] y Samuel Gompers,[1698] creían ciegamente en la incompatibilidad del republicanismo democrático con el imperialismo. «Estados Unidos no puede ser un imperio y una república simultáneamente», aseguraban.[1699] Pero en el otro lado de las cuerdas, los que sí querían que se aprobara el tratado tenían de su parte a un poderoso senador: Henry Cabot Lodge. El amigo de Theodore Roosevelt y cuñado de John D. Luce asumió el asunto como una batalla personal y se encargó de torcer brazos, negociar y conseguir los votos necesarios.[1700]

Durante el mes de febrero de 1899, en Puerto Rico, otros eran los asuntos que mantenían ocupados a los políticos. Por ejemplo, el ayuntamiento de Aguas Buenas dedicó un valioso tiempo para cambiar los nombres de las calles Alfonso XII por McKinley; Palma por Henry y Mercedes por Luis Muñoz Rivera.[1701] Las discusiones en el Senado de Estados Unidos recibieron atención nula. Nada. Cero.

La crisis de los 13 días

Para los secretarios puertorriqueños el verdadero cataclismo comenzó la noche del 1 de febrero de 1899. Muñoz Rivera, Cayetano Coll y Toste, Salvador Carbonell y Juan Hernández López se encontraban en «plena fiesta palatina» (en el Palacio Episcopal),[1702] disfrutando la recepción que el monseñor Chapelle, arzobispo de Nueva Orleans, les había organizado.[1703] De repente, la alegría fue interrumpida por una petición totalmente inesperada: el general Henry le ordenó al presidente del Consejo que le «llevase de inmediato la renuncia del Secretario de Fomento Salvador Carbonell».[1704]

Esa noche comenzó el conteo regresivo para el Jefe.

Primer día de la crisis: miércoles, 1 de febrero

El asunto que desembocó en el despido de Carbonell tenía que ver con las obras para reparar los caminos vecinales. Henry tenía especial empeño en esta tarea. Había solicitado permiso para utilizar el dinero de las aduanas en las reparaciones[1705] y había enviado circulares a todos los

---

[1696] Library of Congress: *Anti-imperialist League*. < https://www.loc.gov/rr/hispanic/1898/league.html>. [10/09/2022].
[1697] Uno de los fundadores del Partido Republicano y secretario del Tesoro bajo el presidente Ulysses S. Grant.
[1698] Samuel Gompers, creador del 'Business Unionism' y presidente de la American Federation of Labor será crucial en el desarrollo y contenido final de la Ley Jones-Shafroth de 1917.
[1699] Barreto Velázquez, Norberto: *La amenaza colonial: el imperialismo norteamericano y las Filipinas*, 1900-1934. Sevilla. 2010, pág. 40.
[1700] McAvoy-Weissman: *Brotherly Letter...*, pág. 106.
[1701] «Noticias generales». *La Democracia*. Ponce, Puerto Rico. 3 de febrero de 1899, pág. 3.
[1702] Hoy, Palacio Arzobispal.
[1703] «Noticias del día». *Boletín Mercantil de Puerto Rico*. San Juan, Puerto Rico. 30 de enero de 1899, pág. 1.
[1704] «Nuestro antiamericanismo». *La Democracia*. Caguas, Puerto Rico. 18 de mayo de 1903, pág. 1.
[1705] «San Juan de Porto Rico». *The Los Angeles Times*. Los Ángeles, California. 25 de diciembre de 1898, pág. 2.

A pesar de las exigencias del gobernador militar, el secretario de Fomento, Salvador Carbonell, no echó a andar el proyecto de reparación de caminos vecinales. Carbonell se convirtió en el arquetipo del político procrastinador tan común en la casta política puertorriqueña. Imagen: «Salvador Carbonell». Dominio público.

alcaldes, para que cooperaran con el esfuerzo.[1706] Pero no conseguía que en la Secretaría de Fomento se terminaran siquiera los trabajos de planificación.

> El gran mal de Puerto Rico son los malos caminos. Un agricultor que transporta sus cultivos por veinte kilómetros tiene que pagar por el transporte casi tanto como le cuesta cultivarlos. La mercadería además tiene que pagar una alta tasa de entrada. Esto es «quemar la vela por ambos extremos, por el medio y a lo largo de la línea», como lo describió el señor Carroll, comisionado especial del presidente. No se puede hacer nada hasta que mejoren los caminos que conectan los pueblos entre sí y con las costas. Hasta entonces, la agricultura languidecerá, los precios serán altos y el país estará lleno de desempleados, especialmente en épocas de sequías.[1707]

Según explicó meses más tarde el propio gobernador militar, el doctor Carbonell sabía muy bien la extrema importancia de arreglar los caminos, pero en esta materia «parecía estar profundamente imbuido y atascado en la procrastinación española. Su maquinaria era española y sus métodos eran españoles». Henry le envió a Carbonell «queja tras queja, comunicación tras comunicación e hizo todo lo posible para que se diera cuenta de la gran necesidad que tenía la isla». El secretario, sin embargo, siguió empeñado en dedicar todo el tiempo en hacer planos para

---

[1706] «Caminos». *La Democracia*. Ponce, Puerto Rico. 20 de enero de 1899, pág. 2.
[1707] «Our Rule in Porto Rico». *Iowa City Press*. Iowa City, Iowa. 15 de agosto de 1899, pág. 3.

grandes carreteras hechas de macadamia para toda la isla, «sin mirar las necesidades presentes sino esforzándose por alcanzar la perfección futura. El resultado fue que no logró nada en absoluto», explicaba con asombro Henry.[1708]

> Carbonell informó al general Henry que su asistente tardaría un mes en preparar su informe de lo que se necesitaba. Cuando se le preguntó cuánto tiempo tomaría si se le autorizara a duplicar su fuerza clerical, ¡su notable respuesta fue que dos meses! ¿y por qué? ¡Porque pasar por tantas manos adicionales necesariamente llevaría más tiempo! [1709]

El viejo militar, que no lograba entender la extrema burocracia predominante en toda la empleomanía del Gobierno de Puerto Rico, quedó convencido de que la única solución era la salida inmediata del secretario.

Salvador Carbonell, para la fecha con cincuenta y siete años, nació en Cabo Rojo y se educó en París, donde se graduó de Medicina y Cirugía. Desde muy joven se le vio junto a Ramón Emeterio Betances en Cabo Rojo y Mayagüez esparciendo entre la población las ideas más liberales de su tiempo mientras protegía y liberaba a personas esclavizadas. Fue uno de los fundadores, junto con Román Baldorioty de Castro, del Partido Autonomista Puertorriqueño y —a diferencia de Muñoz Rivera—, en 1887 sufrió con estoicismo los rigores de las mazmorras del Morro, en unión a Baldorioty, Marín y Palmer, entre otros.[1710] Carbonell, en su consulta de médico, solía atender a los pobres gratuitamente.[1711] Al igual que Rosendo Matienzo Cintrón, practicaba la doctrina espiritista como un modelo de vida.[1712]

No podemos decir, sin embargo, que la faceta de Carbonell como funcionario del gobierno haya sido tan gloriosa como su vida privada. Durante el cisma del Partido Autonomista se dejó llevar por los fuegos fatuos de Muñoz Rivera, colaborando así a la guerra entre los políticos criollos. El doctor, además, mudó sus lealtades tan pronto se materializó la invasión estadounidense, sin plantearse cuestionamientos ideológicos, éticos o morales. En mayo de 1898, en un discurso en Maricao, gritaba «¡mueran los *yankees*!».[1713] En octubre de ese mismo año, juraba lealtad eterna a la Constitución de Estados Unidos. Como secretario de Fomento estuvo involucrado en el nombramiento ilegal de maestros, según la denuncia que hizo Julián Blanco. Como recordaremos, también fue uno de los responsables del desfalco de los fondos de retiro de los maestros ocurrido entre agosto y octubre de 1898. Carbonell, además, fue mencionado en el caso judicial que se siguió contra el ayudante de las Obras del Puerto, José I. Hernández Costa. A juzgar por el expediente jurídico, los talleres de las Obras del Puerto —organismo estatal que se nutría con dinero público— era el lugar donde los gobernadores y los políticos mandaban a construir sus muebles para sus casas o sus oficinas sin pagar por ellos. «Todos, incluso los secretarios de despacho autonómicos, disponían discrecionalmente de aquellos materiales».[1714]

[1708] *Id.*
[1709] *Id.*
[1710] «Doctor Salvador Carbonell». *La Correspondencia*. San Juan, Puerto Rico. 10 de agosto de 1904, pág. 2.
[1711] «Salvador Carbonell». *Boletín Mercantil*. San Juan, Puerto Rico. 10 de marzo de 1899, pág. 3.
[1712] «Notas de Ponce». *La Democracia*. San Juan, Puerto Rico. 2 de diciembre de 1905, pág. 3.
[1713] «Noticias». *La Correspondencia*. San Juan, Puerto Rico. 15 de mayo de 1898, pág. 3.
[1714] «Comunicado». *La Correspondencia*. San Juan, Puerto Rico. 8 de junio de 1899, pág. 3.

El secretario de Fomento Salvador Carbonell ordenó que le construyeran un ventilador para el comedor de su casa y luego, según la acusación, para 'congraciarse' con el general Brooke delató al ayudante Hernández Costa, al sobrestante Marín Rovira y al pagador Francisco Noa por la desaparición de algunos materiales, por la construcción en los talleres de objetos destinados a otros usos y por ciertas irregularidades en las cuentas. El fiscal del caso determinó que, en efecto, «se cometieron abusos en los talleres de las Obras del Puerto, de los cuales son responsables personas constituidas en autoridad incluso las más elevadas del Gobierno, de Hacienda y del mismo Fomento».[1715]

Segundo día de la crisis: jueves, 2 de febrero

Ante la inquebrantable exigencia de Henry, a Muñoz Rivera no le quedó otro remedio que sacrificar a Salvador Carbonell para salvarse él.

El presidente del Consejo negoció con el gobernador para que aquello apareciera públicamente como una renuncia «por razones de salud».[1716] Veinticuatro horas después de la exigencia de Henry, el 2 de febrero, ya estaba sobre el escritorio de Guy V. Henry la dimisión de quien hasta ese momento había sido el secretario de Fomento. Como parte del acuerdo, Henry contestó con el consabido agradecimiento: «Acepto dicha dimisión y al hacerlo así no titubeo en participarle que el señor Carbonell ha demostrado un interés y celo muy grandes en el desempeño de su cargo».[1717] Esta última nota, por supuesto, fue publicada de forma íntegra por *La Democracia*.

El Richelieu puertorriqueño, entonces, se apresuró a urdir una trama en la que él —y nadie más que él— pudiera escoger al sustituto del secretario caído. Pero no tuvo éxito, por lo menos en un primer intento.

Henry recibió la carta de renuncia de Carbonell y ese mismo día, 2 de febrero, le informó a Muñoz Rivera que dividiría la Secretaría de Fomento en cinco partes: Instrucción Pública, que dirigiría el general Eaton (quien desde el 6 de enero ocupaba la Directoría de esa rama); Obras Públicas, que estaría a cargo del mayor Pierce; Agricultura, Industria y Comercio se la daría a Cayetano Coll y Toste; y la última, Pesas y Medidas, le tocaría a Muñoz Rivera.[1718]

Tercer día de la crisis: viernes, 3 de febrero

Al conocer la orden del general Henry, el Consejo —o lo que quedaba de él— se reunió para deliberar y analizar la tremenda 'crisis' que vivían.

[1715] *Id.*
[1716] «Our Rule in Porto Rico». *Iowa City Press.* Iowa City, Iowa. 15 de agosto de 1899, pág. 3.
[1717] «El doctor Carbonell». *La Democracia.* Ponce, Puerto Rico. 7 de febrero de 1899, pág. 3.
[1718] «La crisis decisiva. Supresión del Consejo. Renuncia irrevocable». *La Democracia.* Ponce, Puerto Rico. 9 de febrero de 1899, pág. 2.

Cuarto día de la crisis: sábado, 4 de febrero

Ya podemos anticipar cuál fue la estrategia que, en esta etapa de la 'crisis', implementó Muñoz Rivera. El presidente exigió a sus secretarios la redacción y firma de una sentida, victimista y emotiva ¡carta de renuncia irrevocable!

> Señor:
> El Consejo de Secretarios ha visto con profunda pena la supresión de la Secretaría de Fomento, que destruye la personalidad de Puerto Rico, ya mermada por actos interiores del Gobierno, Los naturales del gobierno no pueden hoy intervenir.
> En las Aduanas,
> En el servicio de Correos,
> En el de Telégrafos,
> En los asuntos de sanidad marítima y terrestre,
> En obras públicas,
> En la enseñanza pública.
> Queda pues, el Consejo de Secretarios sin funciones, sin autoridad, sin medios de contribuir a la buena marcha de la isla, respondiendo, según respondió siempre, a la confianza del pueblo.
> No considera, pues, útil ni decorosa su permanencia en el puesto que ocupa, ni cree que le es lícito continuar ofreciendo su cooperación a la política absorbente que va desarrollándose a su alrededor, y que los puertorriqueños contemplan tristes y angustiados.
> Para nosotros dentro de la nacionalidad americana hay algo sacratísimo: las libertades de nuestra tierra y su derecho a administrar por sí misma sus propios intereses.
> No respondiendo a esos dos grandes principios, no responde a nada nuestra gestión, que resulta también muy difícil; pero también muy estéril.
> Por cuyas razones presenta el Consejo su renuncia al Mayor General, rogándole que se sirva aceptarla desde luego.
> San Juan, Febrero 4 de 1899[1719]

Esgrimían los secretarios como razones para sus renuncias 'irrevocables', el hecho de que varias áreas del gobierno estaban bajo el dominio estadounidense y eso «destruía la personalidad de Puerto Rico». Mencionaron en específico: Correos; Telégrafos, y Sanidad Marítimo-Terrestre. Sin embargo, estas tres ramas estuvieron bajo el control americano desde el primer día del gobierno militar de Brooke. Antes del 18 de octubre de 1898, antes de jurar lealtad a la Constitución de Estados Unidos, Luis Muñoz Rivera, Cayetano Coll y Toste y Juan Hernández López sabían que esas instituciones estaban fuera del control del gobierno civil. Aun así, decidieron servir de testaferros a los militares estadounidenses y legitimar una administración a todas luces ilegal, solo con tal de retener sus accesos al poder y sus prebendas económicas. En cuanto a Enseñanza Pública, ya hemos dicho en este trabajo que el general Eaton asumió su posición de director de Instrucción Pública el 6 de enero de 1899. Había transcurrido todo un

---

[1719] «La crisis decisiva. Supresión del Consejo. Renuncia irrevocable»…

mes sin que ninguno de los secretarios hiciera expresión pública alguna, se quejara, renunciara o intentara detener ese nombramiento. Todo lo contrario.

Es decir, Luis Muñoz Rivera, Cayetano Coll y Toste y Juan Hernández López permanecieron muy cómodos y felices hasta el instante en que comenzaron a temer por sus propios puestos. Hasta ese momento, ninguna intervención en el área gubernamental les había parecido inadecuada. Solo cuando vieron amenazados los cargos públicos que les daban dinero, prestigio, poder, control sobre la red clientelar y acceso a la vida burguesa de fiestas y champán, solo entonces denunciaron la americanización del Gobierno. Una americanización que venía ocurriendo desde hacía mucho, no solo con la complacencia de ellos, sino con la activa complicidad de cada uno.

Con la carta de renuncia en la mano, el mismo sábado, 4 de febrero en la tarde, el presidente del Consejo se trasladó a La Fortaleza y expuso, asistido por el intérprete pagado con fondos públicos José R. Baíz, su intención de dimitir de forma irrevocable, junto con el resto de los secretarios. Entonces, «el General, hidalga y noblemente, mandó que la Secretaría de Fomento subsistiera y que pasara, con carácter interino a don Juan Bautista Rodríguez».[1720]

¡*Voilá*! La estrategia había dado resultado. Henry cayó seducido por la táctica chantajista de las renuncias irrevocables y accedió a nombrar al elegido de Muñoz Rivera… O eso pareció, en un primer momento.

Los secretarios, ese mismo día 4 de febrero en la tarde, revocaron gozosos sus irrevocables renuncias.[1721] *La Democracia* declaró que con esto —con el nombramiento del candidato de Muñoz— «quedó, pues conjurada la crisis».[1722] Por arte de magia se esfumaron todos los impedimentos. Los políticos criollos se olvidaron de la «política absorbente que los puertorriqueños contemplan tristes y angustiados»; ya no había peligro para «las libertades de nuestra tierra y su derecho a administrar por sí misma sus propios intereses». Todo quedaba olvidado y subsanado con el solo hecho de complacer a Luis Muñoz Rivera.

El titular de *La Democracia* fue: «No hay crisis total ni supresión de secretarías».[1723] El artículo transpiraba felicidad desde la primera línea.

> Ayer fue día de animación en nuestros corrillos políticos. Despertó algo de lo que parecía ya *muerto* y solo estaba *dormido*. Y el nombre de Muñoz Rivera lo pronunciaron ciento de bocas, algunas mal clientes. Anoche *caracterizados miembros* de la antigua ortodoxia daban por cierto que el general Henry había aceptado la dimisión a todos los Secretarios de Despacho y algunos aseguraban haber visto telegramas *cuasi oficiales* en que así se confirmaba, añadiendo que se estaba formando un consejo de radicales.[1724]

Los detalles de cómo se pudo terminar con aquel impase describían que «Muñoz Rivera conferenció ayer tarde, largamente con el general Henry y que le advirtió las dificultades que

---

[1720] «No hay crisis total ni supresión de Secretaría». *La Democracia*. Ponce, Puerto Rico. 7 de febrero de 1899, pág. 2.
[1721] *Id.*
[1722] *Id.*
[1723] *Id.*
[1724] *Id.*

podían derivarse de las últimas disposiciones suyas». Luego de escuchar las «sabias palabras» del Jefe, Henry «resolvió revocar la orden por cuya virtud el General Eaton y el Mayor Pierce pasaban a dirigir los ramos de enseñanza pública, disponiendo que ocupe el puesto del doctor Carbonell, el señor Juan Bautista Rodríguez».[1725]

> Se ha salvado el conflicto y continúa en pie la Secretaría de Fomento, con un puertorriqueño dignísimo a la cabeza. El señor Rodríguez funcionará como Secretario, asistirá a los Consejos y dirigirá todos los asuntos de su departamento, mientras el Mayor General se sirve nombrar la persona que ha de ocupar ese cargo de un modo definitivo.[1726]

En esta fecha ni *La Democracia* ni *La Correspondencia* mencionaron la carta de renuncia firmada por los secretarios el 4 de febrero. Sí se ocuparon de ahondar en el juego de la piedad con el que pretendían aparentar que aquellos hombres lo único que hacían era sacrificarse por el país.

> Que nuestros amigos del Consejo salgan del gobierno de un momento a otro no nos extrañaría, pues deseos no les faltan de soltar una carga que más pesada no puede ser; pero esté seguro el país que mientras esos hombres crean necesaria su presencia en el gobierno para sostener en él la personalidad civil de Puerto Rico y sus observaciones sean atendidas por el Mayor General Henry, permanecerán en sus puestos.[1727]

Quinto día de la crisis: domingo, 5 de febrero

El domingo, en total normalidad, Luis Muñoz Rivera, ejerciendo en plenitud sus funciones de presidente del Consejo, citó a reunión a los secretarios Cayetano Coll y Toste, Juan Hernández López y al interino Juan Bautista Rodríguez Cabrero.

La reunión sería el lunes, 6 de febrero a las nueve de la mañana. ¿El lugar? La Fortaleza.

Sexto día de la crisis: lunes, 6 de febrero

El lunes 6 de febrero de 1899, a la hora convenida, los secretarios junto a su presidente Luis Muñoz Rivera llegaron felices al Palacio Santa Catalina para celebrar su reunión. Allí los esperaba un serio general que, sin rodeos y sin esperar mucho tiempo, les informó que había decidido hacer cambios en los departamentos. Los rostros de los puertorriqueños se transmutaron. El gobernador había dictado la Orden General número 12. De ahora en adelante, las Secretarías se subdividirían de forma muy diferente:

[1725] *Id.*
[1726] *Id.*
[1727] *Id.*

Estado (antes de Gobierno): A cargo de los ayuntamientos, orden público y sanidad, elecciones, y la correspondencia necesaria relacionada con cuestiones o asuntos sometidos de Washington, de origen diplomático u otras procedencias.

Hacienda: Recaudación de contribuciones, pago de gastos públicos, pesas y medidas, bancos, banqueros y corredores.

Justicia: Administración de justicia, nombramiento de jueces y notarios, establecimientos penales, recursos de alzada.

Interior (antes de Fomento): Instituciones de enseñanza públicas y privadas, obras públicas, colonias agrícolas, concesiones de patentes y marcas de fábrica, cámaras de comercio, montes y minas, instituciones de beneficencia.[1728]

En esta nueva subdivisión, mucho más alejada del modelo español y más cercana a la organización gubernamental de Estados Unidos, cada jefe de departamento organizaría su ramo en despachos o negociados, «colocando al frente de ellos oficiales de confianza y destituyendo a los incompetentes o superfluos». Henry anunció, además, que «por ahora, el jefe del Negociado de Instrucción será el general John Eaton y el de Obras Públicas —ingeniería, caminos y puentes, obras hidráulicas, etc.— será el Comandante Francis L. Hills».[1729]

Hasta aquí podemos observar cambios en la descripción de los departamentos y en su organización interna. Pero la verdadera revolución no estaba ahí. Lo trascendente se encontraba en otro detalle, en apenas dos oraciones de aquella lapidaria Orden General número 12:

Cada jefe de departamento es independiente de los demás y se entenderá directamente con el Gobernador General.

Al ser convocados por el Gobernador General, los jefes de los cuatro departamentos o una mayoría de estos, constituirán un Gabinete, que presidirá el Gobernador General.[1730]

¡Henry eliminó la Presidencia! A partir de esta orden los secretarios no actuarían como una sola unidad ni como asesores del gobernador. Ya no serían un Consejo, sino jefes de departamentos aislados, responsable cada uno de su propia área. En esta nueva ingeniería el primer ministro quedaba fuera de la estructura gubernamental. De forma automática rodaba la cabeza de Luis Muñoz Rivera. El Jefe perdía todo su poder, su jerarquía, su control. ¡Había sido despedido! Con guante de seda, con diplomacia sí, pero despedido. El peñasco de *Sísifo*, irremediablemente, tocaba tierra.

Luis Muñoz Rivera no lo vio venir. No lo anticipó. Escuchaba aquello mientras palidecía de forma evidente frente al gobernador. Sus pensamientos se arremolinaban. Apretaba fuerte y violentamente el puño de la mano izquierda, un gesto muy común en él cuando lo invadía su característica rabia. Estaba en una encrucijada y lo único que podía hacer era intentar ganar tiempo... Pidió una hora para resolver.

[1728] «Cuartel General de Puerto Rico». *La Gaceta de Puerto Rico*. San Juan, Puerto Rico. 10 de febrero de 1899, pág. 1.
[1729] *Id.*
[1730] *Id.*

Guy V. Henry, pretendió gobernar Puerto Rico a largo plazo. Se estableció, con toda su familia, en La Fortaleza, y se encargó de comprar (con fondos del Departamento de Guerra) muebles y equipos para la Mansión Ejecutiva, que su antecesor se había llevado. Imagen: «Guy V. Henry y su hijo en La Fortaleza, 1898». United States Army.

A las tres de la tarde del lunes, 6 de febrero de 1899, Luis Muñoz Rivera y los otros dos secretarios que aún quedaban (Juan Bautista Rodríguez no llegó a ser nombrado) presentaron ¡otra carta de renuncia irrevocable!

> Al HONORABLE MAYOR GENERAL
> Existe en la Unión americana una organización del poder ejecutivo idéntica a la que aplicáis a esta isla por vuestra orden de hoy. El Presidente de la República gobierna con sus Secretarios, independientes entre sí. Pero existe también una organización del poder legislativo, que arranca del sufragio y que funciona con dos Cámaras deliberantes. En esas dos Cámaras tiene su representación suprema el pueblo de los Estados Unidos.
> Nosotros aceptaríamos con gratitud y con orgullo, más todavía, ansiamos que nos rija, un sistema que ha hecho grande y libre a nuestra Metrópoli; pero lo aceptaríamos íntegro, para que respondiese a las legítimas aspiraciones de nuestro país. Vos en el gobierno; junto a vos el gabinete que designarais, y muy cerca de todos la legislatura popular, diciéndoos a cada instante cuales son las ideas y las necesidades de la isla.
> Al desaparecer el Consejo de Secretarios, arrastra consigo la última representación colectiva de Puerto Rico, ya que aquí no se implantó aún el sistema norteamericano, en su grandiosa y perfecta amplitud. Y caería sobre nosotros una responsabilidad ineludible si admitiésemos la solidaridad

de una medida con la cual no nos sentimos conformes.

Así, pues, los Secretarios que suscriben, respetuosamente declaran:

Que respetan y acatan la orden del Mayor General, Comandante del Departamento, en que se disuelve el Consejo de Secretarios. Que renuncian en vuestras manos los puestos que os servisteis confiarles.

San Juan, Puerto Rico, 6 de febrero de 1899

Muy respetuosamente.

L. Muñoz

Juan Hernández López

Cayetano Coll y Toste [1731]

Leer de forma íntegra, la última (y definitiva) carta de renuncia de los secretarios, fechada el 6 de febrero, permite concluir que el único problema que los renunciantes veían en el nuevo estado de cosas era la desaparición del Consejo. Bajo la nueva estructura, las Secretarías no se esfumaban y tampoco la representación puertorriqueña en ellas. Lo que sí dejaba de existir era la Presidencia y con esta, según los muñocistas, se arrastraba «la última representación colectiva de Puerto Rico». Es decir, para aquellos hombres lo terrible no estaba en la americanización de los diferentes departamentos, un dato ausente en esta tercera carta ante Henry, sino en la desarticulación del poder de Muñoz Rivera. La figura del presidente del Consejo se había mimetizado con la 'representación colectiva del país'. Uno y otro eran lo mismo. Si caía Muñoz, caía la representatividad del pueblo en el Gobierno. Muñoz era el Estado y era también el 'pueblo'. Ambos conceptos subsumidos en una sola (y grandiosa) persona.

No se trató, entonces, de que el gobierno militar borró las Secretarías o colocó a norteamericanos en los puestos. No. La cuestión que llevó a aquellos políticos a renunciar fue la eliminación del cargo de primer ministro. Aunque habrá que anticipar que de los tres renunciantes, solo dos quedaron fuera. Más temprano que tarde, Cayetano Coll y Toste retiró su dimisión —y con ella todas sus objeciones— permaneciendo, complaciente, en el poder.

Parece que es cierto aquello de que 'a la tercera va la vencida'. Henry, en el mismo instante en que recibió la carta de renuncia, la aceptó. El general aprovechó la oportunidad para dejar por escrito las razones que lo movieron a diseñar cambios en la estructura civil del gobierno. Tal como sospechábamos, toda aquella maniobra giraba alrededor de Muñoz Rivera. Explicaba el gobernador militar en su respuesta a los secretarios:

> El Consejo de Secretarios, compuesto de Jefes de Departamentos, con un Presidente, el cual Consejo era de origen español, y fue suprimido por Órdenes Generales número 12, serie corriente de este Cuartel General, sencillamente proporcionaba a un solo individuo la oportunidad de dominar todos los Departamentos y acrecentar su poder político. Semejante sistema está en contradicción con el que debe regir bajo la actual forma de gobierno en que solo cabe un Jefe, el Comandante del Departamento, o sea Gobernador General de la Isla.[1732]

[1731] «Orden General No. 17». *La Gaceta de Puerto Rico*. San Juan, Puerto Rico. 12 de febrero de 1899, pág. 1.
[1732] *Id.*

Cayetano Coll y Cuchí (derecha), hijo del secretario Cayetano Coll y Toste, se estrenó muy joven en el patronazgo político. En 1910 se graduó de Derecho en la Universidad de Barcelona y, de regreso a Puerto Rico, se convirtió en director y secretario de la corporación alemana Stubbe Brothers Inc.; en abogado corporativo de Porto Rico Central Sugar Estates; notario de la Porto Rico American Tobacco Co.; y, en aliado de Luis Muñoz Rivera y su Partido Unión, a pesar de la ruptura de su padre con el caudillo. Imagen: Olivencia, Ricardo [@ricardoolivenc1]: «Eugenio Benítez, Luis Muñoz Rivera y Cayetano Coll y Cuchí en Washington D.C., 1909». Twitter. <https://twitter.com/ricardoolivenc1/status/1270205707674161152>. [25/1/2023].

La Democracia copió la carta de renuncia de los secretarios, pero no la respuesta del gobernador.[1733] Henry, por su parte, con la lección aprendida, colocó ambos documentos (la renuncia y la respuesta) en la Orden General número 17 y la publicó en *La Gaceta*.[1734]

El 6 de febrero de 1899, allende los mares, en el Senado de Estados Unidos, en una votación de 57 a 27 —un solo voto por encima de las dos terceras partes— se ratificó el Tratado de París. Ese día quedaron selladas las cadenas que ataron a Puerto Rico al Congreso de Estados Unidos. Pero si hubiéramos vivido en la isla durante esa época, con toda probabilidad no nos hubiéramos enterado. Lo que ocupaba las páginas de los periódicos y la energía política era la 'crisis'. Nada más.

[1733] «La crisis decisiva. Supresión del Consejo. Renuncia irrevocable» …
[1734] «Orden General No. 17» …

Séptimo día de la crisis: martes, 7 de febrero

El martes, 7 de febrero, el general Guy V. Henry, en la Orden General número 14, eliminó de forma oficial la jurisdicción de la Secretaría de Gobernación sobre la Policía.

> El cuerpo de Policía queda en adelante bajo la inmediata dirección del Gobernador General debiendo hacerse entrega a Mr. Techter de toda la documentación relacionada a dicho cuerpo. Mr. Frank Techter se encargará provisionalmente de la organización del cuerpo y someterá a la aprobación los nombres elegidos.[1735]

En el séptimo día de la 'crisis', además, el pueblo de San Juan se lanzó a las calles para celebrar la ratificación del Tratado de París. Las personas que se reunieron para el festejo, entre las cuales no había un solo fusionista, según reveló *The New York Times*, leyeron una resolución en la que «felicitaban al pueblo de Puerto Rico por su incorporación a la Unión americana y expresaban su deseo de que pronto pudieran disfrutar los derechos concedidos a los territorios».[1736] Henry aprovechó la ocasión para ofrecer un discurso, en el que dejó claro que pretendía crear un nuevo partido. En esa nueva organización política, él sería el Jefe.

> Propuso [Henry] organizar otro partido del cual él será el líder, un partido que no tenga historia pasada, un partido que sea amigo de todos los hombres, un partido que tenga un objetivo y que sea el progreso, la educación, el mejoramiento, la prosperidad, la paz y la felicidad futura de la isla de Puerto Rico.[1737]

Octavo día de la crisis: miércoles, 8 de febrero

A las once de la mañana del miércoles, 8 de febrero de 1899, en la redacción de *La Democracia* se recibió un telegrama que leía:

> Suprimido el Consejo. Admitida dimisión. Crisis sin resolver.[1738]

El director del periódico, Mariano Abril, aseguró —esbozando así la narrativa que luego se asumiría como la historia oficial de los eventos— que, «si se suprime el Consejo y no se sustituyen los secretarios con otros hombres civiles, puede considerarse desaparecida la personalidad de Puerto Rico de las esferas del gobierno».[1739]

[1735] «Órdenes Generales No. 13». *La Gaceta de Puerto Rico*. San Juan, Puerto Rico. 9 de febrero de 1899, pág. 1.
[1736] «The Puerto Rican Crisis. Gen. Henry's Reasons for Dissolving the Insular Cabinet». *The New York Times*. Nueva York, Nueva York. 21 de febrero de 1899, pág. 7.
[1737] «Our Rule of Porto Rico. Much Expected from the General Assembly». *Boston Evening Transcript*. Boston, Massachusetts. 4 de enero de 1899, pág. 16.
[1738] «La Crisis». *La Democracia*. Ponce, Puerto Rico. 8 de febrero de 1899, pág. 2.
[1739] *Id.*

Como la crisis no está resuelta aun, aguardaremos amplios detalles, para juzgar imparcialmente la situación.[1740]

Noveno día de la crisis: jueves, 9 de febrero

Al noveno día de la *crisis*, *La Democracia*, ya con la información corroborada, desglosó las razones por las cuales los secretarios 'renunciaron' a sus puestos. Note el lector que los motivos de aquellos hombres para abandonar el Gobierno tenían más que ver con egos frágiles que con la americanización o representatividad en las estructuras gubernamentales.

> Primero: porque se les rebaja en facultades y categoría
> Segundo: porque si los actuales consejeros se resignaren a ello, podía interpretar la opinión su conducta como inspirada en excesivo apego y desapoderado amor al ejercicio del Poder.
> Tercero: porque decorosamente quien ejerció las altas funciones de Secretario no debe admitir que se le designe un puesto inferior, siquiera honroso, descendiendo en vez de ascender.[1741]

Muñoz Rivera repitió palabras muy similares días más tarde, en una carta pública en la que trató de darle vuelta a la tortilla y aparentar que no había sido desplazado del Gobierno de forma involuntaria.

> [...] las secretarías sufrieron una mutilación tremenda. No me pareció digno seguir adelante con mi autoridad de funcionario mermada o desvanecida. Y tampoco me resolví a que alguien tuviera ocasión de insinuar que mis apegos al cargo oficial se determinaban por el lucro pecuniario [...].[1742]

Décimo día de la crisis: viernes, 10 de febrero

El viernes, 10 de febrero, se hicieron oficiales los nombramientos de los nuevos secretarios. Cayetano Coll y Toste, el mismo que había renunciado dos veces en los últimos cinco días, permaneció en la secretaría de Hacienda. Según publicó *The New York Times*, Henry consideraba a Cayetano Coll su «más confiable asesor» y este decidió, en un acto de salvación individual, retirar su última renuncia y permanecer en el puesto.[1743] Con esta acción —que sin duda fue un duro golpe para Muñoz— de los tres secretarios muñocistas, solo dos, Hernández López y el propio Muñoz Rivera, quedaron fuera.

Cayetano Coll, sintiéndose libre de el Jefe, reorganizó su propia red clientelar. El mismo 10 de febrero nombró a su hijo de veintidós años, José Coll y Cuchí, al cargo de archivero en la Secretaría de Hacienda con un salario de 1000 pesos al año. Tres días más tarde, nombró a su

---
[1740] *Id.*
[1741] «Sobre la crisis. La actitud del Consejo». *La Democracia*. Ponce, Puerto Rico. 9 de febrero de 1899, pág. 2.
[1742] Muñoz Rivera, Luis: «Carta abierta a mis amigos de la isla». *La Democracia*. Ponce, Puerto Rico. 13 de febrero de 1899, pág. 2.
[1743] «The Puerto Rican Crisis. Gen. Henry's Reasons for Dissolving the Insular Cabinet»...

amigo Quintín Negrón Sanjurjo a la plaza de colector de Rentas Internas de San Juan, con el salario anual de 2000 pesos.[1744] Luego de este evento, las relaciones entre Cayetano Coll y Muñoz se deterioraron a tal punto que que, más adelante, Coll y Toste se cambió a las filas de los antiguos ortodoxos.[1745]

En la nueva Secretaría de Estado, Henry colocó a Francisco de Paula Acuña Paniagua, antiguo dueño de esclavos,[1746] socio de J. T. Silva Banking & Commercial Co., director del Banco Español de Puerto Rico[1747] y, hasta ese momento, fiscal en el Tribunal Supremo (por nombramiento de Muñoz Rivera). Este nuevo departamento suplantaba las funciones que antes eran de Gobernación, por lo que Acuña se constituyó en el sustituto de Muñoz Rivera.

Según explicó el gobernador, Acuña «se había hecho popular entre las diferentes clases por su independencia de criterio y acción. Es uno de los pocos liberales fusionistas que Muñoz Rivera no pudo controlar».[1748] Francisco de Paula abandonará la Secretaría de Estado en mayo de 1899 —en un claro ejemplo de la política de puertas giratorias—[1749] para irse a Estados Unidos a representar al Banco Español de Puerto Rico,[1750] en busca de «algún arreglo con el gobierno para asegurar el capital estadounidense en la reorganización del banco».[1751]

En sustitución de Juan Hernández López como secretario de Justicia, Henry escogió al abogado corporativo graduado en Madrid, Herminio Díaz Navarro quien hasta la fecha se había destacado por pertenecer a la fuerza élite de Muñoz Rivera llegando incluso a presidir la Cámara Insular. *The New York Times* dijo de él que era «el mejor orador en Puerto Rico».[1752]

Por último, Federico Degetau González, el único del bando ortodoxo, se hizo cargo de la Secretaría de Interior, antes de Fomento. Degetau, como ya sabemos, se había graduado de Derecho Civil y Canónico en la Universidad Central de Madrid. En ocasión de su nombramiento como secretario de Interior, dijo de él *The New York Times*: «Degetau se ha dedicado a estudiar los principios que corren paralelos al socialismo, que van ganando terreno en Porto Rico».[1753]

Días once y doce de la crisis: sábado, 11 de febrero, y domingo, 12 de febrero

El Jefe estaba contra las cuerdas. Henry, en una sola movida, lo había sacado del juego sin sacrificar ni una sola de sus piezas. El astuto general le arrebató la Secretaría de Gobernación con solo aceptar su «renuncia irrevocable», y también la presidencia del Consejo,

---

[1744] «Secretaría de Hacienda». *La Gaceta de Puerto Rico*. San Juan, Puerto Rico. 16 de febrero de 1899, pág. 1.
[1745] Bothwell: *Puerto Rico: Cien años de lucha política...*, pág. 275.
[1746] Registro de esclavos, Puerto Rico. «Cristina Panigua, niña de 10 años esclava de Francisco de Paula Acuña Paniagua. 1872». Ancestry.com.
[1747] Archivo General de Puerto Rico. *Bank of Porto Rico*. Fondo: Oficina del Gobernador. Serie: Publicaciones. Caja 1.
[1748] «The Puerto Rican Crisis. Gen. Henry's Reasons for Dissolving the Insular Cabinet» ...
[1749] Esta expresión alude al paso de un alto cargo público hacia una empresa privada mientras obtiene beneficios de la anterior ocupación pública. También se refiere al nombramiento de un miembro de la élite económica para ocupar un cargo público, provocando el secuestro de la política pública por parte de intereses privados.
[1750] Banco ya penetrado por las fuerzas de John D. Luce y los intereses comerciales de Boston y Nueva York.
[1751] «Porto Rico has a New Ruler. Gen. Davis Relieves Gen. Henry as Governor». *St. Louis Post-Dispatch*. St. Louis, Missouri. 17 de mayo de 1899, pág. 3.
[1752] «The Puerto Rican Crisis. Gen. Henry's Reasons for Dissolving the Insular Cabinet» ...
[1753] *Id.*

haciendo una reestructuración sencilla. Con los dos puestos se fueron a pique todo su gobierno por influencias, sus prebendas económicas y su red de clientelas.

Muñoz Rivera quedó como el emperador, desnudo ante todos. Se había escudado en las críticas al gobierno militar de Henry para justificar su salida, pero él mismo se encargó de desacreditar sus «argumentos patrióticos» al quedarse en su puesto de presidente luego del 4 de febrero. Además, tres prominentes liberales formaban parte ahora de ese mismo Gobierno. ¿Cómo explicar esa contradicción?, ¿cómo convencer a la opinión pública —esa opinión que tanto le importaba— de que Henry era un villano a la misma vez que Herminio Díaz y Francisco de Paula Acuña permanecían en un Gabinete espurio y heterodoxo?, ¿cómo justificar que Cayetano Coll continuaba en el Gabinete, pero él no?

El Jefe encontró la solución en la propaganda populista. Se inventó unos hechos que nunca ocurrieron; obvió por completo otros; colocó a Guy V. Henry como el malo de la historia, como el cruel antagonista; y a él como el héroe, el patriota, el defensor de las libertades puertorriqueñas en contra de los enemigos que infiltraban el país con nombramientos de extranjeros. Luego, lo único que tuvo que hacer fue repetir una y otra vez esa verdad paralela. ¡Y listo!

En el esfuerzo propagandístico por salir bien parado y, sobre todo, por mantener a flote su inflacionado ego, Muñoz Rivera aseguró que fue él quien les pidió a los secretarios fusionistas que asumieran los puestos. «Les aconsejé, más aún, les rogué que aceptaran ese sacrificio».[1754] Muñoz se insertó en la historia y lo hizo con un papel protagónico. De no ser por él —parece decir esta versión— los fusionistas no hubieran aceptado las Secretarías. Hizo lo mismo con relación a la decisión de Henry de expulsarlo del gobierno. «Dije yo al General», contaba el propio Muñoz sin sonrojarse, «fórmese un Consejo mixto; prescíndase de mí y yo, desde mi casa, contribuiré a la paz y a la concordia».[1755] La táctica de alterar descaradamente la historia para insertarse en ella como héroes es una de las características nucleares de los políticos populistas y se conoce como 'reification of history'.[1756]

Los detalles ficcionados en la retórica muñocista no terminaron ahí. El Jefe comenzó a repetir, con inusitada insistencia, que no había «ningún puertorriqueño al frente de ningún servicio»,[1757] ignorando el hecho evidente de que al frente de los cuatro departamentos creados por Henry se encontraban cuatro puertorriqueños; que tres de esos hombres eran exfusionistas; y que incluso uno de ellos, Cayetano Coll, venía del Consejo anterior que él presidía.

A esta versión libre, Muñoz Rivera agregó elementos nacionalistas que (sabía) tendrían el efecto de levantar pasiones. «En nuestra patria nada es nuestro», aseguraba el 13 de febrero de 1899.[1758] Con esta narrativa garantizaba que la verdad no importara. Lo que en realidad ocurrió, dejó de ser relevante. En su lugar, el condimento patriótico-nacionalista sustituyó a la verdad. Triunfó el dogma sobre la razón.

Otro de los objetivos importantes de la campaña muñocista tenía que ver, sin duda, con el enaltecimiento de la figura de Muñoz Rivera. Es por eso que en las descripciones que aparecieron

---

[1754] Muñoz Rivera: «Carta abierta a mis amigos de la isla»…
[1755] *Id.*
[1756] Lindsay, Robert B. y Amanda D. Galán: «Is Joe Biden a Populist? An Analysis of Biden's Campaign Speeches». *Team Populism*. Septiembre 2021.
[1757] Muñoz Rivera: «Carta abierta a mis amigos de la isla»….
[1758] *Id.*

CAPÍTULO 10

Francisco Oller, al igual que hizo con Brooke, inmortalizó a Guy V. Henry, en un óleo. En septiembre de 1899, una «suscripción popular» encargó al pintor el retrato del segundo gobernador militar. Entre los que pagaron por el encargo se encontraba Roberto H. Todd y los secretarios Cayetano Coll y Toste y Francisco de Paula Acuña.
A medida que se desarrollaron los planes para la comisión, los funcionarios estadounidenses sugirieron que se reuniera un comité para evaluar el mérito artístico de la obra. Entre los nominados para el comité estaba Federico Degetau, quien además de secretario era un importante coleccionista de arte. La obra en cuestión presenta a Guy V. Henry a la manera de un retrato militar convencional, con charreteras doradas y el pecho salpicado de medallas. Sin embargo, «la señora Henry creyó que la obra era muy mala con muy poco parecido al general». Al final, Francisco Oller recibió solo $325 de los $400 asignados (unos $12 000 actuales) por lo que el artista presentó una reclamación en el Juzgado Municipal de San Juan. En respuesta, Francis H. Hills, jefe de Obras Públicas, acusó a Oller de «extorsión». A diferencia del óleo de Brooke, la Cámara de Delegados no intentó recompensar al pintor con fondos públicos. Henry fue considerado por los muñocistas un enemigo, y a los enemigos no se les perpetúa en óleos.
Véase: Vieyra, Natalia Ángeles: «Problem Portraits: Francisco Oller in the Age of U.S. Imperialism». *Panorama. Journal of the Association of Historians of American Art.* 2021. <https://journalpanorama.org/article/problem-portraits/#markerref-12637-24>. [29/2/2023]

durante esos días en *La Democracia*, *El Liberal*, *La Correspondencia* y otros periódicos satélites, los miembros salientes del Consejo aparecían ante la opinión pública como 'grandes héroes'. «El Consejo de Secretarios defendiendo su severo carácter civil, estuvo lleno de dignidad, lleno de valor patriótico, y al descender del poder baja envuelto en la bandera de la Patria borinqueña».[1759] En contraparte, Henry representaba al hombre débil, influenciable y taimado. Así, por ejemplo, describía al segundo gobernador militar, el ultramuñocista José G. del Valle:

> Los defensores de las malas causas, apelan siempre a las intrigas más indignas. El general Henry era hombre excesivamente impresionable y muy débil de carácter, circunstancias ambas que debían necesariamente conducirle a la realización de grandísimos desaciertos. Bajo la influencia sugestiva del grupo radical, y cegado a la vez por el espíritu de una americanización rápida, se convirtió en porta-estandarte de aquellos dispuestos a sacrificarlo todo a cambio de ventajas personales.[1760]

En la particular historia que urdió Muñoz —en un despliegue de lo que en psicología se conoce como juego de la piedad, *pity play* o victimismo— el hasta entonces primer ministro se posicionó como la víctima inocente de los ataques de 'crueles enemigos':

> Considero necesario que me retire. Contra mí se extreman los ataques; el *desideratum* de mis adversarios es mi ausencia del gobierno. Las dificultades con que hoy se lucha, las intrigas bajas a que hoy se apela; desaparecerán cuando yo deje la poltrona que es un lecho de Procusto […][1761]

Decimotercer día de la crisis: lunes, 13 de febrero

El lunes, 13 de febrero de 1899, Luis Muñoz Rivera, de repente, se dio cuenta de que la autonomía de Puerto Rico no había sido respetada por Estados Unidos. Hasta ese momento, la nueva metrópoli era «la gran república democrática, liberal, expansiva» en la que él «confiaba con absoluta confianza». Luego de perder su poder —y solo luego de perderlo— reparó en el detalle de que la isla estaba muy lejos de ser autónoma.

> Los liberales sostienen y afirman que Puerto Rico debe conservar su autonomía; la autonomía que disfrutaba al iniciarse la ocupación. Y debe conservarla mientras no se asimilen sus leyes y sus instituciones a las instituciones y a las leyes de los Estados Unidos. Arrebatarnos lo que poseíamos sin darnos nada igual o superior equivale a cometer con nosotros un enorme atentado, frente al cual se alza la voz de un pueblo que no quiere perder su última esperanza en la justicia.[1762]

[1759] «El Consejo insular». *La Democracia*. Ponce, Puerto Rico. 11 de febrero de 1899, pág. 2.
[1760] Del Valle, José G.: *A través de diez años (1897-1907)*. Barcelona. Establecimiento Tipográfico de Feliu y Susanna. 1907, pág. 97.
[1761] *Id.*
[1762] Muñoz Rivera: «Carta abierta a mis amigos de la isla» …

Capítulo 10

Ese día, el 13 de febrero, Luis Muñoz Rivera anunció en carta abierta que iniciaba un nuevo viaje del héroe. Los populistas saben que las tácticas que funcionan hay que repetirlas. Si antes le resultó irse a Madrid, ahora le tocaba el turno a Washington:

> No es en Puerto Rico; es en Washington donde urge exponer la enfermedad y buscar el remedio. Que desde allí se tracen las líneas de un régimen equitativo; que nuestra individualidad no sufra menoscabo; que entre las estrellas del pabellón tricolor no se nuble nuestra estrella; que no empiece para nosotros una era de profundos desengaños; que no se nos condene a comparar la dicha de pueblos remotos con la desventura de nuestro pueblo; que los Estados Unidos sean en las islas lo que son en el continente, grandes, generosos y justos; en una palabra, que Puerto Rico resulte hermano en la familia y no un esclavo en la familia.[1763]

¿Qué iría a reclamar Luis Muñoz Rivera a Washington?, ¿acaso que se definieran los derechos civiles de los puertorriqueños y que no quedaran atados al capricho del Congreso?, ¿quizás pediría que el canje de monedas fuera justo o que se respetara el libre mercado y se abolieran medidas intervencionistas estatales como el cabotaje? o ¿exigiría que a los campesinos y a los obreros se les pagaran salarios razonables, en moneda de oro, para que no murieran de hambre como venía ocurriendo? No. Nada de lo anterior. Lo que Muñoz Rivera pretendía reclamar en Washington, solo giraba en exclusividad alrededor de los nombramientos de funcionarios públicos. De la red clientelar que tanto le importaba, y que él perdía por culpa de Guy V. Henry:

> Yo no escondo mi criterio, que no se conforma con el criterio dominante en las regiones del poder. Respetando y estimando al general Henry; considerándole un militar distinguidísimo; procurando no oponerle la más leve dificultad, no acepto, sin embargo su política. Colocar un americano en la dirección de enseñanza; y otro en la de Correos, y otro en la de telégrafos, y otro en la de sanidad, y otro en la de policía, *et sit sceóters*, no es el medio más seguro para que el país se sienta satisfecho.[1764]

Todo lo que sube, baja

Al igual que un rascacielos que implosiona, lenta pero inevitablemente, así también se desmoronaba la red clientelar de Muñoz Rivera.

La primera señal vino del lado de Federico Degetau. El nuevo secretario comenzó a nombrar ortodoxos en todas las áreas de Hacienda. Los otros tres secretarios liberales vieron el campo libre para colocar a sus propios amigos y familiares y no lo desaprovecharon. A la misma vez, los ayuntamientos ejercieron el poder que les confirió Guy V. Henry para despedir y seleccionar nuevos concejales y alcaldes.

[1763] *Id.*
[1764] *Id.*

El 22 de febrero de 1899, el alcalde y todos los concejales de San Juan que habían sido nombrados en noviembre por Muñoz Rivera renunciaron en masa.[1765] Seis días más tarde, el 28 de febrero, Henry nombró al ortodoxo Luis Sánchez Morales como alcalde y como concejales a los ortodoxos Francisco del Valle Atiles, Bartolomé Llovet, Manuel F. Rossy y Ramon Látimer. Poco tiempo después, entraron José Celso Barbosa, Jaime Sifre y José Bazán, cambiando así la capital de muñocista a barbosista en un santiamén.[1766]

El 14 de febrero, por primera vez en mucho tiempo, el ayuntamiento de Cayey cubrió tres vacantes de concejales a través de una elección interna.[1767] El 27 de febrero, cuatro concejales de Guayama renunciaron y esas vacantes se cubrieron en votación del Concejo. En Cidra, se fue Tomás Mestres y entró Práxedes Santiago; en Hato-Grande, Francisco Rodríguez dejó la plaza de concejal y el ayuntamiento escogió a Pablo Martínez.[1768] El primero de marzo, el Concejo Municipal de Río Grande escogió a Nicolás Mata como concejal;[1769] el 2 de marzo, renunció Joaquín Martínez a su plaza de concejal en Mayagüez y el ayuntamiento nombró a Manuel Torregrosa;[1770] el 3 de marzo, Yauco pudo nombrar concejales a Vicente Mattei, Domingo Olivieri, Darío Franceschi, Manuel Megía, Luis Morales, Francisco Negroni, José Olivieri, Francisco Pieraldi, Juan Vargas y a Juan León. También el 3 de marzo, el Concejo de Río Piedras cubrió la plaza de concejal vacante con Casimiro Marcano.[1771] El 7 de marzo, Arecibo seleccionó como concejal a Toribio Pagani; Sabana Grande hizo lo mismo con Marcial Santoni; y Caguas, con José Puig Morales.[1772]

Con una frecuencia rítmica y contagiosa, tal como ocurrió en los ciclos anteriores, el resto de los ayuntamientos fue suplantando a concejales y a alcaldes hasta que todas las plantillas municipales quedaron transformadas por completo.

El tsunami alcanzó también a las altas esferas. Con la salida de Luis Muñoz Rivera y Juan Hernández López, los empleados de la Secretaría de Gobernación y Justicia, así como los de la oficina de la Presidencia, quedaron en la calle. Muy rápido fueron sustituidos por amigos y familiares de los nuevos secretarios. De igual modo, al desaparecer el Consejo, José R. Baíz perdió su trabajo de intérprete oficial; aunque Muñoz Rivera se las agenció para conseguirle una plaza de teniente en la Policía Insular tan rápido como el 6 de marzo de 1899.[1773] En lugar de Baíz, cada departamento escogió a su propio traductor; siendo el de Fomento, por ejemplo, Henrique Hernández, que fue nombrado por Degetau con un salario de 1500 pesos al año.[1774]

En los tribunales ocurrió otro tanto. El 16 de febrero, el ortodoxo Manuel F. Rossy Calderón ocupó una plaza de fiscal en la Suprema Corte de Justicia;[1775] su hermano Jesús María Rossy Calderón subió de juez de primera instancia a secretario de Gobierno de la Corte Suprema de

---

[1765] «El Ayuntamiento de San Juan. Situación grave». *La Democracia*. Ponce, Puerto Rico. 22 de febrero de 1899, pág. 2.
[1766] «Secretaría de Estado. Decreto». *La Gaceta de Puerto Rico*. San Juan, Puerto Rico. 16 de marzo de 1899, pág. 1.
[1767] «Ayuntamiento de Cayey». *Boletín Mercantil*. San Juan, Puerto Rico. 14 de febrero de 1899, pág. 4.
[1768] «Secretaría de Estado. Decreto». *La Gaceta de Puerto Rico*. San Juan, Puerto Rico. 1 de marzo de 1899, pág. 1.
[1769] «Secretaría de Estado. Decreto». *La Gaceta de Puerto Rico*. San Juan, Puerto Rico. 3 de marzo de 1899, pág. 1.
[1770] «Secretaría de Estado. Decreto». *La Gaceta de Puerto Rico*. San Juan, Puerto Rico. 4 de marzo de 1899, pág. 1.
[1771] «Secretaría de Estado. Decreto». *La Gaceta de Puerto Rico*. San Juan, Puerto Rico. 5 de marzo de 1899, pág. 1.
[1772] «Secretaría de Estado. Decreto». *La Gaceta de Puerto Rico*. San Juan, Puerto Rico. 9 de marzo de 1899, pág. 1.
[1773] «Cuartel General de la Policía Insular». *La Gaceta de Puerto Rico*. San Juan, Puerto Rico. 7 de marzo de 1899, pág. 1.
[1774] «Plantilla. Secretaría de Fomento». *La Gaceta de Puerto Rico*. San Juan, Puerto Rico. 4 de marzo de 1899, pág. 1.
[1775] «Secretaría de Justicia. Orden Judicial». *La Gaceta de Puerto Rico*. San Juan, Puerto Rico. 18 de febrero de 1899, pág. 1.

Justicia; y el cuñado de Cayetano Coll, Felipe Cuchí y Arnau[1776] ascendió, con apenas treinta años, a magistrado del Tribunal Supremo.[1777]

Igual suerte corrieron los nombramientos de maestros, policías, registradores de propiedad, jueces y el resto de los funcionarios públicos. La historia repetida. Las raíces torcidas. Lo mismo pero al revés. El caciquismo y patronazgo político de siempre, solo que esta vez sin Muñoz.

La campaña... otra más

El resentimiento es la vena aurífera principal del *marketing* populista, eso asegura el profesor Mauro Barberis.[1778] Parece que tiene razón.

En febrero de 1899, Luis Muñoz Rivera, despechado y rabioso, decidió —una vez más— echar mano del manual de estrategias populistas; esta vez para enfrentar su expulsión del poder. Diseñó y ejecutó otra campaña de propaganda con las mismas características de la que orquestó para disolver el Partido Autonomista, en 1896; de la que mantuvo en febrero de 1898 para obtener la presidencia del Gabinete provisional; y también idéntica a la maniobra para que se abrieran las Cámaras a pesar de la guerra. Todas esas campañas —y otras tantas que desplegará durante el siglo XX— pretendían narcotizar al público a golpe de repetir una narrativa en específico; demonizar a uno o a varios enemigos (en este caso los enemigos a abatir serán Henry y los ortodoxos); colocarse a él mismo como la víctima, a la misma vez que la propaganda de autobombo lo elevaba al pedestal del santoral político; y por último, luego de ahondar en la disonancia cognitiva y de apelar a las emociones nacionalistas de su público, hacer un llamado a la acción que a él —y solo a él— le convenía.

El 20 de febrero de 1899 salió publicado el primer escrito de una campaña de alto voltaje que duró hasta, por lo menos, el 7 de marzo, coincidiendo con la fecha en que *La Democracia* fue intervenida por el gobierno militar. Los editoriales, todos sin firmar pero con el estilo inconfundible de Muñoz Rivera, giraban alrededor de un eslogan de fácil repetición; de fuerte contenido emocional y xenofóbico que, además, reducía la realidad y la objetividad a puros sentimientos: «Puerto Rico para los puertorriqueños». Esta frase —copiada de «América para los americanos»— apareció en el editorial «Nuestra bandera», publicado en *La Democracia* el 20 de febrero de 1899. La audiencia experimentó las emociones en su forma más visceral:

> Nuestro programa, nuestro dogma, nuestro credo, se reducen a estas palabras: «Bajo la soberanía de los Estados Unidos, *Puerto Rico para los puertorriqueños*. Es a saber: las leyes, de allá; los legisladores, de acá. El gobierno, representando a la metrópoli; los gobernantes, surgiendo de la ínsula».[1779]

[1776] Felipe Cuchí era hermano de Adela Cuchí Arnau, esposa de Cayetano Coll y Toste.
[1777] «Parte oficial. Secretaría de Justicia». *La Democracia*. Ponce, Puerto Rico. 18 de febrero de 1899, pág. 2.
[1778] Barberis, Mauro: «Populismo mediático. Definición, explicación, remedios». *Doxa. Cuadernos de Filosofía del Derecho*. Universidad de Alicante. España. 2021, págs. 131-143.
[1779] «Nuestra bandera». *La Democracia*. Ponce, Puerto Rico. 20 de febrero de 1899, pág. 2.

'Puerto Rico para los puertorriqueños' fue el pistoletazo de salida de aquella batalla mediática que incluyó, como mínimo, nueve editoriales cuyos títulos son harto elocuentes: «Nuestra bandera» (20 de febrero); «La historia se repite» (21 de febrero); «Secretario de Despacho. Pintar como querer» (21 de febrero); «Estamos como estábamos» (22 de febrero); «Habla un partido» (22, 23 y 24 de febrero); «Muñoz Rivera su partido» (23 de febrero) y «Derecho de…pataleo» (27 de febrero). A partir de su expulsión del Gobierno, Luis Muñoz Rivera utilizó la fuerza de sus múltiples periódicos y a su ejército de periodistas para asegurarse de que se interpretaran los eventos desde un punto de vista en particular: el suyo.

Los artículos, escritos en plural tal como solía hacer el Jefe, enaltecieron a unos hombres que en esa versión de los hechos actuaron como patriotas y que, por supuesto, no tenían responsabilidad alguna en ninguno de los problemas del país.

> Somos hombres de principios; somos hombres de ideas […]
> Nosotros servimos a nuestro pueblo reivindicando para él la gloria de penetrar la puerta del decoro en el seno de la gran república; nosotros servimos a la gran república facilitándole, indicándole el camino de ganar por la equidad y la justicia la simpatía de nuestro pueblo […] Gentes habrá —¿dónde faltan Izcariotes?— que adulen a los que mandan quemando en aras del éxito ruin sus pebeteros tropicales; gentes habrá que no adviertan el riesgo a los que el riesgo desconocen. Nosotros no pertenecemos a ese número. Al hablar con franqueza, prestamos un servicio. Y nos basta cumplir con nuestro deber.[1780]

¿Cómo cumplían ese deber patriótico aquellos 'hombres de principios'? Pues, denunciando —en febrero de 1899— los nombramientos de americanos a los puestos públicos. Nombramientos que nada tenían de nuevo y que, como ya sabemos, ocurrieron desde el mismo instante en que Nelson Miles ocupó la ciudad de Ponce.

> Las Secretarías son lo que son.
> Y en Aduana, Mr. Buchanan, en Policía, Mr. Techter, en Correos Mr. Robinson, en Instrucción, Mr. Pierce, en Sanidad Mr. Davison, etc. etc.
> La organización es admirable.
> Y progresará sin duda.
> ¿Quién le pone puertas al viento?[1781]
> Para sustituirla [la Junta de Obras del Puerto de San Juan] se nombra a un Jefe, americano por supuesto, que asuma los trabajos de dicha Junta, y como personalidad técnica para la dirección de ellos, se nombra a un militar, americano también, para que se haga cargo de esos trabajos, sin responsabilidad, sin Junta consultiva, sin nada; le basta la fe de bautismo.[1782]
> El derecho a merced de las genialidades de un militar. Los militares ocupando los puestos que antes tenían los puertorriqueños. El invasor, a quien tendimos la mano, mirándonos con recelo y tratándonos con prevención.

[1780] *Id.*
[1781] «Secretario de Despacho. Pintar como querer». *La Democracia*. Ponce, Puerto Rico. 21 de febrero de 1899, pág. 2.
[1782] «La historia se repite». *La Democracia*. Ponce, Puerto Rico. 21 de febrero de 1899, pág. 2.

Pensamos manejar nuestra hacienda; y se nos declara menores de edad; y se nos quitan las Aduanas.

Soñamos con un régimen expansivo, completamente autónomo; y estamos regidos por el capricho o la voluntad de un militar lleno de facultades e irresponsable.

Estamos, pues, como antes. Si España nos mandaba soldados y empleados, empleados y soldados nos envían los Estados Unidos. [...] Con militares y empleados nos colonizó y nos gobernó España; y el resultado fue desastrozo [sic] para ella y para nosotros. De los Estados Unidos, solo hemos recibido, hasta la hora de ahora, empleados y militares.[1783]

En el centro de la campaña se encontraba la figura 'grandiosa' y 'patriótica' del «enérgico ciudadano»[1784] Luis Muñoz Rivera. «En cuanto a honorabilidad, honradez, probidad y consecuencia de sentimientos, amigos y enemigos, correligionarios y adversarios, tienen que descubrirse reverentes ante el eximio hijo de Puerto Rico».[1785]

Muñoz Rivera es no solo un carácter, un patriota íntegro; si que también, una honradez inmaculada. Con la conciencia de su personalidad; de lo que es y de lo que representa, va resuelto y decidido camino de los acontecimientos. Su patria lo necesita, su partido le aclama; su puesto es el del deber.[1786]

Las páginas de los periódicos no alcanzaban para publicar «los millares de telegramas y cartas congratulatorias, adhesiones y felicitaciones a Muñoz Rivera y a sus amigos por la actitud decorosa asumida con la renuncia del Consejo».

Manatí, Febrero 9.—Le felicito por su caída del gobierno. Al descender de él, se eleva usted a gran altura en el concepto de todos los puertorriqueños de dignidad. Clemente Ramírez.

Hato Grande, Febrero 10.— Querido Jefe: Con suma dignidad renuncia usted al poder civil. Lo aplaudimos. Y en nuestro nombre y en el de todos los correligionarios de esta comarca, reiteramos a U. nuestro absoluto apoyo y leal adhesión. Sus Amigos.—Fernando Aponte, Federico Sellés.

San Juan, Febrero 10.—Mi siempre estimado y querido jefe: La salida de usted del puesto gubernamental que con tanto acierto venía desempeñando, en vez de habernos sido penoso a los que tenemos la honra de contarnos en el número de sus amigos, nos ha sido altamente satisfactoria, porque hemos visto en ese acto la honradez más acrisolada y una rectitud que el enaltece cada vez más. Antonio de Andino y Marrero.

Aguadilla, 10 de Febrero.—Amigo del alma, compatriota querido: Usted, como las águilas, baja de la cumbre cuando quiere, no porque nadie lo obligue. Genaro Salas y 62 firmas adicionales.

[1783] «Estamos como estábamos». *La Democracia*. Ponce, Puerto Rico. 22 de febrero de 1899, pág. 2.
[1784] «Habla un partido». *La Democracia*. Ponce, Puerto Rico. 24 de febrero de 1899, pág. 2.
[1785] *Id.*
[1786] *Id.*

Guayama, Febrero 10.— Salud al gran puertorriqueño. Más que nunca estoy a sus órdenes. Mande. Domínguez.

Aguadilla, Febrero 10.— Sabíamos que habías de sacrificarlo todo, todo menos el principio augusto de nuestras libertades. Lastímase hoy un derecho que teníamos conquistado ya, y tu dignidad de puertorriqueño te obliga a separarte del poder. Pues gloria a tu determinación, y que perezca todo con tal que quede incólume la integridad del sagrado terruño; que si esto es caída, gloriosa será. —Lcdo. Malsonave, Vidal, López Torres, Antonio Díaz, Luis A. Ibañez, José Yumet, Leoncio E. López, Federico Vizcarrondo, Juan Rubio, Remigio Cabán, Osvaldo Peña.

[y 58 telegramas más][1787]

Todo este *tour de force* tenía como propósito demostrar la pujanza de los seguidores de Luis Muñoz Rivera, que *La Democracia* calculó en más de 100 000. A falta de agrupación política, a estos súbditos se les llamó «pertenecientes al partido que reconoce por Jefe a Muñoz Rivera». Mientras tanto, los periodistas que le hacían el trabajo proselitista se autoproclamaron «periodistas adscritos a la política de Muñoz Rivera».[1788] Es decir, no existía partido, ideología ni plan de gobierno, por lo que todo se reducía a una persona. Las masas, el discipulado, el séquito seguían a un caudillo: Luis Muñoz Rivera. No podríamos tener un mejor ejemplo de la primera de las características del populismo.

En esta ocasión, la propaganda en torno a la figura del Jefe no estuvo exenta de las ya acostumbradas mentiras y exageraciones que colocaban varias veces a Muñoz Rivera en la cárcel (dato que no es cierto)[1789] y abandonando sus propios intereses en beneficio del país (lo que tampoco es cierto):

> Esa conducta es la que siempre observó el fundador de este diario; la que formó el baluarte poderoso de sus luchas; la que lo llevó repetidas veces a la cárcel; la que lo hizo abandonar sus intereses cruzando el mar en pro de justicia para esta tierra querida; la que lo colocó en la alta cima del poder, y la que trajo para los puertorriqueños, sin abdicaciones, y por vez primera, el manejo de los intereses regionales; la que ha despertado en torno de él esa rivalidad eterna; la que lo hizo merecer la consideración de los Jefes americanos desde los primeros instantes de la invasión; la que le hizo luchar cuerpo a cuerpo, con ese mismo poder, para sostener con el débito prestigioso la personalidad civil del país, descendiendo de él cuando creyó incompatible con su nombre y sus antecedentes, los procedimientos adoptados. Tal es Muñoz: tal es el país que le sigue; hombres prominentes en todos los ramos de la actividad y de la riqueza.[1790]

[1787] *Id.*

[1788] «Muñoz Rivera su partido». *La Democracia*. Ponce, Puerto Rico. 23 de febrero de 1899, pág. 2.

[1789] En todas las ocasiones en que Muñoz Rivera fue detenido, permaneció apenas horas en cuarteles de policía sin pisar nunca la cárcel. Esas detenciones nunca fueron por razones políticas y en ellas, a diferencia de los detenidos comunes, disfrutó de comodidades y extremas deferencias. Véanse: Negrón: *Los primeros años...*, pág. 173. «En la cárcel». *La Democracia*. Ponce, Puerto Rico. 11 de agosto de 1891, pág. 2. «Sobrescimiento libre». *La Democracia*. Ponce, Puerto Rico. 10 de octubre de 1891, pág. 2. «La pérfida leyenda». *Boletín Mercantil*. San Juan, Puerto Rico. 1 de abril de 1914, pág. 1.

[1790] «Muñoz Rivera su partido»...

Ese partido sin nombre, «que reconoce por Jefe a Muñoz Rivera», comenzó a solicitar en febrero de 1899 lo que había olvidado pedir antes y lo que el propio Jefe había desdeñado y pisoteado: elecciones. Ya que el «querido Jefe» no podía nombrar alcaldes desde la cúpula del poder, entonces, era la hora de que se convocaran ¡elecciones municipales!

Elecciones, elecciones, elecciones. Eso repetían una y otra vez *La Democracia, La Correspondencia, El Liberal* y el resto de los periódicos satélites de Muñoz Rivera. Que el Gobierno convocara elecciones se convirtió en el grito de guerra (llamado a la acción) de esta campaña. «Podemos ganar; ¡vamos a ganar!; tenemos suficiente para conformar ayuntamientos»:

> Como verán nuestros lectores, Muñoz Rivera cuenta entre las capacidades elegibles del país, para formar Ayuntamientos; 7,995, es decir, casi 8,000, y sus adversarios, los radicales, cuyo Jefe visible no se conoce aún, 1,709; no hay para qué hacer comentarios.[1791]

Los ortodoxos, como también ocurrió en las campañas anteriores, cayeron en la trampa y contestaron. Desde *El País* y *The San Juan News,* cuestionaron las estadísticas que ponían a Muñoz Rivera ganando en cualquier elección. El pueblo —la víctima de siempre— se vio nuevamente en medio de un fuego cruzado infértil y sin relevancia alguna, que tuvo como única virtud el desvío de la atención de los asuntos que de verdad importaban. De este patrón autodestructivo ni los votantes ni los políticos puertorriqueños han podido escapar ciento veinticinco años después.

Por los próximos meses Luis Muñoz Rivera continuó, de forma insistente, exigiendo elecciones municipales hasta que, finalmente, el 21 de septiembre de 1899, consiguió que se convocaran.[1792]

> El señor [Muñoz] Rivera espera que a su gente se le permita participar en las elecciones municipales este otoño. Le explicó al secretario [de Guerra Elihu] Root que ha pasado mucho tiempo desde que a la gente de la isla se le permitió votar por su representantes en cargos públicos, y el señor Rivera dice que apreciarán mucho la devolución del privilegio del sufragio.
>
> A los puertorriqueños se les dio a entender por la manera del Sr. Root, que las próximas elecciones municipales se modelarían a partir de las que se llevan a cabo en los Estados Unidos, que son muy diferentes de las establecidas por el régimen español en Puerto Rico. El secretario Root tiene amplia autoridad para dirigir la celebración de elecciones municipales en Puerto Rico y arreglar todos los asuntos municipales allí. La cuestión de la forma de gobierno general de la isla, sin embargo, se dejará al Congreso para su decisión. El señor Rivera prometió el apoyo absoluto del Partido Liberal de Puerto Rico a los planes de la administración.[1793]

La conferencia entre un Luis Muñoz Rivera que pedía elecciones, y el secretario de Guerra, a la que hace referencia el texto anterior ocurrió el sábado, 12 de agosto de 1899. Cuatro días antes, el 8 de agosto alrededor de las 8:00 a.m., el huracán categoría 4, San Ciriaco, hizo su

---

[1791] *Id.*
[1792] «Órdenes generales núm.145». *La Gaceta de Puerto Rico.* San Juan, Puerto Rico. 27 de septiembre de 1899, pág. 1.
[1793] «Porto Ricans to Vote for Municipal Officers». *The Brooklyn Daily Eagle.* Brooklyn, Nueva York. 13 de agosto de 1899, pág. 4.

entrada por Guayama-Arroyo. Siete horas más tarde salió por Aguadilla, dejando atrás acumulaciones de 24 pulgadas de lluvia y más de 3370 seres humanos muertos, 2000 heridos y otros tantos sin hogar, ropa y comida. La mayoría de los fallecidos se encontraban trabajando en el campo durante el paso del huracán.[1794] Luis Muñoz Rivera, en su petición desde Washington para que se convocaran elecciones, mencionó solo de refilón el desastre mientras aseguraba que no sería un impedimento para que se hicieran los comicios con prontitud.

Cuarto cruce del umbral

Apartado del poder y consciente de su posición desfavorable ante el gobernador militar, Muñoz Rivera decidió que su campo de batalla sería Washington y no Puerto Rico. Aún fresco el gran éxito que le significó visitar Madrid en 1895 y 1896, decidió que también ahora le resultaría provechoso cruzar el umbral y trasladar su campaña a la metrópoli.

> Cree Muñoz Rivera que ha llegado la hora de afrontar decidido la rehabilitación de su patria, en el regazo de la nueva nacionalidad; y esa es su labor. Convencido por experiencia de que mientras no exista personalidad regional, la luz que ilumine tiene que venir de la Metrópoli, a ella dirigirá sus reclamos.[1795]

El 'viaje del héroe' boricua que lo llevaría a La Habana y luego a Nueva York, Washington y Baltimore, tenía como propósito la «reivindicación íntegra de la personalidad civil de Puerto Rico, dentro de la soberanía americana».[1796] Si, como ya hemos establecido, Muñoz Rivera a través de su propaganda mimetizó la representación civil con su propia figura al mejor estilo Luis XIV, entonces podríamos traducir que aquel viaje no fue otra cosa que el rescate de sus cargos en el gobierno.

Tal como ya había hecho en otras ocasiones, el Jefe no se movió sin antes asegurar garantías económicas. Exigió pagos de los miembros de su extinto partido[1797] y, además, consiguió que lo nombraran «representante de la alta agricultura puertorriqueña» en Washington.[1798] Es decir, asumió la representación de los grandes intereses agrícolas que buscaban eliminar los aranceles de entrada de los productos puertorriqueños en Estados Unidos, sin importar el costo a pagar. El Jíbaro de Barranquitas aprovechó al máximo la información que había obtenido mientras era el presidente del Consejo. «Muñoz Rivera realizará ese trabajo, pues su paso por el gobierno de la isla le ha puesto en posesión de todos los datos indispensables para que el gobierno americano pueda formar juicio de la situación económica del país».[1799] Las puertas giratorias en pura acción.

[1794] Arrocho Barreto, Amarilys: «La invasión de San Ciriaco». *Proyecto1867.com*. < https://www.proyecto1867.com/la-invasioa-cuten-de-san-ciriaco.html>. [8/09/2022].
[1795] «Muñoz Rivera su partido» …
[1796] «Una conferencia». *La Democracia*. Ponce, Puerto Rico. 15 de marzo de 1899, pág. 2.
[1797] Cayetano Coll y Toste aseguró que pagó 150 pesos para ese viaje ($5000 actuales). «Contra calumnias, verdades». *La Correspondencia*. San Juan, Puerto Rico. 29 de marzo de 1900, pág. 3.
[1798] «Una conferencia» …

CAPÍTULO 10

En su paso por Baltimore, Luis Muñoz Rivera, Tulio Larrínaga y Mariano Abril se hospedaron en el lujoso y costoso Hotel Stafford. Imagen: «Hotel Stafford». División de impresiones y fotografías de la Biblioteca del Congreso de Estados Unidos.

Luego de varios discursos, banquetes y manifestaciones en su honor, el 14 de marzo de 1899 a las cuatro de la tarde, a bordo del vapor San Ignacio de Loyola de la Compañía Trasatlántica Española, partió el Jefe rumbo a La Habana. Allí esperaba la ayuda milagrosa (que no llegó) de quien consideraba su mentor, John R. Brooke,[1800] y también de los líderes independentistas, Gonzalo de Quesada y Horacio Rubens. Lo acompañó en este viaje Mariano Abril, en calidad de secretario privado.[1801]

En este nuevo cruce del umbral, Luis Muñoz Rivera y su equipo realizaron un periplo circular que los llevó de San Juan a La Habana, el 14 de marzo de 1899; de La Habana a Nueva York, el domingo, 9 de abril a bordo del vapor Séneca;[1802] y, de Nueva York a Washington D.C. El Jíbaro de Barranquitas permaneció en la capital federal hasta el 15 de agosto, fecha en que la comitiva

---
[1799] *Id.*
[1800] Se reunió en persona con Brooke el 21 de marzo de 1899. «Surprise in Assembly». *Chicago Tribune*. Chicago, Illinois. 22 de marzo de 1899, pág. 3.
[1801] «Notas editoriales». *La Democracia*. Ponce, Puerto Rico. 14 de marzo de 1899, pág. 2.
[1802] «Gomez Reinstatement». *The Norfolk Landmarck*. Norfolk, Virginia. 9 de abril de 1899, pág. 1.

Así lucía Luis Muñoz Rivera en 1899, año en que fue expulsado de todos sus cargos en el Gobierno. Imagen: «Luis Muñoz Rivera, 1899». Fundación Luis Muñoz Marín.

se movió a Baltimore. De este enclave estadounidense regresaron a Nueva York para tomar el vapor que, finalmente, los trajo de vuelta a San Juan, el 19 de agosto de 1899.[1803]

¡Adiós!, Henry

El general Guy V. Henry permaneció como gobernador de Puerto Rico hasta el 16 de mayo de 1899, fecha en la que fue sustituido por el general George Davis (Morgan).[1804] Un mes antes, Henry se había enfrentado a la Comisión Kennedy, compuesta por el general R. P. Kennedy; el juez Henry G. Curtis, del bufete corporativo, Curtis, Mallet-Prevost, Colt & Mosle; y el mayor Watkins, que le ordenó no invertir más dinero en los trabajos de acueductos municipales y que suspendiera todas las reformas judiciales, sobre todo que levantara la moratoria sobre las ejecuciones de hipotecas.[1805] Henry se enfrentó a aquellos hombres sabiendo que representaban a poderosas corporaciones de Wall Street con profundas influencias en el Gobierno. Les contestó como antes lo había hecho con Muñoz Rivera.

[1803] «Working for Porto Rico». *The Baltimore Sun*. Baltimore, Maryland. 16 de Agosto de 1899, pág. 7.
[1804] «Porto Rico has a new Ruler». *St. Louis Post-Dispatch*. St. Louis, Missouri. 17 de mayo de 1899, pág. 3.
[1805] «Causes Dissatisfaction». *The Weekly Advertiser*. Montgomery, Alabama. 21 de abril de 1899, pág. 1.

Mi plan es diametralmente opuesto al de ustedes. Creo en educar a la gente en general, y no en copar todos los puestos públicos con estadounidenses. Yo creo en la colonización. He estado aquí casi un año y la comisión solo unas pocas semanas.[1806]

Esta respuesta le costó el puesto (aunque Muñoz Rivera, desde su arrogancia, haya dicho que fue él quien logró el despido del segundo gobernador militar).[1807]

Guy V. Henry murió el 27 de octubre de ese mismo año. Sus restos fueron inhumados en la sección 2 del Cementerio Nacional de Arlington, Virginia. Lo mató una neumonía que no atendió a tiempo.[1808]

Imaginamos que ante los primeros síntomas de la enfermedad y en su mejor estilo, el hombre entreabrió lo labios y le aseguró a su familia: «Estoy bien... Gracias».

El renacimiento del héroe

El Jefe —Luis Muñoz Rivera— luego de su primer viaje a Estados Unidos, volvió a Puerto Rico con renovados bríos, pero siempre acompañado de sus viejas tácticas. Reorganizó las huestes liberales, convocó a asamblea, a elecciones municipales, perdió esas elecciones, culpó a los antiguos ortodoxos, fundó nuevos periódicos, azuzó antiguos odios, inventó nuevos enemigos, estableció otras alianzas... —¡Es lo mismo!—, dirán algunos. Y tienen razón. La historia tiene esa mala costumbre de repetirse una y otra vez.

El Jefe —este libro que comenzó en julio de 1859, en Barranquitas— termina su viaje circular con el regreso del 'héroe' al puerto de San Juan, en agosto de 1899. En esa fecha ya estaban listas las bases para que la isla, que hasta ese momento no se había estrenado en el mercado de la deuda pública, necesitara grandes dosis de préstamos; la clase gobernante de Estados Unidos ya tenía redactada la ley que daría forma al gobierno civil por los próximos 17 años y poderosas corporaciones, asociadas con John Pierpont Morgan, John D. Rockefeller, James Buchanan Duke y Henry O. Havemeyer, ya se habían repartido las riquezas del país.

Esas historias, en las que también tendrá algún que otro protagonismo nuestro 'querido Jefe', sin embargo, pertenecen a otro libro...

[1806] «Do Not Agree». *The Akron Beacon Journal*. Akron, Ohio. 18 de abril de 1899, pág. 2.
[1807] Luis Muñoz Rivera tuvo que retractarse de haber dicho públicamente que era él el responsable de la salida de Henry. Aseguró que solo lo dijo en una carta privada que no tenía intención de ser publicada y que además fue mal traducida. Lo cierto es que sus aseveraciones fueron divulgadas por todos los periódicos locales y varios de Estados Unidos. «Made in Porto Rico». *St. Louis Post Dispatch*. St. Louis, Missouri. 17 de mayo de 1899, pág. 3.
[1808] «Gen. Guy V. Henry Dead». *The Chicago Tribune*. Chicago, Illinois. 27 de octubre de 1899, pág. 2.

McKINL
WARRIORS
Gen Wilson's Command of Abo
For Porto Rico From Ch
British and
Continental Press
Utter
Solemn Warnings to
United States
Against
Sending Watson's
Fleet
To Ravage
ATES OF AM
GOL

Bibliografía

Fuentes primarias

1. Manuscritas

Archivo General de Puerto Rico. San Juan, Puerto Rico

    Fondo: Fortaleza. Sección: Consejo Ejecutivo. Años 1909-1910.
    Fondo: Departamento de Estado. Serie: Corporaciones con fines de lucro.
    Fondo: Fortaleza. Sección: Consejo Ejecutivo.
    Fondo: Oficina del Gobernador. Serie: Correspondencia General.
    Fondo: Oficina del Gobernador. Serie: Publicaciones.
    Fondo: Judicial. Tribunal Superior de Mayagüez. Serie: Expedientes Civiles. Juzgado de Mayagüez.
    Fondo: Protocolos notariales. San Juan (siglo XX).

Archivo de Arquitectura y Construcción de la Universidad de Puerto Rico Río Piedras

    Serie: Legales. Subserie: Compraventas Aguirre 1889-1943.

Fundación Luis Muñoz Marín

    Fondo: Luis Muñoz Rivera

The Filson Historical Society. Louisville, Kentucky

    Colección Yager, Arthur (1858-1941). Papers 1913-1921: Folder 24: José de Diego (House of Delegates, P.R.) Correspondence.
    Colección Yager, Arthur (1858-1941). Papers 1913-1921: Folder 27: Executive Council Correspondence.
    Colección Yager, Arthur (1858-1941). Papers 1913-1921: Folder 48: Luis Muñoz Rivera Correspondence.
    Colección Yager, Arthur (1858-1941). Papers 1913-1921: Folder 75: War Department Correspondence.
    Colección Yager, Arthur (1858-1941). Papers 1913-1921: Folder 76: Yager (Pesonal File). Correspondence, reports, articles.

2. Impresas

«Apelación por denegatoria de recurso de injusticia notoria en asunto Ultramar». 13 de abril de 1866. Directores de la Revista general de legislación y jurisprudencia: *Jurisprudencia Civil. Colección completa de las sentencias dictadas por el Tribunal Supremo de Justicia en recursos de nulidad, casación e injusticia notoria y en materia de competencias desde la organización de aquellos en 1838 hasta nuestros días.* Tomo XIII. Primer semestre del año 1866. Madrid. Imprenta de la Revista de Legislación. 1866.

Armstrong, William H.: *Manuscritos de William H. Armstrong.* Vol.1. Universidad de Puerto Rico, recinto de Río Piedras. 1910.

«Assistant Secretary of the Navy Theodore Roosevelt to Senator Henry Cabot Lodge». Naval History and Heritage Command. Washington D. C. 21 de septiembre de 1897.

«Exhibit 134-C. Explanation of table of interlocking directorates». *Investigation of Financial and Monetary conditions in the United States under House Resolutions Nos. 429 and 504 before a Subcommittee and Currency.* Part 4. Government Printing Office. Washington. 1913.

«Financial Institutions of Porto Rico». *Bankers Magazine.* Vol. 68. Enero 1904.

56 th Congress. First Session. Senate: *Hearings Before the Committee on Pacific Islands and Puerto Rico of the United States Senate on Senate Bill 2264 to Provide a Government for the Island of Puerto Rico and for Other Purposes. February 5, 1900. Presented by Mr. Foraker and Ordered to be Printed.* Washington D. C. Government Printing Office.

Actas de la Primera Asamblea Legislativa de Puerto Rico. *Solicitud de antecedentes acerca de la deuda de Cuba a Puerto Rico, presentada por el señor Zeno Gandía el día 10 de diciembre de 1900.* San Juan de Puerto Rico. 1901.

Carroll, Henry K.: *Report on The Island of Porto Rico its Population, Civil Government, Commerce, Industries, Productions, Roads, Tariff, and Currency with Recommendations.* Government Printing Office. Washington D. C. 1899.

Directory of Directors in the city of New York, 1899. Nueva York. 1979.

El canje de la moneda en Puerto Rico. La opinión del Banco Español de esta Isla. Puerto Rico. Tipografía Al Vapor de *La Correspondencia.* San Francisco 59. 1898.

Foraker, Joseph B.: *Notes of a Busy Life.* Vol. I. Johnson & Hardin Printers. Cincinnati. 1916.

Hearst, William R.: «The History of the Standard Oil Letters». *Hearst's Magazine, the World Today.* Julio-diciembre, 1912.

Kings Views of the New York Stock Exchange: 1897-1898. Moses King Publisher. 1898.

Labra, Rafael María: *La República y las libertades de ultramar*. Tipografía de Alfredo Alonso. Madrid. 1897.

La invasión de Santiago de Cuba. Crónica de los sucesos ocurridos en aquel Departamento desde el desembarco del ejército americano hasta la capitulación de la plaza y hechos posteriores. Imprenta El Fígaro. La Habana. 1898.

Leyes y Resoluciones de la Primera Asamblea Legislativa de Puerto Rico. San Juan, Puerto Rico. 1901.

Mallet-Prevost, Severo: *Historical Sketch of the firm of Curtis, Mallet-Prevost, Colt & Mosle and its predecessors from 1830-1945*. Nueva York.

Marcus, Joseph: *Labor conditions in Porto Rico*. U.S. Government Printing Office. 1919.

Miles, Nelson Appleton: *Serving the Republic. Memoirs of the civil and military life of Nelson A. Miles*. Harper & Brothers. Nueva York. 1911.

National Archives and Records Administration, Washington D. C. U.S. Passport Applications, 1797-1925 *Passport Application for Paul Van Syckel*. Roll 508. June 6, 1898. Ancestry.com.

Naturalization Records. National Archives at New York City. *Record for Julius Umbach, Southern District, Nueva York*. Petition No. 123334. Ancestry.com.

Navy Department: «Secretary of the Navy John D. Long to Captain Charles D. Sigsbee». *Naval History and Heritage Command*. 7 de diciembre de 1897.

Navy Department: *Plan of Operations Against Spain*. Naval History and Heritage Command.

Porter, Robert P.: *Report on the Currency Question of Porto Rico. Robert P. Porter, Special Commissioner for the United States to Cuba and Porto Rico. Respectfully Submitted to Hon. Lyman J. Gage, Secretary of the Treasury*. Washington D. C. 3 de enero de 1899.

Proceedings of the Committee on the merchant marine and fisheries in the investigation of shipping combinations under House resolution 587. Vol. II- «Testimony of Mr. Ernest M. Bull». Washington, Govt. print. Off. 1913-1914.

Records of the Bureau of the Census. *Thirteenth Census of the United States, 1910. Record Group 29*. National Archives, Washington D. C. Ancestry.com.

Registers of Vessels Arriving at the Port of New York from Foreign Ports, 1789-1919. Microfilm Publication M237, roll 1-95. Ancestry.com.

Registro Civil, 1836–2001. Imágenes digitales. Departamento de Salud de Puerto Rico, San Juan, Puerto Rico. Ancestry.com.

Subcommittee of the Committee on Banking and Currency. *Money Trust Investigation. Investigation of Financial and Monetary Conditions in the United States under House Resolutions Nos. 429 and 504*. Washington D. C. Government Printing Office. 1913. Exbibit No. 244- Diagram Showing Principal Affiliations of J. P. Morgan & Co. of New York, Kidder, Peabody & Co. and Lee, Higginson & Co. of Boston. 25 de febrero 1913.

Todd, Roberto H.: *Cuando los periodistas se batían: el duelo Muñoz Rivera-Balbás*. Redis. Depósito Digital Universidad Sagrado Corazón.

Todd, Roberto H.: *En busca de un eslabón*. 12 de abril de 1940. Redis. Depósito Digital Universidad Sagrado Corazón.

U.S Congressional Documents and Debate: *A century of Lawmaking for a New Nation (1774-1875)*. «The United States Statutes at Large». Title XXIII-The Territories, Sec. 1891. Biblioteca del Congreso.

United States Senate: *A Treaty of Peace between the United States and Spain. Message from President of the United States, transmitting a Treaty of Peace between the United States and Spain, Signed at the City of Paris, on December 19, 1898*. Washington D. C. 1899.

3. Periódicos y revistas

Canadá
    The Province. Vancouver, British Columbia, Canadá.

Estados Unidos
    Alton Telegraph. Alton, Illinois.
    Altoona Tribune. Blair County, Pensilvania.
    Asheville Citizen-Times. Asheville, Carolina del Norte.
    Asheville Daily Gazette. Asheville, Carolina del Norte.
    Bangor Daily Whig and Courier. Bangor, Maine.
    Boston Evening Transcript. Boston, Massachusetts.
    Chicago Tribune. Chicago, Illinois.
    Darlington Democrat. Darlington, Wisconsin.
    Democrat and Chronicle. Rochester, Nueva York.
    Evening Standard. Leavenworth, Kansas.
    Evening Star. Washington D. C.
    Fort Scott Weekly Monitor. For Scott, Kansas.
    Fort Wayne Daily News. Fort Wayne, Indiana.
    Hartford Courant. Hartford, Connecticut.

Iowa City Press-Citizen. Iowa City, Iowa.
Kansas City Journal. Kansas City, Missouri.
Knoxville Sentinel. Knoxville, Tennessee.
Los Angeles Evening Express. Los Ángeles, California.
Los Angeles Herald. Los Ángeles, California.
Marion Record. Marion, Kansas.
New Ulm Review. New Ulm, Minnesota.
Pittsburgh Daily Post. Pittsburgh, Pensilvania.
Puerto Rico Herald. Nueva York, Nueva York.
Quad-City Times. Davenport, Iowa.
Rutland Daily Herald. Rutland, Vermont.
Sioux City Journal. Sioux City, Iowa.
Spokane Chronicle. Spokane, Washington.
St. Joseph Gazette. St. Joseph, Missouri.
St. Louis Daily Globe. St. Louis, Missouri.
St. Louis Globe-Democrat. St. Louis, Missouri.
St. Louis Post Dispatch. St. Louis, Missouri.
Sterling Standard. Sterling, Illinois
The Abbeville Press and Banner. Abbeville, Carolina del Sur.
The Akron Beacon Journal. Akron, Ohio.
The Algona Republican. Iowa City, Iowa.
The Baltimore Sun. Baltimore, Maryland.
The Boston Globe. Boston, Massachusetts.
The Brooklyn Citizen. Brooklyn, Nueva York.
The Brooklyn Daily Eagle. Brooklyn, Nueva York.
The Burlington Hawk-Eye. Burlington, Iowa.
The Daily Picayune. Nueva Orleans, Louisiana.
The Daily Review. Decatur, Illinois.
The Davenport Weekly Leader. Davenport, Iowa.
The Detroit Free Press. Detroit, Michigan.
The Evansville Courier and Press. Evansville, Indiana.
The Evening Review. East Liverpool, Ohio.
The Evening Star. Washington D. C.
The Evening Times. Washington D. C.
The Galena Times. Galena, Kansas.
The Hartford Courant. Hartford, Connecticut.
The Honolulu Advertiser. Honolulu, Hawaii.
The Huntingburg Argus. Huntingburg, Indiana.
The Indianapolis Journal. Indianapolis, Indiana.
The Indianapolis News. Indianapolis, Indiana.
The Indianapolis Sun. Indianapolis, Indiana.
The Inter Ocean. Chicago, Illinois.
The Journal. Meriden, Connecticut.
The Kansas City Star. Kansas City, Missouri.
The Kansas State Register. Wichita, Kansas.

The Kokomo Daily Tribune. Kokomo, Indiana.
The Los Angeles Times. Los Ángeles, California.
The Marion Star. Marion, Ohio.
The Miami Herald. Miami, Florida.
The Muncie Morning News. Muncie, Indiana.
The Nebraska State Journal. Lincoln, Nebraska.
The New Era. Lancaster, Pensilvania.
The New York Times. Nueva York, Nueva York.
The New York Tribune. Nueva York, Nueva York
The Norfolk Landmarck. Norfolk, Virginia.
The North Adams Transcript. North Adams, Massachusetts.
The Philadelphia Inquirer. Filadelfia, Pensilvania.
The Philadelphia Times. Filadelfia, Pensilvania.
The Puerto Rico Herald. Nueva York, Nueva York.
The Saint Paul Globe. Saint Paul, Minnesota.
The San Francisco Examiner. San Francisco, California.
The Scranton Republican. Scranton, Pensilvania.
The Seattle Post-Intelligencer. Seattle, Washington.
The Semi-Weekly Messenger. Wilmington, Carolina del Norte.
The Shreveport Times. Shreveport, Lousiana.
The St. Joseph Herald. St. Joseph. Missouri.
The Standard Union. Brooklyn, Nueva York.
The Sun. Baltimore, Maryland.
The Sun. Nueva York, Nueva York.
The Tennessean. Nashville, Tennessee.
The Times-Picayune. Nueva Orleans, Louisiana.
The Times-Tribune. Scranton, Pensilvania.
The Times. Richmond, Virginia.
The Times. Shreveport, Lousiana.
The Washington Post. Washington D. C.
The Washington Times. Washington D. C.
The Weekly Advertiser. Montgomery, Alabama.
The Weekly Wisconsin. Milwaukee, Wisconsin.
The Wheeling Daily Intelligencer. Wheeling, West Virginia.
The Wichita Beacon. Wichita, Kansas.
The Wichita Daily Eagle. Wichita, Kansas.
The World. Nueva York, Nueva York
Wanatah Mirror. Wanatah, Indiana.
Warren Sheaf. Warren, Minnesota.
Weekly Clarion-Ledger. Jackson, Mississippi.
Weekly Rogue River Courier. Grant Pass, Oregon.

España
> *Gaceta de Madrid.* Madrid, España.

Puerto Rico
> *Gráfico.* San Juan, Puerto Rico.
> *El Boletín Mercantil.* San Juan, Puerto Rico.
> *El Carnaval.* San Juan, Puerto Rico.
> *El Momio.* San Juan, Puerto Rico.
> *El País.* San Juan, Puerto Rico.
> *La Correspondencia de Puerto Rico.* San Juan, Puerto Rico.
> *La Democracia.* Ponce, Puerto Rico
> *La Democracia.* Caguas, Puerto Rico.
> *La Gaceta de Puerto Rico.* San Juan, Puerto Rico.
> *Porto Rico Progress.* San Juan, Puerto Rico.
> *Puerto Rico Ilustrado.* San Juan, Puerto Rico.
> *San Juan Star.* San Juan, Puerto Rico.

4. Imágenes

Biblioteca del Congreso de Estados Unidos. División de impresiones y fotografías.
Colección Especial Biblioteca Conrado E. Asenjo. Universidad de Puerto Rico, Recinto de Ciencias Médicas. San Juan, Puerto Rico.
Colección personal: Gonzalo Garrido Arsuaga
Colección personal: Humberto García-Muñiz
Colección personal: Richard del Río
Fundación Luis Muñoz Marín
Museo de la Ciudad de Nueva York
Olivencia, Ricardo [@ricardoolivenc1]. Twitter.
Puerto Rico Historic Building Drawings Society. San Juan, Puerto Rico.
U.S. Army Heritage

Fuentes secundarias

Acebo Meireles, Waldo: «Problemas monetarios. El emisario de Estados Unidos, William McKinley, y su estudio sobre las diferentes monedas que circulaban en Cuba en 1898». *Cubaencuentro.* 13 de junio de 2018.
<https://www.cubaencuentro.com/cuba/articulos/problemas-monetarios-333030>.

Acosta, Ivonne: «Luis Muñoz Rivera, José Celso Barbosa y el pacto con Sagasta: ¿oportunismo o idealismo?». *Programa radial La voz del centro.* 13 de julio de 2003.

Arrigoitía, Delma S.: *José de Diego, el legislador: su visión de Puerto Rico en la historia (1903-1918).* Instituto de Cultura Puertorriqueña. San Juan, Puerto Rico. 1991.

Arrigoitía, Delma S.: *Puerto Rico por encima de todo. Vida y obra de Antonio R. Barceló (1868-1938)*. Ediciones Puerto. San Juan, Puerto Rico. 2008.

Arrocho Barreto, Amarilys: «La invasión de San Ciriaco». *Proyecto1867.com*. < https://www.proyecto1867.com/la-invasioacuten-de-san-ciriaco.html>.

Barberis, Mauro: «Populismo mediático. Definición, explicación, remedios». *Doxa. Cuadernos de Filosofía del Derecho*. Universidad de Alicante. España. 2021.

Barreto Velázquez, Norberto: *La amenaza colonial: el imperialismo norteamericano y las Filipinas, 1900-1934*. Sevilla. 2010, pág. 40.

Bayron Toro, Fernando: *Elecciones y partidos políticos de Puerto Rico*. Editorial Isla. Mayagüez, Puerto Rico. 1989.

Bernabe, Rafael: «Memoria de Welelandia». *80Grados*. 16 de septiembre de 2011. <https://www.80grados.net/memoria-de-welelandia/>.

Biglieri, Paula & Luciana Cadahia: *Siete ensayos sobre populismo*. Herder Editorial. Barcelona. 2021.

Bird Carmona, Antonio: *Parejeros y desafiantes. La comunidad tabacalera de Puerta de Tierra a principios del siglo XX*. Ediciones Huracán. San Juan. 2008.

Blow, Michael: *A Ship to Remember. The Maine and the Spanish-American War*. William Morrow & Co. Nueva York. 1992.

Bothwell González, Reece B.: *Puerto Rico: Cien años de lucha política*. Vol. I. Editorial Universitaria. Universidad de Puerto Rico. 1979.

Brands, H.W.: *Bound to Empire. The United States and the Philippines*. Oxford University Press. Nueva York. 1992.

Cabán, Pedro A.: «El aparato colonial y el cambio económico en Puerto Rico: 1898-1917». *Conuco. Revista de Ciencias Sociales*. Vol. 27, Núm. 1. Marzo-junio 1988.

Cabranes, José A.: «Citizenship and the American Empire. Notes of the Legislative History of the United States». *University of Pennsylvania Law Review*. Vol. 121. 1978.

Cabrera Salcedo, Lizette: *Reflejos de la historia de Puerto Rico en el arte*. Museo de Historia, Antropología y Arte. Universidad de Puerto Rico, recinto de Río Piedras. 2015.

Calderón Rivera, José A.: *La pluma como arma. La construcción de la identidad nacional de Luis Muñoz Rivera*. Análisis Inc. Puerto Rico. 2010.

Campbell, Joseph: *El héroe de las mil caras. Psicoanálisis del mito*. Fondo de Cultura Económica. México. 1999.

Cancel Sepúlveda, Mario: «Adiós España: aquel 18 de octubre de 1898». Blog: Puerto Rico entre siglos: Historiografía y cultura. 27 de agosto de 2017. <https://puertoricoentresiglos.wordpress.com/tag/18-de-octubre-de-1898/>.

Chévere, Carlos: «Origen teoría nulidad Tratado de París: Correspondencia E.M. de Hostos y F. Henríquez y Carvajal». *Lcdocheverelugo.com*. 24 de agosto de 2021.

Chomsky, Noam. *Réquiem por el sueño americano. Los diez principios de la concentración de la riqueza y el poder*. Editorial Sexto Piso. Madrid. 2018.

Contosta, David R. and Jessica R. Hawthorne: *Rise to World Power. Selected Letters of Whitelaw Reid (1895-1912)*. The American Philosophical Society. Filadelfia. 1986.

Cubano Iguina, Astrid: *Criollos ante el 98: La cambiante imagen del dominio español durante su crisis y caída en Puerto Rico, 1889-1899*. Trabajo escrito para el Congreso de LASA. Guadalajara, México. 17-19 de abril de 1997.

Delgado Cintrón, Carmelo: *Imperialismo jurídico norteamericano en Puerto Rico (1898-2015)*. Publicaciones Gaviota. Colombia. 2010.

Delgado Cintrón, Carmelo: «La crisis política de 1909 y la Corte Federal: El desafío de la Cámara de Delegados de Puerto Rico a la condición de dependencia colonial». *Revista de la Academia Puertorriqueña de Jurisprudencia y Legislación*. Vol. XIII. San Juan. 2016.

Delgado Cintrón, Carmelo: *El tribunal de los Estados Unidos de Puerto Rico, 1898-1952*. Tesis doctoral. Universidad Complutense de Madrid. Facultad de Derecho. Madrid. 2015.

Del Valle, José G.: *A través de diez años (1897-1907)*. Barcelona. Establecimiento Tipográfico de Feliu y Susanna. 1907.

Díaz-Espino, Ovidio: *El país creado por Wall Street. La historia prohibida de Panamá y su canal*. Edición de autor. Estados Unidos. 2001.

Di Venuti, Biagio: *Money and Banking in Puerto Rico*. Editorial Universidad de Puerto Rico. Río Piedras. 1950.

Domhoff, George William: *¿Quién gobierna a Estados Unidos?* Siglo XXI Editores. 1981.

Domingo Acebrón, María Dolores: *Rafael María de Labra: Cuba, Puerto Rico, Las Filipinas, Europa y Marruecos en la España del Sexenio Democrático y la Restauración (1871-1918)*. Biblioteca de Historia. España. 2006.

Fernández Almagro, Melchor: «Las cortes del siglo XIX y la práctica electoral». *Revista de estudios políticos*. Núm. 9-10. España. 1943.

Fernández Sanz, Yolanda: *Trina Padilla de Sanz: La hija del Caribe*. Editorial Plaza Mayor. Puerto Rico. 1996.

Foner, Philip S.: *The Spanish-Cuban-American War and the Birth of American Imperialism*. Vol. II: 1898-1902. Monthly Review Press. Nueva York. 1972.

Freud, Sigmund: *Psicología de las masas y análisis del Yo*. IndieBooks. Creative Commons. 2017.

Friedman, Milton & Anna Jacobson Schwartz: *A monetary history of the United States, 1867-1960*. Princeton University Press. Princeton. 1993.

Frolik, Joe: «Mark Hanna. The Clevelander who made a President». *Teaching Cleveland Digital*. < http://teachingcleveland.org/mark-hanna-the-clevelander-who-made-a-president-by-joe-frolik/>.

García Muñiz, Humberto: «The U.S. Alien Property Custodian vs. German Business in New York and Puerto Rico during the First World War». *Centro Journal*. Vol. XXXI. Núm. III. 2019.

García Muñiz, Humberto: *Sugar and Power in the Caribbean. The South Porto Rico Sugar Company in Puerto Rico and the Dominican Republic. 1900-1921*. La Editorial Universidad de Puerto Rico. 2010.

García San Inocencio, Víctor y Rivera Hernández, Víctor: *Derechos humanos y corrupción*. Comisión de Derechos Civiles de Puerto Rico. 2015.

Geisst, Charles R.: *The Last Partnerships. Inside the Great Wall Street Money Dynasties*. McGraw-Hill. Nueva York. 2001.

Ginger, Ray: *Age of Excess. The United States from 1877 to 1914*. MacMillan Publishing Co. Inc. Nueva York. 1975.

González Ginorio, José: *Luis Muñoz Rivera a la luz de sus obras y de su vida. Estudio biográfico-crítico-educativo*. D. C. Heath y Compañía, Editores. Nueva York. 1919.

González, José Luis: *El país de cuatro pisos y otros ensayos*. Ediciones Huracán. Río Piedras, Puerto Rico. 1987.

Hayek, Friedrich A.: *Camino de servidumbre*. Unión Editorial. Madrid. 2008.

Hayek, Friedrich A.: *Los fundamentos de la libertad*. Unión Editorial. Madrid. 2020.

Hamilton, Richard F.: *President McKinley, War and Empire*. Volume I. Transaction Publishers. Nueva Jersey. 2006.

Harris, Christopher: «Edwin F. Atkins and the Evolution of United States-Cuba Policy, 1894-1902». *The New England Quarterly*. Vol. 78, No. 2. Junio 2005.

Havemeyer, Harry W.: *Henry Osborne Havemeyer: The most independent mind*. Privately Printed. Nueva York. 2010.

Healy, David: *US Expansionism: The Imperialism Urge in the 1890s.* The University of Wisconsin Press. Wisconsin. 1970.

Helferich, Gerard: *An Unlikely Trust. Theodore Roosevelt, J.P. Morgan and the Improbable Partnership That Remade American Business.* Lyon Press. Connecticut. 2018.

Herranz, Diego: «Paraísos fiscales. Los territorios con secreto bancario atesoran 32 billones de dólares». *Público.* España. 2 de marzo de 2019.

Hoganson, Kristin L.: *Fighting for American Manhood. How Gender Politics Provoked the Spanish-American and Philippine-American Wars.* Yale University Press. 1998.

Ignatieff, Michael: *The Warrior's Honor. Ethnic War and the Modern Conscience.* Nueva York. First Owl Books. 1998.

Iremonger, Lucille: *The Fiery Chariot: A Study of British Prime Ministers and the Search for Love.* Secker & Warburg. Londres. 1970.

Justiniano, Carmen Luisa: *Con valor y a como dé lugar. Memorias de una jíbara puertorriqueña.* Editorial de la Universidad de Puerto Rico. Río Piedras, Puerto Rico. 1994.

Kaiser, Axel y Gloria Álvarez: *El engaño populista. Por qué se arruinan nuestros países y cómo rescatarlos.* Deusto. España. 2016.

Krause, Enrique: «Decálogo del populismo iberoamericano». *El País.* Madrid, España. 13 de octubre de 2005.

Lee, Frances E. (Ed.): *Contemporary US Populism in Comparative Perspective.* Cambridge University Press. Cambridge. 2019.

Ligget, Lorie. «The Wounded Knee Massacre-December 1890». Bowling Green State University, American Culture Studies Program. Verano 1998. <https://web.archive.org/web/20110605041642/http://www.bgsu.edu/departments/acs/1890s/woundedknee/WKIntro.html>.

Lodge, Emily: *The Lodge Women. Their Men and Their Times.* Estados Unidos. Edición Kindle. 2013.

López Domínguez, José María: *Elecciones y partidos políticos de Puerto Rico: 1809-1898.* Tesis doctoral. Universidad Complutense de Madrid. 2015.

Lundberg, Ferdinand: *America's 60 Families.* The Vanguard Press. Nueva York. 1937.

Maquiavelo, Nicolás: *El príncipe.* Estudio preliminar, notas y apéndices de Luis A. Arocena. Editorial Universitaria. Universidad de Puerto Rico. 1975.

Mari Mut, José A.: «1887 el año terrible de los compontes». *Aquiestapr.com*. 30 de octubre de 2021. < https://aquiestapr.com/1887-el-ano-terrible-de-los-compontes/>.

Mari Mut, José A.: «El componte y José Defilló». *Escritos breves*. Ediciones digitales. 2014.

Mari Mut, José A.: *El diario de guerra de Ángel Rivero Méndez*. Ediciones digitales. 2013.

Martínez Archilla, Pablo: *Desengáñate Quintín [Un juego de toma y daca]*. Edición digital. San Juan. 2012.

Mayer, George H.: *The Republican Party (1854-1966)*. Oxford University Press. Nueva York. 1967.

McAvoy Weissman, Muriel: «Brotherly Letters: The Correspondence of Henry Cabot Lodge and J.D.H. Luce, 1898-1913». *Revista Historia y Sociedad*. Año 1. Universidad de Puerto Rico. 1988.

McAvoy-Weissman, Muriel: «Early United States Investors in Puerto Rican Sugar». *Politics, Society and Culture in the Caribbean. Selected Papers of the XIV Conference of Caribbean Historians*. Universidad de Puerto Rico. San Juan. 1983.

Mergal, Ángel M.: *Centenario del nacimiento de Federico Degetau*. Documento original. 1962.

Milán García, José Ramón: «La revolución entra en palacio. El liberalismo dinástico de Sagasta (1875-1903)». *Berceo*. No. 139. Logroño. 2000.

Moreno Luzón, Javier: «Teoría del clientelismo y estudio de la política caciquil». *Revista de Estudios Públicos*. Núm. 89. Julio-septiembre 1995.

Morris, Edmund: *The Rise of Theodore Roosevelt*. The Random House Publishing Group. Nueva York. 2001.

Müeller, Jan-Werner: *¿Qué es el populismo?* Libros Granos de Sal. México. 2017.

Müeller, Jan-Werner: «El populismo necesita enemigos; la democracia requiere oposición». *Letras Libres*. 2016.

Muñoz Marín, Luis (Ed): *Obras completas de Luis Muñoz Rivera. Campañas políticas (1890-1900)*. Vol. I. Editorial Puerto Rico. 1956.

Muñoz Marín, Luis: *Memorias I. 1898-1940*. Universidad Interamericana de Puerto Rico. 1982.

Nasaw, David: *Andrew Carnegie*. The Penguin Press. Nueva York. 2006.

Negrón Sanjurjo, Quintín: *Los primeros treinta años de la vida de Luis Muñoz Rivera*. Fundación Luis Muñoz Marín. San Juan. 1993.

Núñez Martínez, María: «Las cartas autonómicas de Cuba y Puerto Rico: primer antecedente del estado autonómico». *Teoría y Realidad Constitucional*. UNED. Núm. 25. 2010.

Núñez Martínez, María: *Cuba y Puerto Rico en el Constitucionalismo español. Las Cartas Autonómicas primer antecedente del Estado autonómico español.* Universidad Rey Juan Carlos. Madrid. 2008.

Ojeda Reyes, Félix: «Ramón Emeterio Betances ante el asesinato de Antonio Cánovas del Castillo». *80Grados*. 4 de marzo de 2016. <https://www.80grados.net/betances-ante-el-asesinato-de-antonio-canovas-del-castillo/>.

Ortega Morán, Arturo: *Cápsulas de lengua. Historias de palabras y expresiones.* México. 2014.

Paizy, Gabriel: «La España despechada: el cambio de soberanía en Puerto Rico desde la óptica de la prensa madrileña». *HIB. Revista de Historia Iberoamericana*. Vol. 9, Núm. 2. 2016.

Pak, Susie: *Gentlemen Bankers. The World of J.P. Morgan.* Harvard University Press. 2014.

Pérez Vejo, Tomás: *Nación, identidad nacional y otros mitos nacionalistas.* Ediciones Nobel. España. 1999.

Picó, Fernando: «Representaciones de violencia electoral: el 'Macheno' Nogueras. ¿Un turba?». *Op. Cit. Revista del Centro de Investigaciones Históricas*. Núm. 17. 2006-2007.

Piñuel, Iñaqui: *Familia Zero. Cómo sobrevivir a los psicópatas en familia.* La Esfera de los Libros. Madrid. 2020.

Popper, Micha: *Hypnotic Leadership. Leaders, Followers, and the Loss of Self.* Praeger Publishers. Estados Unidos. 2001.

Quintero, Ángel: *Crónica de la guerra hispano-americana en Puerto Rico.* Plus Ultra Educational Publishers Inc. Nueva York. 1973.

Reed, Lawrence: *The Silver Panic. How government price maintenance of silver under bimetallism led to the panic of 1893.* Foundation for Economic Education. 1978.

Reynolds, Mack: *Puerto Rican Patriot. The Life of Luis Muñoz Rivera.* The Mcmillan Company. Estados Unidos. 1969.

Robles Egea, Antonio (comp.): *Política en penumbra. Patronazgo y clientelismo políticos en la España contemporánea.* Siglo Veintiuno de España Editores. España. 1996.

Rockoff, Hugh: «The Wizard of Oz' as a Monetary Allegory». *Journal of Political Economy 98*. No. 4. 1990.

Rodríguez Caparrini, Bernardo: «Luis Francisco Verges, empresario azucarero». *Diario de Cádiz*. <https://www.diariodecadiz.es/elpuerto/Luis-Francisco-Verges-empresario-azucarero_0_1479752245.html>.

Rodríguez Cruz, Rafael: «Las tramas del general Nelson A. Miles». *Rebelión*. 31 de mayo de 2017.

Rodríguez González, Agustín Ramón: *La guerra del 98. Las campañas de Cuba, Puerto Rico y Filipinas*. Agualarza Editores. España. 2012.

Rosario Natal, Carmelo: *Los pobres del 98 puertorriqueño. Lo que le pasó a la gente*. San Juan. SE. 1998.

Rosenberg, Emily S.: «Foundations of United States International Financial Power: Gold Standard Diplomacy, 1900-1905». *The Business History Review*. Vol. 59, Núm. 2. 1985.

Rothbard, Murray N.: *A History of Money and Banking in the United States. The Colonial Era to World War II*. Ludwing Von Mises Institute. Alabama. 2005.

Rothbard, Murray N.: *Hacia una nueva Libertad. El manifiesto libertario*. Unión Editorial. Madrid. 2013.

Rothbard, Murray N.: *Wall Street, Banks and American Foreign Policy*. Ludwig von Mises Institute. 2011.

Ruiz, Héctor: «El ferrocarril de Altozano-Una línea montaña adentro». *Redescubriendo a Puerto Rico*. 11 de noviembre de 2013. < https://redescubriendoapuertorico.blogspot.com/2013/11/ferrocarril-alto-sano.html>.

Russell, Sam: «Brigadier General John Rutter Brooke and his Forgotten Campaign Report». *Blog: Army at Wounded Knee*. 6 de febrero de 2016. < https://armyatwoundedknee.com/2016/02/06/brigadier-general-john-rutter-brooke-and-his-forgotten-campaign-report/>.

Sánchez Andrés, Agustín: «Entre la espada y la pared. El régimen autonómico cubano, 1897-1898». *Revista Mexicana del Caribe*. Vol. VIII. No. 16. 2003.

Santiago Caraballo, Josefa: «Guerra, reformas y colonialismo: Luis Muñoz Marín, las reformas del PPD y su vinculación con la militarización de Puerto Rico en el contexto de la Segunda Guerra Mundial». *Tesis doctoral*. Departamento de Historia. Universidad de Puerto Rico, recinto de Río Piedras. 2005.

Sears, Marian V.: «The National Shawmut Bank Consolidation of 1898». *The Business History Review*. Vol. 39, No. 3. The President and Fellows of Harvard College. 1965.

Sparrow, Bartholomew H.: *The Insular Cases and the Emergence of American Empire*. University Press of Kansas. Estados Unidos. 2006.

Spingola, Deanna: *The Ruling Elite. The Zionist Seizure of World Power*. Trafford Publishing. 2012.

Swaine, Robert T.: *The Cravath Firm and its Predecessors 1819-1947*. Vol. 1. Ad Press. Nueva York. 1946.

Tarbell, Ida M.: *The History of The Standard Oil Company*. Vol I. McClure, Phillips & Co. Nueva York. 1904.

Tavris, Carol & Elliot Aronson: *Mistake Were Made (But Not By Me). Why We Justify Foolish Beliefs, Bad Decisions, and Hurtful Acts*. Pinter & Martin Ltd. Gran Bretaña. 2020.

Thayer, George: *Who Shakes the Money Tree? American Campaign Financing Practices from 1789 to the Present*. Simon and Schuster. Nueva York. 1973.

Torrech San Inocencio, Rafael: «1898: De propaganda a gobierno: La ocupación autonomista de la administración pública en Puerto Rico». *Revista de la Escuela de Administración Pública*. Facultad de Ciencias Sociales Universidad de Puerto Rico, recinto de Río Piedras. Vol. 33-34. 2001-2002.

Torrech San Inocencio, Rafael: *Pepe Cid. Un vendedor de sombreros en el vórtice de la guerra Hispanoamericana*. Ensayo Histórico del Año. Fundación Cultural Hispanoamericana. 1983.

Trask, David F.: *The War with Spain in 1898*. Macmillan Publishing Co. Nueva York. 1981.

Varela Ortega, José: *Los amigos políticos. Partidos, elecciones y caciquismo en la Restauración (1875-1900)*. Marcial Pons, Ediciones de Historia, S.A. 2001.

Vargas Llosa, Mario: *La llamada de la tribu*. Alfaguara. España. 2018.

Vieyra, Natalia Ángeles: «Problem Portraits: Francisco Oller in the Age of U.S. Imperialism». *Panorama. Journal of the Association of Historians of American Art*. 2021.

Von Misses, Ludwig: *Human Action*. Ludwig Von Mises Institute. Alabama. 2015.

Wall, James T.: *Wall Street and the Fruited Plain. Money, Expansion, and Politics in the Gilded Age*. University Press of America. Nueva York. 2008.

Webber, Max: *Economía y Sociedad. Esbozo de sociología comprensiva*. Fondo de Cultura Económica. México. 2002.

Zimmermann, Warren: *First Great Triumph. How Five Americans Made Their Country a World Power*. Farrar, Straus & Giroux. Nueva York. 2002.

Índice de nombres y temas

A.
A. Hartmann & Cía.: 307
Abril, Julio O.: 178, 179,
Abril, Mariano: 14, 23, 184, 185, 277, 278, 279, 430, 444
Academia Cheshire: 302, 303, 306
Acosta, Julián: 6
Acuña Aybar, Eduardo Francisco: 133, 140
Acuña, Francisco de paula: 120, 125, 133, 134, 324, 342, 432, 433, 434
Aguirre: bahía: 236, 325, 363; central: 99, 105, 228, 307, 314, 323, 324, 325, 363; ganancias: 325; ferrocarril: 324; tierras: 325
Aibonito: 7, 8, 110, 125, 128, 129, 186, 261, 271, 362, 364
Albizu Campos, Pedro: 94, 275
Aldrey Montolio, Pedro: 133, 342
Aldrich, Nelson.: 89
alemanes en Puerto Rico: 251, 301, 305, 307, 308, 309, 310, 311, 362, 370, 380, 383, 385
Alger, Russell A.: 83, 84, 198, 219, 221, 222, 252, 253, 316
Allen, Charles: 200, 323
Amadeo Antonmarchi, Lucas: 26, 114, 178, 179
American Bankers Association: 87
American Indies Co.: 325, 326, 327
American Railroad Company of Porto Rico: 235, 244, 416, 417
American Sugar Refining Company, (Sugar Trust): 34, 64, 84, 119, 200, 204, 221, 226, 228, 252, 300, 305, 308, 309, 310, 311, 315, 316, 323, 326, 379
American Telephone & Telegraph (AT&T): 86, 107, 226, 266, 315, 370
American Tobacco Co., (Tobacco Trust): 64, 84, 137, 204, 235, 326, 362, 429
Arecibo: 110, 113, 114, 123, 126, 132, 133, 134, 138, 139, 147, 158, 166, 172, 175, 178, 186, 198, 220, 228, 241, 245, 248, 291, 301, 305, 307, 315, 338, 437

Armstrong, Charles «Carlos»: 302, 379, 380
Armstrong, Eduardo: 302
Arrillaga Roqué, Juan: 10, 23
Arrillaga, Rafael: 26, 27, 140, 178, 179, 233, 239, 242, 243, 244, 253
Arsuaga Beraza, Pedro: 158, 159, 160
Ashford, Bailey K.: 413
Atkins, Edwin: 34, 35, 93, 200, 310, 326, 379
Atlantic, Trust & Co.: 254, 309, 310, 311
autonomía: 9, 14, 15, 22, 34, 36, 37, 42, 43, 45, 46, 50, 53, 92, 93, 120, 151, 281, 282, 347; municipal: 108, 339, 347, 354, 355, 356, 357, 361, 397, 411

B.
Bacon, Robert: 86, 87
Baíz Molinari, José R.: 136, 284, 363, 364, 418, 437
Baker, George F.: 84
Baker, Newton D.: 343
Balbás, Vicente: 56, 278
Baldorioty de Castro, Román: 7, 8, 9, 10, 11, 12, 253, 421
Balseiro Dávila, Ramón: 134
Banco de Crédito y Ahorro Ponceño: 242, 308, 379, 385
Banco Español de Puerto Rico: 242, 293, 294, 295, 299, 376, 379, 381, 385, 432
Banco Territorial y Agrícola: 240, 294, 295
Bangs, Stetson, Tracey & MacVeagh: 108
Barbosa, José Celso: 5, 6, 19, 21, 32, 38, 40, 44, 50, 51, 53, 54, 55, 56, 58, 60, 61, 92, 117, 136, 143, 159, 160, 161, 162, 163, 164, 166, 172, 174, 180, 197, 206, 208, 239, 240, 241, 287, 397, 437
Barceló Martínez, Antonio R.: 19, 125, 134, 138, 142, 146, 147, 174, 351
Barranquitas: 1, 2, 3, 5, 6, 7, 10, 11, 13, 14, 20, 23, 113, 124, 126, 129, 167, 169, 171, 189, 270, 364, 446
Barros, pueblo: 2, 7, 127, 397
Becerra Muñoz, Diego: 125,
Behn, Sosthenes: 191
Belmont, August: 34

Berwind Country Club: 315
BERWIND, EDWARD: 315
BERWIND, JOHN E.: 315, 318
BETANCES, RAMÓN EMETERIO: 10, 91, 113, 203, 421
BIANCHI BRACETTI-PAGÁN, JUAN: 243, 244, 250
BIANCHI ROSAFA, ESTELA: 243
BIANCHI ROSAFA, ROSARIO: 244
Bianchi-Pagán, central: 243, 244, 250
billete de canje: 68, 373, 375, 378
BIRD ARIAS, ENRIQUE: 306
BIRD ARIAS, JOAQUINA CARLOTA: 174
BIRD LEÓN, MODESTO: 161, 173, 174, 178, 179, 239
BLANCO SOSA, JULIÁN: 53, 114, 240, 241, 294, 295, 339, 345, 346, 354, 355, 365, 366, 369
BLANES MANGUAL, GEORGINA: 244
BLISS, CORNELIUS N.: 83, 84, 85, 322
Bombardeo, San Juan: 129, 186, 204, 205, 206, 207, 208, 209, 210, 211, 212, 214
BORDA, WENCESLAO: 275, 281
Boston: 34, 75, 83, 86, 151, 181, 184, 195, 219, 221, 223, 225, 226, 228, 238, 300, 301,302, 321,322, 323 325, 385, 418
BRAU, SALVADOR: 6, 11, 26
Bremen: 305, 306, 309, 308, 311
BROOKE, JOHN R.: 115, 124, 221, 288, 289, 333, 334, 335, 336, 337, 338, 339, 340, 341, 342, 344, 345, 346, 347, 348, 349, 354,355, 356, 368, 370, 371, 387, 388, 389, 391
BRYAN, WILLIAM J.: 72, 76, 79, 80
BUCHANAN DUKE, JAMES: 64
BUCHANAN, JAMES A., capitán: 402, 418, 439
BULL, ARCHIBALD H.: 298, 315, 318
BULL, ERNEST M.: 313, 317

C.
CABOT LODGE, GEORGE «BAY»: 102, 245, 258
CABOT LODGE, HENRY: 74, 75, 84, 87, 89, 97, 100, 102, 103, 105, 193, 194, 195, 201, 216, 218, 223, 225, 228, 229, 230, 244, 245, 257, 258, 316, 322, 325, 326, 381, 419
cabotaje: 22, 220, 312, 313, 319, 320, 321, 386, 408, 436
caciquismo: 2, 14, 18, 19, 21, 55, 58, 116, 117, 119, 120, 121, 122, 124, 125, 126, 127, 128, 129, 130, 131, 132, 133, 134, 135, 136, 137, 138, 139, 140, 141, 142, 143, 144, 145, 146, 147, 437
Caguas: 2, 28, 29, 40, 42, 44, 53, 121, 127, 134, 168, 173, 291, 363, 396, 437
Cámara de Delegados: 124, 133, 134, 136, 142, 235, 318, 351, 363, 379, 387, 395, 401, 434; crisis 1909: 136, 137, 138, 139, 140, 141
Cámara Insular: 93, 94, 118, 154, 158, 161, 162, 164, 165, 166, 172, 173, 177, 178, 179, 180, 201, 212, 214, 215, 216, 224, 233, 234, 236, 239, 241, 242, 249, 250, 253, 255, 257, 258, 272, 289, 318, 342, 347, 432, 438

Cambalache, hacienda: 228, 301
CAMUÑAS CRUZ, MANUEL L.: 124, 144, 146, 174, 179, 233, 253
canje de monedas: 320, 325, 370; 1896: 371,373, 374; 1898: 370, 371, 372, 373, 374, 375, 376, 377, 378, 379, 380, 381, 382, 383, 384, 385, 386, 388
CÁNOVAS DEL CASTILLO, ANTONIO: 17, 18, 20, 25, 26, 27, 28, 35, 36, 37, 38, 42, 45, 91
CAPIFALI OLIVIERI, JULIO R.: 254, 255
CARBONELL, SALVADOR: 9, 26, 161, 179, 193, 240, 241, 250, 253, 284, 287, 292, 295, 320, 333, 339, 345, 346, 3448, 354, 355,366, 367, 397, 400, 407, 419, 420, 421, 422, 425
CARLISLE, JOHN G.: 34, 246
Carnegie Steel Co.: 223, 226, 266
CARNEGIE, ANDREW: 67, 69, 73, 222, 223, 224, 316
CARPENTER, FRANK G.: 329, 330, 386, 400
CARROLL, HENRY K.: 56, 116, 136, 174, 338, 341, 347, 349, 354, 365, 378, 408, 409, 420
Casos Insulares: 82, 246
CASTELAR, EMILIO: 16, 25, 27, 45
CAUTIÑO, GENARO: 160, 174, 178, 179, 233
CEBALLOS, JUAN MANUEL: 315, 318, 326
Ceballos, poblado: 326
CELIS AGUILERA, JOSÉ DE: 6
CEPEDA, FRANCISCO: 8, 9, 10, 11, 16, 23, 43, 44, 166, 173
CLEVELAND, GROVER: 34, 63, 64, 68, 69, 72, 73, 326
Coamo: 2, 7, 47, 114, 166, 261, 271, 273, 298; batalla de Coamo: 261, 271; barco Coamo: 314; Baños de Coamo: 327, 328
COLL Y CUCHÍ, CAYETANO: 429
COLL Y CUCHÍ, JOSÉ: 387, 431
COLL Y TOSTE, CAYETANO: 117, 120, 172, 178, 179, 250, 253, 254, 293, 407, 419, 422, 423, 424, 425, 428, 429, 431, 432, 434, 438
COLL Y TOSTE, FRANCISCO: 172
COLÓN, ULPIANO R.: 179, 193, 242, 253, 257
COLTON, GEORGE: 142
Comerío: 2, 7, 132, 386
compontes: 8, 9, 10, 11
Constitución: España, 1876: 18, 52, 93; Autonómica de 1897: 91, 92, 93, 94, 108, 114, 117, 128, 131, 163, 201, 224, 236, 240, 271, 344, 354, 355, 356, 357
CORCHADO JUARBE, MARTÍN: 6, 11, 173
corrupción: 18, 46, 48, 158, 159, 160, 167, 176, 177, 184, 185, 194, 269, 293, 294, 295, 365, 366, 374, 421, 422
Cuba: 15, 25, 30, 34, 36, 37, 38, 45, 47, 64, 68, 81, 91, 92, 93, 94, 95, 96, 98, 100, 103, 104, 106, 107, 108, 119, 135, 136, 138, 151, 152, 153, 158, 173, 195, 196, 197, 198, 199, 200, 201, 204, 211, 212, 213, 214, 216, 218, 219, 220, 221, 222, 224, 227, 228, 230, 231, 233, 245, 246, 247, 248, 261, 262, 263, 264, 265, 266, 269, 283, 298, 300, 308, 310, 311,

312, 320, 321, 325, 326, 328, 329, 331, 337,338, 350, 353, 357, 358, 359, 360, 371, 373, 378, 379, 381, 382, 384, 388, 389; Segunda Guerra de Independencia: 27, 34, 35, 36, 42, 151
CUCHÍ ARNAU, FELIPE: 438
CURTIS, F. KINSGBURY: 315, 317
CURTIS, HENRY G.: 445
CURTIS, WILLIAM E.: 245
Curtis, Mallet-Prevost, Colt & Mosle: 245, 246, 311, 315, 317, 445

D.

DABÁN, ANTONIO: 159, 184, 185, 277, 278, 279
DAVENPORT, HOMER C.: 80, 83
DAVIS, ANA «NANNIE»: 105, 225, 244
DAVIS, CHARLES H., JR.: 244, 257, 258, 259, 261
DAVIS, CHARLES H.: 100, 105, 225
DAVIS, LOUISA M.: 105, 225, 244
DAY, WILLIAM R.: 73, 82, 202, 203, 262, 352
DE DIEGO, JOSÉ: 5, 16, 19, 22, 109, 110, 117, 121, 123, 124, 136, 140, 142, 155, 157, 160, 172, 177, 178, 179, 191, 193, 233, 235, 239, 241, 243, 244, 249, 250, 253, 254, 285, 286, 287, 342, 345, 351, 363, 379, 386, 387, 391, 395, 414
DE FORD, HENRY: 322, 323
DEFILLÓ AMIGUET, JOSÉ RAIMUNDO: 9
DeFord & Co.: 105, 225, 229, 258, 291, 295, 299, 322, 323, 324, 325, 339, 377, 395
DEGETAU, FEDERICO: 5, 10, 40, 42, 43, 44, 47, 51, 53, 166, 329, 330, 432, 434, 436, 437
DEL VALLE ATILES, FRANCISCO: 44, 166, 324, 364, 437
DEL VALLE ATILES, MANUEL VICENTE: 196, 304
deuda: 66, 68, 82, 245; de Cuba: 357, 358, 359; de Cuba a Puerto Rico: 359, 360; de Puerto Rico: 137, 138, 194, 229, 325, 326, 329,358, 359, 360, 375, 446
DEXTER, F. H.: 416, 417
DÍAZ NAVARRO, HERMINIO: 5, 10, 11, 19, 41, 121, 137, 140, 161, 179, 180, 208, 233, 234, 235, 239, 253, 254, 287, 289, 342, 344, 347, 386, 395, 408, 417, 432, 433
Dinamarca: 193, 194, 195, 197
DOMENECH, MANUEL V.: 143, 144, 146
duelos: 278, 279; Mariano Abril-Ángel Rivero: 278; duelo Muñoz Rivera-Vicente Balbás: 278, 279
DUMARESQ, FRANCIS: 323

E.

E. PAVENSTEDT & CO.: 305, 306, 307, 310, 311, 385
EATON, JOHN B.: 400, 418, 422, 423, 425, 426
EGOZCUE CINTRÓN, MANUEL: 166, 178, 179, 180, 233, 239, 253, 254
élite financiera puertorriqueña: 172, 174, 302, 303, 304, 305, 306, 309, 361, 362, 363, 364
élite política puertorriqueña: adictos a comprar óleos: 387, 434; bipartidistas: 21, 38, 46, 158, 165, 352; características: 21, 22, 43, 115, 172, 177, 242, 243, 244, 362; corrupción: 289, 289, 291, 292, 293, 294, 295, 343, 364, 365, 367, 368, 369, 383, 413, 414, 416, 417, 421, 422; cortoplacistas: 41, 42, 43, 46, 50, 51, 52, 108, 109, 212, 213, 214, 215, 216, 233, 253, 254, 255, 256, 285, 287, 288, 289; fácil disposición para cambiar de bando y de ideología: 43, 51, 201, 240, 269, 270, 271, 272, 273, 274, 275, 276, 280, 281, 283, 284, 287, 288, 289, 339, 340, 341, 342, 344, 345, 347, 388, 389, 425; manipuladores: 115, 388, 398, 412, 422, 423, 424, 425, 426, 427, 428, 429; nombramientos de familiares y amigos: 117, 119,120, 121, 122, 431, 432, 436, 437, 438 ; procrastinación: 419, 420, 421; puertas giratorias: 362, 363, 383, 432, 444; *touchy people:* 115; uso de fondos públicos para beneficio personal: 242, 243, 244, 253, 421, 422; violencia interna: 8, 11, 23, 26, 27, 28, 29, 30, 32, 33, 39, 44, 54, 55, 58, 59, 60, 109, 110, 111, 112, 130, 131, 161, 162, 163, 164, 165, 277, 278, 279, 365, 366, 367, 368, 369
espiritismo: 40, 421
ESTEVE BLANES, MIGUEL: 244
ESTRELLA, LAURENTINO: 178, 179, 233

F.

Fajardo: 124, 125, 134, 139, 174, 202, 222, 246,v248, 249, 251, 252, 301, 306, 364,
FERNÁNDEZ JUNCOS, MANUEL: 6, 16, 35, 38, 40, 44, 51, 53, 54, 55, 114, 117, 121, 149, 150, 154, 160, 162, 163, 178, 179, 201, 220, 287, 293
FERRER HERNÁNDEZ, GABRIEL: 6
Ferrocarril de Vía Estrecha de Mayagüez: 242, 243, 244, 250, 254, 255
Filipinas: 68, 81, 96, 98, 103, 152, 157, 200, 202, 211, 213, 216, 219, 220, 247, 261, 262, 263, 264, 265, 266, 283, 298, 329, 337, 353, 359, 373, 419
First National Bank of Chicago: 87
First National Bank of New York: 84, 223
First National Bank of Porto Rico: 245, 246, 303, 385, 386
FLINT, CHARLES R.: 70, 71, 108
FORAKER, JOSEPH B.: 75, 76, 81, 88, 89, 106; salarios: 88, 89; sobornos Standard Oil: 88
Foraker, Ley: 124, 134, 136, 217, 229, 298, 328
Fortaleza, La: *véase Palacio de Santa Catalina.*
fraude electoral: 18, 19, 20, 46, 81, 111, 125, 158, 159, 160, 161, 162, 163, 165, 167, 168, 169, 170, 171, 172, 173, 174, 175, 176, 177, 178, 179, 180, 181, 185, 233, 270, 289, 409
FREUD, SIGMUND: 56, 57, 58
FRITZE, HEINRICH CARL «ENRIQUE»: 308, 309, 310, 311, 362, 379, 382
FRITZE, JOHANN GOTTLIEB «JUAN»: 308, 311
Fritze, Lundt & Co.: 235, 252, 307, 308, 309, 310, 311, 362, 379, 380, 385
FRYE, WILLIAM P.: 69, 100, 106, 193, 353

G.
Gage, Lyman J.: 87, 89, 225, 323, 377,379, 382
Gálvez, José María: 92, 108
Gill, R. D.: 275
Giorgetti, Eduardo: 2, 19, 31, 126, 129, 134, 140, 172, 235, 364, 395, 413
Gobierno autonómico: Cuba: 104, 107, 214; Puerto Rico: 42, 115, 116, 117, 149, 214, 233, 234, 242, 252, 253, 256, 270, 271, 272, 280, 289, 291, 292, 293, 320, 327, 345, 346, 347, 354, 354, 361, 421
Gobierno militar de Estados Unidos: en Cuba: 337; en Puerto Rico: 124, 217, 269, 270, 284, 288, 318, 323, 324, 327, 328, 337, 338, 339, 342, 344, 346, 347, 348, 354, 355, 356, 362, 372, 407, 411, 418, 423, 428, 433, 438
Gómez Brioso, José: 6, 26, 32, 40, 42, 43, 44, 45, 47, 51, 53, 120, 144, 161, 166, 172, 179, 239
Grant, Frederick D.: 338, 348, 391
Grant, Ulysses S.: 391, 400, 419
Griggs, John: 82
Guánica, pueblo: 9, 200, 228, 236, 249, 250, 251, 252, 253, 254, 255, 257, 259, 260, 261, 270, 309, 310
Guaranty Trust: 200, 245, 315
Guardia Civil: 9, 10, 58, 164, 167, 169, 174, 175, 182, 197, 271,
Guerra Hispano-Americana: 35, 36, 84, 95, 96, 100, 101, 102, 103, 104, 105, 106, 107, 149, 150, 151, 152, 157, 193, 198, 200, 203, 204, 218, 219, 221, 222, 230, 236, 246, 248, 249, 254, 259, 260, 261, 262; armisticio: 230, 261, 262, 263; batallas: 261; declaración de guerra: 200, 201; fondos de guerra: 158, 370; razones: 264, 265, 266
Gullón Dabán, Eduardo: 174

H.
hambruna: 186, 187, 188, 191, 224, 386, 388, 395, 408, 417, 436
Hamburg American Line: 200, 220, 306
Hanna, Marcus A.: 73, 75, 76, 77, 79, 80, 81, 82, 83, 89, 194, 198, 199
Hanna, Philip: 81,196, 197, 198, 199, 202, 203, 297, 379
Havemeyer, Henry O.: 34, 64, 84, 89, 200, 227, 228, 252, 305, 308, 310, 311, 316, 326, 379, 446
Hay, John: 82, 84, 100, 103
Hearst, William R.: 79, 80, 88, 94, 95, 119, 150, 224
Henriquez Carvajal, Federico: 94
Henry, Guy V.: 288, 320, 324, 328, 329, 338, 341, 347, 354, 356, 364, 389, 391-446
Hernández Costa, José I.: 422
Hernández, José Conrado: 133, 134, 137, 342, 343, 345, 362, 386, 414
Hernández López, Juan: 52, 117, 121, 124, 125, 133, 158, 159, 162, 166, 173, 179, 201, 240, 242, 253, 254, 271, 284, 287, 292, 333, 339, 345, 346, 354, 355, 365, 366, 367, 397, 407, 408, 419, 423, 424, 425, 428, 431, 432, 437
Hernández Usera, José: 137, 386
Hernández Usera, Pedro: 343
Herrick, Myron: 73, 75
Hills, Francis H.: 426, 434
Hobart, Garret A.: 71, 76, 77, 78, 83, 84
Hotel Condado Vanderbilt, San Juan: 315
Hotel Continental, París: 275, 285, 287
Hotel Inglaterra, San Juan: 44, 190, 206, 254, 255, 284, 285, 286, 404
Hunt, William H.: 124
Hunter, Edward: 284, 285, 333, 345, 363

I.
Iglesias Pantín, Santiago: 162, 166, 172, 181, 207, 369, 397, 399
International Mercantile Marine Co., (Ship Trust): 266, 313, 315
International Navigation Co.: 312, 313
invasión militar a Puerto Rico: avisos de invasión: 193, 196, 196, 198, 199, 202, 203, 204, 205, 216, 218, 219, 220, 234, 236, 237, 238, 239, 245, 247, 248, 249, 250, 251, 252; lugar de entrada: 234, 236, 246, 247, 248, 249, 250, 251, 252, 254; movimientos: 251, 254, 257, 259, 260; planes de guerra: 96, 98; ocupación técnica: 230, 259, 262

J.
J. & W. Seligman & Co.: 138, 194
J. M. Ceballos & Co.: 315, 326
Jones-Shafroth, Ley: 350, 351, 395, 419
J. P. Morgan & Co.: 64, 72, 76, 78, 80, 86, 87, 103, 194, 195, 197, 200, 217, 223, 226, 244, 265, 266, 276, 313
J.S. Morgan & Co.: 80
J. T. Silva Banking & Commercial Co.: 432
jueces: 82, 119, 122, 126, 132, 133, 134, 135, 136, 140, 167, 269, 303, 344, 364, 394, 414, 426, 438

K.
Kidder, Henry P.: 226, 228
Kidder, Peabody & Co.: 86, 219, 226, 322, 323
Kidder, W. L.: 219

L.
L. W. & P. Armstrong: 380
Larrínaga, Tulio: 117, 241, 243, 244, 305, 444
Lee, Higginson & Co.: 86, 323
Lee Higginson, Henry: 323
Lee, Fitzhugh: 35, 103, 106, 107
Lee, George Cabot: 86, 323
León y Castillo, Fernando: 353
Ley de Bancos Nacionales, Estados Unidos: 245, 322,
Lloréns Echevarría, José: 362

LLORÉNS TORRES, LUIS: 170
LONG, JOHN D.: 84, 98, 102, 103, 104, 106, 157, 196, 198, 251, 252, 253, 322
LÓPEZ MUSSA, ADRIÁN: 273
LÓPEZ, RAMÓN B.: 59, 273, 274
Los Caños, hacienda: 228, 305, 306
LUCE, STEPHEN B.: 99, 105, 322
LUNDT, KARL H.: 308
LUCE, JOHN D.: 99, 105, 225, 226, 228, 229, 240, 245, 258, 299, 314, 321, 322, 323, 324, 325, 377, 379, 381, 385, 419, 432
LABRA, RAFAEL MARÍA DE: 8, 10, 11, 23, 27, 30, 32, 38, 42, 43, 44, 45, 53, 92, 166, 174, 176

M.
MACÍAS CASADO, MANUEL: 128, 286
MAHAN, ALFRED T.: 97, 99, 102, 103, 105, 195, 252
Maine, barco: 104, 106, 107, 150, 151, 326, 353
MALLET-PREVOST, SEVERO: 245
Manila: 96, 101, 134, 152, 224, 261, 263
MARÍN, AMALIA: 22, 24
MARÍN, RAMÓN: 9, 12, 22, 285
Marina de Guerra, Estados Unidos: 71, 84, 87, 95, 96, 97, 98, 100, 101, 102, 103, 106, 151, 153, 157, 195, 196, 200, 202, 204, 222, 251, 257, 259, 261, 264, 322, 323, 326, 337, 341, 417
marina mercante: 71, 97, 312, 313
MARTÍ, JOSÉ: 27, 136, 188
MASCARÓ, VICENTE MARÍA: 180, 181, 182, 185, 207, 369
MATIENZO CINTRÓN, ROSENDO: 26, 39, 40, 41, 42, 43, 44, 47, 50, 51, 170, 180, 270, 387, 421
MATOS BERNIER, FÉLIX: 23, 161, 166
MAURA, ANTONIO: 25, 26, 35, 45
Mayagüez: 9, 16, 20, 22, 33, 39, 40, 110, 113, 114, 121, 126, 129, 132, 134, 158, 161, 166, 186, 197, 220, 242, 243, 244, 246, 260, 270, 290, 301, 307, 315, 338, 371, 398, 402, 414, 421
Mayrn, Armstrong & Finlay Brothers: 380
MCKENNA, JOSEPH: 82
MCKINLEY, ABNER: 194
MCKINLEY, WILLIAM: 71, 73, 74, 75, 76, 77, 78, 79, 80, 81, 82, 83, 84, 85, 89, 95, 100, 101, 119, 135, 194, 199, 200, 201, 202, 218, 219, 223, 231, 251, 253, 259, 261, 262, 275, 303, 311, 312, 313, 318, 320, 321, 322, 323, 337, 338, 352, 353, 358, 362, 370, 371, 372, 377, 378, 382, 388, 391, 402, 404, 408, 418, 419
Metropolitan Club: 78, 98, 100, 102, 103, 150, 193, 225, 276, 298, 316, 353
MILES, NELSON A.: 67, 68, 81, 100, 103, 195, 216, 217, 221, 222, 223, 230, 231, 236, 244, 246, 248, 249, 250, 251, 252, 253, 254, 255, 257, 258, 259, 260, 269, 273, 274, 316, 334, 381, 439
MILLS, DARIUS O.: 276

Moneda, estándar: oro: 72, 73, 75, 87, 89, 108, 112, 149, 293, 331, 341, 373, 374, 375, 376, 377, 378, 379, 380, 381, 382, 384,400; plata: 46, 68, 72, 73, 79, 80, 376, 377, 370, 380, 381, 382, 384, 414
MORET, SEGISMUNDO: 10, 25, 27, 45, 115, 123, 134, 176
MORGAN, JOHN PIERPONT: 34, 63, 64, 65, 71, 72, 73, 74, 75, 76, 77, 78, 79, 80, 81, 82, 83, 84, 85, 86, 87, 89, 100, 103, 107, 108, 191, 194, 195, 197, 200, 216, 217, 218, 220, 223, 224, 226, 228, 239, 244, 245, 254, 265, 266, 276, 298, 306, 312, 313, 314, 315, 316, 318, 322, 323, 325, 326, 327, 370, 372, 379, 395, 445, 446
Mosle Brothers: 307, 310, 311
Mullenhoff & Korber: 220, 235, 306, 363
Muller, Schall & Co.: 219, 307, 308, 309, 311, 379, 385
MUÑOZ BARRIOS, JOSÉ: 2
MUÑOZ BARRIOS, LUIS RAMÓN: 1, 3, 4, 5, 6, 12, 27
MUÑOZ BARRIOS, VICENTE: 2, 29, 40, 127, 173
MUÑOZ CARAZO, RAMÓN: 125
MUÑOZ IGLESIAS, LUIS: 2
MUÑOZ MARÍN, LUIS: 24, 265, 275, 280, 321, 366
MUÑOZ MORALES, LUIS: 125, 161, 173, 174, 177, 179, 233, 239
MUÑOZ RIVERA, CARMEN: 2, 3, 7
MUÑOZ RIVERA, JOSÉ: 2, 136
MUÑOZ RIVERA, LUIS: arrestado por la guardia civil: 271; bravucón: 182; cabotaje: 320, 321; campañas populistas: — 'Puerto Rico sabe morir': 28, 29, 30, 31, 32, 33, 34, 40, 42, 52, 174; —'Apertura de las Cámaras': 212, 213, 214, 215, 216, 224; —'Puerto Rico para los puertorriqueños': 438, 439, 440, 441, 442, 443; cárcel: 10, 13, 14, 437; conflictos con el padre: 2, 3, 4, 5, 6, 27; culto a la personalidad: 110, 111, 112, 113, 114, 156, 436, 441; duelo con Vicente Balbás: 56, 278, 279; elitista: 189, 112, 190, 444; enemigos: 14, 16, 26, 27, 29, 30, 32, 33, 34, 39, 52, 53, 54, 55, 58, 59, 60, 61, 109, 351, 352, 353, 355, 356, 357, 360, 361, 362, 361, 362, 363, 364, 366, 427, 433,434, 435; entrevista *The New York Tribune*: 275, 276, 277, 278, 279, 280, 281, 283; higienista: 188, 189, 408; ideología:
—anexionista a Estados Unidos: 280, 281,286, 340, 344, 345, 349, 350 —a favor de la autonomía: 27, 34, 42, 43, 45, 112, 117, 276, 277, 355, 356
—antiautonomía: 9, 14, 15, 16, 21, 22, 37, 53, 340, 347, 354, 355, 356, 357, 360, 365, 367
—independentista: 280, 349, 350, 351
—antiindependencia: 27, 350 —monárquico: 20, 21, 22, 25, 46, 50, 52 —republicano: 43; populista: 46, 110, 111 —antipluralista: 29, 120, 121, 122, 154
—batalla cósmica entre buenos y malos: 23, 110, 189, 366, 413; represor de periodistas y líderes obreros:181, 182, 183, 184, 185; red de clientelas: 40, 116, 117, 119, 120, 121, 122, 124, 125, 126, 127, 128, 130, 131, 132, 133, 134, 135, 136, 137,

138, 139, 140, 141, 142, 143, 144, 146, 147, 395, 396, 404, 414; residencias: 2, 58, 59, 190, 191, 208, 417, 444; salarios: 116, 117, 337; sufragio:
—antisufragio universal: 21, 408, 409 —a favor del sufragio universal: 408; viajes: 23, 24, 25, 26, 27, 44, 45, 46, 443, 444, 446; victimismo: 29, 115, 154, 155, 156, 215, 216, 367, 431, 435; violencia: 23, 26, 30, 52, 53, 54, 55, 366, 415

N.

narcisismo: 6, 7, 57, 94, 155, 162, 279, 361, 435
National Association of Manufacturers (NAM): 70, 71
National City Bank of New York: 64, 89, 142, 227, 294, 370, 385
Naval War College: 95, 96, 97, 98, 99, 100, 101, 102, 103, 105, 225
Negrón Sanjurjo, Quintín: 1, 2, 3, 4, 5, 6, 7, 8, 11, 12, 20, 47, 117, 124, 125, 270, 432
New York & Porto Rico Steamship Co.: 22, 238, 239, 245, 298, 313, 314, 315, 316, 317, 318, 325, 326, 379
New York Central Railroad: 86, 326

O.

Oller, Francisco: 290, 387, 434
Olney, Richard: 34, 35, 72, 298
oro, estándar: *véase moneda, estándar.*

P.

Palacio de la Real Intendencia, San Juan: 255, 256, 276, 333
Palacio de Santa Catalina, San Juan (La Fortaleza): 112, 117, 124, 144, 150, 156, 256, 333, 336, 370, 388, 392, 398, 407, 415, 424, 425, 427
Palacio, Romualdo: 8, 10, 47, 185
Panamá: 87, 265, 266, 318, 343
Partidos Políticos:
  Comité Provincial del Partido Liberal Fusionista: 28, 46, 47, 51, 52, 54, 55, 92, 109, 111, 114, 115, 121, 122, 124, 125, 126, 128, 132, 134, 153, 154, 155, 156, 157, 158, 159, 160, 166, 172, 177, 179, 242, 257, 287; disolución: 288, 289
  Partido Autonomista Ortodoxo: 55, 92, 109, 121, 130, 154, 155, 160, 161, 165, 240, 287, 288, 398, 415; Cámara Insular: 160, 161, 162, 164, 165, 166, 173, 212, 233; Directorio: 51, 55, 407; disolución: 287, 288; elecciones marzo 1898: 166, 167, 168, 169, 170, 171, 172, 173, 174, 175, 178, 179, 180; fundación: 53; periódicos: 109, 152, 160, 167, 442; protestas: 53, 160, 164, 165, 166, 178, 179, 180, 409; Secretarías: 116, 117, 118, 120, 121, 122, 201, 212, 213, 215, 224, 242
  Partido Autonomista Puertorriqueño: 8, 9, 10, 12, 14, 15, 16, 21, 29, 30, 36; asambleas: —1887: 7, 8 —1891: 16, 20, 22 —1895: 23 —1896: 28, 29, 33 —1897: 43, 47, 50, 51, 52; comités: 8, 10, 29, 30, 32, 33, 38, 44; comisión a Madrid: 40, 41, 42, 43, 44, 45, 46; conflictos internos: 8, 11; delegados: 16, 29, 40, 47, 50, 51; Directorio: 23, 26, 32; disolución: 14, 15, 28, 29, 30, 33, 38, 41; fundación: 7, 8; retraimiento electoral: 23, 50
Partido Demócrata, Estados Unidos: 72, 73, 79, 80
Partido Federal de Puerto Rico: 288
Partido Incondicional Español, Puerto Rico: 2, 8, 11, 14, 19, 21, 23, 36, 37, 38, 47, 120, 122, 124, 130, 131, 132, 172, 178, 179, 180, 233, 241, 372; periódicos: 11, 49, 109, 153, 158, 159, 160, 167, 182, 268
Partido Liberal Autonomista, Cuba: 38, 92, 108
Partido Liberal Conservador, España: 17, 18
Partido Liberal Fusionista, España: 17, 25, 28, 36, 45, 46, 47, 51, 52, 93, 288
Partido Oportunista, Puerto Rico: 178, 179
Partido Republicano, Estados Unidos: 64, 73, 75, 76, 79, 80, 84, 353, 419; periódicos: 271, 378
Partido Republicano Puertorriqueño: 53, 58, 60, 140, 144, 240, 288
Partido Revolucionario Cubano: 119, 200, 350
Partido Unión Autonomista Liberal: 154, 155, 156, 157, 158, 160, 161, 162, 163, 165, 166, 180, 364
Partido Unión de Puerto Rico: 136, 138, 141, 142, 143, 146, 305, 350, 351, 363, 429
Pasarell Becerra, Nieves: 309, 362
patronazgo político: *véase red de clientelas*
Pavenstedt, Edmund: 305, 306, 307, 310, 311
Periódicos:
  La Balanza: 278
  El Boletín Mercantil: 11, 29, 39, 49, 109, 153, 160
  The Boston Globe: 151, 196, 200, 201, 202, 204, 205, 213, 221, 231, 237, 238, 239, 247, 248, 249, 251, 252, 259, 261, 263, 276, 330
  El Buscapié: 6, 35, 152
  La Correspondencia: 38, 42, 45, 54, 109, 114, 149, 151, 152, 154, 198, 206, 209, 212, 273, 274, 277, 283, 284, 287, 303, 333, 334, 344, 348, 366, 389, 416, 425, 435; director-propietario: 45, 59, 184, 273, 274
  La Democracia: 12, 13, 14, 20, 21, 22, 23, 25, 26, 29, 30, 31, 35, 36, 40, 41, 42, 47, 48, 50, 53, 54, 58, 109, 110, 111, 113, 114, 115, 116, 120, 121, 131, 135, 136, 150, 151, 153, 159, 160, 167, 170, 174, 178, 184, 185, 188, 189, 191, 202, 209, 210, 211, 212, 215, 277, 278, 290, 302, 320, 348, 360, 363, 367, 368, 369, 371, 372, 397, 398, 401, 402, 403, 404, 406, 410, 411, 412, 415, 417, 422, 424, 425, 429, 430, 431, 435, 438, 441, 442; fundación: 12
  La Gaceta de Puerto Rico: 92, 125, 150, 152, 178, 201, 208, 209, 224, 286, 342, 354, 359, 405, 412, 429
  La Integridad Nacional: 278
  El Momio: 123, 149, 181, 193, 233, 269, 297, 369, 391; director-redactor: 180, 181, 182, 185, 207, 369
  The New York Journal: 83

The New York Times: 95, 234, 236, 248, 257, 430, 431, 432
The New York Tribune: 275, 279, 281, 283, 285, 292, 352, 370, 376, 378
El Liberal: 123, 184, 211, 212, 215, 366, 410, 414, 415, 435, 442
El País: 35, 38, 39, 43, 54, 109, 152, 160, 167, 168, 169, 173, 174, 175, 176, 180, 181, 182, 185
La Revista: 6, 10, 11, 16
PI MARGALL, FRANCISCO: 10, 25, 41, 45
plata, estándar: *véase moneda, estándar*
PLATT, ORVILLE H.: 89
PLATT, THOMAS C.: 75, 89
Plazuela Sugar Co.: 172, 235
pobreza: 186, 187, 188, 191, 224, 386, 388, 395, 408, 417, 436
Policía: 12, 60, 116, 120, 125, 144, 162, 164, 167, 169, 170, 175, 181, 182, 182, 293, 320, 340, 363, 369, 401, 403, 408, 418, 430, 436, 437, 438, 439, 441
Ponce: 7, 8, 9, 12, 22, 23, 42, 111, 114, 124, 126, 129, 132, 134, 135, 141, 158, 161, 166, 170, 173, 175, 178, 185, 186, 202, 203, 229, 236, 242, 248, 249, 251, 252, 253, 255, 256, 257, 258, 260, 261, 262, 269, 270 273, 277, 278, 290, 291, 298, 299, 301, 302, 307, 308, 309, 310, 311,315 ,323, 324, 328, 338, 354, 355, 381, 392, 304, 396, 398, 402, 439
Populismo: 29, 30, 33, 122; batalla entre buenos y malos: 23, 55, 110, 411; características: 29, 58, 94, 11, 140, 151, 367, 433, 438; concepto: 29, 57, 438; chivos expiatorios: 23, 30, 31, 32, 33, 44, 50, 57, 58; retórica: 25, 28, 29, 30, 41, 45, 46, 51, 109, 110, 131, 140, 363, 438, 439, 440; líder populista: 55, 56, 57, 58; por qué son peligrosos los populistas: 137, 138, 139, 140, 141, 293, 294, 295, 329, 360, 367, 368, 387
PORRATA DORIA, LUIS: 179, 253, 254, 255, 256, 257, 324, 361, 362
PORTER, ROBERT PERCIVAL: 337, 338, 371, 374, 376, 377, 378, 379, 380, 381, 382, 388
Porto Rico American Tobacco Co.: 235, 362, 429
POST, REGIS H.: 139, 142
PRESTON, GUSTAVO: 221, 248, 302
puertas giratorias: 82, 362, 363, 383, 342, 444
PULITZER, JOSEPH: 94, 150, 301

Q.

QUIÑONES CABEZUDO, NICOLÁS: 40, 173
QUIÑONES, FRANCISCO MARIANO: 116, 118, 161, 166, 179, 201, 239,
QUIÑONES, JOSÉ SEVERO:114, 117, 120, 155, 158, 159, 162, 163, 178, 179, 180, 342, 387, 414

R.

Refinería de petróleo: Cataño: 48, 196, 197, 299; La Habana: 197, 299

REID, WHITELAW: 275, 276, 283, 352, 353
República de Cuba en Armas: 107
RIVERA VÁZQUEZ, MARÍA MONSERRATE: 2, 3
RIVERO, ÁNGEL: 198, 207, 252, 271, 278, 279, 291
ROCKEFELLER, JOHN D.: 47, 63, 64, 71, 73, 74, 75, 77, 78, 79, 81, 82, 83, 87, 89, 106, 107, 138, 194, 195, 196, 197, 198, 223, 299, 302, 305, 306, 316, 326, 352, 363, 370, 379, 446
RODRÍGUEZ CABRERO, JUAN BAUTISTA: 425
ROMÁN RIVERA, MANUEL C.: 156, 157, 158, 160, 364
ROOSEVELT, CORNELIUS V.S.: 84
ROOSEVELT, JAMES A.: 84
ROOSEVELT, THEODORE: 70, 78, 82, 84, 86, 87, 95, 97, 98, 100, 101, 102, 103, 104, 150, 157, 200, 216, 218, 235, 261, 262, 265, 276, 316, 323, 387, 389, 419
ROOSEVELT, THEODORE, JR.: 218
ROOT, ELIHU: 84, 103, 316, 318, 326, 442
ROSSY CALDERÓN, JESÚS MARÍA: 437
ROSSY CALDERÓN, MANUEL F.: 6, 29, 32, 38, 40, 44, 50, 51, 53, 54, 55, 117, 121, 160, 161, 180, 201, 287, 344, 407, 409, 410, 437
Rothschild: 34

S.

SAGASTA MATEO, PRÁXEDES: 10, 16, 17, 18, 20, 21, 25, 26, 27, 28, 32, 36, 37, 38, 41, 42, 43, 45, 46, 47, 48, 49, 50, 51, 52, 53, 91, 92, 93, 123, 124, 167, 174, 181, 277, 279, 280, 305
SAMPSON, WILLIAM T.: 203, 204, 205, 209, 222, 230, 251
San Ciriaco, huracán: 443
San Juan Light & Transit Co.: 326, 327
San Juan Power, Light & Tramway Co.: 245
San Juan, Puerto Rico: 8, 9, 28, 44, 47, 50, 51, 58, 59, 114, 120, 123, 127, 128, 129, 132, 133, 134, 153, 158, 159, 162, 163, 164, 166, 174, 178, 179, 180, 184, 190, 197, 198, 199, 202, 203, 204, 205, 206, 207, 208, 209, 210, 211, 212, 213, 214, 218, 219, 220, 222, 233, 234, 235, 236, 239, 242, 246, 248, 249, 250, 251, 254, 257, 260, 261, 263, 267, 270, 271, 282, 284, 285, 290, 294, 298, 299, 301, 302, 303, 304, 307, 308, 315, 317, 318, 319, 323, 327, 328, 333, 336, 338, 350, 356, 364, 369, 371, 385, 387, 391, 402, 405, 412, 417, 418, 423, 428, 430, 432, 434, 437, 439, 440, 442, 445, 446
SÁNCHEZ MORALES, LUIS: 6, 40, 41, 160, 290, 437
Santa Rita State: 252, 309, 311
Santa Rita, hacienda: 228, 254, 255, 257, 309, 310
Santiago de Cuba: 68, 152, 153, 200, 204, 216, 218, 219, 221, 222, 224, 230, 261, 381, 389
Santo Tomás, isla: 193, 194, 196, 197, 198, 202, 212
Santurce, Puerto Rico: 19, 54, 173, 175, 189, 191, 206, 207, 265, 290, 327
SCHALL, WILLIAM: 310, 311, 385
SCHLEY, WINFIELD SCOTT: 284, 285, 333

Senado de Estados Unidos: 34, 81, 82, 88, 89, 103, 106, 122, 193, 195, 228, 305, 311, 322, 350, 352, 353, 355, 382, 417, 418, 419, 429
Sherman Silver Purchase Act: 68, 69
SHERMAN, JOHN: 81, 82, 103, 223
Ship Trust: *véase International Mercantile Marine Co.*
SICKEL, EMMA: 334, 389
sistema de turnos: 18, 19, 20, 21, 25, 27, 28, 37, 38, 45, 46, 47, 53, 54, 91, 125, 158, 165
Sobreproducción, teoría: 63, 69, 70, 71, 72
Sobrinos de Ezquiaga: 47, 48, 159
SOLÁ, CELESTINO: 40, 392
SOLÁ, MARCELINO: 40
SOLÁ, MODESTO: 40, 161, 173, 179
Speyer & Co.: 245
Standard Oil: 47, 48, 75, 79, 84, 88, 89, 107, 159, 194, 195, 196, 197, 198, 299, 302, 305, 316, 326, 365
STONE, ROY: 216, 217
Stubbe Brothers: 306, 429
STUBBE, FREDERICK: 306
STUBBE, JOHANN D.: 306
STURGIS, WILLIAM: 323
Sugar Trust: *véase American Sugar Refining Company.*

T.
TAFT, CHARLES: 73
TAFT, WILLIAM HOWARD: 73, 84, 100, 103, 104, 107, 135, 316
TELLER, HENRY M.: 200, 202
Tío Sam: 211, 220, 263, 300, 311, 321
tiznados: 365
Tobacco Trust: *véase American Tobacco Co.*
TORO LOUDÓN, LUIS: 309
TORO PASARELL, LUIS: 362
TORO PASARELL, NIEVES: 309, 362
TORO RÍOS, JOSÉ: 179, 233, 239, 250, 253, 254
Tratado de París,1898: 82, 94, 262, 263, 275, 331, 337, 339, 352, 353, 355, 360, 370, 382, 385, 388, 403, 411, 417, 418, 419, 429, 430; teoría de nulidad: 94
Tren de Ubarri: 327
Tribunal Supremo: Estados Unidos: 73, 82 ;Ohio: 82; Nueva York: 299; Puerto Rico: 122, 133, 134, 135, 137, 235, 246, 299, 343, 344, 362, 386, 432, 448
Trinidad Sugar Co.: 308, 310

U.
UBARRI CAPETILLO, PABLO: 4, 14, 19, 54, 207
UBARRI IRAMATEGUI, PABLO: 327
UMBACH, JULIUS: 308, 309, 310
Union League Club: 78, 87
United States Steel Co.: 86, 223, 226
U.S. Postal Service: 238, 338

V.
VANDERLIP, FRANK A.: 89, 338, 370, 371, 372, 374, 376, 378, 380,381, 382

VAN SYCKEL, PAUL: 196, 197
VERGES RIEFKOHL, EUGENIO: 302, 306
VERGES RIEFKOHL, JORGE OTTO: 302, 306
VEVE, LUIS: 306
VEVE, SANTIAGO: 26, 29, 40, 44, 51, 55, 166, 173, 180, 407

W.
W. A. Fritze & Cía.: 308, 311
Wall Street: 34, 35, 42, 67, 68, 70, 72, 77, 79, 83, 87, 89, 96, 98, 107, 138, 198, 217, 219, 220, 226,229, 245, 252, 257, 265, 266, 274, 288, 295, 297, 298, 299, 305, 306, 308, 310, 311, 316, 319, 327, 329, 370, 372,, 373, 374, 375, 378, 379, 380, 384, 385, 386, 402, 416, 446
Washington D.C.: 86, 101, 103, 106, 190, 191, 193, 196, 197, 214, 229, 251, 252, 303, 317, 322, 249, 368, 377, 413, 429, 436, 443, 445
WELLENKAMP, CHARLES EDWARD: 365
West India Oil Co.: 193, 224, 299
Western Union Telegraph Co.: 86
WHITNEY, HENRY F.: 203
WHITNEY, WILLIAM C.: 316, 326
WILSON, JAMES H.: 143, 230, 246, 248, 251, 252, 261, 269, 270, 2739, 274
WOOD, LEONARD: 100, 200, 389, 391
Wounded Knee, masacre: 334, 335, 336

Y.
YAGER, ARTHUR: 122, 124, 142, 143, 144, 146, 343, 350, 351
Yauco: 9, 110, 113, 128, 140, 141, 249, 251, 256, 257, 260, 270, 290, 437

Z.
ZENO GANDÍA, MANUEL: 350

Sobre la autora

Nieve de los Ángeles Vázquez es catedrática en el Departamento de Humanidades de la Universidad de Puerto Rico, recinto de Bayamón. Tiene un doctorado en Filosofía y Letras con especialidad en Historia del Centro de Estudios Avanzados de Puerto Rico y el Caribe y una licenciatura en Historia del Arte de la Universidad de Oriente, Cuba. Fue periodista y editora en el periódico *Primera Hora* y ha sido profesora universitaria desde 2005. Entre sus publicaciones se encuentran el libro *Meretrices: La prostitución en Puerto Rico de 1876 a 1917*; los ensayos «Los derechos y las mujeres de Puerto Rico durante la Primera Guerra Mundial», «Género, Estado y la construcción legal de la moralidad en Puerto Rico» e «Historia y narración: el mito en la muerte de José Martí». Se destacan sus columnas de opinión publicadas en *El Nuevo Día*: «1898-2022: el saqueo del fondo de pensiones de maestros»; «La lucha fratricida de los políticos en Puerto Rico» y «Populismo y corrupción: el futuro puede ser diferente». En 2019 creó el curso corto en línea, *Puerto Rico Indígena*, que busca democratizar el conocimiento científico sobre los pueblos originarios antillanos. Nieve de los Ángeles Vázquez enseña a jóvenes universitarios, siempre desde la maravillosa practicidad de la historia.

www.nievedelosangeles.com   info@nievedelosangeles.com

Made in United States
Orlando, FL
14 January 2025